Die bunte und reiche Lebenschronik der Familie Mann, der die Welt zwei der bedeutendsten Schriftsteller verdankt, ist hier von dem jüngsten Bruder von Heinrich und Thomas Mann aufgezeichnet. In vielfacher Hinsicht ist dieses Buch außerordentlich: als Geschichte einer Familie, die als Buddenbrooks inzwischen der Weltliteratur angehört; als Dokument europäisch-weltbürgerlichen Geistes in Deutschland während zweier Generationen zwischen Bismarck und Hitler; als Biographie zweier Dichter von Weltgeltung und Erläuterung ihrer Werke; und als eine literarische Leistung von überraschendem Rang. Kundiger und getreuer, als jeder von außen kommende Biograph es vermocht hätte, ordnet und gestaltet Viktor Mann die überquellende Fülle seines Stoffes. So wird dieser fesselnde Band zugleich auch zu einem wesentlichen Quellenwerk der literaturhistorischen Forschung und gibt authentisches Material für eine sachliche Diskussion um die bedeutendste Schriftstellerfamilie dieses Jahrhunderts.

Unsere Adresse im Internet: www.fischer-tb.de

Viktor Mann

Wir waren fünf

Bildnis der Familie Mann

Fischer Taschenbuch Verlag

7. Auflage: Februar 2000

Ungekürzte Ausgabe
Veröffentlicht im Fischer Taschenbuch Verlag GmbH,
Frankfurt am Main, April 1994

Lizenzausgabe mit freundlicher Genehmigung
der Gesellschaft für Verlagswerte GmbH, Kreuzlingen / TG (Schweiz)

Gesamtherstellung: Clausen & Bosse, Leck
Printed in Germany
ISBN 3-596-12275-9

Dem Andenken unserer lieben Mutter

Frau Senator JULIA MANN
geb. da Silva Bruhns

geboren bei Angra dos Reis (Brasilien)
gestorben zu Weßling in Oberbayern

VIKTOR MANN
München, Februar 1949

»Was haben wir zu hoffen, wenn wir zur Welt kommen?
Nichts, was nicht in unserem Blute wäre.
Nichts von draußen, alles in uns.«

HEINRICH MANN ›Die Jagd nach Liebe‹

»Tief ist der Brunnen der Vergangenheit.«

THOMAS MANN ›Joseph und seine Brüder‹

Inhalt

Wir waren fünf

I

Wenn ich des Morgens zur Arbeit gehe und in das Nordende der Münchener Türkenstraße gelange, dort, wo Schwabing an die Innenstadt grenzt und wo die Reste der Kunstakademie ragen, schaue ich im Schreiten nach rechts, denn dort mündet die kurze Rambergstraße, von der nur noch wenige Häuser stehen. Und die zweite Ruine, nur mehr ein niedriger Schutthügel, birgt meine frühesten bewußten Kindheitserinnerungen.
Hier, im Erdgeschoß eines, wie man 1893 sagte, hochherrschaftlichen Hauses, waren wir alle noch beisammen.

Unsere Mutter, Mama genannt, trug einen goldenen Ring, der aus fünf schmalen, übereinanderliegenden Reifen bestand und von einer kleinen Spange mit fünf Edelsteinen zusammengehalten wurde. Er war aus Mamas und unseres verstorbenen Vaters Eheringen gearbeitet, und wenn ich, auf der Mutter Schoß sitzend, nach ihm griff, dann erklärte sie zärtlich: »Das sind meine fünf: Heinrich, Thomas, Julia, Carla und Viktor.« Und ich plapperte nach: »Heini, Ommo, Jaju, Atta und Viko.«
Für mich Spätgeborenen waren die Geschwister alle schon uralte Große, obwohl der Älteste gerade zweiundzwanzig und Schwester Carla sogar erst zwölf Jahre alt war. Ich konnte sie nur in die Kategorie der Onkel und Tanten einreihen. »Onkel Ommo, ich will Kakao haben!« schrie ich, mitten in der Nacht von einer allgemeinen Unruhe in der Wohnung aufgeweckt (die Köchin war plötzlich am laut klappernden Schüttelfrost erkrankt), und in Onkel Ommos leises Lachen vor meiner Tür tönte Onkel Heinis ruhig-zuversichtliche Stimme: »Ja, du bekommst gleich Kakao und Buttersemmeln.« Zufrieden schlief ich sofort wieder ein.

Ein kleiner heller Schein war in der Finsternis des Kinderzimmers: Er ging von einem Wasserglas aus, in dem ein winziger Docht vermittels eines kleinen Korkfloßes auf Brennöl schwamm. Das mußte so sein, denn ich litt an »pavor nocturnus«, dem im festen Schlaf ausbrechenden panischen Schreck vor dem Dunkel. Und einzig das kleine, sternhafte Licht gab dem von der tiefen, unausdenkbar langen Nacht geängstigten Unterbewußtsein des Kindes Trost und Ahnung der wiederkehrenden Helle.

Wenn am Morgen der Rolladen hochgezogen wurde, erwachte ich, und immer fiel mein erster Blick auf ein Bild an der Wand: eine vieltürmige Stadt mit unzähligen Treppengiebeln, im Halbrund umflossen von einem breiten Gewässer, auf dem Segelschiffe in ganzen Reihen lagen und fuhren.

Das war Lübeck. Ich wußte es. Auch daß wir alle von dorther in die Rambergstraße gekommen waren, wußte ich, ohne fassen zu können, warum wir einen so märchenschönen Ort verlassen hatten. »Wajum, Jaju, wajum?« fragte ich oft die ältere der Schwestern und begriff die ernst und leise erteilte Antwort nie:

»Weil Papa gestorben ist.«

II

Als unser Vater, der Lübecksche Senator, Großkaufmann und Reeder Johann Thomas Heinrich Mann, am 13. Oktober 1892 die Augen schloß, als das pomphaft-feierliche Begräbnis vorüber war, die Ehrenkompanie abmarschierte, Bürgermeister und Stadtkommandant, Senat, Bürgerschaft und sonstige Honoratioren in hundert Kutschen davonrollten und die schwarze Menge von Kaufleuten, Kapitänen, Handelsgehilfen, Matrosen und Speicherarbeitern sich zerstreute, ging die hanseatische, die hochbürgerliche Periode unserer Familiengeschichte zu Ende.

Der Stammbaum der Manns weist in seiner ältesten Fassung – einer braun verschnörkelten Kielfederschrift – nach Nürnberg. Dort soll ein Ahne Gewandschneider gewesen sein. Da es in der Gegend zwischen Nürnberg und Ansbach noch heute Bauern unseres in Bayern sonst sehr seltenen Namens gibt, ist anzunehmen, daß im Mittel-

alter ein nachgeborener Sohn dieser Sippe das ehrsame Handwerk erlernte und sich in Hans Sachsens Stadt niedergelassen hat.
Dann haben Wanderschaft und Kriegsläufte einen der Nachkommen in den Norden verschlagen. Der erste Vorfahr, von dem wir Genaueres wissen, war Johann Mann, der 1644 zu Parchim geboren, Ratsherr in Grabow wurde und sich nach der Chronik »sehr gut gestanden hat«, obwohl ihm einmal ein Feuer, das die Stadt einäscherte, seine gesamte Habe raubte.
Johann ist wohl dem Handwerk seiner Ahnen treu geblieben, denn noch sein Sohn wanderte als Gewandschneider und wurde in Rostock wohlsituierter Meister der Zunft, aus der er sich auch seine Hausfrau holte, die Christina Richterin, eines »Amtsschneiders« Tochter. Da dieser aus dem »Schwartz Walde« stammte, kam mit Christina nochmals süddeutsches Blut in die Familie.
Der nächste in der Reihe, Joachim Siegmund, blieb in Rostock, wurde Brauer und Kaufmann und freite die Tochter eines Schiffers und Schiffbauers. Die Manns hoben den Blick übers Meer und gingen als Kauffahrer in See.
Johann Siegismund, der Sohn der Schifferstochter, diente schon als Seemann, wenn er auch Kaufmann war, denn die beiden Berufe gehörten da oben zusammen. Der Handelsmann segelte selbst seine Waren dorthin, wo guter Markt war, und Urgroßvater Mann ging bei den Bergenfahrern in eine harte Schule.
Später kam er nach Lübeck, erhielt den Bürgerbrief, gründete 1790 die Getreidehandelsfirma, die dann über hundert Jahre lang ihre Schiffe über das Meer schickte, heiratete die Catharina Grotjahn aus Hamburg und wurde »Aeldermann der Bergenfahrer«. Als angesehener und wohlhabender Mann starb er im Revolutionsmärz 1848, wie man erzählt, an einem Schlaganfall, den ihm, dem Feudalrepublikaner, seine kochende Wut über die harmlos randalierende »Canaille« eingetragen hatte. Viele kennen diese dramatische Version ja aus den »Buddenbrooks«.
Sein Ältester gleichen Namens wurde sein Nachfolger als Firmenchef und Aeldermann. Er saß auch in der »Bürgerschaft« und war niederländischer Konsul. Und 1837 heiratete er in zweiter Ehe die Demoiselle Elisabeth Marty, Tochter des Konsuls Johann Heinrich Marty, der das schönste Haus »vorm Burgtor« besaß.

Dieser, ein lebensfroher Mann und großer Freund der Musen, namentlich der Musik, war zu Glarus in der Schweiz geboren und als junger Mann einem unternehmenden Schweizervetter nach Estland gefolgt. Die Firma trieb Handel aus diesem halbwilden Land nach Westen, und Heinrich Marty segelte Waren über das baltische Meer nach Lübeck. Wenn Seeleute im guten Hafen vertäuen, verlieben sie sich gern, ob sie nun geborene Wikinger oder Schweizersöhne sind, und so geschah es, daß der eidgenössische Meerfahrer anno 1805 die Tochter eines Geschäftsfreundes fand: Elisabeth Groll. Sie hielt ihn fest, und er wurde ein Lübecker. Ein hochangesehener Lübecker sogar.

Unser Schweizer Urahne war 1388 mit dem Schwyzer Hilfskontingent zum Glarner Aufgebot gestoßen und hatte bei Näfels mitgeholfen, den Habsburger zu besiegen. Er blieb dann im Lande und heiratete eine Glarnerin. Die Nachkommen waren Bauern und Gewerbetreibende. Der erste, den die Chronik mit vollem Namen aufführt, ist Hans Marti, der 1499 im Schwabenkrieg fiel, vermutlich also in der berühmten Calvenschlacht, hoch im Gebirge bei Talfers, wo sechstausend Schweizer die doppelte Zahl kaiserlicher Söldner vernichtend schlugen.

Sie hatten lebhaftes Blut, die Martis, trugen einen aufspringenden Marder im Wappen, wollten die Welt sehen und gelegentlich auch raufen. Einer, der Balthasar, war im 16. Jahrhundert Fähnrich eines Schweizer Landsknechthaufens, der für Venedig in Dalmatien focht. Sohn, Enkel und Urenkel dieses Degenschwingers blieben als Degenschmiede daheim in Glarus. Des Urenkels Enkel aber trieb es wieder hinaus in die Welt, und so kamen die Martis und die Manns in Lübeck zusammen.

Der Konsul und Großkaufmann Johann Heinrich Marty (er hatte sich nach französischem Muster das y zugelegt) blieb seinem Geburtslande stets treu verbunden. Er fuhr nicht nur alljährlich in eigener Karosse zu fröhlichem Besuch nach Glarus, sondern als 1817 dort eine arge Hungersnot herrschte, brachte er innerhalb fünf Wochen in Lübeck, Hamburg, Kiel und anderen Städten der Küste »13 238 Mark Courant in verschiedenen Münzsorten, worunter Louisdor, Carolin, Dänen- und Hollandgulden« zusammen und sandte sie der Heimat zu Hilfe.

Er hat auch offenbar seine Abstammung immer ausdrücklich betont, denn in einem erhaltenen Hochzeitspoem von 1837, als der Großvater Mann die Großmutter Marty freite, heißt es:

»Wir aber, die glückwünschend euch umgeben,
Wir stoßen jubelnd an
Und lassen hoch die SCHWEIZER BLUME leben
Und hoch den deutschen MANN.«

Der deutsche Mann und die Schweizerblume führten eine sehr glückliche und harmonische Ehe, der eine Reihe von Kindern entsproß. Ihre Tochter Elisabeth, die dazu noch Maria, Amalia und Hyppolita hieß, und der jüngste Sohn Friedrich Wilhelm Leberecht sind ja als »Toni und Christian Buddenbrook« in die Weltliteratur eingegangen. Beide haben das zunächst ein wenig übelgenommen, wurden aber später sehr stolz darauf. Es wird noch manches von ihnen zu erzählen sein.

Auf unseren Vater, den ältesten Sohn, waren die besten Eigenschaften der Geschlechterfolge überkommen. Die Würde einer zweihundertjährigen Tradition, eine weit über dem Durchschnitt liegende Bildung, Geschmack, reger Geist und eine gleichzeitig noble wie höchst liberale Art gaben seiner wirtschaftlichen Tüchtigkeit das Air des »königlichen Kaufmannes« und prädestinierten ihn im besten Sinne zum Chef des alten Hauses und zum Exponenten der Res publica.

1877 wurde er in den Senat gewählt, und unser altes Wappen – ein wilder Mann mit einem Fell um die Lenden, in einer Hand eine Keule und in der anderen einen ausgerissenen Baum – wurde in der »Kriegsstube« des Rathauses aufgehängt, wo viele altersdunkle Bilder vom militanten Ruhm der Hansestadt erzählten.

Der Senator Mann, Produkt glücklicher Blutmischungen, war trotz Verfeinerung und stärkerer Vergeistigung, trotz seiner Londoner Anzüge und russischen Zigaretten weder ein müder Snob noch überhaupt dekadent, wenn man nicht verstärkte Geistigkeit prinzipiell mit »decadence« oder die letztere mit der ersteren begründen und erklären will.

Unser Vater bedeutete ohne Zweifel den Höhepunkt der Mannschen hochbürgerlichen Periode, und sein früher Tod war ein Ende dieser Zeit ohne langsamen Abstieg und Verfall, die eine dichterische Lizenz der »Buddenbrooks« sind. Papa hat das schon klar erkannt, als er vor einer Operation sein Testament schrieb. Ohne jede Äußerung des Unmutes stellte er fest, daß seine ältesten Söhne ihren künstlerischen Neigungen folgen würden, bedauerte nur, daß sein Jüngster noch in der Wiege läge, da solche Nachgeborenen oft recht gute wirtschaftliche Fähigkeiten hätten, verfügte mit präziser Umsicht die Liquidierung der großen Firma und die sichere Anlage des bedeutenden Erlöses und bestimmte Erbteile, Mitgiften, Auskehrungen und Verwaltung.

Abgekämpft und lebensmüde war er nicht. Noch in seinen Fieberphantasien wähnte er sich in einer Senatssitzung und hielt eine Rede über ein wichtiges Problem. Er schloß deutlich und akzentuiert: »Meine Herren, am 13. um ein halb sechs werde ich eine Inspektionsreise antreten.« Noch einmal ins Bewußtsein zurückgekehrt, sagte er traurig zu Mama: »Ich wäre so gerne noch bei euch geblieben.« Und dann schlief er ein: am 13. zu der im Fieber vorausgesagten Stunde.

III

Mama hieß als Mädchen da Silva Bruhns.

»Tief ist der Brunnen der Vergangenheit.« Es geht die Sage, daß der Urahn der Bruhns aus den mystischen Nebeln des äußersten Nordens übers Meer an die Südküste der Ostsee gekommen sei.

Wie groß der wahre Kern dieser durch die Jahrhunderte von Geschlecht zu Geschlecht weitergereichten Mär ist, kann man nicht ganz ergründen. Fest steht aber, daß unserer Mutter Vater, Johann Ludwig Hermann Bruhns, rein nordischer Abkunft ist und sein Stamm weit gen Midgard reicht.

Sein Großvater war über See nach Lübeck gelangt wie der Mann und der Marty und war dort in die ehrsame Zunft der vereidigten Kornträger aufgenommen worden. Das bedeutete damals, zu Beginn des 18. Jahrhunderts, einen sehr reputablen, fast ehrwürdigen Beruf, der seinen Mann gut ernährte. Jakob Bruhns besaß an seinem Lebensabend ein stattliches Haus an der Trave, und sein Sohn

Jakob Ludwig, dem offenbar das Korn zu trocken war, konnte die wohlfundierte Weinfirma Bruhns gründen, die sich durch viele Geschlechter vererbte.

Wenn mir früher ein Glas Rotwein besonders gut schmeckte, dachte ich oft mit einer Art von Stolz daran, daß diese Vorfahren vor hundert Jahren viele Schiffe voll edlen Rotspons von Bordeaux nach Lübeck gesegelt haben. Ich stellte mir solche wochenlangen Heimreisen bei »raumem« Westwind trotz aller Primitivität damaliger Seefahrt außerordentlich fidel vor und bin überzeugt, daß Kapitäne und Maaten sich um die Bruhnssche Heuer gerissen haben.

Die Familie gehörte zu den Großen der Stadt und war mit den meisten Gleichrangigen eng verbunden, besonders mit den Sievers, die dem Staat mehrere Senatoren stellten.

Großvater Bruhns, ein blonder Hüne, war 1821 in Lübeck geboren, hatte als Junge im Weingeschäft gelernt und gesegelt und ging neunzehnjährig, wie so viele Hanseaten »nach drüben«, das heißt nach Südamerika, in seinem Fall nach Brasilien. Mit ihm fuhren zwei Vettern, schwarze Schafe, die von der Familie abgeschoben wurden. Sie sind drüben verdorben und gestorben.

Johann Ludwig Hermann aber ging keineswegs unter. Kaum eingewöhnt im neuen Land, gründete er eine sofort erstaunlich florierende Exportfirma in Sao Paulo bei Santos. Waren die Ahnen vom Brotkorn zum Wein gekommen, so ging er jetzt in den Kaffee und den Zucker. Bald pflanzte er beides auch selbst bei Paraty nahe der Küste und besaß Zuckermühlen in Buona Vista und Angra dos Reis, das etwa hundert Kilometer südlich von Rio am Atlantik liegt. Daneben muß er ausgezeichnete Pioniereigenschaften besessen haben, denn er tat sich bei der Erschließung des Innern hervor und wurde Beauftragter des Kaisers Dom Pedro II.

Mit diesem letzten brasilianischen Braganza, der sein riesiges Land klug und energisch regierte, verband den Großvater ein zunächst humoristisches Verhältnis: Als der junge Geschäftsmann nach Rio kam, fiel ihm auf, daß er von aller Welt devot gegrüßt wurde, und es stellte sich heraus, daß man ihn überall für den Kaiser hielt, der also trotz portugiesischer Herkunft sehr germanisch ausgesehen haben muß.

Dom Pedro hörte von dem Doppelgänger, ließ ihn sich vorstellen und erkannte schnell seine glänzenden Eigenschaften. Von da an unterstützte der Kaiser die großzügigen Pläne des neuen Staatsbürgers in jeder Weise und gab ihm weitgehende Vollmachten. Der Großvater wurde so plötzlich Ingenieur, wie er von heute auf morgen Kaffeepflanzer und Exporteur geworden war, und machte den Fluß Piracicaba schiffbar, der in den Küstenbergen entspringt, aber witzigerweise in das Innere des Landes fließt, unter verschiedenen Namen weite Gebiete berührt und schließlich im Parana zu vielen Nachbarstaaten führt.

Ivao Luis Germano, wie der blondbärtige Brasilianer jetzt hieß, kam zu hohem Ansehen. Er war als »Mann von wenig Worten« bekannt, was auf portugiesisch sehr klangvoll lautet und in dem lebhaften Land offenbar ein hohes Lob bedeutet.

Gegenüber von Angra liegt ganz nahe dem Festlande die üppige »Ilha Grande«, und dort lernte der Großvater die da Silvas kennen. Großgrundbesitzer rein portugiesischer Abkunft, die ausgedehnte Kaffee- und Zuckerrohrplantagen auf der großen Insel betrieben.

Eine uralte brasilianische Gräfin, die ich einmal in Italien kennenlernte, behauptete, begeistert von meiner fünfundzwanzigprozentigen Landsmannschaft, die da Silvas hätten zum Hofadel der brasilianischen Kaiser gehört, während die Älteste unserer Familie, Tante Anna, die selbst lange in Brasilien gelebt hat, meint, die adelnde Vorsilbe sei dort eigentlich nur eine Abstammungsbezeichnung alter Familien.

Eine alte Kolonialfamilie waren die da Silvas jedenfalls, streng katholisch und allesamt »Weiße« und »Freie«. So bestätigt es unserer Mutter langer, vergilbter Taufschein, der die Paten, Eltern und Ahnen aufzählt und den amtierenden Priester, sowie »Nossa Senhora«, der Kirchenpatronin, viele Zeilen widmet.

Daß der Urahn, ein portugiesischer Landmann, der mit seiner Frau in die Kolonie kam, Ivao, oder Johann hieß, wie die ersten, mit vollen Namen nachweisbaren Manns und Martys, ist ein hübscher Zufall. Im übrigen hatten die da Silvamänner durchwegs wohlklingende Vornamen, wie Gaëtano und Manuel, und ihre Frauen und Töchter hießen fast alle Maria. Eine von ihnen war eine geborene de Jesus.

Maria hieß auch die südlich-wunderschöne zwanzigjährige Senhorita da Silva, die unsere brasilianische Großmutter wurde, als sie den extrem nordischen Großvater, den »Mann von wenig Worten« nahm. 1848 heirateten sie, und drei Jahre später, am 14. August 1851, als das Ehepaar von einer seiner Besitzungen zur anderen in der Gegend von Angra durch Tropenwald reiste – die Herrin im Tragstuhl, der Herr zu Pferde, Sklaven voran und im Nachtrab –, gab es einen plötzlichen Halt. Die Herrin mußte schnell unter die Bäume gebettet werden. Schwarze Frauen stürzten herzu, und bald darauf hielten sie dem Herren ein Töchterchen entgegen, indes droben Papageien kreischten, neugierige Affen lugten und winzige Kolibris wie bunte Strahlen durch den Schatten zuckten.

Die Eltern nannten die Kleine zärtlich »Dodo«, und man taufte sie Julia. Julia da Silva Bruhns, das war unsere Mutter.

Dodo wuchs auf der Bruhnsschen Besitzung in Angra auf, die dem Kind für immer als Paradies im Erinnern geblieben ist. Vor dem Herrenhaus brandete der Ozean und ließ bunte Riesenmuscheln und schmackhafte Austern am Strande. Dann kam der große Garten, in dem die »beja flor«, die Kolibris, um pontische Azaleen schwirrten und Ananas, Guayavas und süße Limonen wuchsen. Dahinter begann der Tropenwald mit Kokospalmen, Brüllaffen und Papageien. An einem Bach saßen schwarz-graue, krummschnäbelige Urubus und blickten hoheitsvoll auf die Kleine, die mit nichts als einem gegürteten Hemdchen angetan, in einem Waschzuber an den gefiederten Philosophen vorüberfuhr.

Dodo hing mit der ganzen Kraft ihres Kinderherzens an ihrem bewunderten blonden »Pai« und der dunkel-schönen liebevollen »Mai«, die auch zu den schwarzen Sklaven so gut war, die Kranken eigenhändig pflegte und für alle Neger- und Mulattenkinder mütterlich sorgte.

Eine zweite Mutter hatte Dodo in Anna, der schwarzen Kinderfrau, die sie mit einer abgöttischen Liebe umgab, wie nur Negerinnen sie für ihre kleinen weißen Schutzbefohlenen hegen können.

Viel strenger war Donna Maria, die Großmai auf der Ilha Grande, zu der das Kind für längere Zeit auf Besuch geschickt wurde. Sie wollte nicht dulden, daß Dodo bei den lustigen Negern am roten Feuer saß und mit ihnen aus einem Topf das »carne secca« und die schwarzen Bohnen aß oder gebratenes Zuckerrohr lutschte. Auch

die schwarze Anna war entrüstet und holte die Kleine immer wieder scheltend aus der für das Herrenkind unpassenden Gesellschaft.
Don Gaëtano, der Großpai, aber war milde und fröhlich mit jedermann, weiß, braun oder schwarz. Seine größte Freude war es, die Scharen seiner Leibeigenen durch Feuerwerk zu belustigen, das er abends zum Jubel der großen und kleinen Kinder am Strand aufzischen ließ. Freilich hinderte das seine Aufseher nicht daran, am Tage aus ihren schwarzen Brüdern in den Zucker- und Kaffeefeldern das Menschenmögliche an Arbeit herauszuholen.
Mama hat mir oft von dieser Zeit erzählt. Von den Ananas-Alleen, von Tropenregen und gelbem Fieber, den Kirchenfesten und dem wilden Karneval in Rio und von der riesigen Boa, die einmal mitten über dem Plantagenweg lag und durch Schwarze, die auf Annas Zetergeschrei herbeirannten, mit Knüppeln erschlagen wurde.
Am Ende solcher Erzählungen verlangte ich stürmisch »das Lied«, und Mama summte lächelnd, den nasalen Singsang der Neger nachahmend, eine monotone Melodie: »Mulekkinho di meo Pai...« Es waren die einzigen portugiesischen Sätze, deren sie sich noch erinnerte. »Negerknabe meines Vaters, schneid mir nicht die Haare ab, denn sie sind schon kurz genug.«

IV

Als die schöne Senhora Maria da Silva Bruhns, Dodos Mai, noch sehr jung in einem Wochenbett gestorben war, beschloß der trauernde Pai, die fünf Kinder zur Erziehung in seine alte Heimat zu schicken. Mit Manuel, Paulo, Maria, der siebenjährigen Dodo, dem kleinen Nené und der schwarzen Anna schiffte er sich in Rio auf einem französischen Segler ein. Die Überfahrt nach Le Havre dauerte zwei Monate, und Dodo sah Haie, Pottwale und Schwertfische; sie erlebte die lustige Linientaufe, und die Matrosen zeigten ihr so lange, bis sie es selbst zu sehen glaubte, das Bild der Madre di Dio, das auf den Wellen im blauen Schatten des Schiffes schirmend die Fahrt begleitete. Bei rauhem Wetter lagen die Kinder an Deck unter einem großen Mantel, auf den die überkommenden Brecher prasselten.

Von Le Havre ging es mit einem anderen Segler nach Hamburg und dann über Land nach Lübeck. Der Einzug gestaltete sich turbulent, da der Anblick der bunt gekleideten Negerin mit den fünf tiefbraun gebrannten Kindern in gelbem Nanking und weißen Panamahüten die ganze Straßenjugend auf die Beine brachte. Man konnte das johlende Geleit nur loswerden, indem man Bonbons unter die Menge warf.

Zunächst blieben die Kinder im Elternhaus ihres Pais, wo seine Mutter, eine geborene Sievers, mit ihrer alten Schwester lebte. Letztere hatte sich die Exotik der Ankömmlinge noch viel krasser vorgestellt und seit Wochen immer wieder gefragt: »Wann kamen denn nu endlich uns Ludwig sin lütten Swatten?« Aber auch die nur sehr braunen Großneffen und -nichten schloß sie gerührt in die Tantenarme.

Wenige Wochen später traf Dodo ein arger Schmerz: Ihr Pai und die verzweifelt weinende Anna reisten nach Brasilien zurück, und mit dem Abschied von diesen geliebten beiden Menschen begriff die Kleine erst den Verlust der schönen, bunten Heimat. Trotz der zärtlichen Güte der Großmutter und der lustigen Großtante fühlte sie sich noch lange fremd in der grauen und kalten Stadt.

Therese Bousset, die herzensgute und etwas verwachsene Inhaberin eines Lübecker Töchterpensionats, die als Sesemi Weichbrot in den »Buddenbrooks« porträtiert ist, sie war es, die durch mütterliche Liebe das Heimweh und die Fremdheit in Dodo und ihrer Schwester Maria überwand und den beiden, die nun viele Jahre bei ihr lebten, wieder Heimatgefühl und Lebensfreude gab. Die Erinnerung verblaßte. Daran konnten und wollten auch die liebevollen und klugen Briefe des fernen Pai, ja selbst seine seltenen Besuche nichts ändern.

Als Dodo zur jungen Dame heranwuchs, kam sie, die »tout Lübeck« zur Verwandtschaft hatte, früh in die Gesellschaft, wo die Schönheit und liebenswürdige Anmut des Mädchens Aufsehen machte.
Sie war das Besondere, das der Juniorchef des Hauses J. S. Mann sich erträumt hatte, und 1869 wurde sie achtzehnjährig die bewunderte und beneidete Frau des Neunundzwanzigjährigen.
So jung sie war, wuchs sie doch schnell in ihre familiären und gesellschaftlichen Aufgaben hinein. Besonders die letzteren waren nicht gering, denn damals hatte man ein großes Haus zu machen, und Madame Mann, später Frau Konsul und dann Frau Senator, hatte es neben ihrem Gatten zu repräsentieren. Von ihrer eleganten und klugen Schwiegermutter, der »Schweizerblume«, liebe- und taktvoll eingeführt, hatte sie bald volle Geltung gewonnen und brachte mit ihren vielseitigen Neigungen, namentlich durch ihre starke Musikalität, eine neue, freiere Note in das traditionell-hanseatische Milieu. Auch damit entsprach sie der Wahl unseres Vaters.
Am 27. März 1871 wurde Luiz Heinrich geboren und am 6. Juni 1875 Paul Thomas. Ihm folgten 1877 Julia und 1881 Carla. Und schließlich kam ich, mit großem Abstand und deshalb von einer über Gebühr großen Freude begrüßt. Wir waren fünf.

Aus weltweiten Fernen waren die Züge derer gekommen, aus denen wir wurden. Auf ihre Wege durch die Jahrhunderte schauten Schneeberge der Schweiz, fränkische Ackerhügel, nordische Dünen und tropischer Urwald. Sie kamen aus Bauernhäusern, Werkstätten, Kontoren und von Bord ihrer Schiffe auf uns zu, waren Freiheitskämpfer und Sklavenhalter, Hirten und Handelsherren, Handwerker und Seeleute. Sie kämpften sich durch Schlachten, Brände und Stürme, und es klangen bei ihrem Wandern die Glokken vieler Länder, der Lärm vieler Märkte und immer wieder das unendliche Rauschen der Meere.
Als im Oktober 1892 sich die Kränze über der Mannschen Familiengruft türmten, war unsere Mutter noch keine vierzig Jahre alt. Sie dachte nicht an eine zweite Ehe, sondern wollte nur ihren Kindern leben. Aber nicht in der Enge Lübecks, die nach Papas Tod

und der Auflösung des alten Hauses immer fühlbarer wurde, sondern in heiterer, freierer Luft. Mama hatte auf ihren Reisen mit Papa auf dem Weg in die Schweiz und nach Tirol auch Bayern kennen- und liebengelernt. Sie zog mit uns nach München.

Rambergstraße 2

I

Meine Erinnerungen setzen bei der Steintreppe ein, die von einer gedeckten Terrasse zum Garten führte. Ich entwischte manchmal nach Tisch dem Kindermädchen und schlüpfte durch den Salon hinaus. Es war Sommer; eine geschlossene Balkontüre hätte ich noch nicht zu öffnen vermocht.

Alles schien riesenhaft: die Brüstung der Terrasse, die Steintreppe, an deren eingebildete Dimensionen ich Jahrzehnte später vor den Quaderstufen der Cheopspyramide wieder denken mußte, der Garten, seine Mauer und das braune Segeltuchzelt, in dem manchmal Tee getrunken wurde.

Ich verweilte im grellen Mittagslicht auf der Treppe und empfand wunderlich prickelnd: »allein«. »Frei« war noch kein Begriff. Ich horchte hinaus.

Von der Straße her kam das Hufeklappern und Rollen einer Droschke. Weiches Geräusch auf der noch ungepflasterten Fahrbahn, lauter und hart auf den Steinen des Übergangs an der nahen Ecke. Ich hörte die gleichen Töne oft nachts vor dem Einschlafen durch Jalousie und Fenster, darum konnte ich sie schon mit dunkleren und helleren Schnalzlauten nachahmen.

Melodisches Pfeifen auf dem Hinterhof. Dort striegelten Offiziersburschen die Pferde ihrer Herren. Sie waren immer lustig und nett zu mir, aber ich wollte jetzt nicht zu ihnen. »Allein« sein! In die Welt hören!

Jenseits der Gartenmauer laute Rufe. Die Buben da drüben waren sicher sehr böse und gefährlich. Aber schön waren die Klänge, die aus einem der vielen Fenster kamen, und gar nicht fremd, denn sie rauschten ja täglich auch drinnen im Salon auf, wenn Mama am Flügel saß.

Fast noch schöner jedoch und akustisches Sinnbild dieses ersten Lauschens ins Leben hinaus waren verschieden abgestimmte glokkenartige Töne, die als Nebengeräusche rhythmischen Stampfens aus vielen Küchen des Nebenhauses drangen: Klang der Messingmörser, in denen Hutzucker für den Kaffee zerkleinert wurde. Ein fröhliches Einläuten des geruhsamen Münchner Nachmittages.

Gellende Schreie nach mir aus unserer Wohnung brachten sakrilege Störung. Ich lief davon und kletterte hinter Fliederbüschen mühselig am Gartengitter hinauf zu zwei die Seitenmauer abschließenden, kaum mannshohen Steinpfosten mit Kugelaufsätzen. Zwischen ihnen war ein etwas niedrigeres Mauerstück. Dort hielt ich immer Kiesel vom Gartenweg vorrätig, um, in die Mulde geduckt und von den großen Kugeln gedeckt, auf imaginäre oder wirkliche Verfolger sehr ungeschickt zu werfen, zu »pfeffern«, wie ich es nannte. Niemand wußte, woher ich den Ausdruck hatte. Ebensowenig, von wem meine ersten Schimpfworte stammten, mit denen ich jetzt wieder die Kinderanna bedachte. Sie holte mich trotz der Steinwürfe von meiner »Pfefferburg« herunter, und ich krähte wütend: »Du dummet Ochs! Du dummet Fein!«

Das letztere sollte »Schwein« heißen, aber ich hatte keines der beiden Haustiere noch je gesehen. Nur Hunde, Katzen, Pferde und Vögel.

Wie ein gefangener böser Kobold wurde ich am Arm die Stufen hinauf und in die Wohnung gezogen. Die langen Locken – eine kleine Löwenmähne, deren Behandlung mit einer Art von Pferdekamm ich täglich mit wehleidigem Geheul begleitete – hingen wild verwirrt um mein Gesicht. Die Wachstuchschürze und die Schuhe waren vom Gitter zerkratzt, die nackten Knie rostfleckig. Das Mädchen schalt aufgebracht und stellte mir den Besuch des »schwarzen Mannes« in nahe Aussicht. Ich schrie wie am Spieß und stürzte im Wohnzimmer schutzsuchend auf Mama zu. An ihren modisch weiten Rock geklammert, empfand ich Zuflucht und Freistatt.

Aber auch das gütige höchste Wesen, das Mama hieß, konnte empfindlich strafen. Mit Schlägen im nervösen Affekt, der meist die

Reaktion auf irgendwelche um mich ausgestandenen Ängste war, und in erzieherischer Überlegung durch peinliche Beschränkungen oder drückende Beschämung.
Diese fürchtete ich am meisten. Die Scherben eines von mir in strampelnder Wut zerbrochenen Tellers, die als Sühne und Mahnung eine Woche lang bei jeder Mahlzeit an meinem Platz liegen sollten, brachten mich in solch obstinate Verzweiflung, daß ich keinen Bissen mehr essen konnte und die Seelenfolter abgebrochen werden mußte. Prügel aber machten mir nicht viel aus, obwohl ich sie mit großem Gebrüll quittierte. Ich suchte mich ihnen auch nie zu entziehen; Mamas unmittelbar anschließende Verzeihung war wichtiger.
Einmal entlief ich wie ein junger Hund, der streunen will. Unsere Dienstmädchen hatten von einem Fackelkorso der Münchener Radfahrer erzählt, der abends in der Ludwigstraße stattfinden sollte. Sie hatten sich Ausgang von Mama erbeten. Ich wollte mit, denn ein Radfahrer war für mich die höchste Sensation, und nun gar mit Fackeln! Aber die Erlaubnis wurde verweigert.
Bald nachdem die Mädchen das Haus verlassen hatten, war ich verschwunden. Man rief in steigender Angst daheim und in der Nachbarschaft nach mir, aber ich stand, obwohl ich bis dahin noch nie allein aus der Rambergstraße herausgekommen war, am fünf Minuten entfernten Siegestor und genoß den Anblick der durch die Ludwigstraße dahergleitenden Flammenlichter über den Wundervehikeln, bei denen es noch viele Hochräder gab.
Alle Leute waren freundlich, und man schob mich in die vorderste Reihe der Zuschauer. Ein großer Mann nahm mich auf seinen Arm, und sogar ein böser Schutzmann freute sich über mich und meine Begeisterung.
Bei der Akademie der Künste fanden mich die verzweifelten Meinen. Ich war auf dem richtigen Heimweg und wäre auch ohne die Begegnung schnurstracks nach Hause gelangt. So aber bekam ich meine Strafe gleich unter freiem Himmel, fand sie gerecht und schrie fast gar nicht. Es lag mir nur alles daran, die arme, geängstigte Mama zu versöhnen, und deshalb erzählte ich ihr noch mit den letzten Schluchzern, daß doch der Mond so schön geleuchtet habe, darum sei ich »spazierengegangen«. Ich hatte oft gehört, wie

Mama abends am Fenster ausrief: »Kinder, seht doch, wie wunderbar der Mond scheint, am liebsten ginge ich noch spazieren.«
Die Schwestern platzten heraus, und Mama lachte mit. Die Versöhnung war gewonnen; ich erzählte eindringlich von den Hochrädern und wurde fast wie in einem Triumphzug zu Bett geleitet.

Mama und die Geschwister haben mir später oft gesagt, ich sei ein sehr komisches Kind gewesen und dazu ein Enfant terrible. Als Beispiel für meine Gabe, die Meinen in Verlegenheit zu bringen, wurde immer geschildert, wie ich einmal Julia blamierte: Sie war mit mir in einem Modegeschäft, um Stoffe auszusuchen, und wurde von der Verkäuferin mit »gnädige Frau« angesprochen. Um der gewandten Phrase den Schein von Berechtigung zu geben, flüsterte die kaum sechzehnjährige Schwester mir zu, ich solle »Mama« zu ihr sagen. Ich aber fragte überlaut mein: »Wajum, Jaju, wajum soll ich Mama sagen?«
Entsetzlich peinlich soll es für Mutter und Schwestern gewesen sein, als ich während eines großen Tee-Empfanges jubelnd in den Salon stürzte und für jedermann sichtbar eine als Taschenuhr geformte und bemalte Blechschachtel an einer Schnur umgehängt trug, weil diese Attrappe die allgemein bekannte Verpackung der »Wasmuths-Hühneraugenringe in der Uhr« war. Unsere Damen wollten versinken vor Scham. Ich begreife das noch heute nicht ganz, denn meine Schachtel mußte ja gar nicht von ihnen stammen. Aber so leicht geniert ist man damals wohl gewesen.
Komisch also mag ich gewesen sein und auch so ausgesehen haben mit der Löwenmähne und meiner Angewohnheit, eine Hand in den Halsausschnitt zu stecken, weil das »schön warm« war. Besonders die Zusammenstellung meiner ersten kurzen Lederhose mit den langen Locken und einer blauen Brille, die ich gerade wegen einer Augenentzündung tragen mußte, wird sogar grotesk gewirkt haben. Trotz dieser Komik aber empfinde ich diese Zeit in der Erinnerung als recht problematisch.
Es gab ein stärkeres Alleinsein als das der noch nicht nennbaren Freiheit, die ich mir manchmal erschlich. Wohl waren mir alle Menschen meiner noch kleinen Welt vertraut; wohl war es schön auf Mamas Schoß, wenn sie vom Ole Luk eu, von Negern, Zucker-

rohr und Kanufahrten erzählte oder die Liedchen vom kleinen Reiter und vom Marienwürmchen sang; und ebenso bei den Geschwistern. Auch bei den Mädchen in der Küche gab es lustige Unterhaltung und erst recht bei den pfeifenden Soldaten und den so gut riechenden Wunderwesen, den Pferden.
Aber der Abstand zu den freundlichen Erwachsenen war zu groß. Die Dimensionen ihrer Welt waren so riesenhaft wie die der Treppe und der Gartenmauer. Ich war in ihren »Kreisen und Rängen« zwar liebevoll geduldet, aber eigentlich nicht zu Haus, und in meinem eigenen Kreise, auf der Ebene meiner Gedanken und Möglichkeiten, war ich allein. Dies war nicht Freiheit, sondern Einsamkeit. Es fehlten die Gleichaltrigen. Sie fehlten als Gespielen und Freunde, als Beispiele und auch als abhärtende Gegner.
Man ließ mich nicht zu anderen Kindern. Unsere Münchener Bekannten hatten keine, so daß »standesgemäßer« Anschluß fehlte, und die Buben und Mädchen der Nachbarschaft waren angeblich zu wild, schmutzig und roh für mich. Das waren Lübecker Ansichten, aber am strengsten wurden sie durch das bayerische Kindermädchen vertreten, das sogar über jeden von mir aufgeschnappten Dialektausdruck empört war und auch auf Spaziergängen jede Annäherung kleiner Kameraden mit törichtem Hochmut verhinderte.
Solche Isolierung machte unmutig, ängstlich und bis zu einem gewissen Grade böse. Besonders unglücklich fühlte ich mich auf den freudlosen Zwangsspaziergängen mit dem Mädchen, die meist in den Englischen Garten führten. Dieser wunderschöne Park blieb mir deshalb bis in meine Gymnasiastenzeit hinein verhaßt, und ich mied ihn, soweit ich konnte. Erst spätere freundlichere Erinnerungen, besonders die an das Schlittschuhlaufen auf dem Kleinhesseloher See, konnten die tiefe Abneigung der Kindheit verdrängen.
Die Ängstlichkeit glich dem Scheuen eines Pferdes. Vor einer herankommenden Straßenwalze in der Türkenstraße brach ich ganz wie ein Fohlen aus und rannte, vom Kindermädchen verfolgt, in den nächsten Garten, wo ich erst am Kaffeetisch einer Familie zum Stehen kam und mit Torte gefüttert wurde.
Auch ein weit aufgedrehter Wasserhahn konnte mich zu ähnlich feiger Flucht veranlassen, obwohl mich Seen und Flüsse schon vor Beginn meines Denkens so magisch angezogen hatten, daß ich mit

zwei Jahren im Schwarzwald geradewegs in einen felsigen Wildbach hineingelaufen und mit knapper Not von einem befrackten Kellner gerettet worden war. Aber der aus dem Rohr hervorschießende Strahl und auch starker Regen versetzten mich in panische Angst vor der Sintflut, von der man mir Grausiges erzählt hatte.
Das Bösesein entsprang dem primitiven Neid auf die Kinder, die draußen frei toben durften. Ich kauerte haßerfüllt in meiner »Pfefferburg« und warf mit Steinen. Die Angegriffenen vertrieben mich mit besser gezielten Würfen von der vermeintlich uneinnehmbaren Feste. Ich flüchtete in das Gartenzelt, wollte zur Terrasse ausbrechen, als dann die Feinde meine Burg besetzt hatten, und blieb mit den langen Locken am Ausgang hängen wie Absalom an seinem Baum. In tödlicher Angst riß ich mich los, ließ ein tüchtiges Büschel Haare samt den Wurzeln und rannte unter Schmerzensgeheul ins Haus, wo ich von den Großen einfach ausgelacht wurde. Dieses Lachen beleidigte mich zwar, aber es gab auch zu denken, und nun haßte ich mich selbst wegen meiner Feigheit und der Blamage.

Es war wirklich eine problematische Zeit. Sie währte aber nicht lange, da ich den Anschluß an meinesgleichen eines Tages doch erzwang.

Im Pferdestall bei den lustigen Soldaten trieb sich auch der Schenkheini, Sohn unseres Hausmeisters, herum. Er war etwas älter als ich und behandelte mich sofort als Kumpan, was mich sehr beglückte. Und als ich mein feines Kindermädchen von den Pferdedienern umgeben sah, lief ich mit dem ersten Freund meines Lebens auf und davon.

Er brachte mich zu seinen Geschwistern in die über den Ställen liegende Hausmeisterwohnung, und eine Fülle neuer Eindrücke stürmte auf mich ein. Vater und Mutter Schenk waren abwesend. Die Großmutter lag krank in einer Kammer, und die Kinder lachten über ihr heiseres und machtloses Schelten, das aus der Tür drang. Sie tollten in ihren Hemden über die ungemachten Betten, und ich gab mich sofort besinnungslos dem Rausch der jungen Freiheit hin. Es entwickelte sich eine herrliche Kissenschlacht.

Als die Anna erschien, rebellierte ich zum erstenmal so ernstlich, daß ich schließlich freien Abzug und Mitnahme des Heini durchsetzte. Ich brachte ihn geradewegs zu Mama, und meine überströ-

mende Glückseligkeit, ebenso wie das drollig-altkluge Benehmen des Hausmeistersohnes der »Herrschaftsdame« gegenüber veranlaßten eine lachende Revision der peinvollen Verbote.
Von Stund an war mein Leben glücklich. Ich war den größten Teil des Tages mit den Schenkkindern und bald auch mit anderen Altersgenossen auf unserem Hof, der Wiese neben dem Haus und auf der Straße zusammen, lernte alle meinem Alter gemäßen Spiele und vergaß den bösen Haß. Die »Pfefferburg« – auch sie wurde 1944 von Bomben zertrümmert, wie eine richtige Festung – ward aus einem Horst einsamer Bosheit Gemeinschaftsbesitz und lustiger Tummelplatz.
Ich beging fidele Streiche, zu denen ein gewisser Schneid gehörte: Den blitzenden Waffenrock des Obersten von Müller stahl ich vom Treppengeländer des zweiten Stockes, wo der Bursche ihn zum Bürsten aufgehängt hatte, zog ihn an und wollte schon mit schleppenden Schößen und leer baumelnden Ärmeln aus der Haustür, als mich unser Etagennachbar, Konsul Hausmann, gerade noch abfing. Er hielt mir sechsunddreißig Jahre später diesen Raub des bunten Rockes sogleich vor, als wir uns durch Zufall bei einem guten Essen in Vorarlberg wiedersahen.
Der Schenkheini erschien fast täglich bei mir im Kinderzimmer und war praktisch Mitbesitzer aller meiner Spielsachen. Wenn Mama hereinkam, begrüßte er sie artig und sagte dann mit seiner schon merkwürdig tiefen Stimme ernst und sachlich: »Gibt's heit koan Kaka-o?« Er betonte das Wort wie »Kakadu«. Mama und die Geschwister lachten Tränen über ihn.
Andererseits drang er bei jedem meiner Besuche in der Hausmeisterwohnung energisch darauf, daß seine Mutter mir ein Schmalzbrot vorsetzte. Der Heini wußte, was sich gehörte.
Als Ältester der Schenkkinder hatte er auf seine Geschwister aufzupassen und sie gegebenenfalls in Schutz zu nehmen. Diese Betreuung dehnte er auch auf mich aus, was den anderen Gassenkindern gegenüber schon wegen meiner Mähne sehr notwendig war. Die mir selbst so verhaßten Locken brachten mich in die Lage eines entflogenen Kanarienvogels, der unter Spatzen gerät. Die Spatzen schimpften mich »Mädel«, aber der Schenkheini schaffte energisch Frieden, und die wilde Gesellschaft gewöhnte sich an meinen komi-

schen Löwenkopf, zumal ich mich unter ihnen einwandfrei bubenmäßig benahm.
Das Kindermädchen wollte meine Emanzipation nicht verwinden und ging. Es gab zu meiner innigen Freude keine Nachfolgerin. Die traurigen Spaziergänge drohten nicht mehr, und mit Mama oder den Schwestern ging ich ganz gerne aus. Sie nahmen mich meist zu Besorgungen in die Stadt mit, und in vielen Geschäften bekam der kleine Sohn der guten Kundin Geschenke: Reklamebilder oder Bonbons, die in München in hübscher Übersetzung »Gutzeln« heißen.

II

In meiner nun so glücklichen Verfassung schien mir auch daheim bei den Großen alles schöner und lustiger geworden zu sein, und meine Anteilnahme an diesem Lebenskreis wuchs daher nicht nur im Maß meines Älterwerdens. Ich war kein Gefangener dieser Sphäre mehr, und ohne einengende Mauern gefiel es mir recht gut in ihr.
Die Onkels und Tanten, die sich da um das höchste, beste und schönste Wesen Mama scharten, waren mir alle lieb. Am meisten natürlich die Geschwister, und von ihnen wieder Heini und Ommo, die immer nur Gütigen, noch mehr als die Schwestern, die sich gelegentlich zu Mamas Vertreterinnen aufschwingen wollten.
Ommo war schon dagewesen, als mein Denken erwachte. Ein schnurrbärtiger Onkel, der sehr ernst schien, aber immer einen Spaß für mich bereit hatte.
Thomas war 1893 vom Lübecker Gymnasium weg Mama gefolgt und war als Volontär in eine Münchener Versicherungsgesellschaft eingetreten, nur um irgendein berufliches Alibi zu haben.
Eines Tages durfte ich ihn mit Mama in seinem Büro besuchen und war sehr beeindruckt von seinem Drehsessel. Zu Hause vor dem Flügel stand ja ein ähnlicher, aber ich durfte nicht mit ihm spielen. Ich vermutete stark, daß Onkel Ommo sich auf dem seinigen, wenn niemand hersah, schnell ganz hoch hinauf- und wieder herunterdrehen werde.

Er trieb aber in diesem Büro ganz andere »Nebendinge«, wie Professor Unrat das genannt haben würde. Unter dem Pult, auf dem Policenformulare lagen, entstand Thomas Manns erste Novelle »Gefallen«, in der vier Freunde ausgezeichnet miteinander speisen und über die Weiber sprechen. Einer von ihnen, ein skeptisch Erfahrener, erzählt schließlich ein bitteres Erlebnis mit einer Frau, die zuerst durch Liebe und dann um des Geldes willen »fiel«.
Diese – übrigens teilweise gereimte – Story ist leider in die gesammelten Werke nicht aufgenommen worden und vermutlich irgendwann verlorengegangen. Aber damals erschien sie sofort in der modernen literarischen Zeitschrift »Die Gesellschaft«, die schon 1893 das tief melancholische Gedicht »Zweimaliger Abschied« des Gymnasiasten »Paul Thomas« gebracht hatte.
Die Novelle aber, die ihr Autor später der Erhaltung nicht wert erachtete, brachte immerhin für den Pro-forma-Volontär eine lebenswichtige Entscheidung: Richard Dehmel – merkwürdigerweise damals ebenfalls in der Assekuranzbranche tätig – las sie, war begeistert und schrieb dem jungen zweifachen Kollegen einen warmherzigen und ermunternden Brief, in dem die Veröffentlichung weiterer Arbeiten in der eben gegründeten Kunstzeitschrift »Pan« angeboten wurde. Das war nicht wenig. Man konnte es Erfolg nennen. Wem der »Pan« offenstand, bedeutete in der modernen Dichtung schon etwas. Ich erinnere mich aus späterer Zeit, daß seine Ausgaben von der Familie sehr ehrfürchtig behandelt wurden. Es waren dicke Hefte großen Formates mit einem Pankopf auf dem Titelblatt und büttenähnlichem, grob gerandetem Papier.
Der Dichter-Volontär zog auch mutig alle Konsequenzen aus diesen glückhaften Auspizien, kündigte seine unbezahlte Stellung und schrieb sich an der Münchener Universität ein. Er belegte Literaturgeschichte, Ästhetik und Nationalökonomie. Die letztere Disziplin ist ihm schon bei »Königliche Hoheit« sicher sehr zustatten gekommen.
Der Hörer der Alma mater beeilte sich aber keineswegs damit, etwas für den »Pan« zu schreiben, sozusagen auf Bestellung zu dichten. Der Brief des großen Kameraden Dehmel war ihm Bestätigung und Anlaß zum Absprung gewesen. Aber der junge Schriftsteller ließ die Früchte geduldig in sich reifen. Diese disziplinierte,

verantwortliche Haltung habe ich, ein ungeduldiger, schlechter Warter, immer sehr bewundert.
Die nächste Novelle »Der kleine Herr Friedemann« kam erst ein oder zwei Jahre später und erschien auch nicht im »Pan«, sondern in der »Neuen Rundschau«.

Onkel Ommo war also schon in meinem ersten und engsten Gesichtskreis gewesen. Onkel Heini aber trat erst ein wenig später hinzu. Auch ein ernster, doch überaus guter Onkel, dem man vertrauen konnte, wie Mama.
Heinrich war noch zu Papas Lebzeiten nach seinem Abiturium als Lehrling in den Dresdener Buchhandel gekommen und dann zum Verlagswesen, nämlich zu S. Fischer, Berlin, übergewechselt. Zu jenem Verlag also, der später zwar keines seiner eigenen Werke, wohl aber alle des jüngeren Bruders herausbrachte.
Er hatte neben Novellen schon den Roman »In einer Familie« geschrieben, verließ eines Tages den Verlag, besuchte die Berliner Universität und konzipierte das im Berlin der Börsianer, Journalisten und Literaten um 1890 spielende »Schlaraffenland«.
Plötzlich kam er zu Mama und gehörte zu uns. Eigentlich war er aber nur auf der Durchreise da. Es zog ihn noch weiter südlich.

Tante Jaju, oder Lula, war ein wortgewandtes Wesen mit stolzer Haltung und ausgesprochenem Hang zur Repräsentation, was sich auch in der Kontrolle meiner nebensächlichen kleinen Person auswirkte. Ich war ihr niemals sauber und gekämmt genug, und als sie einmal mit mir in die Stadt ging und ihr plötzlich mein Anzug nicht mehr gefiel, ließ sie mich, statt umzukehren, kurzerhand in einem Kinderkonfektionshaus neu einkleiden. Ich fühlte, daß sie mich trotz ihres Mäkelns gern hatte, und reagierte daher nicht allzu bösartig auf sie. Es tat mir sogar leid, daß ich mich, auf einem anderen Stadtgang vom Keuchhusten überfallen, auf ihr neues weißes Kleid übergeben mußte, und meine Reue darüber wurde noch größer, als Jaju mich dann während meiner Krankheit im Wechsel mit Mama so liebevoll pflegte.
Carla, meine Tante Atta also, war eine »höhere Tochter« mit Bleichsucht und enormem Appetit. Die Bleichsucht wirkte sich in

gelegentlichen Ohnmachten aus, nach denen der Appetit in seine Rechte trat und fünf Semmeln mit Mettwurst spielend überwältigte. Atta mußte Eisenwein trinken, was mir unheimlich war.
Trotzdem hatte schon die Vierzehnjährige große Erfolge bei den jungen Männern der Nachbarschaft. Einer namens Buckel ging in seiner Passion so weit, mich als Postillon d'amour zu benützen. Er versprach mir eine echte Radfahrmedaille! Ich konnte es nicht glauben, daß ich für etwas so Lustiges wie diese verstohlene Überbringung auch noch eine derartige Belohnung erhalten sollte, und als der Jüngling mir die Messingplakette mit dem Hochrad am weißblauen Band wirklich aushändigte, war ich sprachlos vor Glück. Es empörte mich sehr, daß Atta den Brief der ganzen Familie vorlas und alle über Herrn Buckels sicher nur freundlich gemeinten Mitteilungen lachten.
War es das Beispiel der Brüder oder die Luft der Kunststadt – kurzum auch die Schwestern dichteten: Jaju tiefsinnige Verse und Atta Novellen, von denen eine »Die neue Ruine« hieß. Und da ich die ganze Familie so viel mit Papier umgehen sah – mit leerem, das sich langsam füllte, oder mit bedrucktem –, so begann auch ich mich ernsthaft mit diesem offenbar sehr wertvollen Material zu befassen. Ich sammelte Kataloge, Reklameschriften, alte Hefte, kritzelte in ihnen herum und tat, als ob alle ihre wunderlichen schwarzen Zeichen von meiner Hand stammten. Den immer höher werdenden Stapel nannte ich »Post-Aquuraten«.

Es gab noch eine Menge Onkels und Tanten, die abwechselnd und manchmal alle auf einmal zu Mama kamen. Als ersten unterschied ich aus ihrer Vielfalt den Onkel Leo, Leo Putz, den Maler mit der grotesken langen Nase, deren humoristischer Wirkung sein ganzes Wesen angepaßt war.
Er war der Lustigste von allen und gab sich immer besonders viel mit mir ab. Mit Mund und Händen konnte er alle möglichen knallenden und knackenden Geräusche veranstalten, zauberte mit dem Taschentuch, ahmte Schweine, Enten und Hühner nach und legte gackernd vor meinen sehenden Augen Eier in Mamas Lehnstühle. Manchmal waren sie aus Schokolade.
Leo Putz, ein Tiroler, gehörte zu den Intimen des Hauses und ver-

kehrte bei uns, solange Mama in der Stadt lebte. Er war einer der amüsantesten Gesellschafter Münchens und verdankte diesem seinem Charme nicht viel weniger Erfolge als seiner Malkunst, die ihm später den Professorentitel einbrachte.
Sein Freund und Malerkollege, Baptist Scherer, an dem mir vor allem ein außerordentlich starker und langer blonder Schnurrbart gefiel, war auch ein treuer Hausfreund und netter Onkel. Für mich stand er damals zwar im Schatten des unübertrefflichen Onkels Leo, tatsächlich aber war er ein überaus gebildeter, feinsinniger und eleganter Herr, der seinen Freund an geistigem Fond und vornehmer Weltgewandtheit übertraf. Auch als Künstler war er hoch begabt, und sein allzufrüher Tod hat uns alle sehr betrübt.
Dann gab es noch den Onkel Knötzinger, einen Urbayern, Postrat und Künstler auf allen Streichinstrumenten, mit dem ich münchnerisch reden durfte, wie mit dem Schenkheini, und den ernsten Herrn von Fielitsch, der ein entfernter Verwandter von uns war, komponierte und zum Spitzbart einen langen, immer nach unten hängenden Schnurrbart trug. Ein anderer Komponist hieß Onkel Oskar Probst und hatte eine große Glatze. Nach einem schrecklichen Faux pas mußte ich es mir aus Angst vor den angedrohten Strafen versagen, sie jemals wieder laut zu bejubeln.

Aber auch eine wirkliche und richtige Tante kam manchmal zur Freude der ganzen Familie an. Sie strahlte Würde, Fröhlichkeit und Güte aus, war in ihrem starren Seidenkleid immer der Mittelpunkt einer lachenden Gruppe und sprach mit einer Stimme, in der mir eine kleine Trompete mitzuklingen schien, besonders wenn sich die Tante als eine »vom Leben gestählte Frau« bezeichnete. Sie hieß Tante Elisabeth. Nach Erscheinen der »Buddenbrooks« nannten ihre Freunde sie nur noch »Toni«, was sie zunächst indigniert, dann mit Humor und schließlich mit Stolz hinnahm.
Ich wich nicht von ihrer Seite, solange sie jeweils bei uns war. Nicht nur die Bonbons, die sie immer in ihrem »Ridicule« für mich bereit hatte, und ihr Schildpattlorgnon, mit dem ich manchmal spielen durfte, zogen mich an, sondern vor allem ihre Geschichten, und zwar weniger wegen des Inhalts, der mir noch nicht viel sagen konnte, als vielmehr um der amüsanten Art des Vortrages willen,

der sich fast stets in eine belustigende und schließlich von sich selbst belustigte Empörung steigerte. Die kleine Trompete schwoll dabei zu Fanfarentönen an.
Da gab es die dramatische Schilderung einer unwürdigen Störung der Nachtruhe im Schlafwagen Vevey–Lindau durch den »Zoll«; und den temperamentvollen Klatsch über eine Gräfin B., die ihren armen kleinen Jungen fremden Leuten überließ, um ungehemmt ein tolles Leben führen zu können. »Unterröcke zu einhundertzwanzig Mark!!« klang beim Finale die empörte Fanfare auf.
Aber auch in Moll konnte die kleine Trompete tönen, wenn Tante Elisabeth von den zwei bedauernswerten Schwestern erzählte, die sich im fortgeschrittenen Stadium der Schwindsucht nach südlichen Küsten eingeschifft hatten und dennoch sterben mußten. »Die eine angesichts von Madeira und die andere auf Madeira.« Oder bei der ebenfalls tieftraurigen Geschichte von dem herzensguten Herrn, dessen Leben zerstört war, als ihn seine geliebte Frau, eine genußhungrige Weltdame, verstieß. »Stellt euch vor«, endigte dieses Melodram, »die Person wies ihm die Tür, die Augen gingen ihm über und ward nicht mehr gesehen.«
Meine auch bei solch tragischen Geschichten unwiderstehliche Lachlust schien mir nur deshalb verzeihlich, weil auch alle Großen immer schallend erheitert waren. Dem Onkel Ommo liefen die hellen Tränen über die Wangen. Dann sagte die wunderbare Tante: »Ja, Kinder, ihr lacht!«, gab mir einen Kuß, wobei mich der leichte Flaum ihrer Oberlippe kitzelte, und lachte leise trompetend mit. Ich hatte sie herzlich lieb.
Aus der Menge anderer Gäste des Hauses blieb mir ein halbes Dutzend Uniformen in Erinnerung, deren Träger ich aber nie voneinander unterscheiden lernte. Es waren Kriegsschulfähnriche, Tanzstundenherren Schwester Julias. Ich war von Jaju streng angehalten, sie anstatt Onkels nur mit »Herr Fähnrich« anzusprechen, und später wurde ich auf »Herr Leutnant« umgeschult.
Es kam aber kaum zu solchen Anreden, denn diese Besucher waren trotz ihrer Jugend viel erwachsener und unzugänglicher als alle anderen Großen. Sie lachten wenig und auch dann nur in kurzen, abgehackten Tönen, und ich schätzte ihre Besuche höchstens deshalb, weil ich manchmal heimlich auf der Diele mit ihren Seitengeweh-

ren und Säbeln spielen konnte, während sie im Salon bei Tee mit Rum, Anchovisbrötchen und englischen Cracknels saßen.
Einmal kam Onkel Leo hinzu, der verspätet eintraf. »O Jessas, is der Kommiß a wieder anwesend?« sagte er beim Anblick der Waffen. »Gel, Bursch, die san nix für uns zwei.«
Ich stimmte ihm ernst zu. Was nützten mir die schönsten Uniformen? Die Herren Fähnriche konnten oder wollten nicht grunzen noch krähen, vom Eierlegen ganz zu schweigen.
Auch ging weder die feine Herzlichkeit Onkel Scherers noch der derbe Charme Onkel Krötzingers von ihnen aus. Nicht einmal Glatzen hatten sie. Sie waren nur Herren, keine Onkels.

III

Auch heute noch ist unsere Rambergwohnung in meiner Erinnerung ein Labyrinth von unzähligen Sälen, obwohl sie nichts als eine Achtzimmer-Etage normaler Größe gewesen sein kann. Der fast tägliche Anblick ihrer traurigen Reste vermag trotz seiner Realität diesen Eindruck nicht ad absurdum zu führen. Die Dinge sind nicht, was sie sind, sondern das, was sie uns scheinen oder schienen. Da hilft kein Anschauungsunterricht des rauhen Lebens.
Die kindliche Perspektive machte auch die Ausmaße der Einrichtung so wuchtig, daß sich nicht viele Einzelheiten einprägen konnten. Die himmelhohen Wände hingen voller riesiger Bilder, aber ich unterschied sie kaum voneinander. Im Eßzimmer schaute ein Kastell auf mich herunter, das »Büfett« hieß, und die Löwenpranken, die den Tisch trugen, waren so gigantisch, daß jede für sich ein Raubtier sein konnte. Im Salon vollends entwirrte sich mir die Gesamtheit düsterer Pracht nie ganz. Aber ich begriff trotz seiner Größe den schwarzen Flügel, wohl weil mir seine klaren Formen eingingen und sich in meinen Sinnen mit seinen reinen Tönen vereinigten; und auch die weiße Büste einer antiken Göttin, die mit blinden Statuenaugen und einem Halbmond in der griechischen Frisur von einem Postament schaute. Vermutlich zog sie meine Blicke deshalb oft an, weil hinter ihr ein Arrangement von bunten Pfauenfedern angebracht war, wie ein Strauß von Farben.

Es gab noch andere farbige Sträuße im Salon. Die Chinavasen strotzten von seltsamen Gewächsen, und hinter den Bilderrahmen schauten Pflanzenwedel hervor. Später lernte ich, daß dies alles im Verein mit Sammetvorhängen, sonstigem schweren Prunk und Halbdunkel der Makartstil gewesen war.
Sehr deutlich prägten sich mir damals nur einige kleinere Gegenstände der Wohnung ein: der niedrige und sehr tiefe »Spielschrank« in meinem Kinderzimmer, der einmal auf den Schenkheini und mich fiel, als wir an seinen Borden herumkletterten, dann Carlas zierlicher Mädchenschreibtisch mit Nippesfiguren und am stärksten ein hellbraunes Schränkchen auf schmaler Etagere. Es wurde ehrfürchtig behandelt und war Papas Zigarrenschrank gewesen. Noch entströmte ihm, wenn die Tür mit den eingeätzten Tabakblättern sich öffnete, ein Duft, der mir als erstes Begreifen des mythischen »Papa« unvergeßlich blieb. »Papa«, das war mir damals ein Geruch, von dem ich erst viel später wußte, daß er von Importen und Zedernkistchen herrührte. Zugleich war dieses Arom »Lübeck«.
Auf der Etagere standen viele Gegenstände, die auch wegen ihrer Kleinheit früh faßbar für mich waren: ein bronzener Neger mit Yankeezylinder und Tragkorb für Zigarren, ein silberner Hühnerhund mit braunen Glasaugen und das Allerhübscheste, Liebste und Vertrauteste: das Porzellan-Hollandhäuschen »In de rokende Moor«, ein kaum spannhohes Amsterdamer Giebelhaus in Weiß und Blau, abnehmbar vom Sockel mit dem ehrwürdigen Delfter Firmenzeichen und dazu bestimmt, fremdartig riechenden Rauch kleiner kegelförmiger Kerzen aus seinem Schornstein aufsteigen zu lassen.
Großvater Mann hatte es von einer seiner vielen Reisen aus Holland mitgebracht, zu dem die Manns ja als niederländische Konsuln immer in regen Beziehungen standen. Ich habe es geerbt, und nachdem es einen Bombenhagel überstanden hatte, der in der nächsten Nachbarschaft die wirklichen Häuser zusammenstürzen ließ, rettete ich unser Räucherhäuschen, in viel Holzwolle verpackt, aufs Land. Jetzt steht es wieder bei mir und läßt die Zeit der Kindheit stärker und farbiger vor mir aufsteigen als der Schutthaufen in meiner nächsten Nähe, der einst das hochherrschaftliche Haus Rambergstraße 2 war.

Mein Lebenskreis weitete sich. Mit fünf Jahren kam ich nicht nur in einen Kindergarten, wo ein mildes Fräulein das Flechten von bunten Papierstreifen lehrte, sondern auch in die von einem aktiven Sergeanten geleitete »militärische Turnstunde«. Ich weiß nicht mehr, wer diese erzieherische Spezialität entdeckt und empfohlen hatte. Mit anderen Knirpsen mußte ich, in Drillich gekleidet, »antreten«, »richt euch« und »wegtreten« lernen, und das »Turnen« bestand hauptsächlich aus dem Putzen der blanken Knöpfe mittels stinkender Pomade und einer sogenannten Knopfgabel. Der Herr Sergeant hielt »Visitation« und war von aufgeräumter Strammheit. Sein hübscher Nebenverdienst hat ihn sicherlich hoch über das wirtschaftliche Niveau seiner Charge gehoben.
Immer noch trug ich die schreckliche Lockenmähne, die mich in jeder neuen Gemeinschaft wieder zum Kanari unter Spatzen machte. Auch in die erste Volksschulklasse im roten Backsteinhaus an der Amalienstraße schickten mich die grausamen Meinen noch mit diesem degradierenden Schmuck. Hier aber war es schnell aus und zu Ende mit dem weibischen Attribut, weshalb mir meine ersten Schultage paradoxerweise für immer als Glück und Erlösung im Gedächtnis haftengeblieben sind.
Ich wurde neben einen heulenden Genossen gesetzt, der Moritz Stiefel hiel. Ja, Moritz Stiefel, genau wie der aus »Frühlings Erwachen«. Moritz war überaus dreckig und roch auch ziemlich abscheulich. Trotzdem tröstete ich ihn in seinem Jammer, froh, daß er nicht mit dem gewohnten Hohn auf meine Locken reagiert hatte. Ich wurde reich belohnt, denn mein Banknachbar bedachte mich sofort mit Läusen. Und zwar mit Läusen in solcher Menge und von so wilder Vitalität, daß es auch für Lulu und Carla mit ausreichte und ein von der empörten Mama herbeigerufener Friseur barsch und bestimmt erklärte: »Der Bub muß gschert werden. Mit dera Pudelfrisur bringt er d' Läus seiner Lebtag nimmer an.«
Mein Jubel kannte keine Grenzen. Die Löwenmähne fiel. Ich war endlich ein richtiger Bub.
Ich wollte mich dem Urheber meines Glückes erkenntlich zeigen, aber Mama hatte bei einer temperamentvollen Aussprache mit dem Herrn Lehrer allerhand durchgesetzt. Moritz blieb einige Tage der Schule fern, und als er – geradezu entstellend gereinigt und gescho-

ren – wieder auftauchte, durfte ich nicht mehr neben ihm sitzen und sollte ihn auch sonst meiden.
Trotzdem hielten wir guten Kontakt, und als ich ein Jahr später schon in einer anderen Schule war, bekam ich eines Tages von ihm die erste Postsendung meines Lebens. Es war eine bunte Ansichtskarte aus einem schwäbischen Nest, und die klecksige Kinderschrift sagte: »Aus der Heimat meiner Eltern sendet Dir tausend Grüße Dein Freund Moritz Stiefel.« Ja, das war ein Freund!

Lange vor meinem ersten Schultag hatte eine mir sehr schmerzliche Verengung des Familienkreises stattgefunden: Zuerst war Onkel Heini in ein fremdes Land gereist, und dann war ihm plötzlich Onkel Ommo gefolgt. Ich war schon alt genug, um Menschen, die ich gern hatte, bewußt und ausdauernd vermissen zu können.
Und als ich ein Schuljahr hinter mir hatte, geschah etwas mir ganz Unbegreifliches: Wir zogen um. In ein gar nicht schönes Haus an der Gabelsbergerstraße. Obwohl ich da von den gleichen Menschen und denselben, allmählich vertrauter gewordenen Möbeln umgeben war wie bisher, fühlte ich mich in dieser Wohnung nie ganz daheim, und vielleicht habe ich deshalb keinerlei Erinnerung mehr an die kurze Zeit, die wir dort verbrachten.
Kindheit, das ist für mich die Rambergstraße. Dann kommt eine Leere, und aus ihr steigt klar und fröhlich die Bubenzeit in der Herzogstraße auf.

Bilderbuch für artige Kinder

I

Die Onkels Heini und Ommo waren also in Italien, ein für den Fünfjährigen völlig unvorstellbarer Begriff, der erst durch Mamas Kommentare primitiv-traumhafte Gestalt annahm. Italien war mir dann heiße Sonne auf weißem Marmor. Marmor war ein heller Stein. Infolgedessen war unsere Hofmauer, hinter der damals das freie Feld der Schwabinger Bauplätze begann, in der Mittagssonne für mich Italien.

Briefe wurden vorgelesen: Die beiden lebten in Rom. Rom! Wie das klang! Ommo habe zwei Zimmer in der Via Torre Argentina, nahe am Pantheon. Wiederum klangvoll, doch unbegreiflich. Später kamen noch die Namen Palestrina und Campagna hinzu. Vollends unverständlich und keinesfalls ein Ersatz für die leibliche Anwesenheit von Ommo und Heini.

Immerhin gab es zu lachen, selbst für mich, denn die beiden schrieben lustig und verteilten den Scherz auf uns alle, selbst auf mich. Oft aber mündeten die Briefe in humoristisch geschilderte Geldnot und einen kleinen Pump bei Mama.

Man muß sich exakt vor Augen stellen (wie Mynheer Peeperkorn aus dem »Zauberberg« sagen würde), wie Mama um uns alle besorgt war. Im Winter galt ihre Angst besonders unserem unbedachten Schreiten über glatteisige Straßen und der Gefahr eines Falles nach rückwärts, eines »Hinschlagens« mit gehirnerschütternden Folgen. Was schrieben nun Heini und Ommo eines geldknappen Tages mitten im Sommer in Rom auf ein königlich italienisches Telegrammformular mit Mamas Adresse:

»gräßlich auf den hinterkopf geschlagen
sendet umgehend tausend
b und t«

Welcher von beiden die Schockwirkung dadurch vermied, daß er die Schreckensbotschaft in einem frankierten Kuvert statt über den Draht absandte, blieb ungeklärt, und es gab wieder ein großes Lachen in der Rambergstraße.
So stellten sich dem vier- und fünfjährigen Schwabinger Gassen- und »Herrschaftskind« die italienischen Jahre der großen Brüder dar, wenn es, mit schulterlangen Locken und kakaobekleckertem Latz beim Frühstück sitzend, den Gesprächen der Großen lauschte und krähend in das Gelächter einstimmte.
Was aber damals, da unten im Süden, wirklich geschah, konnte nicht nur ich viel später erst begreifen: das Ringen zweier Dichter um die Erkenntnis ihres Woher und damit um ihr Wohin.
Weit abgesetzt von der Heimat, wo ihnen auch die Münchener Rambergstraße eine Art Ableger der Lübecker Meng- und Roekstraße blieb, im gänzlich anderen Land, zu dem sie sich blutsmäßig gezogen glaubten, rangen die Brüder um Klarheit. Waren sie etwa durch Blutmischung Entartete des alten Geschlechts oder seine kommende Erhöhung und Erfüllung nach einer durch viele Jahrhunderte gehenden Entwicklung? Und wohin gehörten sie, wenn ihr Künstlertum lebensstark war wie die Tüchtigkeit der Ahnen auf rauher See, beim großen Handel, im neuen tropischen Land und bei Staatsverträgen in gotischen Senatssälen?
Was sie wenig später über ihr Verhältnis zu ihrem sonnigen Gastland bekannten, waren nicht gerade Hymnen begeisterter Reiseschriftsteller. Heinrich sagte in einer knappen Selbstbiographie, die neben einer großartigen Gulbransson-Karikatur in einem Albert-Langen-Almanach um die Jahrhundertwende erschien: »Sobald ich konnte, ging ich heim nach Italien. Ja, eine Zeitlang glaubte ich daheim zu sein, aber...« Und Thomas legte seinem Tonio Kröger, dem literarischen Sprossen der Da-Silva-Bruhns-Manns, in den undankbaren Mund: »Die ganze bellezza macht mich nervös. Diese Romanen haben kein Gewissen in den Augen. Nein, ich gehe nun ein bißchen nach Dänemark, ich will die Ostsee wiedersehen. Ich berühre meinen Ausgangspunkt, und das kann ziemlich komisch werden.«
Es wurden die »Buddenbrooks« daraus, aber der Weg führte auch wieder nach Süden, zur »Fiorenza« und zum »Tod in Venedig«.

Der Weg ging im »Zauberberg« in alle Welt, er ging mit »Joseph« und »Mose« zur Wiege unserer Menschheit und drang mit den »Vertauschten Köpfen« in fernöstliche Mythen vor. Und er kehrte auf unerhört gespannter Brücke zum Herzen Deutschlands zurück, zu »Lotte in Weimar« und zu dem in dunkler Qual geborenen »Doktor Faustus«. Siehe da: die ganze Welt und die Heimat in ihrer Mitte.

Beim älteren Bruder drängte nach den ersten dichterischen Versuchen das Da-Silva-Blut zunächst vor zu den »Göttinnen«, zu »Flöten und Dolchen« und auch später noch oft, so bei der »Kleinen Stadt«. Aber schon »Zwischen den Rassen« verneinte die Festlegung auf den Süden. »Der Untertan« war prophetische, wenn auch in bittere Schärfe gekleidete Sorge um die Heimat, eine Reihe anderer Werke sind Europa, »Professor Unrat« und »Eugenie« führten spät doch wieder nach Lübeck zurück, das Thomas zum Ausgangspunkt genommen hatte, »Henri IV« ist die große Vergangenheit Frankreichs, und weit drüben, in Kalifornien, entstand überblickend und vereinend »Ein Zeitalter wird besichtigt«. Siehe da: in Leidenschaft und Spott, Lust und Klage, lodernder Empörung und Liebe, viel Liebe, die ganze Welt und die Heimat in ihrer Mitte.

Zwei Wege, die aus gleicher weltweiter Herkunft in verschiedene Richtungen gingen und doch beide in der Vollendung die Welt umspannten. Die Welt und Deutschland in ihrer Mitte.

II

Die starke Gemeinsamkeit der Brüder in ihren wegesuchenden italienischen Jahren – etwa 1895/97 – war einst Anlaß zu der literarischen Anekdote, die »Buddenbrooks«, die Thomas ja damals schon konzipierte, seien eigentlich als Gemeinschaftswerk à la frères Goncourt geplant. Heinrich, so hieß es, sollte das Familienhistorische gestalten, den Aufbau und Anstieg also, und Thomas wären die letzten Akte, der Verfall geblieben.

Heinrich erzählt in seinem Lebensbericht »Ein Zeitalter wird besichtigt« andeutungsweise davon, daß in Rom solche Möglichkeit

wirklich einmal im Gespräch erwogen worden sei. Über dieses Stadium hinaus aber ist das Vorhaben nie gekommen.
Ein Gemeinschaftswerk jedoch, das einzige der Brüder, ist damals wirklich im Süden, in Rom und Palestrina, entstanden. Es »erschien« nur im Originalexemplar, von den Autoren handgeschrieben, handillustriert und handgebunden, und die Verfasser widmeten es witzigerweise Schwester Carla und mir, Kindern also, obwohl es in Bild und Wort fast durchwegs »nur für Erwachsene« paßte.
Man gab mir das Buch vorsichtig und unter Aufsicht in die Hand, und ich war sofort begeistert. Die großenteils grotesken farbigen oder schwarzweißen Bilder gefielen mir besser als alles bisher in dieser Art Gesehene. Auf mehreren von ihnen erkannte ich mich sogar selbst, und der zähe Wunsch, über die Texte auf den Sinn des herrlichen Heini-Ommo-Geschenkes zu kommen, war so stark, daß ich an diesem Buch das Lesen schneller lernte, als es die Schule verlangte, in die ich seit ein paar Monaten ging. So wurde es doch zu einem pädagogischen Werk, als welches es sein braver Titel nur ironisch deklariert hatte.
Daß Heinrich in seiner Jugend noch zwischen Malerei und Literatur schwankte, ist aus vielen Biographien bekannt. Ein schon bei unserer Mutter zutage getretenes malerisches Talent war verstärkt auf ihn überkommen, und die Proben dieser Gabe wurden von kundigen Beurteilern sehr vielversprechend eingeschätzt.
Ich sah als Kind solche Proben erstmals auf einem Dutzend feiner Porzellanteller, die Heinrich für Mama bemalt hatte. Es gab da bärtig-bunte Sultane, Ritter und Damen anzustaunen, und eines der Bildchen stellte einen ernsten Mann mit Spitzbart dar, wie Heinrich sich ihn damals auch wachsen ließ. »Das ist Heinrich Heine, der Dichter«, erklärte Mama dem Vierjährigen, und ich machte »Heini« daraus, zumal ich ja vage wußte, daß mein spitzbärtiger »Onkel Heini« ein Dichter wurde. So glaubte ich lange an ein Selbstporträt Heinrichs und paßte bei Tisch scharf auf, bei welchem Gedeck dieser Kompotteller stand. »Atta ißt Onkel Heini auf!« schrie ich dann plötzlich.
Es ist schade, daß diese hübschen Bilder durch ihr zerbrechliches Material zur Kurzlebigkeit verurteilt waren und bald Opfer unserer Umzüge und Dienstmädchen wurden.

Viel stärker aber trauerte ich um Heinrichs Bilder im Gemeinschaftsbuch. Sie wären alle reif für den einige Jahre später zum erstenmal erscheinenden »Simplizissimus« und die »Jugend« gewesen, und lange danach erinnerte mich manches Werk von Julius Dietz an Heinrichs Malstil.
Thomas hatte ausgesprochenes Zeichentalent, besonders für Grotesken und Karikaturen, bei denen das komische Selbstporträt immer wieder vorkam. Sein illustrierender Anteil am »Bilderbuch« brachte mich später zu manchem Vergleich mit den Zeichnungen von George Grosz, deren Haß und großem Können freilich bei Thomas nur starke Ironie und geringere Technik gegenüberstanden.
Unser Bilderbuch für artige Kinder war sauber und dauerhaft in Pappe und Leinen gebunden, und sein Deckel zeigte eine Federzeichnung von Thomas: eine traumhaft-gespenstische Vollmondlandschaft mit einem Moorweiher, aus dessen traurig-glatter Fläche ein übertrieben melancholischer Männerkopf auftauchte. Ein nächtlich Badender? Der Geist eines Ertrunkenen? Ein unterernährter Nök oder Nickelmann? Ich habe es nie erfahren können. Es war wohl als L'art pour l'art gedacht und hatte mit dem Inhalt des Buches wenig zu tun.
Dann kam die farbige Titelseite, auf der ich mich mit meiner damaligen Löwenmähne und »überbeißenden« Oberlippe erkennen konnte an der Hand der noch stärker karikierten »Atta«. Als Herausgeber wurde ein Oberlehrer Doktor Hugo Giese-Widerlich in Wort und Bild vorgestellt, der mit tückischster Miene, Brille, Fischmaul, schütterem Bart und zweireihig hochgeschlossenem Rock geradenwegs aus der dunkelsten der damaligen Mittelschulen kam und mir Angst vor meinen künftigen Lehrern einjagte.
Er konferierte auf der nächsten Seite den Buchtitel folgendermaßen:

> *Fünfundsiebzig Kunstwerke von Meisterhand, worunter achtundzwanzig kolorierte Bilder und siebenundvierzig Kupfer, nebst sechzehn begleitenden Kunstgedichten und vielen Textbemerkungen sittlich belehrenden und erheiternden Inhalts mit Sorgfalt und unter besonderer Berücksichtigung des sittlichen Gedankens für die heranreifende deutsche Jugend gesammelt und herausgegeben.*

Und dann ging es los in einer Art, auf die ein wirklicher Doktor Giese-Widerlich mit nichts als Karzer, »Ausschließung aus der Lehranstalt« und schlimmsten Prophezeiungen für die Zukunft der beiden Autoren reagiert hätte.
Das Familienleben – auch das unserige – war karikiert, das Bürgertum verspottet, die Helden- und Gespensterballade wurde parodiert und eine gewisse geleckte Art der Kunstkritik verulkt. Raubmörder traten auf, und ein »Kunstmaler« gab traurige Erinnerungen aus seinem offenbar sehr unseligen Leben zum besten.
Dazwischen immer wieder Heinrichs hübsche Bilder romantischer oder eleganter Art; und Gedicht über Gedicht. Alle waren lustig, die Reime klingelten mir in den Ohren, und bald konnte ich sie ebenso wie die Prosatexte auswendig. Passend oder unpassend, verständlich oder unverständlich für ein Kind – dies hatten Heini und Ommo für mich gemacht. Und noch dazu in Italien!
Später, als ich alles verstand, schien mir immer jene große Schillerparodie der Gipfelpunkt des Buches zu sein, die den Titel trug:

»Raubmörder Bittenfeld vom Sonnenuntergang überwältigt«.

Das lange und höchst pathetische Gedicht war mit Kreuzchen, Sternchen und anderen Anmerkungszeichen gespickt, und unter dem Strich kommentierte ein Schulfuchs von Literaturprofessor den Nationaldichter auf das furchtbarste. Die Verdeutschung von »Chaos« zum Beispiel war durch eine Abhandlung über die Aussprache ergänzt, wobei »Schaos« als wahrscheinlich richtig hingestellt wurde. Schiller selbst habe das Wort olympisch scherzend als »Schoas« ausgesprochen. Und so weiter und so fort.
Auf dem zugehörigen großen Bild blickte man in einen Sonnenuntergang, dessen wildfarbige Opernhaftigkeit es nur am westlichen Himmel der Campagna gibt. Und vorne stand ein Kerl, über dessen Beruf kein Zweifel walten konnte. Ein böser, breiter Gnom mit riesigem, geschorenem Zuchthäuslerschädel, langen Affenarmen und kurzen Krummbeinen. Unter der niedrigen Stirn glotzten blau umschattete Säuferaugen in die flammenden Tinten des Götterhimmels. Augen, Schnapsnase und stummelzähniger Mund tropften. Eine Hand preßte die Brust derartig nach oben,

daß sie sich weiblich wölbte, und der anderen Faust entfiel ein langes, blutiges Messer. Es fiel aber nach oben, da der untere Bildrand zu nahe war. Ich habe viele, viele Male diesem Phänomen nachgegrübelt.
»Schorke«, so wurde dieser Untermensch vom Dichter angeredet, und der Kommentator erklärte den Sinn der Lautänderung mit akustischer Wirkungssteigerung.

Schorke! Kam auch dir die Stunde jetzt,
da dein Blick sich am Erhabnen letzt,
eine Träne deine harte Wange netzt
und das gramzerfressene Gerippe ätzt.
Jene Träne, die aus Eden stammt,
Schorke, so bist du doch nicht ganz verdammt?

Es wurden Herrn Bittenfeld allerhand pathetische Wahrheiten über sein Vorleben gesagt. Aber jene aus Eden stammende Träne, die dick und quallig an seinem Mörderkinn hing, eben sein Überwältigtsein vom Erhabenen, ließ immerhin eine Auseinandersetzung mit ihm und vage Hoffnung auf eine ferne Gnadenwürdigkeit zu.

Ha, den Busen preßt die Lotterfaust,
Während du in Jovis Auge schaust,
Der im Kreise der Olympier schmaust,
Schorke, ha, dem vor sich selbst nun graust,
Eine Laus, ein Wurm nur stehst du da,
Seelen fordert Philadelphia!

Besonders die letztere Behauptung gab dem professoralen Interpreten Gelegenheit zu den lehrreichsten Ausführungen.
Am Schluß wurde der Nationaldichter erhaben-trostreich:

Fasse dich! In deine Brust allhie
braust die Sphärenharmonie.

Es ist ein Jammer, daß ich das lange Gedicht nicht mehr vollständig zitieren kann. Aber andere habe ich nicht verlernt. Zum Beispiel:

Baron Tobias ging zu Bette,
doch plötzlich ward er leichenfahl,
er lauschte bang, er hörte Schrette
im angelegnen Ahnensaal.

Er ging, denn er war keine Memme,
und lang und weißlich stand es da,
und sprach und sprach mit hohler Stemme:
»Huh! Ich bin deine Großmama!«

Baron Tobias schlug zur Erde
vor Grausen kalt, er fand kein Wort,
jedoch des Ärmsten Angstgebärde
seht ihr auf jenem Bilde dort.

Am Morgen fanden ihn die Leute
und weckten ihn, mit Müh gelang's,
des Mittags starb er, eine Beute
des grausigen Evenemangs.

»Jenes Bild« zeigte den Ahnensaal und ein richtiges langweißes Gespenst, das aus hohlen Augen auf den in die Knie gesunkenen Baron Tobias hinunterstarrte. Der arme Schloßherr war klein und beleibt, trug einen Biedermeiderfrack, Vatermörder und Stulpenstiefel, und sein Blick war gänzlich rettungslos und höchst töricht dem Schrecken hingegeben.

Kein Bild eigentlich für einen Sechsjährigen, mit Pavor nocturnus. Aber ich habe es nie gefürchtet, weil es doch von den verehrten Onkeln stammte und weil man ja darüber lachen konnte.

»Idylle« hieß ein anderes, auf dem ein sehr unitalienischer Sonnenuntergang stattfand, während im Vordergrund ein städtisch gekleidetes Männchen eine Blume zur Nase führte. Die etwas bukkelige Gestalt und die ganze Haltung haben mir später eine gute bildhafte Vorstellung vom »kleinen Herrn Friedemann« vermittelt. Das im Profil gezeichnete Gesicht aber, vor allem die Nase, war offensichtlich dem Zeichner selbst entlehnt, und der war Onkel Ommo.

Darunter hieß es symbolistisch:

Es ging über eine grüne Au'
ein kleiner Mann, der war ganz grau
angetan.
Und ebenderselbe
an einem Blümlein roch,
indes sich die rotgelbe
Sonne verkroch.

Eine Zeichnung, die einen krankhaft verfetteten Unglücksmenschen neben einer frivolen Dame, einem mondänen Sex-appeal-Luder, zeigte, nahm ausdrücklich und anpreisend auf die Novelle »Luischen« Bezug. »Rechtsanwalt Jakoby und Gattin« stand darunter und weiter: »Aus der reizenden Novelle des beliebten Kunstdichters Thomas Mann, die dem deutschen Publikum aufs wärmste zu empfehlen ist.«
Das war der Stil damaliger Reklamenotizen, und der »Kunstschriftsteller« war ein ironisches Gegenstück zu dem auch viel später noch ernsthaft und töricht gebrauchten »Kunstmaler«.
Auch Nordisch-Heldisches gab es: Ein Wikingerschiff mit Mannen auf wilden Wogen.

König Kanut fuhr über die wilde See
mit heldischem Geleite.
Sein Bart, er wallte weiß wie Schnee,
sein Auge dräut ins Weite.

Ich will, so wahr noch in Himmels Höh'n
thront Odin auf seinem Sitze,
das Haupt des Königs Eduard seh'n
auf meines Speeres Spitze.

Unter dem Titel dieses Gedichtes, das offenbar Fontane »nachempfunden« war, wurde verlangt: »Von Viko auswendig zu lernen.« Und über einem wunderschönen Märchenbild von Heinrichs Hand, betitelt: »Das Märchen vom Zauberbrunnen, der Schnecke, dem Kobold und der Elfe«, stand: »Von Carla zu dichten.« Die artigen Kinder wurden also zu geistiger Regsamkeit angehalten.

Ein langlockiger Geigenvirtuose im Frack mit unwahrscheinlich engen Hosen war von Symbolen seines Musikertums umschwebt. Der Dichter mahnte:

Kind, wenn dich die Kunst begeistert,
strebe diesem Onkel nach.
Wenn er durch die Saiten meistert,
klingen Mendelssohn und Bach.

Er ist mild und gütig immer,
reich und hochgeehrt.
Stets ist sein Gesicht vom Schimmer
des Genies verklärt.

Und wenn man weiterblätterte, feixte einen ein überaus ordinärer Kerl an, nur mit einer rautenförmig gemusterten Hose bekleidet, die Hosenträger über dem nackten Oberkörper und eine Schnapsflasche in der übrigens verzeichneten Hand. Darunter war in gleichsam betrunkenen Keilbuchstaben zu lesen: »Das Läben.«
Sein Gegenstück war eine scheußliche alte Vettel in Unterrock und kurzem Korsett, das verblühte, aber starke Formen preisgab. Sie stemmte die Arme in die Hüften, grinste übermäßig gemein und war »Mutter Natur« betitelt.
Eine Seite weiter aber sah man einen ganz feinen Pariser Salon oder vielmehr ein Boudoir aus den neunziger Jahren, mit einem Paar, das noch feiner war und vor Esprit fast barst. Der angeblich »wörtlich übersetzte« Text aus dem französischen Roman lautete:

»Gehen Sie sich fort, schmutziges Tier«, sagte sie ihm. Er verbeugte sich ein zweites Mal mit einem Blick und welcher sie rot sehen machte. Er sagte ihr: »Adieu, meine Freundin!«

Das deutsche Pendant hierzu hieß »Verlobung« und zeigte ein wandelndes Paar von grotesker Komik. Seine Innigkeit zitterte in den Worten:

»Luise«, sagte er leise, »willst du mein eigen sein?« »Eduard!« hauchte sie mit ersterbender Stimme, und ihre feinen Nasenflügel öffneten sich vor Wonne bebend.

Ja, das klingt heute nicht mehr so witzig, aber damals wurde so etwas in Frankreich und Deutschland ernsthaft geschrieben und gelesen, und eine Parodie auf diesen Stil war durchaus nützlich und erfrischend.
Auf Heinrichs reich kolorierten Bildern aus dem Bürgerleben blitzten nußgroße Brillanten an dicken Fingern und gestärkten Vorhemden. Die artigen Kinder wurden aufgefordert, eine zwar üppig gekleidete und geschmückte, aber todunglücklich blickende Dame an der Seite eines behäbig-sicheren, dicken Herren zu bewundern. Das Gedicht endete:

– – – so merke der Beschauer,
wie glücklich diese Tante ist
mit ihrem Mann, dem Brauer.

Ich war außer auf dem Titelblatt noch in der für die Rambergstraße historischen Szene zu sehen, bei der ich mit dem Hausmeistersohn Heini Schenk »Herrschaftskinder« gespielt hatte und von Tante Atta, dem mageren und bleichsüchtigen Backfisch, angezischt worden war:
»Gott, Viko, du bis-s-t ja ein Herrschaftskind!«
Die sture Mimik meines älteren Gespielen aus dem Hinterhaus, der sich in einen Beletagensohn hineingedacht hatte, meine absolute Hingabe an die Konzeption und Carlas fäusteschüttelnde Empörung waren ebenso treffend wie komisch dargestellt.
Übrigens hatte diese Szene eine gewisse Verwandtschaft mit Mama-Dodos Vorliebe für die lustigen Neger am Feuer und mit der Entrüstung ihrer Amme.
Ein drittes Mal war ich als breit grinsender Lockenkopf am Waggonfenster einer Bummelbahn zu sehen, die durch eine sommerliche Landschaft dampfte. »Viko fährt allein nach Timmendorf« war der Titel. Ich hatte als Vierjähriger im Familienrat über das Ziel der nächsten Sommerreise ungefragt und aufdringlich für die Ostsee plädiert, war überstimmt worden und hatte heulend gedroht, mich von der Familie zu trennen und solo ans Meer zu fahren.
Wohl die komischsten Bilder aber waren die Schilderungen aus dem Leben des schon erwähnten »Kunstmalers«, vor allem das Duellbild:

Auf der üblichen Waldblöße durchbohrte Onkel Ommo – eine nicht anders als lächerlich ähnlich zu bezeichnende Selbstkarikatur – mit dem Florett in gänzlich unmöglichem Fechtstil seinem zusammenstürzenden Gegner den Bauch, aus dem eine Blutfontäne sprang. Die Sekundanten des Siegers, Zylinderherren mit modischen Spitzbären, blickten hochgemut und martialisch, die des so furchtbar Unterliegenden ließen ihren fahlen Schrecken sehr unkommentmäßig erkennen. Dem jäh Gefällten selbst zog es die Mundwinkel und Schnurrbartspitzen gleicherart traurig nach unten. Er sah überhaupt so wenig einnehmend aus, daß man sich ihn nur schwer als Don Juan vorstellen konnte. Und doch hieß es:

Dieses Bild zu schaffen, geneigter Beschauer, hat mir teuflische Lust bereitet. Schildert es doch jenen Momang, da ich zu Frankfurt ob der Oder den Räuber meiner Ehre, Herrn Regierungsassessor Dr. X., im Duelle darniederstach. Jenen Elenden, der meine Ehe mit Zaffie, geborene Klockmann, trübte und mir die Liebe meines Weibes stahl.
Ergebenst der Kunstmaler.

Gegen diese Lebensgefährtin aber, die auf einer der nächsten Seiten erschien, war der »darniedergestochene« Wicht noch ein Apoll. Sie hatte einen faustgroßen Kropf am sonst spindeldürren Hals, schielte entsetzlich und hielt einen ebenso schieläugigen kleinen Idioten an der Hand. Sein Kürbisschädel saß so schwer auf dem zurückgebliebenen Körper, daß er den Kopf schief halten mußte, und er »seberte«, das heißt: sein dickes Maul tropfte. Aber der Kunstmaler kommentierte in trauernder Liebe:

Dies ist meine Frau Zaffie, geborene Klockmann, nebst dem Kinde Peppin. Letzteres verstarb leider früh, obwohl es so schöne Augen hatte, allein es besaß einen Wasserkopf.
Mein Weib verriet mich.

III

Das war also das »Bilderbuch für artige Kinder«, das uns allen immer wieder so viel Lachen geschenkt hat.
Als ich es im Heranwachsen besser verstehen lernte, kam ständig neues Leben dazu, und als es mir zu freiem und alleinigem Besitz zugefallen war, nahm das Buch einen Ehrenplatz in meiner bescheidenen Bibliothek ein: in der Mitte zwischen den Werken der beiden Brüder. Da gehörte es ja auch hin, denn es hatte von beiden gleichviel mitbekommen auf seinen lustigen Weg.
Daß ich von diesem Buch wie von einem lieben Verstorbenen sprechen muß, daß es auf ewig dahin ist, hinweggerafft im wörtlichsten Sinn vom Dritten Reich, kam so:
Als ich selbst vielfacher Onkel geworden war und die Kinder von Thomas sich bei ihren Besuchen genauso begeistert vom »Bilderbuch« zeigten wie ich zwanzig Jahre vorher, gab ich es eines Tages als Revanche für eine besonders noble Gabe, die ich erhalten hatte, meinem Bruder zurück. Es stand dann im schönen Haus an der Poschingerstraße im Münchener »Herzogpark«, geliebt und stets aufs neue belacht von groß und klein.
1933 wurden Haus und Einrichtung zunächst einmal »beschlagnahmt«, und es nistete sich dort irgendein SS-Kommando ein. Meine tapfere Nichte Erika kam heimlich aus der Schweiz nach München und verübte vermittels der alten Schlüssel einen regelrechten nächtlichen Einbruch im eigenen Vaterhaus. Sie gelangte in Thomas' großes Arbeitszimmer, wo damals alles noch ziemlich unverändert war, und rettete viele wichtige Manuskripte. Für langes Suchen nach dem »Bilderbuch« reichte aber begreiflicherweise bei aller Tollkühnheit die Zeit nicht aus.
Erika kam glücklich wieder in die freie Schweiz zurück, das Buch aber war endgültig verloren. Als nach der »Ausbürgerung« meines Bruders sein Vermögen dem Dritten Reich verfallen war, nahmen sich zunächst die Prominenten, was ihnen im Haus besonders gefiel, und alles andere wurde versteigert.
Ob damals jemand das »Bilderbuch« erworben hat – möglicherweise mit einem Stoß anderer Bücher –, ist ungewiß. Vielleicht hat auch ein SS-Mann Feuer damit angemacht. Oder es lag unbeachtet

in einem Speicherwinkel und verbrannte, als das Haus 1944 von Bomben zur Hälfte zerstört wurde. Niemand weiß es. Da die wirklichen Autoren ja im Buch nirgends genannt waren und unser Name fast gar nicht darin vorkam, wird es einen wenig beachteten Weg ins Verderben genommen haben.
Als ich nach der langen Trennung im Herbst 1945 Erika als erste der emigrierten Manns wiedersah, war eine ihrer vordringlichsten Fragen:
»Wo ist das Bilderbuch für artige Kinder?«
Ja – wo ist mein schönes Bilderbuch?

Es gehört sich wohl, daß ich hier eine Quellenangabe für diesen Rekonstruktionsversuch des Gemeinschaftswerkes anfüge.
Die »Conférence« zum Buchtitel blieb durch einen kleinen Zeitungsartikel erhalten, den Arthur Eloesser 1925 über das »Bilderbuch« geschrieben hat. Er hatte das Buch für die Verwendung in einer Biographie entliehen, die zu Thomas' fünfzigstem Geburtstag erschien, und der Artikel floß ihm noch nebenbei aus der Feder.
Diese Wiederentdeckung, die mir auch zu mehreren verkleinerten reproduzierten Zeichnungen von Thomas' Hand verhalf, verdanke ich der unermüdlichen Forschung des klugen Biographen Dr. Hans Bürgin in Kappeln a. d. Schlei.
Die erste Strophe des »Raubmörder Bittenfeld« hat Thomas im Juli 1947 in Zürich sofort fließend rezitiert, als ich ihn, harmlos tuend, darum bat. Es lag Heimtücke meinerseits vor, denn meine »Enthüllungen« waren damals schon geplant.
Alles andere aber war im eigenen Gedächtnis wohlverwahrt geblieben durch zweiundfünfzig Jahre.

Täubchen und Totschläger

I

Die Wohnung in der Gabelsbergerstraße gefiel uns allen nicht lange, und Mama kündigte sie schon nach einem knappen Jahr. Obwohl ein Umzug in dem Format, das unser Hausstand verlangte, enorme Arbeit, viel Ärger und hohe Kosten machte, war unsere Mutter schon damals jederzeit bereit, das alles hinzunehmen, wenn ihr ein Heim aus irgendeinem Grunde nicht mehr zusagte. Später, als wir alle verheiratet waren und Mamas entsprechend verkleinerter Haushalt einen Wohnungswechsel erleichterte, wurde diese Neigung zum raschen Abbruch der Zelte zu einer von uns sehr bedauerten Unstetheit, die besonders in Mamas letzte Lebensjahre eine recht tragische Note brachte.

Da die neue Wohnung, die moderner, also komfortabler sein sollte, noch nicht gefunden oder noch nicht bezugsfähig war, zog Mama mit Carla und mir für kurze Zeit in eine Pension an der Theresienstraße, nahe der Augustenstraße. Dieses Münchener Viertel war und ist wenig reizvoll.

Die Brüder waren noch auf Reisen, und Schwester Julia lebte seit kurzem in einem Karlsruher »höheren Töchterpensionat«. Ich war sehr besorgt, daß Jaju dort zu fein werden würde und dies auf ihre Erziehungsversuche an mir übertragen könne. Von meinem Lausbubenstandpunkt aus gesehen, hatte ich damit nicht ganz unrecht.

Carla war aus einem bleichsüchtig-mageren Backfisch ein sehr hübsches Mädchen geworden und erprobte ihre Wirkung an jedem männlichen Objekt, das keck oder bescheiden daherkam. Hatte aber so ein Unglücklicher angebissen, so wurde er schnippisch seiner Hoffnungen plötzlich beraubt. Atta benahm sich wie die junge Mamsell Toni Buddenbrook, lange bevor sie eine Zeile des Buches kannte.

In unserer Pension, die ich als ziemlich schäbig im Gedächtnis habe, lebten auch ein paar junge Männer aus dem »besseren Mittelstand«; Studenten höherer Semester und Bankbeamte, soweit ich mich erinnere. Sie hielten keinen Vergleich mit den vielen netten Onkels aus, die in unseren bisherigen Wohnungen bei uns ein und aus gegangen waren, und einer von ihnen, ein plumper, sehr schwerhöriger und dabei eingebildeter Mensch, erwarb sich rasch meine volle Abneigung. Da er nur wenig verstand, was andere in normaler Lautstärke sagten, und weil er das kaschieren wollte, besonders vor Damen und ganz besonders vor der koketten Carla, redete er unaufhörlich selbst, und zwar so laut wie nur möglich. Ich haßte ihn geradezu deswegen. Carla aber nannte ihn unter uns dreien wegen seiner Taubheit »das Täubchen«.
Eines Sonntags abends, als wir friedlich bei der Lampe saßen und ich in das »Münchener Tageblatt« vertieft war – nicht etwa in die Artikel, sondern in die mit wilder Phantasie gezeichneten Bilder vom griechisch-türkischen Krieg um Kreta –, kam nach gewaltigem Lärm auf dem Vorplatz plötzlich dieses »Täubchen« mit zwei oder drei Freunden in voller Bergsteigerausrüstung herein und füllte das Zimmer mit hochgemutem Geschrei. Sie hatten die Zugspitze bestiegen, und mit dieser alpinen Tat sowie durch große Edelweiß- und Almrosensträuße glaubte Täubchen Carlas Bewunderung und Liebe endgültig gewinnen zu können. Er benahm sich unerträglich, brüllte sein Heldentum hinaus, daß mir die Ohren gellten, und demonstrierte seine Kraxeltechnik an einem Schrank. Er sagte in einer Minute wohl siebenmal »Zugspitz«, beachtete niemand als Carla und trat mir mit seinen schwergenagelten Schuhen auf den nur leichtbekleideten Fuß, daß mir die Tränen kamen.
Sogar die liebenswürdig-duldsame Mama war indigniert, aber Carla, die sechzehnjährige Dame, griff plötzlich durch.
Sie verlegte die wahrscheinlich erst für später geplante Abfertigung des lästigen Täubchens einfach vor und verkündete dem plötzlich Verstummenden mit der Bühnenstimme einer arrivierten Heroine, daß ihr nur die Kunst, aber nicht die Kletterkunst an einem Manne imponieren könne, daß sie, die künftige Künstlerin, nach Lorbeer trachtete und nicht nach Edelweiß und daß sie diesen späten Besuch für unnötig, ja für ungehörig halte. Dabei lächelte sie auch noch!

Als sie mit einer graziösen Handbewegung geendet hatte, herrschte lautlose Stille. Täubchen glotzte wie ein vor den Kopf geschlagener Stier. Dann sagte Mama leise: »Aber Carla!« Und ich sprach männlich: »Jetzt geh' ich ins Bett.«

Das gab einem der Alpinisten Gelegenheit, erschrocken über die späte Stunde zu tun und sofortigen Aufbruch zu inszenieren, wodurch Täubchen wenigstens ein Stichwort für seinen Abgang bekam. »Ja freilich«, trompetete der Erledigte im Hinausgehen, ohne sich überhaupt weiter von uns zu verabschieden, »es ist schon viel z' spät, und d' Zugspitz macht müd'.«

Carla warf sich über das Sofa und erstickte ihr Gelächter in einem Kissen. Mama war erst noch erschrocken und ärgerlich, mußte dann aber auch lachen, als sie meinen indianischen Triumphtanz sah.

Ich war fassungslos vor Vergnügen, und die Schwester, deren »Getu« ich bisher in echter Bubenart verachtet hatte, war mir plötzlich fast verehrungswürdig geworden.

Wenn es später auch noch manchmal scharfe Neckerei oder ernsteren Streit zwischen uns gab, Carla hatte sich mit diesem Streich meine brüderliche Liebe erworben. Später stand ihr Heinrich am nächsten unter den Geschwistern, schon weil gerade seine Kunst ihrer Art am besten entsprach und weil die gemeinsame Liebe zum Theater die beiden besonders einte, aber auch ich blieb ihr guter Freund und weitgehend Vertrauter bis an ihr frühes Ende.

Daß sie mir an jenem Abend unbewußt den ersten Anschauungsunterricht über die Macht des ewig Weiblichen erteilt hatte, erkannte ich natürlich erst lange nach Täubchens Niederlage.

II

In den Wochen, die wir in der Pension verbrachten, schloß ich Freundschaft mit den Kindern des Drogeriebesitzers Volkhardt, dessen großes Geschäft unserem zeitweiligen Heim gegenüberlag. Die geräumigen Lager und der stets mit Kisten und Fässern belegte Hof waren schöne Spielplätze voller aufregend exotischer Gerüche und lockender Geheimnisse. Aus den leeren Kisten und Tonnen konnte man die wunderbarsten Burgen bauen, und wenn schwere Lastwagen neue Warenballen brachten, gab es oft Herrliches zu schauen. Das Schönste waren die riesigen, rosigweißen Tritonmuscheln, die den Schwammsendungen zur Zierde der Auslagen beigepackt waren. Aus den Schwämmen roch man das Meer, und in den Muscheln hörte man es rauschen. Meine leidenschaftliche Vorliebe für Naturschwämme, die ich übrigens mit Thomas teile, stammt aus dem Volkhardthof.

Dort machte ich auch – von meiner neuen Einstellung zu Carla stark prädestiniert – an den netten und schneidigen Volkhardtmädeln die Erfahrung, daß ein Mädchen auch als Spiel- und Raufkamerad brillant abschneiden könne und entsprechend geschätzt werden müsse. Das war in wenigen Tagen der zweite Grund für eine Teilrevision meiner bis dahin sehr einseitigen Meinung vom anderen Geschlecht und bedeutete für einen Siebeneinhalbjährigen immerhin eine früh dämmernde Erkenntnis.

In diese Zeit fällt die jäheste und roheste Tat meiner Jugend: Ich wäre fast zum Totschläger geworden, und noch dazu um unserer Mama willen.

Unser schöner Spielplatz grenzte an einen Nachbarhof, der zu einem großen, alten Mietshaus mit unzähligen Küchenbalkonen gehörte. Dazwischen stand eine hohe, feste Mauer, an die beiderseits niedrigere Schuppen mit geneigten Dächern angebaut waren. Man konnte von diesen leicht auf den breiten First der Scheidewand gelangen.

Die Nachbarbuben, eine recht strizzihafte Bande, waren durch die höhere Gewalt Papa Volkhardts und seiner Lagermeister aus guten Gründen von unserem Hof ausgeschlossen, und ihre neidische Wut richtete sich natürlich auf uns, die Nutznießer des verbotenen Paradieses. Es gab fast täglich wüste Schimpfereien und Drohungen von drüben, die wir in gleicher Münze zurückzahlten. Ich war schon in der Rambergstraße vom Schenkheini für solche Gelegenheiten gut vorgebildet worden und hatte in der Gabelsbergerstraße noch einiges dazugelernt. So konnte ich mich für die Gastfreundschaft der Volkhardts als erstklassiger Rufer im Streit gegen ihre Feinde revanchieren.

Bei diesen Schimpfkanonaden galt als smart und zünftig vor allem jene eigenartige Dialektik, die einem beleidigenden Hauptwort ein schmähendes Adjektiv sowohl voran- als auch nachstellt, wie zum Beispiel bei »damischer Depp damischer!« oder »feiger Hund feiger!« Das strategische Endziel aber war, vermittels lebhafter Phantasie den Gegner durch ehrrührige Behauptungen und grausame Verheißungen so in die Enge zu treiben, daß es ihm die gute Antwort verschlug und er sich nur noch in die Wiederholung derselben Injurie, also in die disqualifizierende »Retourkutsche« flüchten konnte.

Schrien die freundlichen Nachbarn herüber, wir stänken alle nach Ölfarbe (von der es bei Volkhardts natürlich viel gab), so brüllten wir, daß sie nach viel Schlimmerem röchen, weil sie noch ständig in die Hosen machten. Und drohten sie uns daraufhin mit Steinigung, so gellte es zurück, wir würden sie so »umeinanderhauen«, daß man ihre »Boana« in Sacktücheln heimtragen müsse.

Im Grunde genommen hatte es mit diesem wüsten Gehaben nicht mehr auf sich als mit der scheinbar mörderischen Wut zweier durch einen Zaun getrennter Hunde. Wie diese sich kaum etwas Ernstliches antun, wenn etwa ein geöffnetes Tor ihnen Gelegenheit dazu geben würde, so kam es zwischen uns und den anderen nie zu einem wirklichen Kampf, wenn wir uns draußen auf der Straße begegneten. Man kannte einander dann einfach nicht und ging seiner Wege. Bis auf ein einziges Mal.

Der Anführer der Feinde war ein häßlicher, vierschrötiger Bub. Nur ein oder zwei Jahre älter als ich, aber fast schon ein fertiger »Lucki« und sicherlich vorbestimmt zum Messerhelden und Schlimmerem. Er bemühte sich mit wachsendem Erfolg, uns wirklich bis aufs Blut weh zu tun, und hatte es schon einmal fast erreicht, daß die tapferen Volkhardtmädeln in Tränen ausbrechen wollten und wir Buben die Situation nur durch verzweifelte Steinwürfe retten konnten.

Dieser Bursche schrie mir eines Tages als Antwort auf eine der üblichen und sozusagen kommentmäßigen Beleidigungen über die Mauer zu, ich dürfe überhaupt gar nichts sagen, denn meine Mutter (sprich »Muata«) habe rote Haare, daß er über sie nur lachen könne.

Das war ein Tiefschlag und tat auch ebenso weh. Meine schöne und zu den Menschen so gute, allverehrte Mama rothaarig und lächerlich? Rothaarig? Ich wußte gar nicht, daß das schimpflich war, aber offenbar war es sogar überaus schimpflich, weil dieser Hund es triumphierend herausgebrüllt hatte. Und an den blaß gewordenen und zutiefst erschrockenen Gesichtern meiner Gespielen, die alle Mama kannten, sah ich eine furchtbare Schmach bestätigt, die nach Rache schrie.

Nie wieder habe ich später solch schmerzenden Haß empfunden wie in diesen Minuten, und ich handelte besinnungslos, aber exakt. Mit einer mir selbst fremden Stimme brüllte ich dem Feind zu, er solle sofort mit mir auf die Mauer kommen, wenn er kein stinkender Feigling sei. Diese Herausforderung vor so vielen Zeugen mußte er annehmen, wenn er nicht seine Strizziehre verlieren wollte. Aber er zögerte ein paar Sekunden, und das war sein Unglück, denn ich war schon über Kisten und Fässer auf das diesseitige Schuppendach gelangt und kroch, die Volkhardts hinter und neben mir, der Mauer zu. Jemand (ich glaube heute noch, daß es das ältere der Mädchen war, aber wir haben nie davon gesprochen) schob mir einen kräftigen Holzprügel in die Hand, ich hörte den Feind drüben klettern, schwang mich auf die Mauer, konnte mich einen Moment früher aufrichten als mein Gegner und schlug ihm mit aller Kraft beider Arme meinen Knüppel über den Kopf.

Das war sicherlich nicht ganz fair, weil der andere noch nicht völlig kampfbereit gewesen war, aber er hätte es mir im umgekehrten Fall bestimmt mit dem halben Ziegelstein nicht anders gemacht, der jetzt mit ihm zugleich auf das Schuppendach kollerte. Der Feind rutschte ab und stürzte schwer in seinen Hof hinunter.

Mit einem Schlag verwandelte sich mein Haß statt in Triumph in Schrecken. Ich, der Sieger, hastete, von Angst gehetzt, auf das diesseitige Dach zurück, ließ mich gleiten und sprang die zwei Meter auf das Pflaster hinunter. Rechts und links glitten und sprangen die Genossen meiner Untat. Wir rasten der schützenden Hausdurchfahrt zu, ich sah vor mir die Zöpfe der Mädchen fliegen und hörte drüben die Schar der Feinde in gleicher Panik flüchten. Niemand kümmerte sich um den Niedergeschlagenen und Abgestürzten, vielleicht Toten.

Zwei Tage verbrachte ich daheim im Seelenzustand des verfolgten Verbrechers, jeden Augenblick des Auftretens der Polizei oder der Eltern meines Opfers gewärtig. Dann hielt ich es nicht mehr aus und schlich zu den Volkhardts hinüber, um flüsternd mit ihnen zu beraten.

Aber sie wußten nichts. Nichts hatte sich ereignet. Auch bei ihnen war kein Schutzmann und kein gebrochener Vater erschienen, und unsere Feinde hielten sich ihrem Hof genauso fern wie wir uns dem unsrigen.

Trotz der vielen Küchenbalkone und Fenster gab es offenbar keine erwachsenen Zeugen des Duells, das sich ja blitzschnell abgespielt hatte, und mein Gegner war bestimmt nicht nur am Leben, sondern aus irgendeinem Schuld- oder Ehrgefühl heraus verschwiegen.

Schließlich wagten wir uns in den Hof, und gleich darauf hörten wir drüben auch die anderen. Aber kein Schimpfwort drang herüber, beide Parteien spielten gesittet in ihren Bezirken und ignorierten einander völlig. Es war unheimlich!

Vier oder fünf Tage später jedoch sah ich meinen Gegner wieder. Er kam mir leicht hinkend auf der Straße entgegen, und ich erschrak furchtbar, getraute mich aber nicht umzukehren, sondern bemühte mich, möglichst entschlossen dreinzuschauen.

Da, etwa zehn Meter von mir entfernt, stutzte der andere in deutlicher Angst, drehte um und lief ohne jede Scham davon.

Glaubte er, daß er durch seine Infamie den Tod durch meine Hand wirklich verdient habe und daß ich mich sofort wieder auf ihn stürzen werde? Gleichviel, mein eigenes böses Gewissen wich einem späten Triumphgefühl. Jetzt erst kam ich mir als edler Rächer und gewaltiger Sieger vor.

Aber es gab einen zweiten Rückschlag: Abends saß ich daheim still bei der lesenden Mama, die natürlich nichts von ihrer beleidigten und gerächten Ehre wußte. Wir waren allein, denn Carla bewunderte wieder einmal ihren großen Schwarm, Mathieu Lützenkirchen, auf der Bühne des Hoftheaters. Ich begeisterte mich an neuen Kriegsbildern, diesmal in der »Neuen Freien Volkszeitung«, und fühlte mich den Yatagan schwingenden griechischen Freiheitshelden an Todesmut und Ehrliebe nahe verwandt.

Mit einer Art von gerührtem Wohlwollen blickte ich zu Mama hinüber und erstarrte: Der Schein der Lampe ließ in ihrem tiefdunklen Haar Lichter spielen, die man als rötlich ansprechen konnte – nein mußte!
In der folgenden Minute machte ich viel durch. Man vergißt später über vermeintlich schlimmeren Nöten solche Gefühle und spricht von der sorglosen Jugend, die in Wirklichkeit nicht weniger Erschütterungen, Enttäuschungen, Ängste und Trauer brachte als das spätere Leben.
Aber ich biß mich durch: Ob Mamas Haar rötlich scheinen konnte oder nicht – es war auf jeden Fall schön und keinesfalls schimpflich. Und ich beschloß zutiefst, jeden, der Mama im abträglichen Sinn rothaarig nennen würde, anzugehen wie meinen gefällten Gegner von der Volkhardtmauer.

Wenige Tage später trug eine Droschke Mama, Carla, mich und unser Gepäck zur neuen Wohnung hinaus nach Schwabing. Das bewegte Zwischenspiel Theresienstraße war zu Ende.
So eindrucksvoll es auch für mich gewesen war – damals vergaß ich es im Nu über neuen Ereignissen, zu denen vor allem auch die Rückkehr von Heini und Ommo gehörte.

Schwabing

I

Die Geschichte Schwabings ist die eines nach vielen Jahrhunderten der ländlichen Einsamkeit von der Stadt umfaßten und im wörtlichen Sinne einverleibten Dorfes.
Es lag eine Meile vor dem nördlichen Stadttor und war keine reiche Siedlung, denn seine Fluren waren teils sumpfig-sauer, teils schotterig-mager. Nur der Fuhrwerksverkehr von und nach Ingolstadt und Freising und die durch die Stadtnähe gegebenen Möglichkeiten für direkten Absatz der landwirtschaftlichen Produkte gaben dem Dorf einige Chancen. Auch für das Fortkommen der nachgeborenen Bauernsöhne und -töchter war gesorgt: Sie gingen als Bräuburschen, Hausknechte, Kutscher und Dienstmädchen »in d' Stadt eini«.
Schon bevor München seine Mauern endgültig sprengte, war bei der sehr langen Ausdehnung der Vorstädte auch ein gewisses Vorrücken nach Norden erkennbar: Die »Maxvorstadt« streckte einige unscheinbare Häuserzeilen dorthin aus, deren Spitzen aber nicht nach Schwabing selbst, sondern westlich am Dorf vorbeizielten.
Ein in den Türkenkriegen siegreicher Kurfürst ließ in dieser Gegend von gefangenen Janitscharen einen enormen Graben ausheben; ob zum Schutze seiner Residenz oder nur um der Fron willen, ist nicht ganz klar, denn die lange Grube verlief nach Norden, konnte also höchstens ein Stück Landstraße abschirmen und wurde überdies bald wieder zugeschüttet.
Ein zweiter, ganz anders gearteter Vortrieb der Stadt war der vom Grafen Rumford angelegte »Englische Garten«, ein Park von wahrhaft königlicher Großzügigkeit, der in der frühen sumpfigen Niederung zwischen Schwabinger Bach und Isar entstand, wo bis dahin kurfürstliches Wild gehegt worden war. Die guten Wege durch

diese um 1800 dem Publico freigegebene Landschaft führten die Münchener zu Fuß und Chaise meist nahe an Schwabing heran, und es kam immer öfter zu Einkehrungen im Dorf. Das Geschäft da draußen hob sich mit dem stärkeren persönlichen Kontakt.

Aber gerade auf der kürzesten Linie zwischen Stadttor und Dorf, wo die uralte Landstraße lief, war zu dieser Zeit noch soviel wie nichts für eine engere Verbindung geschehen. Nur einige Sommersitze wohlhabender Münchener Familien lagen seitlich der Straße in großen, buschigen Gärten. Dorthin, kaum zwanzig Minuten vor die Stadt, reiste man für die warmen Monate »aufs Land«. Und eine unheimliche Siedlung gab es seitab der Schwabinger Landstraße. Einst die schreckliche Heimstätte der Hoffnungslosen, Asyl und Kerker der Ausgestoßenen und Verdammten: Um das Nikolaikircherl lag, von festen Mauern umgeben, das mittelalterliche Leprosenheim.

Als es längst nicht mehr seinem grausigen Zweck diente und der malerische alte Seuchenhof jedermann zugänglich war, soll das durch die Nacht rötlich schimmernde ewige Licht der gotischen Kapelle Stefan George zur »Blutleuchte« inspiriert haben. Den Zylinder auf den langwallenden dunklen Locken, so erzählt man, habe der Dichter eines späten Abends an diesem Platz der Gefährdung des pittoresken Winkels durch die sich heranschiebenden Neubauten furchtbar verflucht und einen Rachebrand prophezeit, den eben jenes blutig-strahlende Lichtlein an den Babelturm der Entgotteten legen werde.

Bahnbrecher des Neubaufrevels aber war Ludwig I., der seine Prachtstraße von Renaissancebauten schnurgerade in die ländliche Leere vor dem Schwabinger Tor stellte und damit schon die halbe Entfernung zum Dorf in weitblickender und glänzender Art überwand. Von dieser Zeit ab vollzog sich die Entwicklung immer rascher und nahm in den Gründerjahren sogar einen stürmischen Verlauf.

Die Terrainspekulation stürzte sich in die Lücke zwischen der Maxvorstadt und dem Englischen Garten und griff immer weiter nach Norden und Nordwesten. Die Schwabinger Flur erlebte Baufieber, Planungen im amerikanischen Stil, dunkle Finanzcoups und Bankrottserien, die wie Galafeuerwerke krachten.

Aber Bankrotte oder nicht: Selbst diejenigen Bauern, die ihre mageren Gründe voreilig verkauft hatten, erlösten verhältnismäßig viel Geld. Sie stockten ihre Wohnhäuser auf, bauten Ställe und Scheunen zu Wohnungen und Läden aus und wurden »Haus- und Realitätenbesitzer«. Fast nirgends wehrte sich »Bauerntrotz und Liebe zur Scholle« gegen die neue Zeit, so unsolid sie auch daherkam. Offenbar war das Bauerndasein in Schwabing zu karg gewesen, um erhaltenswert zu scheinen.
Auch die Handwerker und Arbeiter, denen die unzähligen Neubauten Brot gaben, verloren selten an den Zusammenbrüchen der Bauherren oder ihrer Geldgeber Kopf und Kragen. Sie machten vielmehr trotz ihres starken Konsums an Bier, »Leberkas« und »Maurerloibeln« gute Ersparnisse, und viele von ihnen ließen sich in Schwabing nieder.
Hochbürgerliche Kreise folgten als Mieter der eleganten neuen Straßenzüge, und inzwischen hatten auch die Künstler das billige und teilweise so malerische Schwabing entdeckt.
Zunächst nisteten sich Maler und Bildhauer ein, die es von der Königlichen Akademie der bildenden Künste her nicht weit hatten. Dann folgten Literaten, Musiker und Schauspieler, und als das Treiben dieser Boheme eine interessante Atmosphäre geschaffen hatte, wurde es für alle, die an der Kunst ein tatsächliches oder vorgebliches Interesse hatten, fast selbstverständlich, auf Münchens Montparnasse zu wohnen, wo das treffliche Bier der Schwabinger Brauerei (der Liter zu zweiundzwanzig Pfennigen) den Absinth nicht zu stark vermissen ließ.
Obwohl diese Künstler und ihr Anhang nur zum geringsten Teil aus dem tieferen Südosten Europas zugereist waren, wurden sie von den Münchnern »Schlawiner« genannt. Sehr wahrscheinlich hing das mit der überlieferten Erinnerung an eine ähnliche Ansammlung fremd anmutender Gäste im Norden der Stadt zusammen: an die kurfürstlichen Gefangenen vom Türkengraben nämlich, unter denen vermutlich viele Slavoniter gewesen waren.
Unter diesen Sammelbegriff fiel alles, was hinter den tausend Schwabinger Atelierfenstern malte und Ton knetete, in den Mansarden dichtete, sang oder Noten schrieb, in kleinen Gasthäusern Schulden machte und in Cafés Nihilismus oder Ästhetentum ver-

kündete. Voraussetzung war nur, daß sich der Künstler in Kleidung und Gehaben unbürgerlich gab.
Tat er dies, so war er eben auch als geborener Mecklenburger, Franzose, Rheinländer, Norweger oder Thüringer ein Schwabinger Schlawiner.
Alle Schwabinger aber: die ehemals bäuerlichen Hausbesitzer, die Handwerker, Kaufleute und Arbeiter, die erfolgreichen Spekulanten, die »Herrschaften« in den neuen Häusern und ihre Dienstboten, die Schlawiner und die Künstler bürgerlicher Prägung waren in ihrer bunten Gemeinschaft keine Großstädter im landläufigen Sinn. Sie waren »Münchener«. Das bedeutete damals Zugehörigkeit zu einem zwar großen und rapid weiter wachsenden, aber dem bäuerlichen Land und seiner Art eng verbundenen Gemeinwesen. Es war Asylrecht in einer lebensbejahenden und festfreudigen Stadt voller Toleranz trotz ländlichfrommem Katholizismus und vermeintlicher kleinbürgerlicher Enge, voll Demokratie trotz Königshaus und voller fast weltweiter Duldsamkeit trotz polterndem Lokalpatriotismus.
Und in Schwabing, von dem es eine gute Zeitlang hieß, sein Name sei kein geographischer, sondern ein weltanschaulicher Begriff, waren diese Eigenschaften am spürbarsten geworden. Es war schön, dort zu leben.
Am 21. November 1890 wurde das Dorf Schwabing der Königlichen Haupt- und Residenzstadt München eingemeindet.

II

Die Straßen und Plätze beiderseits der früheren Schwabinger Landstraße – nun Leopoldstraße – waren von den Münchener Stadtvätern schon bei der Baulinienplanung in überschwenglicher Weise mit Bezeichnungen aus der dynastisch-feudalen Sphäre bedacht worden. Offenbar wurden Baulustige dieser Zeit durch die Namen von Majestäten und Nobilis am stärksten angelockt, während die großen Maler, Dichter und Musiker sich erst später als zugkräftig erwiesen.
Auf den Straßenschildern nördlich des Siegestores wimmelte es

also von Kaisern und ihren erlauchten Häusern, von anderen Regenten samt ihren Gattinnen, Söhnen und Töchtern, und die adeligen Namen und Titel stuften sich abwärts bis zum simplen »Baronsbergl«, einem der Spiel- und Kampfplätze meiner Bubenzeit. Diesen Schwabinger Straßennamen hat kein politischer Gezeitenwechsel des neuen Jahrhunderts, kein »Boden der Tatsachen«, weder »Umbruch« noch »Gleichschaltung« etwas Ernstliches antun können. Die Habsburgerstraße, an der ich nun schon lange wohne, hieß von 1938 bis 1945 nach einem für Hitler gehenkten Wiener Mörder. Das war alles.

Jetzt prangt längst wieder der Name des Erzhauses an meinem Gartenzaun, und manchmal, wenn der Mond den Bombenschutt und die hohlen Fassaden der Ruinen ringsum mit geisterhaftem Licht übergießt, höre ich das alte Schild leise auf österreichisch räsonieren. Es raunzt dann die historischen Worte des abgedankten Kaisers Ferdinand bei der Kunde von einer bösen Schlappe seines Nachfolgers: »So hätt' ich's a no troff'n!«

III

Mama hatte unter den noblen Straßen demnach vergleichsweise bescheiden gewählt, als sie im Herbst 1898 den ersten Stock des Hauses Nummer drei an der Herzogstraße mietete, die beim »Großen Wirt« und der Schwabinger Brauerei von der schönen Pappelallee der Leopoldstraße aus nach Westen zieht.

Längst ist dort bis zum »Oberwiesenfelde« hinaus die Bebauung geschlossen und einheitlich geworden; damals aber war sie erst skizzenhaft angedeutet und noch voller Lücken. Die Straße wies bei unserem Einzug überhaupt nur in ihrem östlichen Teil fertige Gebäude auf, und neben einigen großen und geschmackvollen Wohnhäusern der jüngsten Zeit standen hier einstöckige Überbleibsel der dörflichen Vergangenheit und häßliche Mietskasernen einer stillosen Übergangsperiode. Dazwischen lagen kleine Gärtnereien, und nach ein paar hundert Metern begannen offene Wiesen, die aber durch die allgemeingültige Bezeichnung »Bauplätze« schon ihres bäuerlich-bukolischen Charakters zugunsten des Vorstädtisch-Spekulativen beraubt waren.

Sie dienten auf weite Strecken hin als Abstellplatz für riesige Möbelwagen und als Gerümpellager. Da und dort klafften Gruben, aus denen Kies für Neubauten gewonnen worden war, und man sah an ihren Rändern, wie seicht und sandig die Humusdecke auf dem Schotter lag.

Solche verratenen und verkauften Fluren gab es auch noch beim »Großen Wirt«, wo die gemütlichen, blauweißen Pferde-Tramways zur Rückfahrt in die Stadt die alten Gäule umspannten. Aber östlich davon zogen sich dichtgedrängt die niedrigen Kleinbürgerhäuser und umgebauten Bauernhöfe Altschwabings bis zur Senke des Englischen Gartens hin.

Dort, wo die Haimhauser Straße in diese Parklandschaft hinunterführt, hatte die Stadt München gerade eines ihrer vorbildlichen Schulhäuser erbaut, das für unsere neue Wohnung zuständig war, und wenige Tage nach unserem Einzug führte Mama mich durch das mit lustigen Steinreliefs geschmückte Tor und über helle, breite Treppen, die noch nach Mörtel und Farbe rochen, zum Saal der dritten Volksschulklasse. Der Herr Lehrer hieß Buder und gefiel mir sofort.

Unweit der Schule erstreckte sich um das »Baronsbergl« und das »Forellenbachl« herum ein Stück freier Wildnis und bot zwischen den kultivierten und deshalb »faden« Gebieten des Englischen Gartens und des Biedersteiner Parks den Schwabinger Buben seine Wasserläufe, Gestrüppe und Steilhänge als herrliche Jagdgründe an, um die ein ewiger Kampf zwischen den »Stämmen« der verschiedenen Viertel tobte.

So weit reichte damals mein Schwabing, und die ersten Jahre dort verliefen für mich zum größten Teil auf der Linie von den Bauplätzen im Westen bis zum Forellenbachl im Osten, in dem es übrigens alles andere eher als Forellen gab.

Im Sommer freilich wurde noch ein anderer Weg so oft wie möglich eingeschlagen. Er führte vom »Großen Wirt« nach Norden, an baumumsäumten, noch »echten« Wiesen vorbei, durch die eine vorweltliche und asthmatische Dampfbahn keuchte, und lief direkt in den obersten Himmel der Münchener Jugend hinein: in das Ungererbad am Würmkanal.

Ganz nahe diesem Pfad der sommerlichen Seligkeit und parallel zu ihm aber führte ein bekiester und viel von Radfahrern benützter Weg zu einem ernsten, ja traurigen Ziel. Er fand Eingang in die Literatur als Schauplatz des tragischen Zusammentreffens zwischen Herrn Lobgott Piepsam und dem lustig-frech dahinradelnden »Leben«, als Thomas die Novelle »Der Weg zum Friedhof« schrieb und der damals noch sehr junge »Simplizissimus« sie erstmals druckte.

Herzogstraße 3

I

Unser neues Heim lag an der linken Straßenseite, kaum hundert Schritte vom »Großen Wirt« entfernt. Das Haus war so »hochherrschaftlich« wie unser früheres an der Rambergstraße und dazu neuer und moderner ausgestattet. Die Etage hatte zwar nur sieben Zimmer, weil die Brüder nach ihrer Rückkehr aus Italien nicht mehr bei uns hausten, erschien mir aber trotzdem als Gipfel der vornehmen Geräumigkeit.

An die Rambergstraße konnte ich mich kaum mehr erinnern. In der Gabelsbergerstraße war es dunkel und enger, in der Pension an der Theresienstraße dazu noch kleinbürgerlich-dürftig gewesen. Das hatte mich zwar wenig oder gar nicht bekümmert, aber den Unterschied empfand ich jetzt doch stark, um so mehr als es viele Möglichkeiten zu krassen Vergleichen in einer anderen Welt gab, von der noch die Rede sein wird.

In meiner Welt daheim entdeckte ich jedes Stück unserer alten, schönen Einrichtung neu, die ich nun in einer mir ungewohnten Anordnung wiedersah.

Da stand in der großen Diele zwischen den riesigen Mahagonischränken und der mächtigen Lübecker Truhe der ausgestopfte sibirische Braunbär aufrecht auf seinem schwarzen Sockel und hielt mit den scharf bewehrten Vordertatzen die dunkelrote russische Holzschale für die Visitenkarten. (Der damalige Brauch, diese sich ständig mehrenden papierenen Höflichkeitsbeweise jahrelang sichtbar aufzustapeln, wird mir ewig unerklärlich bleiben.) Aus dem offenen Rachen drohte das böse weiße Gebiß, aber die braunen Glasaugen und die breite rote Holzzunge wirkten gutmütig, so daß die plump dienende Haltung einigermaßen glaubhaft schien, in der das Raubtier vom Präparator verewigt worden war.

Immerhin erschraken manchmal Geschäftsboten oder Handwerker, wenn sie die recht lebendig wirkende Gestalt zum erstenmal sahen, und ich war sehr stolz darauf, gelegentlich solche festen Männer mit den Worten »Der tuat Eana nix!« beruhigen zu können. Ich kam mir dann fast wie ein Tierbändiger vor.
»Der Bär«, ein Hochzeitsgeschenk aus Rußland für unsere Eltern, war ein Familienstück par excellence. Wir haben alle fünf als Kinder in ihm eine Art Haustier gesehen, und später bedeutete er uns fast das Sinnbild des Hauses. Immer wieder entmottet, geflickt und geleimt, zog er mit uns von Wohnung zu Wohnung und kam nach meiner Heirat zunächst an mich, später zu Thomas in das Haus an der Poschinger Straße, wo er wieder in einer großen Diele spielenden Kindern zuschauen konnte.
Wie das »Bilderbuch für artige Kinder« fiel unser Bär dort dem Dritten Reich zum Raub. Entweder hat ein »Herrenmensch« sich ihn schlankweg angeeignet, oder ein »Volksgenosse« hat ihn bei der Versteigerung erworben.
Thomas hat ihm in den »Buddenbrooks« ein Denkmal gesetzt. Mir ist eine alte Photographie von ihm geblieben, auf der das Mädchen Carla im Garten der Rambergstraße sich an ihn schmiegt. Zwei dahingegangene Angehörige!

*

An der Diele lagen nach der Straße zu Mamas großer Salon, das Eßzimmer, durch das man auf einen langen Balkon gelangte, und das Wohnzimmer, der gewöhnliche Aufenthaltsraum der Familie. Nach rückwärts ging es in mein kleines Reich, das man jetzt beileibe nicht mehr Kinderzimmer nennen durfte, ferner in Mamas Schlafraum und in die Zimmer der Schwestern. Ein Gang führte nach der Küche, dem Mädchenzimmer und den sonstigen Nebenräumen.
Der Salon war von zwei Seiten gut belichtet, und der leicht verstaubende und durch Pracht verdunkelnde Makartstil seiner früheren Dekoration war einer freundlichen Klarheit gewichen.
Sein Mittelpunkt war wieder der große Bechsteinflügel, an dem Mama fast täglich spielte und oft mit ihrer nicht starken, aber schönen und musikalischen Stimme sang.

Wenn ich allein bei ihr auf einem niedrigen Hocker saß, durfte ich meist das Programm bestimmen. Meine Wahl war für mein Alter recht anspruchsvoll und umfaßte vor allem alles, was Mama an Griegschen Noten besaß, dann viele Wagner-Szenen vom Holländer über den Feuerzauber bis zum Liebestod, ferner einiges von Chopin und Schumanns Carnaval.

Mama erklärte mir immer wieder mit begeisterter Eindringlichkeit, die nichts Lehrhaftes an sich hatte, den Sinn all dieser Musik, und ich sah, wenn der Flügel klang, Peer Gynt an Aases Sterbebett, die wabernde Lohe um die Walküre, den bleichen Kapitän auf dem Geisterschiff und die Paare des Schumannschen Maskenfestes. Die aus den Tönen hervorwachsenden Bilder waren so schön, daß mir später die Pappkulissen, Blechschwerter, falschen Bärte, echten Tenorbäuche und übermächtigen Sopranbusen der Opernbühnen immer wieder die schlimmsten Enttäuschungen brachten und ich mich dann mit geschlossenen Augen nach meinem Hocker zu Mamas Füßen zurücksehnte.

Manchmal versuchte sich die Mutter an eigenen kleinen Kompositionen. Dann durfte ich nicht stören und schaute still auf die Bilder an den Wänden des Salons.

Über dem seidenbespannten Ecksofa mit dem Teetisch und den kleinen modernen Stühlchen hing im breiten Goldrahmen »Der Golf von Salerno«. Blaue Berge senkten sich zu einem noch blaueren Sund, über den ein altertümlicher Segler zog. Im Vordergrund, der von einer Burgruine beherrscht war, wurde von bunten Mädchen Tarantella getanzt, während daneben eine Alte mit der Kunkel spann. Am Strande spannten barfüßige Fischer mit phrygischen Mützen ihre Netze aus, und über dem Ganzen lag ein fremdartig-starkes Licht. Das Sonnenland war mit sehnsüchtigen Augen geschaut und genial dargestellt worden. Erst später habe ich erfahren, daß der Maler ein Verwandter von uns war.

Über ein Pastell von Baptist Scherer, das mich selbst als Fünfjährigen mit langen Locken darstellte, blickte ich immer schnell hinweg, denn ich schämte mich, je so kindisch ausgesehen zu haben. Aber bei einem lebensgroßen Ölporträt des gleichen Malers verweilte ich meist länger. Es zeigte Mama in einem langen Phantasie-Abendkleid, wie sie damals für die Künstlerbälle aufgekommen waren:

Schwarze Fabelblumen auf gelber Seide, großes Dekolleté, lange, schwarze Handschuhe und schwarz-gelber Fächer. Im dunkel und stilisiert gehaltenen Hintergrund spreizte sich ein Pfau.

Ich hatte Mama in diesem Kleid sehr bewundert und fand auch das Bild schön und ähnlich. Ebenso urteilten die Geschwister und viele Bekannte, nur Mama selbst dachte anders. Sie fand sich zu auffallend-elegant konterfeit und zu jugendlich für eine Mutter heiratsfähiger Töchter, obwohl sie ja damals wirklich so gut aussah. Sie wollte eben auf keinen Fall – auch nicht auf einem Bild – ihre beiden Mädchen überglänzen.

Ihre Aversion gegen das Porträt wurde immer stärker, je mehr es von anderen bewundert wurde, und nach einigen Jahren begann Mama heimlich, ihr schönes Bild ganz allmählich zu korrigieren. Sie fing mit dem Ausschnitt des Kleides an, der ihr zu frei schien, und milderte ihn vorsichtig durch eine schwarze Spitze, die so gut gemalt war und zum Ganzen paßte, daß wir die Änderung gar nicht merkten. Dann aber, nach Baptist Scherers frühem Tod, ging sie daran, das schöne Gesicht älter zu machen. Sie wollte also mit ihrer heimlichen Pinselkunst herbeiführen, was beim »Bildnis des Dorian Gray« durch Zauber geschah, und das wurde bald entdeckt. Mama wehrte lachend unsere laute Entrüstung ab; wir lachten schließlich mit, aber das Porträt war rettungslos verdorben und kam auf den Speicher.

An einem der hohen Salonfenster stand Mamas Nußbaumschreibtisch mit seinen barock gebuchteten Fächern, Schubladen und Aufsatzschränkchen. Er steckte voll Haushaltsbücher, Briefstöße, Rechnungen, grüner Geldkassetten, wichtiger Papiere und Manuskripte.

Denn auch ein wenig Literatur trieb Mama. Sie schrieb an ihren brasilianischen und lüb'schen Kindheitserinnerungen und verfaßte Märchen. Im engsten Kreis las sie wohl dann und wann etwas davon vor, aber zu einer Veröffentlichung war sie nie zu bewegen. »Für die Welt werden Heinrich und Tommy genug Schöneres schreiben«, sagte sie mit wissend-stolzem Lächeln und schloß Dodos Kindheit wieder in die barocke Lade.

Im Eßzimmer war zwischen dem mächtigen Lübecker Büfett und der Kredenz, die »Stummer Diener« hieß, der alte, schwere Ausziehtisch mit den Löwenpranken jetzt wieder durch ein Einsatzbrett für sechs Personen vergrößert, denn Schwester Julia war als fertige Dame aus ihrem Karlsruher Pensionat zurückgekehrt, und wenn auch die Brüder nicht mehr bei uns wohnten, so nahm Thomas doch fast immer und Heinrich sehr oft die Hauptmahlzeit mit uns ein. Mama hatte also ihre fünf zeitweilig wieder beisammen, und von der Wand schaute das auf Holztafeln gemalte Ahnenpaar aus seinen schwarz-goldenen Rahmen auf die vollzählig tafelnde Familie herunter.

Zwei vorzügliche, mit den unvergänglichen Farben des 17. Jahrhunderts und der mühevollen Meisterschaft seiner Schulen gemalte Bilder. Der Vorfahr mit dem halblangen Haar und der kavaliermäßigen Barttracht Gustav Adolfs, ein gewisser Statius Brage, durch eine Heirat um 1650 zur Blutsverwandtschaft gekommen, hätte zwar bestimmt auch von zahllosen anderen Mitgliedern der seither doch in hundert Linien verzweigten Familie mit Recht als Ahne angesprochen werden können. Da er aber mitsamt der Ahnfrau schon so lange im Mannschen Hause zu Lübeck gehangen hatte und die beiden sogar mit uns nach München gekommen waren, sah ich auch noch in späteren Jahren uns fünf als ihre direkte und eigentlich einzig legitime Nachkommenschaft an. Ja, es schien mir sogar, als seien die beiden ganz ausschließlich deshalb dagewesen, damit einst wir fünf da wären.

Darin wurde ich vor allem auch durch gewisse unverkennbare Ähnlichkeiten bestärkt, die Statius Brages Züge mit denen der beiden Brüder und sogar mit den meinigen zeigten. Seine Nase hat sich stark auf Thomas vererbt, und Stirn, Brauen wie die Partie über dem Nasensattel sind durch die Jahrhunderte auf uns alle drei gekommen. Mama stellte das oft lachend fest, wenn wir im Eßzimmer beisammensaßen.

Weil ich das in seinen schwarzen Staatsgewändern mit weißen Schulterkrägen sehr vornehm, streng und gütig wirkende Paar so einseitig für uns in Anspruch nahm, billigte ich ihm dafür auch gewisse Ansprüche auf ein würdiges Benehmen meinerseits zu, wenigstens in ihrer Nähe, unter ihren Augen. Diese Augen aber waren

vom Künstler so vertrackt nachgebildet, daß sie den Beschauer immer geradewegs und sehr eindringlich ansahen, wo immer er sich im Zimmer befand. Ein Neunjähriger mit Phantasie konnte leicht der Suggestion verfallen, diese Augen blickten ihn auch dann an, wenn er nicht hinschaute. Noch dazu lag auf dem fast hübschen und sehr klugen Gesicht Madame Brages die Ahnung jenes völlig unnachweisbaren Lächelns, das ich später bei der Mona Lisa wiederfand. Nur war es noch versteckter als bei der Gioconda. Es konnte als leicht spöttisch empfunden werden, zum Beispiel in Verbindung mit dem Blick auf nicht ganz saubere Bubenhände, aufgestützte Ellbogen oder Unfug mit Brot und Besteck.
Diese stumme Mahnung aus einer Region, über die ich lieber nicht weiter nachdachte, wirkte weit stärker als Tadel von den lebenden Großen, und so war es tatsächlich den Ahnenbildern zu danken, daß ich, wenigstens was gute Tafelsitten betraf, frühzeitig in Ehren bestehen konnte.

Wenn ich zwischen den Gängen der immer noch im Stil des Lübekker Hauses servierten Mahlzeiten manierlich wartend saß und das Gespräch der Erwachsenen mich nicht interessierte, brauchte ich nur die Augen zu heben, um vor dem Nachtisch noch schnell an Bord einer holländischen Korvette zu gehen, die auf der Amstel bauchige Rahsegel setzte.
»Das Ey von Amsterdam« hieß das große, alte niederländische Hafenbild, das den Ahnen gegenüberhing. Auf dem Kai herrschte reges Leben zwischen Warenballen, die mich an den Volkhardthof erinnerten. Ein Orientale im Turban – offenbar von fernen Tabakküsten eingetroffen – rauchte im Vordergrund beschaulich seinen Tschibuk und schaute dabei auf die zahlreichen Kauffahrer, bestückten Kriegsschiffe, plumpen Fischerewer und Ruderboote hinaus, die an den Hafenmauern vertäut und auf der Reede vor Anker lagen, in See gingen oder aus der Ferne hereinkreuzten.
Nebelige Luft verfloß mit den Wolken und ließ Masten und Segel leicht verschwimmen. Aber weiter draußen hatte Wind eine Lücke in den Schleier gerissen, und Sonnenlicht hob wie ein Scheinwerfer ein Stück bewegte See und einen geneigt dahingleitenden Schoner leuchtend aus dem Dunst.

So lieb mir der »Golf von Salerno« auch war, dieser nordische Hafen wirkte doch stärker. Vielleicht, weil auf ihm »mehr los« war, vielleicht aber auch, weil im tiefsten Unterbewußtsein ein gewisses Heimatgefühl bei mir mitsprach. Ich war ja auch sofort und völlig daheim, als ich – vierzehnjährig – die dunstigen Seglerhäfen von Hamburg und Lübeck sah, ebenso wie auf jedem Schiff, auf das ich je kam. Ich hatte immer die bestimmte Empfindung eines Wiedersehens. So mag auch mein Gefühl für das Bild schon etwas mit Wiedersehen zu tun gehabt haben. Selbst der größte Skeptiker kann ja zugeben, daß wir uns nicht immer nur an unsere eigene Vergangenheit erinnern oder daß unsere Vergangenheit nicht erst bei unserer Geburt beginnt.

II

Vergangenheit war es, was mich und uns alle in unserem Heim hauptsächlich umgab. Langsam wurde ich mir dessen klarer bewußt, und ich empfand es nicht etwa als unheimlich, gespenstisch oder drückend, sondern eher als Auszeichnung. Das lag wohl an der Art, wie die Familie über das Gewesene und die Vergangenen sprach. Und es wurde gerade in diesen Jahren viel über beides gesprochen, denn Thomas war mit den in Italien begonnenen »Buddenbrooks« schon weit gekommen, und es stand fest, daß aus unserer Vergangenheit ein dickes Buch werden würde. Der junge Autor hatte sich von Mama alle alten Familienpapiere, vergilbte Aufzeichnungen, Briefe, Festerinnerungen und Urkunden, zum Quellenstudium übergeben lassen, die in Truhen und Laden zu finden waren. Er fragte manches über diese und jene Episode und las der Familie auch Abschnitte des Manuskriptes vor.
All das machte mir die Vergangenheit lebendig, und sie schien mir ehrenhaft und freundlich zu sein.
Auch unseres Vaters Zigarrenschrank, der ebenfalls wieder im Eßzimmer stand, gehörte zur ehrenhaften Vergangenheit. Schon in der Rambergstraße war ja der ihm verbliebene Duft nach Tabak mit meinen frühesten Vorstellungen des mythischen Begriffes »Papa« verbunden gewesen. Jetzt war er freilich fast verflogen, aber ich

fand ihn in einer anderen Wohnung wieder: bei Onkel Ommo an der Marktstraße in Altschwabing.

»Nach Lübeck« roch es auch aus dem Bücherschrank im Wohnzimmer; das heißt nach den alten Lederbänden der Lübecker Zeit, neben denen jetzt immer mehr neue Werke auftauchten.

Ich hockte viele Stunden lang vor den geöffneten Glastüren der Bibliothek und las im bilderreichen »Deutsch-Französischen Krieg«, im dickleibigen Epos vom »Wilden Jäger« und in dem von den Brüdern schon sehr zerblätterten »Land der Pyramiden«. Dann griff ich immer wieder zu der lustigen Persiflage vom ägyptischen Meisterdieb, der schließlich die Königstochter bekam. Die Geschichte begann:

Rhamsinit, Ägyptens König
aus der Zwanz'ger Dynastie,
hatte Schätze ungewöhnlich
viel und hütet' eifrig sie.

Die Verse aber, in denen der Dieb seiner jammernden Mutter unwillig verspricht, die Leiche seines beim Einbruch verunglückten Bruders herbeizuschaffen, hatte Mama mit Tinte unleserlich gemacht, hatte sie kaschiert, wie den zu tiefen Ausschnitt auf ihrem Porträt. Ich sollte noch nicht wissen, daß jemand so unehrerbietig zu der eigenen Mutter reden könne:

»Mutter, halte deinen Rachen,
den geehrten, endlich still!
Diese Sachen sind zum Lachen,
ich den Leichnam holen will.«

Zu spät war der Zensurstrich erfolgt: Ich konnte die schändlichen Reime längst auswendig, wie die Geschwister alle.

»Das Land der Pyramiden« war eine trefflich geschriebene und illustrierte Geschichte Ägyptens. Ich wußte, daß Thomas für dies Buch von klein auf ebenso begeistert gewesen war wie ich. Daß aber aus dieser seiner Vorliebe einst der vierbändige Joseph-Roman wachsen würde, konnte damals selbst der künftige Verfasser nicht ahnen.

Im Wohnzimmer war es gemütlich. Die hübschen Möbel, die in loser Ordnung herumstanden, waren altmodisch und bequem. Ihr Hauptmerkmal war eine etwas verschossene, grüne Polsterung. Auch hier blickte viel Vergangenheit von den Wänden: die schöne brasilianische Großmutter Maria da Silva in schulterfreiem Biedermeierkleid, Urgroßvater Marty, der eidgenössische Lübecker mit Vatermörder, und andere mehr. Daneben hingen aber schon manche Neuerwerbungen Mamas von den Malern, die zum Freundeskreis gehörten. Ein kleiner »Gestiefelter Kater« von Leo Putz gefiel mir immer am besten und ist noch heute bei mir.

Dieser Raum blieb für mich nach dem ersten Winter in der Herzogstraße immer »das Weihnachtszimmer«, denn noch nie vorher war das Fest so eindrucksvoll für mich gewesen wie damals, und im Wohnzimmer hatte es am hellsten geleuchtet.

Da wir ja wieder alle beisammen waren, deuteten in jener Adventszeit schon die Vorbereitungen auf etwas ganz Großes hin. Mama hatte viel beim Christkind und dem Weihnachtsmann zu tun und kam, zusammen mit den Schwestern, schwerbeladen nach Hause. Dann wurde ich für einige Zeit in mein Zimmer verbannt und hörte die schweren Türen der Lübecker Schränke auf der Diele knarren. Alle Augenblicke gaben Geschäftsboten mit einer »schönen Empfehlung« ihrer Chefs große Kartons ab, und die Königlich-Bayerische Paketpost – eine gelbe Schimmelkutsche, auf dem Bock der weiß-blaue Postillon, der auf seinem gedrehten Horn Weihnachtslieder blies – brachte riesige, stark verschnürte Schachteln ins Haus.

»Von Niederegger aus Lübeck«, schrie Carla an der Tür, und alles lief zusammen. Ich aber mußte trotz wehleidigen Protestes schon wieder in mein Zimmer verschwinden, denn auch dieser Niederegger hing mit dem Christkind zusammen, das angeblich die Neugierde kleiner Buben mit einem leeren Weihnachtstisch bestrafte.

Trotz dieser Strenge war das Christkind aber auch von einer neckischen Güte, denn während ich schlief, streute es Rauschgold auf mein Bett und die Kleider, so daß ich gleich beim Aufwachen wieder wußte: »Weihnachten!«

Dann wurde das Wohnzimmer verschlossen, und mein Erwartungsfieber stieg ins Ungemessene.

Der Heilige Abend übertraf alle meine Vorstellungen und Erinnerungen. Als ich später das »Buddenbrooks«-Kapitel »Weihnachten in der Mengstraße« las, begriff ich, daß dieses Fest bei uns eine große Tradition fortsetzte, wenn auch natürlich in engerem Rahmen als bei den Großeltern, wo in der Säulenhalle die Chorknaben von Sankt Marien gesungen und zahlreiche Hausarme auf Bescherung und Speisung gewartet hatten.
Auch die in Lübeck trotz aller Üppigkeit des Festes so stark vorherrschende biblisch fromme Stimmung, dies innig betonte »zu Jesu Ehren« der Großmutter Mann, geborenen Marty, war zu einer fröhlicheren Religiosität gemildert und mehr ins Symbolische abgewandelt worden. Mama hielt keine einleitende Predigt mit herzerhebenden Mahnungen und Hinweisen an die versammelte Familie, wie ihre gute Schwiegermutter, aber sie las uns aus der alten Lübecker Bibel das Weihnachtsevangelium so schön und eindrucksvoll vor, daß ich sogar meine Ungeduld vergaß und lauschte, wie am Flügel.
Dann aber zog ich an der Spitze der Geschwister, »O Tannenbaum« singend, durch die geöffneten Flügeltüren, wie der kleine Hanno Buddenbrook »in den Himmel hinein«.
Ich erkannte das vertraute Wohnzimmer nicht wieder. Auf weißen Tischen, die beide Längsseiten einnahmen, standen acht kleine Christbäume, und diese leuchtende Weihnachtsallee führte auf die im Erker vom Boden bis zur Decke ragende Lichtertanne zu, unter der mit Stern und Stall, mit moosiger Landschaft und silbernen Bächen, mit Christkind, heiligem Paar, Königen und Hirten, Ochs, Eselein, Kamelen und Schafen die »Krippe« aufgebaut war.
Vom Glanz geblendet, fand ich meinen Platz nicht gleich, bis viele Hände auf ein Bäumchen wiesen, das über und über mit roten Quittenwürsten behängt war. Da brach ich in Jubel aus, in den Kinderjubel, der zu diesem Fest gehört, und sah nun mit einem Blick alle Herrlichkeiten, die das Christkind für mich hatte heranschaffen lassen: Die große graue Festung mit Felsen, Graben und Zugbrücke, die Indianerausrüstung mit Federschmuck, Keule, Schild, Bowiemesser und Tomahawk, das Pferdegespann vor dem Lastwagen mit Warenballen, wie im Volkhardthof, die Bleisoldaten, die Bü-

cher und alles andere, von dem nur ein Teil auf meinem Wunschzettel gestanden hatte. Es war überwältigend!
Die Familie mitsamt Hausmädchen, die ja auch ihre Bescherungsplätze und Lichterbäumchen hatten, empfand ich als festliche Menge, deren Hauptinteresse eigentlich meinem Platz gelten mußte, denn was waren die Geschenke all dieser Erwachsenen gegen meine Reichtümer? Praktische Alltagsdinge, die man ohnedies bekam.
Dieserart schätzte ich auch Pelze der Schwestern, eine wertvolle Knopfgarnitur für Thomas, elegante Ledersachen und dergleichen ein. Erst recht Wäsche, Kartons mit englischer Seife und französischen Parfüms, Schuhe und Briefpapier. Ich bewunderte in meinem Glück alles sehr, um den Großen die Freude nicht zu schmälern, aber ehrlich war mein Verständnis nur für den festlichen Wert von Büchern, auch wenn sie noch weit über mein Begreifen gingen wie die französischen Ausgaben, die an Heinrichs Platz lagen. Und merkwürdigerweise auch für die Zigarren auf Ommos Tisch. Vielleicht spielten dabei wieder jene Aromas eine Rolle, aus denen mir zuerst eine verehrungswürdige Vergangenheit halbwegs bewußt geworden war: die kaum mehr spürbaren Gerüche aus der Bibliothek und Papas Zigarrenschrank. Vielleicht aber war es auch eine Vorahnung davon, daß Bücher und Tabak die dauerhaftesten Freuden meines Lebens werden sollten.
Es war ein Lübecker Weihnachten: An jedem Platz lagen neben den Tellern mit Äpfeln, Nüssen, Datteln, Feigen, Mandeln, Rosinen und Orangen auch die großen weißen Schachteln der berühmten Firma Niederegger in der Breiten Straße, die der weißblaue Postillon hergefahren hatte. Sie enthielten massive Marzipanstücke, die meist tortenförmig gerundet und mit Reliefs Altlübecker Tore und Türme geschmückt waren. Und in Massen waren die »Braunkuchen« aufgebaut, ein stark gewürztes, ziemlich hartes Backwerk, dessen Rezept Jahrhunderte alt ist und die sonderbarsten Ingredienzien in verschollenen Mengen- und Gewichtsmassen verlangt.
Lübisch war auch das Weihnachtsessen, zu dem Mama nach einer Viertelstunde der ersten Gabenbeschau energisch bat. Für mich waren freilich alle diese guten und schweren Gerichte nur die Überleitung zum schönsten Festsymbol, das ich damals kannte, zum »Plet-

tenpudding« nämlich, der ebenso wie Braunkuchen und Marzipan schon den Ahnen von Kindheit an Weihnachten bedeutet hatte. In den »Buddenbrooks« wird er bereits in einem der Anfangskapitel ausführlich beschrieben.

So verlief die erste Schwabinger Weihnacht, deren Wachs- und Tannenduft für mich im Wohnzimmer haftenblieb. Und so verliefen auch die Christabende der folgenden Jahre, wenngleich die Zahl der Lichterbäumchen und die Länge der Geschenktafeln abnahmen.

Die Tradition des Festes aber hat jedes von uns Geschwistern aus Mamas Haus in das Leben mitgenommen. Später besuchten wir uns zu Weihnachten immer reihum, wenn es nur irgend möglich war, und in jedem Bescherungszimmer: bei Schwester Julia, bei Heinrich, Thomas und in meinem eigenen Heim lebte stets der Heilige Abend in der Herzogstraße und damit auch ein Stück Lübeck wieder auf.

Leben mit den Großen

I

Es ist mir nicht mehr klar erinnerlich, wie ich den weiten altersmäßigen Abstand von den Geschwistern, den »Onkels und Tanten«, damals eigentlich empfand. Aber minderwertig fühlte ich mich als Nachgeborener und Benjamin in der Welt daheim sicher nicht, und gegen vermeintliche Zurücksetzungen oder Benachteiligungen, wie allzu frühen Befehl zum Schlafengehen, revoltierte ich unter Anwendung von Heulszenen, die berühmt wurden.

Neckereien ließ ich mir von den Brüdern, also von Männern, immer gerne gefallen, wollte sich aber Carla etwa den gleichen Scherz erlauben, beschimpfte ich sofort ihr Ideal, den Heldendarsteller Lützenkirchen, von dem ich nur unzählige Photos kannte, so furchtbar, daß sie oft in Tränen der Wut ausbrach. Oder ich brachte die Lacher auf meine Seite, indem ich Carlas dramatische Sprechetüden aufs komischste parodierte: »Zeiten verrauschen, Völker vergehen, dunkle Vergessenheit breitet die schwarzen Schwingen über ganze Geschlechter aus.«

Im allgemeinen aber nahm ich ernstlich Anteil am Leben der Großen und bemühte mich um Verständnis für ihre Freuden und Sorgen.

Verhältnismäßig bald hatte ich Interesse an der Geselligkeit der Erwachsenen gefaßt. Waren es früher nur die Späße der Geschwister oder von lustigen Besuchern, wie Maler Putz mit der langen Nase, gewesen, die mich anzogen, so beeindruckten mich jetzt schon jede Unterhaltung über Tisch oder plaudernde Gruppen einer größeren Gesellschaft, soweit ich ihnen nur halbwegs folgen konnte. Ich nahm dadurch manches unverstanden auf, was später der Schlüssel zu vielem Begreifen werden sollte. Thomas läßt im »Doktor Faustus« den Chronisten Zeitblom aus seiner und seines Freundes Leverkühn Kindertagen einen ganz ähnlichen Vorgang erzählen.

Sogar die Kleidung der Erwachsenen – ihre ganze Aufmachung – interessierte mich stark. Ich begriff die Erregung, in der Mama und die Schwestern vor einem großen Ball waren, wenn Friseuse, Schneiderin, Modistin und die Dienstmädchen in einer Art von Endspurt liefen und werkten, und ich bewunderte die festlich gekleideten Damen sehr, bis die Droschke vorfuhr. Mama gefiel mir dabei fast immer am besten.
Auch für einen gut angezogenen Herrn bekam ich bald einen gewissen Blick, obwohl mir für mich selbst noch keineswegs etwas an irgendeiner Eleganz lag und ich hübsche Sachen, wie die Kieler Matrosenanzüge, immer nur unter Protest anzog, weil sie mir zu »affig« waren.

Aus all dieser Teilnahme heraus war ich immer sehr für festliche Einladungen in unserem Heim, und manchmal machte mir schon die Art ihres Zustandekommens großen Spaß.
Wenn wir unter Mamas liebenswürdigem Präsidium um den Eßtisch mit den Löwenpranken saßen, gab es oft lustige Beschwerden über unbeliebte Gerichte: Ein immer sehr heiß servierter Auflauf wurde von Julia als »Höllenspeise« verworfen. Gekochtes Rindfleisch bezeichneten die Geschwister grundsätzlich als »l'Al de Cu« (alte Küh'), und die gute Fleischbrühe mit Sago diffamierte ich als »Froschlaich«.
Mama tat komisch-verzweifelt. »Gott, Kinder«, klagte sie, »das ist ja bester Mastochse, und ihr werdet noch mal froh um so ein Essen sein.«
Sie bekam schon fünfzehn Jahre später leider völlig recht, aber an solche Möglichkeiten dachte niemand, und so konnte es geschehen, daß die Geschwister im Angriff blieben und nun plötzlich zu meiner lauten Freude ein Fest zwecks Hebung des Menüs verlangten.
»Modder«, sagte dann Thomas im breiten Lübeck'sch, »überhaupt, weißt du, wir müssen endlich mal wieder bullern.« (So wurde an der Trave eine protzige Gasterei bezeichnet.) Und Heinrich ergänzte fein, aber dringlich: »Ja, Mama, du mußt wohl eine fête geben.« Worauf die Schwestern einfielen – Carla schon mit rollendem Bühnen-R – und ich schrill die Attacke begleitete, wie ein Querpfeifer den Sturm von Grenadieren.

Vergebens wehrte sich Mama mit dem Hinweis auf Mühe und Kosten solcher Abende; sie lachte schon und versuchte höchstens noch, die Zahl der Gäste in erträglichen Grenzen auszuhandeln.

So ergingen denn wieder einmal Einladungen an die Freunde des Hauses. Manche von ihnen kannte ich ja schon von der Rambergstraße her, wie die Maler Putz und Scherer oder den Oberpostrat und Allerweltskünstler Knötzinger, der nicht nur Geige spielte, sondern ein solches Instrument auch meisterlich bauen konnte und vollkommen echt wirkenden Christbaumschnee aus alten Glacéhandschuhen schabte. Und seine Frau Julia, deren Name Dschulia ausgesprochen wurde und die auch wirklich sehr italienisch aussah.
Andere waren dazugekommen: vor allem Thomas' Schulfreund Otto Grautoff, ein Literat und Kunsthistoriker, dessen Humor mein Herz im Sturm gewann und dort sogar Onkel Putz verdrängte, denn ich empfand allmählich, ohne mir darüber noch Rechenschaft geben zu können, den höheren Wert und die stärkere Natürlichkeit von Grautoffs groteskem und dabei oft tiefernstem Spaß gegenüber dem fast gewohnheitsmäßigen, wenn auch brillanten geselligen Jux, der immer irgendwie um des Beifalls willen produziert wird.
Thomas' Freund, der an ihm hing wie – nun wie Kai Graf Mölln an Hanno Buddenbrook – trug einen mächtigen Kopf mit großgeformten Gesichtszügen auf breiten Schultern, und eine frühe Glatzenbildung erhöhte seine Stirn ins Überdimensionale. Glücklich aus Lübecks Enge nach München entwichen, fühlte er sich in einem Haus besonders wohl, das geistige Freiheit doch wieder mit lübischer Tradition verband.
Er war ein liebenswerter und treuer Geselle, der trotz geistiger und körperlicher Nonchalance auf menschliche Würde hielt. Auch im größten Gaudium und bei scheinbarer Lächerlichkeit.
Wenn Otto Grautoff uns mit leidenschaftlich bewegten Worten sein furchtbares Erlebnis beim großen Chirurgen Krecke erzählte, der ihm unter Anwendung einer kurzen Narkose zwei schwierige Zähne extrahiert hatte, barsten die Zuhörer fast vor Lachen. Aber

er hatte alle Einzelheiten tatsächlich und wirklich so grotesk und angsterregend gesehen, empfunden und also erlebt.
»Zehn barmherzige Schwestern«, sagte er schaudernd, »und sieben vermummte Heilgehilfen« hätten sich auf einen Wink des zangenbewehrten Professors auf ihn gestürzt, als er beim Anblick der »Schlachtbank« geschrien habe: »Ich will nicht!« Er sei unter lauten Gebeten der Nonnen entkleidet und gebunden worden, trotz seines weinenden Flehens um Erbarmen, und dann habe man ihn nach Anbringung einer entsetzlichen Mundsperre in Chloräthylgasen erstickt.
Das war alles von höchster Komik, aber es war auch grotesker Protest des Menschen gegen Vergewaltigung durch sinnlosen Schmerz. Ich verstand es natürlich erst viel später, aber ich habe auch vorher Grautoff niemals als Spaßmacher und Clown angesehen, ebensowenig wie ich in reiferen Jahren einen Grock, little Pich oder Karl Valentin für lustige Narren hielt. Sie waren für mich Philosophen und Künstler.

Paul Ehrenberg, der Maler, und sein Bruder Carl, ein Komponist und junger Kapellmeister, gehörten ebenfalls zum engeren Kreis, und manchmal kam, soviel ich mich erinnere, Kurt Martens zu Mamas Gesellschaften. Von den Damen entsinne ich mich am lebhaftesten Julias Freundin, Ilse Martens – auch eine Lübeckerin –, und Carlas Intima Lani, einer üppigen Münchener Blondine aus reicher Familie, in hocheleganten Toiletten. Lani studierte Gesang, und ich bezeichnete sie und Ilse als meine Bräute, womit ich keinen schlechten Geschmack bewies.
Ein sonderlicher, aber durchaus liebenswürdiger Gast war Anna Derleth, die Schwester und Verkünderin Ludwig Derleths, der zum Kreis um Stefan George gehörte und damals mehr als eine Art von Prophet denn als Dichter galt.
Anna, ein schlankes, nicht mehr sehr junges Mädchen mit großen, weltfernen Augen und langer Nase, trug selbsterfundene und geschneiderte Reformgewänder, sackartige Gebilde von kühnen Farben mit aufgesetzten Jugendstilmustern. Sie war arm wie eine Kirchenmaus, empfand das aber wegen ihrer völligen Anspruchslosigkeit ganz selten, nämlich nur dann, wenn sie aus irgendwel-

chen dionysischen Gefühlen heraus einen Einkauf tätigen wollte, über dessen Geldwert sie sich noch nie Gedanken gemacht hatte.
»Ich wünsche ein Gistchen Draubrosinen«, sagte sie in ihrem leichten Fränkisch bei Dallmayr, der ersten Delikatessenfirma Münchens. Sie billigte die vorgewiesene Zehnpfundkiste getrockneter Malagatrauben, gab ihre Adresse und fiel erst an der Kasse aus ihren lichten Wolken. Aber sie verlor in solchen Momenten nicht an Haltung, stornierte lächelnd die Bestellung und verließ den Schlaraffenladen mit einem winzigen Tütchen an Stelle des utopischen Kollis.
Ich weiß nicht mehr bestimmt, ob Ludwig Derleth je selbst zu uns gekommen ist. Aber wenn seine Schwester Mamas Einladung folgte, dann war der Bruder zum mindesten geistig auch zugegen, denn sie sprach in Gesellschaft kaum etwas anderes als von ihm, dem »Atler«, wie sie ihn nannte. Tatsächlich hatte er ein raubvogelähnliches Asketen- und Fanatikergesicht. Das eingeborene Volk von Schwabing reihte ihn damals etwas zu summarisch unter die »Kohlrabi-Apostel« ein, zählte ihn also zu der unheimlichen Sekte der Vegetarier und Antialkoholiker, weil es sich seine hagere Blässe statt mit geistigen Exzessen nur mit mangelndem Fleisch- und Biergenuß erklären konnte. Dabei dichtete Derleth später die schönsten Weinlieder auf seine fränkische Heimat.
Während seiner Zeit im »Schwabinger Ursumpf« verkündete er den kommenden Christus-Napoleon, der Kreuz und Schwert im Banner tragen werde. »Hier steht der äußerste Wahnsinn«, rief er seiner Mansardengemeinde zu. Und »Ich überantworte Euch die Welt zur Plünderung«. Die Gläubigen fielen in Verzückung.
So ging es einst in Schwabing zu. Die Folgen waren nicht immer harmlos: Auch Lenin hat als Schwabinger Schlawiner angefangen. In seiner und der Krupskaja Schwabinger Exilwohnung wurde die neue Weltordnung entworfen und erstmals im Kreise der russischen Emigranten verkündet. Auch dies war ein Schwabinger Kreis, wie die »Kosmiker« und andere.
Das waren also die Hausfreunde, die mir den nachhaltigsten Eindruck hinterließen, wohl weil sie die originellsten waren, also auch für meine Augen von der Alltäglichkeit am meisten abwichen. Ihretwegen und dann erst wegen des festlichen Essens freute ich mich so auf die »Fêten«, an denen ich übrigens erst allmählich in stärke-

rem Maße teilnehmen durfte. Anfangs war meine Gegenwart nur beim Empfang auf der Diele erlaubt; später wurde ich auch zum Essen zugelassen, trug dann willig den unbeliebten Kieler Matrosenanzug und bekam bald Verständnis für Speisen- und Weinfolgen, gutes Gedeck und vor allem für die famose Art unserer Mutter als Gastgeberin. Schließlich erschlich ich mir – meist mit Hilfe einer der Geladenen – immer mehr Zeit des späteren Abends, hörte auf die Gespräche im Salon, auch wenn es keine Späße gab, und auf die gute Musik, die es fast immer gab.
Es kostete Mama große Energie, mich davon zu überzeugen, daß ich »übermüdet« sei und endlich ins Bett gehöre. Und ich lag auch dann noch lange wach, horchte auf die Klänge von Flügel und Geige, auf Lanis Gesang, das ganz ferne Summen des Gespräches und manchmal noch auf den späten Aufbruch der Gäste.

II

Von all diesen Geselligkeiten steht mir am stärksten eine in Erinnerung, die gar keine »Fête« Mamas, sondern nur die bei uns stattfindende Versammlung von Gästen eines Atelierfestes oder einer größeren Faschingsunternehmung war.
Eines frühen Abends, mitten im Münchener Karneval, fand sich eine Menge verkleideter Leute ein, vermutlich, um Mama und die Schwestern abzuholen und dabei eine intime Generalprobe ihrer Kostümwirkung als Apéritif und Auftakt der anbrechenden großen Nacht zu genießen.
Ich erinnere mich nicht mehr an Einzelheiten, weil der Anblick eines der eintreffenden Maskierten alle anderen Eindrücke verdrängte. Es war Onkel Ommo.
Damals war gerade eine andere Art von Masken, eigentlich Maskenköpfe, aufgekommen, die ein Münchener Künstler entwarf. Sie waren aus Trikot gearbeitet und mit anderen Materialien zu festen Formen und Zügen modelliert, geklebt und gemalt. Man zog sie vorsichtig über, steckte den Halsteil in den Kragen und erzielte viel verblüffendere Wirkungen als mit den hergebrachten Larven und Aufsatzköpfen aus Papiermaché.

Es gab eine Anzahl von lustigen Typen dieser Neuheit, und ich hatte in den Auslagen der Spezialgeschäfte schon etliche von ihnen bewundert: einen verkommenen Schnapsbruder, einen blau-roten Choleriker und andere ausgefallene Versionen des Homo sapiens, die mit Skizzen des zugehörigen Kostüms versehen waren.
Thomas aber hatte solchen Rat nicht befolgt und gerade dadurch den Effekt ins Vielfache gesteigert. Ich sehe ihn noch heute so deutlich, wie photographiert, vor mir. In einem vorbildlichen Frack mit geknöpften Lackstiefeln (die man damals trug), weißen Glacés und Chapeau claque. Der Abendanzug kleidete seine schlanke Figur ausgezeichnet. Über korrekter Schleife und hohem Kragen aber saß der schauerlich lächelnde Kopf eines jungen Vollidioten mit Schielaugen, aufgestülpter Nase, übermäßig blöde geöffneten Wulstlippen, Pferdezähnen und einer affenartig niederen Stirn unter wirrem Haar.
Diesen grotesken Kontrast zwischen Maske und Anzug übertrug Thomas auch auf sein Benehmen als armer Irrer im Eveningdress. Er muß es daheim vor dem Spiegel eingeübt haben.
Seine Bewegungen waren nämlich im ganzen durchaus die eines eleganten und gemessenen Frackherren, so daß ihm von rückwärts kaum etwas Außergewöhnliches anzusehen war. Wendete er sich aber nur halb, so konnte man Schreikrämpfe bekommen. Und wenn er in der gesammelten Haltung eines Salonlöwen wortlos auf dem Seidensofa saß, dabei mit schiefem Kopf das Schauerlächeln einer Dame zuwandte, selbstvergessen langsam einen Glacéfinger hob, um sich am Nasenloch zu kratzen und plötzlich mit glucksendem Kichern den Klapphut herausknallen ließ, lallten die Leute nur noch.
Es war zu viel. Dieses Monstrum an Komik ließ nichts anderes neben sich aufkommen, und es war vorauszusehen, daß es der Mittelpunkt von Festteilnehmern sein würde, die, auf Stühle gesunken, nach Atem ringen mußten. Außerdem konnte der fest anliegende und kaum ventilierte Kopf ein langes Tragen bestimmt nicht zulassen, und Thomas hat daher auf dem Fest selbst die Maske wohl sicherlich nur kurze Zeit aufbehalten.
Solche Erwägungen kamen mir aber erst später. Solange ich den prachtvollen Idioten vor Augen hatte, genoß ich diesen Augenblick

mit allen Fasern. Ich verbannte sogar mein Lachen irgendwohin in die Magengegend, wo es mich zu sprengen drohte, und starrte meinen Onkel Ommo an. Ja, das war ein lustiger Onkel! Ich verehrte ihn aus tiefstem Knabenherzen, während ich durch mein Flehen erreichte, daß er den herrlichen Kopf noch eine Zeitlang aufbehielt, wieder das Kichern ausstieß und mir zu Ehren noch einmal den eleganten Finger zur gähnenden Nüster hob.

Dann begleitete ich die aufbrechende, vor Lachen immer noch keuchende Gesellschaft bis zur Gartentür, obwohl Ommo den Maskenkopf verpackt unter dem Arm trug.

Als ich kurze Zeit danach wieder einmal über dem »Bilderbuch für artige Kinder« saß, ging mir die Ähnlichkeit zwischen Thomas' Zeichnungen und dem an jenem Abend von ihm dargestellten idiotischen Elegant auf. Und viel später stellte ich bei gewissen Figuren von Daumier, Kubin und Grosz ebenfalls Anklänge und Verwandtschaft fest. Jedesmal erschütterte mich dann wieder ein innerliches Lachen.

Andere Welt

I

Ein Junge wächst als Nestküken unter lauter Erwachsenen auf, die ihn liebevoll und ein wenig verzärtelnd umsorgen oder ihm doch herzlich zugetan sind, sich um seine Manieren kümmern, gegen seine kindlichen Unsitten nachsichtig sind und ihn recht früh an ihrem erwachsenen Leben teilnehmen lassen.
Im Hause verbindet sich hochbürgerliche Tradition mit dem Geist des Künstlertums, hanseatische Lebenshaltung mit süddeutscher Freiheit. Dem Jungen kommt schon, seit er denken kann, diese Vereinigung zugute.
Er ist daheim meist von Frauen umgeben und lugt zwischen ihren Röcken hervor auf zwei verehrte große Brüder, die gerade dabei sind, berühmte Männer zu werden. Das Leben der Familie ist stark hierauf ausgerichtet.
Das Haus ist wohlhabend, der Junge hat es gut. Er hat eine komfortable, eine gute Kinderstube.
Aber ist sie auch gut gelüftet? Wo bleibt der frische, der rauhe Wind, der dem Buben um die Nase wehen soll, damit er kein altkluges Muttersöhnchen, kein kleiner Bourgeois und kein junger Snob wird?
Keine Sorge! Die Kinderstube ist nicht verschlossen, und der Wind weht. Der Junge hört ihn lustig pfeifen und läuft ihm entgegen. Er rutscht das Treppengeländer hinunter, macht an der Teppichklopfstange rasch ein paar Klimmzüge, nur um die Muskeln zu fühlen, und tritt durch die schmiedeeiserne Gartentür in seine andere Welt.
Er betritt sie mit dem Lederranzen auf dem Rücken, ein Lineal wie ein Kurzschwert in der Faust, denn der Schulweg ist voller rauher Abenteuer. Oder er läuft mit indianischem Kopfputz und Speer in

den Wind. Dann heißt er »Pfeilspitze« und ist Häuptling eines Stammes von Schwabinger Gassenbuben.
Ich hatte mich gleich bei unserem Umzug in die Herzogstraße nach neuen Gespielen von jener Art umgesehen, die in der Rambergstraße vom Schenkheini repräsentiert worden waren, und ich fand sie schnell.
Der Tapezierer Köhn, der unsere Gardinen und Bilder aufhing, brachte einen netten kleinen Burschen mit, der ihm das Handwerkszeug trug. Das war der Köglfranzl, und wir wurden gleich gute Freunde. Er führte mich in seinen Kreis von Arbeiter- und Kleinbürgerkindern ein, zu dem nur wenige Buben »von Familie« gehörten. Meine Volksschulklasse erweiterte diesen Kreis, ohne seine Struktur zu ändern. Die andere Welt hatte sich mir aufgetan. Ich fühlte mich ihr bald zugehörig wie meiner eigenen daheim.
Zwischen gesunden Buben gleichen Alters machte auch in jenen Jahren schon der Klassenunterschied wenig aus, besonders wenig im demokratisch-toleranten München. Soziale Vergleiche drängten sich mir nur auf, wenn ich die Heime meiner Kameraden betrat, ihre Familien kennenlernte und dabei flüchtig an mein eigenes Zuhause dachte. Es war alles so ganz anders, aber es stieß mich niemals ab, es lockte vielmehr als Ausgleich, als lustiges Leben unter vielen Gleichaltrigen, das seine eigenen Sitten – rohe, aber männliche Sitten – und seine eigene Sprache hatte. Außerdem – darüber dachte ich freilich noch nicht nach – entließ mich diese andere Welt ja immer zur guten Stunde wieder in meine heimische.
Zwei Häuser, gleich gegenüber dem unsrigen, waren typisch für diese andere Welt: Beide waren Reste des alten Schwabing. Das kleine Anwesen des Tapeziermeisters Köhn zeigte mit seiner freundlichen Fassade, mit grünen Läden und Blumenfenstern, mit den zwar engen, aber sonnigen und nett möblierten drei Wohnungen den bescheidenen Wohlstand der Bewohner. Aber gleich daneben, das ebenerdige »Jägerhaus«, war eine Armeleutehütte wie aus dem Märchenbuch. Durch sein morsches Dach regnete es in elende Wohnküchen, deren wirrer Hausrat aussah, als habe man ihn aus dem Gerümpel der nahen Bauplätze aufgelesen, und die von Menschen jeden Alters wimmelten. Es war unbegreiflich, wo sie alle in den wenigen Räumen schlafen konnten. Mindestens zwei Kinder

trafen auf einen Strohsack, und es herrschte Tag und Nacht ein Geruch, der die Dünste von ungelüfteten Betten, Spirituskocher, schlechtem Fett, nassen Windeln, naher Latrine und schalem Bier in variabler Komposition vereinigte. Während im Köhnhaus der Köglfranzl abends seinen Preßsack oder Backsteinkäse mit der beliebten Mischung aus Pfeffer, Salz und Bier würzte, was mir viel besser dünkte als die Sprotten, Schinken und Grünkäse daheim, gab es bei den Jägern und ihren Hausgenossen, den Schmatzens, jahraus, jahrein »einen Kaffee auf d' Nacht«, wie es schon im Ludwig Thomaschen Simplizissimusgedicht vom Mörtelweib zu lesen war. Natürlich war das Feigen- oder Malzkaffee, der in einem sehr verdächtigen Säckchen ausgekocht wurde. Dazu kam nichts als Hausbrot auf den Tisch.

Den Männern freilich wurde von den Kindern jeden Abend ein- oder zweimal ihre Maß direkt aus der Schwabinger Brauerei und frisch vom Faß geholt, und das starke, malzige Bier war – es läßt sich nicht leugnen – für diese Schwerarbeiter, die täglich zehn Stunden werkten, eine flüssige Kraftnahrung.

Der junge Bote durfte einen kleinen Schluck aus dem Steinkrug tun und tat ihn meist schon unterwegs. Aber wehe ihm, wenn er zuviel abtrank! Das war Sakrileg und Existenzschädigung, und die Väter hatten schwere, harte Fäuste.

Der Köglfranzl, der ein »lediges«, also uneheliches Kind war, lebte bei seiner sauberen und fleißigen Mutter, der Näherin, und seinem Onkel, dem wohlbestallten städtischen Trambahnkutscher, einem in der ganzen Gegend beliebten, lustigen Original. In der freundlichen Wohnküche, in der auch Franzls Bett stand, sang am Mansardenfenster ein Kanarienvogel. Der Franzl hatte einen Miniaturaltar mit allem heiligen Gerät und weihte mich in die Riten zelebrierender Priester und Ministranten der katholischen Kirche ein. Seine Weihnachtskrippe war noch viel größer und lebendiger als die unserige, und sie wurde ständig in der Folge biblischer Ereignisse umgestellt. Schon lange vor den Festtagen waren Maria und Josef auf dem Wege von Nazareth nach Bethlehem; die Hirtengruppe bei der Anbetung und die dargebrachten Geschenke wechselten täglich, und erst im Januar tauchte die Karawane der Könige am Horizont

auf. Dann entfaltete die Krippe ihre volle Pracht, bis die einsame und arme Flucht nach Ägypten das fromme Spiel beendete.
Onkel Kögl wurde nicht müde, immer neue Ergänzungen des Krippeninventars zu basteln: Häuser, Brücken, Schäferkarren, Pferche und Zäune; und jeder Christkindlmarkt bereicherte den Figurenfundus. Im Vordergrund des Panoramas aber, das ein Viertel der Stube einnahm, stand ein kleiner Bettelmönch bei einer großen Sammelbüchse, in die ich viele Kupferpfennige geopfert habe.
Mein anderer Altersgenosse, der Schmatzkarl, und seine zahllosen Geschwister waren Tagelöhnerskinder. Da gab es weder Kanari noch Altar und Krippe. Ebensowenig bei den Jägers, obwohl Vater Jäger einen Gemüseladen innehatte. Er war überzeugter, eingetragener und – besonders nach der zweiten Maß – laut bekennender Sozialdemokrat, der dem »Herrschaftskind« statt kirchlicher Riten die Lehre Karl Marxens auf Münchnerisch beizubringen trachtete und dem der rote erste Mai den höchsten Feiertag des Jahres bedeutete. Seinen jüngsten Sohn aber ließ er auf den Namen Napoleon taufen.
Der kleine Marxist mit dem imperialistischen Namen lag in einem Wrack von Kinderwagen, schrie und strömte intensive Gerüche aus. Als seine arme Mutter, zu unserer Mama Entsetzen, schon vier Tage nach der Niederkunft wieder im Gemüseladen schaffen mußte, wurde das Kind in den Hintergrund des Gewölbes, zwischen die Kartoffelsäcke geschoben und verhielt sich dort merkwürdig still. Grund dafür war sein aus einem Stück Weißbrot im Leinenbeutelchen bestehender Schnuller, der immer wieder in Bier getaucht wurde. Napoleon saugte, schlief ein, saugte halbwach weiter und störte in seinem Dusel den Gemüsehandel nicht. Ich half in meiner Unschuld manchmal, den Schnuller wieder schmackhaft und saftig zu machen.

Die meisten meiner Klassenkameraden lebten in ähnlich armer Enge wie die Kinder des Jägerhauses. Entweder in Hütten gleicher Art oder in wimmelnden Mietskasernen. Nur wenige hatten ein Heim wie der Franzl. Von ihnen ist mir der Sohn eines Hutmachers urtümlichen Schlages immer in Erinnerung geblieben, weil mir später beim Anblick vieler Spitzwegbilder das winzige, aber saubere Häuschen in der Feilitzschstraße wieder vor Augen stand, in dem Vater Hutmacher in idyllischer Ruhe seine Zylinder formte. Vor dem kleinen Laden mit dem uralten Glockenzug waren zahlreiche Hasenfelle auf schildförmige Bretter gespannt, was mir die Impression eines indianischen Wigwams eingab. Der alte Meister und sein Geselle lächelten freundlich, wenn ich ihnen zuschaute, sprachen aber fast kein Wort. Wurde das zu langweilig, so holte mein Kamerad unter der steilen Haustreppe einen riesigen alten Regenschirm hervor, und wir kletterten in den anstoßenden Hof der Schwabinger Brauerei. Dort lagerten in langen Reihen riesige Holzfässer, von denen wir nach schwieriger und gefährlicher Ersteigung Fallschirmabsprünge vermittels des großväterlichen Parapluies machten, bis uns grobe Brauburschen vertrieben.

II

Einer meiner treuesten Freunde war der Huberkatsche, ein stämmiger, schon recht strizzihafter Arbeitersohn, der in einer der nahen Mietskasernen hauste und mich meist zum Schulgang abholte. Er war der älteste Bub der Klasse, weil er schon in den ersten Schuljahren ein- oder zweimal sitzengeblieben war, und bekam vom Lehrer die meisten Prügel, teils wegen Faulheit und ebensooft für wilde Streiche. Der Stoizismus, mit dem er stets die öffentliche Exekution seiner Strafe ertrug, machte ihn für uns andere zum Märtyrer und Helden, dem nachzueifern war. Ich habe seither meine eigene Meinung über die Prügelstrafe.

Der Huberkatsche konnte schon auf vier Fingern pfeifen, was mir nie gelang. Er war Meister im »Schussern« und »Pickeln«, einem Spiel, bei dem kurze, spitze Stöcke in weichen Boden geschleudert werden mußten. Auch verdiente er ein kleines Vermögen an Pfennigstücken beim »Anwandeln«, dem indirekten, an einer Wand abprellenden Wurf des eigenen Kupfergeldes nach dem des Gegners. Trotz seiner Überlegenheit wurde er eine Art von Adjutant von mir, als ich ihn vermittels größerer Gewandtheit einmal im Ringen besiegt hatte. Auch imponierte dem Langsameren die Form, in der ich jedes Reifenrennen – Start Wilhelmstraße, Ziel Jägerhaus – gewann und die er noch weit über die elegante Meisterschaft des Köglfranzl im Kreiseltreiben stellte. Als der Katsche zum erstenmal vor einem Dutzend Epheben der Herzogstraße laut bekannte, ich sei »a zeama Hund a zeama«, errötete ich vor Stolz. Da der Ausdruck nur unzulänglich übersetzt werden könnte, muß man sich mit meiner Versicherung begnügen, daß er in meiner anderen Welt, besonders aus dem Mund eines solchen Recken, die höchste Anerkennung männlicher Tugend bedeutete.

Und nur solche waren maßgebend für Unterschiede in Rang und Ansehen bei dieser Horde. Im Äußeren glichen wir uns ja trotz verschiedener Herkunft wie die Äpfel eines Baumes. Auch die paar Familiensöhne trugen die gleichen Pumphosen, gestopften Strümpfe und zerkratzten Stiefel, vor allem aber die gleichen Sweater (sprich Swetta) mit Rollkragen, dazu dieselben kühnen Sportmützen wie die proletarischen Kameraden. Niemals wäre ich, oder der aus ähnlichen Verhältnissen stammende Hans Münzinger, in heimischer Familiengala bei den Buben auf der Straße oder im Schlafzimmer erschienen. Der Umstand, daß mancher der Ärmeren einen Anzug trug, der aus einem Herrschaftshaus stammte, machte die Schar noch uniformer.

Genauso verhielt es sich mit der Sprache, einem das Oberbayerische ins kraß Vorstädtische forcierenden Slang, der schon eine Art Rotwelsch war. Ich sprach ihn wie der Huberkatsche, und zwischen der Redeweise des Schmatzkarl und des jungen Münzingers gab es ebensowenig Verschiedenheit. In der Schule mußten alle hochdeutsch reden, das merkwürdigerweise bei mir, der ich es daheim immer sprach, hier genauso geschraubt und gemacht klang wie bei den Urschwabingern.

Das schien mir ganz in Ordnung. Ein Dilemma gab es nur, wenn es galt, vor Kameraden mit Mama oder den Geschwistern zu sprechen. Thomas hatte das sofort erfaßt, als er mich eines Tages in der Nähe seiner Wohnung inmitten von Schulgenossen ansprach. »Wie entsetzlich peinlich, nicht wahr?« rief er lachend auf mein erstes Stottern hin und verabschiedete mich freundlich, aber rasch. Ich war ihm herzlich dankbar.

Bei all dieser Gleichheit blieben also nur die spartanischen Eigenschaften des einzelnen zur Qualifikation. Gute Leistungen in der

Schule wurden zwar nicht gerade verübelt, zählten aber nicht mit, höchstens die Turnstunde.
Solche Eigenschaften zu zeigen war stets und überall Gelegenheit. Die meisten Spiele waren Vorbereitungen auf den Kampf, den es, ob man ihn suchte oder nicht, auf jedem Weg oder Hinterhof geben konnte. Es hatte etwas Unmenschliches an sich, daß eigentlich jeder fremde Junge, dem man begegnete, als Feind in Betracht kam und daß ein Gang durch entferntere Straßen sehr oft zu Überfällen durch eingeborene Stämme führte, bei denen nur das Eingreifen höherer Gewalt in Gestalt von erwachsenen Passanten vor arger Niederlage retten konnte.
Man tat also gut daran, sich als Kämpfer zu vervollkommnen und die Furcht besiegen, mindestens verstecken zu lernen.
Ich war kein Raufbold, und im Grunde fühlte ich mich beim Bauen der Schneeburg, vor allem aber beim Schwimmen im Ungererbad viel, viel wohler als im glorreichsten Getümmel. Aber ich war ehrgeizig, wollte ein berühmter Häuptling sein, und letztlich schien es mir besser zu siegen, als Prügel zu bekommen, wenn schon gerauft werden mußte.
Der Huberkatsche war mein bester Trainingspartner. Ich lernte von ihm einen brutalen Hieb auf die feindliche Nase und brachte ihm dafür bei, wie man beim Ringen sofort zum »Untergriff« kam. Die Kombination beider Tricks machte uns bald zu gefürchteten Matadoren. Trotzdem lernte ich mehr als einmal Schmerz und Schmach der Niederlage auf das bitterste kennen.
So auch damals, als ich mit wenigen Freunden von einer gewaltigen feindlichen Übermacht am Forellenbachl angefallen wurde. Wir kämpften löwenhaft und zäh, wurden aber auseinandergesprengt und einzeln erledigt. Ich »blieb am Feind« – schon weil ich mich aus dem Knäuel gar nicht mehr lösen konnte – und wurde übel zugerichtet.
Inzwischen hatten zwei Entkommene, also nicht gerade die Tapfersten, auf ihrem Fluchtweg bei mir zu Hause mit Grabesstimmen gemeldet: »Den Mann haben's bereits erwirgt.« Dann waren sie verschwunden, immer noch von der Panik der Niederlage gejagt.
Mama und Thomas, von der Köchin alarmiert, erschraken sehr, denn Mutter und Bruder aus Lübeck waren noch nicht so weit in die

Feinheiten des Idioms eingedrungen, um dieses »bereits« richtig mit »fast«, anstatt mit »schon« übersetzen zu können. Sie eilten angstvoll in die von den Unglücksboten angegebene Richtung, sahen aber den armen, bereits Erwürgten schon an der nächsten Ecke heranhinken: zerfetzt, zerschunden und heulend vor Wut und Schande.
Thomas – auch das habe ich ihm nie vergessen – verschwand taktvoll. Mamas Vorwürfe waren erbittert, aber ich hörte sie kaum. Vor Ommo, dem Mann, so dazustehen wäre freilich furchtbar gewesen, aber hier klagte ja nur eine Frau.
Überdies fiel mir ein, daß ich zu Beginn der Schlacht drei Feinde durch Nasenhieb-Untergriff außer Gefecht gesetzt hatte. Alle hatten stark geblutet. Ich hoffte zuversichtlich, daß sie schiefe Nasen behalten würden, und meine eigenen Prügel schmerzten mich schon bedeutend weniger.

III

Dies Geschehnis war aber durchaus nicht die einzige Erfahrung, die meine Familie mit meiner anderen Welt machte. Es gab viele Verbindungen hin und her, und manches griff ineinander. Dazu trugen sowohl meine eifrigen und begeisterten Erzählungen bei als auch Besuche der Kameraden bei mir, durch die ihre Eltern von meinem Zuhause Kunde erhielten. Mama kannte überdies viele dieser Angehörigen und setzte sich bei ihnen durch die Art in Ansehen, mit der sie sich schon in Lübeck bei Papas Schauerleuten und Speicherarbeitern so viele Sympathien erworben hatte. Sie duldete meinen Umgang mit »dem Volk« nicht etwa mit zurückhaltendem Schweigen, sondern legalisierte ihn in der nettesten Weise.
Die proletarischen oder kleinbürgerlichen Eltern meiner Genossen wiederum wußten diese Haltung ganz richtig einzuschätzen und vergalten sie in ihrer Weise mir gegenüber mit rauher Zuneigung.
Nie habe ich in dieser Zeit Klassenhaß und »Neid der Besitzlosen« verspürt. Mit einer selbstverständlichen Geste schob mir der Sozi Jäger – seinen bierseligen Napoleon auf dem Arm – den gesprungenen Teller mit dem gebeizten Rettich hin, und ich langte ebenso

unbefangen zu wie der Schmatzkarl bei Mamas Kakao mit röschen Buttersemmeln.
Der Taglöhner Schmatz nagelte im Hinterhof des Jägerhauses Latten zusammen, die ihn immerhin den Gegenwert einer Maß Bier gekostet hatten, damit der Häuptling Pfeilspitze einen Wigwam bekam, und der lustige Onkel Kögl erzählte mir grinsend – ein Lausbub dem anderen –, wie er unseren Hausbesitzer, den »Knallprotzen«, wieder geärgert habe. Er hatte seinen Trambahngaul auf dem Heimweg zum Stall mit der Hinterhand am geheiligten Trottoir unseres Hauses in Stellung gebracht und so lange ausgeharrt, bis ein Haufen Pferdeäpfel entweihend niedergefallen war.
Ich stellte mit Freude fest, daß die Menschen meiner anderen Welt Unterschiede zwischen Besitzenden verschiedener Art machten und daß sie mich und die Meinen zu den Leuten zählten, mit denen sich gut auskommen ließ, während ihnen der schnell reich Gewordene verdächtig und ebenso verächtlich erschien, wie sie es selbst für die Parvenus waren.
Nicht nur Mama nahm eine liebenswerte Haltung meinem Umgang gegenüber ein; auch Heinrich und Thomas zeigten immer ein zwar lächelndes, aber ganz ehrliches Interesse, wenn ich von neuen Eindrücken und Abenteuern erzählte. Heinrich nahm vor allem Anteil am jungen Rowdy Huberkatsche. »Wie geht es Huberkatsche?« fragte er mich sofort nach jeder Rückkehr und ließ sich dann endlos lange erzählen, worüber sich Mama sehr amüsierte.
Starken Eindruck machte Heinrich auch der Genosse Jäger mit Sohn Napoleon, und die Erinnerung an diese beiden zeichnete sich noch fünfzehn Jahre später in der Figur des Sozialdemokraten Napoleon Fischer des Romans »Der Untertan« ab.
Carla dachte schon viel zu sehr als freie Künstlerin, als daß sie an meinem Kreis hätte irgendwelchen Anstoß nehmen können. Nur Julia, die Vertreterin vornehmer Exklusivität, verhielt sich einigermaßen ablehnend. Sie verlangte, daß ich mehr mit »Meinesgleichen« verkehren solle, und rückte mir sogar mit präzisen Vorschlägen auf den Leib.
Die Schwester schwärmte damals für einen gerade sehr bekanntgewordenen Porträtmaler bürgerlicher Herkunft, in dessen Familie sie verkehrte. Sie erzählte wochenlang von seinem so netten Sohn

und drang immer stärker darauf, ich solle Freundschaft mit ihm schließen. Vermutlich wurde dem Malersohn ebenso zugesetzt, und es kam zu einer Begegnung zwischen uns Gleichaltrigen in der sehr prächtigen Wohnung des Künstlers.

Wir waren natürlich befangen und unfrei. Schließlich sagte der andere – vielleicht angelernt –: »Wir wollen Freunde sein«, und das genierte mich so entsetzlich, daß sich mein ganzes Innere unter dem Kieler Matrosenanzug zusammenzog, den Julia mir für diesen Besuch aufgedrängt hatte.

Es gibt nichts Schamhafteres vor der geringsten Phrase als einen Knaben, und, Gott im Himmel, dieser Umselige sagte wie aus einer moralischen Geschichte heraus: »Wir wollen Freunde sein.« Meine Zehen krampften sich nach unten vor Widerwillen, ich murmelte eine blödsinnige Ausrede und schlich ganz gebrochen davon.

Er war wirklich ein netter Bursch, und wir hätten die besten Freunde werden können, wenn wir uns auf einem natürlichen Weg begegnet wären und man uns nicht aufeinander zugetrieben hätte. So aber nützten Schwester Julia weder Schmeicheln noch Zürnen mehr. Ich wurde rot und blieb ganz stumm, wenn sie den feinen Knaben nur erwähnte, und sie gab schließlich diesen und jeden anderen Versuch zur Besserung meines Umganges auf.

Nochmals von den Anfängen

Eine in den zwanziger Jahren erschienene Biographie Thomas Manns schildert auf vielen Seiten den Gemütszustand, in dem sich mein Bruder in jenen Jahren befunden habe, von denen ich hier erzähle.

Der Verfasser folgert aus dem ersten Novellenband »Der kleine Herr Friedemann«, vor allem aus dem »Bajazzo«, recht souverän auf eine unfrohe innere Auseinandersetzung mit dem Anrüchigen, dem Verdächtigen einer Künstlerschaft, die, aus angestammten bürgerlichen Verhältnissen herausgefallen, Gefahr läuft, eine Halbheit zu sein und eine ganze Lächerlichkeit zu werden. Auf Kunst mit einem bösen Gewissen also, dazu auf Kampf gegen Gefühlskälte, an der die Jugend ebenso leiden kann wie an Überhitzung. Und in den kleinen Geschichten von Beraubten des Lebens, von Verwachsenen, Unglücklichen, Untauglichen und Moribunden sieht der Biograph den gleichen Protest gegen die Illusion des Glückes der Jugend, wie ihn Flaubert in seinem »November« erhebt.

In der Dichterklause an der Schwabinger Marktstraße, so meint der Schilderer, müsse eine unglücklich-zwiespältige Stimmung geherrscht haben, und diese Jahre des allzu ernsthaften jungen Poeten wären an trüben Schatten viel reicher gewesen als an Lichtern der Hoffnung, des Mutes und des Kraftgefühls.

Obwohl diese Biographie in Feststellungen, die ich einwandfrei kontrollieren kann, bei Angaben aus der Familiengeschichte zum Beispiel oder in der Zeitenfolge bestimmter Ereignisse, recht ungenau und fehlerhaft ist, will ich mich keineswegs über den sonst sehr klugen und geistreichen Verfasser erheben. Daß am Anfang dieses Weges drückend schwere Zweifel standen, daß Anerkennung und Erfolg in so jungen Jahren nicht leicht errungen werden konnten, steht fest. Thomas selbst hat einmal – ich glaube bei einer sogenannten Rundfrage – seiner Verwunderung darüber Ausdruck verliehen, daß es das Künstlertum des phantasierenden Schreibens, also etwas, das der Gesellschaft eigentlich von Grund aus verdächtig sein müsse, überhaupt zu Ansehen bringen dürfe: daß ihn, den schlechten Schüler von einst, nun Glanz umgebe und daß er es sich leisten könne, fast ausschließlich Lackschuhe zu tragen.

Das war freilich mit Ironie gesagt, aber die Zweifel und das Ringen des schweren Beginnens waren trotzdem auch in diesen Zeilen bestätigt.

Keineswegs will ich nun die bis zum Exzeß lustige Maske Onkel Ommos von jenem Faschingabend als Gegensatz oder gar Gegenbeweis eines schweren seelischen Ringens aufrichten. Gerade diese Groteske, die einigermaßen auf der Linie der »Enterbten des Lebens« lag, wäre ja psychologisch als Reaktion auf die vom Biographen behauptete geistige Situation wohl zu denken.

Um so froher macht mich die Erinnerung an den Ommo jener Jahre. Schlug er sich mit Schwerem herum, so machte er das mit sich allein ab und trug seine inneren Kämpfe und Zweifel nicht zur Schau wie die bleichen, langhaarigen Mansardendichter um 1900, die an Kaffeehaustischen ihre vom geistigen Ringen zerfurchten Gesichter über schwarzen Plastrons ausstellten. Auch keiner seiner damaligen Bekannten, von denen viele Memoiren geschrieben haben, konnte etwas von ausgeschüttetem Herzen oder verhaltenem Jammer erzählen. Thomas nahm sich in Disziplin und wahrte Distanz, Selbstironie und »tenue«. Das muß es gewesen sein, was ihm das Herz stärkte, ihn trotz allem zum Frohsinn befähigte und – mindestens den Seinen gegenüber – zur Aufgeschlossenheit in gutem Sinn.

Der Biograph hat bei seinen Folgerungen auch hier den Zeitablauf verwischt: Als Thomas in der Marktstraße wohnte (und die Familie in der Herzogstraße), stand der Erfolg des jungen Novellisten schon ziemlich fest, und die »Buddenbrooks« waren fast vollendet. Wohl gab es noch Zweifel über ihre Aufnahme. Aber der Autor glaubte, mußte glauben an das, was er da geschaffen hatte.

So jung ich noch war, wußte ich doch, wie hoffnungsfroh Mama und die Geschwister über Thomas dachten: wie sehr seine ersten

Werke ihnen allen zu eigen wurden und sie stolz machten: wie sie sich über gelegentliche Vorlesungen von Neugeschaffenem freuten und wie lebendig die Figuren des Gestalters für sie waren. »Du sprichst ja wie zum Hunde Esau!« rief Carla lachend, und sogar ich kannte schon diesen Esau und seinen armen Herrn Tobias Mindernickel, beide erfunden vom »Dichter Thos«, wie der Familienwitz Onkel Ommo nannte.
Diese Zuversicht mußte schließlich von Thomas selbst ausgehen, der doch fast täglich unter uns war und dessen »Unfrohheit« sicherlich auf die Familie abgefärbt hätte. Nein, er war nicht unfroh. Ich bin überzeugt, daß er zu jener Zeit schon »über dem Berg« war.
»Tonio Kröger« ist 1903 erschienen. Die Konzeption zu dieser Novelle lag also um die Jahrhundertwende wohl schon vor. Die Sätze aber, die Tonio in seinem Brief an die Freundin schreibt, von seinem Blick »in eine ungeborene, schattenhafte Welt, die geordnet und gebildet sein will«, und »auf ein Gewimmel von Schatten menschlicher Gestalten, die mir winken, daß ich sie banne und erlöse«, diese Sätze hat kein Unfroher, kein von Zweifeln tief Bedrückter erdacht, sondern schon ein Künstler, dem das Glück des Gestaltens aufgegangen war und in seiner Seele alle Hemmungen verdrängt hatte.
Aus dem Zwiespalt von bürgerlicher Tradition und Künstlertum war bereits feste Zuversicht gewachsen, die beiden Begriffe könnten durch hohe Leistung versöhnt, vereinigt, ja gemeinsam gekrönt werden. Und so verbunden könnten sie ihren Träger zu einem Repräsentanten im höchsten und schönsten Sinne nobilitieren.

Den Onkel Heini jener Jahre habe ich in viel ernsterer Erinnerung als den Onkel Ommo. Ich sah ihn zwar viel seltener, weil er immer wieder auf Reisen ging, hing aber nicht weniger an ihm, wohl weil ich unbewußt auch seine Zuneigung zum Nachgeborenen empfand. Sie hatte sich schon in einem Glückwunschschreiben Heinrichs an unseren Vater anläßlich meiner Geburt und in einem Brief an mich selbst zum Tag meiner Taufe ausgedrückt, zwei rührenden Schriftstücken, die ich freilich erst viel später las. Ich besitze sie noch, denn Mama bewahrte solche Zeichen von Geschwister- und Kindesliebe sorgfältiger auf als Pretiosen.

Das Schreiben unseres Ältesten an den Vater kam aus Dresden, wohin man meine Ankunft überschwenglicherweise telegraphiert hatte. Heinrich bat nicht nur, mich über die Taufe halten zu dürfen, sondern legte sogar ein Scherflein zur Sicherung meiner sorglosen Zukunft bei. »Daß es nicht mehr ist als es ist, wird der Junge meinen schwächlichen Verhältnissen zugute halten«, schrieb er dazu.
In seinem Taufbrief aber erklärte er dem kleinen Bruder in der Wiege seine Namen: »Mann heißt Du, Carl bedeutet ebenfalls Mann, und daß auch ›Victor‹ sich bewahrheiten möge, ist der innige Wunsch Deines Bruders.«
Heinrichs würdiger Ernst, der aber ebenfalls nicht unfroh war, schien mir durch den blonden Spitzbart verstärkt, den er damals schon trug, während Thomas' schwarzer, allmählich immer stärker werdender Schnurrbart mir einen eher lustigen, mindestens flotten Eindruck machte.
Einen Grund für den augenscheinlich vorherrschenden Zug unseres Ältesten sah ich in seiner nicht festen körperlichen Konstitution, von der mir niemals er selbst, wohl aber Mama manchmal sorgenvoll erzählte. Heinrich hielt sich mehrmals für längere Zeit in Sanatorien auf; am liebsten bei dem altösterreichischen Doktor von Hartung am Gardasee. Diesem Arzt und Freund bewahrte er immer dankbarste Gefühle, weil er die völlige Wiederherstellung seiner Gesundheit der Klugheit und Kunst des Doktors von Riva zuschrieb.
Daß Heinrich auch in jener Zeit fröhlich, ja ausgesprochen humoristisch sein konnte, beweist ein Brief, den er 1899 von einem Sanatorium aus an Carla schrieb, die damals einige Zeit in einem Pensionat in Lausanne verbrachte. Der Bruder berichtete von den Familienereignissen und schloß eine Chronik sensationeller Begebenheiten in aller Welt an, die dem »Simplizissimus« Ehre gemacht hätte. Die Kaiserreise zum Heiligen Grab und die englisch-französischen Spannungen waren zu einer wild-patriotischen Geschichte verknüpft, die mit der Krönung eines neuen Papstes durch den Kaiser ihren Höhepunkt erreichte. »Seine Heiligkeit, hurra, hurra, hurra! riefen Seine Majestät«, schloß die Schilderung, und der Schreiber behauptete, er habe sein neuestes Werk – ganz in Atlas und Elfenbein gebunden – dem neuen Papst geschickt und eine mit Brillanten besetzte Tabaksdose dagegen erhalten.

Wenn ich diesen alten Brief heute wieder lese, dann scheint es mir, als zeichne sich hinter dem Jux doch schon so etwas ab, was dreizehn Jahre später im »Untertan« grell sichtbar wurde: kämpferisch-kritische Stellung gegen die Entwicklung des »Wilhelminischen Zeitalters«.

Hinter Heinrichs Ernst standen wohl auch vor allem Probleme ähnlicher Art, wie die vor Thomas' Anfang gestellten es waren. Wenn ich in reifen Jahren versuchte, sie zu analysieren, so sah ich als erstes Dilemma immer das »Zwischen den Rassen« auftauchen, und es erschien mir ebenso schwer wie der Zwiespalt zwischen Tradition und Künstlertum, den der früher von der engeren Heimat gelöste Heinrich sicher auch eher überwunden hatte als Thomas.

Lola, die Heldin des Romans »Zwischen den Rassen«, hat deutsches und romanisches Blut. Sie fühlt sich in Deutschland nicht unter Gleichen und folgt einem Italiener, dessen Name Leopardi alles sagt, in den Süden, wo er am italienischsten ist. Aber nach Rausch und Abenteuer, das den Tod mehr als einmal streift, sieht sie sich auch unter den Romanen allein und wird von einem Blonden gewonnen, der nie aufgehört hatte, sie zu lieben, und der im äußersten Moment zeigt, daß man nicht ein schönes Raubtier sein muß, um ein Mann zu sein.

Sosehr Leopardi Nationalist ist, sowenig ist es der Blonde. Sein Künstlertum erhebt ihn über die Rassen, ohne sein gutes Deutschtum zu schmälern. Zu ihm gehört Lola. So habe ich es als Siebzehnjähriger gelesen, und so verstehe ich das Buch noch heute.

Heinrich hatte sich in Italien, als er es als neue Heimat suchte, »in der Seele allein« gefühlt wie jene Lola. Wie stand es mit dem Westen? Auf das stärkste beeindruckt von den großen französischen Geistern, von französischer Gesittung und dem Lande selbst, liebte der junge Dichter Frankreich, aber er wußte, daß er kein Franzose sei und werden wolle. Er war ein Deutscher, den die romanische Beimengung zum Künstler gemacht hatte und dessen Künstlerschaft ihn aus dem engeren Kreis und dem Zwiespalt heraus über das Problem stellte. Er war Europäer.

Also – wie ich es sehe – das gleiche »Hinauf!« wie bei Thomas.

Die Wege waren verschieden und liefen zeitweilig weit auseinander, entfremdend, ja entzweiend weit. Sie führten dennoch zusammen. Am Ziel trafen sich zwei deutsche Weltbürger.

Das zweite Problem Heinrichs schien mir, als ich verstehen lernte, das Temperament seines erfassenden und gestaltenden Künstlertums zu sein. Sein Suchen nach Wahrheit, sein Kampf gegen alles, was er vom gewonnenen höheren Stand aus für schädlich, unwürdig und gefährdend hielt, wurde scharfe, sarkastische Kritik. Schon im »Schlaraffenland«. Seine Geschöpfe waren voll heißer Leidenschaften, kalter Verbrechen und böser Lüste. Sie liebten glühend, litten höllisch, verrieten schändlich oder tragisch und haßten tödlich. Schon in den »Göttinnen«.
Dazu ein Stil, eine Ausrichtung des Wortes, die berufenere Kritiker später als den aufklingenden Expressionismus ansprachen, die aber auch romantisch und sogar mystisch waren. Auf jeden Fall stieß der Dichter in neue Fernen vor und stellte dadurch seine Leser vor Neues.
Sie nahmen es sehr verschieden auf: Für einen kleinen, aber fanatischen Kreis war der junge Heinrich Mann eine Offenbarung. Andere priesen ihn laut oder hinter vorgehaltener Hand als den neuen großen Erotiker, der »ganz tolle Sachen« erzählt. Was engbürgerlich, treudeutsch und innig war, lehnte ihn scheltend oder kopfschüttelnd ab. Einige behielten sich ihre Meinung vor. Es ging bewegt zu, Erfolge gab es, aber die Aussichten auf weite Triumphe waren gering.
Solche Probleme also werden es gewesen sein, die zum Ernst Heinrichs beitrugen. Einem Ernst, der die inneren Kämpfe ebensowenig zur Schau stellte wie Thomas' Haltung, sondern Aristokratie von jener Art war, mit der Thomas in »Königliche Hoheit« seinen Großherzog Albrecht bekleidet hat, den ernsten Bruder des jüngeren, dem Leben bejahender gegenüberstehenden Prinzen Klaus Heinrich.
Mein frühes Interesse an den Angelegenheiten der Großen ließ mich auch bei Debatten der Familie über Heinrich aufhorchen. Ich verstand gelegentlich, daß die Zeitung eine Kritik enthalten habe oder daß die Schwestern aus einer Gesellschaft Äußerungen über den Ältesten nach Hause gebracht hätten. Dann hörte ich aus Mamas

Worten unendlich liebevollen Glauben und großes, verstehendes Sorgen, aus Julias Erregung aber die strenge Hüterin der Lübecker Laren und Penaten sprechen. Thomas trat mit ruhiger Bestimmtheit, Carla mit dramatischer Leidenschaft für den Bruder ein, und ich schwieg mucksmäuschenstill. So vorlaut ich mich sonst in alles mischte, hierbei hatte ich nur zu horchen und nicht zu reden. Höchstens fragte ich in eine entstandene Stille hinein, wann denn Heini endlich einmal wieder zurückkäme, was Mama rührte und mir von Thomas ein lächelndes Nicken eintrug. Manchmal sprachen die Erwachsenen dann englisch oder französisch weiter, was sowohl meiner als auch des servierenden Mädchens Anwesenheit gelten konnte. Mir blieb in solchen Fällen nur eine Extraportion Nachtisch und meine Korvette auf dem »Ey von Amsterdam«.

Erkenntnisse

Daß mein Glaube an den Storch in meiner anderen Welt, also in Gesellschaft von neugierigen Mädeln und Buben, die Bett an Bett mit den Eltern schliefen, von derben Frauen und ihren oft nicht nüchternen Männern, nicht lange fest bleiben konnte, war nur natürlich. Ich nahm die große Erkenntnis mit viel Interesse, aber weniger Erregung hin, als Mama sie bei einer gelegentlichen Kundgebung meines jungen und unvollständigen Wissens zeigte. Offenbar war ihr die Art, in der ich vom lebendigen Leben aufgeklärt worden war, zu direkt und roh. Allein es war geschehen.

Die Illusion vom heiligen Nikolaus ging mir verloren, als Onkel Ommo, den das Mädchen an einem 5. Dezember als »alten Mann« angemeldet hatte, den bärtigen und dickpelzigen Weihnachtsmann so komisch darstellte, daß eine der Schwestern, halb erstickt vom Lachen, »aber Tommy« ächzte. »Es ist kalt auf Erden«, hustete der Heilige, »wo ist denn der Junge?«

Der Junge spielte lustig noch einmal mit und wußte Mühe und Leistung des verehrten Partners hoch genug einzuschätzen. Aber nachher verkündete er fröhlich seinen für immer gewonnenen Unglauben, den er gleich folgerichtig auf das Christkind ausdehnte.

Einmal auf dem Wege der Erkenntnis, wollte ich weiteren frommen Schwindeleien der Erwachsenen auf den Grund kommen und geriet an das Problem des Rauchens, das ein Bub angeblich mit sofortigem In-die-Hose-Machen oder mindestens mit stärkstem Übelbefinden büßen mußte.

Ich veranlaßte ein gemeinsames Experiment meines durch Klassenkameraden erweiterten Stammes, und wir versammelten uns eines Samstagnachmittags auf dem Holzlagerplatz einer Schreinerei, die dem Vater eines Schulfreundes gehörte.

Nachdem die Wachen ihre Posten bezogen hatten, brachte der Huberkatsche eine Schachtel mit fünfzehn Zigaretten zum Vorschein, wie man sie mitsamt einer Spitze aus Holz vermittels eines Groschenstückes dem Automaten entlocken konnte. In einen Zigarrenladen hätte sich noch keiner von uns getraut.

Diese meine erste Zigarette hieß »Elephant«, und ich genoß sie als unerschrockener Häuptling und Avantgardist des Stammes, mit heruntergelassener Hose im Bedürfnishäuschen des Lagerplatzes sitzend, indes die anderen Krieger ängstlich und bewundernd im Halbkreis um die offene Brettertür mit dem eingeschnittenen Herz hockten.

Das Zeug schmeckte weder gut noch schlecht, aber das Hinausblasen des blauen Rauches hob Mut und Selbstbewußtsein. Genauso rauchten ja die Männer, und mir wurde weder übel noch revoltierte mein Gedärm.

Beifallsgemurmel ging durch den Halbkreis, als ich nach dem letzten Zug den Stummel mit lässiger Gebärde in den Orkus fallen ließ und die Hose hochzog. Ich verteilte die übrigen Glimmstengel, und bald stieg eine Qualmwolke hinter den Bretterstapeln auf, daß die Wachen ängstliche Pfiffe ausstießen.

Der Stamm führte den riskanten Eigenversuch ohne jeden Unfall zu Ende, und wieder war ich um eine Erfahrung reicher. Ich verspürte zwar nicht das Bedürfnis, nun gleich ein richtiger Raucher zu werden, aber die vermeintliche Entlarvung der elterlichen Warnungen regte zum selbständigen Denken über andere Fragen an, die das Leben hertrug.

Wie mir zum Bewußtsein kam, daß Ommo und Heini wirklich und wahrhaftig meine Brüder seien, war ein ganz anderes und nur mich allein angehendes Problem.

Die Anrede »Onkel« gebrauchte ich natürlich längst nur mehr als eingebürgerten Scherz. Ich deklarierte diese beiden eleganten und bärtigen Herren auf Anfrage schon jederzeit als meine Brüder; daß sie aber tatsächlich im gleichen Verhältnis zu mir stehen sollten wie der Schmatzkarl zur Schmatzliesl, war ernstlich noch nicht faßbar.

Mama war als Mutter ebenso begreiflich wie etwa die Frau Jäger. Carla faßte ich ja ohnehin seit jener Episode mit dem »Täubchen«

als richtige Schwester auf, mit der man von gleich zu gleich streiten und gut sein konnte. Selbst Julia war trotz ihrer erzieherischen Bemühungen »nur« eine Schwester. Ich versteifte mich sogar gerade wegen ihrer lehrhaften Versuche auf diesen »Nur«-Begriff. Aber Heinrich und Thomas?

Ich empfand doch deutlich, wie sich die Familie immer mehr auf das wachsende Ansehen der beiden ausrichtete, wie respektvoll viel ältere Freunde und sogar Damen mit und von ihnen sprachen. Brüder? – – Wenn Thomas mir am Flügel aus dem Stegreif einen wilden Indianertanz komponierte, zu dessen juchzenden Tönen ich in vollem Kriegsschmuck, Waffen schwingend, im Salon herumsprang, oder wenn die beiden mir für mein Marionettentheater das erhebende Schauspiel »Katharina Puckmichnich oder die Guzeln« schrieben, das wieder einmal die Kinderbuchmoral auf den Kopf stellte und doch moralisch endigte, so hatte das alles eher etwas Lustig-Väterliches für mich. Aber Brüder? Leichter war der Huberkatsche als Bruder vorstellbar, etwa im Sinne von »gleiche Brüder, gleiche Kappen«.

Bis Heinrich den Hund prügelte.

Wir hatten bald nach dem Umzug in die Herzogstraße einen neuen Hausgenossen bekommen: »Titino«, einen jungen, kurzhaarigen Jagdhund, den Thomas in Italien auf einem Heuhaufen gefunden und mit nach München gebracht hatte. Heinrich hat noch als Zweiundsiebzigjähriger in seinem »Zeitalter« von ihm erzählt.

Das Tier war ebenso dalberig-verspielt wie ich selbst, und wir schätzten uns sehr, ohne viel gegenseitigen Respekt. Ich ärgerte Titino oft bei unserem Herumtoben, und er schnappte gelegentlich nach mir. Beides war nicht böse gemeint, sondern gehörte zu unserer Gassenbubenfreundschaft.

Einmal aber, nach Tisch im Eßzimmer, sah es für die anderen so aus, als wollte der tolpatschige Hund gegen meinen bloßen Hals losfahren. Da sprang der sonst immer so zurückhaltende Heinrich mit blassem und wütendem Gesicht auf wie ein Kämpfer, packte den armen Italiener am losen Nackenfell, verprügelte ihn kurz und ohne die richtige Technik und stieß ihn vor die Tür.

Mein Protestversuch verstummte vor diesem Ausbruch. Ich starrte, immer noch am Boden sitzend, den Onkel Heini an. Nein, nicht den Onkel! Er hatte den Hund angepackt, der mir scheinbar oder wirklich gefährlich werden wollte. Er hatte sozusagen aktiv und allen Ernstes zu meinen Gunsten in eine Rauferei eingegriffen. Das tat ein Onkel nicht.

Der Huberkatsche würde sich natürlich auf jeden Gegner stürzen, der mich bedrohte, und ebenso würde ich für den Köglfranz kämpfen. Wenn aber Heini diesen Ehrenkodex anerkannte, allerdings ohne je darüber »Sprüche« gemacht zu haben wie wir Buben, ja dann war er wirklich mein Bruder.

Ich dachte weiter und kam zu der Überzeugung, daß Ommo (der abwesend war) nicht anders gehandelt haben würde als Heini und also auch in die mich tief erschütternde und beglückende Erkenntnis mit einbezogen werden durfte. Diese Umwandlung eines Begriffes, die sich in wenigen Minuten vollzog, gehört zu den stärksten und schönsten Eindrücken meines Lebens, so kraus und naiv ihre Logik auch war.

Ohne mit irgend jemandem auch nur andeutungsweise über meine Gedanken zu sprechen (ich wäre gestorben vor Geniertheit) und ohne mein Verhalten gegen Thomas und Heinrich im mindesten zu ändern, sah ich doch beide mit neuen Augen an und kam mir selber gehoben, wichtiger geworden, besser vor.

Auch mit Thomas gab es ein besonderes Erlebnis, das seine Einbeziehung in den neuen Begriff voll und ganz rechtfertigte.

Er war am 1. Oktober als Einjährig-Freiwilliger zum Kgl. Bayerischen Infanterie-Leibregiment eingerückt. Zu den »Leibern« in die Türkenkaserne. Begeistert war er bestimmt nicht unter die Soldaten gegangen, aber trotzdem mit der Haltung, mit der er anderen, noch viel problematischeren »Forderungen des Tages« schon entgegengetreten war: ohne Selbstbejammerung. Er nahm die Sache soweit als möglich mit Humor, und es ist bezeichnend, daß in seinen späteren Werken militärische Personen und Dinge ohne jedes böse Ressentiment geschildert sind.

Thomas glich im »Rock des Königs« auch keineswegs den angstvollen Unglücksgestalten, die achtzehnjährigen Fähnrichen höhnische Überlegenheit über linkisch salutierende Dozenten der Archäologie verliehen. Er war in der blitzblauen Extrauniform mit rotem Kragen, silbernen Gardelitzen, blanken Knöpfen und schwarzem Glanzkoppel ein recht properer Soldat. Für solche Feststellungen hatte ich mir längst einen guten Blick angeeignet. Auch nahm mich eines Tages unsere Köchin heimlich mit in die Barerstraße, wo immer viel Volk dem Fußexerzieren der »Leiber« durch ein hohes Eisengitter zuschaute.

Nach einigem Spähen erblickten wir Tommy in Reih und Glied einer Rekrutenabteilung, die mit Gewehrattrappen Griffe übte. Und er machte seine Sache recht gut. Die Köchin bestätigte meinen Eindruck ausdrücklich, und sie war firm im Militärischen, weil sie mit einem Sergeanten ging.

An einem Sonntagmorgen kam der neugebackene Soldat zum erstenmal in Uniform zu uns in die Wohnung. Mama war sichtlich gerührt und auch ein bißchen stolz, wenngleich in anderer Art als auf den Dichtersohn. Die Schwestern fragten lachend nach hundert Dingen auf einmal, und Thomas erklärte unter anderem sehr humoristisch, wie der Soldat die Mütze korrekt aufsetzt. Ich weiß das noch ganz genau, denn wenn ich während der zwölf Lebensjahre, die ich im ganzen selbst Soldat sein mußte, hunderte Male diese gewohnheitsmäßige Bewegung der Fingerkante von der Nasenwurzel zur Kokarde ausführte, habe ich immer wieder daran denken müssen, wer sie mir als erster vorgemacht hatte.

Thomas war an jenem Sonntag gehalten, dem protestantischen Gottesdienst beizuwohnen, zu dem auch ich gehen mußte, und so schritten wir denn beide dem Schwabinger Betsaal der damals noch kleinen evangelischen Gemeinde zu.

Das war das besondere Erlebnis, denn ich hatte mich Ommo noch nie vorher so nahe, so gleichaltrig, so brüderlich verbunden gefühlt wie auf diesem Weg und nachher im reformiert-kahlen Gotteshaus. Ganz dunkel begriff ich, daß es die Erfüllung der uns beiden gleichzeitig von höheren Mächten auferlegten Pflicht war, die mich im Takt unseres »gleichen Schrittes und Trittes« fortwährend denken ließ: »Mein Bruder, mein Bruder, mein Bruder.« Ob ich durch unsere Gleichheit vor dem Befehl dieser Gewalten erhöht oder ob Thomas durch sie erniedrigt wurde, darüber dachte ich freilich nicht nach. Ich empfand nur meine beglückende Erkenntnis nochmals und endgültig bestätigt.

Seit Titinos Verprügelung und dem brüderlichen Kirchgang suchte ich nach Gelegenheit, um einem Kameraden, dem ich noch etwas Neues damit sagte, vor Tommys Wohnung in der Marktstraße so nebenbei hinwerfen zu können: »Da wohnt mein großer Bruder.« Und wenn ich auf dem Heimweg von der Schule beim Kreuzen der Leopoldstraße Heinrich versonnen heranspazieren sah, sagte ich zu meiner Horde wiederum: »Da geht mein großer Bruder.«
»Großer Bruder« aber, muß man wissen, bedeutete in meiner anderen Welt die Möglichkeit eines verstärkten Schutzes, eines Rückhaltes für äußerste Fälle. Es bedeutete eben den Mann, der wie ein Kriegsgott gegebenenfalls in die Händel der Kleinen eingriff. Bisher hatte ich ganz andere Vertreter dieses Begriffes kennengelernt, als Heinrich und Thomas es je sein konnten. Daß ich ihnen trotzdem den gleichen Rang und Titel laut und stolz verlieh – ja, das war die schönste Manifestation meines neuen Glaubens.

Beiträge zur Weltliteratur

I

Zu den regelmäßigen Wochenendfreuden der Schwabinger Jugend, wenigstens der meines Umganges, gehörte »die Gaudi mit de B'suffna«, was das Hänseln – alias »dablecken« – der heimtorkelnden Opfer des Lohntages bedeutete.
Nach einer fast sechzigstündigen Arbeitswoche, wie sie um 1900 noch normal war, ging man zunächst einmal ins Wirtshaus, und der Zahltagsrausch war ziemlich obligatorisch.
Wenn dann am Abend die schwankenden Gestalten im Zickzackkurs daherkamen, schmunzelten die nüchternen Passanten – zum mindesten die Männer – verstehend, wichen vorsichtig aus oder griffen wohl auch helfend zu.
Die Kinder waren da natürlich viel grausamer. Für sie gaben die entwürdigten Männer eine freudig erwartete Gratisvorstellung von dummen Augusten ab, und man konnte die Komik noch durch lauten Spott steigern, der die Lallenden zu machtlosen Drohungen und stolpernder Verfolgung der frechen Quälgeister verleitete.
Manchmal freilich wurde die Szene plötzlich tragisch: wenn einer der Buben in dem Daherwankenden den eigenen Vater oder großen Bruder erkannte. Dann flossen verzweifelte Tränen, das Kind zog unter zornig-bitteren Worten den meist sofort verstört Nachgebenden der heimatlichen Haustür zu, und wir anderen, eben noch zu jedem Hohn Bereiten, verstummten betroffen. Die Freude war uns für diesen Abend verdorben. Hinter dem Gaudium hatten wir die menschliche Not erkannt.
Das war aber immer schnell wieder vergessen, besonders bei mir, der ich ja nicht selbst Gefahr lief, mich je eines betrunkenen Blutsverwandten – etwa Ommos oder Heinis – so bitter schämen zu

müssen. Und die meisten Fälle verliefen für uns ohnedies als Komödien ohne peinliche Erkenntnisse.
Manchmal gerieten wir auch auf Sanguiniker, deren Temperament durch den schönen Samstagsrausch noch gesteigert wurde und die auf unseren Spott entwaffnend lustig eingingen.
So einer war der Arbeiter, den ich an einem schönen Abend herankurven sah, als ich mit dem Schmatzkarl, dem Köglfranzl, dem Huberkatsche und der übrigen Herzogstraßenbande auf unsere Wochenendbelustigung wartete.
Er war ein jüngerer Mann, und seine Trunkenheit – das sahen wir gleich – war schwer, aber fidel. Vielleicht war er ein Junggeselle, dem nicht die dumpfe Ahnung eines bevorstehenden unangenehmen Empfanges durch die Frau den beduselten Feierabend verdarb. Schon von weitem hörten wir ihn laut, aber durchaus fröhlich den Umsturz verkünden, mit dessen Art ich ja bereits durch häufige Äußerungen des Genossen Jäger senior vertraut war.
Er könne den Fürsten und Kapitalisten nicht helfen, stellte er schallend, aber mit Humor fest, ihre Zeit wäre aus und vorbei, und ihr baldiger Untergang sei wohlverdient. Die »Blutsaugerei« wäre jetzt »zuadraht« (zugedreht). »Alle Räder stä-hen stüll«, deklamierte er fast hochdeutsch, und dann hatten wir ihn umringt wie ein Wolfsrudel den wunden Hirsch.
Aber er wartete den Ansprung nicht ab, sondern war sofort bereit, uns ganz freiwillig zu belustigen.
»Kinder«, schrie er begeistert, »heit is zünfti! Da geht's her! I hab an Rausch. Und alle Fürsten, alle Fürsten sag' i...« Doch da erblickte er an der nächsten Hauswand das Werkzeug eines Kaminkehrers, nämlich eine schwarze Leiter und einen dicken Rußbesen, und sofort wackelte er unter unserem erwartungsvollen Geheul hinzu, griff sich den Besen, packte die Sprossen und stieg empor.
Er kam mühsam, aber ohne Sturz hinauf, was seine Laune noch hob. Jetzt werde er uns etwas vormalen, brüllte er und begann mit dem Rußbesen dicke Bögen und schiefe Kreuze an die weiße Wand zu schmieren, wozu er selbst noch viel mehr lachte als wir.
Es war ein großartiger Bursche. Als ihm der schwarze Besen entfiel, hatte er sofort eine neue Programmnummer bereit und gab – immer noch oben auf der Leiter – ein Lied zum besten.

Ich stellte im stillen fest, daß er nicht einmal schlecht sang; natürlich ziemlich versoffen, aber noch treffsicher im Ton und mit begeistertem Vortrag.
Was aber sang der rote Fürstenfeind? Die Internationale oder die blutigen Verse von der geschmierten Guillotine, die ich auch schon kannte? Weit gefehlt. Er schmetterte ein bayerisches Soldatenlied voller martialischer Treue zum angestammten Herrscherhaus.

»Da drob'n auf der Höh'
steht die boarisch' Armee.
König Otto soll leben!
Prinz Alfons daneben!
Generäl' und Offizier'
tapf're Bayern san mir.«

II

Ich kam viel zu spät zum Abendessen heim, und die Familie um den Tisch mit den Löwenpranken war schon in ärgerliche Unruhe geraten. Aber atemlos und begeistert überrannte ich die Vorwürfe mit der lebendigen Schilderung des Erlebnisses in meiner anderen Welt. Trotz Schwester Julias Aversion gegen meine »Vorliebe für das Ordinäre« und Mamas Ängstlichkeit wegen der Gefahren solcher Abenteuer erzielte ich schließlich einen starken Heiterkeitserfolg. Am meisten amüsierte sich Heinrich über den königstreuen Umstürzler, und er wollte gleich eine Menge Details genauer erklärt haben. Der Abend endete also für mich ungetrübt.
Geraume Zeit später kam Heini auf die Geschichte zurück, schrieb sich nach meinem Diktat den Vers von den tapferen Bayern auf und legte mir dann viele Fragen vor, die mir zunächst keinen Zusammenhang mit meinem Erlebnis zu haben schienen.
Wie sich ein junger Münchener Proletarier wohl benehme und ausdrücke, wollte er wissen, wenn seine Schwester von einem »besseren Herren« beleidigt oder gar geschlagen worden sei. Was der gleiche junge Mann tun und sagen würde, wenn ihn zwei »Kapitalisten« ausgefallenerweise in das elegante Café Luitpold

mitgenommen hätten und ihn dort mit Sekt traktierten. Und so weiter.
Nun, ich hatte Phantasie und guten Willen, und meine Antworten gefielen offenbar sehr. Sie wurden ebenfalls sorgfältig notiert.
Das Ergebnis dieser Konsultation kam bald darauf in der »Jagd nach Liebe« an den Tag. Was der Arbeiter Xaver im Kapitel »Der Herr Panier« sagt und tut, habe ich als zehnjähriger Experte begutachtet. Und der Betrunkene auf der Kaminkehrerleiter mitsamt dem treubayerischen Soldatenlied ist dort ebenfalls literarisch ausgewertet.

III

Diese »Nuancierung des Lokalkolorits« war aber nicht mein erster Schritt in die große Literatur. Schon längere Zeit vorher hatte ich in meiner Art ein Quentchen zu einem Werk beigetragen, dessen späterer Weltruhm letztlich auch meine »Mitarbeit« glorifizierte. Und das kam so:
Eines Nachmittags im Wohnzimmer nahm Thomas mich auf die Seite und verlangte, ich solle mir folgende Situation vorstellen:
Ein Münchener Spießbürger in den besten Jahren, dick und gemütlich, aber gelegentlich auch grob, wird in ziemlich angeheitertem Zustand nachts auf der Haustreppe von seiner ganz auf Vornehmheit eingestellten norddeutschen Frau bei einer derben Schäkerei mit dem drallen Dienstmädchen ertappt. Die empörten Vorwürfe der feinen Dame bringen ihn in Wut. Er hat das »fade Getu« schon lange satt, und als sich die Gekränkte gar anschickt, die Nacht allein zu verbringen, wünscht und sendet er sie ins Pfefferland. Er tut das aber mit Worten, die von der Vornehmen niemals verwunden oder auch nur pro forma verziehen werden können, sondern später die Scheidungsklage trotz verkaterter Reue des Ernüchterten veranlassen.
»Also«, sagte Ommo erwartungsvoll, »was hat dieser Mann seiner feinen Frau zugeschrien?«
Ich rief, ohne auch nur eine Sekunde zu zögern:
»Geh zum Deifi, Sauluada, dreckats!«

Der große Bruder lachte hell auf und ließ sich die rohen Worte mehrmals wiederholen, ja buchstabieren. Ich war sehr stolz auf meine spontane Antwort und wäre noch viel selbstzufriedener gewesen, wenn ich geahnt hätte, wie viele hunderttausend Male dieser mein Satz im Lauf der nächsten Jahrzehnte in allen Sprachen nachgedruckt werden sollte.

Wie er sich im Japanischen oder auf Hebräisch ausnimmt, weiß ich leider nicht, aber von Mistreß Lowe-Porter ins Angelsächsische übertragen, lautet er:

»Go to the devil, you yilthy, sprat-eating slut!« was rückübersetzt statt Sauluada »dreckige, sprottenfressende Schlampe« heißt. Die Sprotten sind eine feine Anspielung auf Lübeck.

Denn es ist eine Lübeckerin, die von ihrem Münchener Gatten, dem Privatier Alois Permaneder, in dieser nicht wiedergutzumachenden Weise gekränkt wird: Frau Antonie, geborene Buddenbrook, geschiedene Grünlich, kurzum Tante Toni.

Und »Sauluada, dreckats« (das böse Adjektiv dem schimpflichen Hauptwort nachgestellt, wie ich es schon in der Rambergstraße gelernt hatte) ist »das Wort«, das Toni sich den Ihren gegenüber zu wiederholen standhaft weigerte. Das Wort, das ihrer Überzeugung nach »kein Lübecker Speicherarbeiter seinem Hunde zuwerfen würde« und das erst am Ende des ersten Romanbandes »auf irgendeine nie aufgeklärte Weise einzelnen Familienmitgliedern bekanntgeworden ist«. Dieses »desperate Wort«, mit dem Toni Buddenbrooks zweite Ehe schloß.

Man muß zugeben: Meine Sach- und Sprachkenntnisse haben sich bewährt.

Und der Erfolg? Ich meine der Erfolg für mich, den jungen Experten?

Nun, mein kleiner Anteil am Ruhm blieb zwar im wörtlichsten Sinn in der Familie. Identifiziert man aber Erfolg mit klingendem Lohn, dann habe ich mit meinen Beiträgen zur Weltliteratur einen exorbitanten Erfolg erzielt.

Ich will in meine Gewinnrechnung nicht einmal all die gute Hilfe einbeziehen, die der Benjamin sein Leben lang von den Brüdern empfing; als Bub, der mit so viel Bitten zu den »Onkels« kam, als sehr pumpbedürftiger Student und auch später, wann immer Not am Mann war. Auf der Habenseite soll vielmehr nur jene reiche Dotation aktiviert werden, die mir von Thomas anläßlich der Nobelpreisverleihung zuteil wurde.

Wenn ich dies Kapitel durch fünf dividiere, nämlich durch die Zahl meiner zu den preisgekrönten »Buddenbrooks« beigetragenen Worte, so ergibt sich ein Worthonorar, das einem von mir etwa geschriebenen Buch einen geradezu extremen Wert verleihen müßte.

So viel haben meine berühmten Brüder selbst niemals pro Wort bekommen. Ich bezweifle auch, daß Shakespeare, Goethe und Schiller es je so weit gebracht haben, von Balzac, Tolstoi und Wilde ganz zu schweigen.

Mangels genau vergleichbaren Zahlenmaterials kann ich ja meinen Rang auf der literarischen Verdienst-Rekordliste nicht genau festlegen, aber eines darf ich mit dem allerbesten Recht behaupten: Ich gehöre zu den höchstbezahlten Literaten der Welt.

Freund Fritz vom Ungererbad

I

Mein Umgang in der anderen Welt war gar nicht so schlecht, wie er Schwester Julia immer schien. Jedenfalls bot er ungeahnte Möglichkeiten, und von der Kameradschaft mit dem Huberkatsche zur Freundschaft mit dem Schriftsteller Friedrich Huch war es nur ein Schritt. Es geschah im Ungererbad.

Schon Monate vor Eröffnung meiner ersten Schwabinger Badesaison sprachen die Buben von den kommenden Herrlichkeiten und rühmten sich dabei ihrer Schwimmkünste. Ich war bisher von den Meinen nur in sogenannte Hüttenbäder mitgenommen worden, geschlossene Holzbuden von einigen Quadratmetern, von denen man in das ebenfalls von hohen Bretterwänden engbezirkte Wasser stieg. Ohne jede Begeisterung, ja eher ängstlich, war ich auf der glitschigen Treppe im Wasser gesessen, und die trostlose Sachlichkeit solcher Baderei schien mir höchst greulich gegen die lustigen allwöchentlichen Brausebäder im Kellergeschoß der Schule, wo hundert Buben unter den Duschen tobten, und gegen das blitzende Badezimmer daheim mit der wohligen Temperatur und meinen Schiffen und Zelluloidfischen in der Wanne.

Aber die Genossen renommierten, und ich, der große Häuptling Pfeilspitze, sollte zugeben, nicht schwimmen zu können? Unmöglich! Ich erzählte, daß in meiner vom Meer stammenden Familie jedes Kind schon mit vier Jahren perfekter Schwimmer sein müsse, wenn es nicht völlig entartet und mißraten der Schande verfallen wolle. Die Bande glaubte meine Lügen, und mein Ansehen war für den Augenblick gewahrt.

Je näher der Mai und damit der erste Badetag rückte, desto schwüler wurde mir beim Gedanken an die kommende Erprobung. Aber noch als ich inmitten der Horde durch blühende Alleen und Wiesen auf das Ungererbad zuschritt, schwindelte ich verzweifelt weiter, wie ich mich auf das Schwimmen und Tauchen freue. Meine Angst gab mir allerdings im letzten Moment ein, Sorge darüber zu äußern, daß ich vielleicht vieles verlernt habe, da ich den ganzen letzten Sommer krank gewesen sei; aber da waren wir schon, die rotweißen Badehosen schwingend, angelangt, die Tür zum »Kaiserbassin« öffnete sich, es roch nach heißem Holz, Wasser und nackten Menschen, und das große Schwimmbecken lag im gleißenden Licht vor mir.

Die Buben rissen sich die Kleider herunter, ich war wesentlich langsamer. Während ich endlich aus dem Hemd schlüpfte, beobachtete ich ängstlich das Benehmen dieser vorgeblichen Professionals des nassen Elements. Was sah ich? Nur ein einziger sprang freiweg in das Bassin für Nichtschwimmer, alle anderen stiegen bedächtig die Treppen und Leitern hinab, die zum seichtesten Teil führten, hielten sich hart am Ufer und produzierten einen Schwimmstil, der in München »Hundstapper« genannt wird, weil er die tretenden Bewegungen eines Hundes im Wasser genau nachahmte.

Hatte ich wüst gelogen, so hatten die anderen wenigstens stark aufgeschnitten, und strenge Kritik stand ihnen nicht zu. Ich fühlte mich schon halb gerettet und wußte, daß ich es ganz sein würde, wenn ich jede Spur von Ängstlichkeit gewaltsam unterdrücken könnte.

Es gelang. In einem unbeobachteten Moment schlüpfte ich inmitten eines fremden Bubenhaufens dort ins Wasser, wo es mir bis knapp zu den Schultern ging, hielt mich an einer Stange fest und begann, die Angst hinunterwürgend, zu tauchen.

Und siehe da: Das Element, das mich schon vor Beginn meines Denkens mystisch angezogen hatte, erwies sich freundlich zu mir. Ich fühlte meinen Körper leichter werden unter Wasser, tauchte auf, schöpfte Luft, ging wieder unter und öffnete die Augen.

Oh, das war schön! Glasgrünes Schwanken um mich herum, mit tanzenden Sonnenflecken bis zum Grund und den bunten Kieseln. Ich wiederholte das Tauchen sofort und ließ diesmal die Stange los. Um das Gleichgewicht unter Wasser zu halten, machte ich unwillkürlich ein paar Schwimmbewegungen und kam – die Beine noch auf dem Grund – mehrere Schritte vorwärts.

Das ging ja großartig! Ich ahmte – den Kopf über Wasser, aber die Füße immer noch in Fühlung mit dem sicheren Boden des Bassins – den Hundstapper der anderen nach und paddelte mich auf die Freunde zu, die mich mit Indianergeheul begrüßten. Offenbar hatte niemand größere Kunst von mir erwartet. Der Huberkatsche nahm den Mund voll Wasser und spuckte wie ein Triton. Das konnte ich auch. Und dann schlug ich eine Probe vor, wer am längsten unter Wasser bleiben könne. Ich hatte eine gute Lunge und gewann.
Erlöst und von tiefem Dank gegen das freundliche Wasser erfüllt, warf ich mich neben die Kameraden zum Sonnenbad auf den heißen Zementboden. Kein Schatten trübte mein Ansehen.
Nach einer Woche konnte ich wirklich schwimmen, ohne je an der Angel des Bademeisters gehangen zu haben. Immer fing ich unter Wasser an, holte mir an seiner wiegenden Tragkraft Mut und hob den Kopf bis zum Mund heraus. Es ging, und ich war der erste der Bande, der es vom Hundstapper zum richtigen Brust- und Seitenschwimmen brachte. Ich hatte es ja angeblich auch nur »verlernt« gehabt.

II

August Ungerer war Ingenieur. Er ist als Erbauer der ersten elektrischen Straßenbahn Süddeutschlands in die Annalen der Technik eingegangen, als Schöpfer und Stifter seines Bades aber in die dankbare Erinnerung von Hunderttausenden.
Der um 1860 Geborene gehörte zu den Erschließern Schwabings, als dort der große Wind wehte. Er hatte weiträumiges Gelände zwischen dem »Großen Wirt« und dem Würmkanal geerbt oder zeitig erworben, baute, stieß da und dort Parzellen und Häuser günstig ab und begann, am Kanal eine Badeanstalt zu errichten, wie man sie bis dahin nirgends gekannt hatte.
Skeptiker behaupten freilich, der kluge Geschäftsmann habe mit dieser Anlage den Wert seiner umliegenden Grundstücke vervielfachen wollen, aber um das zu erreichen, hätte auch eine Planung im hergebrachten Stil genügt. Ungerer schuf jedoch mit übergroßem Kostenaufwand nicht ein Bad, sondern eine Badelandschaft mit

Hügeln, Wald, Wiese, Bächen, Teichen, Grotten und Inseln. Er begnügte sich auch nicht mit dem meist trüben und lauen Wasser der Würm, sondern leitete kristallklare Bergquellen durch seine romantische Landschaft. Das tat nicht ein Terrainspekulant, sondern ein warmherziger Mensch voll künstlerischer Phantasie. Kein modernes Schwimmstadion – und wenn es ganz aus Marmor wäre – wird einem Jungen von damals je Ungerers Quellengarten ersetzen.

Das Bergwasser sprudelte ganz oben auf einem Tannenhügel in ein Becken, floß im ersten Sturz in ein kleines Felsbassin auf halber Höhe und in weiteren Kaskaden zu einem Bach, der sich durch Nadelwald, Büsche und blumige Grasflächen schlängelte. Durch einen anderen Hügel führten grottenartige Felsgänge, die halb mit Wasser gefüllt waren. Welch ein Knabenabenteuer, sie zu durchschwimmen!

Die starken Quellen speisten auch das »Froschbassin«, ein größeres Schwimmbecken, in das ein riesiger grüner Frosch das klare Naß als gläserne Glocke spie, und den »Luitpoldsee«, eine Erweiterungsanlage mit idyllischen Inseln und rosenbehangenen Brücken. Das große, mit Sprunggerät aller Art ausgestattete »Kaiserbassin«, nämlich eine Verbreiterung des Kanals selbst, war dem Quellengarten vorgelagert.

Familienbäder gab es dazumal in Bayern noch nicht. Den Frauen stand der »Mariensee« zur Verfügung, der eine kleinere, aber ebenso hübsche Anlage war wie der Quellengarten. Für die allerärmsten Leute, die sich nur zehn Pfennige leisten konnten, war die alte Schwimmschule am oberen Kanal belassen worden.

Ungerer stiftete seine Schöpfung der Stadt, und mir scheint es sehr bemerkenswert, daß er dies als noch junger Mann tat, während sich gewöhnlich solche Hochherzigkeit erst im hohen Alter reicher Menschen einzustellen pflegt.

Eine der Hauptstraßen Schwabings trägt den Namen des Spenders, der 1921 in München starb. Das Ungererbad wurde 1944 durch viele Volltreffer in Splitter, Dreck und Brocken zerschlagen.

Wenn ich ein Denkmal für August Ungerer entwerfen dürfte, so würde zwischen Tannen seine Büste vom felsigen Sockel auf ein halbrundes Wasserbecken schauen, in dem sich nackte Kinder tummeln. Und ein Knirps würde sich am Postament auf die Fußspitzen heben, um ein paar Wiesenblumen vor die Büste zu legen. Vom Fuß des Sockels aber müßte der grüne Riesenfrosch seine Wasserglocke über die Jauchzenden speien; unser breitmäuliger Freund vom Froschbassin, dem Märchenteich meiner Bubenzeit.

III

Als wir halbwegs schwimmen konnten, nahmen wir das Springen in Angriff. Wir hatten jetzt unseren Stammplatz an den tiefsten Teil des großen Bassins verlegt, wo die Sprungbretter und -gerüste standen. Wenn wir den Quellgarten mehrmals durchtobt hatten und zum ernsthaften Training übergingen, suchten wir es den sportlichen jungen Leuten nachzutun, die dort elegante Kunst vorführten: die weite Parabel eines die federnde Kraft des Brettes voll ausnützenden Kopfsprunges, den schnellen Hechtsprung, die »Schraube« und den schon ganz akrobatisch wirkenden anderthalbfachen Salto mortale.
Wir lagen bäuchlings am Beckenrand und bewunderten unsere Helden. Von Zeit zu Zeit erhob sich einer von uns und suchte unter den unerbittlich kritischen Augen der anderen einen der Sprünge nachzuahmen. Schon im Wiederauftauchen erkannte der Springer am beifälligen oder höhnischen Geschrei der Bande Erfolg oder Mißerfolg. Beides mußte mit Haltung hingenommen werden, und das Baden wurde zur ständigen Bewährungsprobe.

Unter den erwachsenen Stammgästen des Kaiserbassins und des Quellengartens waren uns schon lange zwei junge Männer aufgefallen, die hier ganze Tage zu verbringen schienen. Der Kleinere war sehr brünett und sah südländisch aus, während der Größere einherging wie der blonde Held Siegfried. Beide waren, wenn möglich, noch sonnenbrauner als wir selbst und trugen schneeweiße dreieckige Badehosen.
Die zwei vollführten gelegentlich außerordentlich schöne Sprünge von Turm und Sprungbrett, und mir fiel dabei immer die lässige

Selbstverständlichkeit der Aktion auf. Sie schwammen auch vorzüglich.
Man konnte sie viele Stunden lang an Luft und Sonne hingegeben liegen sehen. Entweder mit Büchern und Tüten voller Obst im Schatten des Quellgartens oder bewegungslos wie die Jogis in der prallsten Sonne. Sie hatten sogar irgendwie die Sondererlaubnis erwirkt, sich auf einem Kabinendach über dem Gewimmel der Badenden allein auszustrecken, was eigentlich streng verboten war.
Wir bewunderten sie sehr, und als einer von uns, der bei einem wilden Lauf durch den Quellengarten mitten in ihre Obstmahlzeit gefallen war, statt der erwarteten Ohrfeige ein Stück Melone bekommen hatte, erklärten wir sie unter uns »zu pfundigen Häusern«, was nach dem »zeamen Hund« die höchste Qualifikation bedeutete.
Eines Sommertages setzte ich am Rand des Bassins zu einem unzulänglichen Kopfsprung an, als jemand neben mir sagte: »Du legst ja die Hände vor der Brust zusammen, als wolltest du das Wasser um Pardon bitten.« Es war der Blonde, und er fuhr fort: »Hoch über den Kopf die Arme! In den Knien federn, nach vorn abschnellen und zu den Händen hinaufspringen wollen, dann geht's.«
Ich tat mein Bestes und merkte gleich einen gewissen Fortschritt. Sofort war mein ganzer Stamm auf den Beinen und wollte an der Lektion teilhaben. Der Blonde und der dazukommende Dunkle ordneten lachend den Andrang und stellten uns am Ufer in eine Reihe, die nun gemeinsame Schulsprünge ausführte.
Nachher setzten sich die beiden in unseren triefenden Kreis. »Hast du Verwandte, die Heinrich und Thomas heißen?« fragte der Blonde, als er meinen Namen hörte. Es war das erstemal, daß ich auf die Brüder hin angesprochen wurde.

IV

So begann meine Freundschaft mit dem Dr. phil. Friedrich Huch, der das Lehrfach aufgegeben hatte, um ein freier Schriftsteller zu sein. Der Brünette war sein Vetter Roderich, in ganz Schwabing als »der Sonnenknabe« bekannt, Student und ebenfalls der Literatur

beflissen. Beide waren nahe Verwandte der großen Ricarda Huch, und Fritz war dazu noch ein Enkel Friedrich Gerstäckers.
Wir trafen die beiden nun täglich im Bad, und sie bildeten meine ganze Horde zu perfekten Springern aus. Als ich daheim mit meinem großen Kameraden prahlte, wurde Thomas sofort aufmerksam. Er kannte offenbar schon Arbeiten Friedrich Huchs und äußerte sich sehr anerkennend. Ein paar Tage später brachte ich Freund Fritz zu uns ins Haus und blähte mich in dem Bewußtsein, daß es mein Besucher war, der da in Mamas Salon saß. Ein Freund aus meiner anderen Welt und doch sichtlich voll berechtigt, im Kreis der Meinen zu sitzen wie Grautoff, Putz und Ehrenberg. Dies Ineinandergreifen meiner Kreise gab mir das Gefühl eines Gleichgewichts.

Fritz Huch war Norddeutscher aus alter Familie. Sein Wesen erinnerte mich schon beim ersten Bekanntwerden etwas an Thomas, und ein Biograph des letzteren stellte fest, daß die beiden sofort aneinander Gefallen gefunden haben. Das fühlte und hörte ich auch als Neunjähriger schon. Wie tief die Zuneigung meines Bruders zu meinem Freund aber war, zeigte mir erst die erschütternde Abschiedsrede, die Thomas an Friedrichs Grab hielt. »Unser Freund« nannte er ihn dabei. Auch wir Schwabinger Buben hatten ihn so genannt, und Thomas sprach von der »ernsten, taktvollen, sich gleichstellenden Art«, in der Fritz mit Kindern umzugehen wußte, und die »human im schönsten Sinn des Wortes« gewesen sei.
Ich hätte 1899 freilich die Worte noch nicht begriffen, mit denen später der Nachruf Friedrich Huchs »Mischung aus feinster Intellektualität und prachtvollster Körperlichkeit« pries, eine Mischung, die »eine ideale Regeneration des Menschen sinnfällig verwirklichte«. Aber ich hatte doch die »zwiefältige Orientiertheit« des Freundes als das Besondere und mich Begeisternde empfunden und betrachtete im stillen die Vettern Huch als Vertreter von Thomas und Heinrich bei meinem Stamm von Badebuben.
Übrigens stellten sich meine Brüder auch mehrmals selbst im Ungererbad ein, und ich führte ihnen, strahlend vor Stolz und Eifer, meine Schwimm- und Springkünste vor. Vier junge Dichter schauten dann zu, wie ich nach kunstvoll beherrschtem Anlauf vom Brett schnellte.

Auch für andere Bezirke meiner zweiten Welt interessierte sich Fritz. Er lernte den Onkel Kögl kennen und unterhielt sich großartig mit ihm. Der Genosse Jäger bekam nach anfänglichem Mißtrauen uneingeschränkte Hochachtung vor meinem großen Freund, als dieser sich als Sozialist erwies. Er nahm sogar die scharfen Vorwürfe widerstandslos, ja verlegen hin, die Fritz ihm wegen des Bierschnullers und einer häßlichen Hautkrankheit Napoleons machte. Dann besichtigten wir alle zusammen mein Häuptlingszelt im Hinterhof.

Aussprüche wie »gotthaftes Deutschland« oder »göttliche Geheimnisse unseres Volkes« habe ich von Freund Fritz auch Erwachsenen gegenüber nie gehört. Obwohl er ein tief empfindender und sehr deutscher Dichter war, folgte er der Exaltiertheit eines gewissen Schwabinger Kreises nicht. Statt dessen war er wirklich dem Volke verbunden und erbleichte nicht vor rauher Sitte und Sprache wie die schwärmenden Ästheten. Dem Pfeifkünstler Huberkatsche brachte Fritz Huch die zehn Töne von Siegfrieds Hornruf bei, und von da ab ertönte, wenn mein Kumpan mich zum Schulweg abholte, statt des gewohnten Strizzipfiffes zum immer wieder neuen Gaudium meiner frühstückenden Familie unter unseren Fenstern das durch vier Finger gellende heldisch-kecke Motiv.

Zwischen Fritz und mir gab es ein anderes Pfeifsignal, nämlich die ersten Takte einer Moll-Mazurka von Chopin, die Mama mir oft vorspielte und die Huchs Lieblingsmelodie war. Ich liebe die einsam-herbstliche Klage dieser Töne noch heute, aber wenn ich an mein Schwabing von damals denke, so höre ich doch zuallererst wieder den Richard-Wagner-Pfiff des Huberkatsche, der wie nichts anderes mein Leben jener Jahre versinnbildlicht.

V

Beide Huchs hatten schon kleinere literarische Arbeiten veröffentlicht, und Friedrich schrieb an seinem Roman »Peter Michel«, der Entwicklungsgeschichte eines herzensguten Jungen.

Entwicklungsromane wurden damals dutzendweise produziert. »Frühlings Erwachen« hatte bei den Romanciers Schule gemacht.

Aber »Peter Michel« unterschied sich sehr vorteilhaft von diesem Massenangebot durch den Abstand, den der Autor von den teils recht tragischen Geschehnissen und den sehr gut gezeichneten Personen, auch vom sympathischen Helden des Buches hielt. Während die anderen Dichter der »November-Jugend« mit bitterstem Ernst, verhaltenem Schluchzen oder glühendem Pathos das arge Leid der Pubertät, die Sünden unverständiger Eltern an den sich evolutionierenden Söhnen schilderten und die Entwicklung fast immer mit einem Selbstmord endete, lag über jeder Seite »Peter Michels« ein leiser, feiner Humor. Trotzdem ging es auch mit Peter schief aus. Die Art, in der er sein besseres Ich aufgab und ein kleiner Spießer neben einem molligen Weibchen wurde, war sogar schlimmer als ein Selbstmord. Aber man lachte unter Tränen.
Der Roman erschien 1901, und mit Verstand las ich ihn natürlich erst später. Aber schon während seines Entstehens lernte ich das eine oder andere Kapitel durch kleine Vorlesungen Friedrichs kennen. Am besten gefiel mir dabei eine geistesgestörte Tante Peter Michels, die auf einer alten Reiterpistole pfiff und sich selbst eine »Galgenbraut« nannte.
Wenn ich das alte Buch heute wieder durchblättere und aufs neue jene Distanz des Erzählenden vom Geschehen feststelle, die mir sofort gefiel, muß ich an ähnliche Merkmale in Thomas' Büchern denken und begreife dann, daß die beiden jungen Autoren sich einst gut verstanden haben.

Hatte ich Fritz Huch bei mir zu Hause eingeführt, so nahm er mich dafür als Zehnjährigen in sein Schwabing der Dichter und Denker mit. Eines Nachmittags wurde ich kurzerhand Ricarda Huch vorgestellt und bekam prachtvollen Kuchen vorgesetzt. Die Dichterin sah mich mit ihren unvergeßlich klugen und schönen Augen fest an und sagte: »Bruder der beiden Manns? Na, willst du auch Schriftsteller werden?« Ich antwortete höflich: »Nein, ich fahre nach Amerika.« Kusine Ricarda lachte hellauf.
Sie war damals mit einem Italiener, dem Dr. med. dent. Ermanno Cecconi, verheiratet, zu dem meine ganze Familie in Behandlung ging. Er war ein sehr guter Zahnarzt und ein geistreicher, humorvoller Herr. Ich freute mich fast, wenn ich zu ihm gehen mußte,

was in meinem späteren Leben beim Besuch eines Zahnarztes nie mehr der Fall war.
Die Cecconi-Huchs hatten ein reizendes Kind, an dem der Doktor mit der ganzen stolzen Zärtlichkeit eines italienischen Vaters hing. Wenn das Kleinwinzige ihn aber zu stark störte, ging ihm der südländische Gaul durch, und er schrie mit wilder Geste: »Ah, comune bestia!«

Auch die »Kosmiker« lernte ich kennen. Ich hatte die Vettern von diesem Schwabinger Kreis sprechen hören und dabei »Komiker« verstanden. Das war mir von Erzählungen und Nachahmungen des Onkels Kögl her ein amüsanter Begriff, und ich drang stürmisch darauf, zu den fidelen Leuten mitgenommen zu werden. Mein Irrtum verursachte große Heiterkeit, aber Fritz versprach mir lachend, ich solle »diese Gesellschaft« zu sehen bekommen. Mein Mißverständnis sei gar nicht so groß, und es schade nichts, wenn ich das beizeiten erkenne. Das begriff ich nicht gleich.
So wurde ich denn in den Kreis um Klages und Wolfskehl, die »Päpste von Schwabing«, eingeführt. Ich erinnere mich, Karl Wolfskehl selbst kennengelernt zu haben, der die schärfste Brille trug, die ich je gesehen hatte. Sein Schreibkrampf, über den er eine Bemerkung machte, interessierte mich so unverhohlen, daß der Gütige mir sein zittriges Hantieren mit einer Spezialfeder vorführte, die wie ein dicker kleiner Blitz geformt war.
Aber die Eigentlichen und wirklich Bedeutenden des Kreises verschwanden mir hinter der Schar ihrer eifrigen Jünger und übertriebenen Nachahmer.
Es war nicht das Ultra-Mansardenschwabing, das ich da kennenlernte; nicht die Region »der letzten und wüsten Ideale, des Endes, des Eises, der Reinheit und des Nichts«, wie Thomas es 1904 im »Propheten« präzisierte; sondern in fast bürgerlich, wenn auch mit betonter Modernität und einiger Absonderlichkeit eingerichteten Wohnungen versammelte sich eine sozusagen stubenreine Boheme, die für meine Augen zunächst kaum von unseren Hausgästen daheim abstach.
Später kam ich auf den Unterschied, denn es ging sonderbar zu: Eine Dame im violetten Samtkleid wurde von einigen spitzbärtigen

Herren in Gehröcken flehentlich gebeten, »die heilige Handlung« vorzunehmen. Sie holte einen quarrenden Säugling aus dem Nebenzimmer und gab ihm, auf einem rasch zurechtgemachten thronartigen Sessel sitzend, die Brust. Ich wußte zwar schon, daß kleine Kinder so ernährt würden, hatte aber bisher immer bemerkt, daß die Frauen dabei allein sein wollten. Und hier umstand nun eine schwärmerische Gruppe die junge Mutter wie die Hirten die Krippe. Jemand neben mir sprach mit einer Art von Hauchen etwas von »Madonna« und »Botticelli«, und ein Gehrock ließ sich, die Hände wie eine Opferschale erhoben, auf ein Knie nieder.
Ich muß wohl ziemlich blöde dreingeschaut haben. Fritz Huch gab mir einen Wink, und wir zogen uns zurück. Wir sprachen nicht von dem exhibitionierten Ernährungsakt, und auch meiner Bande erzählte ich nichts von dem Abenteuer, obwohl der große Freund es mir nicht verboten hatte.

Was ich damals aus Gesprächen zwischen Friedrich und seinem Vetter über die Kosmiker aufschnappte, um es später zu begreifen, war etwa folgendes: Dieser höchste aller Schwabinger Kreise unterschied die Menschheit in Enorme und Belanglose. Die unterste Stufe der letzteren war der Spießer. Wohlgemerkt nicht Spießbürger, denn der Bürger konnte es bis zur oberen Grenze der Belanglosen bringen, wenn er die Enormen anerkannte und adorierte. Sein Bemühen, unbürgerlich zu scheinen, nannte man »fleißig sein«. Wer enorm war, bestimmten nur die Enormen.
Sie förderten gelegentlich mit übertriebenem Enthusiasmus junge Talente. Hatte aber ein Protegé mit eigenen Ideen öffentlichen Erfolg, so wurde er vom Schwabinger Dauerkonzil sogleich verworfen und verdammt. Er war »vom Tempel auf die Straße gegangen«, wie es im Falle Oskar A. H. Schmitz hieß, oder »sie war mit jüdischem Golde gekauft«, wie Klages es von der menschlichsten und originellsten Frau behauptet hat, die in Wirklichkeit das Beste dieses Bezirkes war. Sie nannte den Stadtteil »Wahnmoching«, und das war das Treffendste, was sich über ihn sagen ließ.
Die Enormen konnten auch gefährlich tun: Roderich, der »Sonnenknabe«, floh von Schwabing bis Hamburg, weil man ihn der Preis-

gabe kosmischer Geheimnisse verdächtigte. Und die Bannflüche hagelten nur so.
Ich horchte auf solche Gespräche vor allem deshalb, weil Freund Fritz mehrmals bewundernd Thomas' Haltung dem Kreis gegenüber als die einzig richtige darstellte. »Er steht korrekt und seriös vor diesen Erzengeln«, sagte er, »weder devot noch laut. Kein Zucken verrät seine bestimmt nur ironischen Gefühle. Er weiß, was die Enormen sind, sie aber werden erst in zwei oder drei Jahren wissen, wer er ist.«
Und dann plötzlich zu mir gewandt und fast zornig: »Lasse dir auch nie ohne weiteres imponieren, hörst du?«
Ich dachte nach und fragte: »Auch von deinem Hechtsprung nicht?«
Die Vettern lachten, und Fritz entschied: »Nein, sondern nimm dir vor, ihn noch viel besser zu machen.«
Als ich fünfzig Jahre später im »Doktor Faustus« las, mit welchem Zorn der Humanist Zeitblom jene Überästheten um Daniel zur Höhe schildert, wie er von ihren Zusammenkünften erzählt, bei denen sie nach dem ersten Krieg den Humanismus höhnisch in den Winkel fegen und sich an der Erkenntnis kommender Barbarei heiter-stolz ergötzen, weil sie eben eine Erkenntnis ist, über die man geistvoll schwätzen kann, ja, da erkannte ich, daß Thomas das Weben und Spinnen solcher Kreise seit der Schwabinger Zeit verfolgt hat und daß es wiederum ihn verfolgte, sich ihm als Symptom aufdrängte, als er im Exil »an Deutschland in der Nacht« dachte.

VI

Ich glaube, Fritz Huch nahm mich zu den Enormen Schwabings nur mit, um seine Opposition irgendwie zu demonstrieren. Jedenfalls war ich dort natürlich mehr als überflüssig und saß, wenn die Jünger ihre höchsten Dinge zu debattieren begannen, mit einer Bildermappe vergessen in einem Winkel. Die Bilder waren meist für einen Jungen höchst unpassend.
Einmal sagte eine angenehme Stimme neben mir: »Ja, was guckt sich der Bengel denn da an?« Ich sah eine schöne und überaus elegante Dame vor mir stehen, die gut duftete und mir lachend durch

die Haare fuhr, indes sie Félicien Ropsens Eindeutigkeiten meiner angeregten Neugierde entzog.
Ich schämte mich sehr, besonders weil die Dame so nett war. Aber noch beschämter schien merkwürdigerweise Fritz, der sofort herangetreten war. Offenbar wegen seiner versäumten Aufsichtspflicht. Er zog mich weg wie von der Botticelli-Madonnenszene. Auf dem Heimweg sagte er nach einem Schweigen: »Weißt du, wer die Dame war? – Die Gräfin Franziska Reventlow.«
Dann murmelte er etwas wie »einzige wirkliche Persönlichkeit« und »jammerschade« vor sich hin. Er schien nachdenklich oder ein bißchen traurig. Ich wollte den Grund wissen, aber er wehrte fast müde ab.

Fritz Huch blieb unser Hausfreund, solange wir an der Herzogstraße und später am Nikolaiplatz wohnten, wo einst der Leprosenhof und das Kirchlein der Ausgestoßenen gestanden hatten. Während meiner Gymnasial- und Lehrjahre war er viel auf Reisen, besuchte aber Mama und mich noch mehrmals in Polling und hielt guten Kontakt mit Thomas. Er schrieb in jenen Jahren die feinsinnigen Romane »Geschwister«, »Enzio« und »Mao«, bei denen die liebenswerten Eigenschaften seiner Diktion noch mehr zutage traten als beim »Peter Michel«. Dann erschien in der »Jugend« sein ergreifendes Gedicht »Requiem«, ein Schwanengesang voll Wissen um den Tod, und bald darauf – 1913 – ist Freund Fritz, der kraftstrotzende Schwimmer, Alpinist und Skifahrer, der edle Geist gestorben, vier Jahre vor Franziska Reventlow, der Dichterin des »Wahnmoching«.
Ich bewahre als Andenken an ihn die Vorliebe für Melonen, die ich mit ihm teilte, und ein jetzt schon fast hundertjähriges Buch Friedrich Gerstäckers: »Das Wrack des Piraten«. Fritz hat es mir zur Verbesserung meiner furchtbaren Indianerbibliothek geschenkt, und seine Widmung lautet:

»FÜR PFEILSPITZE«.

Fin de siècle

I

»Derfst du aufbleib'n?« fragte mich der Huberkatsche. Ich stellte dem Köglfranzl dieselbe Frage, und die Jägerlottl wollte vom Schmatzkarl das gleiche wissen. Aber keiner konnte eine bestimmte Antwort geben.

Es drehte sich darum, ob die Großen uns erlauben würden, mit wachen Sinnen in das neue Jahrhundert zu gehen, oder ob wir unerhörterweise gezwungen werden sollten, die Silvesternacht zum 1. Januar 1900 zu verschlafen wie eine ganz gewöhnliche Nacht. Für diesen Fall waren wir zu wildester Rebellion entschlossen.

Aber es kam nicht zum Äußersten, denn jeder einzelne behauptete daheim so glaubwürdig und aufdringlich, daß alle, aber auch wirklich alle anderen ganz bestimmt aufbleiben dürften, daß schließlich die Jugend der Herzogstraße auf der ganzen Linie siegte.

Schon lange hatten wir uns nach dem Muster der Erwachsenen leidenschaftlich mit der Frage beschäftigt, ob 1900 oder erst 1901 das neue Säkulum einleiten werde, denn es gab schweren Streit hierüber.

Die Zeitungen schrieben: »– – – einerseits freilich – – – andererseits aber – – –.« Pedantische Gelehrte wiesen bei Rundfragen langatmig nach, daß vor der exakten Wissenschaft erst die Zahl eins die große Wende bedeuten könne. Künstler, Staatsmänner, Stadtoriginale gaben in Interviews grundverschiedene Meinungen von sich, und ein populärer Komiker plädierte für zweimaliges intensives Feiern, mit welchem schlauen Verfahren man das richtige Jahrhundertsilvester auf jeden Fall erwischen könne.

Das Volk aber wollte nicht bis 01 warten. Es hatte genug vom neunzehnten Jahrhundert und verlangte den sofortigen Anbruch des zwanzigsten. In diesem Wunsch waren sich die Brauer und

Wirte mit ihren Konsumenten und Gästen, die Fabrikanten von Feuerwerk, Luftschlangen, Gummischweinen und Glückwunschkarten mit Zwischenhändlern und künftigen Verbrauchern völlig einig.
Genosse Jäger, der sich als selbständiger Denker seine Meinung noch vorbehalten hatte, wurde spontan ein wütender Verfechter von 00, als sich Wilhelm II. für 01 aussprach. Ich war zugegen, als der rote Gemüsehändler seiner Familie die Meinungsäußerungen des Monarchen aus der »Münchener Post« vorlas. Er hieb plötzlich auf den Tisch und schrie, jetzt ginge ihm ein Licht auf! Der Tyrann wolle das Jahrhundert der Knechtschaft um ein Jahr verlängern! Ja, Schnecken!! Gerade daran erkenne der Aufgeklärte die Wahrheit. Und die heiße: Mitternacht 1899 auf 1900.
»Und wir derf'n aufbleib'n, gel Vata?« plärrte die Jägerlottl. Der strenge Vater brüllte: »Jawoi! Grad mit Fleiß!«

Ich war mit Mama zu einem Kompromiß gekommen: Bis neun Uhr sollte ich bei den Erwachsenen sein und dann im Wohnzimmer bis kurz vor Mitternacht schlafen (»in voller Kleidung« hatte ich ausbedungen). Ich würde rechtzeitig geweckt werden und den großen Übertritt dann ausgeruht in vollen Zügen genießen dürfen.
Da lag ich nun im Wohnzimmer und schlief natürlich keineswegs. Im Nebenraum saßen Mama, die Schwestern und ein kleiner, spitzbärtiger, sehr netter Herr, der schon fast zur Familie gehörte: Doktor Josef Löhr, genannt »Jof«, Julias Bräutigam und also mein künftiger Schwager.
Denn Schwester Lulu war Braut. Vor kurzem war ich spät in der Nacht von Stimmen in Mamas Schlafzimmer erwacht, dessen Tür zu dem meinigen meist offenstand. Julia war, von einem Ball heimkehrend, bei Mama eingetreten und verkündete laut und stolz: »Mama, ich habe mich verlobt.« Dann hörte ich unsere Mutter noch sagen: »Kind, hast du ihn wirklich lieb?« Aber gleichzeitig schloß Julia meine Tür, und ich wußte am nächsten Morgen nicht mehr, ob das Erlebnis Traum oder Wirklichkeit gewesen war. Dieser Zweifel wurde bald behoben, und wenige Tage später lernte ich den Bräutigam kennen.
Er stammte aus einer Frankfurter Familie und war auf einem baye-

rischen Gymnasium ein derartiger Musterschüler gewesen, daß ihn der Regent in die wenigen Auserwählten einreihte, die auf Staatskosten studieren durften und dabei im Münchener Maximilianeum fast prinzenwürdige Kost und Unterkunft fanden. Nach einem glänzenden juristischen Staatsexamen war Jof im höheren Bahndienst tätig gewesen und kürzlich Direktor einer Münchener Großbank geworden. Man sagte ihm eine große Zukunft voraus, und er trug fast stets Gehrock und Londoner Zylinder.
Diese Beschreibung, die vor allem Carla mir gab, machte mich natürlich zunächst sehr mißtrauisch, aber schon in der ersten Stunde der Bekanntschaft erkannte ich zu meiner großen Erleichterung, daß Jof gar nicht »so«, sondern ein fröhlicher Herr war, der weder die falsche Erwachsenenüberheblichkeit kannte, noch aus kleinen Schwägern Musterknaben machen wollte.
Diesen ersten Eindruck bewahre ich in einer durch spätere Erkenntnisse verstärkten Form noch heute als gutes Gedenken an den bayerischen Hofrat und griechischen Generalkonsul, Direktor Dr. Josef Löhr, der, selbst ein Vorbild an Solidität, Korrektheit und Pflichteifer, mir viele Beweise von humaner Toleranz gegeben hat.
Wann immer ich während meiner Sturm- und Drangjahre, die ziemlich lange währten, mich mitten aus einer Bredouille heraus an ihn wandte, half er. Und er, das Muster, half nicht ärgerlich, unter Predigt und düsterer Prophetie, sondern amüsiert lachend, mit tröstendem Schulterklopfen und Äußerungen wie: »Mach dir nichts draus, du wirst noch ganz von selber vernünftig.«
Ich glaube, daß der von klein auf so sehr vernünftige Schwager sich über die wenigstens einem ihm Nahestehenden vergönnte jugendliche Unvernunft freute. Und ich halte das für einen seltenen und großen Charakterzug.

Es waren noch mehrere andere Leute bei Mamas Silvestergesellschaft, aber ich entsinne mich ihrer nicht mehr mit Bestimmtheit. Die Brüder waren jedenfalls zu meinem Leidwesen nicht unter ihnen. Heinrich, der im vergangenen Frühjahr in Bad Brunnenthal, einem Sanatorium am waldigen Hang des rechten Isarufers, gelebt hatte, war wohl wieder draußen in der Welt, in Paris oder Rom. Der Einjährig-Freiwillige Thomas hatte sich bei den »Leibern« ein

Fußleiden zugezogen, das nach Revier- und Lazarettaufenthalt zu seiner Entlassung in die Freiheit führte. Ich glaube, daß er schon vor Weihnachten aufatmend wieder Zivilist geworden war. Er verbrachte den großen Silvesterabend vielleicht bei Bekannten oder mit ein paar Freunden in seiner Wohnung an der Marktstraße.

Ich bin nicht oft in diese Wohnung gekommen; trotzdem sehe ich sie noch deutlich vor mir. Bei meinem ersten Besuch war Ommo eifrig beim Einrichten. Er lackierte einige von Mama zur Verfügung gestellte Stühle erdbeerrot und bespannte die weißen Wände teilweise mit grünem Rupfen. Diese unkomplizierte Zusammenstellung von lustigem Rot mit Moosgrün und Weiß gefiel mir überaus gut.

Das Grün wiederholte sich in der Decke des zwar großen, aber ganz primitiven Arbeitstisches, auf dem mir ein mit Blumen oder kleinen Zweigen geschmücktes Bild auffiel. Ich erfuhr, daß es den russischen Dichter Tolstoi darstelle, was mir weniger Eindruck machte als ein Stapel eng beschriebener Papierbogen, der sich neben einem schweren Leuchter türmte. »Das werden die Buddenbrooks«, sagte Mama leise, und ich war ja mit diesem Begriff schon vertraut genug, um eine gewisse Ehrfurcht zu empfinden.

Ein gemietetes Klavier war da, und Thomas' Geigenkasten stand darauf. Ich schlug sofort vor, Mutter und Bruder sollten mir ein kleines Konzert geben, aber sie hatten angeblich keine Zeit. Dafür zeigte Ommo uns das Schlafzimmer mit dem großen, dunkelroten Mahagonibett, das Mama ebenfalls »mit warmer Hand« zur Einrichtung beigesteuert hatte. Sie selbst hatte sich kürzlich ein modernes Messingbett angeschafft, das von einem Fabrikanten hochtrabend Paradies genannt wurde.

Thomas öffnete einen ziemlich ordinären Schrank, der seiner Wirtin gehörte, und zeigte uns lachend, daß die fehlende Rückwand durch eine Rupfenbespannung ersetzt war. Aus der schäbigen Problematik dieses Möbels ist bald nach unserem Besuch die Novelle »Der Kleiderschrank« entstanden, die dem todkranken Albrecht van der Qualen im Schrank mit der Rupfenwand die keusche Nacktheit eines Traummädchens erscheinen läßt.

Bei meinem ersten Besuch roch Ommos Wohnung nach frischer Ölfarbe. Aber schon beim nächsten stieg mir ein geheimnisvoll-altvertrautes Aroma in die Nase. Es war jener leise Duft nach edlen Zigarren und ägyptischen Zigaretten, den ich als Kind in der Rambergstraße vor dem Lübecker Rauchschränkchen mit dem Begriff »Papa« identifiziert hatte, noch bevor ich wußte, was Tabak sei.
Der Geruch zog mich sofort wieder in seinen mystischen Bann. Darum suchte ich auch schnuppernd nach ihm, als ich Heinrich in Bad Brunnthal besuchte. Aber sein elegantes Zimmer roch nur frisch und sauber nach gutem Hotel. Er rauchte nämlich damals wenig oder nichts.
Heinrichs Schreibtisch kam mir wesentlich komfortabler vor als der in der Marktstraße. Es standen kleine antike Statuetten darauf – auch eine römische Wölfin, die ich zuerst für eine Hündin mit Jungen hielt – und dazu Photographien von wunderschönen Damen. Ich durfte aus einem exotisch anmutenden kleinen Steinkrug verzuckerten Ingwer naschen und tat dies so ausgiebig, daß Mama auf dem Heimweg durch den Englischen Garten ihre liebe Not mit mir hatte, denn ich spie mir fast die Seele aus dem Leibe.
Es war also auch bei Heini sehr schön gewesen, aber der aus unserer eigenen Wohnung gewichene kleine Geruch »Papa« war jetzt zu Ommo gezogen. Ein krauser Gedankengang, über den ich natürlich mit niemandem sprach, gab mir die undeutliche Impression, Papas »Geist« sei deshalb in die Marktstraße übergesiedelt, weil er bei einem Mann sein wolle und Heini ja soviel verreist war, während Ommo sich niedergelassen, eingerichtet, etabliert hatte und guten Tabak liebte, in dessen Rauch der Geist sich wohl fühlte. Außerdem schrieb der zweite Sohn ja die »Buddenbrooks«, in denen Papa selbst – sogar unter seinem Namen Thomas – vorkam.
Ich wußte aus Familiengesprächen über alte Zeiten, was »sich etablieren« bedeutete. Und ich sah in Thomas' Wohnung mit dem Arbeitstisch die Etablierung einer – ja wie sollte man das nennen? – Ganz im geheimen nannte ich es »Schriftstellerei«.

An all das dachte ich auch in der Silvesternacht im Wohnzimmer, aus dem die Weihnachtsbescherung mitsamt den geplünderten kleinen Lichterbäumchen schon weggeräumt war, in dessen Erker aber

die große Tanne noch in vollem Prunk stand. Eine Lampe brannte, denn das entsprach einem Punkt meines Gentlemen's Agreement mit Mama.
Im Nebenzimmer las jetzt Schwager Jof lustige Geschichten in Frankfurter Mundart vor, die von einem Lehrling der Textilbranche handelten. Ich hörte etwas von »gestreiftem, kariertem und gedibbeltem Kattun« und das Lachen der Runde.
Nein, mit dem Schlafen war es nichts. Höchstens Babys konnten schlafen, wenn es in ein neues Jahrhundert ging. Napoleon Jäger vielleicht mit seinem Bierschnuller, aber ich nicht.
Ich erhob mich leise und schlich zum Tisch. Da lag die neue Nummer des »Simplizissimus«.

II

Meine Zuneigung zum »Simpl« ist eine Jugendliebe auf den ersten Blick gewesen, der ich ohne Schwanken treugeblieben bin bis zur letzten Ausgabe anno 33, die eine mit wütenden Strichen hingehauene Hitlerkarikatur enthielt und von den neuen Machthabern sofort verboten, konfisziert und eingestampft wurde. Was dann noch unter dem Namen dieses besten satirischen Blattes der Welt bei uns erschien, war Kastratentum.
1896 war die Zeitschrift gegründet worden und hatte sofort Sensation erregt. Daß ihr scharfer Kampf gegen alles Reaktionäre, Muffige, Korrupte, Lächerliche oder Heuchlerische, gegen »neuen Kurs«, Militarismus, Parteischacher und Klassenjustiz sie nicht schon nach kurzer Zeit der völligen Vernichtung durch die damals bei uns herrschenden Gewalten anheimfallen ließ, hat mir immer bewiesen, daß es mit der Pressefreiheit in Deutschland bis 1914 weniger schlimm stand, als man heute gemeinhin annimmt; ja, daß der Geist damals mächtiger war als später, wo Parteien, Reichsverbände und Konzerte, offen und anonym, immer brutalere Büttel und Vorläufer des Schlimmsten wurden.
Ich habe den »Simpl«, soviel ich mich erinnere, um 1898 zum erstenmal gelesen. Thomas hatte ihn ins Haus gebracht, es wurde viel über das Blatt debattiert, und wenn man es mir auch nicht gerade in

die Hand drückte, wie die »Jugendblätter«, so war mir seine Lektüre doch wenigstens nicht ausdrücklich verboten.
Mein Interesse war aufs höchste gestiegen, seit Thomas – um 1899 – in die Redaktion des »Simplizissimus« eingetreten war. Er betätigte sich dort als Lektor, aber ich bildete mir ein, daß Ommo eine Art Häuptling aller dieser Zeichner und Dichter sein müsse, deren Zusammenarbeit mein Leibblatt hervorbrachte. Der »Simpl« gehörte für mich jetzt zur Familie.
Die Silvesternummer 1899 hatte ich mittags kurz angesehen. Jetzt, am Wohnzimmertisch, nahm ich sie genau vor.
Die Redaktion hatte keine Sonderausgabe zusammengestellt, wie sie schon wenige Jahre später wegen viel unwichtigerer Ereignisse herausgebracht wurde. Vom neuen Jahrhundert war überhaupt nur in einem langen Gedicht die Rede, das mit »Hase« unterzeichnet war – wenn ich mich nicht irre, einem »nom de guerre« des jungen Ludwig Thoma.
Das Poem begrüßte das 20. Jahrhundert mit großen Worten. Es ließ Sehnsuchtsbrände auf der Zukunft Brandaltar erglühen, den Morgen auf rosaroten Flügeln nah'n und alte Schmerzen nebst alten Gespenstern im alten Moderstaub versinken. »Es war eine lange, dunkle Zeit«, hieß es weiter, »jetzt endlich soll sie sterben und uns eine lachende Ewigkeit im Sonnenschein erwerben.«
Ich las das Gedicht mehrmals hintereinander und freute mich immer mehr auf das herrliche neue Jahrhundert.
Das Titelblatt war von Th. Th. Heine und zeigte einen grünen südafrikanischen Riesenkater, der als Alb auf Queen Viktorias Steppdecke saß. Der »Simpl« stand auf der Seite der Buren, die damals noch Siege gegen englische Regimenter erfochten, und fand damit überall Beifall, natürlich auch bei mir.
Ich versenkte mich mit Genuß auch in die anderen großen Zeichnungen von Wilke, Heilemann, W. Schulz und J. B. Engl, vermißte meinen Liebling F. von Reznicek und freute mich über einen Thönyschen Gardeleutnant, der sagte: »Wenn man nich ›von‹ is, is es doch eijentlich janz ejal, wie man heißt.«
Dann ging ich zu den Anekdoten über. Ich lächelte verlegen bei der kleinen Geschichte von der Gouvernante, die sich vor ihrer Hochzeit vom zwölfjährigen Mariechen mit dem Hinweis verabschie-

det, daß sie übers Jahr vielleicht schon den Storch erwarten dürfe, worauf Mariechen sagt: »Den Storch? Na, Sie werden sich wundern!« Und ich fand es »pfundig« vom »Simpl«, daß er dumme Erwachsenenlügen durch Zwölfjährige verhöhnen ließ. Das taten Isabella Brauns »Jugendblätter« nie.
Nach den Bildern und Texten kam der Annonceteil. Die Anzeigen waren alle klein und bescheiden in der Aufmachung, aber groß in ihren Versprechungen, und jede bot die schönsten Dinge zu niedrigsten Preisen an. Sie waren wirklich niedrig, diese Preise, wie ja auch der »Simpl« selbst nur zehn Pfennige kostete.
Sizilianische Rotweine wurden um siebzig Pfennige pro Liter offeriert, »Fünfundzwanzig übersinnliche Geisterphotographien« für eine Mark zwanzig, vier Aktaufnahmen nach dem Leben um eine Mark zehn franko; Revolver waren für vier Mark und Remontoiruhren für drei Mark fünfundsiebzig zu haben. Ich interessierte mich lebhaft für »schicke Bonbonièren gefüllt, von dreißig Pfennigen an« und prägte mir für spätere Zeiten das fabelhafte »Kikolin« ein, mit dem um einen Thaler bei einem Siebzehnjährigen ein »flotter, kräftiger Schnurrbart, die Manneszier« erzeugt werden konnte.
Mit den Anzeigen, die von vorzeitiger Männerschwäche sprachen und »Zambakapseln« gegen »Herrenleiden« so dringend empfahlen, wußte ich allerdings nichts anzufangen, aber da war ich schon bei den Büchern. Der Albert-Langen-Verlag kündigte Frank Wedekinds »Liebestrank« als Weihnachtsnovität an, und dabei fiel mir wieder das große Ereignis ein, über das seit Wochen in der Familie noch mehr gesprochen wurde als von Julias Ausstattung:

Die »Buddenbrooks« waren fertig!

Nach fast sechs Jahren waren sie vollendet und an einen Herrn Fischer in Berlin geschickt worden. Es war noch keine Antwort da, oder doch Antwort, aber mit dem Verlangen einer Kürzung, gegen die Thomas sich erbittert wehrte. Mehr hatte ich nicht aufschnappen können, aber Mama war besorgt, das stand fest, und ich war daher geneigt, Herrn Fischer für einen bösen Mann zu halten; denn wenn wir eben eine so dicke Vergangenheit hatten, dann durfte er auch nichts von ihr wegnehmen. – Die Augen fielen mir zu, und ich schlief über meinem »Simplizissimus« ein.

Als ich während des Dritten Reiches wieder einmal im Ramsch eines Buch-Antiquariates nach »Verbotenem« suchte, stieß ich zu meiner unbeschreiblichen Freude auf die »Simpl«-Jahrgänge 1898 bis 1913, erstand sie ohne Feilschen und schleppte die Folianten in drei mühseligen Gängen heim. Es war ein Wiedersehen voller gerührter Erinnerungen und bitterer Trauer um das Verlorene.
Fast jede Nummer weckte persönliche Reminiszenzen: Ja, das war der Karneval 1912! Und diese Geschichte hatte ich bei den Tommys in ihrem Tölzer Haus gelesen und besprochen. Da war jener Jahrgang, der Mitschuld an meinem Sitzenbleiben in der dritten Gymnasialklasse trug, und über diesen Leutnantswitz hatte das ganze Kasino meines Regiments gelacht, obwohl er durchaus bösartig war. Die Herren hatten ihn ausschließlich auf die preußischen Kameraden bezogen und sich selbst nicht betroffen gefühlt.
Und so kam ich auch zur Silvesternummer der Jahrhundertwende. Ich brauchte nur das Titelbild zu betrachten, um wieder der Bub von damals zu sein, und Gedicht, Anekdoten und Inserate rekonstruierten mir die Wartestunden im Wohnzimmer mitsamt meinen damaligen Gedankengängen in einer fast gespenstischen Art. Ja, über den Bücherannoncen dieser letzten Seite waren mir die Familiensorgen wegen der »Buddenbrooks« eingefallen, und dann war ich eingeschlafen, den Kopf auf den Armen.

III

»Es ist doch unglaublich!« sagte Mama, als sie mich so fand. Aber sie war zu froh gelaunt, um weiter zu schelten.
Ich war mit einem Ruck hellwach und wurde im Nebenzimmer mit Hallo empfangen. Roter, süßer Punsch dampfte in der riesigen Kristallterrine; braune Kuchen, Marzipan und Neujahrskrapfen waren überall aufgebaut, und die Erwachsenen waren sichtlich in Hochstimmung. Ich hatte Hunger und konsumierte eine Menge guter Dinge in dieser letzten Viertelstunde des 19. Jahrhunderts.
Dann zog alles Mäntel an, und die Balkontüren wurden geöffnet. Ich hatte zwei Gläser Punsch sehr schnell ausgetrunken und daher die Stimmung der Großen sehr schnell eingeholt und überrundet,

aber Jof mahnte, seine – natürlich ganz besonders genau gehende – Uhr in der Hand, zur Ruhe, damit wir es von den Türmen schlagen hören konnten.
Die Straße war laut, verstummte aber jetzt auch. Eine absolute Stille hielt genau bis zum letzten Mitternachtsschlag an, dann brach draußen der Lärm einer lustigen Hölle los.
In unserem Zimmer umarmte Josef seine Braut, die dabei trotz Zärtlichkeit die Haltung einer Königin bewahrte. Dann küßte Mama ihre Kinder und den neuen Sohn reihum. Sie hatte Tränen in den Augen, hob aber ihr Glas und sagte, während draußen die ersten Raketen krachten: »Auf das Glück unseres lieben Brautpaares und auf den Erfolg unserer beiden Dichter!« »Und Carla wird Hofschauspielerin!« schrie ich, mein drittes Glas mit beiden Händen haltend. Die Schwester stieß lachend mit mir an. Sie war doch das netteste Mädchen, das ich kannte, wenn sie auch schon so alt war. Seit September achtzehn Jahre!
Wir traten alle auf den großen Balkon, und Carla mußte mich halten, damit ich nicht über die Brüstung fiel vor Begeisterung, denn drunten ging es herrlich zu. Ringsum zischten Raketen hoch, auf der Straße schossen feurige Knallfrösche im Zickzack; mißtönende Karnevalstrompeten quiekten, aus einem Wirtshaus rechter Hand tönte der »alte Peter« und von links der ganz neue Schlager »Mein Herz, das ist ein Bienenhaus«. Von der Leopoldstraße her erscholl ebenfalls festliches Getöse; ein Feuerwerk ließ riesenhaft am Himmel die magische Zahl 1900 erscheinen, und über all dem schwangen feierlich die Glocken von den Türmen.
Aus den Fenstern der Nachbarschaft winkten Menschen mit Gläsern und Maßkrügen. Wir wurden von allen Seiten begrüßt, und von der Mansarde des Köhnhauses rief Onkel Kögl, das Trambahnoriginal, herüber: »Prost, Frau Senatter, jetzt kemma hundert zünftige Jahr!«
Der Köglfranzl drängte sich daneben hervor und hatte doch richtig auch ein Punschglas in der Hand wie ich. Wir brüllten uns die Jahrhundertwünsche zu, und Mutter Schmatz, die als Zugeherin alles über die »Herrschaften« wußte, ließ inmitten eines Gewimmels vor dem Jägerhaus schrill unser Brautpaar leben, was Schwager Jof ein Goldstück kostete.

Der nächtliche Himmel strahlte vom Widerschein der illuminierten Stadt. München leuchtete.

»München leuchtete«, beginnt die 1902 von Thomas vollendete Novelle, die »Gladius dei« heißt und mit der Vision eines göttlichen Feuerschwertes über der lebenstrunkenen Stadt endet. Und München leuchtete wirklich in dieser Silvesternacht der Jahrhundertwende. Es strahlte über jubelnde zehnjährige Buben, von denen schon aus dem ersten Krieg nur jeder zweite oder dritte heimkehren würde. Über satten Rentnern, denen die Armut, und über Arbeitern, denen die Verkrüppelung drohte. Eine festliche Nacht spannte sich über frohen Eltern und glücklichen jungen Frauen, auf die bitterstes Leid wartete, und über soliden Kaufleuten, die Bankrotteure oder Wucherer oder Schieber werden sollten. In den Wiegen schliefen künftige Verlorene der Todeslager und Gauleiter, Opfer und Henker. Ein gutes, fleißiges und gesundes Volk feierte den Anbruch einer Zeit der Kriege, des Bösen, der wilden und blutigen Verzweiflung und des Unterganges. Und über den Palästen, Kirchen, Kunsttempeln und festlichen Wohnungen der liebenswerten Stadt stand – noch unsichtbar hinter dem Freudengeleucht – das Schwert, das niederfahren und feurig vernichten sollte »cito et velociter«. Aber niemand wußte und keiner sah. Das Land und die Stadt, und mit dieser die zwei Welten meiner Knabenzeit, begrüßten als glückhafte Morgenröte des neuen Jahrhunderts, was nur ein letztes Leuchten des alten war, bevor die Nacht kam – und der Wahnsinn – und der Tod.

Ein Mädchen und Champagner

I

Über Schwester Lulas Konzeption ihrer bevorstehenden Hochzeit schwebte unverkennbar das Motto »Senator Manns Tochter heiratet«. Zu dieser hochdistinguierten Planung gehörte die reichgeschmückte Kirche mit Auffahrt möglichst zahlreicher Equipagen, große Musik bei der Trauung, ein Diner mit ganz exquisiter Gästeschar in den »Vier Jahreszeiten« und eine lange Schleppe am Brautkleid. Und zu dieser wiederum gehörten schleppentragende und blumenstreuende Kinder.

Solche Fragen wurden seit geraumer Zeit bei uns täglich über Tisch und im Wohnzimmer ernsthaft und ausführlich diskutiert. Ich ahnte gleich Böses und machte mich ganz klein, sowohl beim Essen unter den nachweisbar spöttischen Augen der Ahnfrau an der Wand als auch abends hinter meinem »Wolf der Prärie«.

Vergebens! Eines Nachts, als ich mich gerade hingelegt hatte, kam Julia herein und setzte sich an mein Bett. Wir seien ja jetzt nicht mehr lange beisammen, begann sie, eine Hochzeit sei zwar ein schönes Fest, trotzdem aber ein Abschied von daheim, und wenn ich auch oft recht ungezogen gegen sie gewesen sei, glaube sie doch, daß ihr kleiner Bruder sie ein bißchen vermissen werde. Oder nicht?

»O ja«, murmelte ich und wurde ganz weich, denn an Lulas Fortgehen für immer hatte ich noch gar nicht gedacht.

Das sei lieb von mir, sagte die große Schwester, dann würde ich doch sicher auch helfen wollen, ihren Ehrentag recht schön zu gestalten, nicht wahr? Oh, sie wußte genau, was sie da von mir verlangen wollte, und ging ganz vorsichtig und liebreich zuwege.

Bei den Kindern in der Kirche müsse ein richtiger kleiner Kavalier sein, schmeichelte sie, und wie sehe denn das aus, wenn irgendein

fremder Junge statt meiner für diesen Ehrendienst gewählt werden müßte?
Sie hatte das Wort »Schleppe« noch gar nicht ausgesprochen, aber ich hörte es trotzdem aus jedem ihrer Sätze schrecklich klingen. Es gab kein Entrinnen. Ich, »Pfeilspitze«, der Krieger- und Bandenhäuptling, sollte zu jenem aufgeputzten Äffchen degradiert werden, das auf dem Braun- und Schneiderschen Bilderbogen die Schleppe der Braut bei der Löwenhochzeit trug. Und im großen Märchenbuch mit den schönen Bildern von Doré taten bucklige Hofzwerge und grinsende Mohrenknaben mit Ringen in Nase und Ohren diesen Dienst.
Aber ich konnte mich nicht weigern. Hier galten die Gesetze meiner Welt ohne Rücksicht auf drohende Schmach in der anderen, wo der rauhe Wind wehte. Zum erstenmal stießen diese Welten hart gegeneinander, und ich steckte dazwischen.
Ich nahm mich zusammen und willigte in alles mit ja und amen ein. Die Stimme wackelte mir ein wenig dabei.
Julia sagte mit hörbar echter Freude, sie habe ja gleich gewußt, daß ich ein kleiner Gentleman sei, und sie rechne mir mein Versprechen sehr hoch an. Dann schüttelte sie mir kräftig die Hand und ging.
Da lag ich als Gentleman und künftiger Schleppenaffe oder Buckelzwerg und starrte in das Lichtchen der Nachtlampe.
Meiner Bande gegenüber konnte ich natürlich von der ganzen Hochzeitsgeschichte überhaupt schweigen. Man sprach ja in diesem Kreis kaum über ein so nebensächliches Ereignis, wie die Hochzeit einer Schwester eines war. Höchstens im Zusammenhang mit dem Bericht über die großen Räusche, die es beim Fest gegeben hatte. Also würde ich eben gar nichts erzählen.
Aber Frau Schmatz, die Zugeherin, würde den Hochzeitstag von unseren Mädchen erfahren; sie würde sicher in der Kirche sein, denn ein »Herrschaftsfest« ließ sie sich nicht entgehen. Und sie würde mich in meiner Schmach sehen, würde erzählen; vom Schmatzkarl würde es der Huberkatsche erfahren. Es war nicht auszudenken, nicht zu überleben. Das Weinen stieg mir auf.
So fand mich Mama, die leise eingetreten war, und der Häuptling Pfeilspitze versteckte wie ein ganz kleiner Bub schluchzend den Kopf in den Armen der Mutter, die ihn tröstend umfingen.

»Mein alter Peter«, sagte Mama zärtlich – sie nannte ihre drei Söhne in gerührten Momenten immer so –: »Du bist doch gut und klug, und das ist ja alles nicht schlimm.«
Sie ließ mich ruhig ausweinen, und als ich dann vom Affen und den Mohrensklaven stotterte, fand sie sofort eine ganz andere Parallele: Diese drolligen Geschöpfe kämen ja nur in den Märchen vor. In Wirklichkeit hätten immer schon Pagen, also künftige Ritter, die Schleppen der Damen getragen, und das sei bei Hof noch heute so. Die jungen Edelleute müßten in vornehmer Art dienen, bevor sie Herren würden. Das Schleppentragen aber sei ein ganz besonders vornehmer Dienst und würde immer den nettesten Pagen vorbehalten. Und ich würde an der ganzen Hochzeit wie ein erwachsener Herr teilnehmen dürfen. Sogar eine richtige Tischdame solle ich bekommen. Sie sei ganz reizend und heiße »Nickele«.
Nickele interessierte mich gar nicht. Die Achtung eines Huberkatsche und des ganzen Stammes wurde durch die reizendste Tischdame nicht aufgewogen. Aber Mama fand auch für diese Ängste einen halbwegs beruhigenden Trost: Ich brauchte meinen Ehrendienst nur in der Kirche selbst zu versehen. Bei der Abholung der Braut von unserem Hause sei nichts dergleichen nötig. Und die von mir so gefürchtete Mutter Schmatz sei ja katholisch und würde höchstwahrscheinlich eine protestantische Kirche nicht betreten, sondern sich nur an der An- und Abfahrt der Hochzeitsgesellschaft sattsehen.
Das schien mir plausibel, und ich ließ mich einigermaßen erleichtert von Mama wieder in die Kissen betten, wurde noch ein paarmal »alter Peter« genannt und konzentrierte im Einschlafen meine Gedanken auf das Hochzeitsmahl. Die große Festtafel würde sicher wunderschön sein. Und eine ganze Musikkapelle sollte eigens für uns spielen! – – Ob es wohl Plettenpudding geben würde? – – –

II

Vom Nickele berichtete mir Julia während der nächsten Tage fortwährend. Sie sei die kleine Tochter eines von Jofs Freunden und ungemein nett. Man erzähle sich eine Masse Geschichten von ihren

drolligen Aussprüchen, und für die Hochzeit bekomme sie ein wunderschönes Kleid.
Ich bekam aus all dem einen durchaus abträglichen Eindruck von meiner Dame, die ich mir als affiges Püppchen vorstellte, und ich hätte viel lieber Carla oder die elegante Lani zu Tisch geführt. Mein Unwille stieg sehr, als man mir einen neuen original Kieler Matrosenanzug anprobierte: weiße Bluse, weiße lange Hose, die ich besonders haßte, und eine ganz kurze blaue Überjacke mit goldenen Knöpfen. Dazu eine bebänderte Mütze mit der Goldschrift »Kaiserliche Matrosendivision«. Der »Aff« war fertig!

Am Morgen des Hochzeitstages befand ich mich in denkbar schlechter und trotziger Stimmung. Es war vom Frühesten an in unserer Wohnung zugegangen wie in einem Ameisenhaufen. Ich stand überall im Wege und wurde fortwährend ermahnt, meine weiße Hose nicht zu beschmutzen, was meine Flegellaune noch verstärkte. Schließlich trat ich in Julias Zimmer der vor dem großen Spiegel stehenden Braut auf die Schleppe, was Geschrei aus einem halben Dutzend weiblicher Kehlen auslöste und mich denn doch sehr erschreckte und beschämte.
Carla rettete die Situation: »Kinder«, rief sie, »das ist ja herrlich! Krach bei der Generalprobe bedeutet doch sicheres Glück!«
Schneiderin, Friseuse und Dienstmädchen waren sofort begeistert für diesen Aberglauben zu haben, die zürnende Braut beruhigte sich, und mir hatte der Schreck ganz gutgetan. Meine Stimmung hob sich weiter bedeutend, als sich Carlas Prophezeiung sofort an mir erfüllte: Unsere Köchin erzählte lachend, daß Mutter Schmatz mit »Reißen« im Bett liege und über die versäumte Hochzeit zum Steinerweichen jammere. Das konnte ja meine endgültige Rettung vor Schmach und Schande bedeuten. Ich wünschte der Schmatzin ja nichts Böses, aber bis nach der Trauung, so hoffte ich inbrünstig, werde sie der liebe Gott doch wohl um meinetwillen im Bett festhalten. Vielleicht könne er das schmerzlos machen. Ich wollte wirklich nichts Schlimmes. Eine einfache Lähmung genügte mir vollauf. Der liebe Gott half.
Equipagen fuhren vor, Zweispänner mit Schimmeln, und Julia wurde abgeholt. Mama umarmte sie lange, und alle weiblichen

Wesen weinten. Was hatten sie nur? Wir waren doch noch den ganzen Tag mit Lula beisammen!
Ich fuhr mit Mama etwas später ab und mußte leider im Wagen selbst statt auf dem Bock beim Kutscher sitzen. Es roch nach Lederlack, leicht muffigen Polstern und Blumen. Regen schlug an die Scheiben.

Während das Brautpaar mit den Zeugen auf dem Standesamt war, versammelten sich die Gäste in der Vorhalle der Kirche, und hier lernte ich meine Schleppenpartnerin und Tischdame, das Nickele, kennen.
Mein erster Eindruck von der Acht- oder Neunjährigen war: Ja, die paßt für unseren »Dienst«. So puppenhaft hübsch und wie eben aus der Schachtel geholt stand sie in ihrem rosa Kleidchen mit Schleifen, Rüschen und Bändern da. Aber schon während uns die Erwachsenen noch umstanden und ihr albern-genantes Wesen mit dem »reizenden kleinen Paar« trieben, sah ich in Nickeles wohlerzogen-kindlicher Miene ein mir zugedachtes Spitzbubenblinzeln spielen, das mir sehr gefiel. Das Mädchen kam mir jetzt vor wie eine nette Haselnuß. Sein Gesicht war auch so bräunlich.
Die Großen ließen allmählich von uns ab, und ich besann mich gerade, wie ich meiner Dame den kleinen Gentleman beweisen könnte, als diese schon selbst das Gespräch aufnahm. Sie fragte – und die Puppenmiene war wie weggeblasen –: »Spielst du lieber Räuber oder Indianer?«
Das war ja ein nettes Mädel! Ich sagte würdig: »Wir spielen das überhaupt nicht: Wir sind ein richtiger Stamm, und ich bin der Häuptling.« »O pfundig!« rief das Nickele halblaut und strahlte mit den Haselnußaugen Bewunderung aus.
Acht oder neun Jahre alt, aber eine Eva, ein kleines Frauenzimmer und Weibsbild! Sie kannte sich im Nu in meiner Seele aus, wußte intuitiv, wie sehr Bewunderung durch ein weibliches Wesen dieses in den Augen des bewunderten Mannes – und sei er auch erst zehnjährig – im Wert steigen läßt.
So analysierte ich erst später. Damals wurde mir einfach warm ums Herz, und ich sprach nach einer Bekanntschaft von wenigen Minuten mit dem Nickele wie mit einem gleichwertigen Kumpan und

guten Gesellen. Ich berichtete vom Stamm, dem Wigwam und den großen Kämpfen, und die Bewunderung des Mädchens übersonnte das Gespräch. Auch die kleine Dame erzählte mit kurzen Worten ein paar Streiche aus ihrer anderen Welt – sie hatte offenbar auch zwei Welten wie ich –, so daß das Bewundern jetzt auf meiner Seite war und ich ihr kurzerhand ihre Aufnahme in meinem Stamm als »squaw« anbot. Das war schon soviel wie eine Liebeserklärung und wurde auch sichtlich als große Ehrung aufgefaßt, aber jetzt fuhr das Brautpaar vor, und unser Dienst begann.

Im Laufen zum Wagenschlag raunte mir die Partnerin zu: »Blumenstreuen hätt' ich nicht gemacht. Das ist blöd. Aber Schleppentragen ist was für Buben. Das mag ich.«

Und weg war all meine Aversion. Ich empfing – ganz Page – neben dem knicksenden Nickele die aussteigende Braut mit einer Verbeugung, die gar nicht in meiner Instruktion stand, das Nickele gab mir das richtige Schleppenende zart in die Hand und flüsterte augenzwinkernd – nicht etwa belehrend – »Nix kaputtmachen!« Die unglückseligen kleinen Blumenstreuer, über die ich hoch erhaben war, begannen mit ängstlich-verbissenen Mienen Rosen auf den breiten Läufer zu werfen, und der Brautzug schritt langsam und feierlich dem aufbrausenden Orgelschwall entgegen.

Die Konzeption »Senator Manns Tochter heiratet« entfaltete ihre Wirkung. Dicht drängten sich Menschen zu beiden Seiten unseres kurzen Weges zum Tor, und die Gäste, die sich drinnen von den geschnitzten Bänken erhoben, waren eine vornehme Kulisse der festlichen Handlung. Gesang und Geigen jubelten, und ich trug die Schleppe mit Stolz. Ich hätte sie jetzt – das Nickele neben mir und mit den mächtigen Tönen schreitend – auch vor den Augen der Mutter Schmatz, ja vor denen der ganzen Herzogstraße erhobenen Kopfes getragen.

Thomas war, wenn ich mich recht erinnere, Brautführer oder Trauzeuge. Jedenfalls ging er dicht bei uns, und als das Brautpaar seine Plätze eingenommen hatte und wir beide abseits auf einer Bank saßen, flüsterte das Nickele: »Gelt, das ist dein großer Bruder? Der sieht fein aus.«

Damit war sie noch einen Schritt in mein Herz eingedrungen, und weil ich mich revanchieren und gleichzeitig die Wirkung des Bru-

ders noch steigern wollte, sagte ich: »Das ist noch gar nichts. Den hättest du im Fasching mit dem Idiotenkopf sehen sollen!« Und ich begann von Tommys Maske und dem Chapeau claque wie von einer Heldentat zu berichten. Meine Dame zappelte geradezu vor Interesse.
Die heilige Handlung nahm ihren Verlauf. Der Pastor sagte mit gedehnt hallenden Worten, Julia und Jof hätten wie ein Schwalbenpaar zueinandergefunden, was mir im Hinblick auf Jofs Spitzbart ein unpassender Vergleich schien. Er fragte sie, ob sie Mann und Frau sein wollten, und sie sagten ihr »Ja«. Ich aber erzählte mit der meisterhaften Flüstertechnik des Schulbuben dem Nickele weiter von dem Glacéfinger am großen Nasenloch. Und das Mädchen, ein ebenso erprobter Lausbub, wenn auch jetzt in rosa Tüll, machte ein braves Gesicht dazu, stellte aber immer neue Fragen, leise, fast ohne die Lippen zu bewegen, und brennend begeistert. Das Näschen zuckte vor verhaltenem Lachen. So verging uns die Trauung.

III

Zum Hotel »Vier Jahreszeiten« gelangten wir beide auf dem Rücksitz eines Wagens, in dessen Fond irgendein erwachsenes Paar saß. Wir wollten uns aber jetzt möglichst wenig mehr um die Großen kümmern. Unseren Dienst hatten wir versehen und damit das Recht erworben, den übrigen Teil des Festes zusammen auf unsere Weise zu genießen.
Am Ziel legte das Nickele ganz einfach seinen Arm in den meinen, wie es die Dame aus unserem Wagen bei ihrem Kavalier tat. Und das genierte mich gar nicht; auch nicht, als ein paar Gaffer über uns lachten, denn meine Tülldame steckte ihnen dafür blitzschnell die Zunge heraus, bevor wir in der Tür verschwanden. Das war ein Kerl! Der Huberkatsche würde dieses Mädel einen zeamen Hund einen zeamen nennen, dessen war ich sicher.
Wir wurden von der großen und festlich angeregten Gesellschaft mit Beifall empfangen, als wir so Arm in Arm hereinkamen. Schwester Lula, die Schleppenbraut, war begeistert. Dies war ihr

Werk. Endlich hatte der kleine Bruder zu standesgemäßem Umgang und Gentlemanmanieren gefunden.
Das Nickele war in knicksender Bravheit wieder »das reizende drollige Kind«. Ich befolgte mit Grandezza die Aufforderung der von einem Livrierten überreichten Karte, auf der ich als »Herr Viktor Mann« gebeten wurde, »Fräulein Nickele Schieferdecker« zu Tisch zu führen, und wir schritten gemessen an der Queue des langen Zuges, der sich jetzt unter den Klängen des Hochzeitsmarsches aus »Lohengrin« in den Festsaal bewegte.
Es war fast so schön wie Weihnachten: Drei lange weiße Tafeln waren zu Hufeisenform vereinigt und blitzten von Kristall, weißgoldenem Porzellan und Silber. Außer den großen Lüstern brannten viele Kerzen, und ihr Schein wurde von Spiegeln vervielfältigt, zwischen denen alte Bilder hingen, wie daheim im Eßzimmer. Die Tische waren reich mit Blumen geschmückt, und hohe Aufsätze quollen von Früchten über wie Füllhörner. An jedem Platz stand neben der kunstvoll gefalteten Serviette eine Tischkarte, und Lula war auf der ihrigen schon als »Frau Julia Löhr« bezeichnet, wie ich sah, als wir um die Tafeln zogen. Die Geigen jubelten.
Nein, so ein Fest hatte ich noch nicht erlebt. Und es gleichberechtigt mit den Großen, noch dazu an der Seite des pfundigen Nickele, mitfeiern zu dürfen war die ausgestandenen Ängste wert. Ich war jetzt in Hochstimmung, und meine Dame zwickte mich fortwährend in den Arm vor lustiger Freude.
Unsere Plätze waren ganz unten am rechten Seitentisch, und das Nickele stellte sofort befriedigt fest, daß vor unseren Gedecken die gleiche Anzahl verschiedener Weingläser aufgebaut war wie bei den Erwachsenen. Wir prüften eifrig das Menü. Plettenpudding stand nicht in Aussicht, dafür aber etwas ganz Großspuriges, das offenbar eine Eisbombe bedeutete, und ich ermahnte meine Festgenossin, Zurückhaltung »bei dem anderen Zeug« zu üben, um für diese Hauptsache die nötige Aufnahmefähigkeit zu bewahren.
Nickele war ganz meiner Meinung und gab ihrerseits den Tip aus, bei den Getränken den Hauptdurst für den Champagner zu sparen, der doch das Allerbeste sei. »Klar!« sagte ich fast wegwerfend, denn wie konnte ich dieser Lebedame gegenüber zugeben, daß ich noch nie Sekt getrunken hatte.

Wir versuchten zu ergründen, bei welchem Gang es mit dem »Schampus« losgehen werde, und da wir aus den Namen und Jahreszahlen nicht klug wurden, zog das Nickele mit großer Selbstverständlichkeit den Kellner zu Rate, der an unserem Tischende Dienst tat. Wieder mußte ich das Mädchen bewundern, denn ich, der Krieger Pfeilspitze, hätte das nicht so ohne weiteres fertiggebracht.
Dieser Kellner war noch ein junger Mensch, kaum den Pikkolojahren entwachsen und also der dritte Lausbub im Saal. Er war sicherlich sofort gewillt, einen Jux mit dem tafelnden Kinderpaar anzustellen. In korrekter Haltung zeigte er uns, wann der Champagner kommen solle, nämlich ziemlich bald wegen der Reden. Und dann flüsterte er lustig-gönnerhaft, daß er schon für uns sorgen werde.
Das tat er denn auch wirklich. Er war an allem schuld.
Wir begannen dem knusprigen Salz- und Mohngebäck zuzusprechen und waren uns völlig einig darüber, daß wir heute die Servietten keineswegs umbinden, sondern sie nach der Art der Großen nur über den Schoß legen würden. Und dann schauten wir uns die Festgesellschaft eingehend an.
Sie paßte zur Tafel und zum Saal, das stand fest. Ich kam darauf, daß sich das Schwarzweiß der Frackherren zwischen je zwei bunten Damenkleidern sehr gut mache, sah die stolze Freude der Braut, das glückliche Lächeln Mamas und die amüsierte Miene von Grautoffs eleganter Nachbarin. Carla schien mir ganz fremd, so damenhaft sah sie an der Tafel aus, und sehr viele Gäste kannte ich überhaupt nicht. Aber das Nickele, das eifrig Kleider begutachtete, konnte mir viele beim Namen nennen. Sie war unglaublich gut orientiert.
Obwohl unser Herzogstraßenkreis fast vollzählig anwesend war und noch durch auswärtige Freunde und Verwandte ergänzt wurde, schienen Jofs Leute mindestens ebenso stark an den Tafeln vertreten zu sein. Auch unter diesen Gästen waren viele Künstler, vor allem Maler, und ferner eine Reihe seriöser Herren aus der höheren Beamtenschaft und der Bankwelt. Dazwischen glänzten einige Uniformen. Senator Manns Tochter heiratete.
Jetzt aber ging es ernstlich los: Im Gänsemarsch trug eine Schar

von Kellnern feierlich das erste Gericht auf, indes andere die Gläser füllten. »Prost Häuptling!« sagte das Nickele kichernd, und ich replizierte freudig: »Prost Squaw!« Wir tranken schon, bevor ein anderer zum Glas griff. Dies war unser Fest.
Zu unserer Freude merkten wir bald, daß wir wenig oder gar nicht beobachtet wurden. Die Leute in unserer Nähe waren mit ihren Erwachsenengesprächen beschäftigt und ließen uns ganz in Ruhe, und so genossen wir das Diner abgeschieden und glücklich wie auf einer kleinen Insel. Die Kapelle spielte für uns allein.
Wir hielten uns einigermaßen an unsere Trinkdiät, und es dauerte ja auch gar nicht lange, bis unser Freund, der Lausbubenkellner, flüsterte: »aber jetzt!« und uns den ersehnten Champagner einschenkte, daß die Kelche mit leisem Zischen überschäumten.
»Warten bis zur Rede!« sagte der Ganymed, aber das Nickele mußte doch gleich die Zunge in den Schaum stecken. »Das kitzelt fein!« lachte sie, und ich machte es natürlich sofort nach. Es kitzelte fein.
Jemand schlug an sein Glas und sprach über das Brautpaar. Wir verstanden nicht viel davon, und es dauerte uns viel zu lange.
»Fad!« sagte die Squaw unmutig, aber da kam endlich das Hoch, alles stand auf, wir schrien so laut wie möglich und tranken auf einen Zug aus. Ich verschluckte mich ein bißchen, das Mousseux kam mir in die Nase, aber der Wein schmeckte doch ganz großartig.
Dazumal waren auf solchen Festtafeln die großen Sektgläser der umsatzbedachten Restaurants noch nicht zugelassen. Man bevorzugte vielmehr die alte schlank-spitze Form, das ursprüngliche Champagnerglas, das den Wein frischer hält und aus dem schon auf alten Stichen die Tafelrunde des Gespenster-Hoffmanns bei Lutter & Wegener trinkt. Ein bedächtiger Zecher kann mit ihm den Genuß weidlich ausdehnen. In angeregter Gesellschaft aber erhöht gerade dieser schmale Kelch den Konsum, denn er wird meist bei jedem Zutrunk und Toast auf einen Ruck geleert. Das geht mühelos, nimmt die Lust nicht, und bei aufmerksamer Bedienung ergibt sich aus vielen solcher kleiner Schlucke eine ganze Menge. Das gilt besonders für weibliche Trinker.
Und es galt erst recht für das glückselige Nickele und mich, der ich

sowohl wegen Kameradschaft und Reputation mithielt als auch, weil es mir wirklich schmeckte.

Auch die aufmerksame Bedienung war in unserem Fall mit Hingebung am Werk. Der Kellner-Lausbub machte aus seinem Dienst am unwichtigsten Flügelende des Festes ein persönliches Gaudium. Er schenkte uns ein, daß wir kaum nachkamen, und schürte unsere Hochstimmung noch mit kameradschaftlichem Flüstern. »Das gibt's nicht alle Tage«, zischelte er. Oder: »Euch steht's genauso zu.« Wir liebten ihn aufrichtig dafür und genossen, was das Glück uns bot.

»Gelt du«, sagte da das Nickele mit leuchtenden Augen, »bei unserer Hochzeit gibt's überhaupt nur Champagner.«

»Klar!« sagte ich wieder fast wegwerfend. Und es war ja auch sonnenklar, daß wir uns heiraten würden und daß dabei jedes andere Getränk von vornherein ausgeschlossen sein müßte. Ein langes Gerede über Verlobung und so weiter wäre albern gewesen. Wir waren ein Paar. Ein Champagnerpaar. »Häuptling«, sagte meine Braut, »so lustig war's noch nie!« Nein, so lustig war es noch nie gewesen. Die Musik flötete und fiedelte es mir in die Ohren. Der dritte Lausbub schenkte ein.

Es gab eine Menge Reden. Die schönste war die auf »die Mutter, die uns dies Fest ausgerichtet hat und heute ihr erstes Kind ziehen läßt«. Ich brüllte ein gewaltiges Hoch und ging mit dem Nickele und meinem sofort wieder gefüllten Glas zur Gefeierten an die obere Tafel, um anzustoßen.

»Ja, mein alter Peter«, sagte die gerührte Mama, »da feiern wir nun alle unsere Lula, aber heute verläßt sie uns.«

»Ach, das macht jetzt gar nichts mehr«, tröstete ich sofort, »ich heirate ja das Nickele, dann haben wir wiederum eine mehr im Haus.«

Das Nickele knickste strahlend, und Mama küßte uns lachend alle beide. Da aber die Herumstehenden die Geschichte von der neuen Verlobung im Hause Mann offenbar sofort weitergaben, hatten wir es eilig, wieder auf unsere Insel zu gelangen, und waren glücklich, daß neuer Einzug der Kellner mit einem prunkenden Gericht die Aufmerksamkeit von uns ablenkte.

Diesmal war es unsere »Hauptsache«, die Eisbombe, die da, auf mehreren Riesenplatten zu kunstvollen Gebilden hochgetürmt und illuminiert, mit Pomp und Marschmusik hereineskortiert wurde. Es sah genauso zauberhaft schön aus wie der Zug der Speiseträger, der auf dem Doréschen Märchenbild von »Riquet mit dem Schopf« aus der unterirdischen Küche hinauf zur Hochzeitstafel im Walde schreitet.

Wir jubelten sehr und waren jetzt auch beim Essen jeder Zurückhaltung ledig, mit der wir es ohnedies nicht so streng genommen hatten. Es gab Hohlhippen und anderes Gebäck zu dem Halbgefrorenen; unsere Tischnachbarn, die jetzt mehr Interesse für uns zeigten, schoben uns das Beste zu, und der Kellner schenkte ein. Es war wie im Schlaraffenland.

Wieder stiegen Reden, Tusch und Hochrufe, während nun die silbernen Aufsätze mit den Früchten geplündert wurden und es obendrein noch Käsestangen, Pumpernickel, winzige Brezeln, Radieschen und alten Roquefort gab. Vom Käse aber wollten wir nichts wissen. Wir vertilgten die dritte und vierte Portion von Fürst Pücklers lukullischer Erfindung, steckten mehrere Hohlhippen zu einer Stange zusammen und aßen sie gemeinsam, jeder an seinem Ende beginnend. Das hatte ich erfunden. Das Nickele bog sich vor Lachen. Schlaraffenland! Der Kellner schenkte ein.

Die Reden ignorierten wir jetzt, und das steigende Interesse, das allmählich immer mehr Große für uns zeigten, war uns auch schon gleichgültig. Das Nickele hatte die knicksende Bravheit in Tüll gänzlich aufgegeben und war nur noch die wildfidele Spießgesellin. Ihre Pfundigkeit mußte endlich öffentlich geehrt werden, das schuldete der Häuptling seiner Squaw und der Gentleman seiner Braut.

In die immer stärker aufrauschende Fröhlichkeit der Festgesellschaft und mitten in ein zärtliches Musikstück hinein klingelte ich mit dem Eislöffel an ein großes Glas, wie ein Dampferkapitän vom Starnberger See mit der Schiffsglocke. Ich kletterte auf meinen Stuhl. Es ging hoch hinauf und mühsam; offenbar störte mich die dumme lange Hose. Meine Nachbarin zur Linken half mir lachend, ich stand, die Musik brach ab, und alle Gesichter wendeten sich mir zu. Die Lichter tanzten.

Ich hatte gar kein Lampenfieber, aber was sollte ich nun sagen? Mit welchen Worten sollte man den dummen Erwachsenen klarmachen, wie zeam und pfundig das Nickele war? Ganz würden sie es ja doch nicht begreifen. Ich schrie, als ob ich meine Krieger in den Angriff führte: »Das Nickele lebe hoch, hoch, hoch!«

Tusch, großes Lachen, Geschrei und Händeklatschen. Jemand hob mich herunter, das jubelnde Nickele stieß mit mir an, aber das lustige Haselnußgesicht verschwamm vor meinen Augen. Alles war überhaupt so merkwürdig geworden. Ich setzte mich, obwohl uns eine Menge Leute umdrängten. Die Schleier wurden wieder lichter.

»So gebt euch doch endlich einen Kuß!« rief es und wurde ringsum wiederholt. Aber das taten wir keineswegs. Wir gaben kein Gaudium für die Großen ab. Das Nickele schüttelte mit ganz bösem Gesicht den Kopf, und ich schwieg verächtlich. Küssen! So was Blödes! Küßte ein Häuptling überhaupt? Hatte je einer geküßt? In keiner Indianergeschichte war davon die Rede.

Gottlob ließen sie von uns ab. Sie tanzten im Nebensaal. Nur eine nette Dame stand noch beim Nickele und redete lächelnd, aber eindringlich. Jetzt wandte sie sich auch an mich und sagte: »Ihr trinkt jetzt nichts mehr, hörst du? Und überhaupt muß das Nickele jetzt nach Haus.« Die nette Dame war Nickeles Mutter.

Wir protestierten. Trinken wollten wir nichts mehr, ich versprach es ehrlich, denn mir schmeckte es ohnehin nicht mehr. Mir grauste sogar vor dem Champagner, wie mir plötzlich zu Bewußtsein kam. Aber trennen sollte man uns noch nicht. Das Nickele stampfte sogar auf und vergoß ein paar Tränen, was mich ganz jämmerlich stimmte.

Eine Stimme, die aus Nebeln kam, sagte mitleidig, daß man das »Pärchen« doch noch ein bißchen tanzen lassen solle, und Mama Schieferdecker ließ sich auf eine Gnadenfrist ein. Das Nickele griff sofort nach meinem Arm und zog mich aus der Gefahrenzone.

»Ich kann ja gar nicht tanzen«, sagte ich kläglich. »Ich auch nicht«, flüsterte die Genossin, »aber wir drehen uns einfach ein bißchen, damit ich noch nicht heim muß.«

Im Nebensaal drehte sich ohnehin alles: Fräcke, Kleider, Lichter, Spiegel und Köpfe. Aber lieber mitdrehen, als uns trennen lassen. – – –

Wo war denn das Nickele? Das war doch Carla, die mich plötzlich am Arm hatte. Und sie war böse. »Mach keinen Skandal!« raunte sie und drängte mich zu einer Tür. Was hatte ich denn getan? Mir war übel. – – –
»Das ist ja furchtbar mit dir, alter Peter«, sagte Mamas Stimme. »Du bist ja betrunken!«
Ich lag in einem ganz fremden Zimmer auf einem unbequemen Sofa und sollte schwarzen Kaffee trinken. Aber ich wollte keinen Kaffee. Nur nicht mehr trinken! Nie mehr! Ich wollte heim in mein Bett, sonst nichts. Ein schrecklicher Jammer stieg in mir auf, und ich heulte im Elend. – – –

Das Nickele habe ich nie mehr gesehen. Nicht etwa, weil man uns wegen unserer Champagnerorgie auseinandergehalten hätte. Unsere Leute verabredeten sogar mehrmals ein Wiedersehen, aber immer kam etwas dazwischen, und dann geriet es in Vergessenheit. Zuerst sicher bei uns beiden selbst. Kinder vergessen ja schnell.
Hoffentlich hat meine rosa Tülldame, der Lausbub, noch viele fidele Champagnerschwipse im Leben gehabt. Und hoffentlich ist sie jetzt die lustig-junge Großmutter eines neuen Nickeles mit Haselnußaugen.

Polling

I

Jeden Beruf muß man »von der Pike auf« lernen. Das gilt ganz besonders für den meinigen, nämlich die Landwirtschaft, mit der man nicht nur ganz unten, bei der primitivsten Handarbeit, sondern auch schon von klein auf anfangen muß, weil eine später begonnene Lehrzeit fast immer unzulänglich bleibt.
Ich habe mit neun Jahren als Hüterbub des Schweighartschen Gutes in Polling bei Weilheim debütiert.

Daß unser neuer Schwager Jof, damals noch Bräutigam Schwester Julias, 1899 Mama und mich zu einem Ferienaufenthalt nach Polling brachte, hat einen guten Teil meines Lebens geformt. Seit diesen Frühlingswochen lenkte der Gedanke an das alte Klosterdorf, vielmehr an den Gutshof der Schweigharts und seine Bewohner, mein Denken und Trachten im stärksten Maß. Ich fand dort eine zweite Heimat, der ich viele glückliche Jugendjahre verdankte, nach der ich immer echtes Heimweh hatte und deren Einfluß schließlich für meine Berufswahl ausschlaggebend wurde.
Auch Mama ist immer wieder gerne nach Polling zurückgekehrt und hat später viele Jahre lang ganz dort gelebt. Schon darum wurde der Ort für alle meine Geschwister ebenfalls ein fester und guter Begriff. Den Enkeln aber, die im ersten Krieg und der Inflation aufwuchsen, war sein Name die Zauberformel für Butter und Eier, denn die »Oma« war unermüdlich und stand bei den Bauern in hohem Ansehen.
Als ich im Juli 1947 nach vielen Jahren der Trennung am Zürcher See mit Thomas wieder beisammensaß, kam er sehr bald auf Polling zu sprechen. »Du wirst die Schweigharts in meinem ›Doktor Faustus‹ wiederfinden«, sagte er. Und dann sinnend: »Polling hatte Atmosphäre. Weißt du noch: das alte Wohnzimmer?«

So eindrucksvoll war also diese Atmosphäre auch für Thomas gewesen, daß sie Zeit und Raum überwand und sich ihm über ein Menschenalter und zehntausend Kilometer hinweg bei der dichterischen Gestaltung deutschen Wesens als gutes Fluidum aufdrängte.

Das Kloster Polling wurde im frühesten Mittelalter von einem Bayernherzog gegründet, der nach der Legende, in der Wildnis östlich der Ammer jagend, ein von einer Hirschkuh aus dem Waldboden gescharrtes Gnadenbild aufgefunden hatte. Der katholische Kalender benennt den 3. Mai nach dieser »Heilig-Kreuz-Auffindung«, und das noch ganz byzantinisch anmutende Bild, ein gekreuzigter Heiland, ist das Sanktissimum der wunderschönen Pollinger Kirche geblieben.

Das Benediktinerstift wuchs zu großer Macht und riesigem Besitz. Nach dem alles verheerenden Einfall der Ungarn bauten die Augustiner wieder auf und machten im Laufe der Jahrhunderte das Kloster und seine Ländereien zu einem Staat im Staate.

Wieder kam ein Weltuntergang, nämlich die Säkularisation, durch die der gesamte Besitz der bayerischen Krone anheimfiel. Aus den klösterlichen Latifundien entstanden allein in Polling zwei größere Güter und zahlreiche freie Bauernhöfe. Auch rings im Lande sitzen viele andere Gutsherren und Bauern auf altem Klostergrund, der damals spottbillig zu haben war.

Die Vertreter des Königs gingen mit dem wertvollen Gut der kassierten Abtei wenig sachverständig um. Mit den Schweinslederbänden der berühmten Bibliothek zum Beispiel schütteten sie den Untergrund der neuen Straße nach Weilheim auf.

Die Klostergebäude wurden, mit Ausnahme der Kirche, auf die beiden Pollinger Güter verteilt, von denen das eine mit Brauerei und Gasthof an die Familie Streicher, das andere mit seinem wuchtigen Ökonomiehof und der Mühle zunächst an einen Offizier kam, der sich im Orient umgetrieben hatte, dann von einem Onkel der Schweigharts erworben und schließlich auf diese vererbt wurde.

Am Ende des Jahrhunderts aber, das mit Entmachtung und Vertreibung St. Augustini begonnen hatte, kaufte der Dominikanerinnenorden das eigentliche Klostergebäude und eine kleine Landwirt-

schaft von verschiedenen Besitzern wieder zusammen, gründete Mädchenpensionat, Haushaltsschule und Kindergarten und war schon nach wenigen Jahren auch ohne die souveräne Macht seiner geistlichen Vorgänger so eingesessen und anerkannt wie diese.
Es teilten sich also nun die zwei Güter und der Orden in den Komplex des alten Stifts, und es zeigt seine Ausdehnung, daß übergenug Wohn- und Wirtschaftsraum für alle vorhanden war.

II

Die Schweigharts richteten sich ein großes ehemaliges Verwaltungsgebäude als Wohnhaus her, und hier vor allem herrschte jene Atmosphäre, von der Thomas in Zürich sprach.
In den sich zu Spitzbögen wölbenden Räumen stand überall schöner alter Hausrat – Barock und Biedermeier –, der schönste im großen Wohnzimmer. Es gab viel gerettetes Kulturgut des Klosters zu sehen, wie Holzskulpturen, uralte Heiligenbilder und große Folianten mit metallenen Schließen. Die Zurschaustellung von soviel kirchlicher Kunst beruhte aber keineswegs auf Bigotterie, sondern einfach auf Schönheitssinn und Freude am guten Alten.
Hier lebten, als wir Polling kennenlernten, Max und Katharina Schweighart mit Großmutter Röck, allgemein »Frauerl« genannt, und vier Söhnen, von denen der älteste, Oskar, die Leitung des Gutes schon damals weitgehend in der Hand hatte.
Papa Schweighart war ein liebenswerter, heiter-bedächtiger Philosoph. Sein Wesen hat mir erstmals den Begriff eines weisen Mannes vermittelt. »Es geht alles vorüber«, sagte er und brachte mit diesem Leitspruch Verzweiflung im Unglück und Überschwang im Glück, Ängste wie Hoffnungen auf ein erträgliches oder zuträgliches Maß. Er stellte eine glückliche Mischung aus Sanguiniker, Stoiker und Phlegmatiker dar und war ein Gutsherr der alten Schuler, der, ohne ein Junker zu sein, sein kleines Reich als Herrensitz und nicht als »Betrieb« betrachtete und es mild-konservativ regierte. Ein naturnaher, Tier und Pflanze kennender und liebender, die Menschen liberal achtender Vertreter eines humanen Jahrhunderts und vor allem jener »guten alten Zeit«, in der er als Jüngling zu

Roß auf die Freite gezogen war und sich aus Peißenberg seine Kathi heimgeholt hatte.
Sie war die denkbar glücklichste Ergänzung dieses Mannes. Mama Schweighart muß ein bildhübsches Mädchen gewesen sein und sah noch in reiferen Jahren mit glattem, dunklem Scheitel, prachtvollen Augen, dem vollen und klugen Gesicht und ihrer stattlichen Figur wie ein Bild, ein Biedermeierporträt aus. Von lebhaftem, ja sprühendem Temperament, war sie ebenso künstlerisch wie praktisch veranlagt, ebenso phantasievoll wie wirklichkeitsbewußt, vor allem aber voll Güte und, gleich ihrem Mann, von einer hohen menschlichen Würde, die das Wesentlichste des Paares war.
Kathi Schweighart war der Inbegriff einer Mutter. Auch an mir hat, außer Mama, niemand so mütterlich gehandelt wie sie.
Ihre eigene Mutter, Frau Anna Röck, das Frauerl, war eine rüstige und hochgewachsene Greisin und freundlich wie die Sonne. Sie verband mit der auch ihr in hohem Maße eigenen Würde großen persönlichen Charme.
Ihr Leben hatte nicht viele Sorgen, aber sehr viel ehrliche Arbeit gekannt, und vom Arbeiten konnte sie auch im hohen Alter nicht lassen. Drei Stunden Holzhacken waren ihr noch mit siebzig Jahren eine Freude, die sie stets mit einer vollen Maß Bier krönte.
Dann saß sie in ihrem großen Lehnstuhl am Spinnrad, das die Wäscheschränke des Gutshauses mit vielen Ballen echten Bauernleinens versorgte, und erzählte langsam mit tiefer Stimme gut pointierte Geschichten aus dem Münchener Leben der Biedermeierzeit, die sie als junges Mädchen in einem der damals zahllosen Brauhäuser der Sendlinger Straße verbracht hatte. Sie hatte noch Ludwig I. gesehen, die Krawalle um seine Lola Montez und den Bierpreis erlebt und die unsterblichen Altmünchener Originale, den Kränkl, den »ewigen Hochzeiter« und den »Finessensepperl« gekannt.
Ich habe mit all den Ihren diese Geschichten wohl hundertmal mit dem gleichen Vergnügen angehört und gäbe viel darum, wenn ich sie und das Lachen der Erzählerin noch einmal vernehmen könnte. Dieses jugendlichste und rückhaltloseste Lachen, das ich je an einem alten Menschen beobachten konnte. Das Frauerl »bog sich« wirklich dabei, und dicke Tränen liefen ihr hinter den großen Brillengläsern herunter.

Großmutter Röcks Herz war dem Leben weit geöffnet, und sie nahm bis zu ihrem Tod lebhaftesten Anteil an den Vorgängen in aller Welt. Die Zeitungsberichte über eine Rede Theodor Roosevelts oder des Fürsten Bülow las sie mit dem gleichen Interesse wie die Weilheimer Gerichtsverhandlung wegen einer Wirtshausrauferei, den Fortsetzungsroman oder die Ankündigung einer Versteigerung. Da sie stets auch ihre Umgebung an solchen Nachrichten teilnehmen lassen wollte, wurde aus ihrer Zeitungslektüre meist ein von lebhaftem Kommentar begleitetes Vorlesen.

Sie liebte und verlangte Gedankenaustausch, Diskussion, ehrliche Anteilnahme des einen am anderen. Das nannte sie »eine Ansprache haben«, und wenn sie nicht unter Menschen war, sprach sie ernst oder heiter, aber immer durchaus menschlich mit ihrem kleinen Hund, der einer seltenen, inzwischen wohl ausgestorbenen Rasse angehörte. Er war nämlich ein kohlschwarzer Fledermauspinscher, eine Art Griffon, aber mit großen Schlappohren und einem bärtigen kleinen Teufelsgesicht. Sein ursprünglicher Name »Joli« war über »Jollerl« in »Schockerl« abgewandelt worden.

Schockerl hatte einen inneren Kropf, also Basedow, und bekam im Affekt oft röchelnde Erstickungsanfälle. Dann unterdrückte er sofort die ärgste Wut und eilte zu seinem Frauerl, um sich die Nase zuhalten zu lassen. Unbegreiflicherweise half das jedesmal sogleich. Schockerl wedelte dankbar, nieste und wendete sich mit neuem Gekläff gegen den Urheber seines unterbrochenen Zornes. Ich gestehe, daß ich mit den Schweighartbuben solche Szenen oft herbeigeführt habe, um diese merkwürdige Therapie wirken zu sehen. Schockerl war, trotz der Folgen, jederzeit für ein Wutgetöse zu haben. Ein hingehaltener Finger genügte. Offenbar meinte er es gar nicht so ernst und empfand den tobenden Ausbruch als erfrischendes Intermezzo im allzu ruhigen Dasein bei seiner guten Herrin.

Dem Frauerl imponierte auf der Welt nichts so sehr wie Bravheit und Tüchtigkeit. Darum war die größte Freude und der höchste Stolz ihres ruhig und harmonisch dahinfließenden Lebens ihr ältester Enkel »Ossi«, was jedermann begreiflich wurde, der Oskar Schweighart kennenlernte.

Er wußte von Kindheit an, daß er einmal der Gutsherr sein werde

und daß dies, wie die Dinge lagen, weit mehr Verpflichtung als Vorrecht bedeutete. Das gab ihm früh Ernst und Reife und einen fanatischen Arbeits- und Lerneifer. In der Landwirtschaftsschule war er der Beste seit ihrem Bestehen, und es war der große Schmerz seiner Jugend, daß sein Vater ihm das akademische Studium versagte, wofür es Gründe gab.
Von seiner Soldatenzeit brachte er, obwohl er bei seinen Oberen sehr wohl gelitten gewesen war, einen starken Haß gegen den Militarismus nach Hause, der diesen doch so disziplinierten und an das Befehlen gewohnten Mann nie mehr verließ. Erstaunlich früh sagte er kommendes Unheil voraus, weil er eine seiner Hauptursachen erkannt hatte.
Bei aller Tüchtigkeit und Nüchternheit war Oskar nie ein Mucker oder Spielverderber, aber er hielt Abstand. Er distanzierte sich deutlich von allem Untüchtigen, Ungebildeten und Unsoliden und war außerordentlich wählerisch in seinem Umgang.
Die Bauern, die in Süddeutschland sehr empfindlich gegen »Protzigkeit« sind, bewiesen hier einen guten Instinkt für Unterscheidung: Die Haltung des jungen Schweighart achteten sie. Nicht so sehr wegen seiner höheren Herkunft als vielmehr wegen des Beispiels, das er von klein auf mit seiner für jedermann sichtbaren Arbeit gab. Die meisten hatten dabei die schwere Handarbeit im Auge und begriffen nicht so schnell, daß Oskars geistige Inanspruchnahme noch weitaus schwerer war.

Unter der heiter-bedächtigen Herrschaft Papa Schweigharts war seine Gutswirtschaft drauf und dran, den Anschluß an die Zeit zu verlieren, die von der Landwirtschaft Intensivierung, Mechanisierung und rationell-wirtschaftliche Methoden verlangte. Der Mann des 19. Jahrhunderts hatte eine Abneigung gegen Maschinen, Kunstdünger, Kraftfutter und Hochzuchten. Sein schlichtes Herrentum sah im neuen Wesen etwas Unmäßig-Industrielles und einen Raubbau an der gütigen Natur. Aber er war weise genug, im stillen die Unvermeidbarkeit dieser Entwicklung zu erkennen und seine Devise »es gehe alles vorüber« auch auf sein eigenes Können anzuwenden.
Seine Erkenntnisse waren für ihn nicht schreckhaft, da er ja Art und

Fähigkeit seines Ältesten kannte und für sein eigenes Fleisch und Blut resignierte. Er resignierte also heiter, wie er geherrscht hatte. Aber auch ebenso bedächtig, was den Einsatz und die volle Wirkung des Nachfolgers noch lange immer wieder bremste. So mußte der junge Herr jede Neuerung schwer erkämpfen, obwohl sich jede als Besserung erwies.

Oskar war, als er praktisch schon das Gut völlig leitete, immer noch dessen erster Knecht und sein Schmied, Zimmermann und Sattler. Da das Gesinde damals fast ausschließlich aus Halbwüchsigen bestand, lastete alle Schwerarbeit auf ihm selbst, und daneben ersetzte er den ihm durch die Sachlage unmöglich gewordenen Hochschulbesuch durch eisernes Selbststudium.

Er löste Rationalisierungsprobleme besser als jeder Theoretiker und rang respektvoll, aber leidenschaftlich, mit dem Vater um die erste Mähmaschine, um besseres Saatgut, um Erhaltung eines Grundstückes, das verkauft werden sollte. Er fuhr im Land herum, bis er vorzügliche Pferde um billigsten Preis auftrieb; er flickte am Feierabend die alten Geschirre, die Wagen, Scheunentore und Zäune. Er reformierte Fütterung, Düngung und Fruchtfolge und brachte System in das Lohnkonto. Und dazwischen, man wußte nicht, woher er die Zeit nahm, lernte er.

Auch Klavierspielen. Er hielt die Zither, die er ausgezeichnet beherrschte, für ein zu volkstümliches Instrument und bat unsere Mama um Unterricht an einem alten Flügel, der wie ein Spinett klang. An ihm spielte er an Sonntagen mit arbeitsharten Fingern seine Etüden und Sonaten.

Mama Schweighart war sehr stolz auf ihren stattlichen und tüchtigen Buben, dessen zähe Reformarbeit schließlich das Gut rettete. Wenn er aber bei seinem großen Aufräumen zum Beispiel über Nacht das so malerische Hollergestrüpp an den großen Scheunen mit Butz und Stengel rodete und durch einen sauberen Kiesstreifen ersetzte, brach die Romantikerin in Tränen aus, und die praktische Hausfrau jammerte um das verlorene Hollermus.

Das Frauerl jedoch ging begeistert mit dem Enkel durch dick und dünn. Sie, die Älteste, war für das Tempo des Jungen, war für Fortschritt, Technik und »Betrieb«. Nicht blinde Liebe machte sie bedingungslos zum Sekundanten Oskars in allen seinen Kämpfen und

Plänen, sondern freudige Bewunderung einer so überragenden Tüchtigkeit.
Es war die Krönung von Großmutter Röcks schönem und würdigem Leben, daß sie, einen Urenkel auf dem Schoß, noch den vollen Erfolg ihres Lieblingsenkels sehen durfte: die landwirtschaftliche Musterwirtschaft, die großartige Modernisierung der alten Mühle, den Ankauf der benachbarten Ziegelei und die damit verbundene starke Vergrößerung des Grundbesitzes.
Zufrieden lächelnd hörte sie Turbinen und Walzenstühle surren, sah Sä- und Erntemaschinen neuester Art, volle Scheuern und Ställe, Traktoren und schwere Ziegelfuhren. All das gehörte ihrem Ossi, der das schönste Beispiel des »Erwirb es, um es zu besitzen« gegeben hatte. Bravheit und Tüchtigkeit hatten gesiegt. Die Welt war gut, und das Frauerl konnte in Frieden in die Grube fahren.
Vorher noch hatte sie stumm ergriffen ihr erstes Flugzeug erblickt. Als sein Motor in der Ferne verstummt war, sagte die Uralte leise: »Jetzt hab' ich alles g'seh'n. Jetzt kann ich ruhig sterb'n.«
Den Traum vom Fliegen, sie hatte ihn sich erfüllen sehen und starb fest im Glauben, daß nun Gottes Ebenbildern nichts mehr unmöglich sein könne und daß die Erde zum Paradies werden müsse durch der Menschen Klugheit und Fleiß.
Als mir Mama Schweighart, selbst schon recht alt geworden, diese letzte Geschichte vom Frauerl erzählt hatte, schwiegen wir beide lange. Aber ich mußte trotz meiner Rührung lächeln, denn mir war der Peter, ein Roßknecht des Schweigharthofes, eingefallen und der krasse Gegensatz, in dem seine Meinung vom Menschenwerk zu Großmutter Röcks todesnahem Glauben stand.
»G.. ganz n.. n. nauf«, hatte der Stotterer beim Anblick des ersten Zeppelins mir gesagt, der dröhnend und blitzend über den Peißenberg daherkam, »g..anz n..n.. auf s.. s.. san's ha.. a.. alt d.. do no nit k.. kemma!«
»Ganz nauf« – das war die Landung vor der Himmelstür. Etwas Geringeres konnte dem Peter nicht imponieren. Es war unzulängliches Stückwerk und kleine Stümperei.

Ludwig Schweighart, der Zweitälteste, lernte die Müllerei. Er war selten daheim, wo er sich zu sehr im Schatten des großen Bruders

fühlte, praktizierte da und dort, wo Mühlräder gingen, und heiratete später in ein schönes Mühlenanwesen ein, das er trefflich erhielt und vorwärtsbrachte.
Fredl, der Dritte, hatte das Gymnasium des Schäftlarner Klosters besucht und ging später zum Bankfach. Er kam sooft wie möglich auf Besuch nach Hause, obwohl er ganz zum Großstädter geworden war. Er war der Lustigste der Schweighartsbuben. Mein spezieller Freund, der Maxl, ein Benjamin wie ich und mir nur um eineinhalb Jahre voraus, wurde Landwirt wie Vorfahren und Bruder.
Das waren die Schweigharts. Zu ihnen gehörten ihre »Ehalten«, die meist viele Jahre lang auf dem Hof blieben und ihn als Heimat betrachteten. Vor allem die Köchin Wally, die ich schon als älteres Mädchen kennenlernte und die noch fünfzig Jahre später in der alten gewölbten Küche wirkte, nun schon für die vierte und fünfte Generation.
Der Jungknecht Schorschl war häßlich wie ein Bock und strohdumm, aber ein braver Bursch und gutmütiges Objekt vieler »Gaudi«. Seine Halbschwester, die »Dirn« Moni, dagegen war recht hübsch und intelligent. Sie stammte aus Niederbayern, sah aber wie eine junge Italienerin aus. Als Schwester Lula hörte, daß ich Landwirt werden wollte, meinte sie, dann solle ich doch gleich die Moni heiraten, hübsch genug sei sie ja. Ich stimmte nur dem Nachsatz zu.
Der Jackl kam als Dienstbub auf den Hof und wurde dort »Baumeister«, was in Bayern einen Schaffer oder Wirtschafter bedeutet. Seine Frau war ebenfalls bei den Schweigharts bedienstet, und schließlich traten die Kinder als Knecht und als Magd ein.
Solche Häufung von Dienstbotentreue zu einem Gut ist selten und spricht sehr viel für die Herrschaft. All diese Ehalten standen und stehen in ihrer Art wohl auch unter dem Einfluß der Atmosphäre.

III

Genau wie Schwabing wurden Polling und die Schweigharts lange vor uns von den Künstlern, vor allem den Malern, entdeckt, und wir – Mama und ich – sind eigentlich in ihrem Gefolge dorthin

gekommen, weil Schwager Jof eng befreundet mit dem Malerprofessor Friedrich Fehr war und dieser den Schweigharts schon lange nahestand. Seine Malschule und die des Professors Hummel verbrachten alljährlich viele Monate in Polling, und die Staffeleien unter den großen Malschirmen der jungen Künstlerinnen standen vom Mai bis tief in den Oktober vor den vielen Motiven des Ortes und seiner Umgebung wie Pilze nach dem Regen.
Friedrich Fehr hat sich später, wie viele seines Zeichens, in Polling fest angesiedelt und ist auch dort gestorben.

Die Gegend zwischen Würm- und Ammersee und den Murnauer Vorbergen ist keine großartige, aber eine liebe Landschaft. Die leicht gewellte Ebene beiderseits der ungebärdigen Ammer ist auf drei Seiten von Höhenzügen eingefaßt. Über den südlichen schaut die Zugspitze mit der ganzen Kette des Wettersteins. Bei Föhnwetter glaubt man sie zum Greifen nahe.
Das Bild, in dessen Mitte der Klosterhof mit dem charakteristischen, sehr breiten Kirchturm steht, ist, um mit den Malern zu sprechen, nicht nur hübsch komponiert, sondern auch gut gerahmt.
Die Kunstelevinnen saßen schauend und pinselnd vor der Kirche, im Schweigharthof, an den schilfigen Windungen des Pollinger Baches. Sie malten die alten Bauernhöfe, den langen Rücken des Peißenberges, die Ammer am wilden Steilhang des »Kühtods«, die hübsche Moni mit ihren italienischen Augen, die Buchbindernandl, die sich vom Betteln nährte und viel Geld hinterließ, den großen Tuffsteinbruch und hundert andere Motive Hunderte Male.
Am meisten wohl das alte Steintor am Eingang des Schweigharthofes mit den riesigen Kastanienbäumen im Hintergrund. Ein Witzbold brachte eines Tages ein Plakat dort an, das ein weiteres Konterfeien des pittoresken Gemäuers bei Strafe verbot, weil es infolge des vielen Anschauens dem Einsturz nahe sei.

Auch für die lustige und internationale Gesellschaft der beiden Schulen war das Haus Schweighart Seele und Zentrum von Polling. Bevorzugte wohnten im Gutshaus, und wer nur immer konnte und durfte, stellte sich abends ein. Dann ging es lebhaft und fröhlich zu. Mama Schweighart präsidierte als allverehrte Gastgeberin, Professor Fehr war ein Meister der Anekdote, das Frauerl schwelgte in »Ansprache«, Oskar mußte trotz seiner Abneigung die Zither hervorholen, ein paar Malerinnen begleiteten auf ihren Gitarren, und alle sangen und tranken. Der Maxl und ich hielten schon früh mit und amüsierten uns über das drollige Deutsch der Engländerinnen.

Die Künstler zeichneten und dichteten Kneipzeitungen, die dem »Simplizissimus« nichts nachgaben, und veranstalteten festliche Umzüge, an denen das ganze Dorf teilhatte. Einmal hatten sie auf einem Ochsenwagen eine groteske Gruppe als »Allegorie der Kunst« aufgebaut. Der häßliche Schorschl stellte, lieblich geschminkt und mit nichts als Flügeln und einem winzigen Lendenschurz bekleidet, den Genius der Malerei dar. Zuerst grinste er, dann aber wurde er wütend über das Gejohle der Kinder und die Zurufe der Erwachsenen, besonders der Mädchen, und war nur durch eine bedeutende Erhöhung seines Honorars zum Ausharren zu bewegen. Mit bösem Gesicht und halblaut auf die Malerinnen, die »saudummen Weibsbilder, die spinnaten«, schimpfend, fuhr der hoch thronende Genius mit Palette und Malstock weiter durch den Jubel der Pollinger.

Über dem Portal der Klosterkirche ist eine große Inschrift angebracht, die aus einem wunderschönen Zitat stammen muß:

LIBERALITAS BAVARIAE

Die Toleranz, das Allumfassende dieser Worte verstand ich erst später, aber schon als Bub gefiel es mir in der heiteren und lichten Pracht dieses Gotteshauses, das die fromme Kunst von Barock und Rokoko vereint, besser als in unseren evangelischen Kirchen.

Ich fühlte mich hier viel stärker beim lieben Gott zu Besuch, bei einer freundlichen Majestät, der das schönste Haus auf Erden zukam und zu deren Ehren Pomp und Weihrauch sehr angebracht schienen.

Auch Mamas Erzählungen von ihrer katholischen Kinderzeit fielen mir immer wieder ein: von den großen Kirchenfesten in Rio bis zur Madre di Dio, die im blauen Mantel den Segler über den Ozean geleitet hatte.

So ging ich in Polling sozusagen mit Vergnügen in die Kirche, während der Gottesdienst mir in München ziemlich gleichbedeutend mit der Schule war.
Es gab auch wirklich Vergnügen neben der Augenweide am Schönen, denn ich wurde ein »Läutbub«, und es war herrlich, beim Hervorzaubern der mächtigen Glockentöne mitzuwirken und sich zum Schluß am dicken Seil bis zur Decke der hohen Läutestube emporfliegen zu lassen. Und wenn vor Ostern die Glocken schweigen mußten, drehten wir hoch oben unter der Turmspitze bei den Dohlennestern die »Karfreitagsratsche«, deren hölzernes Klappern auch weit über Land drang, und schauten auf die noch verschneiten, im Föhn überklar sichtbaren Berge.
Vergnügen zu Ehren des lieben Gottes und noch dazu für einen kleinen »Ketzer«. Ich habe später oft lächelnd dieser Zeit gedacht, wenn ich die leuchtenden Worte Liberalitas Bavariae las.

D’ Frau Baronin

I

Wenn ich als Bub nach Monaten des Heimwehs wieder nach Polling kam, machte ich, noch bevor ich Schuhe und Strümpfe für die Ferienzeit in einen Winkel warf, höfliche Aufwartung im ersten Stock des Gutshauses. Ich war dazu angehalten, hätte aber auch ohne Mamas Weisung den Besuch bei der »Frau Baronin« so wenig verabsäumt wie den beim Frauerl, bei der Wally in der Küche, beim Müller und in den Ställen. Denn die Dame, bei der ich da eintrat, gehörte viele Jahre lang zu meinem Polling.

Sie empfing mich in der elegant gestrafften Haltung einer »Dame du palais«. Eine Frau von Vierzig mit der Figur einer guten Reiterin, die Taille noch eng geschnürt, den hohen Tüllkragen mit Fischbein versteift, so daß er zum Hochtragen des kleinen, antiquiert, aber gut frisierten Kopfes zwang.

Das Gesicht hatte durch erhöhte Backenknochen und gewisse Merkmale an den Augen etwas leicht Mongolisches; es konnte trotzdem vornehm und gütig wirken.

Die Baronin bot Keks an und plauderte liebenswürdig. Sie nahm den Besuch des Buben als gebührende Artigkeit und sprach wie zu einem Erwachsenen. Ich aber lugte zwischen meinen höflichen Antworten verstohlen nach dem Schreibtisch, ob es dort noch das Sonderbare zu sehen gäbe, nämlich ein Dutzend Photographien von Damen in großen Toiletten und vornehmen Herren in Uniform oder Zivil; alle ordentlich aufgestellt, aber durchwegs auf das merkwürdigste beschädigt, leicht zerfetzt und zerkratzt. Und daneben ein Stöckchen, eine kleine Weidenrute!

Ja, es war noch alles so, wie ich erwartet hatte, und so konnte es leicht passieren, daß die konventionelle Plauderei der Baronin ins Mysteriöse abglitt und daß gleichzeitig in ihrem Gesicht das Kal-

mückenhafte immer stärker hervortrat. Sie bekam eine lauernde Haltung.
»Ist dir auf dem Weg zum Bahnhof nichts aufgefallen?« fragte sie hastig und leise, und ihre Augen waren jetzt völlig zu tatarischen Schlitzen geworden. »Nein? Nun, ich werde jedenfalls sofort die nötigen Maßnahmen treffen.«
Ich war auf solche Wendung vorbereitet, ja, ich wäre von ihrem Ausbleiben enttäuscht gewesen. Nun verabschiedete ich mich rasch von der so jäh Veränderten, blieb aber vor der Tür horchend stehen und schaute sogar schamlos durch das große Schlüsselloch im Schloß von anno dazumal.
Drinnen hatte die Baronin die Photographie einer tiefdekolletierten Schönheit vom Schreibtisch gerissen und schwang das Stöckchen.
»Hast du dich wieder mit dem elenden Baron Rotza verbündet, du Hure?« zischte sie aus gänzlich verzerrtem Mund. »Schickt ihr mir wieder die Weiber auf den Hals? Aber ich zeige es euch! Da hast du, Miststück!«
Und das Rütchen pfiff über das lächelnde Bild, die Pappe klatschte, wurde zu Boden geschleudert und vom Louis-Seize-Absatz getreten.
Ein hoher Offizier kam an die Reihe: »Du auch wieder dabei? Hund, Kuppler, Zuhälter! Dafür hab' ich deine Spielschulden sechzehnmal bezahlt! Deine Weiberschulden! Pfui Rotzaknecht! Da!«
Und der Kavalier wurde trotz Helmbusch, Säbel und Orden verprügelt, daß die Fetzen flogen.
Unten pfiff der Maxl und schlich zur Treppe. »Hat sie's wieder anpackt?« fragte er gespannt und war von meinem hastigen Bericht sehr befriedigt, denn der Verfolgungswahn der armen Baronin gehörte zu unseren angestammten Belustigungen wie die Gaudi mit dem Schorschl und die Bettlersprüche der alten Buchbindernandl.
Ich riß nun endlich Joppe, Schuhe und Strümpfe herunter und lief mit dem Freund in den Stall hinüber, glückselig darüber, die Hofsteine wieder mit nackten Sohlen fühlen zu können. Maxls Schaf hatte gelammt, und das war noch interessanter als Schuld und Sühne des bayerischen Hochadels.
Ich war wieder daheim in Polling!

II

Die Baronin wohnte als Dauergast viele Jahre bei den Schweigharts, und dies Asylrecht und die gütig-verständige Behandlung schützten die Bedauernswerte in dieser Zeit vor einer geschlossenen Anstalt.

Sie stammte aus großem Hause und war mit einem eleganten Offizier und Lebemann von ebenbürtiger Abkunft verheiratet gewesen. Während alle Frauen im Gutshaus behaupteten, das Herzeleid einer schlimmen Ehe habe die geistige Umnachtung der Unglückseligen herbeigeführt, meinten die Männer, daß vielmehr dieser Irrsinn die Ehe zerstört hätte. Ich habe die Wahrheit nie erfahren. Wahrscheinlich lag sie auch hier in der Mitte.

Solange die Baronin nicht ihren Anfällen unterlag, war sie eine liebenswürdige Frau von Welt, die sich nichts vergab, auch wenn sie in der legeren Art des süddeutschen und österreichischen Adels mit Leuten aus dem Volk umging oder als Fröhliche unter Fröhlichen abends mit uns allen im Schweighartschen Wohnzimmer saß. Wenn sie uns aber plötzlich leise und eindringlich bat, sie nur noch Frau Mayer oder Frau Huber zu nennen, denn »die Weiber, die ihr nachts die Brüste zerfleischten«, horchten bereits wieder an den Fensterläden – wenn sie die Kalmückenzüge bekam, ihre Bewegungen scheu und hastig wurden und ein hysterisches Gelächter sie schüttelte, dann sprach, flüsterte und lachte ein irrer Dämon aus ihr, und ich begriff die Zeiten der Völker, die solche Besessenheit durch Teufelsaustreibung heilen wollten.

In Polling trachtete man, die Irre durch Eingehen auf ihren Wahn und lebhaft zur Schau gestellte Hilfsbereitschaft zu beruhigen, was auch schließlich immer wieder gelang.

Wir sprachen und prosteten die Zitternde möglichst laut mit den verlangten Allerweltsnamen an. Der Maxl und ich sahen unsere Chance wieder einmal gekommen. Wir stürmten mit wilden Kampfrufen vor die Haustür, markierten ein furchtbares Geraufe im nächtlichen Hof, der von den Schmerzensschreien der imaginären Feindinnen widerhallte, und zeigten, zerzaust und schnaufend zurückkehrend, große Roßhaarbüschel als Trophäen her, die wir angeblich den schändlichen Weibern ausgerissen hatten.

Die Kranke belobte uns sehr und beruhigte sich zusehends. Ihr Gesicht entspannte sich immer mehr, und plötzlich nahm sie ein vernünftiges Gespräch genau da wieder auf, wo der Dämon es unterbrochen hatte.

Obwohl Maxls und meine Kampfimitation die Rückkehr der Vernunft zum mindesten beschleunigt hatte, sagte Großmutter Röck, wenn sie den erregten Schockerl beruhigt hatte, leise zu uns: »Schämts euch!« In ihrem Lehnstuhl war sie als einzige während des ganzen Auftrittes stumm geblieben. Sie hatte nicht lachend »Prost Frau Huber!« gerufen wie wir anderen, und auf ihrem guten Gesicht lag Mißbilligung, ja ein wenig Ekel. Die Menschenwürde in ihr protestierte gegen die teuflische Erniedrigung eines kranken Menschengeistes. Sie protestierte auch gegen das Gaudium, das wir Buben an diesem Unglück hatten, obwohl unser Jux für den Augenblick gerechtfertigt schien. »Schämts euch!« sagte sie, denn sie kannte unser eigentliches Motiv. Jene naive Grausamkeit, mit der Kinder sich unbewußt im voraus für alles Abscheuliche rächen wollen, das ihnen das Leben antun wird; mit der ein lebender Frosch bis zum Platzen aufgeblasen wird von einem Jungen, der einst mit aufgerissenem Leib in einem Drahtverhau hängen soll; und mit der ein kleines, zartes und braves Mädchen einer Fliege die Beine ausreißt; ein Mädchen, das vielleicht einmal von einer furchtbaren Krankheit zerfressen, elend verenden wird.
»Schämts euch!« sagte das Frauerl, und tatsächlich: Ich begriff sie bald und schämte mich.

Der Mühlpächter schämte sich nicht und verdiente sogar noch Geld dadurch. Die Baronin huschte manchmal, von ihrem Dämon gehetzt, zu ihm in die Mühle und flüsterte dem weißbestäubten Athleten hastig die Namen von Pollinger Männern und Frauen zu, die neuerdings im Solde jenes schurkischen »Barons von Rotza« standen. »Feit si nix, Frau Baronin«, sagte der Mehlige und krempelte die Ärmel hinauf. Er ließ die Irre warten und berichtete ihr nach einer halben Stunde, wie er die verfluchten Spione halb totgeschlagen habe. »Mit dem Stecka!« behauptete er bieder und zeigte einen furchtbaren Prügel her.

Die Baronin lachte froh und erlöst. Sie überreichte ihrem Rächer ein großes Geldstück und entließ ihn mit gnädigem Nicken. Ganz Fürstin, die einen tapferen Subalternen auszeichnet. Der Müller ging ins Wirtshaus.

Als Thomas mir sagte, daß ich die Schweigharts und Polling im »Doktor Faustus« wiederfinden werde, fiel mir ein, daß ja schon durch ein anderes seiner Werke sehr erkennbar eine Figur aus meinem Orbis Pollingensis geht: Es ist die, trotz ihres gelegentlichen irren Sichgehenlassens, so sympathische Gräfin Loewenjoul, bei deren Behandlung dem jungen Prinzen Klaus Heinrich von seiner künftigen Prinzessin klargemacht wird, daß menschliche Güte vor strammer Haltung kommt.
Thomas war von Polling schon inspiriert, als er »Königliche Hoheit« schrieb. Die Gräfin Loewenjoul – das ist »d' Frau Baronin«.
Aber auch im »Faustus« selbst tauchte bei der Beschwörung der Pollinger Atmosphäre die Irre wieder auf. Sie gehörte für den Dichter so sehr zu unserem alten Dorf, daß er ihr nochmals Gestalt verleihen mußte. Und auch als eine »von Handschuchsheim« ist und bleibt sie »d' Frau Baronin«.

Goaselschnöllen

Mein landwirtschaftliches Debüt als Kuhhirt fand schon sehr bald nach meiner ersten Ankunft im Hause Schweighart statt. Ich hatte mich sofort dem Maxl attachiert, der mit seinen damals elf Jahren ein sehr pflichtbewußter Oberhirte der großen väterlichen Herde war und streng über eine Reihe von noch jüngeren Gehilfen – Bauern- und Tagelöhnersöhnen der Nachbarschaft – herrschte, ohne dabei freilich die seinen Jahren gemäßen Bubeninstinkte zu verlieren. Die waren hier ebensolches Gemeingut wie in meiner Schwabinger Bande, und dem Maxl verschaffte gerade sein Schneid bei allen ländlichen Streichen noch mehr Respekt als das Ansehen seiner Familie. Ich war sehr stolz, unter seine »Hüata« aufgenommen zu werden, und entwickelte großen Ehrgeiz.

Jede Arbeit hat ihre Tricks, ihre Bräuche und ihre Ehre. Selbst das Hüten und Treiben einer großen Rinderherde ist – besonders für Kinder – nicht so simpel und langweilig, wie es aussieht, auch wenn es sich nicht gerade im gefährlichen Hochgebirge abspielt.
Da muß man zum Beispiel vor allem einmal das einzige Handwerkszeug kennen und gebrauchen können, das der Hüter hat, nämlich die Peitsche.
Sie ist nicht einfach ein Stock mit einem Strick daran, sondern die »Goasel« besteht aus dem »Goaselstecken«, dem ledernen »Biegerl« und der »Goasel« selbst, nämlich der Peitschenschnur mit der kunstvoll angeflochtenen und unten aufgefransten »Schmitze«.
Der Ehrgeiz eines Hüterbuben geht (oder ging) dahin, vom selbstgeschnittenen Haselnußstock zu dem aus Weiden gedrehten »Ochserstecken« zu kommen, der beim Kramer immerhin achtzig Pfennige kostete, und von der gewöhnlichen Schnur auf die wertvollere mit Harz imprägnierte »Pechgoasel«.

Das waren wichtige Probleme, denn die Peitsche ist das Machtsymbol des Hüters, das dem kleinsten Buben die nötige Autorität bei seinen zehn bis sechzehn Zentner schweren Pfleglingen sichert und bei den zahmen europäischen Herden die gleiche Rolle spielt wie Lasso und Bola bei den halbwilden Rindern Nord- und Südamerikas.

Man muß die Geißel möglichst wenig zum Schlagen gebrauchen, wohl aber ihr Vorhandensein dem Vieh nicht nur optisch, sondern auch akustisch immer wieder zum Bewußtsein bringen. Das geschieht durch Knallen, das richtig »Goaselschnöllen« heißt und zu meiner Zeit in Süddeutschland, Österreich, der Schweiz und anderen Viehzuchtländern von Hirten und Fuhrleuten zu einer wahren Kunst ausgebildet war.

Der Maxl war ein Virtuose seines »Schlagzeuges«, und sein starkes, geschmeidiges Handgelenk – das Gelenk eines Fechters – konnte einer guten Geißel mitunter prasselnde Stakkato-Rhythmen, wahre Wirbel und Triller entlocken. So weit habe ich es nie gebracht. Aber immerhin konnte ich bald ohne Blamage mittun, sozusagen als Begleitung oder zweite Stimme.

Es war ein schönes Bild, wenn wir durch den alten, so oft in Öl- und Wasserfarben gemalten Torbogen aus dem Gutshof zogen. Ich durfte bald an der Spitze gehen, was die zweithöchste Charge der Hüter bedeutet. Hinter mir kam staubwirbelnd die Herde der grauen und braungefleckten Rinder, seitlich liefen die Buben, die wie Schäferhunde bei Begegnungen die Tiere zusammendrängten oder die aus dem Marsch brechenden zurücktreiben mußten. Und am Ende der langen Karawane schritt würdig unser Oberhaupt Maxl. Wir trugen nichts als verwaschene grüne Hüte, Hemden und kurze Lederhosen; bei Regen dazu einen Sack als Kapuzenmantel. Niemand brachte je den Maxl oder mich dazu, etwas anderes beim Hüten anzuziehen. Dies war unsere Uniform, und wir wollten nichts vor unseren Genossen voraushaben.

Wir »schnöllten« orchestral. Das Vieh brüllte fröhlich, und Glokken und Schellen an den breiten Halsriemen läuteten durcheinander. Ein Mordslärm, aber doch voll von Rhythmus und einer Melodie, die ich nie vergessen werde.

Das alles gibt es heute kaum mehr in so gutem Stil. Die praktischere

Weidezäunung hat die Wichtigkeit der Hüter verringert. Der Stand ist heruntergekommen, größtenteils verschwunden. Mit irgendwelchen Stöcken bewaffnet, treibt jetzt stramm organisiertes Stallpersonal das Vieh der Güter in gänzlich nebensächlicher Art zur Weide, schließt den Stacheldraht und verzieht sich zur »Brotzeit«. Von einer ordentlichen Peitsche verstehen bei uns höchstens alte Kutscher noch etwas, weil man eines törichten Tages das »Schnöllen« behördlich als ruhestörenden Lärm unter Strafe gestellt hat. Nur im Gebirge, beim Almauf- und -abtrieb wird noch das Gepränge der ziehenden Herde – etwas zu theatralisch – zur Schau gestellt, das zu meiner Zeit dem jüngsten Hirten alltäglich und selbstverständlich war.

Ging es damals auf die »Große Viehweide« an der Weilheimer Straße, so war das Ziel bald erreicht und der Dienst, nämlich das Hüten, leichter als auf den nicht eingekoppelten Herbstweiden. Trotzdem gab es fortwährend zu laufen. Um die Jahrhundertwende kannte man die kleine Intensivkoppel noch nicht, und Stacheldraht wurde kaum verwendet. Unsere Weide war dreieinhalb Hektar groß und holzgezäunt. Das Vieh mußte zum systematischen Abgrasen jeweils auf bestimmten Teilen der Fläche gehalten und am Beschädigen der Zäune, vor allem am Ausbrechen, gehindert werden. Zu solchen Ausbruchsversuchen wurden die Kühe nicht nur durch satten Übermut, sondern auch durch Gier auf benachbarte fette Kleefelder verlockt. Unachtsamkeit brachte daher neben schwerem Schaden am wertvollen Zaun auch Lebensgefahr für die Tiere durch Aufblähen oder gar Bersten des Pansens nach hastigem Hineinfressen des eiweißstarken und leicht gärenden Futters. Dieses Aufblähen einer Schutzbefohlenen war das Schreckgespenst aller Hüter. So mußte immer einer von uns an der Herde bleiben, während die anderen im »Hüatahäus'l« ihr Wesen trieben. Die Hütte – (ich war ja von Schwabing her Hüttenbaufachmann) – bauten wir unter fortwährenden Modernisierungen à la Oskar immer wieder neu aus zusammengeschlepptem Material – Pfosten, Latten, Dachpappe und Säcken –, sonst wäre sie uns langweilig geworden. Ihre Seele war die »echte« Feuerstelle, ein in den Boden minierter Ofen, dessen unterirdischer Abzug außerhalb der Hütte

in ein altes Blechrohr als Rauchfang führte. Wir schürten mit Reisig und trockenen Kuhfladen, und das prasselnde Feuer, der dick qualmende Kamin waren uns Inbegriff unseres Prärielebens. Im Herbst wurden Kartoffeln gebraten. Es mußten gestohlene sein, das war Ehrensache.
Der Maxl verteilte den Dienst an der Herde und sorgte für gerechte Ablösung, schickte einzelne Helfer aus oder alarmierte alle Mann, wenn es Komplikationen gab, etwa wilde Raufereien in der Herde oder einen Massenausbruch.

So lernte ich halb im Spiel den Begriff von Pflicht und Verantwortung kennen, wenn ich allein die Tiere umkreiste, sie auf dem befohlenen Weideteil versammelt hielt und ein paar berüchtigte Ausbrecherinnen durch gelegentliche »Schnöller« warnte. Ich lernte aber auch Tiere zu beobachten, ihre oft merkwürdig menschlichen Charaktereigenschaften zu erkennen und ihre Instinkte zu bewundern. Ich sah bleibende Freund- und Feindschaften unter ihnen, den edlen oder hochmütigen Stolz der schönsten Kuh, die von den übrigen auch ohne die größte Glocke als Führerin anerkannt war; und Gutmütigkeit, Hinterlist und häßlichen Futterneid, nur niemals Rassenhaß zwischen Grauvieh und Simmentalern. Ich hörte das dumpfe Brüllen, mit dem mütterliche Sehnsucht nach dem wenige Tage alten Kalb daheim klagte, und erfuhr auf die natürlichste Weise und ohne daß einer der anderen Buben einen dreckigen Witz darüber gemacht hätte, was es mit dem unruhigen Wesen des »Stierigseins«, der Brunst, auf sich hatte.
Auch die Wetterzeichen lernte ich verstehen: Wind und Wolken, Verhalten der Vögel und Insekten und das Aussehen der Berge. Ich beobachtete, wie der Peißenberg fast jedes der schmutziggelben Hagelwetter teilte, so daß die gefürchteten Schloßen über dem südlichen Ammersee und der Murnauer Gegend niedergingen, während die Pollinger Flur verschont blieb, und ich bekam dabei Respekt vor den schlauen Klostergründern, die diesen Schutz fast tausend Jahre vor mir erkannt hatten.
Ja, ich lernte viel, was mir in der Stadt oder als Sommerfrischler fremdgeblieben wäre, und ich war wirklich schon damals ein Lehrling meines künftigen Berufes.

Mittags ging es heim, und die Herde wurde zur Tränke und Kühlung in die Schwemme des Mühlbaches getrieben.
Die Hüter aßen hastig, füllten ihre Wasserflaschen frisch am Hofbrunnen und trieben mit »Ho-ah ho-ah!« und großer Schnöllerei wieder aus. Um vier Uhr, zur Melkzeit, hatten wir Feierabend und Gelegenheit für viele schöne Ferienbeschäftigungen, wie Baumklettern an den alten Kastanien, Graben von »Bergwerksstollen« in den riesigen Heustöcken, waghalsige Bootsfahrten in einem hölzernen Badetrog durch den »Mühlschuß« und vor allem Baden im Bach oder in der wegen ihrer Wirbel nicht ungefährlichen Ammer.

Schöne Zeit! Wenn ich endlich in der Stadt wieder Strümpfe und Schuhe tragen mußte, eiterten die aufgekratzten Mückenstiche an den Beinen und forderten wochenlange Behandlung. Aber auch das war ein wehmütig gehegtes Andenken an das herrliche Leben als Pollinger Hirtenbub.

Studiosus literarum

I

Wie zum Kuhhüten kam ich mit der Zeit als heranwachsender Bub auch zu allen anderen Arbeiten, die zur Landwirtschaft in Oberbayern gehören. Ich machte sie mit, weil mein »Spezi« Maxl gehalten war, sie auszuführen. Wer von den Schweigharts nicht nur auf kurzen Besuch daheim war, arbeitete ganz selbstverständlich regulär im Gutsbetrieb, und für einen Jungen gab es dabei zunächst nur die Karriere vom Hütebuben zum Roßknecht.

Der Maxl blieb natürlich trotzdem der Herrensohn, und sein Gegengewicht zur Tagesarbeit auf dem Düngerhaufen und beim Kartoffellegen bestand in einer gewissen Eleganz, in der er sich nach Feierabend gefiel. Als er in späteren Jahren ein guter Reiter und Herrenfahrer geworden war, vertauschte er seinen Arbeitsanzug abends am liebsten mit einem Reitdreß, auch wenn das nur für die Geselligkeit daheim geschah, bei der wir dann Kakao durch Strohhalme saugten, weil das »barmäßig« und mondän war.

Ich war dem Hause schon so zugehörig, daß ich mich auch als Feriengast geschämt hätte, nicht mitzuarbeiten, und so mistete ich mit dem Maxl den Pferdestall aus (was natürlich viel vornehmer war als die gleiche Arbeit im Kuhstall), faßte Saatgut in Säcke, half Heu wenden und rechen, Garben binden und zu »Manderln« aufstellen; alles, was eben das Bauernjahr in den Zeiten meiner Ferien an Arbeit mit sich brachte.

Die Freiwilligkeit machte mir mein allmählich schon recht intensives Mitschaffen zur Ferienfreude wie das Schwimmen, Klettern und später das Reiten und Fahren. Am liebsten waren mir Arbeiten mit scharfen Werkzeugen, wie das Daxhauen, nämlich das Zerhakken von großen Fichtenzweigen mit dem schweren Hiebmesser, oder das Zuspitzen der dicken Weidepfähle mit dem Beil. Viel

Freude hatten wir auch immer am Brennen dieser Pfähle zwecks besserer Konservierung der im Boden steckenden Spitze. Die Begeisterung für ein hochflammendes und doch gezähmtes Feuer gehört wohl auch zu den menschlichen Urinstinkten, die bei einem richtigen Buben zutage treten müssen.
Wir kamen rußverschmiert und nach Rauch stinkend heim, und das Frauerl sagte streng: »Waschts euch! Ihr kommt ja daher wie die Brandstifter!« Sofort warf sich der Maxl in Gala, wählte den höchsten Stehkragen und knüpfte eine blütenweiße Krawatte, nachdem er sich so intensiv mit einer Moschusseife gewaschen hatte, daß es im schönen Wohnzimmer mit den Heiligenbildern und Klosterfolianten duftete wie bei einer viertklassigen Horizontalen. Alles schnupperte und schimpfte, der Maxl konnte den Hals in seinem Kragenmonstrum nicht bewegen, was ihm ein überaus hochmütiges Aussehen verlieh, und ich fiel fast unter den Tisch vor Lachen.

Mein Freund und Arbeitsgenosse war also schon ein landwirtschaftlicher Professional, während ich vorläufig ein Amateur im wörtlichsten Sinne blieb. Ich liebte eben Polling mit allem Drum und Dran. Mit den Schweigharts und der irren Baronin, den Weihnachtsstollen, Osterfladen und Kirchweihnudeln, der Kirche und den Ställen, dem alten Flügelspinett und den Mühlrädern, den Bootsfahrten auf dem Bach und dem Mistaufladen.
Ich liebte es viel zu einseitig, und das wirkte sich bald schlecht auf mein Vorwärtskommen als Münchener Gymnasiast aus. In der Volksschule war ich ein vorzüglicher Schüler gewesen, aber schon in der ersten Klasse des alten Max-Gymnasiums an der Ludwigstraße ging es schlechter, so daß man beschloß, mich in die Fremde und in strengere – vor allem männliche – Zucht zu schicken.
Mit Beginn des zweiten Gymnasialjahres kam ich – noch nicht zwölfjährig – nach Augsburg in Pension zu einem vollbärtigen Professor mit imposantem Bauch und einer spitznäsigen Frau. Auch nach achtundvierzig Jahren noch kann ich dieses Paares nur mit tiefster und zornigster Abneigung gedenken.
Ich hatte dem erzieherischen Plan der Meinen nicht den geringsten Widerstand entgegengesetzt, denn das Leben in einer anderen Stadt

unter anderen Leuten und inmitten von Pensionskameraden schien mir eine nette Abwechslung zu werden. Darum war mein Abschied von Mama, die mich nach Augsburg brachte, so fröhlich, daß sich die Mutter, wie sie mir später gestand, ein wenig gekränkt fühlte. Meine Enttäuschung war um so bitterer.
Die Pension, eine spießbürgerliche Wohnung, wurde schnell zum Gefängnis, das mich nur für die Schulstunden und zweimal in der Woche für zahme und streng beaufsichtigte Spaziergänge entließ. Ein Bub, der gewohnt war, sich zur rechten Zeit auszutoben, mußte hier in kürzester Frist Anstoß erregen und unglücklich werden. Mahlzeiten, Schule, »Studierzeiten« daheim und, nur bei vorzüglicher Führung, eine Lesestunde vor dem frühen Schlafengehen – das war der Normaltag. Sport war Unfug, ein falsch konjugiertes Verbum entsetzliche Schande, Raufen aber soviel wie Mordversuch.
Und mir war täglich nach Raufen zumute: Einer der beiden Mitpensionäre, der noch dazu Amandus hieß, war nicht nur Musterknabe schlimmster Art, sondern auch Denunziant. Seine Angeberei ging so weit, daß er Gespräche, wie sie Buben manchmal in der Pubertätszeit führen und die fast immer von ihm selbst begonnen worden waren, dem Professor hinterbrachte, so daß ich als sittlich Verkommener dastand.
Das ließ eine Welt in mir zusammenbrechen: ein Kamerad, der »verschuftete«, dafür in Gunst stand und mit gutem Gewissen herumgehen konnte, während ich mich immer mehr als unverbesserlicher Verbrecher fühlen mußte – es war eine der grausamsten Erfahrungen meines Lebens.
Vollbart und Spitznase setzten alles daran, einen normalen Jungen unter dem ständigen Druck von Minderwertigkeit und begangenen Vergehen zu halten. Ja, wenn sie frischweg gestraft hätten – aber sie diffamierten und verfemten. Aus Angst vor einer Tracht Prügel hätte ich nie irgend etwas geleugnet, dieses Erziehungssystem aber zwang geradezu in fortwährendes Lügen hinein, das dann wiederum als neuer Beweis eines finsteren Charakters ausgewertet wurde.
Ich lernte die tiefste Verzweiflung und das schlimmste Heimweh kennen, sogar schlaflose Nächte. Wenn ich mich im späteren Leben

einmal recht unglücklich und von allen guten Geistern verlassen fühlte, so war es mir immer, als hörte ich die alte Glocke von Sankt Ulrich schlagen, die damals die Schmerzensnacht in endlose Viertelstunden teilte.
Ich besitze eine Photographie aus dieser bösen Zeit, die mich inmitten meiner Schulklasse zeigt. Tatsächlich sehe ich darauf wie ein kleiner Zuchthäusler aus.

Pensionseltern solcher Art müssen gar nicht so selten gewesen sein. Ludwig Thoma hat in seinen »Lausbubengeschichten« ein Paar beschrieben, das meinem aufs Haar gleicht. Sogar das schäbige Verfahren, den Eltern der unglücklichen Pfleglinge den gesamten Verschleiß des Haushaltes als Verschulden des Sohnes in Rechnung zu stellen und salbungsvoll-verlogene Briefe beizulegen, wurde von Vollbart und Spitznase ebenso geübt wie von Thomas Ehepaar Semmelmaier.

Bis Weihnachten hielt mich die Ferienhoffnung noch aufrecht. Aber als nach den herrlichen zehn Tagen in München und Polling die Quälerei aufs neue begann, brannte ich an einem Samstag nach Schulschluß regelrecht durch.
Ohne einen roten Heller in der Tasche wollte ich München zu Fuß erreichen. Doch ein Bauer, der mich ein Stück weit auf seinem Wagen mitgenommen hatte, lieferte mich einer herzensguten schwäbischen Wirtin aus, die mich zunächst einmal fütterte und mich dann durch mütterliches Zureden zur Umkehr veranlaßte.
Auf dem ganzen Heimweg heulte ich vor Verzweiflung. Als ich aber in der Pension ankam, zeigte ich eine so wilde Entschlossenheit zu äußersten Taten, daß man mich in Ruhe ließ und Mama herbeitelegraphierte.
Ich hatte ihr meine Seelennot bislang verschwiegen, weil ich immer noch hoffte, mich irgendwie durchzubeißen. Aber die Mutter glaubte jetzt meinem jäh ausbrechenden Jammer mehr als dem Pathos des Vollbartes und dem Keifen der Frau Professor. Sie setzte dem Paar eine mich hell begeisternde Haltung von Stolz, Überlegenheit und zorniger Verachtung entgegen und veranlaßte meinen sofortigen Auszug.

Bei Professor Grözinger und seiner Frau, die mit vielen Töchtern und Hunden ein villenartiges Haus in einem großen, verwilderten Garten am Stadtrande bewohnten und immer eine Anzahl von Gymnasiasten in Kost, Logis und Erziehung hatten, war ein ganz anderes Leben. Vergleichsweise konnte ich mich wie im Paradies fühlen.

Der kluge und frisch-energische Schulmann hielt es mit der Methode der englischen Public schools, hatte eine herzhafte, wenn auch nötigenfalls harte Art, uns zu regieren, und ließ uns im übrigen eine gewisse Selbstverantwortung und Selbstdisziplinierung, die auf normale Buben eine ausgezeichnete Wirkung hat. Ich kam schnell wieder ins Gleichgewicht und brachte es in Schule und Pension zu Ehren.

Mein Streben nach properem Aussehen wurde wesentlich dadurch verstärkt, daß ich mich in einen blonden Zopf der Nachbarschaft verliebte. Ich wollte nun sogar elegant sein und gewöhnte mir hohe Kragen à la Maxl sowie schreckliche steife Vorhemden und Manschetten nach dem Muster älterer Kameraden an. Auch mein Verbrauch an Seife, Zahncreme und Haarwasser stieg auffallend. Die Trägerin des hübschen Zopfes drückte adäquate Gefühle durch täglich neue, prächtige Haarschleifen aus. Die Liebe lohte himmelhoch, und es kam bis zu heimlichem Händedrücken. Das Paradies hatte eine Eva bekommen, aber die Schlange schlief noch und der Apfel war erst eine Blüte.

Immerhin verlangte die werdende Männlichkeit nach imponierenden Lastern, und so verbrauchte ich mein Taschengeld allmählich schon für Zigaretten und in Automatenrestaurants. Auch Mama schleppte ich bei ihrem Besuch in alle Lokale mit Selbstbedienung. Die gute Mutter tat mit, obwohl das Publikum dort recht zweifelhaft war. Schwager Jof aber, der oft in Augsburg zu tun hatte, weigerte sich entrüstet, aus dem Automaten zu speisen, und lud mich dafür zu opulenten Mahlzeiten in das »Grüne Haus« und die »Drei Mohren«.

Das große Erlebnis dieser Zeit aber war die Beerdigung des in Augsburg hingerichteten Räubers Mathias Kneisel, der ich mit mehreren Kameraden trotz aller Absperrungen von der Friedhofsmauer aus zusah.

Kneisel stammte von der oberbayerisch-schwäbischen Grenze, die überhaupt die meisten der populär gewordenen bayerischen Räuberhelden gestellt hat, und führte ein geradezu volksliedhaftes Rinaldinileben. Er unterstützte manchmal arme Bauern, wodurch er sich Bundesgenossen warb, und beraubte die reichen. In einem wilden Kampf hatte er zwei Gendarmen erschossen und wurde später von einem Massenaufgebot der Ordnungsmacht nach halbtagelangem Feuergefecht schwer verwundet in einer von Kugeln durchsiebten Scheune gefangen.

Bei seinen Räubereien hatte er nicht getötet, aber für die Erschießung der beiden Gendarmen wurde er als Doppelmörder zum Fallbeil verurteilt, der Prinzregent verwarf sein Gnadengesuch. Ich glaube heute noch, daß hier nicht der Landesherr den Polizistenmörder, sondern der fanatische Jäger den Wilderer in den Tod schickte.

Das Volk billigte dies Urteil durchaus nicht. Auch die zweite Klasse des Gymnasiums und die Pensionäre des Hauses Grözinger sahen in einem kämpfenden Räuber keinen gemeinen Mörder, und daher war ich zunächst ein rechtschaffen ergriffener Zuschauer des würdelosen Begängnisses.

Als der kistenartige Sarg mit ziemlicher Nichtachtung herangetragen wurde, quälte mich die Frage, ob man dem toten Räuber den abgetrennten Kopf wohl wieder aufgesetzt oder ihn der Leiche nur irgendwie beigelegt habe, womöglich zwischen die Beine. Flüchtig mußte ich auch an den Mörder aus dem »Bilderbuch für artige Kinder« denken.

Die feierlich-gruselige Stimmung auf unserer Friedhofsmauer wurde aber durch eine an sich sehr dramatische Szene in ihr Gegenteil verkehrt, als die Mutter des Gerichteten sich über die aufgeschüttete Graberde warf und – dürre Arbeitsfäuste schüttelnd – den pflichtgemäß anwesenden Vertretern der Justiz wilde Anklagen zuschrie. Die Ärmste schwäbelte dabei so stark, daß der schauerliche Auftritt zur Groteske wurde und wir uns einer nach dem anderen mit zuckenden Lachmuskeln von der Mauer gleiten lassen mußten. Dann schämten wir uns unserer Roheit und liefen mit krampfhaft beherrschten Gesichtern in verschiedenen Richtungen davon.

II

Bei Schuljahrsschluß brachte ich Mama ein so anständiges Zeugnis mit, daß sie mir weitere Verbannung ersparen wollte. Als ich nach acht Wochen Polling indianerbraun und mit völlig zerkratzten Beinen in die Stadt zurückkehrte, durfte ich also in München bei der Mutter bleiben und kam wieder in das alte Max-Gymnasium.

Ich dankte schlecht, ja miserabel für Freiheit und Vertrauen und geriet in eine sehr problematische Verfassung: Nach den Ferien lagen die noch zu überstehenden Schuljahre so endlos vor mir, daß mein Widerwille gegen die Fron täglich wuchs. Neben der Sehnsucht nach Polling und einer aufkommenden Ambition für stark verfrühte großstädtische Erlebnisse war es nun schon die Literatur, die den Rest meines Denkens und Trachtens so in Anspruch nahm, daß für meine Gymnasiastenpflichten weniger als nichts übrigblieb. Bald war ich Klassenletzter, und mein Ordinarius, Doktor Stemplinger, Verfasser so herzhafter Bücher wie »Jugend in Oberbayern«, also keineswegs etwa ein »Professor Unrat«, hat in seiner langen Praxis wohl selten einen schlechteren Schüler gehabt.

Wenn ich nicht mit hohem Kragen und lächerlichem Spazierstöckchen durch die Stadt streunte oder einer üppigen Zigarettendame zum Gaudium ihrer eleganten Herrenkundschaft so ernsthaft hofierte wie der junge Christian Buddenbrook der hübschen Schauspielerin, so las ich. Ich schlang wild und wahllos in mich hinein, was ich erreichen konnte, und achtete nicht auf Mamas gute Hand, die mich so sicher in die Musik geführt hatte.

Von Karl May ging ich direkt zu Heinrich Heine über, las Simplizissimusbände vom ersten bis zum letzten Wort, geriet dabei an Roda Roda, dem ich bis zum heutigen Tage treu geblieben bin, an Meyrink, Busson, Wedekind und Ludwig Thoma, der neues Heimweh nach Polling in mir weckte.

Kameraden steckten mir die »Memoiren einer Wiener Sängerin« und »Flossy, die fünfzehnjährige Venus« zu, und ich kam mir sehr bald erfahren, ja blasiert vor. So falsch vorbereitet, stürzte ich mich auf Heinrichs »Göttinnen« und »Die Jagd nach Liebe«, die damals kurz nacheinander erschienen und die ich nachts aus Mamas Bücherschrank stahl.

Bei einem Dreizehnjährigen mußte das natürlich zu schweren literarischen Verdauungsstörungen führen. Ich wollte zunächst dem Claude Marehn aus der »Jagd nach Liebe« nachstreben, baute mir aber dann doch lieber einen über die Maßen törichten Hanno-Buddenbrook-Komplex zurecht, der mir meinem Alter gemäßer schien. Ich bildete mir ein, unter der Schule zu leiden wie dieser liebenswerte dekadente Spätling, und setzte mein Heimweh nach Polling seiner Sehnsucht nach Travemünde gleich. Schließlich wurde ich stolz darauf, ebenso völlig unvorbereitet in die Klasse zu kommen wie mein Ideal, und schwor darauf, daß dieser Hanno nicht ohne mysteriöse Zusammenhänge mit mir von meinem leiblichen Bruder erdichtet oder vielmehr vorgeahnt worden sei.

Wir wohnten jetzt am Nikolaiplatz in einer jener von Stefan George so pathetisch verfluchten Neubauten, die sich an der Stelle des mittelalterlichen Spittels erhoben. Die Mutter lebte auch hier nur für ihre fünf.

Sie war unendlich stolz auf ihre berühmt werdenden Söhne und wollte in ihrer gerecht ausgewogenen Liebe für beide den gleichen Erfolg. Wenn in Gesellschaft einer der beiden gelobt wurde, nickte sie einen vornehm-bescheidenen Dank und brachte sofort das Gespräch auf den anderen, um auch für ihn Anerkennung herauszufordern.

Julias hochbürgerliche Ehe befriedigte Mama sehr, aber die Frage bewegte sie, ob die kühle und ehrgeizige Tochter der Warmherzigkeit ihres Mannes gerecht werden könne.

Um Carla sorgte sie sich voll banger Ahnung. Auch sie, die Leidenschaftliche und von der Kunst Besessene, war nicht mehr bei uns. Sie hatte ihre fanatisch betriebene Ausbildung zur Schauspielerin beendet und war in ihr erstes Engagement gereist, das sie selbst als richtige Schmiere bezeichnete, bei der man aber alles zu spielen bekäme. »Man muß ganz unten anfangen«, hatte sie gesagt, und ich hatte Vergleiche mit dem Kuhhüten und Mistladen angestellt.

Aber Mama fürchtete trotz hochgemuter Briefe und begeisterter Kritiken, daß ihr schönes Kind zuviel Herz für das gewählte Leben habe und ihr für den großen Erfolg das unlernbar Komödiantische fehlte.

Ich allein war also der Mutter ganz geblieben. Das machte sie zwar gegen die Ergebnisse meiner Entwicklung nicht blind, ließ sie aber manches – so die Mißerfolge in der Schule – zunächst nicht allzu wichtig nehmen. Ich fühlte das genau und nützte es aus.
Wer sollte mich sonst zu meinen Pflichten anhalten? Heinrich war wieder viel auf Reisen, Thomas wäre der Letzte gewesen, dem kleinen Bruder den Widerwillen gegen die Schule ernstlich zu verübeln. Als in meiner schlimmen Augsburger Zeit der Vollbart sich bei Mama wieder einmal in teils dummen, teils sogar lügenhaften Briefen über meine »bübische Aufführung« beklagt hatte, sollte Thomas mir auf Mamas Bitte ins Gewissen reden. Er tat dies in einem Brief, den ich ihm immer hoch angerechnet habe, denn das Schreiben war mir Halt und Trost in jenen abscheulichen Monaten. Der große Bruder schrieb, er habe der Tagespresse allerhand Nachrichten über mich entnommen, die ihn denn doch etwas beunruhigten. Wenn ich wirklich einem schlafenden Pensionskameraden die Nase zugehalten hätte, weil er schnarchte (ich hatte die Pollinger »Schockerl-Therapie« am menschlichen Objekt versucht), so sei das schon eine Verirrung. Einen anderen Genossen aber, der dazu noch Amandus heiße, durchzuprügeln und ihn die Treppe hinunterzuwerfen, sei völlig widersinnig, denn so weit sei ich doch im Latein schon fortgeschritten, um zu wissen, daß amandus der zu Liebende und nicht der zu Prügelnde heiße. Und so weiter.
Ich lachte und weinte gleichzeitig über den Brief, denn ich sah meinen »Onkel Ommo«, nein, meinen Bruder Tommy vor mir und hörte ihn das sagen, was zwischen den Zeilen stand, nämlich »dieser Amandus wird die Prügel schon verdient haben, und man darf eben leider nicht immer das Richtige tun«. Und der überlegene Humor der Strafpredigt, die eine Sympathiekundgebung geworden war, verlieh mir inneren Widerstand gegen eine Kapitulation vor dem übelsten Milieu, in dem ich mich je befunden habe.
Was hätte also Thomas ein Jahr später viel über meine Vierer im Latein sagen sollen?
Den Hannokomplex freilich hätte er mir sicher ausgetrieben, aber über den sprach ich ja mit keinem Menschen. Und von meinen literarischen und sonstigen Frühambitionen war in der Familie nur der halbwegs einwandfreie Teil bekannt.

Schwester Julia hatte sich in der ersten Zeit ihrer Ehe noch sehr viel mit mir beschäftigt und behauptete später nicht ganz mit Unrecht, daß meine Manieren, soweit sie annehmbar seien, ihrem Einfluß zuzuschreiben wären. Jetzt hatte sie aber ihr erstes Baby, die Eva-Maria, das ihr neben dem großen Haus, das die Löhrs machten, genug zu tun und denken gab.
Und Carla war bei ihrer »Schmiere«. Sie hätte auch daheim zu meiner unrühmlichen Entwicklung höchstens gelacht. Am meisten vielleicht über die Geschichte mit der Zigarettendame.
Die Lehrer? Es war keiner da, der mich richtig anzupacken wußte, nicht einmal der wackere Stemplinger, und gegen ihre Vorhaltungen, Strafen und schließlich auch gegen ihre Verachtung des »Verlorenen« gab mir mein Hannokomplex eine innere Überlegenheit, die »müde und leidvoll« sein sollte und nur trotzige Faulheit eines Lausbuben war.

Als das Schuljahr zu Ende ging, hatte ich »das Ziel der Klasse nicht erreicht«, war also sitzengeblieben, und im Zeugnis prangten fünf Vierer. Vier davon waren gerecht. Das Ungenügend im Deutschen war dagegen eine dumme Bosheit, denn ich schrieb recht anständige Aufsätze. Aber der Deutschlehrer hatte sich nicht nur der allgemeinen Verdammung meiner Leistung solidarisch angeschlossen, sondern es machte ihm auch ein Vergnügen, dem Bruder zweier Schriftsteller, die nichts für ihn schrieben, amtlich ein schlechtes Deutsch zu bescheinigen. Ich hatte das längst seinen Bemerkungen entnehmen können, zu denen die Klasse pflichtschuldigst lachte. Aber wozu hatte ich denn meinen guten Hannokomplex? Er wurde ja geradezu glorifiziert durch solche Zierden des Katheders.
Überdies: auf einen Vierer mehr oder weniger kam es doch wirklich nicht mehr an, und überhaupt, jetzt ging es ja wieder für zwei Monate nach Polling. Nach Polling! Zwei Monate!

Bei heißestem Heuwetter kam ich dort an und lief sofort zu dem dreißig Minuten entfernten »Eichenlaich«, einer großen Wiese, auf der die Schweighartmänner vom Papa bis zum Maxl mit allen Dienstboten dampfende Erntearbeit taten. Aber unterwegs wurde

mir das ferienfrohe Herz schwer, denn vor einem Menschen hatte ich wegen meines Schauerzeugnisses Angst, vielmehr ich schämte mich vor ihm. Das war Oskar Schweighart, und beim Gedanken an ihn verflog nicht nur der innere Rückhalt meiner törichten Ambitionen, sondern selbst der Hannokomplex in alle Winde. Man kann auch als Junge nicht gleichzeitig die Tüchtigkeit eines Älteren verehren und die eigene Untüchtigkeit nachhaltig vor sich selbst mit Unfug und Wahn entschuldigen.
Ich war das Jahr über Oskars Fragen nach meinem Vorwärtskommen immer ausgewichen, aber jetzt hieß es wohl Farbe bekennen. Darum wurde mein Sturmlauf zum »Eichenlaich« immer langsamer, und schließlich kam ich mit zögernden Schritten und ohne mein übliches Begrüßungsgeschrei über die Wiese auf die Arbeitenden zu. Dabei ging ich, wie magisch angezogen, geradewegs auf Oskar los, der die Sachlage schon an meinem ganzen Benehmen erkennen mußte.
Mit ein paar kurzen Fragen setzte er sich vollends ins Bild, und er wendete sich mit einem so verachtungsvollen Blick von mir ab, wie man ihn einem Dreizehnjährigen eigentlich nicht antun sollte. Eigentlich! Aber für mich war es der richtige Blick. Er »brach« mich wie der Reiter ein noch wildes oder jung verdorbenes Pferd.
Sehr still begrüßte ich die anderen. Papa Schweighart trocknete bedächtig Stirn und Nacken mit einem riesigen blauen Taschentuch und sagte lächelnd: »Es geht alles vorüber! Der Bismarck und der Liebig sind auch keine guten Schüler g'wesen.« Der Maxl schrie grinsend: »D' Hauptsach is, daß d' wieder da bist, Spezl, heut abend gehn ma glei zum Fischen!«
Und die Moni droben auf dem grünen Fuder, das sie gerade »faßte«, zeigte lachend ihre sehr weißen Zähne und sagte halblaut zu mir herunter: »Laß di gern hab'n von der blöden Schul! Bleib bei uns!« Sie war eigentlich viel hübscher als die Zigarettendame.
Aber diese allgemeine trostbereite Sympathie tat der Wirkung von Oskars Blick keinerlei Abbruch. Mir kam es jetzt auf Oskar an. Ich war kein Rebell, kein blasierter Taugenichts und kein Hanno mehr. Schweigend krempelte ich die Hemdärmel hinauf, langte mir einen Rechen und begann an Stelle des Schorschls hinter dem das Heu in gewaltigen Ballen auf das Fuder gabelnden Oskar nachzurechen.

Bei seinem Tempo und der Arbeit entwöhnt, wie ich war, mußte ich mich gewaltig anstrengen, um nachzukommen, ohne daß Heu liegenblieb. Die Sonne brannte, bald war ich krebsrot, und das Wasser lief mir aus allen Poren.

Oskar schien mich lange gar nicht zu beachten, aber nach einer schlimmen halben Stunde begann er leise, scharf und eindringlich zu sprechen, ohne sich im Einrammen der langen Gabel, Hochstemmen der Heulast und dem Leiten des Gespannes zum nächsten Haufen auch nur einmal zu unterbrechen.

Er sagte mir, ich sei auf dem besten Weg, mich an geistige Faulheit und Dummheiten zu verlieren. Ich würde mir mein Leben und die Achtung aller Anständigen verpatzen. Ich hätte noch nicht begriffen, welch ein Geschenk ich von meiner guten Mama mit der Erlaubnis des Gymnasialstudiums bekäme, und würde das wohl erst erfassen, wenn ich einmal auf die hohe Schule dürfe.

»Dumm bist du nicht und richtig faul auch nicht«, sagte er mehr hart als anerkennend. Und dann über die Schulter, während die Fuhre weiterschwankte und ich hastig danebenherrechte: »Solange du noch nicht aus Freude lernst, mußt du es aus Dankbarkeit tun, sonst bist du ein Schuft. Eine solche Mutter und zwei so berühmte Brüder und der Jüngste blamiert die Familie? Jawohl, ein Schuft wärst du, verstanden?«

Herrgott ja, das wirkte anders als Mamas gute Vorhaltungen und die Tiraden der Professoren. Es schüttelte mich wie harte Fäuste und beutelte mir die Reste meines Hannokomplexes aus der Seele. Besonders der Schuft saß mitten im Herzen. Das war ein Wort aus dem Kameradenjargon und wirkte verblüffend im Zusammenhang mit Vorwürfen wegen Schulfaulheit. Ein Schuft war doch, wer einen Kameraden verriet oder im Stich ließ, wie Amandus, der zu Prügelnde; aber so, wie Oskar es formuliert hatte, verdiente ich ja den gleichen Schimpf wegen Feigheit vor dem Lernen und Verrat an den Meinen. Das wollte ich nicht, das wollte ich unter keinen Umständen. Lieber büffeln von früh bis spät.

Das hohe Fuder wurde »gebaumt«, und während ich mit Oskar das über den Wiesbaum geworfene Seil festzog, schluckte ich die Tränen hinunter und sagte leise: »Ich versprech' dir's.« Mehr nicht, aber der große Kamerad verstand. Sein Gesicht blieb zwar ernst und hart, aber er nickte und sagte: »Also gut!« Und wie mich vorher der Schuft getroffen hatte, so traf mich jetzt dieses selbstverständliche Anerkennen meines stotternden Gelöbnisses. Ich hatte Bewährungsfrist bekommen, aber sie war eine ganz verteufelte Verpflichtung.

III

Diese Stunde auf dem »Eichenlaich« war wirklich die Wende meines nichtsnutzigen Pennälerlebens. Es gab zwar noch einige Rückschläge und kleinere Mißerfolge, aber die verteufelte Verpflichtung hielt als Idee vor, bis nach ein paar Jahren die eigene Einsicht ihre Rolle übernahm und es soweit kam, daß ich an Sätzen wie »Inter omnes constat Caesarem certiorem factum, Ariovistum ausum esse...« und an der exakten Klarheit der Mathematik Freude empfand, wie ich sie an Geschichte und Geographie schon längst gehabt hatte. Ohne Zweifel: Polling hatte zwar einiges zu meiner kritischen Verfassung beigetragen, mich aber dann in Gestalt Oskars an den Ohren aus dem Sumpf gezogen und auf den rechten Weg gestellt.

Und was tat Mama? Um mir ohne Trennung und Verbannung einen neuen Start dort zu ermöglichen, wo ich erfolgreich gewesen war, gab sie München mit allem, was ihr an der Stadt so lieb war, auf und zog mit mir nach Augsburg.

Am Realgymnasium, in das ich nun kam, waren ausgezeichnete Lehrer, und außerdem bekam ich Privatstunden bei einem Professor, der in seiner herzhaften Art sehr an Doktor Grözinger erinnerte. Ich kam schnell vorwärts.

Auch die Kameraden sagten mir sehr zu, wenn ich mich auch mit einigem inneren Widerstand an das Milieu einer biederen Tüchtigkeit gewöhnen mußte, das aus Schulerfolgen wichtige Ereignisse machte und einen Durchfall dem Bankrott gleichstellte. Die Ergebnisse lateinischer Extemporalien wurden in der Gesellschaft besprochen, und es war hier wirklich so, wie Oskar es auf dem Eichenlaich hingestellt hatte: Mamas Ruf und Ansehen hing bis zu einem gewissen Grade von meinen Leistungen ab. Auch das tat den Leistungen gut.

Es waren gute Jahre, die ich mit Mama in Augsburg verlebte. Wir wohnten in einer freundlichen Etage an einer hübschen Gartenstraße, und unsere alte Einrichtung – vom Bären bis zu den Ahnenbildern und dem Flügel – brachte viel von der Stimmung in der Herzogstraße in dieses neue Heim.

Freilich fehlten unsere vielen netten Besucher von damals und vor allem die Brüder, aber gleich zu Anfang meiner zweiten Augsburger Zeit gingen große Dinge vor: Durch Mama erfuhr ich zuerst andeutungsweise, dann als sicher bevorstehend und schließlich als vollzogene Tatsache von Thomas' Verlobung mit Katja Pringsheim.

Kurz darauf kam das Paar auf Besuch, und mir war feierlich zumute: Der Bruder führte nun also der Mutter die Braut zu; ich bekam eine neue Schwester.

Die neue Schwester hatte das Gymnasium absolviert und studierte Mathematik! Sie saß im Auditorium ihres Vaters, der Geheimrat und Ordinarius der Münchener Fakultät war! Und dieser Ausbund unheimlicher weiblicher Gelehrsamkeit trug nicht einmal eine Brille, sondern war eine mädchenhafte Schönheit in einem über aller Mode stehenden Samtgewand.

Ich war aufs stärkste beeindruckt, und Mamas Herz gewann Katja schon mit diesem ersten Beisammensein für immer. Die Eifersucht auf die Frauen der Söhne, die eine gute Mutter nie ganz unterdrükken kann, kam dieser Schwiegertochter gegenüber fast nie zur Geltung. Selten habe ich unsere Mutter so froh gesehen wie an dem Abend, als sie nach dem Abschied der Brautleute zu mir sagte: »Sie wird deinen Bruder sehr glücklich machen.«

Dann kam die Hochzeit, und ich betrat zum erstenmal Katjas Elternhaus an der Münchener Arcisstraße, eines der vornehmsten und kultiviertesten Heime, die ich je kennenlernte. Jetzt steht an seiner Stelle – leider von den Bomben fast verschont – eine jener »Führerbauten«, deren Architektur jeden halbwegs Empfindsamen vor Kälte schaudern läßt.

Die Hochstimmung, in die mich Tommys Ehrentag und das Haus Pringsheim versetzten, verhinderten es keineswegs, daß ich mich

schon an der Hummermayonnaise übernahm. Da aber die Folgen erst später eintraten, konnte ich das Fest schauend, horchend und schmausend in vollen Zügen genießen, und das Beste – nach dem Essen natürlich – schien mir Ommos Toast.
Mama hatte mir erzählt, daß der Bräutigam die Eltern und Großeltern der Braut in einer Ansprache ehren müsse. Aber ich fühlte instinktiv, daß zu dieser Umgebung und Gesellschaft eine offizielle Rede, wie ich sie schon bei vielen Gelegenheiten hatte anhören müssen, keinesfalls passen könne. Wie würde sich der Bruder aus der Affäre ziehen?
Ein Diener, vornehmer als der Herzog, schenkte Champagner ein und raunte mir dabei etwas zu. Ich fragte leise einen von Katjas Brüdern neben mir: »Was sagt er?« und erfuhr, daß es »Moët et Chandon 1898« geheißen habe. In diesem Augenblick erhob sich Thomas und schlug an seinen Sektkelch.
Er sagte: »Meine Herrschaften, fürchten Sie nichts, ich werde mich kurz fassen. Mimchen, Muhne, Puhne, Fink und Fei – hoch!«
Dies waren die familiären Kosenamen aller von ihm zu Ehrenden. Er hatte es geschafft. Das war eine Rede!
Ich schrie mit, so laut ich konnte, stürzte den französischen Wein hinunter und bemerkte mit Stolz, daß die Worte bei der ganzen Tafelrunde ebensolchen Erfolg hatten wie bei mir.
Genau fünfundzwanzig Jahre später, als mir bei Katjas und Thomas' Silberhochzeit der Spruch auf das Jubelpaar zustand, erzählte ich vom unauslöschbaren Eindruck der Bräutigamsrede und plagiierte sie unter Abwandlung auf »Milein und Pilein«, wie die beiden von ihren Kindern genannt wurden. Auch meine Worte hatten heiteren Erfolg, der mir wie ein Abglanz jenes großen Tages in der Arcisstraße erschien.

Ich paßte mich immer mehr dem Augsburger Schema an. Hier gab es keine »zweite Welt«, wenn ich nicht unsere Wohnung und Mama als eine solche bezeichnen wollte. Ich verkehrte nur bei den Familien meiner Kameraden – meist Söhne von Fabrikanten und höheren Beamten –, wirkte bei Liebhaberaufführungen mit, schwamm im Sommer, lief Schlittschuh im Winter, turnte mit einiger Passion und machte Heinegedichte auf meinen jeweiligen Schwarm. Bald

kam auch als Imitation des akademischen Studentenwesens das heimliche Kneipen in Vorstadtbeiseln dazu. Aber das alles lenkte nie zu stark von der Schule ab, die immer die Hauptsache blieb.
Es war gut so, aber ich freue mich doch heute noch darüber, daß ich auch damals kein Musterknabe wurde, wie es viele gab, sondern stets – und zwar gerade mit dem Rückhalt steigender Erfolge als Schüler – zu denen gehörte, die im äußersten Fall noch rebellieren konnten.
Wir trotzten dem wütend sportfeindlichen Turnlehrer Vater Jahnscher Prägung und traten in den Fußballklub ein, obwohl dies Spiel dazumal noch als roh und undeutsch galt, genauso wie später die Tänze der neuen Welt, zu deren ersten Märtyrern ich mich mit Stolz zähle.
Und ein anderes Mal setzten wir durch Deputationen beim Rektor durch, daß ein auf Veranlassung des Religionslehrers erlassenes Verbot des Hand-in-Hand-Eislaufs mit Mädchen wieder aufgehoben wurde. Freilich machte der diplomatische Schulmann die Erlaubnis vom schriftlichen Einverständnis der Eltern abhängig, aber hier stellten sich auch die strengen Augsburger auf die Seite der Rebellen, und Mama schrieb sogar in einem temperamentvollen Brief, daß sie meinen Verkehr mit den Töchtern der Gesellschaft nicht nur erlaube, sondern wünsche. Der gemeinsame Eislauf aber sei nichts anderes als Tanzen, und zu ihrer Zeit hätten im steifen Lübeck schon dreizehnjährige Pastorensöhne getanzt.
Nie mehr bekam ich vom Religionslehrer einen Einser, aber wir hatten der Freiheit eine Gasse rebelliert.

In unserer Wohnung war auch für Carla ein nettes Zimmer eingerichtet, denn sie sollte wissen, daß sie zu jeder Stunde heimkehren könne. Sie stellte sich für Wochen und Monate ein, manchmal erfolgsstolz, dann wieder müde und bedrückt vom Kampf um Anerkennung und Aufstieg.
Weihnachten feierte sie fast immer mit uns, und auch zu meiner Konfirmation kam die Schwester von weit hergereist. Sie machte sich zwar über das Ganze lustig, wohnte aber der Feier bei St. Anna in großer Toilette und mit einem Riesenhut bei und schenkte mir lachend den gerahmten Wandspruch: »Meine Gnade soll nicht von dir weichen.«

Für das damalige Augsburg war Carla viel zu elegant, und gerade deshalb wollte ich immer mit ihr promenieren. Am liebsten inmitten des kleinstädtischen Korsos, der am Kaiserplatz das Militärkonzert umkreiste.

Die Damen warfen mißbilligende Blicke, aber man sah es ihnen an, daß sie im Geist Carlas Kleid mitsamt dem Riesenhut kopierten. Und die Herren, einschließlich der Primaner und jüngeren Lehrer meines Gymnasiums, bildeten unsere Suite oder suchten uns möglichst oft zu begegnen.

Schließlich bot ich dann der schönen Schwester den Arm und geleitete sie stolz wie ein Hidalgo aus dem Gedränge. Dabei führten wir aufreizende Gespräche, wie etwa: »Gegen Paris und London muß dir das natürlich komisch vorkommen.« »Na, zur Abwechslung sieht man sich auch so etwas mal an.«

Ich grüßte die jungen Professoren, die sich beim Dank fast verneigten, und fühlte mich als Carlas guter Spießgeselle.

Ein anderes gemeinsames Gaudium bereiteten uns die »Kocherlkonzerte«, wie ich sie nannte: An schönen Abenden saßen alle Dienstmädchen unseres Hauses und der nächsten Nachbarschaft auf den Küchenbalkonen und sangen mehrstimmig jene fast verschollenen Lieder des Volkes, die man nirgends gedruckt sieht.

Da die Sängerinnen verhältnismäßig weit voneinander plaziert waren, kam je nach dem Ort des Zuhörens eine mehr oder minder merkwürdige Chorwirkung zustande.

Carlas Fenster ging auf Hof und Garten hinaus. Wir saßen dort wie in einer verdunkelten Loge und lauschten mit Hingebung. Dicht neben uns ertönte vom Balkon der tiefe Alt unserer Regina. Er klang gequetscht, denn das Mädchen hatte einen echten Lechwasserkropf, und diese Stimme beherrschte für unseren Platz das zu stark zerstreute Ensemble. Das gab den Darbietungen etwas fast Makabres.

Carlas Interesse galt vor allem dem Theatermäßigen dieser naivdramatischen Vorführung; bei mir überwog der Sinn für das Folkloristische, und beide freuten wir uns am Grotesken.

So hörten wir, einander in die Arme kneifend vor Vergnügen, das Lied vom verlorenen Mädchen, das in Hamburg »in Samt und in

Seide gestellt« zwar in Braus lebte, aber seinen Namen nicht nennen durfte, weil es eben »nur ein Mädchen fürs Geld« war. Der düsterkropfige Alt unserer Regina startete die zweite Strophe:

»Meine Schwester, die schrieb mir's in Briefen«

und die schrillen Soprane der Lina vom dritten Stock und der Pepi von nebenan fielen ein:

»Liebe Schwester, kehr wieder zurück!«

Alle Balkone klagten unisono:

»Deine Mutter sitzt weinend im Bette und bedauert dein elendes Glück.«

Wir starrten uns stumm und begeistert in die Augen. Die im Bett sitzende Mutter und das elende Glück überwältigten uns jedesmal wieder.

Wunderschön war auch der balladeske Sang vom Mädchen, das sich einer Seefahrt anvertraute und ---

»Ach, ach, ach, ach, das Schiff fing an zu schwanken. Der Mastbaum brach, wir mußten untergehn.«

Die Heldin wurde zwar den Wellen entrissen, aber ihre Retter waren Finsterlinge, denn ---

»Ach, ach, ach, ach, wär' ich doch nie geboren! Sie verkauften mich an eine Sklaverei.«

Dies »eine Sklaverei« entzückte uns besonders, weil es so geschäfts- und innungsmäßig klang wie Manufaktur oder Buchbinderei.

Die arme Sklavin wurde schließlich nach vielen Jahren von einem »Fürst aus deutschem Vaterlande« zusammen mit anderen Landsmänninnen freigekauft, aber die überaus traurige Melodie schloß jedes Happy-End aus und war nur auf verlorene Jugend und Tugend sowie daheim wartende Gräber der Lieben abgestimmt.

Die Kocherln sangen grundsätzlich nur traurige Lieder. Auch wenn sie zu Schlagern übergingen, hielten sie sich ausschließlich an das tränentriefend Sentimentale. Damals war »Das verlorene Glück« im ersten Schwang, und sooft ich die Melodie später in Chantants, dann von Orchestrions und schließlich nur noch von Hofsängern hörte, war es mir, als jammere Reginas Quetschstimme in schwäbischem Hochdeutsch mit:

»Zu jener Zeit wie lippt isch disch, moin Lebän, isch häd geküüüst die Spur von doinem Driid.«

Trotz des Niveaus solcher musikalischer Erinnerung empfand ich dann wieder den Fliederduft aus dem Augsburger Garten und fühlte Carlas Händedruck an unserem dunklen Fensterplatz.

IV

Meine Angleichung – ein gewisser Opportunismus also – wirkte sich natürlich auch auf meine Lektüre aus. »Der gute Kamerad«, »Das große Weltpanorama«, »Das neue Universum«, »David Copperfield« und die unvergeßliche Insel-Ausgabe von »Hermann und Dorothea« in rotem Saffian und Gold verdrängten Meyrink und Wedekind samt der »Fünfzehnjährigen Venus«. Katjas erstes Geschenk, nämlich Mark Twains sämtliche Werke, traf meinen Geschmack genau und hob dabei meine neue literarische Situation. Auch blieb der Rebell seinem Roda Roda und Ludwig Thoma treu, und die Werke der Brüder standen natürlich außerhalb und oberhalb jeden Schemas.

Mit dem aufsteigenden Ruhm der beiden ging es mir merkwürdig in den Augsburger Jahren: Bei einem meiner Lehrer trug mir die enge Verwandtschaft mit Thomas und Heinrich unverhohlene Hochachtung ein. Die meisten Eltern meiner Schulfreunde dagegen standen, wie ich oft feststellen konnte, vor der Frage, ob sie mich als Bruder des »Buddenbrooks«-Autors ehren oder mir als nächstem Verwandten des Dichters der »Herzogin von Assy« mißtrauen sollten. Dem größten Teil meiner Kameraderie gegenüber aber mußte ich die Zugehörigkeit zu Schriftstellern überhaupt durch vorbildliche »Kippen« am Reck, dem »Schulterstand« am Barren und zusätzlich noch als tapferer »back« beim Fußball ausgleichen, um nicht verdächtig zu werden.

Ich verstand das vollkommen und war mir meiner Aufgabe bewußt, in diesem Kreis stramm Muskulöses neben dem anrüchig Geistigen der Familie aufzurichten. Nein, dagegen rebellierte ich nicht, denn ich konnte ja als Ringer, Läufer und Schwimmer beweisen, daß wir gar nicht »so« seien. Ein mit meiner Hilfe 5 : 2 gewonnenes Fußballwettspiel wog Tommys »Bajazzo« und den ähnlich butterweichen Claude aus Heinrichs »Jagd nach Liebe« reichlich auf. Meine Freunde kannten diese Figuren natürlich gar nicht, aber irgendwie identifizierten sie Schriftsteller doch mit solchen Gestalten, das wußte ich genau. Schriftsteller waren noch nicht Dichter, die man verehren mußte.

Ich tat ein übriges, indem ich nach einem gelungenen Hechtsprung vom hohen Brett der Schwimmschule in das sportliche Gespräch einfließen ließ, daß ich eigentlich meine ganzen Wasserkünste der strammen Erziehung durch meine Brüder verdanke. Mir waren unsere Begegnungen im Schwabinger Ungererbad eingefallen, und ich verwob die schwimmsportlichen Unterweisungen durch Fritz Huch, also auch eines Schriftstellers, mit dem amüsierten Zuschauen Onkel Heinis und Ommos. Das war angepaßte Propaganda!

So stand ich auf meinem Platz. Mama, auf dem ihrigen, kontrollierte die Schaufenster der Augsburger Buchhändler.

Wenn neben Wassermann und Hauptmann nicht auch Thomas und Heinrich ausgelegt wurden, betrat sie den Laden und verlangte nach dem Chef.

»Haben Sie die ›Buddenbrooks‹ vorrätig?« fragte sie freundlich.

»Aber selbstverständlich, gnädige Frau«, hieß schon damals fast immer die Antwort.

»Und Diana, Minerva, Venus von Heinrich Mann?«

»Bitte sehr, sind auch vorhanden. Darf ich...«

»Warum stellen Sie dann diese Bücher nicht in Ihre Auslage?« sagte Mama lächelnd; und dann mit einer stillen Würde, die weit von jeder Protzerei entfernt war: »Ich bin die Mutter.«

»Die Mu..., die Frau Mama von beiden...?« staunte der Augsburger Büchermann, »ja, wir legen eigentlich nur Neuerscheinungen aus, natürlich auch immer die der Herren Söhne, aber wenn gnädige Frau wünschen... werde ich gleich veranlassen...«

Und die Dichtermutter wurde unter Verbeugungen zur Tür geleitet.
Immer reklamierte sie die Bücher beider Söhne, und sie wurde sogar besonders dringlich, wenn Werke des einen ausgestellt waren, während der andere fehlte.
Manchmal begleitete ich Mama in einen zu beanstandenden Buchladen und wohnte der Szene stumm, jedoch in stolzer Haltung bei. Aber ich genierte mich furchtbar, obwohl ich mich einen Feigling dafür schalt. Nach Möglichkeit drückte ich mich um die wortlose Assistenz.
An einem heißen und staubigen Sommertag hatten wir Besorgungen gemacht. Ich trug verschiedene Pakete, während Mama eine beim Schleifer abgeholte sehr lange Papierschere, die nur ganz flüchtig eingewickelt war, in der Hand hielt.
Irgendwie kamen wir an einer neu eröffneten Buchhandlung vorbei, und Mama blieb natürlich sofort unter der gestreiften Markise des Schaufensters stehen. Prachtausgaben der Klassiker, moderne Zeitschriften, Arthur Schnitzler, alte Stiche, Maupassant, Ganghofer – der Sortimenter wollte offenbar große Vielfalt zeigen, aber Ommo und Heini hatte er nicht einbezogen.
»Unerhört!« sagte Mama und war schon im Verkaufsraum, während ich nur in die – wegen der Hitze weit offene – Ladentür lugte.
Ein hageres Männchen, das nach Magen- oder Leberleiden aussah, empfing die Kundin. Mama war echauffiert. Sie vertrug die Hitze schlecht, war weit gegangen und jetzt überdies ärgerlich. Ihr plötzlicher Auftritt konnte vielleicht einem sehr Schreckhaften einen zu energischen Eindruck machen, aber die bleiche Angst, mit der das Lebermännchen bei der etwas erregten Frage: »Warum stellen Sie eigentlich Heinrich und Thomas Mann nicht in Ihre Auslage?« retirierte, schien mir übermäßig albern.
Da sah ich, daß die große Papierschere ihre unzulängliche Hülle verloren hatte und sich in Mamas Hand nervös auf und ab bewegte. Der kränkliche Herr des Bücherladens glaubte sich von einer Irren am Leben bedroht! Schon hatte er den Ladentisch zwischen sich und die gezückte Klinge gebracht, auf die er gebannt starrte, die Hände halb erhoben.
In diesem Augenblick erfaßte aber auch Mama die Sachlage und

lachte so herzlich auf, daß der Erschreckte sich gerettet fühlen mußte. Es kam dann ein ungemein höfliches Gespräch mit dem üblichen Ergebnis zustande, und ich war sehr froh, als Mama, immer noch lachend, den Laden endlich verließ und mir die blanke Schere in die Hand drückte. Sie lachte auf dem ganzen Heimweg und wiederholte wohl ein dutzendmal: »Er hat geglaubt, ich würde ihn erdolchen!«

Diese Geschichte – von Mama selbst kolportiert – ist eine der historischen Anekdoten der Familie geworden.

V

Angleichung, körperliche und geistige Entwicklung und Ablauf der Semester änderten nichts an meinen Gefühlen für Polling. Die Ferien dort blieben das Eigentliche des Jahres und waren jetzt Belohnung wackerer Arbeit.

Auch das Werken auf Acker und Wiese, in Scheune und Stall verlor nichts von seiner Anziehungskraft auf mich, und dem Sekundaner, Senior einer geheimen Verbindung und Verehrer überaus fein gebildeter Backfische, bedeutete es eine große Ehre, bei seiner freiwilligen Praxis nun auch mehr an die Pferde heranzukommen, ein Gespann lenken und manchmal sogar auf einem richtigen Sattel sitzen zu dürfen.

Kavalier kommt von Cavallo. Auch in der Landwirtschaft bedeutet der Umgang mit Pferden die vornehmste Beschäftigung, selbst wenn es sich dabei nur um Jauchefahren handelt. Die neuzeitliche Motorisierung hat hieran nicht allzuviel geändert.

Meine Treue zu Polling wurde nicht einmal von der Periode einer Marineschwärmerei beeinträchtigt, der ich mit manch anderem Schulkameraden verfallen war. Aber die beiden Sommerreisen an die See, die ich in diesen Jahren mit Mama und Carla machte, waren doch etwas ganz Großes in meinem Leben.

Ich sah das Meer und seine Häfen und empfand an der offenen See, wie in Hamburg, Lübeck und Kiel oder bei stürmischen Segelfahrten mit den Fischern von Laboe und Carla, immer »Wiedersehen«.

Die schon als Kind geahnte mysteriöse Verbundenheit mit dem großen Wasser ergriff nun wirklich Besitz von mir, und seither fühle ich mich immer, wenn ich nach längerer Zeit wieder Salzwasser, Tang und Teer rieche und Schiffe sehe, in der gleichen Art gepackt und angezogen wie als Kind vom alten Hafenbild und als Junge an jenem grauenden Sommermorgen, als ich vom Zug aus bei Altona die ersten Masten und Rahen auftauchen sah.

Das Kennenlernen der Lübecker Verwandten trat vor diesen starken Eindrücken zurück. Nur der Besuch bei Onkel Friedel, bei Christian Buddenbrook also, in Cuxhaven war freudig erwartetes Erlebnis. Ich hatte diesen wirklichen Oheim ja schon immer verehrt, gerade weil er als schwarzes Schaf der Familie galt, und er enttäuschte mich in keiner Weise. Die lässig-elegante Art, in der er mit uns beim Tee saß und der schönen Nichte lustige Artigkeiten sagte, seine in englischem Tonfall vorgetragenen Erzählungen aus einem bewegten Leben und die Tatsache, daß er mich als erwachsen und als seinesgleichen behandelte, imponierten mir gewaltig, und es war mir eine große Ehre, meinerseits auch ihm imponieren zu können, als ich mich am nächsten Tag infolge meiner guten Kenntnisse von Schiffsplänen in den Tiefen eines Riesendampfers, den er mir zeigte, besser auskannte als er, der Hapag-Agent. »Bist ja 'n verdammt fixen Kerl«, sagte Onkel Friedel, und ich errötete vor Stolz.

In Polling sprach ich nicht allzuviel von meiner Marineschwärmerei und den großen Eindrücken der Fahrten ans Meer, obwohl merkwürdigerweise der Gegenstand zwischen meiner tief binnenländischen Bindung und dem sakralen Gefühl für die See keinen seelischen Zwiespalt für mich bedeutete. Aber ich fühlte, wie fremd sich die beiden Welten in Wirklichkeit waren, die ich in meinem Herzen so friedlich vereinigen konnte.
Als sich gewisse Marinepläne im Älterwerden verflüchtigten, gewann der Acker immer mehr Einfluß auf meine Gedanken über den zukünftigen Beruf.
Und als die gute Erde – also vor allem Polling – endgültig gesiegt hatte, als es feststand, daß meine Laufbahn als Landwirt mit einem

Praxisjahr in Polling eingeleitet werden sollte, da begann mich das verlorene Schuljahr als schwerer Zeitverlust zu drücken.
Ich wollte vor der Hochschule mindestens zwei Praxisjahre haben, und daß man mich als militärdiensttauglich erklären würde, war mehr als sicher. Das bedeutete ein weiteres Jahr. Dazu dann die sechs bis acht Semester technische Hochschule. Da machte ein Jahr sehr viel aus. Ich begann, Pläne für ein Aufholen des einst Versäumten zu schmieden.
Der Maxl war als Schüler der Münchener »Bürgerschule« ein paar Jahre Zögling eines Internats gewesen, mit dem auch eine »Presse« verbunden war. Scharfe Lehrkurse also, in denen irgendwie Zurückgebliebene oder Eilige als »Privatstudierende« Zeit einholen konnten. Natürlich war mit solchem Schnellstudium ein ziemliches Risiko verbunden, denn die Kandidaten der Pressen hatten es in den Examina viel schwerer als reguläre, den Professoren meist seit langem bekannte Schüler.
Ich wollte es trotzdem wagen und errang schließlich Mamas Einverständnis.

VI

In der Presse war eine unglaubliche Bande von meist gestrandeten Mittelschülern im Alter von vierzehn bis zu einundzwanzig Jahren beisammen. Man konnte da allerhand sehen, lernen und erleben. Bei den offiziellen Spaziergängen zum Beispiel brannte immer gut die Hälfte durch und kam angeregt oder angeheitert von mancherlei Abenteuern und Genüssen zurück. Ich war stets dabei. Viele stiegen nachts vermittels falscher Schlüssel aus, um zu kneipen, ja sogar im Karneval die Löwenbräu-Redouten zu besuchen. Ich tat mit, daß die Augsburger, hätten sie davon erfahren, nicht nur mich, sondern auch Mama von der Liste der Ehrbaren gestrichen hätten.
Schon die Art, mit der ich mich bei der Bande als vollwertig eingeführt hatte, würde mir in Augsburg schon zur ewigen Schande gereicht haben und war wieder eine Angleichung, die vielleicht manchen Psychologen bedenklich gestimmt hätte.
Drei ältere Schüler bewohnten ein im dritten Stock gelegenes Zim-

mer, das auf einen schmalen Gartenhof und über Baumkronen hinweg auf das Nachbarhaus schaute. Drüben und ein Stockwerk tiefer hauste ein gutgewachsenes junges Mädchen, in dessen Fenster man von unserer Seite aus zu allen Stunden sehen konnte, weil es keine Läden hatte und seine Gardinen das breite Oberlicht nicht verdeckten.

Die Inhaber des »Aussichtszimmers« beuteten die Gier der Bande nach der allnächtlichen Entkleidungsszene kommerziell aus. Jeder Reflektant hatte eine ganze Frühstückssemmel zu entrichten. Fast an jedem Abend quetschten sich zehn oder zwölf jugendliche Zuschauer am dunklen Fenster neben- und übereinander, und die »Unternehmer« setzten Fett an.

Nun ging das Mädchen zwar ziemlich regelmäßig um zehn Uhr zu Bett, so daß man selten warten mußte oder zu spät kam; manchmal schlüpfte es jedoch ganz schnell aus den Kleidern unter die Decke, ohne das Hemd mit dem Nachtgewand zu vertauschen. Das Licht erlosch, und für die gute Semmel war eigentlich nichts geboten worden.

An anderen Abenden dagegen fand ein Wechsel des Hemdes und in besonderen Glücksfällen sogar eine ausführliche Waschung statt, die alles zeigte, was die Lauernden sehen wollten.

Sehen wollte auch ich, aber die Semmel bedeutete das halbe Frühstück. Darum hetzte ich die Interessenten so lange auf, bis unter Boykottandrohung den Fensterwucherern ein neuer Tarif aufgezwungen wurde: ohne Hemdwechsel eine Viertelsemmel, mit Hemdwechsel eine halbe und nur mit Waschung eine ganze Semmel.

Damit hatte der Neuling sich in Respekt gesetzt. Mein Ansehen wuchs aber noch bedeutend durch die Abfuhr, die ich einem unerträglichen Prahlhans beibrachte.

Es gab viele Ausländer unter uns, mit denen wir meist recht gut auskamen. Ali ben Riffat aber, ein Bei- oder Paschasohn, der zwei Jahre in Paris gelebt hatte und jetzt bei uns Deutsch lernen sollte, ärgerte seine Zimmergenossen, zu denen auch ich gehörte, jeden Abend beim Schlafengehen durch unaufhörliches erotisches Renommieren. Er wollte in Paris tagtäglich Abenteuer von phantasti-

scher Herrlichkeit erlebt haben, gab sie mit einer Art Jubel wieder und verhöhnte zum Schluß regelmäßig die »dummen deutschen Buben«, die so was noch nicht tun dürften.
Mein Bett stand dem seinigen gegenüber, und ich hörte den schmutzigen Phantasien ein paarmal schweigend zu. Ich merkte gleich, daß hier nur ein wüstes Überbieten abhelfen könne, aber woher die Erfahrung nehmen, die immerhin hier auch zum Lügen gehörte?
Und siehe da: Die in Augsburg aus meinem Gedächtnis verbannte »Flossy, die fünfzehnjährige Venus« kam mitsamt der »Wiener Sängerin« wieder zu Ehren, und die beiden Damen verhalfen mir zu einem nationalen Triumph.
»Du Türkenbaby«, sagte ich voll abgründigen Hohnes, als Ali das nächstemal wieder mit seiner Herabsetzung der deutschen männlichen Jugend geendigt hatte, »du Anfänger, geh doch in den Kindergarten mit deinen Abenteuern! Glaubst du wirklich, wir hätten nicht schon viel Besseres erlebt als du Spruchbeutel? Wir Deutschen halten nur das Maul besser, aber dir zuliebe will ich einmal eine Ausnahme machen.«
Und ich legte los mit Flossy und der Sängerin, erzählte die deutlichsten Kapitel beider Pornographien als meine eigenen Abenteuer, vielmehr lange geübten Gewohnheiten, und hämmerte den Haremssprößling und Bramarbas, dessen sexueller Lügenvorrat erschöpft war, groggy.
Ganz gab er sich noch nicht geschlagen, sondern zog sich in einem verzweifelten Themenwechsel auf den großen Napoleon zurück. Er haspelte alles heraus, was er über seinen Helden wußte, und dann kam wieder ein aggressiver Schluß: So einen gäbe es in der ganzen deutschen Geschichte nicht und werde ihn niemals geben. »O du mein herrlicher Napoleon!« schrie Ali hysterisch und begann – grundfalsch – die Marseillaise zu singen.
Dabei brüllten wir ihn natürlich mit der Wacht am Rhein nieder, daß der Präfekt vom Dienst an die Tür donnerte. In der plötzlich einbrechenden Stille hörte ich das wütende Schluchzen des frankophilen Osmanen. Deutschland hatte gesiegt. Mit Flossy und Gesang. Durch die lasterhafte Lektüre meiner wilden Literaturperiode.

Das Essen war meist hundeschlecht, und wir jungen Herren organisierten deshalb ein nächtliches »Haberfeldtreiben« mit schwarzen Masken und Revolverattrappen, die dem Direktor einen furchtbaren Schrecken einjagten. Ich brüllte in der vordersten Reihe entsetzliche Drohungen im Räuberbaß. Keiner von uns wurde bestraft, und das Essen war eine Zeitlang besser.
Und trotz allem war es eine gute Presse, denn sie hatte hervorragende Lehrkräfte, und wer nicht blitzdumm war und mittat, konnte, nein, mußte sein Ziel erreichen.
Der Unterricht war interessanter, lebensnaher, hochschulmäßiger als auf einer regulären Mittelschule, obwohl man ständig examiniert wurde. In Literaturgeschichte zum Beispiel verdanke ich dem alten Dozenten von damals mehr als dem Gymnasium, und ähnlich war es mit den Sprachen und der Mathematik.
Trotz der Ungebärdigkeit dieser Schülerbande waren die meisten vernünftig genug, das hier Gebotene auszunützen und mit Energie in das schwere Rennen zu gehen.
Vom Frühjahr ab standen wir freiwillig um vier Uhr auf und büffelten bei schwarzem Tee und Zigaretten bis zum Frühstück. Wir drängten uns beim Unterricht zum Examinieren, um bestehende Lücken in unserem Wissen zu erkennen, und unser Verhältnis zu den Lehrern wurde sehr sportlich, nämlich wie das von großen Boxern zu ihren Trainern.
Einzelne Kandidaten, zu denen ich freilich nicht gehörte, gingen so weit, ihren Horaz oder die englische Grammatik auf illegale Ausflüge mitzunehmen, um gelegentlich einen Blick in die Bücher zu werfen. Wir waren eine recht sonderbare Gesellschaft.

In dieser Zeit wurde in Thomas' und Katjas erster Münchener Wohnung an der Franz-Josef-Straße ein Jahr nach Erika der älteste Sohn – Klaus Heinrich Thomas – geboren, und ich trug des Bruders freudig bewegten Brief bis zum Examen in meinem Charles XII. von Voltaire mit mir herum. Und in diese Zeit fällt auch eine sehr merkwürdige Geschichte:
Wir hatten ziemlich schwierige, mich nicht interessierende Aufsatzthemen auszuarbeiten, und anfänglich wandte ich mich mehrmals an Thomas um Hilfe. Ich bekam jedesmal prompt eine Skizze

zur Ausführung, nach der ich dann das Werk ganz geschickt vollendete. Mir gefielen diese Arbeiten sehr gut, aber sei es, daß wir den Geschmack des sehr kritischen Lehrers im Stil nicht trafen oder daß er andere Ideen über die Themen hatte, – ich bekam immer nur einen schlechten Zweier, wenn ich bestimmt einen Einser erwartet hatte.
Da kam eines Tages das Thema »Braucht Deutschland eine Flotte?«, und ich konnte mit einer Fülle von Wissen aus der Zeit meiner Marineschwärmerei loslegen. Das Ergebnis war: »Vorzüglich, aber kaum selbständige Arbeit.« Da hatte ich es!
Die Hilfe des zukünftigen Nobelpreisträgers hatte mir nur mittelmäßige Zensuren eingetragen, während meine erste selbständige Arbeit einen Einser errang und gerade dadurch den Verdacht der Unselbständigkeit erweckte. Wo blieb da die Logik? Ich stand vor einem Rätsel. Aber vor die Wahl gestellt, den Glauben an das Urteil des Lehrers oder an das Können des Bruders in allen Abarten des Schrifttums aufzugeben, entschied ich mich gegen den Philologen.

Als das Examen heranrückte, lernte ich all die nervenerschütternden Ängste kennen, über die ich keinem »studierten« Mann der Welt etwas Neues erzählen könnte. Wir alle wissen ja, daß man von diesen Gefühlen noch im reifsten Alter und in gesichertster Position manchmal Alpträume hat.
Aber es ging gut. Ging sogar ausgezeichnet. Als ich in meinem neuen Gehrock noch ganz benommen aus dem Saal des »Mündlichen« trat, bemerkte ich einen Schicksalsgenossen im Smoking. Es war halb zwölf Uhr vormittags, und mein gemartertes Hirn reagierte trotz allem sofort mit dem mir eines schönen Abends von Katja lachend vermittelten Leitsatz: »Smoking am Tage tragen nur die Tiere.« In mein innerliches Lachen darüber schlug plötzlich die volle Erkenntnis meines Erfolges und bewirkte einen Glücksrausch, wie man ihn später leider nie mehr träumt.
Ich lief zu den Löhrs, ließ mich von Julia beloben und pumpte Jof an. Dann telegraphierte ich an Mama und telephonierte mit Thomas, der mich zu einem großen Abend einlud. Eigentlich war es ja unkameradschaftlich, daß ich dem üblichen Absolviarummel aus

dem Weg ging, aber dieser Abend war entschieden ein schönerer Abschluß meiner Schülerzeit.
Zuerst ging es in das Hoftheater zu Ibsens »Kronprätendenten«, und ich werde diese Vorstellung ebensowenig vergessen wie das anschließende Diner in der »Odeonbar«, damals dem elegantesten Restaurant Münchens.
Später habe ich den intimen Raum mit dem holländischen Kamin und den holzgetäfelten Nischen in einer Novelle Alexander Castells wiedergefunden und empfand sofort aufs neue, was er mir damals bedeutet hatte.
Mittags war ich zum letztenmal vor dem »Schlangenfraß« des Internats gesessen, und jetzt trug eine Kellnerelite auf samtenen Sohlen die Köstlichkeiten aus Küche und Keller herbei, die Thomas zu einem festlichen Menü zusammengestellt hatte.
Man zelebrierte im Scheine der Tischlämpchen winzige Tassen mit köstlicher Schildkrötensuppe, Artischocken zu Katjas Ehren und ein dickes, rosiges Entrecôte, das mein besonderer Wunsch gewesen war. Der Gurkensalat wurde vor meinen Augen durch Zugabe von Rahm und englischem Senf geadelt, und beim Vorgeben gebrauchte der Amtierende Gabel und Löffel mit nur einer Hand!
Ein Feierlicher, der schon bei den Artischocken eine bauchige und verstaubte Burgunderflasche vorsichtig präsentiert und sie dann unter allerhand besorgtem Hokuspokus mit Korkenberiechen und Probeschlückchen in eine Kristallkaraffe umgeleert hatte, öffnete jetzt ohne Knall eine Champagnerflasche.
»Auf das gute Ende deiner Schuljahre«, sagte Thomas, und wir stießen an. Eine neue Welle des Glücksrausches hob mich. Der Feierliche übergoß kleine Hügel von Vanilleeis, die auf Ananasscheiben lagen, langsam mit altem Kirschwasser.
Dann rauchten wir jene breiten ägyptischen Zigaretten, die damals noch eine elegante Seltenheit waren und in »Königliche Hoheit« den jungen Prinzen bei Mister Spoelmann beeindruckten. Thomas bot sie aus einer barocken Dose an, die nicht nur den Längsteil, sondern auch eine als eigentlichen Deckel konstruierte Schmalseite öffnet. Das Etui war ein Geschenk des Geheimrates Pringsheim, der diese Gabe jedem Raucher in seiner engeren Familie – auch den

Schwiegertöchtern – zukommen ließ. Ein Münchener Silberschmied stellte die Dosen als Sonderfertigung für diesen geehrten Kunden her und versah jede mit einem schön verschnörkelten Monogramm.

Thomas hing schon damals sehr an dem geschmackvollen Stück, und fast vierzig Jahre später zeigte er mir in Zürich voller Freude, wie trefflich ein Schweizer Meister es eben instand gesetzt hatte, während in den Staaten ein solcher Kunsthandwerker nicht aufzufinden gewesen war.

Ich lernte und sah noch manches Neue in der Odeonbar: wie man einen kleinen, langsam im Mund zerrinnenden Schluck Benedictine mit einem unmittelbar danach in gleicher Weise genossenen Schluck Mokka zu einer wunderbaren Geschmackskomposition vereinigt und wie an Nachbartischen Herren der Jeunesse dorée die Goldstücke lose aus der Hosentasche holten.

Dieser Anblick erinnerte mich an die Jofsche Anleihe in meiner eigenen Tasche und weckte den Wunsch, es den Dandys nachzutun. Deshalb beging ich nach dem späten Abschied von den Tommys die Geschmacklosigkeit, den Rest der Nacht in Animierlokalen zu verbringen. Offenbar verlangte es auch die junge Freiheit so.

Beim Morgengrauen landete ich am Bahnhof, wo mein Gepäck deponiert war. Mein Geld langte gerade noch für schlechten Kaffee und die Fahrkarte. Ich nahm den ersten Zug nach Polling.

Trotz meiner Übernächtigkeit war die Fahrt noch nie so schön gewesen wie diesmal. Während meiner Pressezeit war Mama nach Polling übergesiedelt und hatte ein Haus am linken Bachufer gegenüber dem Schweigharthof gemietet. Ich kehrte also erfolgreich nach Polling und zu Mama heim. Dazu in die Freiheit und zum Start in den Beruf. Es war überwältigend.

Der Empfang gestaltete sich gerührt und ehrenvoll. Am meisten aber freute sich Großmutter Röck, denn ich war ja brav und tüchtig gewesen.

»Ich hab's allaweil g'wußt«, sagte sie mit tiefer, langsamer Stimme, und ihr gutes Gesicht strahlte, »mit dem Viko wird alles no recht.«

Der Mistwagen

I

Eine Zeitlang machte ich Urlaub und genoß täglich aufs neue die Gewißheit, daß es aus diesen Ferien keine Rückkehr in die Schule mehr gab. Ich streifte durch die Umgebung und schaute von den Hügeln mit einer Art Besitzerstolz auf das um den Klostertrakt gelagerte Dorf hinunter. Der Herdrauch stieg gemütlich aus den Kaminen, das Summen ferner Dreschmaschinen mischte sich mit dem Klang der Weideglocken, und vom Kirchenportal blitzte es golden. Das waren die Buchstaben des Spruches »Liberalitas Bavariae«.
Wenn ich durch den Ort strich, sah ich, daß die Mädchen, die ich schon als Schulkinder gekannt hatte, jetzt auch recht erwachsen waren, und daher ging ich bald auf jede Tanzmusik. Carla, die für einige Wochen bei uns war, hatte mir den Walzer beigebracht und mich mit lachenden Ratschlägen versehen. Mama behauptete wieder einmal, ich hätte viel lustiges Martyblut.
Feierlich verbrannte ich meine letzten Visitenkarten mit dem Titel stud. lit. und bestellte neue, die mich als oec. pract. bezeichneten. Das hatte ich bei anderen Landwirtschaftseleven gesehen, und es bedeutete wohl »oeconomiae practicans«. Auf jeden Fall war es die Betonung des höheren Lernens, der Vorstufe des cand. agr., des Geistigen. Und in mein Arbeitstagebuch schrieb ich als Vorspruch:
Nihil melius, nihil viro libero dignius, nisi agricultura.
Das war sogar aus einem römischen Klassiker und sollte wiederum das Geistige betonen. Man wird ja sehen, warum ich das so ausdrücklich feststelle.

Dann war es soweit. Ich trat als Praktikant, also endlich als Professional an. Der Maxl war zur Artillerie eingerückt, und ihn im Be-

trieb bald voll zu ersetzen bedeutete von vornherein schon wieder eine Verpflichtung, die ich aber gerne auf mich nahm.
Am ersten Tag rückte ich nach Stallarbeit und Frühstück mit Oskar und ein paar anderen Männern zum Kunstdüngerstreuen aus. Das Kalisalz, das wir aus umgehängten Blechwannen im zügigen Vorwärtsschreiten taktmäßig über das herbstliche Land warfen, drückte nicht nur durch sein hohes Gewicht die Schulter wund, sondern war auch so wasserziehend – »hygroskopisch« fiel mir aus der Physik ein –, daß mein neuer Arbeitsanzug schon nach zwei nebligen Stunden von sulziger Nässe durchtränkt war und der eingesteckte Imbiß ungenießbar wurde. Das war mein erstes Lehrgeld.
Oskars »Betrieb« nahm mich mit Haut und Haaren hin, und ich wünschte mir nichts Besseres, selbst wenn es hart herging.
Um vier Uhr rasselte täglich – auch am Sonntag – der Wecker. Ich fuhr ungewaschen in die Kleider, die intensiv nach Pferden rochen, und ging in tiefer Dunkelheit über die Bachbrücke, um vor der Stalltür die erste Zigarette zu rauchen. Es war eine österreichische »Sport« zu zweieinhalb Pfennigen. Immerhin eine bessere Sorte, denn die »Drama« kostete nur anderthalb.
Oskars Fenster wurde hell und wieder dunkel. Der Chef kam herunter, und wir weckten Knechte und Mägde. Dann gab ich das erstemal ein, das heißt, ich streute den vier Pferden die Anfangsportion ihres Hafer-Häcksel-Gemenges in die Barren und mischte es mit etwas Wasser. Der Roßknecht kam grantig verschlafen aus der an den Stall stoßenden Kammer, und wir misteten aus und streuten frisch ein. Die Gäule scharrten und wieherten schon nach ihrem zweiten Gang, bekamen ihn eilig und wurden blitzblank geputzt.
Dieses reinigende und die Hautatmung anregende Striegeln und Bürsten wurde bei den Schweigharts so genau genommen wie bei der Kavallerie und war daher für sich allein schon eine tüchtige Morgenarbeit.
Was mir an Technik noch abging, lernte ich schnell am geduldigen alten »Rappl«. Dann aber stellte Oskar mich der Reihe nach an die jüngeren Pferde, deren Charakter und Eigenheiten ich mich anzupassen hatte. Die ramsnasige »Cilly« mit der großen durchgehenden Blesse war ein nervöses, aber gehorsames Tier, das auf ruhiges Zureden reagierte, wenn es, vom scharfen Striegel gekitzelt, hoch-

gehen wollte. Die hübsche und an der Deichsel so willige »Trudl« aber war im Stand ein Teufel. Man mußte sie zum Putzen ganz kurz anketten, dafür sorgen, daß sie immer Futter vor dem Maul hatte, und sie beim Striegeln in der Art betrügen, daß man so tat, als bearbeite man dauernd die weniger empfindlichen Teile, also Hals und Kruppe, und dabei schnelle Striche über den kitzligen Bauch führte. Trotzdem versuchte die Trudl oft zu beißen oder zu schlagen, besonders wenn sie gerade »rossig« war, und man mußte dann genau fühlen, ob ein herrisches Anschreien oder ein Schlag mit der Bürste angebracht und ratsam waren.

Gerade diese schwierige Stute hatte an der Hinterhand hohe, schneeweiße »Stiefel«, bei deren Reinigung man sich in gefährliche Nähe der blitzschnellen Hufe bücken mußte. Das machte wach und wendig.

Die dunkelbraune, plumpe »Dora« war unfreundlich, aber feige. Sie biß knirschend in ihren steinernen Barren vor Wut über das Putzen, aber ein drohender Ruf genügte völlig, um sie in Schach zu halten.

So sind die Männer: Mir war die Trudl trotz ihrer »Sekten«, wie Papa Schweighart es nannte, die liebste, und sie dankte es mir im Gespann durch ihre figurante Erscheinung und absolute Hingabe an die Arbeit. Als ich ihr später wochenlang mehrmals am Tag ein entzündetes Auge mit Borwasser gekühlt hatte, benahm sie sich sogar auch beim Putzen fast zärtlich zu mir, was mich sehr stolz machte und mir erhöhten Respekt der männlichen Dienstboten eintrug.

Während des Putzens gab ich zum drittenmal ein. Dann wurde getränkt und Heu als Nachtisch auf die Raufen gesteckt; die Stallgassen wurden sauber gekehrt, und Oskar erschien auf seinem Inspektionsgang. Wir wuschen uns zusammen am großen Wassertrog, und ich lernte schnell, daß man sich auch auf diese Art gründlich reinigen kann.

Endlich ging es zum ehrlich verdienten Frühstück, bei dem wir enorme Stücke von Wallys Hefezopf in den Kaffee tauchten. Und um halb sieben Uhr begann die Tagesarbeit.

Sie dauerte mit zwei halbstündigen »Brotzeiten« und der einstündigen Mittagspause mindestens bis sechs Uhr abends, während der Ernte oft bis neun Uhr, und für mich gab es meistens auch nach Feierabend dies und das zu tun.

Es mag ein sozialer Fortschritt sein, daß die Landarbeiter der Güter jetzt nur noch sieben bis höchstens zwölf Stunden schaffen müssen. Mir haben aber die vierzehn bis siebzehn Stunden damals nichts geschadet, und die meisten Bauernfamilien werken heute ebensolange.

II

Oskar war ein idealer Lehrmeister, der Sinn, Zweck und Technik jeder Arbeit mit wenig Worten erklären konnte, immer auch ihre Zusammenhänge mit dem großen Ganzen aufzeigte und die Anfangsfehler des Eleven mit ruhiger Sicherheit korrigierte. Meine Mitarbeit von klein auf kam mir jetzt natürlich sehr zustatten und ersparte mir vor allem ein krasses Anfängertum vor den Augen der Dienstboten. Aber es gab trotzdem zu lernen und wieder zu lernen. Nicht nur die Handgriffe, die genaue Kenntnis der Maschinen und Geräte, die Beurteilung von Vieh: Es galt auch etwas zu ergründen, was ich nicht anders als mit »Philosophie der Arbeit« bezeichnen kann. Oskar sprach nur andeutungsweise darüber.

»Wenn jemand vom Zug aus einen Bauern pflügen sieht«, sagte er, während ich meine ersten Furchen zog, »denkt er sich nur ›da ackert einer‹, aber was das bedeutet: ein Mann, zwei Pferde und die schmale Pflugschar, mit der der große Acker stufenweise gewendet werden muß, das weiß er nicht. Daß man glaubt, nie fertig zu werden, doch fertig wird und nach ein paar Monaten von vorne anfängt, daran denkt er auch nicht, der Mann im Zug. Du wirst schon darauf und darüber wegkommen, wenn du deinen Kopf mitarbeiten läßt.«

Ich kam darauf: Beim Pflügen, Mähen und Miststreuen, beim Holzfällen im Winterwald und bei der Heuernte lernte ich begreifen, daß nicht die Muskelmüdigkeit, sondern der Stumpfsinn der Endlosigkeit viele Handarbeiten schwermacht. Daß aber dieser Stumpfsinn um so größer wird, je mehr man statt des guten oder schlechten Fortschreitens der Arbeit den Ablauf der Stunden bis zur nächsten Pause im Auge behält, und daß es keinen Stumpfsinn gibt, wenn man an die gute Vollendung des zweckvollen Werkes oder wenigstens eines bestimmten Teiles von ihm denkt.

Ich lernte, es heißt nicht: »Ich muß jetzt vier Stunden lang auf der ratternden Mähmaschine sitzen«, sondern: »Ich will jetzt das linke Drittel der Falkenwiese sauber umlegen, ohne die Pferde zu überanstrengen.« Und die Zeit verging schneller, als ich wollte, und die Arbeit war gut.

Als ich so weit in meinen Erkenntnissen gekommen war, wollte ich mich über alles Volk erheben, was die Handarbeit als größte Mühsal, Urfluch seit der Vertreibung aus dem Paradies und untersten Grad der Existenzfristung ansah. Ich arbeitete doch auch mit den Händen, die bald so rauh wurden, daß mir die sonntägliche Seidenkrawatte an der flachen Hand haftenblieb. Was mir recht war, konnte einem Mann von proletarischer Herkunft billig sein. Er mußte sich nur auch zu meiner Arbeitsphilosophie durchdenken.

In meiner Überheblichkeit fiel mir noch rechtzeitig ein, daß ich ein junger Mann sei, der arbeiten lernt, um später »anschaffen« zu können, während es für die Masse keinen wesentlichen Aufstieg gab und sie auf einem ins Unendliche führenden grauen Weg der stumpfen Gleichförmigkeit ging.

Man muß also, so dachte ich weiter, die Leute trotz allem an der Arbeit so interessieren, daß sie ihnen zu einer Art von Freude, zum Stolz auf das gemeinschaftliche Werk wird. In der Landwirtschaft müssen sie im Hof ihres Dienstherren eine Heimat sehen wie die meisten Dienstleute der Schweigharts, obwohl sie nicht mit dem Herren am gleichen Tisch essen, wie es beim Bauern der Brauch ist.

Um dieses Idealverhältnis herbeizuführen, schien mir eine genaue Kenntnis von der Psychologie der Ehalten und Tagelöhner unerläßlich, und auf diesem Gebiet hielt ich mich für einen Spezialisten.

Ich war mit den Leuten des Hofes ja schon immer vertraulich gestanden, ohne daß dies jetzt meiner Stellung schadete, und ich hatte solchen Verkehr in letzter Zeit sehr ausgedehnt, saß mit Knechten, Handwerksgesellen, Arbeitern und Kleinbauernsöhnen im Wirtshaus, trank, sang und schuhplattelte mit ihnen und hatte die gleichen rustikalen Abenteuer wie sie. Ich würde also später schon wissen, wie ich solche Leute nehmen, ihren Ehrgeiz wecken, ihre Zuneigung erringen könnte, und Oskar war im Unrecht, wenn er gelegentlich sarkastische Bemerkungen über meinen außerdienstlichen Umgang machte. Recht hatte vielmehr Mama, die sich immer wieder köstlich über meine Erzählungen aus dieser neuen anderen Welt, über ein »Schnadahüpfl« oder die Äußerungen eines besoffenen Holzknechtes amüsierte und nur besorgt wurde, wenn ich am Sonntag erst um die Zeit der Frühfütterung heimkam und gleich zu meiner »sektischen« Trudl ging.

So glaubte ich mich in allen Dingen auf dem besten Weg. Ich lebte einen harten, aber frohen Tag, las abends nur Thoma und Queri und stürzte mich am Samstag in das Pollinger Nachtleben, das durch zwei oder drei Wirtshäuser und um drei Uhr morgens zu Kaffee und frischen Brezeln beim Bäcker führte. Sentenzen, wie »Lehrjahre sind keine Herrenjahre«, »Saure Wochen, frohe Feste« und »Leben und leben lassen«, umschwebten mich heiter, und ich war sehr glücklich als »oeconomiae practicans«.

III

Kavalier – ich sagte es schon – kommt von cavallo. Nicht zu Unrecht hieß die Gastwirtschaft in Weilheim, in der die Roßknechte von weit und breit einkehrten, »Zum Kavalier«. Der Gespannführer ist der Nobile unter den Landarbeitern. Natürlich nur soweit er Pferde an der Deichsel hat. Maultiere adeln ihn kaum und Ochsen nur in den wenigen Ausnahmefällen, in denen sie in Charakter und Temperament den Pferden ähneln, wie die ungarischen langgehörnten »Falken«.

Auch eine von Laien als minderwertig angesehene Arbeit, wie das Mistfahren, zeigt den Unterschied zwischen dem herrenmäßigen Dienst des Pferdemannes und dem gemeinen Werkeln des übrigen Gutspersonals deutlich auf.

Eine Partie steht den lieben langen Tag auf dem Misthaufen und gabelt den Dünger auf die Wagen, was mühselig und ohne meine »Philosophie der Arbeit« auch sehr langweilig ist. Kein Ende ist abzusehen. Wenn ein Wagen beladen ist, wird schon wieder ein leerer herangeschoben. Und der riesige Haufen will nicht kleiner werden.

Die zweite Gruppe streut draußen auf dem Acker oder der Wiese den Dünger gleichmäßig auseinander. Auch das ist ermüdend und endlos, denn immer wenn es aussieht, als würde es zu einer kleinen Pause kommen, schwenken wieder neue Fuhren von der Straße herein und bringen weitere Mühe. Dazu ist es meist naßkalt, und gewöhnlich schleppt man bei jedem Schritt viele Pfunde der Ackerkrume an den Stiefeln mit.

Dagegen die Fuhrleute! Zwar sind sie noch früher aufgestanden als die anderen und haben, wie man weiß, vor der »Kaffeesuppe« schon ein paar Stunden hart gearbeitet. Aber jetzt sind sie die Herren. Sie spannen ein, zeigen, mit welchem Schwung ihre Rösser das schwere Fuder von der tiefliegenden Bohle der Dungstatt in den Hof ziehen, und fahren mit ein paar Renommierschnöllern zum Tor hinaus.

Heute tragen die Pferde zwar nicht die besten Geschirre mit den Dachsfellen und den Roßkämmen aus blankem Messing. Aber auch die alten Kummete sind sauber geschwärzt, Kopfgestelle, Trensen, Gurte, Stränge, Deichselketten und Zügel sind in Ordnung, und die Gäule sind schmuck wie für einen Festwagen. Mähnen und Schweife sind wollig gekämmt, und die Stirnlocken fallen kokett zwischen den großen lebhaften Augen herunter.

Die Ladung wird kein halbwegs Vernünftiger geringschätzen, denn sie ist ja »die Seele der Landwirtschaft«. Überdies hat der Fuhrmann sie – nicht ohne ein gewisses Gefühl für Formen oder Schönheit – mit dem schweren »Mistpratscher« zu einem gefälliggglatten und so gleichmäßigen Giebel festgeklatscht, daß man sie leicht stereometrisch berechnen und die Last bei Kenntnis des Kubikmetergewichtes auf das Kilo genau feststellen könnte. Das hat der Gespannführer aber nicht nötig, denn er weiß auch so, daß die Ladung gut und gern fünfundzwanzig Zentner wiegt. Ochsen oder gar Fahrkühen wäre ein derartiges Nettogewicht natürlich nicht ohne weiteres zuzumuten. Auch bei den Gespannen des Nachbargutes wären wohl einige Zweifel berechtigt, aber für seine Rösser ist solche Last nichts als Spielerei und Vergnügen.

Und der Fuhrmann rückt den grünen Hut mit dem Spielhahnstoß, der seine anerkannte Mannhaftigkeit anzeigt, noch schiefer auf das Ohr und geht seitwärts hinter seinem Sattelgaul neben der ansehnlichen Fuhre her. Er paßt seinen Gang dem ziehenden Gespann an

und kommt dabei in einen langsam schwingenden, würdig-schwerfälligen Rhythmus. Die Peitsche, die er jetzt ähnlich wie einen Federhalter am unteren Stielende hält, schwingt langsam mit. Er begegnet einem Bauern, und es ist bezeichnend für das Ansehen des Fuhrmannes, daß die Sitte dabei vom anderen außer dem Gruß ein paar Worte des anerkennenden Interesses verlangt, auch wenn er viel älter und vielleicht Bürgermeister ist. »So, wieda a saubere Fuhr«, hat der etwa zu sagen, oder »Guat beinand san deine Roß«. Und der Fuhrmann hat dann zwar bescheiden, aber doch einigermaßen zustimmend zu erwidern: »Es tuat's scho«, was heißt: »Ja, es geht an, ich gebe zu, daß ich ein gutes Gespann führe.«
Begegnet er aber einem Dirndl, so hat er anerkennendes Interesse zu bekunden, denn die Frauen können noch mehr verlangen als die Pferde. »Sakradi, wen siech i denn da?« ist die richtige Einleitung. »Des is ja d'Moar-Vevi! Du werst ja allweil no saubernerer! Di laß i nimma aus bei da nächsten Musi!«
Worauf das Dirndl zwar sicher mit »Ach geh zua, du Sprüchmacha!« beginnt, aber wahrscheinlich doch zu einem kleinen Plausch stehenbleibt, bei dem dann manches versichert, vorgeschlagen und verabredet werden kann. Der Fuhrmann darf dabei so anspruchsvoll auftreten, als stände er im Glanz seiner besten Sonntagsgala da, denn er hat ja jetzt eine noch viel bessere Folie, die auf das Mädel genausogut wirkt, wenn auch in anderer Art, wie auf den Bauern von vorhin: Hinter dem Fuhrmann stehen mit nickenden Köpfen und spielerisch scharrenden Hufen seine Pferde.

Weite Wege vom Hof zum Acker sind ein betriebswirtschaftliches Übel für ein Gut. »Es bleibt zuviel Geld auf der Straße liegen.« Für den Fuhrmann dagegen sind sie ein Vergnügen, denn sie verlängern seine Spaziergänge zwischen dem Umspannen daheim und dem Abladen auf dem Feld. Mindestens eine Zigarette oder eine Pfeife lang soll die Strecke schon sein, wenn das schöne Fahren nicht zum unfuhrmännischen Gehudel werden soll.
Aber auch ein Weg von richtiger Länge hat ein Ende, und jetzt muß der Fuhrmann seine Tüchtigkeit zeigen. Es gilt, den Dünger in der für dieses Feld zweckmäßigen und angeordneten Art zu verteilen und dabei der Partie der Streuer die Arbeit zu erleichtern. Er zieht

den Mist mit einem Doppelhaken in Häufen ab, die möglichst gleich groß sein und gleich große Abstände voneinander im Geviert haben sollen. Aus der Angabe »hundertfünfzig, zweihundert oder zweihundertfünfzig Zentner aufs Tagwerk« diese Abstände richtig zu treffen, darin liegt die Kunst.

Dann fährt er mit munter ausschreitenden Pferden heimwärts, und jetzt sitzt er dabei auf dem leeren Wagen. Er hat die Mistreste sauber von den Bodenbrettern und aus den Naben gekratzt und die zähe Ackererde von den Rädern, Hufen und Stiefeln geklopft. Seitlich sitzt er, die Peitsche im Arm, nicht steif, aber auch nicht schlampig. Er sitzt in legerer Entspannung und rührt dabei die Zügel nicht an, denn seine Pferde gehen selbstverständlich »aufs Wort«. Auch ohne die stereometrisch-schöne Ladung wirkt die Fuhre ansehnlich. Die »Sport« schmeckt, und daheim kommt jetzt zunächst einmal das Mittagessen.

Ich warf den Stummel weg, griff hart in die Zügel und rief so plötzlich »öhh!«, daß Trudl und Cilly das Gefährt mit einem erschrockenen und viel zu scharfen Ruck anhielten. Ich sprang vom Wagen.

Bei den großen, jetzt kahlen Kastanien an der Zaunecke der »Heimweide«, dicht vor mir, standen Tommy und Katja.

Ich hatte sie seit dem Diner in der Odeonbar nicht mehr gesehen, hatte ihnen auch nicht geschrieben, und viel an sie zu denken hätte nicht so recht in meinen derzeitigen Ideenkreis gepaßt. Es hätte – warum eigentlich? – diesen Kreis vielleicht sogar gestört.

Jetzt waren sie auf Besuch über Tag zu Mama gefahren, hatten gehört, daß ich gleich vom Feld kommen würde, und waren mir ein Stück entgegengegangen. Da standen sie, für die spätherbstliche Fahrt aufs Land praktisch und »durabel« (dies fiel mir aus der Novelle »Kleiderschrank« ein), aber durchaus hochbürgerlich gekleidet, und schauten ihren Bruder und Schwager, den Mistfahrer, an. Meine blanken Pferde schauten sie nicht an.

Ich war ja gleich etwas verlegen, aber noch völlig ohne Arg. »Ich sehe ihnen vielleicht zu echt aus«, dachte ich, »aber darüber wollen wir schon wegkommen.« Und ich begrüßte die beiden mit einem lustig-forcierten bäuerlichen »'sssGod!« Dann fiel mir noch etwas Witziges ein, und ich sagte schnell: »Kann dir die Hand nicht reichen, derweil ich eben lad', nämlich Mist, hahahaha!«

Aber mein Humor weckte kaum ein Lächeln. Katja sagte nicht unfreundlich, aber irgendwie merkwürdig: »Na...«, und Thomas, mein Onkel Ommo, mein guter Bruder Tommy, der mir den Brief nach Augsburg geschrieben und Aufsätze für mich entworfen hatte, setzte fort:

»Na, dabei kann sich dein Geist ja schön ausruhen!«

War ich wirklich »ohne Arg«? Dann hätte ich den Satz scherzhaft genommen, denn Thomas lächelte. Aber ich war es schon nicht mehr oder war es seit dem ersten Augenblick des überraschten Wiedersehens gar nicht ganz gewesen, denn ich sah oder glaubte zu sehen, daß dies nicht das richtige Lächeln sei. Und mir schien in der Stimme des Bruders etwas Enttäuschtes, Sarkastisches mitzuschwingen, ja etwas grollend Protestierendes.

Protestierend wogegen? Gegen meine tüchtige Berufsarbeit, für die ich von aller Welt gelobt wurde und zu der nun einmal auch das Mistfahren gehörte? Gegen eine vermeintliche Geistlosigkeit meines derzeitigen Lebens und die jetzt zutage tretenden Motive meiner Berufswahl?

Das Blut trat mir in einer raschen und schweren Welle ins Gesicht. Ich stotterte etwas von »jede Arbeit lernen müssen« und »von der Pike auf dienen wollen«, aber das war nichts, war keine Erwiderung, eher schon Scham. Aber worüber denn, um Gottes willen, Scham??

Ich trieb das Gespann wieder an, wobei ich zu meinem eigenen Ärger den zünftigen Anruf wie »geh zua!« vermied und nur der Trudl den Zügel leicht auf den Rücken klatschen ließ. Thomas und Katja gingen neben mir und dem Mistwagen die kurze Strecke bis zum Hof. Ich erkundigte mich nach der kleinen Erika und dem Baby Klaus, und es schien mir, als ob meine schöne Schwägerin (die ich schon damals für geradezu gefährlich gescheit hielt) jetzt mit allzu lebhafter Freundlichkeit antwortete. Aber das war auch nichts. Nichts gegen Gespräche bei früheren Wiedersehen.

An der Bachbrücke verabschiedete ich mich. Die Mittagspause sei zum Umziehen zu kurz, sagte ich, also könne ich ja nicht zu Tisch bei Mama erscheinen. Also auf Wiedersehen!

Ich hörte ein paar höfliche Worte des Bedauerns und schaute nicht mehr um, obwohl ich gesehen hatte, daß Mama uns von drüben aus zuwinkte. Vollständig benommen spannte und schirrte ich aus, fütterte und tränkte, wusch mich und saß dann mit den Schweigharts beim Essen. Als meine gedrückte Einsilbigkeit Mama Schweighart auffiel, log ich etwas von Zahnweh und verschwand so bald wie möglich wieder in den Stall.

Aber während ich die Pferde aufs neue einschirrte, wich die dumpfe Benommenheit dem Schmerz, dem Ärger, ja der hellen Wut über die mir zugefügte Kränkung. Daß ich gekränkt worden sei, stand jetzt bei mir fest. Daß aber die Unbill nicht von einem dummen oder böswilligen Irgendwem kam, sondern von jemandem, zu dem ich von eh und je aufgeschaut hatte, auf den ich stolz gewesen war und von dem ich solche Zufügung am wenigsten erwartet hätte, machte alles noch viel schlimmer.

Der Unmut wuchs bösartig. Als ich die erste Ladung des Nachmittags zum glatten Giebel »pratschte«, spritzte der Mist nach allen Seiten, und als ich anfuhr, schrie ich meine guten Pferde an, daß sie fast die Zugstränge sprengten.

Die Moni, die hochgeschürzt auf dem Dunghaufen stand, sagte zum Schorschl: »Der B'suach hat'n scheint's net g'freut.« Ihr Halbbruder ließ die Mistgabel sinken und fragte so scherzhaft dumm wie immer: »Wia dös?« Aber ich konnte nicht lachen.

Für den Weg zum »Hofwiesacker« braucht ein Gespann gute fünfzehn Minuten. In dieser Viertelstunde stieg meine zornige Verwirrung zum Siedegrad. Ich lief den Pferden voraus, schimpfte vor mich hin, verteidigte mich gegen Vorwürfe, die nicht nachweisbar waren, und erhob erbitterte Gegenklage auf gleich unsicherer Grundlage.

Wie konnte Thomas, der immer gütig-duldsame und humorvolle Bruder, so sprechen? Er hatte doch nie etwas gegen meinen Beruf eingewendet, hatte den Start meiner professionellen Laufbahn mit mir auf das vornehmste gefeiert und mußte schließlich wissen, daß ein Eleve, ein Lehrling der Landwirtschaft, eben zunächst die Handarbeit zu lernen hatte, auch wenn er sich »oeconomiae practicans« nannte.

Ausruhender, also ruhender, ergo nicht arbeitender und folglich fauler Geist, jawohl: Geistesfaulheit, wenn nicht gar Geistesfeindlichkeit war mir vorgeworfen worden! Ja, sollte ich vielleicht mit

einem dicken Lehrbuch der Agrarchemie neben meinem Misthaufen herlaufen, he? Oder im Cutaway, zwecks Betonung meines geistigen Hochstandes? Oder sollte ich aus den »Kronprätendenten« rezitieren, zum geistigen Ausgleich des Pferdegeruches, der von mir ausging? Da würden ja sogar meine Rösser lachen!
Ich redete immer lauter mit mir selber oder vielmehr mit dem Bruder, der jetzt wohl mit Mama und Katja beim schwarzen Kaffee saß. »Seit wann schändet Arbeit?« fragte ich in die Luft, »weißt du nicht, daß in meinem Beruf zuerst die mistige Praxis und erst dann die geistvolle Theorie kommt? Und überhaupt: Wer sagt dir eigentlich, daß ich geistlos arbeite? Soll ich dir etwas über meine Philosophie der Handarbeit erzählen? Würdest du sie aber mit all deinem Geist auch begreifen? Vermutlich nicht, weil du eben noch nicht Mist gestreut und Häcksel geschnitten hast.«
»Mein Geist ist also faul? Gut, schön und bravo! Aber der deine ist vom Hochmut besessen, und das ist noch schlimmer. Ich hätte es ja nicht geglaubt, und es tut mir weiß Gott bitterlich weh, aber es ist so.«
Ich merkte jetzt erst, daß ich tropfnaß war. Ein schwerer kalter Regen hatte eingesetzt, und mein Lodenmantel – eine sogenannte Fuhrmannskotze – hing daheim im Stall. Als ich das Gespann in den Acker gelenkt hatte und den Abziehhaken in das Fuder schlug, rann mir die Mistbrühe vom Stiel über die Hände. Das brachte die Krisis.
»Jawohl«, schrie ich in Nebel und Regenschwall hinein, »ich arbeite geistlos, und ich hab' ehrliche, dreckige Mistpratzen dabei, Himmelherrgottsakrament!«
Damit war ich explodiert und plötzlich erleichtert. Ich fing mich wieder. Zunächst ließ mich der »echte« Fluch auflachen, und zwar über mich selbst. Und mit dem Lachen kam die Erkenntnis, daß mich mein Paroxysmus auf einen lächerlich beschämenden Abweg geführt hatte und daß es ein großes Glück für mich bedeutete, diesen mißlichen Weg sogleich und ohne Zeugen zurückgehen zu können, ihn sozusagen ungegangen zu machen.
»Du Hanswurst!« sagte ich noch lachend, aber tief überzeugt zu mir, beendete eilig das Abladen, gab der Trudl einen freundschaftlichen Klaps auf die Hinterbacke und ging neben dem Wagen den

Weg im konkreten Sinne zurück, auf dem ich mich in einen so peinlich-blamablen und dabei unechten Zustand hineingesteigert hatte.
Der Regen lief mir vom Hut in die Stiefelschäfte. Ich stampfte durch Pfützen. Im leeren Wagen stand eine Lache, und die Pferdemähnen troffen. Aber ich gesundete zusehends.
Und die Scham über eine Entgleisung, verbunden mit der geschärften Empfindsamkeit, die jede Rekonvaleszenz mit sich bringt, machte mich klarsichtig, fast übersichtig. Ich trat aus mir heraus und sah von einer imaginären Warte aus noch einmal den »oeconomiae practicans« und Mistfahrer vor dem Bruder stehen. Was hatte sich zwischen den beiden eigentlich zugetragen?
Thomas hatte meine Liebe zu Polling gekannt, das er ja selbst sehr schätzte. Er hatte gewußt, daß das dortige Milieu ausschlaggebend für die Wahl meines Weges geworden war, die sich schließlich auf meine geistigen Anstrengungen beim Studium günstig ausgewirkt hatte.
Sicher war er um die Entwicklung des kleinen Bruders bisher nie ernstlich besorgt gewesen und hatte weder in meiner Neigung zur Schwabinger »anderen Welt« noch in der Freude am Kuhhüten und Daxenhauen Geistesfeindlichkeit vermutet. Zuletzt hatte er mich nach gut bestandenem Examen als geistig trainierten und verhältnismäßig eleganten jungen Mann gesehen, für den er »Die Kronprätendenten« und die Odeonbar als angemessen erachten konnte.
Heute waren weder Lehrbuch noch Cut bei mir erwartet worden, sondern sicher der Arbeitsanzug und irgendein Werkzeug, vielleicht sogar der Mistwagen; der war nicht das Enttäuschende gewesen, wenn etwas enttäuscht hatte, das stand fest. Was aber dann, wenn überhaupt...?
Ich setzte bei dem ersten Gedanken wieder ein, der mir noch vor der »Unbill« gekommen war, nämlich, daß ich möglicherweise für Tommy und Katja »zu echt« ausgesehen hätte. Wenn das stimmte, war dann vielleicht nicht so sehr das Aussehen selbst der springende Punkt als vielmehr die Haltung, die »tenue«, in der ich auf dem Mistwagen gesessen war und aus der auf eine, auch mit der agronomischen Lehrzeit nicht entschuldbare, innere Verfas-

sung geschlossen werden konnte? Nicht entschuldbar für Thomas und auch nicht für Heinrich und die Schwestern mit Katja voran, wenn man diese Verfassung etwa als innere... ja, zum Teufel, als innere Verbauerung ansprach?

Es schien klarer in mir zu werden. Sicher hatte die liebevolle und tolerante Mama, die mich glücklich und tüchtig sah, ihren heutigen Besuchern gleich lachend von meinem Leben als Landwirt erzählt, von meinem Umgang, vom Wirtshaus und Tanzboden. Hatte Thomas nicht schon dabei stutzen müssen, der mich in der guten Atmosphäre des Schweigharthofes, aber nicht einer viel tieferliegenden Lebensweise hingegeben wiederfinden wollte?

So mußte es oder so konnte es wenigstens gewesen sein. Und dann war meine »tenue« dazugekommen. Nicht der Mistwagen hatte mir das »zu echte« Air verliehen, sondern ich dem Mistwagen.

Auf jeden Fall aber waren Thomas' Enttäuschung, Sarkasmus und grollender Protest, soweit meine merkwürdige Empfindlichkeit sie nicht übertrieben oder überhaupt erfunden hatte, brüderlich zu werten, ob sie nun berechtigt waren oder nicht. War er enttäuscht, dann als Blutsgleicher; protestierte er als Mann des Geistes, dann aus Zugehörigkeitsgefühl zu dem, den er für gefährdet hielt; grollte er, dann für und nicht gegen mich.

In Frage stand also nur, inwieweit seine Gefühle berechtigt waren oder gewesen wären.

Was für eine Bewandtnis hatte es mit meiner »merkwürdigen Empfindlichkeit«? Gab es ein unterbewußtes böses oder sagen wir beunruhigtes Gewissen? War dieses unheimliche Gebilde tief in mir auf dem Mistwagen zur Begegnung an der Zaunecke mit herangefahren, und war es bei Thomas' Worten plötzlich durchgebrochen? Hatten vielleicht schon Oskar Schweigharts Bemerkungen über mein Leben und Treiben meine zufriedene Selbstsicherheit ausgehöhlt? Jene wortkarge und wirklich sarkastische Kritik des Abstand haltenden und ebenfalls von mir verehrten Mannes und Lehrers?

Meine Gedanken kamen in immer größeren Schwung, wie ein Wagen, der vom mühselig-rauhen Holzweg aus die glatte Straße gewonnen hat. Aber sie verfielen dabei nicht in das andere törichte Extrem der Zerknirschung und der heillosen Selbstanklage. Ich analysierte von meiner imaginären Warte aus weiter und ganz objektiv und sogar mit einem gewissen Humor den frierenden und durchweichten Burschen, der da neben der Trudl durch den Dreck watete.

»Nichts gegen deine tüchtige, ehrliche und gar nicht so geistlose Handarbeit natürlich«, sagte ich, »von oben herab« zu ihm, »aber glaubst du wirklich selbst, daß du nur wegen deiner Psychologiestudien in Abstandslosigkeit schwelgst? Ist dir dein Samstagsmilieu, das langsam immer mehr Abende und noch mehr Gedanken einnimmt, noch ein lustiges Intermezzo mit nützlichen Erkenntnissen und handfesten Vergnügungen, oder erscheint es dir, verbunden mit dem Roßstall, nicht etwa schon als wünschenswerter Lebensstil, den deine ›echte‹ Haltung als Fuhrmann ausdrückt? Ein fideler und bequemer Lebensstil, wie? Vielleicht hat er dir tatsächlich schon bei deiner Berufswahl vorgeschwebt?«

»Nein, ich will dir nicht Unrecht tun«, lenkte ich ein, »so ist es nicht ganz, aber du forderst ja solchen Verdacht heraus, hast den Verdacht in dir selbst. Die brüderliche Enttäuschung, die du aus Tommys Worten mit Recht oder Unrecht klingen hörtest, hat nur die Gärung zur Explosion gebracht und dich, den glücklichen Fuhrmann, dir selbst fragwürdiger gemacht, als du es wirklich bist. Jetzt zieh dich in Ehren aus der Affäre!«

Ich lenkte an diesem Nachmittag noch zwei oder drei Fuhren Mist zum Hofwiesacker, und die Zeit wurde mir trotz dem Wetter nicht lang dabei. Die objektivere Analyse ging weiter und ergab merkwürdig glasklare und leidenschaftslose Erkenntnisse und ruhige Entschlüsse. Ich spürte eine Wende, ähnlich der von damals auf dem »Eichenlaich«, aber diesmal war die Verpflichtung nicht so verteufelt, sondern fast erleichternd und erfüllt von einem heiteren Stolz auf den Abstand, ja den Abstand, den ich zunächst einmal vom subjektiven Ich errungen hatte.

Als ich daheim meine dampfenden Pferde mit Heubüscheln trokkenrieb, was sich auch die sektische Trudl immer gern gefallen ließ, kam Mama Schweighart in den Stall. Das tat sie öfters um diese Stunde, weil sie gerne den im Licht der Laternen so gemütlich fressenden Pferden zusah und dabei die Stimmung des Feierabends mit ihrer romantischen Seele auskostete.

Heute aber galt ihr Besuch mir und meinem »Zahnweh«, und als sie mich lachen sah, meinte sie: »No, mir scheint, deine Schmerzen sind vorbei, wenn's überhaupt welche waren.«
Ich sagte: »Schmerzen waren's schon«, und rieb weiter eifrig und schwungvoll an Cillys Flanke herum. Eins, zwei, links, rechts, mit und entgegen dem Haarstrich.
Der Knecht verschwand in seine Kammer. Da sagte die mütterliche Frau ruhig und vorsichtig, aber mit intuitiver Sicherheit: »Gel, wenn du was mit dei'm Bruder g'habt hast, dann denk dran, daß du ein junger Dalk bist und er ein g'scheiter, ein sehr ein g'scheiter Mann.«
Ich war nicht einmal sehr überrascht, denn ich hatte schon zu viele Beweise von Frau Kathis Klugheit und Kombinationsgabe erlebt. Deshalb wich ich auch gar nicht aus und antwortete, indem ich dem Pferd die warme Decke überwarf: »Keine Sorge, ich hab' drangedacht!«

Drüben steckte ich auf dem Weg zum Bad den Kopf schnell durch die Wohnzimmertür und sagte dringlich zu Mama: »Heute mußt du mir endlich wieder einmal vorspielen.« Und nach unserem Abendessen, bei dem zwar viel vom heutigen Besuch, aber nichts über die Begegnung am Mistwagen gesprochen wurde, saß ich still auf einem Hocker neben dem Flügel, wie als Bub, und hörte wieder Grieg und Wagner, Chopin und Puccini, bis Mama schließlich, wie zu dem Jungen in der Herzogstraße und am Nikolaiplatz, sagte: »Du bist übermüde und mußt ins Bett.«
Das stimmte, und ich taumelte schon ein wenig, als ich in mein Zimmer ging. Aber noch im Hinübergleiten zu traumlosem Schlaf murmelte ich in das Kissen: »Damals mußte ich Schuft genannt werden, und heute hat schon der ›ausruhende Geist‹ genügt. Mir scheint, das ist ein Fortschritt trotz dem Mistwagen.«

IV

Eigentlich war ja nichts geschehen oder doch beinahe soviel wie nichts. Die vielen Seiten, auf denen ich hier den Sturm in meinem Innern beschrieben habe, und Ausdrücke, wie »ruhige Entschlüsse« und »Wende«, sind fast ein wenig genant. Damals habe ich das alles bestimmt nicht in solch dramatischem Wortlaut gedacht.

Als stärkste Erkenntnis aber blieb mir für immer die Tatsache eingeprägt, daß die Worte des Bruders, »wörtlich genommen«, recht angreifbar, Grund zu bieder-rechtschaffener Entrüstung gewesen wären und trotzdem indirekt einen bisher unberührten neuralgischen Punkt trafen, wodurch sie gerechtfertigt wurden, ob sie nun scherzhaft gemeint oder brüderlicher Protest waren.

Auch die »Wende« war eigentlich fast nichts. Nichts als ein kleiner Ruck und ein innerer Vorbehalt.

Ich war keineswegs so töricht und feig-untreu, mein Leben unter den Bauern, Dienstboten und Handwerksgesellen zu ändern oder gar meinen Umgang aufzugeben. Weder mit verstecktem Hochmut noch etwa mit bösem Gewissen saß ich nach wie vor am Burschentisch, den Spielhahnhut sehr schief auf dem Kopf. Nach wie vor sang ich mit Vergnügen und Hingabe bei den kernigen und schmalzigen Liedern die erste Stimme, eine Art von Supertenor mit Umschlagen in die Kopftöne bei hohen Stellen. Und wenn mich beim Betreten der Wirtsstube ein Bauer anrief: »Da geh her und sauf amoi! Geschting ho i dir bein Ackern zuag'schaugt. Guat machscht dei Sach'. Du werscht koa lateinischa Büachl-Ökonom net. Des g'freit mi!« Dann sagte ich sehr würdig: »Vergelt's Gott, Sauschneider«, tat einen tiefen Zug zum Bescheid und freute mich sogar über diese öffentliche Anerkennung, obwohl sie doch ausdrücklich meine Arbeit ohne »Büachl«, also ohne gelehrte Theorie, ohne den Geist, belobte.

Aber während ich noch vor kurzem auch dies sehr ernst und mit innerer Zustimmung aufgenommen hatte, trat jetzt der Vorbehalt in seine jungen Rechte, und zwar mit Humor, nicht mit dummer Hochnäsigkeit. Ich wußte eben auf einmal, wie weit ich innerlich

mitgehen konnte und wo die Grenze der Gemeinschaft lag. Das war der Ruck, das »fast nichts«, das aber doch etwas war.
Keineswegs aber bewahrten mich Ruck und Wende vor der und jener »Dummheit«, kleinen oder bedeutsameren Formates. Solche Torheiten waren meinen Jahren gemäß und gehörten zur Lehrzeit. Lehrzeit war durch den Vorbehalt auch mein Leben unter dem Landvolk geworden. Ich lernte die echte Biederkeit von jener falschen unterscheiden, die uns so oft bei Bauern entgegentritt und noch mehr bei halbbäuerlichen Leuten, die für die Bauern Politik machen. Ich sah gute Aufgeschlossenheit, überraschend scharfen Verstand und vielen natürlichen Takt neben böse verstockter Dummheit. Ich sah Bauernstolz aufprotzen und daneben die schäbigste Gewinnsucht die Herzen verhärten, trotz aller fast gotischen Frömmigkeit, die oft nur schlaue Rückversicherung und Alibi war und ist.
Schon damals bemühte ich mich, jener böspfiffigen und märchenhaft egoistischen Härte auf den Grund zu kommen, die neben einer gewissen ordinären Sentimentalität besonders bei Kleinbauern zu finden ist, und ich fand heraus, daß dieser Charakterzug auf Zuchtauslese und Atavismus aus jenen Zeiten beruht, in denen Leibeigenschaft und Fronvögte nur das roheste Herz, den stärksten Haß und den schlauesten Betrug an Robot und Zehnten vital und vererbungsfähig erhielten.
Diese enttäuschenden Beobachtungen wurden aber weitgehend ausgeglichen durch den hohen und bleibenden Respekt, den mir der bäuerliche Arbeitsfleiß einflößte. Ein Fleiß, der weit über die wüsteste Erwerbssucht geht, der tatsächlich und ohne widerliche Phrasen auf der alten Heiligkeit des Ackers und der Weidetrift beruht und der gerade auch dem deutschen Bauern einen guten Platz unter allen fleißigen, geplagten und harten Landmenschen der Welt verdient.

Bald nach jenem Abend, an dem ich Mama nach langer Zeit wieder gebeten hatte, mir vorzuspielen, kam ich auf den schon früher von ihr gemachten Vorschlag zurück, zusammen an Fritz Reuter zu gehen, und von da ab hörte ich den ganzen Winter hindurch abends ihre gute Stimme vorlesen.
Ich lag dabei mit wunderbar arbeitsmüden Muskeln, aber noch auf-

nahmefähigem Kopf auf einem alten Lübecker Sofa und rauchte Serien von »Sport«. Im Kachelofen krachten die großen Buchenscheiter, die kleinen Fenster waren vom Frost überzuckert, und es roch nach Bratäpfeln.

Natürlich fingen wir mit der »Stromtid« an, denn sie führte ja mitten in die Landwirtschaft, wenn auch in die mecklenburgische, und Fritz Triddelfitz war ein Eleve, ein »oeconomiae practicans« wie ich, wenn ihn auch sein unangebracht feines Gehabe bei seinem Inspektor Bräsig und vor mir lächerlich machte.

Dann kamen die »Festungstid« und »Läuschen und Rimels« an die Reihe – alles ein plattdeutscher Gegensatz des Pollinger, mit Klosterlatein gemischten oberbayerisch-schwäbischen Grenzdialektes – und als ich ein bißchen übersättigt von Reuter war, schlug Mama eines Abends ohne zu fragen einen jener alten Lederbände auf, die »nach Lübeck rochen«, und begann langsam und bedeutungsvoll: »Aus meinem Leben. Dichtung und Wahrheit.«

Ich lauschte und schaute auf die kleine Statue des Großen, in der er barhaupt, in biedermeierlichem faltigen Gehrock, mit überhoher Stirn über den sternenhaften, weit offenen Augen nachgebildet ist.

Ganz fern, hinter den durch Polster abgedichteten Doppelfenstern, rauschte müde der vereiste »Mühlschuß«, mein Pollinger Bach.

So hörte ich auch Fontane, Tolstoi und Dickens. Ich ging nun doch wieder an Mamas Hand, wie einst in die Musik, und wieder führte mich die Mutter guten Geistern zu.

Nur die Werke der Brüder wollte ich mir nicht vermitteln lassen, nicht einmal von Mama, obwohl wir natürlich viel und eingehend über jedes von ihnen sprachen. Aber lesen wollte ich sie für mich allein.

Heinrich hatte damals »Zwischen den Rassen« beendet, und bald darauf kam sein Novellenband »Die Bösen« heraus. Beide Bücher haben viel italienischen Hintergrund, der so geschildert ist, daß ich mich siebzehn Jahre später bei meiner ersten Italienreise dort überall fast heimisch fühlte. »Das habe ich doch schon gesehen«, dachte ich beim Anblick kleiner Bergstädte, weißer Götterstatuen in wilden Gärten und des lauten Lebens in römischen Cafés. Und

ich kam bald darauf, daß nicht vorahnende Träume mir dieses Gefühl eingaben, sondern Heinrichs Bücher, besonders die beiden, die ich in meiner bäuerlichsten Zeit gelesen hatte.
Thomas schrieb an »Königliche Hoheit«, und sein zuletzt herausgekommenes Werk war das Drama »Fiorenza« gewesen. Sein einziges Drama, das mir eine seiner schönsten Dichtungen bedeutet.
Es war schon mehrere Jahre vorher erschienen, und ich war sogar bei der Münchener Uraufführung gewesen, aber jetzt nahm ich es wieder vor und las es bei tropfender Wachskerze im Bett. Ich fand heraus, daß die Figur Savonarolas Thomas schon früher beschäftigt hatte, als er in der Novelle »Gladius Dei« den bleichen Asketen Hieronymus am Münchener Odeonsplatz Bilderstürmer und Märtyrer werden ließ.
Ich lachte immer wieder bei der Szene, in der Pierro Medici, der brutale Verschwender, seinen Bruder, den siebzehnjährigen Kardinal Giovanni ein »geweihtes Meerschwein« schimpft, denn ich wußte, daß es bei den Proben im Münchener Hoftheater fast einen Streik der braven Bühnenarbeiter wegen dieses Frevels gegeben hätte. Ich stellte mir Schwester Carla in der Rolle der wunderschönen Fiore vor und dachte über die Gründe nach, die auch Thomas in diesen Jahren zu einem Werk mit italienischem Hintergrund geführt hatten.
Und immer wieder erschütterten mich die Schlußworte Savonarolas: »Ich liebe das Feuer«, nach denen er »durch eine scheue Gasse im Fackelschein hindurch, hinauf, hinweg, in sein Schicksal« schreitet. Dieses Schicksal freilich wäre mir einmal fast selbst zuteil geworden, als mich die Holzarbeit allzu müde gemacht hatte und die niederbrennende Kerze mir das Bett zündete.

Das alles klingt wirr und unvereinbar: Der Sauschneiderbauer mit dem ausdrücklich für ungeistige Arbeit gereichten Bescheidtrunk, »Fiorenza«, der Spielhahnhut, Tolstoi, der jodelnde Mist- und Holzfahrer, Goethe, Pferdeputzen und »Zwischen den Rassen«. Aber es war vereinbar geworden durch das »fast nichts«, durch Ruck und Wende und also durch die paar Worte am Heimweideneck bei den großen Kastanienbäumen.
Der mich aber bewußt oder unbewußt auf den Weg der Erkennt-

nis gestoßen hatte, mein Bruder, der Dichter, sandte mir einige Wochen nach dem entscheidenden Wiedersehen eine Weihnachtsgabe, die mir wundersam ans Herz griff. Es war eine sicher sündhaft teure Ärmelweste aus hellbraunem Wildleder. Bestimmt hatte Katja sie ausgesucht, aber weil ich Schwägerin und Bruder so ganz eins wußte, nahm ich das noble Geschenk, das offensichtlich meiner winterlichen Arbeit galt, als eine irgendwie versöhnliche oder mindestens anerkennende Geste des Dichters für den Bauern.

Bei den schnellen Rossen

I

Nach Oskars Rat sollte ich mein zweites Lehrjahr in einem Großbetrieb verbringen, und ich war vom Staatsgut Weihenstephan als Volontär angenommen worden. Als über der Pollinger Flur wieder die Kartoffelfeuer rauchten und die Herdenglocken auf den nebligen Ammerwiesen klangen, die immer zuletzt abgeweidet wurden, hieß es Abschied nehmen.

Er wurde mir sehr schwer, und ich umgab ihn mit volksliedhaft-traurigen Gedanken. Scheiden reimte sich auf meiden, und der »Bursch, der in die Fremde ziehen mußte«, verbrachte die letzten Pollinger Wochen in einer oberbayerischen Romantik, die es eigentlich nur bei Ganghofer gibt. Der »Abstand« war in diesen Tagen nicht groß.

In Weihenstephan, das als mächtiger Gebäudekomplex – landwirtschaftliche Akademie, Brauerei, Brennerei und Wohnhäuser, Ställe und Scheunen des großen Gutes – auf einem langgestreckten Moränenhügel über der alten Bischofsstadt Freising liegt, gefiel es mir anfangs gar nicht. Ich saß die ersten Abende einsam in meinem Zimmer und schaute auf ein Bierglas, das mir Pollinger Freunde zum Abschied geschenkt hatten. Lampenlicht schien durch das helle Getränk und ließ das lebhaft kolorierte Bild des heimatlichen Dorfes wie übersonnt leuchten. Mein Herz war voll bittersüßer Sehnsucht.

Der »Großbetrieb« schien mir die kalte Fremde zu versinnbildlichen. Seine Ausmaße verwirrten und ließen zunächst keinen Überblick über das Ganze zu. Die Details aber – Beamtenapparat, indifferente Arbeiterscharen und unpersönliche Organisation des Schaffens – muteten mich viel zu industriell an.

Und ich bekam keineswegs eines der vielen herrlichen Pferdegespanne zugewiesen, sondern – welche Schande! – alte, langsame Ochsen. Einen dunklen Novembertag lang fluchte ich hinter dem Pflug auf einem stark bergigen Acker mit regennassem, schmierigem Lehmboden wüst und unflätig nicht nur auf das störrische Gespann, sondern vor allem auf den Gutsleiter, der aus Ängstlichkeit seine Praktikanten nicht an die Pferde heranließ.

In meinem Fall war gerade das richtig. Ich war ja hier, um Neues zu lernen. Auch Großbetrieb und kalte Fremde mußten sein. Es mußte sich jetzt erweisen, ob meine Liebe zur Landwirtschaft nur Liebe zu Polling und allem, was dazugehörte, war, oder ob sie sich auch in der Weite des Berufes bewährte.

Die Lösung aus der freundlichen Enge war hart, aber meine Hinneigung zum Acker bestand die Probe, und ich habe im späteren Leben kaum wieder in einem kurzen Jahr eine so rapide Entwicklung durchgemacht wie in dieser Gesellenzeit.

Sobald man gemerkt hatte, daß ich in allen Hand- und Fuhrarbeiten längst firm war, kommandierte man mich systematisch in die einzelnen Betriebszweige, und zwar mehr als Studierenden denn als Arbeiter. So absolvierte ich die gesamten Viehställe als Aufsichtsführender mit bestimmten Kontrollaufgaben, kam zur Verwaltung der unzähligen Futter- und Düngemittel, zu intensiven Kursen in die Lehrmolkerei, die Spiritusbrennerei und die weltberühmte Weihenstephaner Brauerei; ich leitete durch bitterkalte Januarwochen das Dampfdreschen in einer weit entfernten Feldscheune, war in der Saatzuchtanstalt und in der Maschinenversuchsstation beschäftigt und bekam tierärztliche Aufgaben zugewiesen, wie die Tuberkelkontrolle bei der Herde eines großen Vorwerkes. Dazwischen wurde ich allmählich mit der zentralen Leitung vertraut und fand mich in die kühle Realität von Natural- und Finanzbuchhaltung, Statistik, Kalkulation und Organisation hinein.

Verwundert stellte ich eines Tages fest, daß ich es bereits als Herabsetzung empfunden hätte, noch mit gewöhnlicher Arbeit beschäftigt zu werden. Vom Frühjahr ab tat ich nurmehr unteren Verwalterdienst, zog mit hundert Halbwüchsigen zum Distelziehen in die Gerstenschläge, bekam die Einerntung großer Wiesenflächen zugeteilt und vertrat schließlich den erkrankten Hofverwalter, was schon einen recht verantwortungsvollen Posten bedeutete.

Art und Umfang dieses Lernens führten ganz von selbst zur wissenschaftlichen Seite des Berufes. Der »ausgeruhte Geist« des Pollinger Fuhrmannes hatte sich jetzt anzustrengen, und die Verbindung des Gutes mit Akademie, Bibliothek und Lesesaal, vor allem auch die Mitarbeit bei Lehrversuchen an Feldern und Herden des Betriebes, taten ein übriges.

Für einen krassen Anfänger wäre Weihenstephan nicht der richtige Platz gewesen, aber auf der Grundlage, die mir die Pollinger Praxis von klein auf geschaffen hatte, war es die denkbar günstigste Weiterbildung. Oskar Schweighart hatte wieder einmal recht gehabt.

Was auch dies mit Arbeit bis zum Rande gefüllte Jahr zu einer fröhlichen Zeit machte, waren wie schon so oft gute Gesellen.

Ein rundes Dutzend Eleven werkten auf dem Staatsgut – alle sich an Alter, Herkunft und Vorbildung ziemlich ähnlich –, und obwohl die meisten ehrgeizig waren, gab es kaum Eifersucht und niemals Intrigen. Der kameradschaftliche Komment hatte noch viel von dem der Gymnasien, aber auch schon manches Akademische, das von unserer Verbindung mit studentischen Kreisen beeinflußt war. Jedenfalls hielten wir bei der Arbeit und am Feierabend wie Pech und Schwefel zusammen und teilten oft genug das letzte Geld, damit keiner bei lustigen Abenden in der alten Bräuschenke oder bei Wochenendfahrten nach München zu fehlen brauchte.

Die große Stadt begann mich wieder stärker anzuziehen, wenn es auch vorläufig ihre derberen Vergnügungen waren, die lockten: volkstümliche Komikerlokale, wie sie damals in höchster Blüte standen, Lustspielhäuser, Kellerkonzerte und jene viertrangigen Weinkneipen, die sich später »Dielen« nannten. Amüsierplätze eben, wie Leute vom Land sie gerne aufsuchen. Nicht viel schlechter in ihrer Art als die – freilich besser parfümierten – Freuden von Paris, an die südamerikanische Viehzüchter und Gummipflanzer auf Sumatra denken, wenn sie sich nach Europa sehnen.

Ich fuhr auch oft nach Polling und nicht nur zu Mama und den Schweigharts. Die allmähliche Lösung im Vorwärtsschreiten wurde weder Untreue noch Überheblichkeit.

Mit den Geschwistern aber kam ich in diesem Jahr nur selten zusammen. Die Zeit reichte nicht aus, und irgendwo mußte es eine

Lücke geben. An Weihnachten freilich besuchte ich Julia und Thomas, traf Carla bei Mama an und brachte allen hübsche Spanferkel zum Festschmaus mit. Der aufsichtsführende Kamerad im Weihenstephaner Schweinestall markierte die fettesten Tierchen als »Huster«, worauf wir sie billig erstehen konnten.
Heinrich, der wieder im Süden war, sah ich damals nie. Um so häufiger Mama, die sich nicht mit meinen Besuchen begnügte, sondern so oft zum Nesthäkchen in der Fremde fuhr, daß es manchmal ein wenig genant vor den Kameraden war. Aber der Übergang aus heimatlicher Betreuung zum Leben eines freien Junggesellen vollzog sich dadurch etwas sanfter.
Nichts, weder gehobenere Arbeit noch Erweiterung des Interessenkreises überhaupt, konnte meine Passion für die Pferde verkleinern. Je mehr von ihnen ich kennenlernte und je deutlicher mir ihr Wesen wurde, desto stärker ward mein Glaube, daß das Pferd der am höchsten stehende tierische Gefährte des Menschen sei.
Nicht seine Sklavendienste, die ja durch die Maschine von Jahrzehnt zu Jahrzehnt unwichtiger gemacht werden, sondern der Charakter schien mir ausschlaggebend, den es sich durch die Jahrtausende der Leibeigenschaft bewahrt hat. Viele nützliche Instinkte sind ihm unter unserer Herrschaft verlorengegangen, der Geruch zum Beispiel und der sichere Sinn für Gefahren, aber selbst bei einem dienstwilligsten oder elendsten Vertreter ist noch die Würde einer gewissen Distanz fühlbar, die sich nicht gemeinunterwürfig macht. Respekt und gar Freundschaft des Pferdes sind viel schwerer zu erwerben als die des Hundes, denn die Pferdeseele oder das, was ein Tier statt der Seele hat, ist freier geblieben, ist weniger »hündisch« geworden. Und gerade darum ist solche Freundschaft ehrenvoller. Gerade das macht den Cavallo zum Kavalier.
Ich hielt mich auch in Weihenstephan soviel wie möglich bei den Pferden auf. Bei den schweren Belgiern und Pinzgauern, den Oldenburger Halbschweren und den leichten Kutschpferden. Den einzigen tiefen Schmerz dieses Jahres bereitete mir das furchtbare Sterben eines Pferdes, und mein einziger Haßausbruch galt dem Menschen, der das arme Geschöpf so leiden ließ.
Es war ein Professor der Akademie, dem die tierärztliche Ober-

aufsicht des Gutes oblag. Ein arroganter, kaltschnäuziger Herr mit dem Gehaben eines Oberstabsveterinärs der preußischen Gardekavallerie, aber keine Leuchte der Wissenschaft. Als der braune Wallach »Kasimir« sich in den Qualen der gefürchteten Harnwinde wälzte und längst aufgegeben war, verbot der Professor kategorisch die barmherzige Tötung mit Rücksicht auf irgendeine schäbige Bestimmung der Versicherung, die er noch dazu leicht hätte entkräften können.
Als Praktikanten und Roßknechte Anstalten trafen, ihn zu verprügeln – die Gutsbeamten hielten sich aus Sorge um ihre Stellung der Affäre fern –, kam er überhaupt nicht mehr in den Stall und überließ es uns, das Leiden der Kreatur mitanzuschauen, ohne es lindern zu können.
Man muß einmal die Augen eines solchen Geschöpfes gesehen haben, mit denen es seine Herren und Pfleger, seine Freunde anblickt, die so versagen, um die wütende Verzweiflung zu verstehen, mit der ich in der zweiten Nacht vergeblich nach einer Schußwaffe fahndete. Als ich gegen Morgen in den Stall kam, bereit, mit einem Beil Barmherzigkeit zu üben, streckte sich endlich der Braune in einer dampfenden Wolke des Todesschweißes zum letztenmal. Die großen, furchtbar fragenden Augen wurden starr.
Wir weigerten seit diesem grausamen Vorfall dem Professor jeden Assistentendienst und nannten ihn aller Welt gegenüber nur noch den »Schinder«. Ich habe sein Kolleg später, als ich ein Semester an der Akademie verbrachte, niemals besucht und glaube, nichts dadurch verloren zu haben.

Im Spätsommer hatte ich mit ein paar Stallburschen einen Waggon Mastvieh von Freising nach München begleitet, die Ausladung im Schlachthof überwacht und die Übergabe an den Kommissionär erledigt. Ein freier Abend in der Stadt lag vor mir, und ich studierte im Restaurant eifrig die Vergnügungsanzeigen. Das Künstlertheater im Ausstellungspark kündigte etwas Besonderes an: die Operette »Thermidor« von Digby la Touche und Roda Roda, dem ich ja anhing, seit ich als Dreizehnjähriger seine erste Geschichte im »Simplizissimus« gelesen hatte. Auch reizte es mich, wieder einmal das »Vereinbare« zu erproben, einen sehr rustikalen Tag mit einem

elegant-geistigen Abend zu beschließen, und so fuhr ich erwartungsfroh zur Theresienhöhe hinaus.
Aber als ich kurz vor Beginn der Vorstellung an der Kasse stehend, inmitten eines geradezu beängstigend feinen Publikums mein Bild in einem großen Spiegel erblickte, verbannte ich mich ohne Zögern, wenn auch lachend, aus diesem mondänen Tempel.
Ich trug den alten verwaschenen Spielhahnhut, die abgeschabte Lodenjoppe und ziemlich mistige Ledergamaschen. Über der Schulter hatte ich die Strickhalfter meines Viehtransportes hängen, und mein derber Stock paßte zu diesem Requisit. Dazu merkte ich im Parfümduft des Vorraumes, wie intensiv ich nach dem Stall roch. Nein, heute war es nichts mit dem »Vereinbaren«.
Ich schämte mich nicht im geringsten, sondern ließ mich – immer noch lachend – vom Strom des abendlichen Massenbesuches ein paar Schritte weitertreiben: zum Zirkus, der sich in der größten Ausstellungshalle etabliert hatte. »Da gehörst du heute hin«, sagte ich fröhlich zu mir, löste eine bescheidene Karte und saß dann inmitten des Volkes, jeder Zoll ein junger Viehhändler, der sich einen lustigen Abend macht. Mein Stallaroma vermischte sich sehr harmonisch mit dem Pferde- und Raubtiergeruch der Manege, und ich war von dem Programm des berühmten Unternehmens sehr begeistert. Mein Sitznachbar – offenbar ein Metzgerbursch – redete mich gleich mit du an, und ich sagte zur Kellnerin: »Tua a Maß her, Weiberl!« Alles war in bester Ordnung.
Aber nach der Vorstellung blieb ich doch noch vor dem Künstlertheater stehen und sah den Herren in Frackcapes und matten Abendzylindern zu, wie sie mit ihren in höchster Aufmachung prunkenden Damen Automobile und Coupés bestiegen oder hinüber zu der neuen Bar schlenderten, von deren exklusiver Großartigkeit ich schon gehört hatte.
Ich sah ihnen zu, wie sie elegante Welt spielten oder vielleicht wirklich waren, und hatte weder Minderwertigkeitsgefühle, noch dünkte ich mich in meinem braven Arbeitskleid erhaben über die drohnenhaft Gewandeten. »In ein paar Monaten, meine Herrschaften«, dachte ich, »werde ich mich – entpuppt als Einjährig-Freiwilliger eines eleganten Regimentes – auch äußerlich gleichberechtigt unter euch bewegen. Und sollte dann im Plaudern an der Bar die

Sprache auf meinen Beruf kommen, so werdet ihr mich eben für einen Rittergutsbesitzerssohn halten, so wie ihr mich heute für einen Ochsentreiber halten würdet. Auf Wiedersehen also!«
Und zufrieden mit der Welt fuhr ich zum Bahnhof.

So bestimmt wußte ich eigentlich noch gar nicht, ob mich das Münchener Feldartillerie-Regiment als Freiwilligen annehmen würde, bei dem ich mich gemeldet hatte. Es war ein sehr angesehener und beliebter Truppenteil, und man mußte Protektion haben, um als Junker oder Einjähriger dort unterzukommen. Zwei Kavalleristen aus der Löhrschen Verwandtschaft hatten sich zwar für mich verwendet, aber die Entscheidung stand noch aus.
Gerade als ich von jenem Abend in der Ausstellung spät nachts nach Weihenstephan heimkam, fand ich in meinem Zimmer ein militärisches Schreiben vor, das in kurzen, scharfen Sätzen mein Erscheinen zur Musterung »in sauber gewaschenem Zustand« befahl, und wenige Tage später betrat ich zum erstenmal die riesige Max-II-Kaserne, die mit ihren Türmen, Toren und Höfen wie die enorme Vergrößerung meiner alten Spielzeugfestung aussah. Ich mußte ein wenig gegen das Gefühl der Zweitrangigkeit ankämpfen, das einen deutschen Zivilisten der damaligen Zeit so leicht befiel, wenn er in militärische Umgebung geriet, und sah mich im Vorraum des Untersuchungszimmers einer starken Konkurrenz von recht gut aussehenden jungen Herrn gegenüber. Schätzungsweise konnte nur die schwache Hälfte der Kandidaten angenommen werden.
Einer sagte mir mit schlauer Bestimmtheit trotzdem meinen Erfolg voraus, als wir ins Plaudern gekommen waren. »Sie haben den einzigen Zivilberuf, der den Herren einigermaßen imponiert«, meinte er, »Sie sind im richtigen Alter, schauen schon ein bisserl militärisch aus und haben sicher eine vorschriftsmäßige Abkunft. Sie werden sehen, zum Schluß wird man Ihnen die Schenkel abmessen. Wegen des Reitens, müssen Sie wissen. Denken Sie an meine Worte – dann sind Sie genommen. Bei mir steht's ungut. Ich bin nur Bankier und hab' einen Religionsfehler.«
Richtig, sie maßen mir die Schenkel.

Das Freiwilligenjahr bei einer berittenen Truppe war damals eine kostspielige Sache. Schon die Equipierung allein verschlang ein kleines Vermögen, denn die gesamte Ausstattung, von der Parademontur bis zum Drillich, mußte auf eigene Kosten beschafft werden, und sogar für Pferdefutter, Hufbeschlag und Sattelzeug hatte der Einjährige aufzukommen. Damit mußten deutsche Väter rechnen, und in Papas Testament waren besondere Auskehrungen an die Söhne für solchen Zweck vorgesehen.
Mama kam von Polling herein und überwachte meine Einkleidung bei Schneider, Schuster und Hemdenmacher. Sie sorgte auch schon jetzt für ein Zimmer bei netten Leuten in der Nähe der Kaserne und spendierte zwischen unseren Besorgungen kleine, feine Mahlzeiten im »Restaurant français«. Abends waren wir dann im Theater, und ich fuhr nachts in gehobener Stimmung von dieser hübschen Einleitung meiner Soldatenzeit wieder nach Freising zurück, um am nächsten Morgen mit meiner Erntekolonne einen neuen Haferschlag anzugehen.
Wer konnte es ahnen, daß diesem Vorspiel immer neue Einberufungen folgen würden, daß ich im ganzen fast zwölf Jahre meines Lebens Soldat sein sollte und zehn davon in zwei Kriegen? Mama, die mich schon beim Anprobieren von Reithosen fortwährend zur Vorsicht beim Umgang mit Pferden, Kanonen und leichtsinnigen Kameraden mahnte, hätte mich bei der leisesten Andeutung des Kommenden sicherlich mit dem nächsten Schiff nach Brasilien zu den da Silvas geschickt, anstatt mit mir Säbel, Sporen und roten Helmbusch auszusuchen.

II

Am 1. Oktober um zehn Uhr vormittags fuhr ich in einem Taxi an der Kaserne vor. Es war die zweite oder dritte Autofahrt meines Lebens, und ich leistete sie mir sowohl als flotten Abschied vom Zivilleben wie auch als schneidigen Eintritt ins Militärische. Der Wachkommandant am Tor zum neuen Leben aber gab mir mit drastischen Worten zu verstehen, daß solche »Wagerlprotzerei« einem Rekruten schlecht anstehe.

Schon in den ersten Stunden wurde mir klar, daß alle Vorgesetzten glaubten, zunächst und vor allem in den Einjährigen den ungeheuren Bildungsdünkel brechen zu müssen, der nach ihrer festen Überzeugung in jedem von uns steckte. Die zu starke Individualität sollte zerstampft, unter Anwendung eiskalter Güsse zu einer knetbaren Masse gemischt und von rauhen Händen zum vorschriftsmäßigen Soldaten geformt werden.
Der Wachtmeister der zweiten Batterie, der ich mit sechs Genossen zugeteilt wurde, ein Koloß mit einer Stimme wie Rolands Horn auf bayerisch und der Autorität des jüngsten Gerichtes, erklärte uns furchtbar dröhnend, wir seien nichts als »blauweiß baßbollierte Schußbeutel«, also Kanoniere, denen das Abzeichen des Einjährigen, nämlich Passepoils an den Schulterklappen, nicht das geringste Vorrecht verleihe. Der Zimmerälteste, ein Sergeant, brüllte mit gesträubtem Schnurrbart, sogar zum Bettenmachen seien wir »wegen hoher Bildung und gelernter Faulenzerei« zu dumm, und der Futtermeister verkündete beim ersten Stalldienst schneidend, daß wir uns nicht als Reiter, sondern als »studierte Roßbollenschüttler« zu betrachten hätten, über die ein edles Pferd nur lachen könne. Die Bildung war hier offenbar ein schwerer Gewährsmangel, wie der Dummkoller bei den Pferden.
Mit Offizieren kamen wir zunächst nicht in Berührung. Die erste und gröbste Arbeit an uns wurde den Korporalen überlassen. Erst als wir »halbwegs stehen und gehen« konnten, musterten uns Hauptmann, Rekrutenleutnant und Reitlehrer. Ihr Ton war anders: herrenmäßiger und ohne die groteske Roheit der »Chargen«. Aber auch sie gingen unserer Bildung zu Leib, die keinerlei Rechte, sondern nur stärkere Verpflichtung und die Gewißheit härterer Bestrafung eines Versagens bedeute.
Viele meiner Kameraden, besonders die älteren, litten sehr unter dieser Behandlung. Einige waren mit Stolz, die anderen doch voll guten Willens eingerückt. Keiner hatte sich die Rekrutenzeit leicht vorgestellt, aber dieses Zermalmungssystem ging über die schlimmsten Erwartungen. Die Stimmung war gedrückt oder empört. Dazu kam die körperliche Überanstrengung.
Mir machte das alles gar nichts. Es berührte mich sogar ausgesprochen humoristisch.

Und auf die Gefahr hin, als Militarist angesehen zu werden, muß ich der Wehrmacht zu Ehren gestehen, daß es mir als Soldat, Korporal und Offizier – wenigstens in der alten Armee – eigentlich immer gutgegangen ist. Daß ich mich vom Kommiß nie allzu bedrückt oder schmerzhaft nivelliert gefühlt habe und daß mir im Heer des früheren Deutschlands weniger Ungerechtigkeit, schäbiger Egoismus, Intrigantentum, ja sogar weniger wahre Brutalität entgegengetreten ist als im bürgerlichen Leben.
Ich habe sehr unangenehme und menschlich zweifelhafte Vorgesetzte kennengelernt, aber ihre schlechten Eigenschaften konnten sich nie so gefährlich auswirken wie der gleiche Charakter eines freien Zivilisten. Viel stumpfsinnigen Drill und hanebüchene Grobheit habe ich erlebt, aber keine wirkliche Mißhandlung; manchmal dummen Dünkel, aber kaum jemals Unkameradschaftlichkeit, vor allem kein Denunzieren.
Freilich sind diesem Bekenntnis die Grenzen meiner persönlichen Erfahrung in bayerischen Regimentern und Divisionen – wohlgemerkt berittenen Truppenteilen – gesetzt, und die Feststellungen beziehen sich keineswegs auf die Wehrmacht des Dritten Reiches, mit der es in vieler Beziehung etwas ganz anderes war.
Aber die königlich bayerische Kaserne, der ich mich bei jedem Einrücken ohne Illusionen, aber auch ohne Unmut überantwortete, hat mir nie etwas wirklich Böses angetan, sondern hat mancherlei Nützliches zu meinen Lehrjahren beigetragen.

Freilich war für mich schon der erste Start leichter als für die meisten. Ich wurde in einem für den Soldatendienst denkbar geeigneten Lebensabschnitt Rekrut: jung, von der Landarbeit aufs beste vortrainiert, an Gehorchen und Befehlen schon gewöhnt und vernarrt in die Pferde. Meine bürgerliche Position hatte mich noch nicht so dünnhäutig gemacht, daß ein schimpfender Unteroffizier eine drückende Kränkung für mich sein konnte. Das war keine Würdelosigkeit, sondern die Erkenntnis, daß solche Rauheiten gar nicht nahe an mich herankönnten. Auch hatte ich genug Humor, um das bewährte Rezept anzuwenden, nach welchem man sich den tobenden Vorgesetzten einfach im Hemd vorstellte und dann statt Bitternis nur Lachlust hinunterwürgen mußte.

Nichts war unerträglich oder auch nur drückend schwer: Das gefürchtete »Kasernieren« – drei Wochen auf dem Strohsack – machte mir gar nichts aus. Ich hatte auf den Weihenstephaner Vorwerken schon karger gehaust, und mein Leben als Interner einer Presse lag erst zwei Jahre zurück. Das Wecken um sechs Uhr schien mir Erholung nach bislang viel früherem Beginn des scharfen Arbeitstages. Ich rauchte meist schon behaglich die zweite Zigarette, wenn meine Stubengenossen – im Vergleich mit mir geradezu Sybariten – von der Reveille aus dem Tiefschlaf gerissen wurden. Und gar der Stalldienst entbehrte für mich jeglichen Schreckens, den er für die anderen lange hatte.

Pferde, besonders Militärpferde, merken einem neuen Pfleger sofort Unvertrautheit und Ängstlichkeit an und benehmen sich dann souverän-unverschämt, ja sogar bösartig gegen solche Anfänger, auch wenn das ihrem Charakter sonst gar nicht entspricht. Ich hatte nichts dergleichen zu fürchten, und die niederen Dienstleistungen an den Pferden bedeuteten mir keinerlei Entehrung. Ich wußte, daß Füttern, Putzen und Ausmisten vor dem Sprung in den Sattel oder auf den Bock kamen, daß man das alles zum mindesten gut können müsse, wenn man es später befehlen wollte. Und daß ich es schon konnte, verschaffte mir sofort Ansehen und viele Erleichterungen. Ebenso reüssierte ich in der Reitbahn infolge meiner ländlichen Vorübungen.

Das Geschützexerzieren war schließlich nichts anderes als das exakte Umgehen mit Fahrnis und Maschinerie, mir also im Grunde seit langem vertraut, und für den leidigen Drill des Fußexerzierens blieb nicht allzuviel Zeit. Wir sollten ja Reiter werden.

So konnte es nicht ausbleiben, daß ich bald von den Oberen mit bärbeißiger oder schneidiger Achtung – mindestens mit ihrer Andeutung – behandelt wurde, die manchmal eine fast ungläubige Verwunderung über solches von der schändenden »Bildung« unverdorbenes Talent durchblicken ließ. Dadurch kam ich an die kleinen Götter menschlich etwas heran und konnte auch meinen Kameraden da und dort Vorteil verschaffen, was mich bei ihnen vor den gemeinhin für einen Primus und Musterknaben gehegten Gefühlen bewahrte. Überdies merkten sie bald, daß ich nichts weniger als ein Streber war, und wir sieben – zwei ältere Studenten, zwei Kaufleute, der künftige Erbe eines Stahlwerkes, ein Referendar und ich – waren bald so verbunden, wie es nur junge Männer sein können, die miteinander die lustigen und bösen Abenteuer einer Lern- und Entwicklungsperiode durchmachen. Ich hatte auch hier wieder gute Kumpane.

Die Studenten – Mediziner und Jurist – und einer der Kaufleute waren Bayern, der andere stammte aus dem Norden, und Referendar wie junger Industrie-Nobile kamen vom Rhein. Ich stand als sehr norddeutsch Geborener und sehr süddeutsch Aufgewachsener in ausgleichender Mitte unter ihnen, obwohl ich einer der jüngsten war.

Gerade das Kasernieren, der enge Bezirk der ersten Wochen, die gemeinsame Stube, die kollektive Behandlung und die gleichen Nöte brachten uns sehr rasch einander nahe, und bald bestand auch guter Kontakt mit den Kameraden der anderen Batterien.

Man war dazumal als Einjähriger einer berittenen Truppe trotz des Stampfsystems auch in der Rekrutenzeit immer noch ein wenig Herr oder doch künftiger Herr. Wir hatten Diener, wenn sie auch nur »Putzer« hießen, und ein kleines Kasino, das ausgezeichnet geführt wurde und unbeschränkten Kredit gewährte, was zu festlichem Leben nach hartem Dienst herausforderte. Die Rheinländer mischten Bowlen. Ich brachte den Preußen die ganz echten alten bayerischen Soldatenlieder bei, wie ich sie in den Pollinger Wirtshäusern und Knechtekammern gelernt hatte, und alle deutschen Stämme sangen:

»Ein letzter Kuß von deinem Rosenmunde
erinnert mich an jenes Morgenrot.«

Nach acht Tagen durften Fortgeschrittene abends bis zum Zapfenstreich ausgehen. Ich grüßte zwar vor Angst, eine Charge zu übersehen, mehrere Trambahnschaffner und Bahnbeamte mit großer Strammheit, aber es war doch schön, im »Restaurant français« zu soupieren und hernach im Café Luitpold »Simplizissimus« und »Pan« zu lesen, bevor man sich wieder im Dunst der Kasernenstube bei langhallenden Trompetenklängen auf den Strohsack streckte.

An den nächsten Abenden stellte ich mich bei den Löhrs und den Tommys im bunten Rock vor. Julia war natürlich begeistert. Sie

hätte es am liebsten gesehen, wenn ich Avantageur geworden wäre. Jof regalierte den soldatischen Schwager mit seinen besten Zigarren und einer edel verstaubten Flasche Burgunder.
Bei Thomas und Katja wurde dem traditionellen Hunger des Rekruten kulinarisch Rechnung getragen. Ich hatte nicht erwartet, daß mir die Uniform hier irgendein Air verleihen werde, empfand aber doch eine besonders herzliche Anteilnahme. Irgendwie wirkte sich auch in diesem Kreise die damalige starke Popularität des Soldaten aus, bei der ja auch immer Mitleid bis zu einem gewissen Grade mitspielte. Jedenfalls fühlte ich mich »als ein Soldat und brav« aufgefaßt und kehrte, mit vielen schönen Büchern, hochgemut heim aus dem Zimmer mit den Lübecker Kandelabern in die Stube mit den eisernen Betten.
Nach zwei Wochen ereignete sich das Unglaubliche, noch nie Dagewesene: Der Wachtmeister bot mir, dem Rekruten, der noch kaum »stehen und gehen« konnte, im Namen des Hauptmanns Urlaub über das Wochenende an. Er tat es in einem Ton, der nach wildem Anranzer klang, aber eitel Wohlwollen war, wenn ich auch gleich darauf donnernd belehrt werden mußte, daß es nicht »Danke gehorsamst«, sondern »Bitte gehorsamst danken zu dürfen« hieß.
»Bitte gehorsamst danken zu dürfen«, brüllte ich. »Abtrötten!« dröhnte der Koloß. Ich gehorchte klirrend und stampfend und war drei Stunden später in Polling. Gerade kam ich zur Kirchweih zurecht. Ein bayerischer Soldat.

Dann war die erste Phase vorbei, und die Einjährigen durften ihre Privatzimmer beziehen. Man ging fast jeden Abend aus, und wenn auch die Heimkehrzeit vorgeschrieben war, hatte man Kontrollen doch kaum zu fürchten. Zivil zu tragen war zwar offiziell verboten, wurde aber ständig geübt, ohne daß es jemals böse Folgen hatte. Wir zogen die »Ausgangsuniform« mit dem hohen schwarzen Kragen und breiten roten Streifen an der langen Steghose bald nur noch an, um zu ermäßigten Preisen in die Theater zu kommen oder wenn wir vor irgend jemandem glänzen wollten. So konnte man sich abends als freier Mann fühlen und nützte das weidlich aus. Die reichen Jungen aus dem Rheinland gaben den Ton an, und alles tat

mit. Es war lustig und überaus kostspielig. Das frühe Aufstehen fiel jetzt auch mir schwer, und ich begann Schulden zu machen.
In der Kaserne war junge Mannschaft eingerückt. Meist Bauernsöhne aus Franken und der Oberpfalz, denn das Regiment gehörte trotz seiner Garnisonierung in München zu einem nordbayerischen Armeekorps.
Die Einjährigen waren jetzt infolge ihres Vorsprungs in der Ausbildung schon gehobene Rekruten. Die Eingewöhnung wurde vollständig und die Erkenntnis der Einzelheiten immer klarer.
Die Art, in der die Korporäle ihre nur relativ große Macht als Funktionäre des Zermalm- und Neuformungsprozesses uns gegenüber ausübten, war mir zunächst einfach als Demonstration subalterner Charaktere erschienen, mit der man sich abzufinden hatte, zumal sie bisher weder zu schlimmen Quälereien noch – trotz ständiger Drohungen – zu irgendeiner Bestrafung geführt hatte. Jetzt konnte ich schon den Theaterdonner von wirklicher Bösartigkeit unterscheiden und merkte, daß es auch für diese eine scharfe Grenze gab, die der vom Offizierskorps ausgehende Geist zog. Es war trotz mancher törichten Anschauung doch ein nobler Geist, und er zeigte deutlich ausgeprägt das Wesen süddeutsch-österreichischen Herrentums, das ich in allem Wandel der Zeiten immer wieder als im Grunde human und kultiviert erkennen konnte.
Über ein paar Fahnenjunker, die von uns kindisch-arroganten Abstand hielten, konnte man die Achseln zucken. Sie waren ungefährlich und erinnerten mich lebhaft an die Tanzstundenfähnriche der Rambergstraßenzeit, die »keine richtigen Onkels« gewesen waren.
Alle großen und kleinen Götter aber waren Reiter. Und wer mit ihnen ritt – ob an Tête oder Queue –, war schließlich ihr Kamerad. Das Pferd als Generalnenner war unser gar nicht zu überschätzender Vorteil. Meine Passion hatte mich gut geleitet.

Da standen sie, die vorteilhaften Geschöpfe, in den langen, niedrigen Stallungen und kehrten allesamt die Hinterhand den peinlich sauberen Mittelgängen zu, wo an eisernen Säulen – blank und geordnet wie zu einer Ausstellung – die Sättel und Geschirre hingen.
Die Schimmel und die Falben, rotgolden schimmernde Füchse, Dunkelbraune und Rappen. Mit weißen Sternen und Blessen auf

Stirnen und Nasenrücken und ungleichen weißen »Stiefeln« über den Fesseln, wie die Trudl in Polling. Mit edlen oder plumperen Köpfen, aber fast alle mit den schönsten Tieraugen, die es gibt, und dem lebhaften Spiel der Ohren und Nüstern.

Die Rosse der vom Sattel aus gelenkten Sechserbespannungen und die Reitpferde von den Vollblütern bis zum überschweren Hunter unseres Wachtmeisters, kolossal wie sein Reiter, schon fast ein Bräugaul, aber auch unter der gewaltigen Last eines donnernden, funkenschlagenden Galoppes fähig.

Da standen sie, drehten neugierig die Köpfe, bissen sich im Scherz oder Ernst mit den Nachbarn, scharrten ein wenig, schnaubten in den leeren Futtertrog und wieherten hellauf, wenn der Ruf »Hafer fassen!« ertönte.

Ich verstand es gut, daß das ganze Regiment zu ihrer Bedienung da war und alles sich um sie drehte. Denn bevor das artilleristische Können der Truppe zum Einsatz kam, mußten sechshundert Rosse traben und fast vierhundert Reiter sich bewähren. Die Kanone war vom Pferd abhängig, und seine Pflege ging allem voran.

Von Strohmatten umhegt, stand es in der zur festen Matratze geschichteten Streu, und der Mist wurde beseitigt, kaum daß er fiel. Geputzt und wieder geputzt, Augen, Nüstern und auch unedlere Organe mit weichem Schwamm gewaschen, Mähne und Schweif gekämmt und gelockt, die Hufe gesalbt und von den besten Schmieden des Landes beschlagen, so glänzte auch das letzte Bagagepferd. Und nach den – freilich oft sehr harten – Anstrengungen des Dienstes wurde es mit Abreibungen und Massagen, warmen Decken und Bandagierungen behandelt, wie ein großer Sportsieger nach dem Kampf.

Kontrollen, Visitationen und Untersuchungen rissen nicht ab. Batteriechefs standen mitten in der Nacht vor erschrockenen Stallwachen und deuteten zornbleich auf ein paar Pferdeäpfel in der Streu. Der Major wischte mit weißen Handschuhen über Hälse und Kruppen. Staubspuren wurden härter geahndet als das Versagen eines Richtkanoniers.

In den Krankenställen und Pferdelazaretten wäre ich lieber Patient gewesen als in »Revier« und Garnisonshospital, und bei Ausbruch von Genickstarre unter der Mannschaft waren Aufregung und

Gegenmaßnahmen nicht so stark wie bei der Entdeckung von Brustseuche in den Ställen. Es ging ja um die Pferde!
Um die Möpse, sagten die geplagten Soldaten; um die verfluchten Stumpen und die verdammten Krampen. Aber es gab kaum einen unter ihnen, der die Pferde nicht liebte und nicht im Grunde einverstanden mit ihrer Starbehandlung gewesen wäre. Die jungen Bauern waren daheim stolze Fuhrleute und kannten den Bauernvers »Weibersterb'n – koa Verderb'n, Roßverreck'n – großer Schreck'n«. Jetzt schauten sie gar vom Sattel aus in die Welt, wie Oberst und Leutnant. Die erste Reiterregel aber lautet: Vor dem Mann das Pferd.
Ich hatte als Rekrut mit den Rossen das gleiche Glück wie mit den Vorgesetzten, auch wenn sie für böse galten oder es wirklich waren. Manchmal war es erstaunlich. Für die Reitschule bekam ich eines Tages die schwarze »Yole« zugeteilt. Ein figurantes und gängiges Pferd, nur überschlug sie sich plötzlich mit dem Reiter nach rückwärts, wenn sie von neuralgischen Rückenschmerzen befallen wurde. Mit mir tat sie es nie; einen Kameraden, der sie später übernehmen mußte, zogen wir am ersten Tag mit Rippen- und Beinbrüchen unter dem Gaul hervor.
Sechs Monate ritt ich den ramsnasigen, hohen Goldfuchs »Zar«, ein ehemaliges Rennpferd mit kleinem, trockenem Kopf und tückischen Augen. Er ging, wenn man ihn am Zügel führte oder neben seinem Kopf stand, blitzschnell hoch, schlug seinen Herrn mit den Vorderhufen nieder und tobte auf dem Gestürzten herum. Auf diese Weise hatte er schon viele Männer schwer verletzt. An mir hat der Verbrecher, der das schnellste, ausdauerndste und gehorsamste Pferd war, sobald man im Sattel saß, nur einen einzigen, fast zaghaften Mordversuch unternommen, den ich sehr brutal im Keim erstikken und bestrafen konnte. Ich zwang mich, das Tier nicht zu fürchten und es keine Sekunde aus der Kontrolle zu lassen. Roda Roda hat in seinen Memoiren von einem ganz ähnlichen Fall erzählt.

An eine Erkenntnis meiner Soldatenlehrzeit wurde ich im späteren Leben immer wieder erinnert. Sie ist sehr negativ und kam mir beim Signaldienst mit Winkerflaggen und Morsealphabet: Die wenigsten Menschen, so ging mir auf, können eine Nachricht exakt wiedergeben, die sie von einem anderen erhalten haben. Voll bok-

kigen Widerstands gegen die Genauigkeit des Wortlautes – die sie für Pedanterie halten – verdrehen sie durch Dummheit oder lebhafte Phantasie den Sinn meist schon zwischen erster und zweiter Artikulierung der Idee. Über die dritte und vierte steigert sich die Verkehrung dann progressiv bis zum Unsinn oder Widersinn.
Der Nonsens, der damals bei unseren Übungen aus einer drei Zeilen langen Meldung wurde, wenn sie nach Durchlaufen mehrerer Stationen als angeblicher Originaltext herauskam, war keineswegs größer als der, den manche Gazetten aus einem telefonisch übermittelten Interview machen, selbst wenn sie nicht fälschen wollen. Vom sogenannten »Lauffeuer« als Nachrichtenvermittler ganz zu schweigen. Die Menschen können nicht anders. Nicht um alles Gold der Welt. Wer es jung erkennt, dem bleibt wenigstens manche Enttäuschung erspart.

Die Zeit benahm sich wie immer: Sie dehnte die ersten Tage zur Länge von Wochen und die ersten Wochen zu Monaten aus. Und dann ließ sie die Monate bis Weihnachten wie Wochen abschnurren.
Sie vergingen mit lautem Kasernenbetrieb und stillen Postenrunden unter Sternen; mit Büchern auf der Bude und großer Bereicherung durch das Theater; mit drohend sich ankündigenden »Besichtigungen«, begonnen bei einem Herrenessen und endend in buntester Gesellschaft bei Barmusik und einer gefährlichen Mischung aus Sekt und Schwedenpunsch, die der rheinische Referendar als »Liebestrank« eingeführt hatte; mit Kniebeugen oder Stabhochsprung im Morgengrauen, rauchender Anstrengung an den Geschützen, opulenten Frühstücken im Kasino oder Schwarzwurst aus der Hand, im Stall hinter einem Pferd verborgen; mit den Abenden bei den Löhrs und den Tommys und mit Mamas sorgenden, mahnenden Briefen.
Und mit den Pferden, den vielen Pferden: In der Reithalle »ganze Bahn«, »halbe Bahn«, Zirkel, Volte, changieren, »Schulter herein«, auf der linken Hinterhand kehrt und »rückwärts richt euch«; bügellos, mit hochgehaltener Mütze über die Hürden, Stürze in die braune Lohe, Peitschenknallen und überlaute Belehrungen, die alle am Reiten direkt beteiligten Körperteile bei ihren drastischsten Na-

men nannten; Wiehern, Schnauben und Geruch der warmen Tierkörper.
Später draußen die gemütliche »Handkolonne« und die scharfen Übungsritte auf der weiten Fröttmaninger Heide. Steilhänge in Kiesgruben hinauf und hinunter, Gräben und Bäche, langer Jagdgalopp im geschlossenen Rudel durch Föhrenwälder und über gefrorene Äcker, einsames Jagen als Meldereiter, bis im Winternebel die schemenhaft dahingleitende Kolonne wieder auftauchte; dumpfer, hundertfältiger Hufschlag, Knarren der Sättel im englischen Trab, Reif auf den Mähnen und schwarzen Mänteln, weißer Dampf aus den Nüstern, ins Grau gestoßen, und Krähenschreie über dem Reiterzug.
»Bei den schnellen Rossen mit lautem Schnauben, die stampfend Funken sprühen und des Morgens den Staub aufjagen, wenn sie in den Feind stürmen – – –«
Ich hatte die einer Koransure entnommenen Zeilen einmal irgendwo gelesen, und jetzt fielen sie mir immer wieder ein. Ein pathetischer Reiter hatte sie geschrieben, vor vielen hundert Jahren im Morgenland. Aber ich verzieh ihm die Pathetik und verstand ihn. Es kam mir so vor, als müßten alle Reiter aller Länder und aller Zeiten ihn verstanden haben.

III

Die Freiheit des Wohnens und damit des Tuns und Lassens außerhalb des Dienstbetriebes machte das Ganze zu einer scharfen Schule, die den Externen am Abend und zum Wochenende in seine heimische Welt entließ. Sie war wirklich heimisch, diese Welt, denn der Pollinger Fuhrmann und Weihenstephaner Unterverwalter hatte die Stadt aufs neue entdeckt, in der er aufgewachsen war, und fand, daß der Acker sie ihm nicht entfremdet hatte.
Ich freute mich sehr an München, dessen Glanz in dieser Zeit wohl am freundlichsten strahlte; und daß die Stadt Wohnsitz oder doch ständiger Treffpunkt der Meinen geblieben war, machte alles wieder so vertraut wie in den Jahren der Herzogstraße.
Mama kam oft von Polling herein, und ich erzählte ihr vom Solda-

tenleben, wie ich ihr vom Huberkatsche, von der Schule und dem Bauernwirtshaus erzählt hatte. Sie bekam dadurch ein sehr heiteres Bild von meinem militärischen Dasein, und ich hörte ihr Lachen, dieses melodische, gute und von Grund aus humane Lachen so oft, wie ich bald darauf ihr verzweifeltes Weinen vernehmen mußte.

Mit den Münchener Geschwistern war ich sehr viel zusammen. Sie wohnten in Schwabing, unserem Schwabing der feudalen Straßennamen. Die Löhrs am Habsburger Platz, Tommy und Katja an der Franz-Josef-Straße. Die Tommys hatten sich dazu in Tölz ein Landhaus für die Sommermonate gebaut.

Bei Julia waren nach der Eva-Marie kürzlich Zwillinge angekommen – wieder Mädchen –, und auch in Katjas Kinderzimmer standen schon drei Bettchen, denn zu Erika und Klaus hatte sich Golo gesellt.

Julias weitläufige Etage trug den Stempel der Toni Buddenbrookschen Vornehmheit, und die Akkuratesse ihres großen Hausstandes war geradezu bedrückend. Kein Stäubchen trübte den Glanz, die Kinder und die Dienstboten kamen immer daher wie gerade frisch gestärkt und gebügelt, und ich hatte das Gefühl, daß man die Räume, einschließlich der Küche, eigentlich nur mit neuen Lackschuhen betreten könne.

Das tat der Herzlichkeit keinen Abbruch, mit der ich hier aufgenommen war, und überdies hatte Jof ein Herrenzimmer in Barock, das mich mit dem steifen Empire des Salons und dem weißen Lack des Lady-rooms versöhnte.

Ich wurde stark als Gesellschaftsherr bei Tees, Diners und anderen großen Repräsentationen beansprucht, bei denen ehrgeizige Damen lyrische Soprane zum Tragen brachten und Rilke rezitierten, indes ehrfurchtslose Herren sich in Nebenräume zurückzogen, wo das Servieren des Champagners nicht störte.

Immer mußte ich in Uniform erscheinen. Die Schwester drang mit leiser Bestimmtheit darauf, wie zehn Jahre vorher auf den Kieler Matrosenanzug. Dafür forderte mich Schwager Jof direkt heraus, Schulden zu beichten, die er meiner Situation für absolut angemessen erklärte.

Zu den Tommys konnte ich in beliebiger Adjustierung kommen, und die Kinder dort erinnerten mich bis zu einem gewissen Grad anheimelnd an meine eigene Schwabinger Zeit. Die Geselligkeit war zwanglos und geistreich, und die Wohnung hatte es mir schon früher angetan, besonders Thomas' großes Arbeitszimmer, wo jetzt die Lübecker Kandelaber standen, die Bibliothek lockte und der schöne Schreibtisch Vergleiche mit dem in der Marktstraße veranlaßte, jenem Tisch, auf dem das dicke Manuskript vor dem Tolstoibild gelegen hatte. Im Eßzimmer aber hing unser altes Hafenbild »Das Ey von Amsterdam«, und manchmal ging ich wieder, wie als Bub, zwischen Braten und Dessert in Gedanken an Bord meiner Korvette.

Eine Atmosphäre von Glück und großer Harmonie lag über diesem Heim. Ich hatte meinen Bruder Ommo ja eigentlich immer in heiterer Ausgeglichenheit gekannt, war mir aber mit den Jahren der Probleme seines Werdens bewußter geworden. Jetzt fühlte ich in meinem jungen Herzen, daß sein Weg durch hellen Sonnenschein ging, und ich schrieb das vor allem der Gefährtin dieses Weges zu. Katja, die Tochter des alten, hochbürgerlichen und doch höchst vergeistigten Hauses, war – um im Geist des problematischen Tonio Kröger zu sprechen – nicht Inge und nicht Lisaweta. Sie war der von Tonio wohl für möglich gehaltene Sonderfall.
Ein Sonderfall, wie Imma Spoelmann im Roman »Königliche Hoheit«, den der glückliche junge Ehemann gerade vollendet hatte, als ich bei den schnellen Rossen diente und so oft in die Franz-Josef-Straße kam.
Daß der Prinz Klaus Heinrich diese Imma findet – die spröd-eigenartige Schönheit mit dem blauschwarzen Haar, dem bräunlichen Hals und dem liebenswerten kleinen Bruch in der Stimme; scharfgeistig und scharfzüngig und gleich dem Prinzen, wenn auch in anderer Art, in eine Höhe gebannt, die einsam macht – daß es nach Leid und Läuterung zur Vereinigung kommt, das ist allen Umständen und gegebenen Fakten nach unwahrscheinlich und märchenhaft. Ich weiß nicht mehr, ob der Autor selbst sein Buch auf dem Titelblatt der ersten Ausgabe als Märchen bezeichnete, die Kritik jedenfalls – voran Hermann Bahr – nannte es so, und alle Welt fand das richtig, besonders wenn sie an das jubelnde Finale kam, das anmutet wie die Prinzenhochzeit auf einem Doréschen Märchenbild.

Aber Klaus Heinrichs und Immas Märchenglück ist doch nicht Glückssache von ungefähr und Feenlaune. Es ist erlitten und höchst verpflichtend. Umbraust vom Freudengeschrei eines ganzen Landes, von festlichen Glocken, Salutsalven und Feiermusik, sprechen die beiden Glückskinder leise zueinander über Würdigkeit zu solchem Zauberschicksal und seiner Verpflichtung. Und ihr demütiger Zweifel weicht nur vor der Erkenntnis, daß sie beide »von der Liebe wissen«.

»Das soll fortan unsere Sache sein«, sagte der Prinz, »Hoheit und Liebe, ein strenges Glück.«

Aber doch das Glück und die große Harmonie. Die Atmosphäre, die ich damals froh empfand und die das in der Sonne geschriebene Buch wiedergab.

Es war ein weiter Weg aus dieser Sonne in die Nacht des Exils, die aus qualvollem Denken an Deutschland den »Doktor Faustus« gebar.

Die perspektivischen Metamorphosen dieses Weges sind an den Gestalten erkennbar, die sowohl den Märchenprinzen als auch den humanistischen Unglückschronisten Fausti-Leverkühns begleiten. Da sind – um nur zwei zu verdeutlichen – die Prinzessin-Schwester Dietlinde und ihr guter Fürst Philipp, von deren Zopfstilpalais es zu Klaus Heinrichs Schlößchen Eremitage nicht weiter war als vom Habsburger Platz zur Franz-Josef-Straße. Auch sie schreiten im Märchenglanz durch das Zauberstück »Königliche Hoheit«. Als Inez Rodde und ihr Gatte Helmut Institoris aber leben sie im düsteren Schein der faustischen Tragödie trotz ihres ebenfalls vornehmen Heimes in der Münchener Prinzregentenstraße.

Und voll Trauer muß ich zugeben, daß die nächtliche Perspektive des im Tiefsten leidenden Autors ein wahreres Bild gestaltete als der Sonnenblick des Märchendichters.

Wenn Heinrich in jenen Jahren nach München kam, was nicht oft geschah, wohnte er in einer Pension an der Türkenstraße, und wir sahen uns meist nur bei Mama. Einmal aber traf ich ihn im Foyer eines Varietés und wurde einer Frau von solcher Schönheit vorgestellt, daß sie geradezu als Schock wirkte. Ich mußte sofort an die Senhoras da Silva und an die Lola aus »Zwischen den Rassen« den-

ken. Tatsächlich erfuhr ich, die Dame stammte aus Südamerika. Leider bin ich ihr später nie mehr begegnet.
Bei einem anderen Wiedersehen wollte ich wissen, woran Heinrich in seinem blauen Süden gerade arbeitete. Aber er gab eine freundlich ausweichende Antwort. In diesem Augenblick war er in Haltung und Sprache ganz und gar Albrecht, Klaus Heinrichs älterer Bruder in »Königliche Hoheit«.
Mein persönlicher Kontakt mit unserem Ältesten war also damals gering. Um so stärker war der seelische, den sein neues Buch vermittelte. Eben jenes, über das er mir die Auskunft in einer Art von Keuschheit verweigert hatte, als das Werk noch unvollendet war, noch verhüllt wie eine unfertige Statue. Dieser Roman wurde für mich das größte und tiefste literarische Erlebnis vieler Jahre.
Kurz vor Weihnachten gab Thomas mir bei einem meiner Abendbesuche »Die kleine Stadt« mit. »Das mußt du gleich lesen«, sagte er, »es ist Heinrichs Bestes.«
Ich begann in derselben Nacht, und schon aus den ersten Seiten traten mir die Straßen, Plätze und Menschen dieser italienischen Bergstadt so deutlich entgegen wie aus einem Gemälde. Diese Typen provinzieller Enge, die doch das große Leben im kleinen, manchmal Lächerlichen, aber immer sehr Menschlichen spiegelten; das schäbige Café an der Piazza, vor dem die Honoratioren auf das einzige Ereignis des Tages, die Ankunft des auf der Serpentinenstraße heraufknarrenden Postwagens warteten, wie Ludwig Thomas Spießbürger von Dornstein auf den kurzen Halt des Expreßzuges. Ich war noch nie in Italien gewesen, aber ich sah die eisernen Stühle im Schatten des Cafés, sah den Platz mit dem Brunnen und Dom in greller Sonne und blickte über die braune Ebene, die im Dunst des Horizontes das Meer ahnen ließ. Noch setzte die Handlung nicht ein, wurde noch kaum angedeutet, und doch nahm mich schon das Bild des Schauplatzes gefangen wie stärkstes Geschehen. Trotzdem schlief ich über diesen ersten Seiten ein, denn der Tag war schwer und lang gewesen. Ich erwachte mit dem Buch auf der Brust, band es sorgfältig in dickes Packpapier und nahm es mit in die Kaserne, denn ich kam mittags für vierundzwanzig Stunden auf Wache. Da konnte ich weiterlesen.
Dann saß ich in der dumpfigen Wachtstube: im schweren schwar-

zen Reitermantel, das frisch geweißte Kartuschbandelier über Brust und Rücken, Säbel und Pistole an dem weißen Koppel, denn nur Helm und Handschuhe abzulegen war in diesen vierundzwanzig Stunden gestattet.

Immer nach zwei Stunden auf Torposten bei Tag und auf Runde bei Nacht folgten vier Ruhestunden. Nachts konnte man sich dann auf die Holzpritsche legen. Aber ich schlief nicht während dieses zweimaligen Umlaufes des kleinen Zeigers. Ich war in Palestrina, der kleinen Stadt zwischen Rom und Neapel.

In den Dunst der Männerkörper, die zu lange in der schweren Kleidung staken, mischten sich die Gerüche von Kommißbrot, Bier, Kohlenfeuer und blakenden Petroleumlampen. Bei Nacht tönte ringsum Schnarchen, bei Tag Lachen, Schimpfen, Zoten und das Klatschen der Spielkarten. Mich störte nichts, ich war weit fort, in der Gasse der Hühnerlucia, wo es ja auch nicht gut roch, oder im verfallenen Theater, im Dom, im Geschrei des Bürgerkrieges auf dem Marktplatz, vor dem brennenden Gasthof und im feuchtschattigen Garten der Villascura.

Ein stärkerer Gegensatz zu meinem bayerischen Wachtlokal war kaum denkbar als dieses Buch, aber der Geist des Bruders führte mich wie auf einer Regenbogenbrücke hinüber. Aus dem Unteroffizier mir gegenüber am Tisch mit den Bierlachen wurde der Advokat Belotti; der Trompeter, der in einem Notenheft kritzelte, war der Kapellmeister Dorlenghi, und das Lied vom »Hüatamadl«, das einer auf der Mundharmonika blies, verwandelte sich in Flora Garlindas und Nello Genaris Duett »Sieh, Geliebte, unser umblühtes Haus!«

Während meines Postendienstes in den Tagesstunden, gebunden an die nächste Umgebung des Schilderhauses und gezwungen zur schärfsten Aufmerksamkeit, um rechtzeitig vor jedem passierenden Offizier mit abgehackten Bewegungen und ruckenden Kopfwendungen den schweren Säbel zu präsentieren, mußte ich mich mit Gewalt zusammennehmen, um nicht durch rauhe Realitäten von der Regenbogenbrücke in den Abgrund eines Wachvergehens gestürzt zu werden. Aber die Nacht war gut und der Verzauberung hold. Sie erlöste aus dem engen Bezirk am Tor, hüllte mondloses Dunkel und leichten Schneefall um den frei die riesigen Flügel des

Regimentsrayons Entlangschlendernden und wies windgeschützte Ecken mit Gebüschen und Auslug nach zwei Seiten, der vor Überraschung schützte.
Ich lehnte – den Schafpelz über Mantel und Rüstung – an der Mauer und beging eines der schwersten Wachvergehen: Ich rauchte auf Posten. Drüben, jenseits der Reitwiesen, blinkten schwach die Lichter der großen Stadt. Von ihren Türmen hallten die Schläge der Viertelstunden, und die Klänge wurden zum Läuten der Domglokken über der Piazza. Der Kirchendiener Pipistrell zog wild an den Seilen, damit die frommen Töne die weltlich-sündhafte Musik der »Armen Tonietta« zum Schweigen brächten. Denn Don Taddeo, der Priester, sah in den Komödianten Sendboten des Wollustteufels. Aber er selbst mußte die wollüstigste Teufelin lieben: die Mezzosopranistin Italia. Er liebte, litt eine Hölle, wurde schuldig und überwand sich – geläutert in einem sehr wirklichen Feuer – alle zu lieben, da er diese eine nicht lieben durfte.
In diesen Nachtstunden ging mir das Gelesene völlig auf und wurde zur Offenbarung der Menschlichkeit. Des Menschenwesens mit all seiner Schwäche und Stärke, seinen häßlichen Tiefen und höchsten Höhen, auf die immer nur die Liebe führen konnte, so hoch hinauf über das Leben im Staube, daß nicht nur überirdisches Glück, sondern auch der Tod nahe war.
Das Symbolische ging mir auf, zu dem jede Figur des Buches gestaltet war, so daß sie für unzählige ihresgleichen stand, und das aus den Geschehnissen, die ein mittelmäßiges Operngastspiel in der südlichen Kleinstadt auslöste, die dramatische Komödie der gesamten menschlichen Synthese sichtbar machte. Noch nie hatte ich dergleichen in einem Roman gefunden.
Trotz meiner jungen Begeisterung war ich noch kritisch genug, manche Vorgänge übertrieben, »opernhaft« zu finden. Zunächst hielt ich die vermeintliche Übersteigerung der Symbolik zugute, aber als ich vierzehn Jahre später italienisches Leben beobachten konnte, schien mir die Übertreibung nurmehr sehr geringfügig.
Praeneste, Palestrina, die in den Berg gekrallte Stadt, war mir schon als Kind ein vager Begriff gewesen, als die Brüder ein Jahr dort lebten und Mama mir aus ihren Briefen vorlas oder erzählte. Dort war ja teilweise mein »Bilderbuch für artige Kinder« entstanden,

und der Hund Titino war aus dieser märchenblauen Ferne zu uns in die Herzogstraße gekommen. Später hatten die Brüder selbst von der italienischen Familie erzählt, bei der sie in dem malerischen Nest gewohnt hatten: einer Witwe und ihren beiden Brüdern, dem Advokaten und dem Landpächter, und der schwachsinnigen Tochter, die alle Ereignisse erst begriff, wenn sie längst überholt oder abgetan und vergessen waren. Und nun fand ich alle diese Menschen in Heinrichs Buch wieder. Wohl etwas verwandelt und literarisch ins Ganze gefügt, aber für mich doch ganz lebendig und farbig trotz ihrer mir fremden Heimat. So lebendig wie Christian Buddenbrook und Tonio Kröger, Klaus Heinrich, Albrecht und Dietlinde oder die schöne Schauspielerin Ute aus der »Jagd nach Liebe«.
Schnee fiel in dieser verzauberten Postennacht. Er ließ sich weihnachtlich nieder auf den stattlich-behäbigen Dächern, unter denen sich satte Menschen bargen. Und als mir fast vier Jahrzehnte später viele Gestalten der »Kleinen Stadt« aus einem anderen Buch aufs neue entgegentraten, fiel wieder der Schnee. Aber er fiel auf Ruinen und Hungernde, und ich war kein junger Reiter auf der Regenbogenbrücke mehr. Ich hatte inzwischen Erlebnisse gehabt, die alles Gelesene an Eindringlichkeit übertrafen.
Trotzdem griff mir das Wiederfinden ans Herz. Denn als ich die Leute von Palestrina im »Faustus« erkannte, vom anderen Bruder zu neuem Leben erweckt, da waren sie verändert wie Dietlinde und Fürst Philipp. Auch der Advokat Belotti mitsamt seinem bäuerischen Bruder, der braven Schwester und der närrischen Nichte, waren als »avvocato« Manardi, Sor Alfonso, Signora Nella und Narrenkind Amelia dunkel verschattet durch ihre Beziehung zu Adrian Leverkühns unselig-dämonischem Schicksal. Und das Haus Belotti an der Treppengasse, in der »Kleinen Stadt« komödienhaft belebt durch galante Empfänge des amourösen Advokaten, war als Palazzo Manardi zum eisig durchwehten Schauplatz des Teufelspaktes geworden.
Doch das beschwerte mich noch nicht, als »Heinrichs Bestes« mir zur Offenbarung des Menschlichen wurde und mich aus Winternacht und Wachtstubendunst zu Sonne und Musik, Leidenschaften und Kämpfen forttrug wie ein Zauberteppich.

Ich las in der letzten jener vierundzwanzig Dienststunden die letzten Seiten des Buches: den opernhaften Schluß, bei dem die großen Liebenden an Dolchstichen sterben und ein greiser Narr mit dem Finger an den Lippen einen diskreten Bogen um die umschlungen Liegenden macht.
»Wir Armen, die wir das Leben lassen mußten – – –« Aber in meine Erschütterung fuhr das Kommando zum Antreten.
Die Wache wurde abgelöst.

IV

Mamas Briefe begannen mir Sorge zu machen. Solange die Mutterängste nur um mich gekreist waren – meist im Zusammenhang mit wilden Pferden, explodierender Munition oder den gesundheitlichen und finanziellen Folgen einer lockeren Lebensweise –, hatten meine humoristischen Antworten stets für einige Zeit beruhigen können. Neuerdings aber klang immer stärker der ahnungsvolle Kummer um Carla auf, gegen den es keine lustige Suada gab.
»Wenn sie nur diesen Beruf aufgeben würde, dessen Intrigen und Schmutzereien ihr stolzes Herz nicht gewachsen ist«, schrieb Mama. »An eine große Karriere zu glauben fällt auch ihr selbst immer schwerer. Sie sollte heiraten und könnte dabei doch wirklich hohe Ansprüche stellen. Aber ob sie schon reif zur Erkenntnis ist, daß es bessere Dinge im Leben gibt als das Theaterspielen? Ich bete viel für mein liebes Kind.«
Freilich hielt ich Mamas »Ängstlichkeit« für übertrieben, wie immer, aber auch ich war für Liquidierung der Laufbahn einer Provinzschauspielerin zugunsten einer Heirat, die ich mir für Carla nur sehr glänzend vorstellen konnte. Ich hatte in meinem jungen Verstand »die Theaterspielerei« der Schwester eigentlich nur für ein bunt-amüsantes Abenteuer gehalten, von dem sie eines Tages genug haben würde, wie ich selbst von manchem anderen Abenteuer genug bekommen hatte.
Die spärliche Korrespondenz zwischen Carla und mir war von lustigem Unsinn beherrscht. Die »dich liebende Schwester« warnte mich zum Beispiel vor »den Buhlweibern, so den Krieger verder-

ben«, und behauptete dabei auch noch, das stünde »bei Jesaias im Siebenten«. Und ich antwortete im Stil eines Provinzonkels: »... und erzählte mir Tante Settchen erst kürzlich, daß dort wieder eine Theaterdame vom Direktor verführt worden sowie der Trunksucht verfallen sein soll, was von dir nicht hoffen möchte, auch wegen Schande für die Familie, wo sowieso genug Gerede ist, sogar im Sonntagsverein ---«

Und immer alles auf offenen Karten. Das war Ehrensache.

Als wir an Weihnachten in Polling zusammenkamen, brachte ich nun doch einmal vorsichtig die Rede auf ernste Dinge.

Zu meiner Überraschung ließ Carla sich ganz willig auf das Theaterthema ein. »Die Presse da drüben lobt mich überschwenglich«, sagte sie, »und schreibt, ich spiele comme une parisienne. Das ist im Elsaß das Höchste. Aber wenn die andere etwas mit dem einflußreichen Herrn X anfängt, ist sie die Pariserin, und ich war als Emilia zu kalt. Kalt, wenn ich den Bestien alles gegeben habe!«

»Aber dann laß dich doch gern haben von der Bande!« rief ich reiterlich-schneidig. »Hast du das nötig? Du gehörst doch zu uns!«

Doch die Schwester sagte mit einem Blick, der an mir vorbei- oder über mich hinwegzugehen schien: »Nicht als Geschlagene. Es gäbe einen glänzenden Abgang, aber ---« Und dann war sie weit weg wie ihr Blick. Als sie wieder zurückkam, wollte sie nichts mehr von diesen Dingen hören, sondern ich sollte Abenteuer beichten. Ob »die Kommandeuse« mich verführt habe oder ob ich mich für Zirkusdamen ruinieren werde, da dergleichen ja zum Stil meines jetzigen Lebens gehöre – kurzum Ulk, wie unsere Postkarten. Ich war wieder der kleine, fidele Bruder, den man nicht mit ernsten Dingen belastet, sondern mit dem man lustig ist.

Das waren wir besonders einige Tage später, als ich Carla zur Christbaumfeier des Radfahrvereins mitnahm. Die Stimmung der Augsburger »Kocherlkonzerte« war wieder da, und Carla kniff mich schon bei der Rede des Herrn Vorstandes und den Chorliedern in den Arm, wie damals an unserem dunklen Fensterplatz.

Und als gar im Weihnachtsstück der edle Jäger den reuigen Wildererschurken in steif-drohender Attitüde andeklamierte: »Waas hintert michch, du Schurkche, daß ichch dichch niederschlache mit dem Kolben meiner Büchchse?« – da schluchzte Carla vor Lachen

laut auf, und es war ein Glück, daß man das für übertriebenes Gerührtsein eines Stadtfräuleins hielt.
»Waas hintert michch, du Schurkche – – –?« damit begrüßte mich Carla morgens, mittags und abends während der letzten Urlaubstage, und mit dieser rhetorischen Frage begann auch die einzige Karte, die ich in den nächsten Monaten aus dem Elsaß erhielt.

Um diese Zeit ungefähr sah Heinrich in Florenz die Glastür eines Papierladens mit Dutzenden von Bildern Carlas dekoriert, die von frischen Blumen umrahmt waren. Ein hemmungsloser Unternehmer hatte nach irgendwie ergatterten Photographien Massenserien hergestellt und diese – ohne Namensangabe, einfach als Konterfei eines schönen Mädchens – exportiert. Und in Italien, wo ja Blondinen immer die größten Erfolge haben, war der Absatz entsprechend groß gewesen.
Heinrich stand lange vor den geschmückten Bildnissen der Schwester. Dann kaufte er einige Karten. Sie haben ihn seither auf allen Wegen begleitet, und wenn er alles zurücklassen mußte, so nahm er doch diese Bilder mit über gefährliche Grenzen und weite Meere.

V

Der Dienst mahlte weiter. Ich machte ihn mir dadurch schwerer, daß ich meinen ersten Münchener Karneval intensiv genoß und allzuoft direkt aus dem Balparéfrack oder der Lederhose des Schwabinger Bauernballes hastig in die Uniform fahren mußte, um gerade noch rechtzeitig zum Frühappell zu kommen. Die Lehárwalzer aus dem Wintergarten des Cafés Luitpold, wohin man immer zuletzt noch gelangte, summten im Kopf und hielten mit anderen jungen Erinnerungen während der ersten Stunden einen in lichten Wolken schwebenden Glückszustand aufrecht, in dem es sich gut ritt, denn das Reiten hat sehr viel mit dem Tanzen gemein. Auch der Galoppwind auf der Heide pfiff mir noch die gleichen Melodien um die Ohren.
Um so schlimmer war der übrige Tag, den jetzt Paradedrill stumpfsinnig und ungeheuer ermüdend ausfüllte. Am 12. März war ja der

Geburstag des Regenten, und bis dahin gab es neben dem Morgenritt nichts als Parademarsch.
Parademarsch zuerst in kleinen Gruppen, dann in Zügen, nach Wochen im Batterieverband unter Kommando des Hauptmanns. Auch die Hauptleute mußten im Stechschritt marschieren, als die Abteilungskommandeure ihre Einheiten in die Hand nahmen, und schließlich sahen wir schadenfroh die Majore selbst die Reiterbeine werfen, denn das Regiment defilierte stundenlang vor dem Oberst. Die dicken Musiker liefen blau an vor Anstrengung, und die weiträumigen Kasernenhöfe widerhallten in wirrem Getöse die Trompetenklänge von vier Kapellen und dem Marschtritt dreier Artillerieregimenter und eines Trainbataillons.
In der Verfasssung, in der ich mich diesen Exerzitien meist unterwerfen mußte, kam mir alles unwirklich oder karnevalistisch vor. Wie das Training einer übergroßen Steptänzergruppe, zumal es Haupt- und Generalproben im verpaßten Kostüm, den Paradegarnituren mit roten Helmbüschen, gab. Ich hätte mich nicht gewundert, wenn wir schließlich noch geschminkt und mit martialischen Bärten beklebt worden wären.
Und dann kam nach dem Aschermittwoch, an einem jener unwahrscheinlichen Münchener Vorfrühlingstage, die einen italienischen Himmel über die Stadt spannen, endlich die einzige Aufführung, die Galavorstellung, für die wir geschunden worden waren.
Nach Visitierung aller Akteure beim ersten Hahnenschrei, nach weitem Anmarsch und verzwicktem Einrangieren in die Aufstellung der Garnison, nach langsamem Vorrücken gegen den Lenbachplatz, wo weiße Federbüsche und scharlachrote Aufschläge leuchteten, und nach letztem Halt in nervöser Spannung endlich der Schrei: »Parademarsch in Zügen – Regiment marsch!«
Vorne Einsatz der Regimentskapelle – die erste Batterie schon in Höhe der leuchtenden Gruppe – immer lauter die hämmernde, reißende Musik – »Zweite Batterie, Augen rechts!« – dröhnendes Einhauen der Reiterstiefel, verbissenes Bemühen, die breite Front in schnurgerader Richtung zu halten, und jetzt freier Blick auf den einen, dem das alles, alles gegolten hatte und nun galt.
Da stand vor hundert Hoheiten und Exzellenzen anstatt des er-

krankten Regenten der Prinz Ludwig. Ein Weißbart in faltig schlotternder Uniform. Ein volkstümlicher Wittelsbacher, guter Katholik, Landwirt, Preußenhasser und Kanalplaner, aber kein Soldat, obwohl ihm von 1866 her eine Preußenkugel im Bein steckte. Er stand schon lange, war müde und hatte genug. Sein bebrilltes Auge blitzte keineswegs feldherrenmäßig den paradierenden Reihen seiner bayerischen Krieger entlang. Es blickte zu Boden, und mechanisch nur hob sich von Zeit zu Zeit die Hand mit dem Marschallstab, ob der matte Gruß nun gerade paßte oder nicht.

Ich war rechtschaffen empört. Wenn die ganze stumpfsinnige Schinderei schon durchgeführt, wenn monatelang der dumme Stechschritt sogar über die Pferde gestellt worden war, um dem Landesherren die Truppe in höchstem Theaterglanz und Automatendrill zu zeigen, dann hatte – zum Teufel – dieser Stellvertreter die Ehrung mit Haltung entgegenzunehmen. Müde? Ich war viele Wochen lang müde gewesen für ihn. Er hatte jetzt die paar Stunden ganz einfach mitzuspielen. Das war sein Beruf. So stand es sogar in »Königliche Hoheit« zu lesen.

Da aber sahen meine immer noch starr am Profil des Nebenmannes vorbei nach rechts gerichteten Augen dicht neben der Prinzengruppe und noch im Bereich unserer Ehrenbezeigung, wenn auch schon inmitten zivilistischer Zuschauer, eine Dame begeistert mit dem Taschentuch winken, und ich erkannte Mama.

Ich hatte ihr brieflich Zeit und Ort des großen Spektakels mitgeteilt, und da stand sie nun in der ersten Reihe und winkte ihrem beinewerfenden Sohn und der ganzen Batterie zu.

Mein Ärger war mit einem Schlag dahin; weggewinkt vom Tüchlein. Ich fühlte mich großartig, als wir gleich darauf die Köpfe geradeaus rissen, in normalen Tritt fielen und in die Marschkolonne einschwenkten. War der Prinz zu müde und uninteressiert gewesen, um die Parade abzunehmen, wie es sich gehörte – Mama hatte sie in ihrer Weise abgenommen. Mindestens die meiner Batterie.

Die sechs langen Reihen roter Büsche über Schuppenketten, blanken Säbeln und bespornten Stiefeln waren vorbeigezogen mit Blickwendung zu ihr ebensogut wie zu der Königlichen Hoheit. Wir hatten uns doch nicht ganz umsonst schinden lassen. Nicht

ganz sinnlos hatten an den Karnevalsmorgen die dröhnenden Märsche die weichen Walzer im Ohr erstickt.
Die Batterie hatte vor Mama defiliert.

Am 1. April wurden die meisten Einjährigen zu Gefreiten befördert, zu »Schnapsern«, wie es in Bayern hieß. Wir trugen als Rangabzeichen Löwenköpfe an den Kragen und taten jetzt unteren Chargendienst als Unteroffizier du jour, Aufführender der Posten, Geschützführer und Stallaufsicht. Gleichzeitig begann das bespannte Exerzieren im Batterieverband, also das Zusammenschweißen der alten und jungen Mannschaft zur kriegsmäßig funktionierenden Truppeneinheit.
Die Besetzung der Funktionen innerhalb dieser Maschinerie war im allgemeinen für ein halbes Jahr gültig. Daher bedeutete die neue Zusammenstellung eine wichtige Qualifikation und entschied besonders bei den Einjährigen über angenehmen oder unangenehmen Dienst bis zum Schluß der aktiven Soldatenzeit.
Ich wurde zu meiner freudigen Überraschung Scherenfernrohr-Unteroffizier im Batteriestab – Reitpferd der Mörder »Zar« –, und ich hatte damit das große Los gezogen.
Das Scherenfernrohr war bis zur Einführung des Richtkreises das wichtigste artilleristische Hilfsinstrument. Es vereinigte Beobachtung mit der Ermittlung von Entfernung, Seitenverschiebungen und Geländewinkel, und sein Funktionär war eine Art Adjutant des Batteriechefs; sein Auge und mathematischer Souffleur.
Bei jeder Bewährungsprobe der Batterie – vor allem beim Scharfschießen – wurde die Wichtigkeit des Gehilfen eklatant. Bewies er dann außer technischer Eignung den Takt, seine Unterstützung nach außenhin möglichst zu kaschieren, so mußte er für den Chef ein unentbehrlicher Vertrauter und damit Primadonna assoluta der Einheit werden.
Ich wurde angelernt, und dann begann für mich die angenehmste Zeit des Dienstjahres: Die Schinderei des »Haufens«, nämlich das Einexerzieren der langen Bespannungszüge in allen taktischen Bewegungen, machte ich als ungefährdeter Zuschauer im Stab mit, der hinter dem Chef um die vor Anstrengung dampfende Batterie preschte. Wurde Feuerstellung bezogen, so gab es freilich zunächst

auch für mich überstürzte Arbeit; ich hatte die Beobachtungsstelle einzurichten, meine Messungen vorzunehmen, Geländeskizzen zu zeichnen und für die Telephonverbindungen zu sorgen. Aber das war sozusagen ein freikünstlerisches Schaffen. Wenn der Drill in der Stellung noch endlos weiterging, frühstückte und rauchte der Stab, gedeckt hinter Hügelkämmen oder an Waldrändern liegend, wo es nach besonntem Harz roch. Mit dem scharfen Fernrohr sah ich weit im Norden Weihenstephan liegen.

Der Hauptmann ließ nach ein paar Wochen erkennen, daß er mit mir zufrieden war und mir auch für das Scharfschießen vertraute. Damit war meine Stellung gefestigt, und sie schützte mich fortan vor allen Launen der kleinen Götter. Ich hatte jetzt einen »Pferdehalter«, also Reitburschen, wurde mit Kasernendienst kaum noch behelligt und schlief die Nachmittage, so daß auch lange Nächte keine Übermüdung mehr bedeuteten. Kurzum: Es ging mir gut.

Nach der großen Regimentsbesichtigung konnte ich für vierzehn Tage nach Polling fahren, um vor dem kriegsmäßigsten Teil der Dienstzeit, fünf Wochen Gefechtsschießen im Lager Hammelburg und drei Wochen Herbstmanöver, daheim auszuruhen.

In diesen Urlaub fiel der 1. Juli, der Tag, an dem zwei Einjährige des Regiments zu Unteroffizieren befördert werden sollten. Zwei nur von dreißig. Daß ich der Kandidat meiner Batterie war, wußte ich, aber ob der Hauptmann mit mir beim Oberst durchdringen würde, stand dahin, wenn mich auch der Wachtmeister bei meiner Abmeldung zum Urlaub angebrüllt hatte: »Sie werden Korporal, oder ich freß drei Stallbesen!«

Zunächst fuhr ich nun einmal heim nach Polling, wie ich aus jeder Schule immer wieder aufatmend nach Polling gefahren war.

Carla war schon seit einigen Tagen wieder bei Mama. Sie hatte ein Sommerengagement abgelehnt und wollte Ferien machen. »Waas hintert michch, du Schurkche – – –?« sagten wir beide gleichzeitig beim Wiedersehen.

Aber das gespannte Wesen der Schwester gefiel mir nicht. Sie fiel aus nervöser Heiterkeit in Grübeln und wechselte von Ansätzen der Aufgeschlossenheit zu spröder Abwehr jeder Teilnahme.

Mama war von Sorgen ganz verdüstert. Ich mußte viel Lustiges aus der Kaserne erzählen, um sie manchmal zum Lachen zu bringen, und wenn wir allein waren, brachen die Ängste aus ihr heraus. Meine burschikosen Tröstungen konnten nichts mildern. Aber das so offenbare Leid der Mutter gab meinen drängenden Fragen an Carla einen Ernst, dem sie sich nicht mehr entziehen konnte. Auch mochte ihr Nervenzustand eine endliche Entspannung durch Mitteilsamkeit erzwungen haben, jedenfalls erfuhr ich jetzt ungefähr, was vorging.

Carla war seit Monaten mit einem elsässischen Herrn, einem jungen Großindustriellen, verlobt – der Photographie nach ein außerordentlich gut aussehender, ja schöner Mann; schöner eigentlich, als es Männer sein dürfen. – Seine Familie hatte Carla, die da drüben in guter gesellschaftlicher Position war, freundlich aufgenommen und die Verlobung zunächst gebilligt. Aber es waren geschäftspolitische Pläne aufgetaucht, denen die Heirat des einzigen Sohnes mit Carla zuwiderlief, und ein zäher, heimlicher Kampf hatte begonnen.

Man suchte nach Gründen für einen nachträglichen Einwand, und da das Kommerzielle nicht zugegeben werden sollte, benutzte man den um eine Schauspielerin natürlich besonders regen Klatsch, um Arthur wankend zu machen. Unnachweisbare Intrigen von seiten eines Mannes kamen dazu, der Carla begehrte.

Arthur schien Carla sehr zu lieben, aber von weicher Natur zu sein, deren Widerstandskraft gegen die seiner Liebe feindlichen Einflüsse zweifelhaft war. Offenbar mußte Carla in diesem Ringen Kraft für zwei einsetzen, was natürlich zermürbend war.

Für unsere Schwester bedeutete diese Verbindung nicht nur die Krönung einer Passion von bisher nie gefühlter Stärke, sondern auch den glänzenden Abgang aus einem Beruf, für den sie doch nicht alle zu großer Karriere erforderlichen Eigenschaften besaß, mochte das nun wirkliches Manko oder etwas Ehrenvolles bedeuten. So hatte sie es ja schon an Weihnachten angedeutet, und ich verstand es jetzt sehr gut. Freilich war ich zu jung, um die ganze Schwere der seelischen Belastung Carlas zu begreifen. Dieses Entweder-Oder, das bei ihrem Charakter Himmel oder Abgrund hieß. Ich wußte noch nicht, daß die Dinge sind, was sie uns scheinen.

Überdies war ich ganz im stillen geneigt, die »Affäre« als von Carla allzu bühnendramatisch aufgefaßt anzusehen und mir einzureden,

daß die Schwester gerade deshalb ihr Herz auch nach einem mißlichen Finale aus diesem Stück von Kabale und Liebe ziehen könne wie aus jedem, wenn der Vorhang gefallen war.
Bei unseren Spaziergängen durch die sommerlich prunkende Landschaft brachte ich mit Forschheit, die ernüchtern sollte, die Sache auf ihre einfachste Formel: Entweder sei dieser hübsche Arthur Carlas Liebe wert und daher wirklich ihr Lebensglück, dann werde er sich als stark erweisen. Sei er aber schwach, dann wäre eben alles ein Irrtum gewesen; gewiß schmerzlich, aber immer noch besser als spätere Enttäuschungen.
Und ein Mädchen wie Carla, sagte ich mit heiterer Bestimmtheit, verliere weder an einem Schwächling noch am Theater etwas. Beides könne in ein paar Wochen überwunden und verschmerzt sein. Andere Männer, richtige Männer, gäbe es genug, und sie habe ja schon immer die Auswahl gehabt. Das Theater? Na, sie habe doch schon lange genug von der Schmiere, und das Leben sei selbst Theater genug; man brauche die Bühne nicht dazu.
Und so weiter; munter, wie eben ein junger Reiter mit Balparé-Erfahrungen und lächelnden Erinnerungen an vergängliche Schmerzen daherredet.
Immerhin: Meine Suada hatte für den Augenblick einigen Erfolg. Carla gab mir sogar bis zu einem gewissen Grad recht. Sie sei abgereist, damit Arthur, unbeeinflußt von ihrer Gegenwart, Klarheit über sich selbst gewinnen könne. Liebe er sie wirklich, so müsse er jetzt hierher und endgültig zu ihr kommen. Er habe das auch angekündigt, die Reise aber dann wieder verschoben. Wenn er nicht komme, werde sie ihn freigeben. Dieser Gedanke aber sei furchtbar – – –.
Ich fuhr mit »Unsinn, das meint man immer« und ähnlichen Erfahrungssätzen dazwischen. Jedenfalls tat es der Schwester gut, sich ausgesprochen zu haben. In Mamas Trost zitterte wohl zuviel Ahnen und Bangen. Mein naiver Zuspruch war wenigstens heiter.
Einer hätte mehr, viel mehr vermocht: Heinrich. Aber er war in Südtirol. Noch als alter Mann in seinem »Zeitalter« hat er sich Vorwürfe deswegen gemacht. Gänzlich ungerechtfertigt. Eher müßte ich mir vorwerfen, ihn nicht verständigt zu haben, denn ich wußte ja, was er für die Schwester bedeutete.

Ich empfand es als sehr rührend, daß Carla in diesen Tagen Anteil an meinem im Vergleich mit ihrem Warten, Hoffen und Zweifeln doch gänzlich bedeutungslosen Beförderungsproblem nahm. Lachend zwar, aber doch herzlich. So, wie sie meine Konfirmation miterlebt hatte. Sie stand neben mir in Oskar Schweigharts Büro, als ich am 1. Juli mit der Kaserne telephonierte, und war die erste Gratulantin. Denn ich oder vielmehr mein Hauptmann und die zweite Batterie hatten wirklich das Rennen gemacht.
Da tags drauf ein Brief aus dem Elsaß Carla sehr glücklich stimmte, verliefen die letzten Urlaubstage heiter und ungetrübt. Mama, die Schwester und Mutter Schweighart begleiteten mich zum Bahnhof, und es war ein lustiger Abschied, weil Mama mir hundert Mahnungen zur Vorsicht beim Scharfschießen mitgab und selbst mit uns über ihre Sicherheitsforderungen lachen mußte.
»Mach er's gut, Korporal!« sagte Carla im Ton eines Heinrich von Kleistschen Stückes. Und ich antwortete: »Mach Sie selbst es gut, demoiselle! Comme une parisienne.«
Die drei Frauen winkten lange.

Die goldenen Tressen kosteten mich eine Menge Geld, denn sie wurden mehrfach – und jedesmal ausgiebig – gefeiert. Die Mannschaft bekam einige Fässer Bier. Den Unteroffizieren gegenüber mußte ich schon nobler sein, und für die Einjährigen war meine Erhöhung natürlich Anlaß zu einem ganz großen Abend. Es waren lustige Feste, und der Dienst war jetzt, vor dem Ausmarsch, leicht. In den nächsten Wochen war ich viel mit den Löhrs und den Tommys zusammen, bevor wir uns für den Rest des Sommers trennen sollten. Ein Familiendiner bei Julia verlief höchst amüsant, denn Tante Elisabeth war nach langer Zeit wieder einmal eingetroffen, und wir – besonders Thomas und ich – hörten mit inniger Freude die kleine Trompete in ihrer Stimme aufklingen wie in alter Zeit. Es gab viele neue Geschichten von »formidablen« Vorfällen, und die beste aller Tanten war sehr zufrieden mit meiner Entwicklung. Sie prophezeite, daß ich Oberst und Rittergutsbesitzer werden und eine Prinzessin heiraten würde, und ich konnte Mama einen heiteren Bericht schicken.
Die Antwort erzählte voll freudiger Erregung von Arthurs An-

kunft in Polling und daß alles gut stände. Ich gab die Nachricht an die Geschwister weiter. Thomas und Katja reisten gleich darauf mit den Kindern nach Tölz ab, und die Löhrs rüsteten sich zu einem Kuraufenthalt in der Schweiz, was nach Julias Gepflogenheit der Vorbereitung eines Umzugs für Jahre gleichkam. Ich selbst packte den neuen grauen Feldkoffer.

Am 30. Juli, einem Samstag, war ich mit Kameraden im Künstlertheater des Ausstellungsparkes und gedachte der fröhlichen Resignation, mit der ich mich im vorigen Sommer wegen meiner Viehtreiberaufmachung aus diesem snobistischen Milieu in den Zirkus verwiesen hatte. Dann wurde in der exklusiven Bar das letzte Wochenende in der Garnison mit dem gefährlichen »Liebestrank« des Referendars stark begossen, und ich kam gegen ein Uhr nicht sehr nüchtern, aber mit dem guten Gefühl der sonntäglichen Ausschlafmöglichkeit nach Hause.

Erst als ich das Licht löschen wollte, sah ich neben der Lampe ein Telegramm liegen. Ich las: *Carla tot komme sofort!*

VI

Es war ein schwerer Schlag vor die Stirne, aber er löste doch eine Reihe von Handlungen aus. Ich fuhr wieder in die Kleider und weckte den neben mir wohnenden Kameraden, der mich mit Geld versah und versprach, meine Abfahrt ohne Urlaub am Morgen dem Wachtmeister zu erklären. In der nahen Nymphenburger Straße hielt ich eine Autodroschke an und überredete den müden Chauffeur, für einen Sonderzuschlag die weite Nachtfahrt mit mir zu unternehmen. Er mußte noch tanken und seine Frau verständigen, wobei ich ihm nicht von der Seite wich. Dann fuhren wir.

Jetzt erst kam ich zum Denken, und ich dachte zunächst nicht an Carla, sondern nur an Mama. An die Mutter, die um ihre fünf immer in Sorgen und Ängsten war; sich schon wegen eines Nichts bangte, stets bereit, sich zwischen ihre Kinder und jede Andeutung einer Gefahr zu werfen. Und die jetzt allein mit einem toten Kinde war. Mit ihrem schönsten, das ihr zuletzt am nächsten gestanden war, weil sie sich um dieses Kind am meisten geängstigt hatte.

Frau Schweighart, die kluge und mütterliche, würde bei Mama sein. Eine Mutter bei der anderen, gebrochenen. Aber nur wir vier noch lebenden Kinder konnten jetzt Trost bedeuten. Wenn es in dieser Verzweiflung überhaupt Trost gab.

Ich trieb den Fahrer zur Eile, aber die Nacht war mondlos und diesig, und die Scheinwerfer gaben nur schwaches, gelbliches Licht. Mühsam konnte ich feststellen, daß wir erst im Forstenrieder Park waren. Wild huschte schattenhaft über die Straße.

Es fiel mir ein, daß ich Tommy hätte verständigen, vielleicht ihn in Tölz abholen sollen, wenn das auch ein Umweg gewesen wäre. Aber vermutlich war auch er schon unterwegs durch die Nacht zu Mama.

Das Telegramm war bestimmt nicht von ihr selbst. Sie hätte die Worte anders gewählt. Sie war wohl überhaupt gar nicht mehr imstande gewesen, an Telegramme oder irgend etwas anderes zu denken als an das Furchtbare.

Und Carla? Was war geschehen? Eben stand doch alles noch zum besten.

»Mach er's gut, Korporal!« – Jetzt galt das für meine Nachtfahrt. Ich mußte schnell, viel schneller zu Mama. Ich versprach dem übermüdeten Fahrer eine weitere Zulage, wenn wir in einer Stunde in Polling sein würden. Er trat den Gashebel weiter hinunter, und wir jagten durch das schwach erleuchtete Starnberg. »Mach er's gut, Korporal!«

Schwärze, schlechte Straße in den Hügeln über dem See, schleuderndes Bergab, trübe Nässe an der Scheibe. Ich bediente den Wischer. Der Fahrer hatte die Augen dicht am Glas und starrte in die kurze Lichtbahn, die jetzt von silbernen Regenschnüren schraffiert wurde. Enge Kurve, Hohlweg und dann die Steigung des Hirschberges. Knirschendes Schalten, Keuchen des alten Motors. Langsam, immer langsamer. Ich verfiel minutenlang in eine Art Bewußtlosigkeit.

Auf der Höhe peitschte der Regen fast waagrecht, und der Weg war kaum noch zu erkennen. Es ging abwärts und dann in Kurven durch das Dorf Pähl. Aber die Straße wurde so schlecht, daß wir im langsamsten Tempo bleiben mußten. Nach vielen mühsamen Kilometern eines fast blinden Vorwärtstastens passierten wir eine

schmale Brücke, und es ging in tief ausgefahrenen Geleisen wieder bergauf. Das konnte nicht stimmen.
Dies war überhaupt nur noch ein Feldweg. Ich sah einen Wegweiser schwarz ragen, ließ halten und kletterte an dem nassen Holz zur Tafel hinauf. Dutzende von Streichhölzern verlöschten, ehe ich entziffern konnte: »Nach Wessobrunn«. Wir waren von der Weilheimer Straße abgekommen und mußten einen weiten Umweg fahren, denn an Umkehren war hier nicht zu denken. Ich biß die Zähne zusammen.
Endlich tauchten die riesigen Konturen des alten Klosters Wessobrunn auf. In den Ställen brannte schon Licht. Jetzt pfeifend Pferde putzen oder Kühe melken dürfen, die Stirn an den warmen Tierleib gelehnt, und nichts von Todestelegrammen wissen! »Komme sofort!« Ich komme ja, ich bin wieder auf einer Straße, der Regen läßt nach, das da vorne muß Zellsee sein, jetzt kommt kein Berg mehr. Ich zündete seit Starnberg immer zwei Zigaretten zugleich an und steckte eine davon dem Fahrer in den Mund. Wir holperten über die Kopfsteine des Weilheimer Marktplatzes. Noch zwei Kilometer. Schwaches Tagesgrauen auf der Pollinger Landstraße; der Regen hatte aufgehört, die Felder waren schon zu erkennen: der Eichenlaich, die Ziegelbreite, jetzt die Große Viehweide, und da war das Dorf.
Rechtskurve, die Tore der großen Schweighartschen Scheunen, das Heimweideneck an den alten Kastanienbäumen, links herum, das steinerne Tor, die Brücke. Kreischendes Bremsen. Ich riß die Wagentüre auf und schaute zu Mamas Haus hinüber.
Da sah ich im fahlen Morgenlicht am offenen Fenster meines Zimmers, das zuletzt Carla bewohnt hatte, die Pollinger Leichenfrau sitzen. Sie nickte mir freundlich zu.

Die Wirklichkeit der Katastrophe trat mir so entgegen, wie meine Gedanken sie schon auf der Fahrt erfaßt hatten: Nicht der Anblick der toten Schwester, die unentstellt, friedlich und weiß gewandet in Blumen lag, war das Schmerzlichste, sondern Mama. Die Mutter, die ich umfangen mußte, wie sie mich als ihren kleinen Jungen hunderte Male tröstend in die Arme geschlossen hatte. Ihr graues Gesicht mit den starren Augen. Das fast stimmlose »Mein Kind,

meine Carla! Sie hat es ja selbst getan.« Und mein Stammeln: »Du hast noch vier, wir sind noch bei dir.«
Ich brachte sie langsam in ihr Zimmer zurück und konnte sie schließlich auf ein Sofa betten, immer meinen Trostspruch wiederholend, der doch unzulänglich war und wohl gar nicht in ihr Bewußtsein drang. Aber endlich konnte die Mutter weinen.
Dann kam Frau Schweighart, die nur kurz geruht hatte. Mama streckte ihr die Arme entgegen wie ein Todkranker dem Arzt. Ich ging zu Carla.
Sie schien wirklich in großem Frieden zu schlafen. Ich legte zaghaft meine Hand auf die ihre. Die Blumen dufteten stark. Die Totenfrau war leise gegangen.
Ein Geräusch hinter mir. Ich wandte mich und erkannte den Mann sofort, der da mit wirr hängenden Haaren, dunklen Bartspuren im Gesicht und großen, verzweifelten Augen in der Türe stand. Er hob die Arme ein wenig, kam zögernd auf mich zu, die Augen immer in den meinen, die wohl nicht freundlich blickten, und plötzlich lag er mir an der Brust.
»Du siehst ihr so ähnlich«, schluchzte er.
Ich dachte: »Weich bist du, butterweich. Und deinetwegen hat Carla Mama und uns das angetan.« Aber ich wurde plötzlich selber weich. Ich spürte eine Schwäche in den Kniekehlen und ein Würgen im Hals. Und langsam legte ich meine Arme dem Mann um die zuckenden Schultern.

Er war aus dem Gasthof gekommen, wo er ein paar Stunden der Nacht gelegen hatte, in Kleidern und weinend. Jetzt stammelte er seine Verzweiflung heraus. Sein Nichtbegreifen dieses Todes. Denn keinen eigentlichen Bruch habe es gegeben; einen Streit nur, wie es ihn zwischen Liebesleuten oft gäbe. Ein Brief aus dem Elsaß habe die Debatte ausgelöst, die von beiden immer erregter geführt worden sei. Er habe schließlich von Abreise gesprochen, aber all das hätte wieder eingerenkt, beglichen, mit ein paar Worten beigelegt werden können. »Denn wir liebten uns doch so sehr, mein Gott, so sehr. Du verstehst, ein Mann kommt über manches nicht sofort hinweg, – – – ja, wenn ich gewußt hätte – – –!«
»So etwas fühlt man«, sagte ich, aber es klang nicht hart. Dieser

Mann, wie er eben war. So hatte ihn Carla geliebt und war daran gestorben. Nicht als Verlassene, Brutalisierte, Entehrte, sondern wie eine Mondsüchtige, die erwachend abstürzt.
Nicht das Eigentliche, um das jener aufbrausende Streit gegangen war, trug Schuld an Carlas innerem Zusammenbruch und trieb sie zur Tat, sei es nun eine neu aufgetauchte familiäre Schwierigkeit gewesen oder Enthüllung von irgend etwas Vergangenem. Ich konnte den weinenden Mann da nicht hassen, aber ich wußte, daß das endgültige Erkennen seines Wesens tödlich für unsere Schwester gewesen war und daß er selbst das niemals begreifen oder glauben würde.
Carla war es gnadenlos klargeworden, daß Herz und Hoffen an ein Phantom verspielt waren und daß es für sie kein Sichzurücknehmen gab, weil ihr Stolz, dieser in den Enttäuschungen der letzten Jahre immer härter gewordene Stolz, ein Zurück nicht mehr zuließ.
Erkenntnis und ein Zusammenbruch, aus dem nur noch der eine Wille herausstieß, dem Manne zu zeigen, wie man liebt, trotzdem liebt »bis in den Tod«. Und daß diese Liebe kein Spiel der Komödiantin war.
Nichts anderes mehr. Entschluß und Tat innerhalb weniger Minuten. Mit wirrem Lächeln an Mama vorbei, hinauf in das Zimmer. Keine Zeile für die Mutter, für uns, nicht einmal für Heinrich, den schwärmerisch geliebten Bruder. Nur hingeworfen auf ein Stück Papier ein paar Worte für den Mann. Und fort, schnell weg aus der unerträglichen Erkenntnis, in die Ruhe des Nichtmehrwissens und Nichtmehrseins. Die Hände wühlen in der Lade, ein Glas klirrt leise – – –

Thomas kam gegen Mittag, und ich empfand große Erleichterung. Sein Wesen mußte stärker auf Mama wirken als mein kindliches Trösten und selbst als Mutter Schweigharts großes Verstehen.
Und jetzt erst stieg der ganze Schmerz um Carla schneidend in mir auf.

Ich fuhr spät nachts zurück und machte tags darauf Dienst, während Thomas alles auf sich genommen hatte, was für ein würdiges Begräbnis notwendig war: Die den Pastor von einer unglückseligen

Verwirrung überzeugende Unterredung, das Grab im Waldfriedhof, die Überführung, viele Telegramme, die Anzeigen.
Wir begruben Carla am 2. August 1910. Ich konnte es gar nicht begreifen, daß so viele Leute in der kurzen Zeit zwischen Nachricht und Totenfeier von weither noch zurechtgekommen waren. Julia und Jof aus der Schweiz, Heinrich aus Südtirol, alle Freunde und zahlreiche Bekannte aus ihren Sommerfrischen und viel Verwandtschaft aus Lübeck. Die Kränze häuften sich, und lange zog die Kette der Kondolierenden an uns Brüdern vorbei.
Erst als sich die Versammlung zerstreut hatte, führten Julia und Frau Schweighart Mama langsam herbei und zum offenen Grab. Sie ließ einen Strauß hinuntergleiten, und wir umstanden und stützten die Mutter. Dann umarmte sie uns der Reihe nach, als wollte sie zeigen, was auch wir ihr seien. Aber immer wieder zog das Grab ihren Blick an, und als sie sich ein letztesmal wandte, flüsterte sie: »Ich werde bald bei dir liegen, mein liebes Kind.«

Wenige Tage später parkierte das Regiment zur Fahrt nach Hammelburg. Es ging hinaus.
Ich wußte Mama gut betreut. Ida, unsere alte Ida war gekommen, die uns alle auf den Armen getragen hatte und von der in den Buddenbrooks so viel und liebevoll die Rede ist. Sie würde mit Mama von Carlas ersten Lebensjahren sprechen, sanft einlullend, wie man mit kranken Kindern spricht. Und nächster Tage sollte sie mit Mama nach Tölz zu Tommy, Katja und den Enkeln fahren. Auch Heinrich würde dort sein, und die Löhrs würden oft hinauskommen.
Ob Heinrich nochmals von seinem Erlebnis in Carlas Todesstunde sprechen würde, das er uns nach der Beerdigung mit leiser, beherrschter Stimme erzählt hatte?
Er war allein auf einem Spaziergang; ringsum kein Mensch, aber plötzlich hörte er einen Ruf; eine weibliche Stimme rief deutlich und dringend seinen Vornamen, bei dem ihn hier niemand nannte. Als er am späten Nachmittag noch über das Phänomen nachdachte, traf das Telegramm ein.
Alle waren sie jetzt in Tölz zusammen, die zusammengehörten, nur ich konnte nicht unter ihnen sein. Ich hatte mit dem Regiment zu

ziehen, den »Zar« zu reiten und mich anzustrengen, damit die Granaten der Batterie in möglichst kurzer Zeit möglichst viele Holzscheiben zerfetzten.
Zum erstenmal erkannte ich ganz, was es mit »Pflicht« und »dienen« auf sich hatte, und ich erschrak vor so viel Härte.
Der lange Zug, geschmückt mit grünen Zweigen, fuhr durch die Nacht. Die Soldaten sangen, und in ihren Waggons stampften und schnoben die Pferde.

VII

Ich schrieb fast täglich an Mama und erzählte von meinem kriegsmäßigen Leben und von den schönen Landschaften über dem Saaletal, durch die wir ritten. Bald auch wieder Heiteres. Sie antwortete ausführlich, und an ihren Fragen empfand ich, wie ihre Gedanken langsam zum Leben, zur liebenden Sorge für die Lebenden zurückfanden.
Im September ging es vom Scharfschießen direkt in die Manöver, die sich mit Märschen und Gefechten aus dem nordwestlichen Oberbayern bis zur Donau hinzogen. In der letzten Nacht überschritten wir den Strom auf Pontonbrücken und stießen in der Endphase der Scheinkämpfe weit nach Norden vor. Als »Das Ganze halt!« geblasen wurde und ringsum der Jubel der Reservisten ertönte, sah ich von meiner Beobachtungsleiter aus durch das Scherenfernrohr das erzbischöfliche Schloß von Eichstätt hoch und besonnt auf dem Jurarücken ragen.
Dann zog »der sanfte Friedensmarsch« heimwärts: im pferdeschonenden Tempo und mit eingelegten Rasttagen.
Am letzten Marschmorgen lahmte der unermüdliche »Zar«. Ich mußte ihn zum Veterinär bringen und bei einer Operation assistieren, die ein Fesselabszeß erforderte. Inzwischen war die Batterie schon mehrere Stunden voraus, und ich ritt auf der braunen »Zofe« die letzte Etappe allein im Trab und Galopp. Es war ein schönes und schnelles Reiten durch die immer vertrauter werdende Herbstlandschaft.
Als ich einmal hielt, um zu tränken und nachzugurten, sah ich

schon die Frauentürme. Ein starkes Gefühl der Heimkehr und des Abschlusses eines Lebensabschnittes ergriff mich.
Gerade vor dem Ungererbad holte ich die Batterie ein. Das Regiment hielt in langer Kolonne und schmückte sich für den Einmarsch. Badebuben, so braun wie auch mich vor Jahren die Sonne hier gebrannt hatte, kletterten über Kabinendächer und Zäune, um Zweige und Blumen herbeizubringen. Aus den Wirtshäusern wurden fortwährend schäumende Maßkrüge herangetragen.
Ich hatte ein Geschütz als Führer zu übernehmen, prüfte Mannschaft, Bespannung und Fahrnis auf den gebotenen Glanz und meldete dem Zugführer die Bereitschaft. Er war mein Rekrutenoffizier gewesen und machte jetzt eine lustige Bemerkung über mein »völlig aktives Auftreten«. Ja, das hatte ich gelernt.
Gleich darauf kam der Befehl zum Aufsitzen. Der Einzug begann. Wir wurden vom Straßenpublikum empfangen wie nach einem siegreichen Feldzug. Zigaretten und immer wieder Maßkrüge wurden auf die Geschütze und zu den Reitern hinaufgereicht. Aber am Siegestor lief das Kommando »Stillgesessen!« durch die Batterie und ließ uns im Sattel und auf den Protzen zu bunten, glitzernden Puppen erstarren.
So zogen wir bis zur Ludwigskirche und bogen in die Schellingstraße ein. Von vorne kamen, fast verweht vom Geschrei der Menge, Marschklänge der Regimentsmusik.
Alle Fenster waren mit Zuschauern besetzt, und an einem fiel mir eine schwarz verschleierte Dame auf, die sich suchend weit vorbeugte. Jetzt schaute sie auf mich und winkte. Als sie den Schleier zurückschlug, erkannte ich Mamas tiefernstes Gesicht. Sie winkte.
Ich hatte im »Stillgesessen« zu reiten und durfte die Hand nicht vom Zügel nehmen, nicht einmal nicken. Aber das ging doch einfach nicht, daß ich Mama nicht grüßen sollte.
Der Leutnant neben mir, starr und steif reitend wie ich, zeigte, wer er war: Er flüsterte hastig: »Ihre Frau Mutter?«, und als ich bejahte, hob er die Hand zum Helmrand, und wir grüßten gleichzeitig hinauf. Es war kein kurzer, heimlicher Gruß, sondern eine Ehrenbezeigung wie vor einem General.
Mama neigte ernst den Kopf mit dem schwarzen Schleier, aber

plötzlich ging ein glücklicher Schein über ihr schmaler gewordenes Gesicht. Sie lächelte. Ihr Jüngster kam von den Soldaten heim.

Vor der Kaserne nahm der Oberst den Vorbeimarsch ab. Dann rückten die Batterien auf ihre Parkplätze. Die Pferde wieherten und warfen die Köpfe.
Die Geschütze rückten zur geschlossenen Linie auf und hielten. Einen Augenblick lang herrschte völlige Stille. Dann die Stimme des Hauptmanns: »Batterie abgesessen!«
Ich hob den Fuß aus dem rechten Bügel, schwang ihn über die hochbepackte Kruppe, glitt herab und ließ auch den anderen Bügel fahren. Ich stand auf dem bekiesten Hof. Hier hatten die zwölf Monate begonnen.
Ich klopfte der braunen »Zofe« abschiednehmend den glänzenden Hals. Das galt für sie alle, um derentwillen ich gerne Soldat gewesen war.
Das Jahr bei den schnellen Rossen war abgelaufen.

Acht Semester

I

Es war für einen bayerischen Studenten der Agrikultur üblich, zum mindesten das erste Halbjahr der Hochschulzeit an der landwirtschaftlichen Akademie Weihenstephan zu verbringen. Die Art ihres Lehrbetriebes galt als gute Brücke von der Praxis zur hohen Wissenschaft, und für viele junge Leute vom Land glaubte man mit dem Aufenthalt in dem frommen Ackerstädtchen einen mildernden Übergang zum freien Leben in der Großstadt schaffen zu wollen.
Beide Gründe waren graue Theorie, denn vom Lehrbetrieb machten in den ersten Monaten nur die wenigsten nennenswerten Gebrauch, und für Sünder und Sünderinnen gab es ja Reue und Gnade. Das Leben in der sich zwischen Domberg und Weihenstephaner Höhe duckenden Kleinstadt konnte recht erfreulich sündhaft sein.
Aber Theorie oder nicht: Man ging eben für das erste Semester nach Freising, und so traf ich dort mit fast allen Kameraden der Praxiszeit wieder zusammen. Es war ein hochgemutes Wiedersehen. Unabsehbar lagen die Jahre der akademischen Freiheit vor uns, und es gab nur eine Meinung darüber, daß nach so langer Zeit der Schule, der Arbeit, des Drills und Zwanges jetzt wirklich absolute Freiheit herrschen müsse und daß es mit dem Studieren nicht eilig sei. Wir würden uns zunächst umschauen an den hohen Schulen, im nächsten Frühjahr nach München, dann vielleicht nach Jena und Berlin oder Wien gehen und uns schließlich da zur Arbeit niederlassen, wo sich der Wissensquell am angenehmsten darbot.
Über das »Aktivwerden«, den Eintritt in eine Korporation also, herrschten verschiedene Ansichten. Viele meinten, es gehöre nun einmal zum deutschen Studententum, dessen von aller Welt anerkannter Repräsentant immer noch der Bursch mit Schläger und bunter Mütze sei. Andere aber, zu denen ich gehörte, wollten die

absolute Freiheit auch der Zugehörigkeit zu solcher offiziellen Oberschicht nicht opfern.

Ich hatte nichts gegen die Couleurstudenten, soweit sie sich nicht als Gecken gaben. Freilich mißfiel mir die vielfach zur Schau getragene hahnenmäßige Kampfbereitschaft gründlich, und überhaupt: Aktiv werden wollte ich keineswegs, trotz positiver Eindrücke. Ich kam vom Regiment und hatte genug vom Zwang.

Unser Freisinger »Stammtisch« verpflichtete ja zu nichts, obwohl er mit seinen Kneipen, Tanzkränzchen und Fechtstunden fast einer Verbindung ohne Farben glich. Ich machte all das schon um der alten Kumpane willen mit, aber so fidel es auch sein konnte, so provinziell war doch der ganze gesellige Betrieb, und ich fuhr immer öfters nach München und dehnte die vergnüglichen Gastspiele dort immer länger aus, besonders als wieder der Karneval begann, hinter dessen bunten Nächten mir jetzt kein Frühappell mehr drohte. Die Wohlfeilheit des Lebens in der bäuerlichen Musenstadt wurde bald mehr als ausgeglichen durch solche Fahrten, und ich geriet wieder in Schulden wie als leichtsinniger Reiter.

Aber nicht das beschwerte mir das Gewissen, sondern die Tatsache, daß ich dies lustige Leben so kurz nach Carlas Tode führen mochte, der mich doch tief getroffen hatte und an den mich vor allem jeder Besuch bei Mama aufs neue gemahnte.

Polling war ihr durch die traurigen Erinnerungen verleidet. Sie wohnte jetzt in einer ziemlich unerfreulichen Münchener Pension an der Schwanthaler Straße und gab sich dort erst recht dem Kummer hin.

Wir vier Geschwister suchten sie abwechselnd oder zusammen auf, und Thomas wie Julia luden die Mutter so oft wie möglich zu sich. Wohl nahm Mama wieder Anteil an unseren Schicksalen und war liebevoll wie immer, aber alleingelassen, versteinte sie in ihrem düsteren Zimmer, inmitten aller Bilder Carlas, aufs neue in ungelindertem Schmerz. Es hat Jahre gedauert, bis sie sich aus diesem Zustand lösen konnte, und erst der Krieg drängte mit seinen Ängsten um die Lebenden das Leid um die Tote nachdrücklich zurück.

Ich bemühte mich nach Kräften, Mama ein wenig aufzuheitern, wenn ich bei ihr in ihrem traurigen Heim saß. Dann erzählte ich

vom possierlich-kleinstädtischen Leben in Freising: Wie wir im altmodischen Zweispänner, einen Lohndiener auf dem Bock, Einladungsvisiten bei den Damen gefahren waren, die für unser Tanzkränzchen in Betracht kamen. Der Kommilitone und ich in Examensgehröcken und Chapeaux claques. Denn wir hatten keine anderen Zylinder auftreiben können, und so ließen wir eben bei jeder feierlichen Verabschiedung gleichzeitig die Hüte herausknallen, wie damals in der Herzogstraße Ommo als befrackter Idiot.
Aber Mamas Lachen brach erschrocken ab. Ihr Blick war wieder auf Carlas Bilder gefallen, bei denen auch das letzte stand: in Blumen ruhende Gestalt, gelöstes blondes Haar, auf immer geschlossene Augen, für ewig verstummter Mund.

Ich schalt mich herzlos, wenn ich nach solchen Besuchen zu nächtlichen Vergnügungen loszog. Nur meine feste Überzeugung, daß Carla mir bestimmt nicht böse sein würde, war ein gewisser Trost. Andererseits verstärkte der Gedanke an die Brüder wieder meine Gewissensbeschwerden. Sicher waren ihre Gefühle treuer und würdiger als die meinen. Vermutlich würde sich ihre Stimmung auch auf ihr Schaffen auswirken und ernste, tiefe Werke entstehen lassen, während ich mich amüsierte wie Christian Buddenbrook.
In Heinrichs Novellensammlung »Das Herz« fand ich diese Meinung bestätigt. Das Buch war voll leidenschaftlich-dramatischem Ernst, und der erste politische Essay »Geist und Tat«, den ich eines übernächtigen Morgens im Café las – der »Pan« hatte ihn gebracht –, ließ den kämpferischen Mahner, den Moralisten aus den farbigen Kulissen erzählender Gestaltung auf das schlichte Podium des Bekennertums treten.
Aber dann ging im Januar 1911 der Vorhang über Heinrichs erstem Bühnenstück auf, und siehe da, es war ein Lustspiel von äußerster Komik. Es hieß »Varieté«.
In der Münchener Augustenstraße gab es einst einen ziemlich primitiven Theatersaal, in dem ein Bauernensemble kernige Volksstücke spielte. »Almrausch und Edelweiß« zum Beispiel und »Die Wilderer«. Man saß an langen Tischen und trank Bier zur Gebirgsromantik, die immer mit Schuhplatteln abschloß. Ich war als Weihenstephaner Praktikant oft und gerne dort gewesen.

Plötzlich griff Schwabinger Geist nach diesem Kunststall. Jugendstil überzog die Wände, das Parkett wurde besesselt, und Bier gab es nur noch im Foyer. Der »Große Wurstel«, die wort- und stilgetreue Nachahmung des wilden Pariser »Grand Guignol«, eröffnete und war eine Zeitlang Sensation. Später, nach der Pleite, machte Otto Falckenberg das Haus zu den »Münchener Kammerspielen«, also zu einer der besten Bühnen Deutschlands.
Der »Große Wurstel« brachte als eine seiner ersten Sensationen »Varieté« in Uraufführung heraus. Heinrich hatte heftig gegen den reißerischen Titel protestiert, der nicht von ihm war, und er hatte sogar ein gerichtliches Aufführungsverbot erwirkt, an das sich aber der draufgängerische Direktor nicht hielt. Erst der große Erfolg, den der Sketsch mit Ida Roland in der Hauptrolle errang, versöhnte den Autor halbwegs, und »Varieté« ist dann als starkes Zugstück über zahllose Bühnen gegangen. Nach der Roland haben andere Größen – unter ihnen Tilla Durieux – in ihm brilliert.
Erstaunlich war es mir immer wieder, daß man das Lustspiel an einigen Theatern mit zwei sehr dramatischen anderen Einaktern Heinrichs, nämlich mit »Der Tyrann« und »Die Unschuldige«, koppelte und daß »Varieté« gerade als Schlußstück dieser Kombination am stärksten reüssierte.
Die lustige Sache wirbelte in fünfundvierzig Minuten Artistik, Liebe, Ehrgeiz, Selbstsucht, Nöte und Triumph einer Kabarettdiva und ihres Freundes und Leibkomponisten über die Szene, und das Paar war deutlich zu erkennen. Das Urbild der blendend schönen Chanteuse hatte ich selbst schon auf einer Kleinkunstbühne bewundern dürfen, und die Wiener Lieder ihres Partners begannen damals gerade berühmt zu werden.
Er stammte aus der k. u. k. Armee, wie Roda Roda und Busson, und man redete ihn in seiner jetzigen Welt immer noch mit seiner alten Charge an. Auch der Held des Lustspieles ließ sich Herr Oberleutnant nennen, wenn es zu imponieren galt, und er blieb ein Gentleman besonderer Prägung, trotz der fast zuhälterischen Position, in die er vom vordrängenden Ruhm der Geliebten und durch seine künstlerisch-finanzielle Abhängigkeit versetzt war. Aus der durch beiderseitige Bereitschaft zum Verrat des Herzens- und Geschäftsbündnisses entstandenen Krise hieb oder vielmehr schoß er sich und

die Partnerin vermittels des Reklametricks eines fingierten Doppelselbstmordversuches heraus und bekam, außer einem glänzenden Vertrag, die Führung, den männlichen Part wieder in die Hand.
Das Stück war ein Feuerwerk von Witz und Ironie und bewies sehr genaue Kenntnis jener bunten Welt des eleganten Amüsements, deren menschliche, künstlerische und wirtschaftliche Probleme ja immer etwas mehr oder weniger Humoristisch-Unseriöses hatten.
Obwohl ich viel zuviel gerade für diese Welt übrig hatte, war ich mit der Ironie des Autors ganz und gar einverstanden und stimmte immer wieder in das schallende Gelächter der Zuhörerschaft ein, die den »Großen Wurstel« dichtgedrängt füllte. Auch über den klaren Erfolg Heinrichs freute ich mich natürlich dabei, obwohl ich von seinem Protest gegen die Aufführung wußte.
Mitten in einem großen Lachen wurde ich nachdenklich: Dieses fidele kleine Werk hatte Heinrich doch nach Carlas Tod geschrieben, der ihn wohl noch tiefer getroffen hatte als mich. Vermutlich dachte also auch der Bruder, daß die Tote eher Fröhlichkeit als trüben Sinn und dunklen Ernst von uns fordern würde, und meine eigene Hinneigung zum lustigen Leben schien einigermaßen rehabilitiert.
Aber eine Stunde später, als ich in der »Hollandiabar« die weibliche Besatzung der Theke durch Zitieren des Barmaid-Chansons aus »Varieté« in helle Begeisterung versetzt hatte – auf dem hohen Hocker also kamen mir plötzlich ganz andere Gedanken: Der Widerstand Heinrichs gegen den Reißertitel hatte vielleicht überhaupt der Aufführung, der Veröffentlichung gegolten, war möglicherweise ein Zurückschrecken im letzten Augenblick gewesen. Er hatte sich ja sein Stück bis jetzt noch nicht einmal angesehen. Warum aber war er vor der lustigen Konzeption nicht zurückgeschreckt? Offenbar, weil sie sich ihm zwingend und gar nicht lustig aufgedrängt hatte.
Diese Chanteuse in »Varieté« besaß im höchsten Grad eben jene Voraussetzungen einer großen und frechen Karriere, die Carla gefehlt hatten. Und ihr Partner blieb ein Mannskerl in Passion und Krise.
Freilich spielte die Handlung auf einer viel tieferen Ebene und war kraß, sehr kraß gezeichnet. Aber das verdeutlichte alles um so stär-

ker, und für mich verdeutlichte es jetzt die große Bitterkeit und das traurige Lächeln des Bruders hinter Witz und Ironie seiner Travestie.

»Warum denn plötzlich so düster?« fragte die Hochblondierte vor mir. Das Bartrio setzte mit einer weichen Schlagermelodie ein. Den Refrain spielte der Geiger neben meinem hohen Sitz, was Ehrung und dafür Beanspruchung meiner Generosität bedeutete. Und die Geige sang an meinem Ohr zärtlich ein Lied des k. u. k. Oberleutnants, dessen Abbild der Held vom »Varieté« war.

Das Eigentliche, das Heinrichs Trauer um die geliebte Schwester geschaffen hatte, las ich erst ein Jahr später: das Drama »Schauspielerin«. Und diese Gestaltung von Carlas Tragödie zeigte mir endgültig, wie bitter es um das andere, so lustig scheinende Stück bestellt gewesen war.

Und Heinrich selbst war noch nach dreiunddreißig Jahren über den Zwang verwundert, unter dem er sein Lustspiel geschaffen hatte: Im »Zeitalter« sieht er sich, den Autor von damals, »in einem anderen Augenblick desselben Jahres, wohlverstanden nach der Katastrophe, in einem Gartencafé sitzen, wie ihm der Schluß einer lustigen Affäre einfällt. Gerade diese Albernheit hat er soeben glücklich zu Ende erfunden. Demnächst wird sie mit Glück über die Bühnen gehen. Die andere, ernste Sache auch. Sie hat ihn vernichtet und bereichert. Daran ist nichts zu ändern.«

Von Thomas erschien in jener Zeit nicht viel. Und nichts in seinen Essays über das Theater, über Chamisso und Richard Wagner zeigte Beziehungen zum traurigen Geschehen. Aber als dann 1913 der »Tod in Venedig« vor mir lag, empfand ich doch in all seiner hohen Kunst eine Verschattung, die nach »Königliche Hoheit« besonders stark wirkte. Welche Wandlung in wenigen Jahren! Nach Klaus Heinrichs Wissen um die Liebe nun Gustav von Aschenbachs Wissen um den Tod.

Wer kann sagen, wie weit der Tod unserer Schwester hierbei mitgewirkt hat? Vielleicht nicht einmal der Dichter selbst. Aber das Erleben der Katastrophe hatte sich ihm ebenso tief eingeprägt wie dem ältesten Bruder. Und wenn es bei Heinrich sofort zur dichterischen Gestaltung drängte in der »Schauspielerin«, so brach es bei Thomas noch nach vierunddreißig Jahren hervor. Auch dies dunkle Leid mit allem Schmerz, der im »Faustus« aufklingt.

II

Nein, ich wollte nicht »aktiv« werden. Und am Ende des ersten Halbjahres saß ich doch als krasser Fuchs mit Band und Mütze neben den meisten meiner Genossen vom Freisinger Stammtisch, die ebenso geschmückt waren, im holzgetäfelten Kneipsaal einer Münchener Korporation bei der Semesterschlußkneipe. Der Senior sprach forsch, ein Alter Herr sehr warmherzig auf den jungen Nachwuchs, und als ich für die Füchse erwidert hatte, sagte mir der Korpsdiener voraus, daß ich einst Erstchargierter werden würde.

Ich war weder zum Eintritt gedrängt noch etwa in der Trunkenheit verpflichtet worden. Auch die mir ein Semester lang durch die Gastlichkeit des Bundes gewährten Einblicke waren es nicht gewesen, was meinen Freiheitsdrang gebrochen hatte, sondern ich war zur Überzeugung gelangt, daß ich scharfe Disziplinierung brauchte, wenn ich nicht verbummeln wollte.

Ein Armutszeugnis natürlich. Ich war mir sehr klar darüber. Wer hinderte mich denn, mein Leben vernünftig einzurichten? Leider ich selbst, der ich einfach nicht imstande war, mich in einige Zucht zu nehmen. Ob das nun mit zu langer Gewöhnung an Zwang, Pflicht und Befehl entschuldbar war oder nicht, es blieb Tatsache. Fünf Monate der absoluten Freiheit hatten es mir gezeigt.

So saß ich ohne die Illusionen eines Provinzgymnasiasten an der Fuchsentafel. Ganz von ferne wehte mich ein Vergleich mit den Instinkten meiner Bubenzeit an, die mich in die »andere Welt« geführt hatten, wo der rauhe Wind ging. Freilich handelte es sich jetzt nicht um Genossen wie den Huberkatsche, sondern um junge Herren meiner Gesellschaftsklasse. Die meisten waren Landwirte und gingen also den gleichen Weg wie ich. Und die Alten Herren stellten das dar, was in meinem Beruf erreichbar war. Sie waren Gutsbesitzer, hohe Staatsbeamte, Dozenten, Experten aller Art oder große Administratoren in Übersee. Der bundesbrüderliche Umgang mit ihnen bedeutete Fühlung mit Arrivierten. Aber es war eben doch eine eigene Welt, deren Lebensformen ich mich überantwortet hatte.

Die Mensuren, die ich gesehen hatte, übten sogar eine gewisse Anziehungskraft auf mich aus. Das war sowenig Rauflust wie zur Schwabinger Zeit, sondern der Reiz einer urmännlichen Bewährung, recht ähnlich den Gefühlen eines sehr unreifen Burschen, der sich um der Bestätigung seiner Männlichkeit willen an allen hübschen Mädchen erproben möchte.

Und doch traf auf das Fechten der ferne Vergleich am meisten zu: Wie am Baronsbergl und Forellenbachl oder zur Steinzeit und auf mittelalterlichen Straßen konnte jeder Fremde zum Gegner werden, ein Ausweichen gab es nicht, und man tat gut daran, ein Kämpfer zu sein, wenn doch gerauft werden mußte.

Ich wollte überhaupt fest stehen, da wo ich nun stand, trotz der einen und wegen der anderen Erkenntnisse. Das schwor ich mir bei dieser »Akzeptionskneipe« zu. Es sollte ein sic volo, sic jubilo sein in freiwillig übernommener Unfreiheit.

Sie bestand vor allem darin, daß der Bund über fast jede Stunde des Aktiven gebot und daß dieser – jederzeit durch die Couleur als Mitglied kenntlich – die Korporation in Formen zu vertreten hatte, von denen viele lächerlich antiquiert oder überheblich waren.

Die gravitätischen Sitten im Verkehr mit Vertretern anderer Farben standen im krassen Gegensatz zu der strauchritterhaften Art, in der es beim »Ramschen«, dem wüsten Provozieren einer schweren Forderung, zuging, und ähnlich unlogisch war der Trinkkomment, der aus Unmäßigkeit eine Ehre machte, sie aber auch als Strafe vorsah.

Soweit das Ansehen der Korporation Verpflichtung zu gesellschaftlichem Schliff, sorgfältiger Kleidung und Beschränkung auf couleurwürdige Lokale bedeutete, war das ganz in Ordnung. Aber dafür waren die Begriffe eines couleurfähigen Umganges um so wirrer, wenn auch kaum verworrener als die eines Leutnants der damaligen Zeit. Bei Männern bildete angeblich die »Honorigkeit« die Grenze. Konnte man aber in Band und Mütze mit einem ehrlichen Maurer über die Straße gehen? »Damen« waren couleurfähig und mit der Ritterlichkeit von Troubadouren zu behandeln. Ein

»Mädel« jedoch war offiziell keine Dame, man schlug sich nicht um seinetwillen, und nicht einmal die ihm mit liebevoller Widmung dedizierte Photographie durfte Attribute des Corpsiers zeigen. Daß solche Gesetze fortwährend nach allen Richtungen hin durchbrochen wurden, änderte nichts an ihrem Unsinn.

Der Tag des Aktiven begann früh auf dem Fechtboden, dessen Wirkung nun bei mir die scharfen Morgenritte nach langen Nächten ersetzte, und er endete mit Kneipe oder dem Abend in einem der Stammlokale. Dazwischen lagen gemeinsame Mahlzeiten, eine Viertelstunde »Stehkonvent« am Hochschulportal, der freilich keinen Kollegzwang bedeutete, ferner der offizielle Cafébesuch, Konvente, Ehrengerichte, administrative Arbeit im Korpsheim und Verbandssitzungen. Ganze Tage wurden von den Serien der Bestimmungsmensuren, durch Feste der Hochschule, des Bundes oder befreundeter Korps in Anspruch genommen, und daneben gab es Tanzstunden und Bälle im Winter und Ausflüge im Sommer. Die Kette riß nicht ab.
Die Aktivität war also fast immer beisammen. Und es war merkwürdig, daß dies nicht Überdruß an den ewig gleichen Genossen auslöste, von denen natürlich jeder seine Schwächen hatte. Aber wer an couleurfreien Tagen – die das Sicherheitsventil des Zwanges darstellten – nicht durch verschwiegene Pläne oder Familienverpflichtungen verhindert war, hielt sich auch ohne Zwang meist an Korpsbrüder. Auch die Inaktiven machten von ihrer Freiheit verhältnismäßig wenig Gebrauch. Der persönliche Zusammenhalt war außerordentlich stark.
Denn hinter dem munteren oder gravitätischen Treiben, das wie uniformierter Leerlauf aussehen konnte, stand ein Sinn, den jeder bewußt oder unbewußt als das Eigentliche und Beste des Korporationswesens empfand: das Leben mit einer und für eine Gemeinschaft; das Sichbekennen zu ihr im Guten und Bösen; das Mühen um ihre Evolution und die Brüderlichkeit zwischen Menschen verschiedener Herkunft, ungleichen Charakters und differierender Geistesgaben. Letztlich also trotz der negativen Seiten und des Scheines der Gleichmacherei doch die Erziehung zur Toleranz.
Das war es, was vieles gutmachte: Ein junger Mensch konnte an

einem kleinen Gemeinwesen und unter einem zufälligen Symbol das lernen, was ihn zu einem brauchbaren Mitglied einer größeren, ja der größten Union zu machen imstande war, wenn er sich nicht an das Negative verlor oder die guten Lehren vergaß.

Das Korps war keine Diktatur. Man hat vergessen, daß es inmitten von recht autokratischen Monarchien die republikanische Staatsform praktizierte. Und keine »Regierung« konnte sich im Schutze einer stumpfen oder korrupten Mehrheit jahrelang Unrecht und Torheit erlauben. Es gab keine feste Mehrheit. Der Senior konnte es erleben, daß seine besten Freunde gegen ihn stimmten, wenn er sie nicht bis ins letzte überzeugt hatte, und nur selten tat das der Freundschaft Abbruch.

Die innere Freiheit? Es gab Grenzen. »Vaterländisches Denken« wurde vorausgesetzt, aber niemand predigte Dogmen. Politik – das hieß parteigemäßes Politisieren – war verpönt. Die Linie war liberal-demokratisch, trotz skurriler Äußerlichkeiten.

Das »Satisfaktionsprinzip«, der Zwang zum Zweikampf, beherrschte damals die oberen Gesellschaftsklassen noch weitgehend, war also nicht alleinige Unsitte der »schlagenden« Korporationen. Wenn auch dort die Gefahr am größten war, daß aus Fechtern Raufbolde wurden.

Natürlich weiß ich, daß es Korps mit den Tendenzen konservativer Klubs und Burschenschaften einer sehr politischen Prägung gegeben hat, aber meine persönlichen, freilich nur im toleranten Süddeutschland erworbenen Erfahrungen wissen nichts von innerer Unfreiheit, an der das Korps Schuld getragen hätte.

Schlechte Seiten in den Prinzipien eines Kollektivs schließen nicht aus, daß ein nicht kleiner Teil seiner Mitglieder sich von ihnen weitgehend freihält und sich sogar gegen solche Atavismen durchsetzen kann. Ich habe in acht Semestern die Revision manch törichten Gedankengutes erlebt. Als mein Jahrgang in den Korporationen und Verbänden an die Macht kam, wurde auch mit dem üblen »Ramschen«, wenigstens in München, durch drastische Urteile der Ehrengerichte scharf aufgeräumt. Und das Saufen war schon vorher einigermaßen zivilisiert worden.

So ging es mit manchem Posten der Passivseite, so daß ich auch von ihr weder stark bedrückt, noch allzusehr verdorben worden bin.

Sogar meine Fuchsenzeit, als die Monate, in denen zum Zwang noch das Zweitrangige des Anfängertums kam und man wieder Lehrling und Rekrut war, habe ich in durchaus fröhlicher Erinnerung. Frühling, Sommer und Herbst im München von damals und gute Gesellen. Die Rotsponahnen und der liederfreudige Urgroßvater Marty rührten sich im Enkel, und alles gefiel mir wohl.
Meine ersten beiden Bestimmungsmensuren trugen mir nur leichte Kratzer ein. Beim dritten Kampf im Herbst freilich, als ich gute Haltung vor einem sehr überlegenen Gegner zu beweisen hatte, ließ ich viel Blut und zwei breite Lappen der Kopfhaut mitsamt der korrekten Scheitelwelle. Noch sehr blaß stand ich vor dem feierlichen Konvent, der mich zum »Burschen«, dem vollberechtigten Korporationsmitglied, erhob. Und einige Wochen später ging ich aus einer Neuwahl tatsächlich als Erstchargierter hervor, wie es mir der Korpsdiener schon bei meinem Eintritt prophezeit hatte.
Meine erste Regierungshandlung war die Gründung einer Bibliothek. Mama stiftete Werke der Brüder.

III

Auch auf das Verhalten der Familie meinem Couleurstudententum gegenüber traf der ferne Vergleich mit der Zeit meiner Schwabinger Welt ein wenig zu: Wieder war es Mama, die liebenswürdig Verbindung schuf, Korpsbrüder einlud und Anteil am Leben meiner Freunde nahm. Ihre Abneigung gegen das Fechten stellte sie zurück, und auf meinen Aufstieg in der Korporation war sie bis zu einem gewissen Grad stolz wie auf jeden Erfolg eines ihrer Kinder. Bei den Löhrs war der Corpsier so gerne gesehen wie der Einjährige des eleganten Regimentes. Die Brüder aber fühlten sicher, daß mich meine wieder einmal veränderte Lebensform nicht in einem ihnen unangenehmen Sinn beeinflußte, ich einer von uns blieb.
Nur einmal, als ich wieder mit der schwarzseidenen Mensurmütze über dickem Kopfverband bei den Tommys erschien, meinte Thomas ärgerlich, ich würde viel zu oft »herausgestellt«. Ich unternahm es nicht, dem Bruder klarzumachen, daß dies, wenn es wirklich so wäre, eine Ehre für mich bedeuten würde.

Im ersten Jahr wohnte ich bei einer Militärtrompeterswitwe, die als hohe Sechzigerin kein größeres Vergnügen kannte, als Post oder Kaffee ins Zimmer zu bringen, wenn der junge Mieter sich gerade gründlich wusch. Empfing er leise Besuche, so umlauerte sie Bude und Treppenhaus und verbreitete sich später, die Fäuste auf die ausladenden Hüften gestemmt, in rapid-geschäftigem Fränkisch über zu große Hüte, zu enge Röcke und zu freie Sitten. Aber sie stellte im richtigen Moment ausgezeichnete Katerfrühstücke bereit, gewährte großzügigen Kredit und betete an Mensurtagen laut und energisch für das Wohl ihres Schützlings zum heiligen Petrus, der ja dem Malchus ein Ohr abgehauen hatte.

Kam ich nur leicht oder gar nicht lädiert nach Hause, so pries sie vom Fenster aus schallend die Kraft ihrer Fürbitte und verwies triumphierend auf Korpsbrüder der Nachbarschaft, die mangels solch frommen Beistandes böse »af'n Kopf naufg'haut« worden waren.

Ein paar Semester lang war das alles ganz amüsant. Dann bezog ich drei Häuser weiter ein schmales Treppenzimmer bei sympathischen Münchener Bürgersleuten, die weniger lauten und aktiven Anteil an den Problemen meines jungen Lebens nahmen.

Für die couleurfreien Nachmittage und Abende wurden raffinierte Programme entworfen, die möglichst viele ungebundene, nicht kommandierte Freuden vereinigten. Fast immer gehörte das Theater zu solchen Kombinationen.

Ich war ein naiver, unbeschwerter Liebhaber der Bühne vom klassischen Drama bis zum Schwank und vom Kabarett bis zu den Volkssängern. Die Oper aber mied ich trotz starker Hinneigung zur Musik. Die Aufführungen verdarben mir, so glänzend sie sein mochten, die Bilder meiner Phantasie, und so hielt ich mich an Konzerte.

Eine Zeitlang schämte ich mich im stillen dieser Einstellung. Alle Welt ging doch in die Oper, und offenbar störten Blechschwerter und Pappwogen niemanden als mich. Aber zu meiner Überraschung fand ich meine Abneigung einigermaßen von jemandem gerechtfertigt, den ich für den größten Opernenthusiasten gehalten hatte und der in jeder Tristanaufführung saß, die Gott und die königliche Intendanz bescherten: von Thomas nämlich.

In seinem »Versuch über das Theater«, der wider die Überheblichkeit der Bühne gegenüber der Epik scharf, leidenschaftlich und schlagend plädierte, wurde behauptet, daß Schiller, Goethe, Hauptmann, Wedekind und Hofmannsthal ebensogut, ja besser daheim gelesen als durch die Vermittlung des die Phantasie tyrannisierenden Theaters gesehen werden könnten. Einzig Richard Wagner, »der vom Epos alles empfing«, sei nur auf der Bühne faßbar. Man habe sich damit abzufinden trotz --- und dann kam alles, was mir die Oper unerträglich machte: Hundings Bauch, Sieglindes Busen, Siegmunds gefährlich enges Trikot und der ruckweise anschwimmende Schwanennachen. Diese Sätze waren in ihrer Ironie fast eine Vorwegnahme von Heinrichs Lohengrinkapitel im »Untertan«, das ich einige Jahre später las.
Ich dachte nach dieser Überraschung tiefer über das Verhältnis der Brüder zum Theater nach und legte es mir so aus, daß die Bühne und das Drama für beide, besonders für Thomas, eine Art andere Welt darstellten, in der sie sich zwar bis zu einem gewissen Grad zu Hause fühlten, die aber nie ganz die ihrige sein konnte, wenn sie auch von klein auf durch Passion mit ihr verbunden waren. Es war eine Trotzdem-Liebe.
Daß ein Marionettentheater einst für beide das Lieblingsspielzeug bedeutet hatte, wußte ich, und ebenso, daß Thomas ausschließlich Opern aufgeführt hatte, bei denen er Kapellmeister, Orchester und Sänger gleichzeitig war. Auch die schauspielerische Darstellung der Figuren seiner kindlichen Lektüre hatte er eifrig betrieben, hatte als Zeus gethront, als Achill den Hektor in Gestalt der kleinen Julia um Troja geschleift und ganze Tage in der liebenswürdigen Hoheit eines jungen Prinzen verbracht.
Dem Schauspieler galt denn auch im temperamentvollen Essay über das Theater uneingeschränkte Verehrung. Er wurde als die hinreißende Kraft gepriesen, die eigentlich gar kein Stück, sondern nur Andeutungen brauche, um sich auszuwirken. Und über seine Anerkennung führte der Weg zur Feststellung, daß das Theater etwas Selbständiges darstelle, bei dem der Dichter nur zu Gast sei, und das, wenn es die Bourgeoisie nicht verderbe, zur Erhebung des wirklichen Volkes führen, als »kindlich hoher Zeitvertreib die Masse zum Volke weihen« könne.

Wo aber lag die Grenze, die das Theater zur anderen Welt machte? Sie tauchte aus den Worten des Epikers über das schnell Gemachte, das Nebensächliche des Bühnenstückes auf, dem in unverhohlener Ehrfurcht Flauberts Bericht über die zwei Tage lange Arbeit an einer einzigen Romanseite gegenübergestellt wurde.
Viel, viel später schrieb Heinrich, der ja wesentlich öfter als Thomas »bei der selbständigen Kunstform zu Gast« gewesen war, in abgeklärten Worten rückschauenden Alters sehr ähnlich. Auch er stellt den Schauspieler ganz in den Vordergrund, gibt fast ihm allein die Ehre und betont das »schnell Geschriebene« des Theaterstückes, bei dem Flaubert sich amüsierte, Zola sich erholt habe. So kommt er zum Schluß, daß ein einzelnes, kurzlebiges Geschlecht seine stärksten Eindrücke wohl von der Bühne herab empfangen könne, nur das große Buch aber nachhaltig und folgenschwer sei durch Jahrhunderte.
Diese Sätze – milder als die des fünfunddreißigjährigen Thomas in seinem Essay – schließen die Erkenntnisse ab, die sich zuerst mit scharfer Ironie im »Schlaraffenland« geäußert haben.

Als ich solchen Erwägungen nachgegangen war, empfand ich erleichtert, daß für mich das Problem Buch-Bühne nicht dilemmatisch wurde, daß ich zwar passionierter Leser war und blieb, aber von der Bühne – wenigstens vom Schauspiel – frischweg Freude empfing. Den meisten meiner Freunde ging es ebenso, und das Münchener Residenztheater, die Kammerspiele Falckenbergs und das Schauspielhaus Schmederers blieben mir schönste Erinnerungen.
Waren sie wirklich so gut, oder waren wir damals dankbarer und unkritischer? Das letztere wohl kaum, denn wir pfiffen die »Franziska« bei ihrer Premiere aus, obwohl wir mit Frank Wedekind weit durch dick und dünn gegangen waren. Wir pfiffen, weil wir das Stück nicht verstanden und das dem Autor übelnahmen. Er habe sich hier übersteigert, meinten wir aufgebracht. Aber unser bubenhafter Radau verstärkte den zunächst recht schwachen Beifall der Gutgesinnten bedeutend, und später habe ich schmunzelnd in Ludwig Thomas Erinnerungen gelesen, daß der Erfolg von »Franziska« sich auch bei den Hochgeistigen Münchens erst in der

»Torggelstube« entschieden hat, als Wedekind persönlich dem maßgeblichen Literaturprofessor, der opponierte, Faust II. Teil als Vergleich und Symbol hingeworfen hatte.

Neben dem Schauspiel gehörte unsere Liebe dem literarischen Kabarett, bei dem wir noch den letzten Glanz guter Zeiten erlebten. Wir ließen die Programme so oft auf uns wirken, daß uns bei den Exkneipen ganz leidliche Kopien gelangen. Ich brachte sogar selbst einmal ein Chanson zustande, das von einem Jüngling mit zwei Mädchen handelte und dessen Melodien schon vom ganz neuen Ragtimetakt beherrscht waren.

Das Münchener Volkssängertum war ein anderes, sehr weites Gebiet, das wir nach allen Richtungen hin durchstreiften. Wie die Brüder unter den Akteuren die Charakterspieler am höchsten schätzten – Heinrich vor allem die Charakterspielerinnen –, so war ich von den guten Typendarstellern unter den Komikern am stärksten eingenommen. Die Art, in der die Dorftrottel und der sich besaufende Gemeindediener vom »Eringersepp« gespielt wurden, war Kunst. Und die Gestalter der Luckis waren so echt, daß man an eine Imitation kaum mehr glaubte.

Aber ich konnte schon damals die Opportunisten nicht leiden, die den schlechten Instinkten oder dem schlechten Geschmack des Volkes schmeichelten. Sie waren es dann auch, die bald nach der ersten Katastrophe mit pfiffigen Bauerngesichtern die Republik verhöhnten, Lustiges vom lieben alten Militär erzählten und schon lange vor 1933 offene Propagandisten Hitlers wurden.

Ihr absolutes Gegenteil bedeutete Karl Valentin, der Einmalige und Unvergeßliche. 1911 sah ich ihn zum erstenmal auftreten. Heinrich hatte mir schon vorher von ihm erzählt, und ich war sofort von dieser skurril-philosophischen Komik tief beeindruckt.

Valentin witzelte niemandem nach dem Munde und hielt dem Volk in allem grotesken Unsinn einen Narrenspiegel vor. Er war der Hofnarr des Volkes, und seine bald ungeheuere Popularität bewies, daß der dummschlaue Opportunismus der anderen nicht Vorbedingung des Erfolges war.

Die Münchener Studenten gehörten zu den ersten und treuesten Anhängern Karl Valentins.

In das Kino von damals gingen wir eigentlich nur um des Juxes willen. Die Filme, besonders die »Dramen«, waren danach, und die da und dort noch fungierenden »Erklärer«, die in geschraubtem Stil und furchtbarem Hochdeutsch die meist tieftraurige Handlung kommentierten, konnten durch Zwischenrufe aus dem Dunkel oder lautes Schluchzen zu den amüsantesten Sondervorstellungen gebracht werden.
Noch mehr aber als über solches Gaudium hätte ich über die Voraussage gelacht, daß ich einige Jahre später – freilich nach einer wesentlichen Änderung des Weltbildes – am Gedeihen dieser sonderbaren Kunstform aktiv mitwirken würde.

Das alte »Café Karlsthor«, dicht an einem Bogen des mittelalterlichen Bauwerkes gelegen, durch das der Verkehr zur Stadtmitte floß, war mir das liebste unserer offiziellen Lokale.
Die meisten Münchener Korporationen waren mit ihren Stammcafés enger verbunden als selbst mit ihren Kneipen, Korpsheimen oder Häusern. Das galt ebenso für andere Vereinigungen aller Art, besonders auch für die künstlerischen.
Der Brauch war eigentlich österreichisch, und Wien hatte ihn vom Balkan übernommen, auf den er vom nahen Orient gekommen war.
Im Café Karlsthor debattierten wir an jedem frühen Nachmittag bei vorzüglichem Kaffee, der noch in alter Weise aus großen Kannen eingeschenkt wurde. Oder man schaute auf das gemütliche Treiben der Neuhauser Straße hinaus. Und schließlich griff alles nach Zeitungen und Zeitschriften, die in großer Menge auflagen.
Fast vier Jahre lang war im Café Karlsthor die neue Nummer des »Simplizissimus« am Erscheinungstag für mich reserviert. Thekla, unsere Kassiererin, versteckte sie, bis ich eintraf.
Ich war dem Blatt, dessen Anfänge mich ja schon als Buben begeistert hatten, immer anhänglicher geworden und trieb einen wahren Kult mit ihm. Die »Simpl« dankte es mir jede Woche mit neuem Vergnügen.
Da war Ludwig Thoma, dessen »Filserbriefe« in jenen Jahren erschienen. Da las ich Hermann Hesse, V. Jensen, Norbert Jacques, Peter Altenberg und Alexander Castell zum erstenmal, und da sah

ich auch unter einem kurzen Gedicht, das mich ergriff, zum erstenmal den Namen Bruno Frank.

Bei den Zeichnern waren an die Stelle des jung verstorbenen Freiherrn von Reznicek nun Kainer, Dudowich und Schnackenberg getreten. Sie zeichneten andere Frauentypen als der elegante Österreicher. Manche muteten zuerst seltsam an, aber man begegnete ihnen plötzlich auch im Leben immer öfter. Die Frage war, ob die Maler sie nur als erste entdeckt oder ob die Frauen sich den von den Künstlern erfundenen Typen angepaßt hatten. Reznicek hatte das weitgehend fertiggebracht, und ich traute es auch seinen Nachfolgern zu.

Th. Th. Heine und Thöny waren nach wie vor in jeder Nummer vertreten, und neben der Märchenromantik des Malers Wilhelm Schulz und den klaren bayerischen Landschaften Siecks erschienen die prachtvollen Karikaturen des Schweden Olaf Gulbransson immer öfter. Es gab kaum einen zeichnerischen oder literarischen Beitrag im »Simpl«, der mir nicht gefiel.

Die meisten meiner Kommilitonen teilten meine Begeisterung, und scharfe Kritik in Wort und Bild an Parteien und Fürsten, deutscher Politik, sozialen Zuständen und dem Spießerpatriotentum wurde in diesem Kreis keineswegs verübelt.

Im Café Karlsthor, als Corpsier und Senior in Band und Mütze, las ich eines Nachmittags des Frühjahrs 1912 die krasseste literarische Karikatur des Couleurstudententums, die je in Deutschland geschrieben worden war. Und der Autor war mein Bruder Heinrich.

Der »Simpl« hatte schon im Herbst das erste Kapitel des »Untertan« unter dem Titel »Lebensfrühling« gebracht, und die »Neuteutonen« waren nun der folgende Abschnitt: Diederich Heßlings Studentenzeit.

Aber das böse Kapitel bedrückte weder mein Gemüt, noch brachte es mich in die Lage, den Dichter gegen die Empörung meiner Bundesbrüder oder andere Couleurstudenten in Schutz nehmen zu müssen. Die karikierende Übertreibung hatte mit der »Neuteutonia« das Bild einer lächerlichen »Blase« geschaffen, einer minderwertigen Verbindung von Minderwertigen also und der Nachäffung eines Korps, bei der gerade die Unsitten aufs gröbste verstärkt in Erscheinung traten.

So etwas gab es. Wir wußten das und konnten Beispiele aufführen. Wir verachteten derartige Gebilde und bekämpften sie gegebenenfalls. Und da Heinrichs Neuteutonia alle Zeichen solchen Mißgewächses trug, entstand der Eindruck, der Autor bekämpfe ausschließlich die Blasen. Er war eines auf sein Wohl geriebenen Salamanders wert.
Die Impression wurde verstärkt durch Diederich Heßlings Charakter, der ja von Anfang an recht abscheulich schien. So ein Kerl, meinten wir, konnte sich natürlich nur in einer Blase halten. Ein kleiner, feiger Spießer, der den akademischen Bürger markierte, den schwülstigen Patrioten heraushing, vor Adel und Garde zusammenklappte und nach unten trat. Wir wußten, daß es Tausende dieses Typs gab und daß ihr Hochkommen eine Gefahr war. Wir haßten sie wie der Autor. Also vivat, crescat, floreat der Autor!
Nun, im stillen war ich mir auch damals schon bewußt, daß die Dinge nicht ganz so lagen und daß mit dem übelsten Spießertyp der bürgerliche Untertan Wilhelms II. schlechthin gezeichnet, mit der Blase Neuteutonia aber die dunklen Seiten des Couleurwesens überhaupt aufgezeigt werden sollten. Verzerrung gehört zur Karikatur, aber sie war die krasse Verdeutlichung vorhandener, nicht erfundener Schwächen.
Hierüber viel zu reden hielt ich mich jedoch nicht für verpflichtet, und es freute mich, daß Stellen aus den »Neuteutonen« geflügelte Worte im Korps wurden. »Formen sind kein leerer Wahn«, sagte man scheinbar tiefernst, wenn einer zu offiziell tat, und »Mein Vetter von Klappke!« scholl es drohend einem anderen entgegen, der »angeben« wollte.
So also wirkte das zweite Kapitel des »Untertan« auf Couleurstudenten.
In München wenigstens und damals. 1919 freilich sollte Heinrich von irgendeinem wirklichen Diederich Heßling, der sich nachträglich getroffen fühlte und das Buch offenbar in den Komplex »Kriegsschuldlüge« einreihte, gefordert werden. Leider habe ich das erst Jahrzehnte später erfahren. Ich hätte mir den Beleidigten so gerne angesehen.
Nicht nur dieser Heßling hat die erste Katastrophe überstanden

und sofort die zweite angesteuert. Der große Erfolg des »Untertan« konnte den Typ nicht beseitigen.
Th. Th. Heine, dessen Zeichnungen auf der gleichen Linie lagen wie Heinrichs Roman, hat als greiser Emigrant in Schweden resigniert bekannt: »Unsere Karikaturen waren sehr populär, aber sie machten im Grunde auch den Karikierten populär. Wir haben also erfolglos gekämpft.«

IV

Die sommerlichen Hochschulferien, die damals fast vier Monate dauerten, verliefen für mich immer in einer Weise, die in starkem Gegensatz zu meinem Treiben während der Semester stand.
In der Erntezeit praktizierte ich da und dort und half auch manchmal wieder in Polling bei der Einbringung des Getreides. Im ersten Sommer verbrachte ich außerdem einige schöne Wochen mit Mama in einem mecklenburgischen Ostseebad und feierte Wiedersehen mit dem Meer. Bewußter und darum stärker empfand ich nun als Erwachsener die alte atavistische Verbundenheit aufs neue.
Im nächsten Jahr hatte ich die erste zweimonatige Reserveübung als Offiziersanwärter abzuleisten. Die andere Hälfte dieser Ferien aber waren einer sehr seriösen Tätigkeit gewidmet: Ich arbeitete als Volontär der Hypothekenabteilung in Schwager Jofs Bank.

Allmählich hatte ich angefangen, ernstlich über die Studienzeit hinauszudenken, und war dabei genötigt worden, bisherige Pläne und Vorstellungen stark zu revidieren. Seit meiner Berufswahl hatte ich mich immer als künftigen Herren auf eigener Scholle gesehen. Inzwischen aber waren ungünstige Zeiten für die Landwirtschaft gekommen, und alle Erfahrenen rieten für absehbare Zeit dringend von einem Gutskauf ab.
Bei der Prüfung anderer Möglichkeiten für meine Zukunft war ich an das Expertenwesen geraten, das mir wegen seiner Vielseitigkeit weit mehr imponierte als eine Laufbahn im höheren Staatsdienst und in wirtschaftlichen Organisationen. Besonders die Tätigkeit

eines Sachverständigen des Agrarkredites begann mich stark zu interessieren. Einige ältere Korpsbrüder übten sie für Münchener Großbanken aus. Sie meinten, ich solle doch einen praktischen Versuch machen, da ich sozusagen den Papst zum Vetter hätte.
Richtig: Schwager Jof war ja Direktor einer Bank, die den Realkredit pflegte. Ich trug ihm meinen Wunsch vor, er half, wie immer, und am 1. September trat ich an.
Wieder begann eine Lehrzeit ganz unten, aber sie schien mir recht freundlich, und ein gewisser Horror, mit dem ich der Büroarbeit entgegengesehen hatte, wich bald dem Gefallen an dem Aufgabengebiet, in das ich eingeführt wurde. Es handelte sich zunächst natürlich um primitive Tätigkeit. Aber dies Zusammenstellen der Elemente eines landwirtschaftlichen Hypothekenantrages zur »Vorprüfung«, die dann an den Sachverständigen ging, war ein interessantes Mosaiklegen für mich. Dem Kenner – und ich blähte mich im Bewußtsein meiner praktischen Erfahrung – entstand aus trockenen Dokumenten und Formularen heraus schon ein recht deutliches Bild dieses Bauernhofes da hinten im Schwäbischen, am Main oder in den Vorbergen des Karwendels.
Auf Grund dieses Bildes oder nach einer ergänzenden Prüfung an Ort und Stelle die Werte und Unwerte des Objektes gegeneinander abzuwägen, Leistungsfähigkeit und damit Sicherheit für Kapital und Zinsen zu schätzen, war die Arbeit des Experten, dessen Sonderstellung als verantwortlicher Spezialist mir schnell aufging.
Es wurde mir auch klar, über welche Kenntnisse der Sachverständige verfügen mußte, der sehr maßgeblich an der Lenkung eines befruchtenden Geldstromes beteiligt war und dabei die Interessen aller Beteiligten zu wahren hatte.
Zur Erlangung solcher Kenntnisse gehörte eine teilweise Spezialisierung des Studiums, und wenn ich mich endgültig für diese Laufbahn entschloß, mußte ich möglichst bald nach dem Examen festen Fuß in der Bank fassen. Schwimmen lernt man nur im Wasser.
Ich war ja schon weitgehend entschlossen und bemühte mich daher sehr, mit meinen Vorprüfungen einen guten Eindruck zu machen.

Wenn ich in diesen strebsamen Wochen morgens statt auf den Fechtboden mit der Aktenmappe unter dem Arm in das Geschäfts-

viertel der inneren Stadt ging, dachte ich oft an unseren Vater, den Handelsherren und Organisator. Würde es ihn freuen, seinen Jüngsten auf diesem Weg zu sehen? Ich meinte es bejahen zu können, und das gab ein gutes Gefühl.
Trotzdem besaß ich schon genug Ironie gegen das eigene Ich, um meinem Anfangseifer nicht unbedingt zu trauen. Und weil ich schon bei der Familiengeschichte war, so fiel mir auch Christian Buddenbrook ein, der eine Zeitlang in der Firma seines tüchtigen Bruders arbeitet und zuerst hoch befriedigt ist. »Man fühlt sich so durchdringend zufrieden«, sagte er, »die Hände fühlen sich zufrieden.« Aber bald ist er wieder mehr im Klub als im Büro zu finden, hat eine neue Affäre mit »einer vom Tivoli« und gefährdet das Ansehen der Familie.
Auch Heini und Ommo waren ja eine Zeitlang auf braven Kontorstühlen gesessen, bevor sie sich ganz und öffentlich den zunächst nur heimlich betriebenen »Nebendingen« hingaben. Ein bißchen gutbürgerliche Arbeit bewies also nichts.
Nun, das alles traf wohl nicht ganz auf mich zu, aber etwas Mißtrauen konnte nicht schaden, wenn man sich so tüchtig fühlte.
Auf jeden Fall hatte ich einen guten Weg in die Zukunft erkundet. Ich bewarb mich bei der Bank um Vormerkung, die auch zugesagt wurde, und dann war ich wieder der Student und Senior, dem die Probleme der Korporation das Wichtigste zu sein hatten. Bis Weihnachten noch, denn mit Beendigung meiner Aktivenzeit sollte der Ernst des Lebens beginnen.
Es gab auch später noch einige Zwischenfälle, wie einst auf dem Gymnasium. Und als ich mich schließlich doch auf den Weg gekämpft hatte und eine Gefährtin neben mir stand, da brach nach den ersten Schritten dieser Weg ab vor einem tiefen Erdriß, der die Welt furchtbar spaltete.

V

Die Bockbiersaison bedeutete einst für München eine große und wichtige Angelegenheit, an der jeder, der sich der Stadt zugehörig fühlte, Anteil nahm.

Das älteste Münchener Starkbier war der Salvator der Brauerei gleichen Namens. Er floß im März in allen Wirtschaften dieses uralten, ehemals klösterlichen Unternehmens, seine Hochtempel aber waren die großen Keller und Gaststätten am Nockherberg, dem Steilhang über dem rechten Isarufer und der Vorstadt Au. Hier feierten die Münchener Saturnalien.

Man konnte sie in verschiedener Art mitmachen: Im riesigen Saal mit dem Schmuck aus Tannen und Fahnen herrschte die Stimmung einer gigantischen Kirmes. Nachmittags aber, wenn das Wetter es wollte, konnte man auch im großen Garten, unter Kastanienbäumen sitzend, den Salvator proben und, indes im rauchigen Lokal der Festlärm schon anschwoll, geruhsam über Vorstadt, Bergfluß und die schöne Stadt selbst blicken.

Kühlblau und federweiß deutete der Himmel den bayerischen Frühling erst an. Er würde vielleicht noch viele Schneeregen aus schmutzigen Wolken über die Stadt werfen, aber heute, am Josefitag, war er aufgewaschen und lenzhaft erhellt von einer fröhlichgelben Sonne, die den ersten knolligen Blattknospen den Anschein üppigen Blühens und Säftetreibens geben wollte.

Wir hatten einen der Tische besetzt, die in langen Reihen auf dem bekiesten Grund unter den Bäumen standen. Ein Querschnitt der Korporation sozusagen: einige inaktive Burschen, darunter ich, alte Recken also, Respektspersonen als ehemalige Träger höchster Chargen; dazu Aktive vom derzeitigen Senior bis zum Fuchs und in unserer Mitte ein junger Herr, der bald aktiv werden sollte, ein Keilfuchs. Er hatte sich schon um Aufnahme beworben, wurde aber noch als Gast des Bundes behandelt, wenn auch hinter jedem Gespräch und Zutrunk schon der forschende Wunsch nach genauestem Kennenlernen des künftigen Korpsbruders stand.

Er schien zu uns zu passen und gefiel mir gut. Ich hob den gläsernen Maßkrug gegen ihn, und die Runde schloß sich der Ehrung an. Das frische und schwere Bier mundete mir sehr, und ich tat einen tiefen Trunk.

Da schob sich in meinen über den Krug hinweggehenden Blick vor das Bild der vieltürmigen, so tief vertrauten Stadt die Gestalt eines sehr jungen Mädchens, das langsam und wie suchend durch die Reihen der zechenden Bürger daherkam. Ich setzte ab und schaute.

Sie trug einen frühen Strohhut und zum Kostüm im sogenannten Pepitamuster eine Bluse, deren nicht grelles Rot in der schon schräg scheinenden Sonne doch als freudigste Farbe des vorfrühlingshaften Bildes leuchtete.

Die junge Dame hatte das dunkle Haar in Schnecken über die Ohren frisiert, was sehr in Mode war und das mädchenhafte Gesicht noch mädchenhafter machte, und sie ging ohne Hemmung, aber auch ohne das sich Produzieren, in das die meisten Frauen bei solchem Alleingang unter vielen Blicken verfallen. Sie schritt, unangerührt von der Situation, auf uns, auf mich zu, und ich blickte ihr entgegen.

Aber als sie lächelte, galt das keineswegs mir, sondern dem Keilfuchs an unserem Tisch, zu dem sie jetzt trat. Er hatte sich erhoben, und auch wir standen auf, wurden vorgestellt und bekamen jeder ein ernst-höfliches, aber gänzlich unbeteiligtes Kopfnicken. Dann sagte der Keilfuchs: »Meine Schwester Nelly«, und dem Gespräch der beiden konnte entnommen werden, daß Fräulein Nelly mit ihren Eltern drüben in einem anderen Teil des Gartens saß und dem Bruder etwas auszurichten hatte.

Sie beendete das Gespräch schnell, nickte uns in der gleich unbeteiligten Art zu wie bei der Vorstellung und wandte sich. Ich blickte ihr nach, wie sie ohne Hemmung und Vorführung durch die Josefi-Salvator-Bürger hinwegschritt. Die rote Bluse verschwand hinter Bäumen. Also Nelly hieß sie.

Der Aktive neben mir sagte halblaut: »Das ist doch nett, daß der Fuchs eine so hübsche Korpsschwester mitbringt.« Ich nickte lächelnd, aber aus irgendeinem unerfindlichen Grund paßte mir die Bemerkung nicht. Ich war nicht geneigt, über meine Eindrücke zu sprechen.

Bald darauf brachen wir auf.

Wenn ein Mann und ein Mädchen sich gefunden haben, behaupten gewöhnlich beide, sie hätten auf den ersten Blick gefühlt, daß hier das Schicksal stünde. Zwischen meiner Frau und mir besteht da eine meiner Eitelkeit sehr abträgliche Diskrepanz. Während ich immer die Version aufrechterhalten wollte, schon der Münchener Salva-

tormärz 1913 sei für uns beide entscheidend gewesen, ist sie so unromantisch ehrlich, sich jenes ersten Blickes auf mich überhaupt nicht erinnern zu können.
Ich habe damals nicht den geringsten Eindruck auf sie gemacht.

VI

Die Tommys waren schon 1910 von Schwabing nach Bogenhausen, in die Mauerkircherstraße, übergesiedelt, wo es große Wohnungen gab, denn die stetig wachsende Familie – das vierte Kind wurde erwartet – verlangte mehr Raum. Auch die neue, sehr schöne Etage entsprach nur einige Jahre, und wichtige Entschlüsse reiften: Thomas erwarb ein Grundstück am Rande des der Bebauung eben erschlossenen Herzogparkes, ganz nahe der hier über flache Kaskaden schäumenden Isar, und im Frühjahr 1913 sah ich das stattliche Haus Poschinger Straße 1 emporwachsen.
Das war in wenigen Jahren nun schon das zweite Eigenheim, das Thomas sich und den Seinen errichtete, und ich erkannte bereits damals das Patriarchalische, das dieser angeborenen Neigung zum Siedeln auf eigenem Boden, zum »hier laßt uns Hütten bauen« zugrunde lag.
Es ist merkwürdig: Alle unsere Ahnen haben eigenen Boden – sehr viel Boden manchmal – und eigene Häuser besessen. Von uns fünfen aber hat es nur Thomas zum Siedler gebracht, obwohl das eigentlich mehr in der Linie meines Lebens gelegen wäre. Offenbar war in ihm der Wille am stärksten erhalten, denn beim Siedeln kommt es auf den Willen mehr an als auf materielle Mittel.
Der Herzogpark war zwar schon von Straßen durchzogen – die übrigens durchweg Dichternamen trugen –, aber noch gar nicht bebaut, und vorläufig war Thomas' künftiges Heim hier das äußerste Haus an der letzten Laterne. Ultima Thule sozusagen und Vorposten der im Süden und Osten schon geschlossenen Baugruppen gegen die noch fast wilde Natur, die sich am Fluß entlang nach Norden erstreckte und »das Jagdrevier«, der Schauplatz jener Spaziergänge mit dem drolligen und treuen »Bauschan« werden sollte, die Hauptinhalt von »Herr und Hund« sind.

Die Front des Neubaues schaute nach Süden, und vor den französischen Fenstern des geräumigen Arbeitszimmers führte eine breite Terrasse zum großen Garten, der aber erst einer werden sollte. Man betrat das Haus von rückwärts und gelangte in eine weite Diele mit Ziegelkamin und schönem Treppenaufgang. In drei Hauptträume gingen von hier aus die hohen Flügeltüren: zum Eßzimmer, wo ein Kühlraum für Zigarren in die Wand eingelassen wurde, der Erinnerungen an Papas Rauchschränkchen wachrief, ferner zum Arbeitsraum und in Katjas Zimmer. Küche und Gesinderäume waren im Souterrain untergebracht, und es gefiel mir sehr, daß die Speisen vermittels Aufzug aus der unteren Region zur Tafel steigen sollten. Ich hatte das bisher nur bei großen Restaurants gesehen.
In zwei Obergeschossen lagen all die Schlaf- und Kinderzimmer, die noch über den augenblicklichen Raumbedarf hinaus dimensioniert waren.
»Hier haben noch eine Menge Bettchen Platz«, sagte Katja lachend zu Mama, die sich oft um die zarte Schwiegertochter ängstigte, sosehr sie sich über die Enkel freute.
Denn Katja mußte in jenen Jahren zweimal längeren Aufenthalt in einem Davoser Sanatorium nehmen, was freilich nicht nur ihre völlige Wiederherstellung, sondern auch den zweibändigen Roman »Der Zauberberg« zur Folge hatte.
Als Thomas für drei Wochen – jene berühmten drei Wochen des Hans Castorp – zu Besuch da oben weilte und sich ein wenig erkältet hatte, wollten die Höhenmediziner, die nicht nur gesundheitliche Erwägungen, sondern vor allem auch das kommerzielle Interesse des Hauses vertraten, in ihm die »feuchte Stelle« entdeckt haben, die ihn zum langfristigen Patienten und Klienten machen und damit auch seine junge Frau weiterhin als zahlenden Gast festhalten sollte. Aber Thomas verfiel nicht der Verzauberung, sondern floh, wie später im Roman der Konsul James Tienappel.
Eine Novelle sollte daraus entstehen, erzählte er mir später oft; ein Geschichtchen, wie der »Simplizissimus« sie brachte. Aber in seinem Helden Hans Castorp unterlag der Dichter dann doch der seltsamen Lockung und blieb zwölfhundert Seiten lang im Zauberberg.

Von den hochgemuten Plänen des ersten Semesters, die sich auf die Musenstädte der weiten Welt bezogen, war nichts übriggeblieben. München und das Korps hatten fast alle von uns auch nach der Aktivenzeit noch festgehalten. Aber als Inaktive verlegten wir uns wenigstens auf kleine Reisen durch das Land, wo es am schönsten war, meist Bergwanderungen, die wegen unserer geringen Geldmittel und unserem trotzdem unbezähmbaren Hang zum roten Spezial meist sehr abenteuerlich verliefen.

Sooft es ging, war ich als Gast im Tölzer Landhaus Mann, das von einem blumigen Wiesenhang über dem Klammerweiher in die Berge schaute. Der große Garten ging unmittelbar in dichten Hochwald über, in dem es verlassene Bergwerksstollen gab. Die Kinder, namentlich Golo, hielten sie für Eingänge zu Gnomenhausungen und belächelten meinen Unglauben überlegen.

Im Sommer 1913 war Katja gerade von Davos zurückgekehrt, und die Sonne schien hell, wie zur Zeit der »Königlichen Hoheit«.

Die zarte Schwägerin war eine richtige Bubenmutter, und wenn ich zusah, wie sie im eiskalten Bergweiher den Kindern Schwimmlektionen erteilte, mußte ich lächelnd an meine Pennälerlügen von meiner sportlichen Erziehung durch die Brüder denken.

Im Herbst dieses Jahres kam ich zu Pferde in Tölz an. Als Vizewachtmeister der Reserve, eingerückt zur zweiten Übung für acht Wochen und also wieder bei den schnellen Rossen und den Kanonen, die ich Bruder und Schwägerin abends zeigte. Der Marktflekken wimmelte von Soldaten.

Der wochenlange Ritt damals durch das Land, dem ich mich so eng verbunden fühlte, war mein schönstes Erlebnis bei den Soldaten. Zudem war die Fuchsstute »Ida«, ein zutraulich-kokettes Wesen, das mir aus dem Stall entgegenlief wie ein guter Hund, das hübscheste und liebenswürdigste Pferd, auf dem ich je gesessen bin.

Mama ging es in diesem Sommer nicht gut. Schwere gesundheitliche Attacken – vor allem nervöse Herzbeschwerden – ließen eine neuerliche Übersiedelung auf das Land dringend geboten erscheinen, und zu unserer Freude entschloß sich die Mutter nun doch zur Rückkehr nach Polling. Dort fand sie im hübschen, inmitten eines Obstgartens gelegenen Häuschen einer Lehrerswitwe ein paar freundliche Zimmer und richtete sie mit den lieben alten Möbeln ein. Dieses Domizil stach sehr vorteilhaft von den Pensionen und möblierten Zimmern ab, in denen Mama seit Carlas Tod gelebt hatte. Wenn man hierher kam, war man wieder daheim und wirklich bei Mama.

In den letzten Tagen der Reserveübung bestand ich die Offiziersprüfung und sprang dann aus dem Sattel in das neue Wintersemester, das nun tatsächlich Studium bedeutete, denn die Arbeit war zur sehr ernsten Sache geworden. Sie wurde dadurch kompliziert, daß ich neben den Hauptfächern für das Diplomexamen auch nachträglich noch elementare Disziplinen für eine Zwischenprüfung büffeln mußte, die längst fällig gewesen wäre und spätestens zu Ostern abzuleisten war. Vorlesungen über diese Elemente aber konnte ich kaum noch besuchen, und so geriet der willige Geist in arge Bedrängnis. Den Korpsbrüdern meines Jahrganges ging es – bis auf ein paar Musterstudenten – nicht anders. Die aktiven Semester rächten sich, und wir hatten zu zahlen, was wir so lange schuldig geblieben waren.

Die Weihnachtsferien verbrachte ich natürlich in Polling, wo es manche Veränderungen gegeben hatte. Oskar war nun schon lange verheiratet und hatte das Gut endgültig übernommen. Papa und Mama Schweighart waren in den alten Pfarrhof, ein ehemaliges Klostergebäude mit wunderschön gewölbten Stuben und prachtvollen Öfen, übergesiedelt, und ich wohnte bei ihnen, weil Mama kein Gastzimmer hatte. Auch die jüngeren Schweighartsöhne und die Frau des lustigen Friedel waren über die Festtage bei den Eltern. In den barocken Räumen, die sehr denen des Herrenhauses glichen, lebte die alte Stimmung aus meiner Pollinger Bubenzeit wieder auf. Es roch nach Tannen, Wachs und Weihnachtsgebäck, als wir alle an Silvester am Ofentisch beim roten Punsch saßen. Papa Schweighart sagte: »Es geht alles vorüber«, wenn ich von meinen Examenssorgen erzählte, und Frau Kathi stimmte unter den Glasbildern alter Augustineräbte mit Krummstäben und verzückter Heiliger mit Marterinstrumenten hell an: »Was die Welt morgen bringt, ob sie uns Sorgen bringt, Leid oder Freud – – –«

Wir fielen ein: »Komme, was kommen mag, Sonnenschein, Wetterschlag – – –« Tabakrauch und würziger Dampf aus der Kristallterrine wölkten zum Deckengewölbe, und die Zeiger der alten Kastenuhr rückten gegen den verschnörkelten römischen Zwölfer vor. Das letzte Friedensjahr ging zu Ende, und wir sangen: »Heute ist heut'.«

VII

An jedem Wintermorgen dieser Pollinger Ferien erwachte ich zwischen den enormen Plumeaus des altväterlich-hohen Bettes vom Krachen der Buchenscheite im Kachelofen. Die alte Wally hantierte im Feuerschein und sagte munter: »Auf geht's, Student!« Wenn ich dann wie eh und je das Riesenstück Hefezopf zum Kaffee in der großen, dicken Tasse vertilgt hatte, ochste ich auf meinem vom Holzbrand wohlig durchwärmten Zimmer bis zum Mittag Tieranatomie, Physiologie und die Leitfossilien der Erdformationen. Dann ging ich zu Mama, und später arbeitete ich ein wenig in Oskars Büro an Wirtschaftsstatistiken.

Oskars Büro mit dem riesigen alten »Sekretär« und den klösterlichen Gewölbebögen: Im »Doktor Faustus« habe ich es als »Abtstube« wiedergefunden.

Das Land war tief eingeschneit in diesen ersten Tagen des Jahres 1914, und nur mühsam gelangte ich am Tage nach Dreikönig zum Bahnhof. Der Zug kam mit großer Verspätung in München an, und ich setzte mich in der Treppenbude gleich wieder hinter die Bücher. Aber am Abend tönte unter meinem Fenster vielstimmig der Korpspfiff, und die Freunde riefen aus einem Schneegestöber herauf, ob ich denn über der verfluchten Wissenschaft die erste Redoute versäumen wolle.

Nein, das wollte ich keinesfalls. Es war ja der letzte Fasching der Studentenzeit, der heute begann.

Merkwürdig einheitlich hatte sich bei uns Drei- und Vierundzwanzigjährigen eine Stimmung des baldigen Torschlusses und Abschieds von der Jugend eingenistet. So als stünde das graue Alter unmittelbar hinter dem Staatsexamen und alle Jugendfreude müsse dann allsogleich im »Philistertum« und den »Sorgen des Alltags« untergehen. Der gleiche Glaube ließ uns einen Dreißiger als alt, fast greisenhaft erscheinen, und ich begriff es nicht, daß so einer noch Glück bei den Frauen haben konnte.

Später schob ich zwar den imaginären Zeitpunkt der Vergreisung je nach selbst erreichtem Alter immer um ein Jahrzehnt vor, damals aber hielt ich mit den anderen den anhebenden Karneval für den Abtanz meiner Jugend und gab mich ihm so hin, daß er eine breite Zäsur in mein zielstrebiges Studieren schlug. Die Examenssorgen wurden vertagt.

Wir waren überall, am häufigsten aber – schon aus Rücksicht auf unser finanzielles Können – bei den großen wohlfeilen Redouten im Löwenbräukeller. Hier war es auch, wo ich als Märtyrer der aufkommenden modernen Tänze verhaftet wurde.

Die Jugend hatte längst übergenug an den ewigen Walzern, Polkas und Rheinländern und dem steifen Zeremoniell der von ihnen beherrschten geselligen Unternehmungen. Wirklich beliebt war von den alten Gesellschaftstänzen nur noch die Münchener Abart der Quadrille, die Française heißt. Tanzmüdigkeit herrschte, als das neue Wesen aus Nord- und Südamerika daherfuhr wie frischer Wind und nicht nur die Jugend, sondern Reife und Überreife wieder zu begeisterten Tänzern machte.

Es war eine Revolution, wie ja auch der gute alte Walzer einmal eine Revolution gewesen war. Und wie dieser, so wurde jetzt die neue Art von allerlei Mächten befehdet. Man erklärte sie für unsittlich oder unästhetisch, vornehme Tanzinstitute weigerten sich, sie zu lehren (man lernte sie trotzdem im Umsehen), Wilhelm II. verbot den Tango bei Hofe, und in Bayern stand angeblich die Königin hinter den polizeilichen Maßnahmen, die alle »Schiebetänze« mit Strafen bedrohten und in einem Aufwaschen auch gleich die Vorhänge an Sektlogen, öffentliche Zärtlichkeiten maskierter Paare und viele andere Imponderabilien des Faschings zu starken Vergehen stempelten.

Der Kampf ging schon seit drei Jahren, und jedes neue Verbot steigerte die Lust der Übertretung. Wir trotzten Kaiser, Königin und Polizei. Wenn den Orchestern der großen Feste die neuen Melodien untersagt wurden, so tanzten wir eben den Boston nach den Walzerweisen und vor allem den Twostep in den Dreherpassagen der Française. Wer das konnte und wagte, wurde bewundert von jeder lustigen Tänzerin und gehaßt von den dicken Kriminalern, die sich zu Dutzenden, weithin kenntlich an ihren unmöglichen Anzügen, durch das Gewimmel bewegten. »Schergen« nannten wir diese Sittenwächter.

Sie holten mich aus einer Française heraus, die Sbirren der Königin, und wollten auch meine höchst attraktive Tänzerin gefangennehmen, die wahrscheinlich ihre neidische Aufmerksamkeit erregt hatte. Aber ich war ungebärdig, die Menge zeigte sich sofort mit mir solidarisch, und in dem entstehenden Wirbel entrissen herzuströmende Korpsbrüder die maskierte Schöne den Kriminalern.

Im Büro neben dem Saal wurde ich verhört und protestierte in edlem Pathos gegen die Willkür, mit der man einen gesitteten Twosteptänzer wegen Schiebetanz festgenommen habe. Nicht was, sondern wie man tanze, sei hier die Frage, deklamierte ich, und mit dem Münchener Fremdenverkehr werde es bald aus sein, wenn so etwas in die Zeitungen käme. Es werde aber in die Zeitungen kommen, dafür sei gesorgt. Und so weiter.

Zeugen drängten herein, unbekannte, freiwillige Helfer, Brüder im Zeichen des Karnevals und der Freiheit. In Lederhosen, Cowboyhüten und Smokings beschworen sie die völlige Unschuld und Ästhetik meines Steps. Plötzlich standen Maßkrüge vor den Häschern, ein Prosit der Gemütlichkeit setzte mächtig ein, und in Gedränge, Lachen und Radau nahm ich mit stolzer Miene eine »letzte Verwarnung« entgegen.

Draußen im Saal stürzte die attraktive Tänzerin hinter einer tannengeschmückten Säule hervor, in deren Schutz sie das Büro belauert hatte. »Weils dich nur wieder auslassen ham, die Hanswurschten!« rief sie hell und nahm meinen Arm. Wir tanzten Boston.

Nicht überall konnte die Polizei so plump vorgehen. Im Odeonskasino zum Beispiel wäre sie sonst Gefahr gelaufen, einen jungen Prinzen oder den Legationsrat einer Gesandtschaft beim Tango zu stören.

Das Kasino, ein exquisites Lokal, das ein schottischer Maler in einem phantastischen Barockstil wunderschön ausgestattet hatte, war Nachfolger des »Palmengartens« geworden. Hier traf sich das eleganteste München, und in den großen Karnevalsnächten herrschte eine aus bestem lokalen Geist und internationaler Mondänität gemischte Stimmung, deren bezaubernde Eigenart ich in keiner anderen Stadt Europas mehr gefunden habe.

Die Preise dort gestatteten einem Studenten freilich nur sehr seltene Besuche, aber junge Kavaliere höchster Kreise ließen sich von solchen Hemmungen nicht abhalten, und ihr Geldverbrauch war es, der das Schicksal des Odeonkasinos besiegelte. Von ganz oben wurde durchgegriffen. Man verhaftete zwar auch jetzt niemanden wegen Schiebetanzes, aber der Inhaber erhielt plötzlich Befehl, das Lokal binnen drei Tagen zu schließen. Proteste und Fürsprachen waren völlig erfolglos.

In der letzten Nacht schwebte der Geist des »après nous le déluge« über den hochgehenden Wogen der Lustbarkeit. Aber alle Welt und Halbwelt trug lange Trauerschleier an matten Zylindern und überaus dekolletierten Phantasie-Abendkleidern. Die Schutzleute, die in Pickelhauben und langen blauen Uniformröcken um Mitternacht inmitten des Trubels erschienen, machten in dieser Umgebung den Eindruck von komischen Masken. Der Onestep ging in den Chopinschen Trauermarsch über, riesige Taschentücher wurden hervorgezogen, Schluchzen erscholl aus allen Logen, und Blitzlichter flammten auf. Die Polizisten zeigten den Kameras schnauzbärtige Gesichter, in denen Verlegenheit, Ärger und doch auch Humor zu lesen waren, und dann schritten sie in sehr urbaner Art zur Räumung.

Als offizieller Grund der Schließung war die Verteilung von unzüchtigen Scherzartikeln angegeben worden. Es handelte sich dabei um kleine Luftballons, die wie Zeppeline geformt waren.

Ende Januar fand im »Bayerischen Hof« der große Korpsball statt, eine sehr förmliche Angelegenheit, deren Pflichttänzen alten Stils und sonstigen Gebundenheiten ich alljährlich mit wenig Freude entgegengesehen hatte. Diesmal aber war ich erwartungsfroh gespannt. Nicht nur wegen des von der Jugend durchgesetzten Beschlusses, der moderne Tänze weitgehend zuließ, sondern vor allem in bezug auf das bevorstehende Wiedersehen mit der jungen Dame vom Josefitag auf dem Salvatorkeller.

Die Trägerin der roten Bluse war mir merkwürdig oft durch den Sinn geglitten. Sie war längst Korpsschwester, denn ihr Bruder trug schon im zweiten Semester unser Band. Trotzdem hatte es noch keine weitere Begegnung gegeben. Daß aber Fräulein Nelly mit ihrer Mutter auf dem Ball erscheinen würde, wußte ich aus der Liste der Zusagen. Und ich fühlte, daß wir ausgezeichnet miteinander tanzen würden.

Der Ball verlief glanzvoll. Die neuen Tänze nahmen viel Steifheit und erhöhten auch hier die Tanzlust stark. In der gelösten Stimmung und dem allgemeinen Trubel des Festes fiel es nur wenig auf, daß die junge Dame und ich viel öfter zusammen tanzten, als es der Brauch bei solchen offiziellen Gelegenheiten zuließ. Denn das taten wir gleich von Anfang an. Und wir paßten zusammen, als ob wir seit Monaten für ein Turnier trainiert hätten.

Viel mehr geschah nicht. Ich versagte mir die attackierenden Artigkeiten, die ich sonst einer hübschen Tänzerin schuldig zu sein glaubte. Nur vom Faschingsende im Augustiner sprach ich sehr eindringlich, zu dem immer viele Korpsdamen erschienen und bei dem es sehr lustig sei.

Für die drei letzten Faschingstage verwandelten wir uns jedes Jahr in waschechte Münchener Luckis, die sehr volkstümliche lokale Abart des Louis, Lude, Pülcher oder bully. Der Lucki, der auch Kare, Schorsche oder Maxe heißen konnte, war meist Gelegenheitsarbeiter bei Neubauten oder Hopfenzupfer und am liebsten Schaukelbursch beim Oktoberfest. Seine hauptsächlichsten Existenzmittel bezog er aber von seinen Bräuten, die Zenzi oder Kathi hießen und polizeilich Eingetragene eines konzessionierten Gewerbes waren.

Er sprach einen besonderen Vorstadtslang: gaumig und äußerst ordinär. Und seine Kleidung war aus abgelegter Eleganz und merkwürdiger Wäsche zusammengesetzt. Es gab unzählige Luckiwitze – die besten brachte regelmäßig der »Simplizissimus« –, und Luckidarsteller waren die berühmtesten Volkssänger. Wir hatten viel von ihnen gelernt, und den Slang beherrschte ich ja von klein auf.

Das übliche Kostüm bestand aus einem quergestreiften Trikothemd ohne Kragen und mit kurzen Ärmeln, einer alten Jacke nebst ehemals salonfähiger Hose, Schuhen von verschollener Modeform, grellen Socken und einem flachen, steifen Hut, der tief über dem rechten Auge saß. Das linke war blaugeschlagen.
Ein rotes Halstuch und ein Uniformkoppel mit der Devise »In Treue fest« auf dem Schloß ergänzten die echte Aufmachung, zu der man einen kleinen Ohrenbart und tätowierte Arme trug. Jeder Münchener Coiffeur konnte einen damals als Lucki zurechtschminken und mit dem typischen Pomadescheitel nebst der gepappten Stirnlocke versehen.
An diese Maske war im Korps die sportliche Pflicht geknüpft, sich vom Faschingssonntag bis zum Aschermittwoch ohne Geld durchzuschlagen. Nur eine Notreserve von fünfzig Pfennig durfte man bei sich tragen. Ich habe sie nur ein einziges Mal angegriffen.
Man erschien am späten Mittag im Café Karlsthor. Dort waren immer schon ältere Korpsbrüder mit ihren Damen, die mindestens Eier im Glas spendierten, und der Tag begann mit Weißbier. Schon wurde getanzt, wobei der Stil des Vorstadtkavaliers keinerlei Anstoß erregte. Zwischendurch unterstützte man die weibliche Besatzung des Büfetts bei der Ausgabe von Getränken und wurde mit Schnäpsen belohnt.
Gegen Abend aber ging es an unser angestammtes Service im Augustiner, der sich um diese Zeit schon wimmelnd füllte.
Das große Restaurant war durch Dekoration von Künstlerhand närrisch verändert, und der Karneval griff nach jedem, der sich an diesen Tagen als Klient oder Funktionär der Gaststätte hier aufhielt. Die Kellnerinnen waren Pierretten, und die Schenkkellner trugen wilde Pappnasen. Jede männliche Kaschemmentype war sicherlich ein Student, weibliche Gäste erschienen in Masken aller Art vom Buam in der Lederhose bis zur Kleopatra, und unmaskierte Bürger waren sich ihrer lokalpatriotischen Pflicht als Protektoren und Mäzene sehr bewußt. Mancher brachte überdies seinen Dackel mit, der an Stelle des Herren mit Clownshut und Halskrause faschingsmäßig ausstaffiert war.
Und alles – das war das Maßgebliche – lebte wirklich und vollständig in seiner Rolle.

Die unserige machte uns zu lustigen Schnorrern und Fast-Zuhältern, denn drei Abende lang ließ man sich tatsächlich durch die Frauen – vom Biermädel bis zur Hofrätin – aushalten. Den Kellnerinnen diente man als kräftiger Eisbrecher auf ihren strapaziösen Wegen von den Revieren durch die Menge zu Schenke und Büfett und erhielt dafür Biermarken. Die reifen Bürgerinnen in Tegernseer Tracht luden zu Mahlzeiten ein, wenn man sie in dem fürchterlichen Gedränge um das Orchester herum nach Apachenart müde getanzt hatte. »Servus alte Hüttn, host koa Zigarrn?« sagte man zum Gatten, wenn man Platz nahm, und das Biermädel brachte augenzwinkernd ein drittes Sektglas.
Alljährlich einmal stieg ich während dieser verrückten Nächte in die riesige Küche hinab und machte der Wirtin, einer glutäugigen Juno von Vierzig, vor ihrem versammelten Personal eine komische Liebeserklärung, bei der aber ganz leise durchklang, ich sei leider unter normalen Umständen zu schüchtern und benutze daher den Ausnahmezustand zum narrenhaften Geständnis ernster Gefühle. Alsbald wurde mir ein Souper am Rande des lärmenden und dampfenden Betriebes reserviert, und die Angeschwärmte schaute mir von ihrem Kommandostand aus mit einem Lächeln, das nicht ohne Stolz war, zu, wie ich in korrekter Haltung Brathühnchen verzehrte.
In jenen Jahren glaubte ich, daß wir alle dies zweideutige und nicht sehr ehrenhafte Intermezzo als närrisch-sensationelle Umkehrung unserer sonst so kavaliersmäßigen Auffassung von Mannestum, also als faschingsmäßige Maskierung in unser Gegenteil, genossen, denn man maskiert sich ja am liebsten in sein Gegenteil.
Aber später sann ich darüber nach, wieweit wohl mancher sich insgeheim und uneingestanden nach diesem Gegenteil sehnte, so daß seine Maske eigentlich eine Demaskierung war. Ich hatte inzwischen Männer kennengelernt, die alle Frauen ähnlich behandelten, wie wir es als Luckis taten. Sie hatten meist erstaunliche Erfolge, und bei vielen von ihnen war sicher nicht das Materielle, sondern die erotische Eitelkeit die treibende Kraft. Auch Atavismen mochten weitgehend mitspielen. Ganz sicher aber beherrschten sie eine Frau, die den brutalen Beschützer und Ausnutzer als Herrscher liebt, ihm opfert und sich für ihn opfert.

Im »letzten Karneval« fiel ich am frühen Abend des Faschingsdienstags aus meiner bis dahin wieder sehr echt gespielten Ludenrolle und fand erst wieder in später Nacht halbwegs zurück, als Fräulein Nelly mit der Mama und dem Bruder heimgegangen war.
Wir hatten unentwegt miteinander getanzt wie im Bayerischen Hof, und das konnte unseren Kostümen nach so aussehen, als ziehe ein Strizzi ein braves Dirndl vom Land in großstädtische Verderbnis. In Wirklichkeit hatte ich aber das Wesen meiner ordinären Maske dieser Partnerin gegenüber nur andeutungsweise betont und war weitgehend wieder zum Frackherren des Korpsballes geworden, trotz rotweißem Trikot, blau übermaltem Auge und dem Herz mit der Inschrift »O Zenzi!« auf meinem nackten Bizeps.
Auch auf die stilechte Existenzfristung hatte ich in dieser Nacht verzichtet. Beim Trinken war mir der am Tisch kreisende Humpen mit »Maskarani«, einer furchtbaren Mischung von zweierlei Bier und viel Marascino, genug gewesen, und für die braunen Schmalznudeln aus dem bunten Bauerntuch des Dirndls, die mein Abendessen dargestellt hatten, war meine eiserne Reserve in Gestalt von Maiglöckchen geopfert worden.
Das waren sehr ernste Zeichen. Ich war mir dessen stark bewußt, als wir nach tobendem Ausklang im Morgengrauen heimwärts zogen, aber beim Erwachen am Mittag war nur ein Gedanke in meinem schmerzenden Kopf: In vierzehn Tagen beginnt ein Zwischenexamen.
Eine Stunde später saß ich mit elf anderen unseligen Kandidaten im Nebenzimmer einer Gastwirtschaft beim Repetitor, der uns für die wichtigste Station der Prüfung, Geologie und Kristallographie, firm machen sollte, und ich habe einen derartigen Aschermittwochsjammer, einen so kollektiven und enormen psychischen und physischen Kater seither nicht mehr erlebt, wie er während dieser Lehrstunden in dem häßlichen Lokal herrschte.
Sechs Wochen waren – mit Ausnahme von einigen Kollegstunden – vertan, und jeder Satz des jungen Dozenten bewies uns, wie weit die Lücken unseres Wissens noch klafften.
Zwei Wochen Frist und dann nur noch die Tage zwischen den Stationen. Die Nächte mußten helfen. Aber die heutige fiel dabei aus. Heute wollte ich schlafen. Es schliefen schon jetzt ein paar Gefähr-

ten ein, und ich selbst konnte mich nur noch mit aller Gewalt wachhalten.
»Klinorhombisches System«, dozierte der junge Einpauker, »auf zwei verschiedenen, sich rechtwinkelig schneidenden Achsen steht eine dritte senkrecht.« Ich dachte an Goethe, der sich mit dieser Materie so intensiv beschäftigt hatte, aber das machte nichts besser, und ich fühlte mich herausgerissen aus Frohsinn und Freiheit wie von den Kriminalern der Löwenbräuredoute.
»Triklinisches System mit drei ungleichen Achsen...« Ob wohl, wenn ich aus diesem Dreckexamen käme, auch jemand sagen würde: »Weil sie dich nur wieder ausgelassen haben, diese Hanswursten!«? Jemand, mit dem ich dann weitertanzen dürfte, wie gestern? Gestern! Aber heute war Aschermittwoch... »Nur Asche bleibt nach allen Bränden, und die verliebten Walzer enden zumeist mit...« Fernes Murmeln: »Die Kristalloptik dieses Systems...«
Ich schlief.

»Es geht alles vorüber.« Auch diese Wochen gingen vorüber mit verbissen hastendem Büffeln, schweren Krisen in den Nächten über den Büchern, halben Tagen in den Sammlungen bei den Leitfossilien und präparierten Wiederkäuermägen.
Dann war es soweit. Zwei hatten aufgegeben, aber wir anderen zehn gingen durchs Ziel. Nicht gerade cum laude, aber bei diesem Examen kam es ja nur darauf an, überhaupt zu bestehen.
Das Glück sekundierte mir in handfester Weise: In der Anatomie verhalfen mir meine schnellen Rosse vermittels meiner guten Kenntnis ihrer Hufe zu einem so guten Ergebnis, daß mir der böse Physiologe, der aus der Tiermedizin kam und die Landwirte grundsätzlich schlecht benotete, nichts mehr anhaben konnte. Durch die Zoologie aber rettete mich der hermaphrodite Bandwurm, dessen Glieder eigentlich Einzeltiere sind und aus dem Kopf geboren werden, wie Pallas Athene dem Haupte des Zeus entsprang. Im Erwartungsfieber des Vorraumes hatte ich lange zugehört, wie zwei Streber sich einander über das freudlose Geschlechtsleben dieses niederen und dabei so verzwickten Viehs ausfragten. Ich dachte »Sachen gibt's!« und mußte drei Minuten später dem Professor gerade über dies Geschöpf Rede und Antwort stehen. Das konnte ich jetzt.

Auf den gefürchteten Geologen schließlich hatte uns der Repetitor, der lange sein Assistent gewesen war, so ausgezeichnet dressiert, daß ich ihm geradezu imponieren konnte. Die anderen Fächer waren leicht. Es war geschafft, der Weg zum Diplomexamen war frei.

VIII

Die Arbeit des letzten Semesters war etwas ganz anderes als die bedrückende Fron vor dem Zwischenexamen. Jetzt konnten wir uns vollständig den eigentlichen agrarwissenschaftlichen Fächern widmen, die ja wirklich unser Gebiet waren. Wir hatten beachtliche Fortschritte gemacht, die Professoren kannten uns, und daß wir bestehen würden, stand fest. Aber dies Examen hatte man gut zu bestehen.

Ich hatte besonderen Anlaß zur Erringung eines guten Prüfungsergebnisses und wollte trotzdem viel Zeit für etwas Unwissenschaftliches übrig haben, das aber auch mit dem Ziel zusammenhing, ja identisch mit ihm wurde: Zeit für Zusammensein, aus dem das Zusammenbleiben mit einer werden sollte.

Denn es war ernst geworden. Es war eigentlich von Anfang an ernst gewesen, und jetzt waren wir einig und versprochen.

Gegen diese Einigkeit konnten die sehr berechtigten Bedenken der Unsrigen nicht an. Kein Hinweis auf unsere allzu große Jugend und auf die Tatsache, daß mein Examen noch keine feste Position bedeuten werde. Wir überrannten die Einwände, und da man uns wohl allerlei jugendliche Gewaltsamkeiten zutraute, ferner weil Mama Nelly gleich ins Herz geschlossen hatte und ich den künftigen Schwiegereltern immerhin Vertrauen auf meine Zukunft einflößen konnte, durften wir uns, wie man das nannte, als heimlich verlobt betrachten.

Auch die Frage der künftigen Position wurde gelöst: Die Bank, bei der ich die Lage sondierte, riet mir, eine Interimsstellung anzunehmen, bei nächster Gelegenheit würde ich herangeholt werden. Diese Stellung war wenige Tage später gefunden: bei Oskar Schweighart, der das benachbarte Ziegeleigut zugekauft hatte, für absehbare Zeit stark vom Industriebetrieb beansprucht wurde und mir vorschlug, als Leiter der Landwirtschaft zu ihm zu kommen. Wir waren uns schnell einig, und Mama hatte gleich eine hübsche Wohnung im Dorf für das junge Paar zur Hand. Im Herbst würde Hochzeit sein.

Jetzt also das Examen! Ich warf mich mit verstärkter Energie in die Arbeit.

Das wehmütige Torschlußgefühl des vorigen Semesters war vergessen. Es sollte sich ja ein Tor öffnen, und durch seine Spalten leuchtete schon das Glück.

So war denn auch die festliche Semesterschlußkneipe, die für die Examenskandidaten den offiziellen Abschied vom Korps bedeutete, kein trauriges Scheiden. Die Spannung des Endkampfes und die Erwartung des Neuen, das nun für jeden von uns anbrechen sollte, erzeugte Hochstimmung. Reden loderten von Lebensmut und Schwüren, den freien Geist zu wahren auch im Philisterium, und schließlich schrieben wir uns einander sogar Gedichte in die Kommersbücher. Jedem flossen die Verse nur so zu.

Tags darauf aber grollte der erste ferne Donner des Wetterschlages, von dem ich in der Pollinger Silvesternacht so hochgemut gesungen hatte.

Wir kamen nach einem abendlichen Bad aus dem Isartal zurück, als wir in der Trambahn die Nachricht von den Schüssen in Sarajevo hörten.

»Das ist der Krieg«, sagten die Leute, und ein paar von uns meinten ganz fröhlich: »Dann brauchen wir kein Examen mehr.«

Sie glaubten sowenig an diese Möglichkeit wie ich. Seit Jahren redeten die Menschen vom Krieg, weil es angeblich so nicht weitergehen könne, aber niemand meinte es ernst. Und ein Krieg war doch überhaupt Utopie. Erst kürzlich hatte es der berühmte Nationalökonom Lujo Brentano vor meinen eigenen Ohren bewiesen, daß nach vier Wochen die zusammenbrechende Weltwirtschaft ein Ende erzwingen würde. Außerdem würden ja die sozialistischen Massen gar nicht mitmachen. All das wußten die Mächtigen und fürchteten für ihre Throne. Sie würden auch diesen Zwischenfall wieder beilegen.

Überhaupt war es ja ganz unmöglich, daß in dem Augenblick, in

dem mein eigentliches Leben beginnen sollte, der Himmel einfallen und alle Spatzen erschlagen könnte.
»Das gibt's einfach nicht!« dachte ich, ein von klein auf mit Soldatenliedern, Heldengeschichten und Drill für den Krieg vorbereiteter junger Mensch. Und ich ging daheim sofort wieder an die Arbeit.
Man glaubt ja ganz eigentlich auch nicht an den Tod.

Alles war auf dem Land: die Löhrs und die Tommys in Tölz und Heinrich am Schliersee, wo er in diesen Tagen das letzte Kapitel des »Untertan« vollendete. Jenen Abschnitt, der den Zusammenbruch des Wilhelminischen Reiches mit der grotesk-dramatischen Szene der vom furchtbaren Unwetter zerschlagenen Denkmalsweihe symbolisch prophezeite. Der Roman war in einer Zeitschrift und einer Tageszeitung schon bis über das zweite Drittel hinaus vorabgedruckt. Nun brachen die Fortsetzungen plötzlich ab.
Ein Verlag schrieb »in redaktioneller Bedrängnis« an den Autor, daß »im gegenwärtigen Moment nicht in satirischer Form an deutschen Verhältnissen Kritik geübt werden« könne. Man würde Anstoß im breitesten Publikum erregen.
»Ich muß nach Sachlage mit der Unterbrechung des Romanabdruckes vorerst einverstanden sein«, antwortete Heinrich, »die Lage kann sich ändern. Ich behalte mir alle Rechte vor und mache zur besonderen Bedingung, daß beim Abbruch des Romans jede redaktionelle Notiz unterbleibt.«
»Die Lage kann sich ändern!« Viereinhalb Jahre später riß man sich um das Buch.

Mama aber kam, von bösen Ahnungen gequält, nach München. Sie wollte in diesen Tagen in meiner Nähe sein, denn sie kannte meinen Mobilmachungsbefehl, nach dem ich am dritten Tag einzurücken hatte. Sooft ich ein wenig abkommen konnte, mußte ich mit Nelly bei ihr sein.
Ich erklärte alle Kriegsangst für Unsinn, aber Mama sagte: »Die Diplomatie ist zu allem fähig.«
Am Abend vor dem Examensbeginn saß ich mit den Korpsbrüdern im Garten des Löwenbräukellers. Waren es wirklich erst sechs Mo-

nate her, daß da drinnen im Saal die Redouten unseres »letzten Karnevals« getobt hatten? Was hatte sich inzwischen alles ereignet, und was würde sich in den nächsten sechs Monaten ereignen?
Das große Militärorchester spielte durchaus friedliche Weisen, und wir stießen auf das Examen an.

Die großen Klausurarbeiten brachten wir in einer Woche hinter uns. Sie begannen mit spezieller Tierzucht, und ich nahm als gutes Zeichen, daß es beim gestellten Thema wieder einmal um die Pferde ging. Ich schrieb begeistert fünf Stunden lang drauflos.
Auch mit den anderen Fächern ging es gut, und wir hatten alle den Eindruck, daß uns das Schriftliche einen weiten Vorsprung eingebracht habe.
Bis zum Mündlichen blieb eine Woche Frist. Nelly war mit den Eltern im Oberland, da ich mit meinem Examen allein bleiben sollte. Jetzt aber fuhr ich für zwei Tage zu ihr. Von der Kriegsgefahr wurde in dieser Zeit nicht gesprochen. Sie konnte einfach nicht existieren.
Als ich nach München zurückkam, existierte sie doch. Wir saßen wieder im Löwenbräukeller, als die Nachrichten eintrafen. Alle Bemühungen um eine Beilegung waren gescheitert.
In wenigen Minuten verwandelte sich mein bisheriger Friedensglaube in furchtbare Wut gegen das Schicksal, das mir ein glückhaft vor mir liegendes Leben brutal zerstören sollte und das ich in seiner Abstraktheit nicht packen und würgen konnte. Aber »die Feinde« waren etwas Konkretes. Sie überfielen uns, sie hatten den Erzherzog ermordet, sie waren Verschwörer.
Niemand von uns wollte Krieg, auch unsere schlechten Diplomaten und der kaiserliche Theaterdonnerer nicht. Wir wollten arbeiten und glücklich sein.
Vergessen war meine kritische Einstellung gegen Hurrapatriotismus, Geschäftschauvinisten und Säbelraßler. Ich sah nur die Entwicklung der letzten Wochen, sah die Ablehnung aller Rettungsversuche, so wie ich sie dargestellt bekommen hatte, sah Rußland zur Deckung eines Fürstenmordes mobilisieren und die anderen an seine Seite treten.
Ich hatte friedliche Arbeit gelernt und verlangte nichts, als sie aus-

zuüben. Aber wenn es so stand, so war es gut, daß ich auch gelernt hatte, mit Kanonen zu schießen.
Rings um mich grollte und toste der gleiche Zorn. Und es war das Volk, das da aufstand. Keine Landsknechte und Abenteurer, die Sold und Beute witterten, sondern junge Arbeiter, die gleich mir mit dem ersten Haufen »hinaus« mußten und sehr bald für ihre Kampfbereitschaft einzustehen haben würden. Keine konjunkturfreudigen Industriellen, sondern urbayerische Pfahlbürger, die jetzt ihre ewige Opposition gegen die Reichspolitik vergessen hatten. Und Sozialisten, die »vaterlandslose Gesellen« genannt worden waren. Sie alle wurden von der gleichen Wut hochgerissen.
Die Wellen trieben uns auf die Straße. Ohne Kommando formten sich Kolonnen. Das Volk marschierte und begann zu singen. Und in all meinem Kriegszorn erschütterte es mich, daß dieses erste Kriegslied nicht vom Feindestod sang, sondern vom Kameraden, den die Kugel traf.
Wir ließen uns durch den Rausch des Zornes und der Gefahr nicht vom nahen Ziel abbringen, wenn es auch klein geworden schien vor der Größe des furchtbar Aufsteigenden. Wir zwangen uns an die letzte Arbeit. Manchmal freilich trieb es uns auf dic Straße, unter das Volk, und so waren wir dabei, als auf tolle Gerüchte hin ein großes Kaffeehaus demoliert und nach angeblichen Spionen gejagt wurde. Dann aber holte man uns plötzlich noch vor dem Termin zum Mündlichen.
Erst am Verhalten der Geheimräte im Rigorosum kam mir zum Bewußtsein, daß mich hier schon die Gloriole des jungen Kriegers vor dem Aufbruch erhöhte. Den Professoren schien es schwerzufallen, als Daheimbleibende den Soldaten jetzt noch zu peinigen. Sie stellten ihre Fragen fast respektvoll, gratulierten am Ende mit Händedruck, was nie üblich gewesen war, und wünschten Glück für »das Kommende«. Alles ging traumhaft schnell vorüber. Wir hatten das Diplomexamen bestanden. Gut bestanden.
Ich telegraphierte an Nelly und eilte zu Mama, die mich in die Arme schloß. Je näher die Gefahr rückte, um so gefaßter, ja heroischer war die Mutter geworden. Sie wollte mir das Herz nicht schwermachen, und weil ich so gut wußte, wie es wirklich in ihr aussah, bewunderte ich diese Haltung als wahre Größe.

Die nächsten Tage waren ein Wirbel von Hochgefühlen und wildem Schmerz. Nelly war mit den Eltern zurückgekommen. Wir hatten die Verlobungskarten hinausgehen lassen und unsere Ringe angesteckt. Wir gehörten zusammen, und jetzt sollten wir auseinandergerissen werden.

Gewiß, ich war bereit, hinauszugehen. Ich wollte es unbedingt, aber sollte uns das auf lange, vielleicht auf immer hindern, Mann und Frau zu werden? Wir rebellierten mit aller Kraft gegen dies brutale Verlangen.

Unser heißer Wille und der Nimbus der Geopferten, der über uns lag, unterwarf alle Einwände. Wir wurden am Nachmittag des ersten Mobilmachungstages – neunzehn und vierundzwanzig Jahre alt – am Petersbergel, mitten im ältesten München, kriegsgetraut. Thomas kam aus Tölz gerade noch zum improvisierten Hochzeitsmahl zurecht.

Wir wohnten im Hotel, und als wir am Morgen mit Mama beim Frühstück saßen, sah ich plötzlich Heinrich an der Tür des Saales stehen und sich suchend umschauen. Ich ging auf ihn zu. Als ich schon dicht bei ihm war, hatte er Mama und meine Frau erblickt, mich aber noch nicht bemerkt. »Mein Gott, wie jung sie ist!« hörte ich ihn halblaut sagen, und schmerzliches Mitleid war in seinem Gesicht. Das gleiche Gefühl klang dann aus seinem Glückwunsch.

»Warum denn, Bruder?« dachte ich, »uns ist doch unser Recht geworden. Jetzt müssen wir eben dem Schicksal sein Recht auf uns einräumen.«

Heinrich war in diesem seit Tagen um mich wirbelnden Sturm an Begeisterung, Zorn, Hingabe und Opfermut der erste, an dem ich nichts als Trauer spürte. Thomas war sehr ernst, aber von der Haltung des Volkes stark beeindruckt gewesen. Vom ältesten Bruder aber fühlte ich deutlich nur tiefen, ja verzweifelten Kummer ausgehen und schlimmste Ahnung für uns alle, wenn er sich jetzt auch bemühte, dem Hochzeitspaar ein Lächeln zu zeigen.

Durch das hohe Fenster sah ich ihn nach dem Abschied über den Karlsplatz gehen. Ringsum brandeten die Hochgefühle. Er aber, der sonst immer den Kopf sehr gerade trug, hatte ihn nun halb gesenkt und blickte zu Boden. Ein Seher, der jetzt schwieg, da sein

Rufen nichts mehr fruchten konnte. Er verschwand im Gewimmel der fiebernden Menge. Die Fahnen flatterten im Sommerwind.

Besorgungen für meine »Reise«, Glückwünsche und zugleich Abschied überall; ein Testament beim Notar; Julia, Jof und Katja kehrten zurück, und ich führte ihnen meine Frau zu. Abschied, Abschied. Die Korpsbrüder reisten ab, um einzurücken nach der Order oder freiwillig. Hochgemutes Lebewohl. Alles umarmte sich, was es bei uns nie gegeben hatte.

Letzter Abend und der Abschied von der Mutter. Sie stand aufrecht und ohne Tränen. »Du kommst wieder«, sagte sie fest. »Ich weiß es: Du kommst zurück.«

Und am letzten Morgen der härteste Abschied. Welch starke Überzeugung von heiliger Pflicht, mindestens von bedingungsloser Notwendigkeit dieses Aufbruches, muß uns, die Millionen in allen Ländern, erfüllt haben, die wir ohne Zögern vom glücklichen Leben durch das Leidenstor solchen Scheidens auszogen. Wir alle, um eine Heimat, Glück, Zukunft, Kultur und Religion zu verteidigen gegen finstere Mächte. Jeder von uns die Lieder seiner Sprache singend, die von Heldentum und Opfer klangen. Und wir alle, alle, um Menschen zu töten, die Brüder waren, und doch, um »das Leben zu lassen für die Brüder«.

Hochzeitsreise in die Vergangenheit

I

Im Schlafwagen München–Berlin war das Wasser eingefroren. Die Eisschicht auf den Fenstern war zolldick, über den Türen hingen mächtige Zapfen, und die Heizung konnte sich nicht durchsetzen. Wir saßen in unseren Mänteln auf dem unteren Bett und warteten frierend seit einer Stunde auf die Abfahrt. Truppenverschiebungen, so hieß es, trugen Schuld an der Verzögerung, die noch länger dauern könne. Irgendwo ginge eine Offensive los, sagte man.

Es war Ende Januar 1917, und wir traten trotz Krieg und klirrendem Frost unsere Hochzeitsreise an. Wir waren seit zweieinhalb Jahren verheiratet, jetzt 21 und 26 alt, und fest entschlossen, die Zeitumstände zu ignorieren und diese erste gemeinsame Reisegelegenheit seit unserem Hochzeitstag und meinem Ausmarsch ins Feld auszunützen und nach Kräften zu genießen. Davon, daß es auch gleich die letzte sein könnte, sprachen wir nicht.

Zu einer richtigen, wenn auch kleinen Vierzimmerwohnung in der Münchener Mariahilfstraße, nahe der Isar, hatten wir es trotz der Improvisiertheit unserer Ehe schon gebracht. Und jetzt holten wir auch die Reise nach, die einem jungen Paar zustand. Mit großem Gepäck und allem Komfort: In meiner Tasche steckte ein Telegramm aus Berlin »zimmer mit verbindlichstem dank reserviert hotel bristol«, und dies war ein Schlafcoupé wie aus einem mondänen Roman, trotz vereistem Waschbecken.

Ich war durch einen schweren Gelenkrheumatismus frontuntauglich geworden und tat unter Kameraden, die mir sehr zusagten, Dienst in einer kleinen Garnison als Leutnant und Adjutant eines sehr gefürchteten Kommandeurs, der aber ein großer Herr und nobler Kamerad war und mit dem ich ausgezeichnet stand. Mein Sonderurlaubsschein trug seine energische Unterschrift und gestattete mir eine Art Rundreise durch einen großen Teil des belagerten Reiches. Außer Berlin waren Köln und Hamburg aufgeführt.

Und daneben auch Lübeck.

Denn die alte Heimat war es, die uns die Gelegenheit zur späten Hochzeitsreise gegeben hatte. Sie entbot mich zu sich, wenn man es etwas romantisch nehmen wollte. Und sie tat es in der Art, mit der sie schon immer in mein Denken getreten war; mit einem Ruf aus der Vergangenheit, einem Erinnern an die unbekannten und doch mystisch verbundenen Geschlechter vor uns. Diesmal reichten sie dem jungen Nachfahren eine wertvolle Hochzeitsgabe. Ich hatte eine Erbschaft anzutreten.

Sie ging zum Teil auf Urgroßvater Marty, den fröhlichen eidgenössischen Lübecker Konsul, zurück und kam verstärkt über die Grammanns an uns. Eine Martytochter hatte in dies alte Geschlecht geheiratet, das einst vor dem Heere Napoleons aus der Heimat geflohen, aber später aus Rußland zurückgekehrt war. Zur Biedermeierzeit hatte der Familienbund stattgefunden, aus dem 1843 der Komponist Carl Grammann hervorging. Die Martysche Musikalität war eine starke Erbmasse, die hier zur schönsten Entfaltung kam.

Carl Grammann war einer meiner Taufpaten. Er starb unverheiratet 1897 in Dresden. Seine einzige Schwester und treueste Gefährtin kehrte nach Lübeck heim und baute sich dort ein Haus, das sie mit der aus den beiden alten Familien überkommenen schönen Habe und Erinnerungen an den großen Bruder ausstattete. Auch sie blieb ledig, erhielt aber vom Senat die Berechtigung, sich »Frau« zu nennen.

Mit Emma Grammann erlosch 1914 das Geschlecht, und sein bedeutendes Vermögen ging in viele Teile. Es waren zwei Testamente vorhanden, und ein Rechtsstreit hatte die Auskehrung lange verzögert. Aber die Geschwister und ich waren in beiden Verfügungen gleich hoch bedacht – der Benjamin mit einem Sonderlegat –, so daß wir nur abzuwarten hatten. Nun war es soweit: Die Hochzeitsgabe aus der Vergangenheit lag in Lübeck bereit. Bei der Liquidierung der Sachwerte war Nelly und mir Gelegenheit geboten, unser improvisiertes Heim durch altes Erbgut zu komplettieren. Es war Krieg, ich war Soldat, aber wir bauten an unserm Haus. Der vereiste und verspätete Schlafwagenzug trug uns Hochzeitsreisende durch die Nacht in die feierlich spendende Vergangenheit.

II

Der Tag in Berlin war eine Enttäuschung. Steigendes Kriegselend, Ersatzschwindel, Nepp und hochkommendes Schiebertum waren durch das Laute, Scharfe, Überdeutliche dieser Stadt schon viel stärker erkennbar als in München, dem lieben großen Dorf, oder als selbst in Wien, das ich vor einiger Zeit auf einer Kriegsfahrt in die Karpaten kennengelernt hatte und das seine schlimmere Not mit lamentierender Gemütlichkeit und ungebrochener Schrammelstimmung trug. Ganz zu schweigen von Budapest, wo noch eine Art Schlaraffenland mit Zigeunermusik herrschte.
Nein, Berlin entsprach nicht unseren Erinnerungen und Erwartungen. Zum Überfluß war es Sonntag, an dem ja eine Stadt immer ihre am wenigsten ansprechende Seite zeigt. Bei Kranzler packten pommersche Rekruten Rauchfleisch und Napfkuchen aus fettigen Paketen, während daneben gierige Zivilisten vor Ersatzkaffee, Ersatzkuchen und Ersatzlimonade saßen. Der prunkende Speisesaal unseres »Bristol« war gigantischer Kitsch und das zu laute Publikum dort großenteils von unangenehmen Manieren. Die Preise hatten etwas Bauernfängerisches.
All das berührte uns allerdings nicht tief. Wir nahmen es mit einem gewissen Hochmut zur Kenntnis, etwa so, wie Landadel auf Talmiglanz und Schwindel der Städte blickt. Berlin war ja nur Etappe zu unserem eigentlichen Ziel, und das war auf jeden Fall vornehm.
Zudem fühlten wir vielleicht, daß unser Eindruck nur sehr oberflächlich sein konnte und zu keiner Verallgemeinerung berechtigte. Und es gab trotz allem auch positive Eindrücke: Das Bild der Stadt vom Schloß bis zum Tiergarten bei klarem Frost und den Abend im »Metropol«. Zu seriösem Theater fühlten wir uns im Sonntagsmilieu der Etappe nicht verpflichtet, saßen groß angezogen auf sündteueren Logenplätzen und genossen die jüngste Operettennovität, nämlich »Die Czardasfürstin«, sehr, zumal

Fritzi Massary die Sylva Varescu sang. Der Abend paßte ganz gut zu einer Hochzeitsreise.

Am nächsten Tag fuhren wir – wieder bei klirrendem Frost und in vereistem und verspätetem Zug – durch die großen norddeutschen Ebenen. Die Kiefernwälder blieben zurück, verschneite Windmühlen reckten die Flügel, und der weite Horizont schien schon der See mehr zugehörig als dem Land. Kirchtürme und Häuser bekamen etwas breit und gedrungen Festes, Backsteingotik tauchte auf, und gegen Abend lag, von letzter Wintersonne kalt bestrahlt, die Stadt der Väter vor meinen Augen.

Sie wirkte auf mich wie ein riesiges Marzipanrelief. Nicht nur durch das Weiß, in das sie gehüllt war, sondern auch deshalb, weil ich diese Türme, Giebel und Tore ja vor allem von den Niedereggerschen Weihnachtssendungen her kannte. Ich sah nach langer Zeit wieder Rahen und Maste ragen und hatte Herzklopfen. Von dichten Dampfwolken umwallt, fuhren wir ein.

Wir hatten natürlich im Hotel »Stadt Hamburg« Zimmer bestellt. Ich wußte zwar, daß es ein moderneres und auch gut geführtes Haus gab, aber hier war ich »Unsereiner«, und Unsereiner hatte in »S-tadt Hamboch« abzus-teigen. Ich fügte mich dem Gesetz der Tradition gerne, denn das stark Antiquierte des alten Gasthofes war von ehrwürdiger Gediegenheit, und die schlichte Halle, das Treppenhaus mit den englischen Stichen und die altväterlichen Möbel schienen mir vornehmer als der Prunk des »Bristol« Unter den Linden.

Ich telephonierte mit Vetter Siegmund, jenem mir fast Gleichaltrigen, der mich schon als Junge bei meinem ersten Besuch mit Mama und Carla ein wenig in der fremden Heimat betreut und den ich später dafür in das Münchener Studentenleben eines lustigen Wintersemesters eingeführt hatte. Bei meinem Korps war er als »der Mannvetter« bekannt gewesen. Jetzt kam er in freundlicher Eile in das Hotel, und wir besprachen das Programm unseres Staatsbesuches.

Man konnte unseren Aufenthalt wirklich fast so nennen, denn ich stellte mich der Sippe – und versippt war ich ja mit den meisten hier – zum erstenmal als Erwachsener vor. Ich hatte dabei viel Form zu wahren, mitsamt meiner jungen Frau in Ehren zu bestehen und mich als rechtmäßigen Sohn und Ururenkel zu legitimieren, noch dazu, wo ich in sehr konkretem Sinn als ein Teilerbe zweier alter Geschlechter kam. Außerdem hatte ich tatsächlich dem Senat, also dem Staat, meine Aufwartung zu machen und gedachte dies im Glanz meiner Uniform, mit Helm, Schwert und Ehrenkreuzen zu tun. Ja, es war ein Staatsbesuch, und ich erkannte immer stärker, daß ich ihn gar nicht ironisch nahm, daß die Emigration der Meinen aus der Enge in den freieren Süden die Bindung an die Vergangenheit nie ganz gelöst hatte, daß ich, trotz aller Freiheit, bis zu einem gewissen Grad in der gleichen Bindung aufgewachsen und jetzt entschlossen war, einen guten Eindruck vom Jüngsten des Senators Mann zu hinterlassen.

Freilich: Für alles ehrwürdig Alte stand es nicht mehr zum besten. Die durch Blut rollende Welt krachte in den Fugen. Viel gewaltsam Neues konnte kommen und viel Altes zum Plunder und Moder werden. Alles war in gefährlichem Fluß. Aber diese für das Alte und mich Jungen so gleich ungewisse Zukunft verstärkte das Feierliche. Vielleicht war es innerer Widerstand gegen das brutale Mitgerissenwerden, der jede Ironie, auch eine wehmütige, zurückdrängte. Ich war in einer »Trotzdem-Ehrfurcht« aufgewachsen, und es paßte zum »trotzdem«, daß ich sie gerade jetzt, bevor die großen Stürme über uns kamen, den Vertretern der Vergangenheit, lebenden und toten, Menschen und Steinen, mit ernstem Salut erweisen wollte.

Mit solchen Gedanken lag ich lange wach im altväterlichen Bett von »Stadt Hamburg«.

III

»Märmälädä ist leider nicht mehr dä«, sagte der sehr junge Ersatzkellner im Frühstückszimmer. Er hatte ein gutes niederdeutsches Bauerngesicht und strengte sich bis zum Schwitzen an, in Sprache und Tun der Würde des Hauses zu genügen. Er amüsierte uns mehr, als uns das Fehlen der Konfitüre enttäuschte. Zudem gab es Butter. Gesalzene, holsteinische Butter, wie Mama sie noch in der Herzogstraße aus der Heimat bezogen hatte.

Als wir durch die schlichte Halle gingen, fiel mir plötzlich ein, daß dieser Raum ja der Schauplatz einer tragisch-grotesken Szene in Thomas' Novelle »Tonio Kröger« war: Der problematische Held, der in einer Art von Inkognito nach langer Zeit wieder in der fremd gewordenen Heimat weilt, wird in dieser Hotelhalle fast als polizeilich gesuchter Hochstapler verhaftet. Er, der Sohn einer ersten Familie der Stadt!

Und die Szene ist nicht so ganz erdichtet und erfunden. Sie war, wenn auch in etwas milderer Form, dem Autor selbst wirklich und wahrhaftig widerfahren. In dieser schlichten Halle!

Freilich: Der Irrtum hatte sich rasch geklärt, und bei späteren Besuchen war der Sohn der Stadt würdiger empfangen und mit Lorbeer verabschiedet worden, aber immerhin, die Groteske hatte sich ereignet.

Wir gingen zwischen den rührend komischen kleinen Löwen hindurch, die den Hoteleingang bewachen, und standen sogleich mitten im alten Lübeck. Die wuchtige Gotik von Sankt Marien – Urbild aller Dome um die Ostsee – ragte vor uns auf, und ringsum giebelte und türmte sich vor zartblauem Himmel und in sonnenblitzendem Schnee die Stadt.

Wir schritten mit dampfendem Atem durch die Straßen und Gassen, über Märkte und Höfe, verließen den alten, den buddenbrookschen Teil, und gelangten zum Grammannhaus, das in einem Cottageviertel inmitten eines großen Gartens lag.

Die treue Freundin und langjährige Betreuerin der verstorbenen Tante Emma empfing uns. Ich verstand die Gefühle, die sie bei der Auflösung und Zerstreuung dieses hochkultivierten, ehrfürchtig und liebevoll bewahrten Hausstandes mit seinen hundert Erinnerungen bewegen mußten, und ich bewunderte daher im stillen ihre kläräugig-freundliche Haltung sehr. Sie zeigte uns mit viel Geduld alles und beriet uns auf das trefflichste, so daß wir bald einen festen Plan unserer Wünsche für die Versteigerung aufstellen konnten.

Dann war die für meinen offiziellen Besuch im Rathaus schickliche Stunde gekommen, und nachdem ich im Hotel Uniform angelegt hatte, schritt ich, behelmt und bespornt, den Säbel an der Seite, dem mächtigen Bau zu, in dem mein Vater als Mitregierender des Stadtstaates gewirkt hatte.

Man bevorzugte damals in Bayern noch die bunte Friedensuniform, wenn man daheim war, und so trug ich den glänzenden Helm mit hoher Spitze und goldenen Emblemen, einen hellgrauen Mantel, den blauen »Interimsrock« mit schwarzem Samtkragen und die lange blaue Hose mit den breiten roten Streifen der bayerischen Feldartillerie.

Ich war in meiner Adjustierung für das norddeutsche Auge etwas fremdartig angetan, als ich so durch die Breite Straße ging, und ich merkte das an vielen Blicken. Die Landsleute zeigten mir, daß ich sie exotisch anmutete, etwa wie der Einzug der allzu braunen Da-Silva-Bruhns-Kinder mit ihrer schwarzen Anna. Ich hatte das in Kauf zu nehmen.

Am Rathaus war eine militärische Hauptwache untergebracht. Der Posten vor Gewehr, ein rotbäckiger, knabenhafter Rekrut viel zu früh einberufenen Jahrganges, in schlotternd weitem Mantel und mit Waffen, die zu schwer und zu groß für seine Unbärtigkeit waren, stapfte frierend und ängstlich auf und ab.

Nun, ich wußte, was jetzt geschehen mußte: Der kindliche Infanterist würde vor seinem Schilderhaus eckig und verkrampft in den abgehackten Tempis des Präsentiergriffes mit dem zu schweren Gewehr dem Leutnant salutieren. Nichts war natürlicher. Aber es fiel mir auch ein, daß an dieser Stelle vor langer Zeit die Posten des hanseatischen Regimentes vor meinem Vater, dem Senator, zu präsentieren hatten, ja, daß eine ganze Kompanie vor seinem Sarg präsentiert hatte.

Die feierlichen Reminiszenzen wurden jäh in verwirrende Gegenwart gerissen. Der Posten starrte mich über zwanzig Meter Distanz an wie ein Gespenst, rannte zu einem Glockenzug und riß an ihm, während er gleichzeitig in plattdeutschem Tonfall und wie in höchster Not »Wache rrrauß!!« schrie.

Der Unselige hatte mich wegen der »bei den Preußen« nur Generälen zustehenden breiten roten Streifen für einen Kriegsherrn gehalten, dem, wie auch einem Prinzen, die höchste Ehre der unter Trommel- und Pfeifenklang angetretenen und salutierenden gesamten Wache gebührte. Schon trampelte hinter einem Unteroffizier die Mannschaft aus dem Lokal, schon formte sich die Front, und schon hob der Trommler die Schlegel. Vor mir! Vor mir!!

Ich winkte ab wie mit Windmühlenflügeln und schrie in meiner

Verzweiflung das dümmste Kommando der Armee, dieses verstümmelte und widersinnige »Herstellt euch!«. Ich schrie auch »Zurück, marsch, marsch!« und verursachte durch mein desparates Befehlen ein heilloses Durcheinander der Krieger und ein amüsiertes Aufsehen der belebten Straße.
»Abfahren!« ranzte ich den gänzlich verdatterten Wachkommandanten an, »verschwinden und Rekruten besser instruieren!« »Schweinerei!« zischte ich noch und flüchtete mit hochrotem Kopf in das spitzbogige Tor. Ich stand aufatmend allein, lüftete den Galahelm und wischte mir den Schweiß ab, trotz dem Frost.
So war das also: Der große Sohn der Stadt war als Verdächtiger verhört worden bei seinem empfindsamen Besuch, und den kleinen, nebensächlichen empfing man mit Generals- oder Prinzenehren.
Auch jetzt lag Mißverständnis, törichter Übereifer von Subalternen vor, wie vor Jahren in der Halle von »Stadt Hamburg«. Gleichviel, auch diese Groteske war geschehen. Irgendeine Macht trieb Unfug mit uns und hatte mich zu einer Art Hauptmann von Köpenick stempeln wollen.
In einer zwischen Ärger und Lachen schwankenden Stimmung ließ ich mich bei der Respektsperson melden, die für meinen Staatsbesuch zuständig war, aber die kühl-ehrliche Herzlichkeit dieses Herren brachte mich schnell wieder ins Gleichgewicht.
Er hatte als junger Kavalier mit Mama getanzt und wohl auch für sie geschwärmt, wie er bei aller wohlerzogenen Korrektheit nicht ganz verhehlen konnte, und er übertrug das in schöner Menschlichkeit auf den Sohn, der da in gesammelter Haltung vor ihm saß. Es ging etwas von ihm aus, das ich schon einmal in der Art erkannt hatte, mit der ein süddeutscher Aristokrat einen unbekannten, blutjungen Vetterssohn aufnahm.
Aufgenommen fühlte ich mich und anerkannt. Nicht durch meine Offiziersuniform, sondern als Sohn der Familie, der Ahnen, der Stadt. Ich war weitab aufgewachsen und in einem Milieu, das von den Leuten hier trotz dem Dichterruhm der Brüder vermutlich mit hochgezogenen Brauen und leicht verkniffenen Lippen beurteilt wurde. Aber ich gehörte zum Clan, solange ich keine silbernen Löffel gestohlen hatte. Ich war ein Junker dieser Patrizierrepublik auch

ohne mein Portepee und die silbernen Sporen, die nur zum zeitgebundenen Kostüm gehörten.
War das reaktionär in besonderem Sinn, so lag doch eine selbstverständliche Souveränität darin, die im imponierenden Gegensatz zu aller kleinstädtischen Enge stand, auf die ich im stillen halb und halb vorbereitet gewesen war. Die ich ohne Minderwertigkeitsgefühle der Vergangenheit zu Ehren hingenommen hätte.
Der kühl-freundliche Vertreter des hohen Senates lenkte das Gespräch auf meine Kriegsauszeichnungen, Kreuze, wie sie damals schon fast jeder meiner Charge trug, der »draußen« gewesen war. Die Stadt, so sagte er, werde selbstverständlich ihren im Felde bewährten Sohn zu ehren wissen, und ich solle den Orden, der mir ohne Zweifel demnächst von ihr verliehen würde, im Gedenken an die engere Heimat tragen.
Einen Orden also sollte mir der Staatsbesuch eintragen. Ich dachte keineswegs mehr ehrfürchtig über Orden. Kein Soldat dachte mehr so anno 1917. Wir hatten schon zuviel gesehen und gehört, und es gab Hunderte von treffenden Ordenswitzen.
Aber hier lag etwas anderes vor: Ich sollte nicht phrasenhaft oder automatisch für irgendwelche Kriegstaten, für Rang oder Dienstzeit ausgezeichnet werden, sondern diese degagierte Geste hieß: Du gehörst zu uns, und wenn dich die Könige von Preußen und Bayern dekoriert haben, so sei durch unser Kreuz daran erinnert, daß du in Wahrheit nur von den Deinen geehrt werden kannst. Es war wieder die souveräne Geste der Anerkennung und Aufnahme.
Ich verbeugte mich dankend. Die Audienz war beendet. Draußen präsentierte der zu junge Posten das zu schwere Gewehr. Ein Glokkenspiel klingelte hoch droben eine uralte Melodie, und der Schnee blendete.

Nelly, die ich im Hotel zu weiteren Besuchen abholte, lachte sehr über meinen Bericht von »Wache rrrauß!«. Über die Köpenickiade mit nachfolgender Ordensverheißung. Sie lachte sozusagen auf Münchnerisch, und nicht nur über den dummen Posten. Ich war sehr zu Haus in diesem Lachen und sah ein, daß es ganz ohne Ironie doch nicht ging.
Aber die Geste der selbstverständlichen und rückhaltlosen Auf-

nahme, die sich bei unseren Familienvisiten überall wiederholte, beeindruckte mich doch wieder stark. Diese älteren und alten Herrschaften in ihren blitzend sauberen und betont antiquiert ausgestatteten Häusern gaben mir keinerlei Anlaß, liebenswürdige Überlegenheit gegen altjüngferliches Mißtrauen setzen zu müssen. Ich war auch für sie der Clansjunker, der bisher noch keine Silbersachen gestohlen hatte. Und Nelly, die man freilich ein wenig auf ihre Hausfraulichkeit hin examinierte, gehörte zu mir, also auch zur Familie. Ich verhehlte mir nicht, daß dies alles erfreulich, ja sogar beglückend war.

Trotzdem war es auch amüsant. Man s-prach über Mama – »Gott, weißt du, sie war doch die Vornehmste von ganz Lübeck«. Und von Thomas – »Ne, alles was recht ist, Tommy ist ein Genie!« Man lobte Julias hochbürgerliche Position und wollte auch Heinrich nicht verdammen. »Nun sag mal ehrlich, Junge«, fragten sie, »vers-tehst du ihn eigentlich?« Ich sagte ehrlich, daß ich ihn wohl vers-tände, daß ich aber begriffe, er sei von hier aus nicht immer leicht zu vers-tehen. Ich »s-prach« seit Beginn der Visiten. Es war mir wieder angeflogen, wie beim ersten Besuch, als ob ich nie Münchener Vorstadtdialekt und Pollingerisch gesprochen hätte.

Jedoch es gab schon wieder eine Groteske: Als wir nach einem Teebesuch eines der villenartigen Häuser vor irgendeinem Stadttor verließen, rutschte ich auf der glatteisigen Vortreppe aus und landete, den Helm auf der Nase und den Säbel zwischen den Beinen, in sehr unwürdiger Haltung neben Fußmatte und Abstreifer. Ich stand mit schmerzenden Knochen auf und retablierte mich eiligst, wobei Nelly mir vor Lachen kaum beistehen konnte. Ich war heilfroh, daß die heitere Gefährtin die einzige Zeugin meines jähen Falles gewesen war, und lachte mit.

Aber lachte ich wirklich nur mit ihr, und war sie wirklich die einzige Zuschauerin gewesen? Diese derben Scherze, die immer mitten in eine gewisse Empfindsamkeit oder leichte Verzauberung trafen, konnten nachgerade mit der Tücke des Objektes und dem Gesetz der Serie nicht mehr erklärt und abgetan werden.

Nein, es ging hier nicht mit rechten Dingen zu. Peinliches Verhör in der Hotelhalle für Thomas, falsche Generalsehren und komischer Treppensturz für mich – hier war eine jenseitige Skurrilität am

Werk, und mir war bei unserem immer noch lachenden Weitergehen, als hörte ich es hinter den verschneiten Bäumen der stillen Gartenstraße greisenhaft, wenn auch durchaus nicht unheimlich kichern. Ohne Zweifel: Da lachten ein paar Frühere, Altvordere, mit. Hier inmitten der Vergangenheit war das absolut wahrscheinlich. In jedem Ahnenschloß konnte es umgehen, und diese Stadt war unser Ahnenschloß.

Ich hatte gleich den fröhlichen Urgroßvater Marty in Verdacht. Ihn und die Urgroßmutter Bruhns, geborene Sievers. Durch beide war ein leichterer Sinn in die Familie gekommen. »Er hat Martysches Blut«, hatte es bei uns geheißen, wenn ein Nachkomme Hang zu Fidelität oder lebhafte Phantasie, Nachahmungstalent und Lust zum Fabulieren zeigte. Auch von mir hatte es Mama schon oft lachend behauptet.

Ja, dem alten Marty und der lustigen Sieversschen waren die Scherze mit den von der Vergangenheit ergriffenen Enkeln zuzutrauen. Ich verstand sie jetzt auch ganz deutlich. »Nicht so feierlich!« lachte der Ahn, und die ch's klangen noch ein wenig schwyzerisch-kehlig bei ihm. Die Ahnin aber, in Spitzenhaube und steifem Taft, kicherte in reinem Platt: »Pett di man nich up'n Slips, min Jung!«, was im übertragenen Sinn etwa hieß: »Tu dir nichts an! Nur kein Krampf!« oder so ähnlich.

Und ich nahm es ihnen keineswegs mehr übel, den Jenseitigen, daß sie sich so witzig manifestierten. Sie meinten es nicht boshaft, sondern reklamierten uns nur als Nachfahren ihres heiter-ironischen Wesens. Auch das war Aufnahme und lustiger Willkomm.

IV

Die Lebenden und die Toten, die Menschen und die Steine. – Wir besuchten die Verwandtschaft bis hinauf zu einer Uralten, Halbtauben, die in einem romantischen Stift inmitten ältester Vergangenheit hauste, und empfingen Gegenbesuche in »Stadt Hamburg«. Wir legten den Vorfahren Treibhausblumen auf die verschneiten Familiengrüfte und standen vor den Häusern, in denen sie gelebt hatten.

Die Stadt betreute solche von alten Familien verlassenen Bürgerhäuser als Zeugen hoher Kultur mit großer Sorgfalt. Das Haus der Familie Schabbel zum Beispiel war zu einem Museum von besonderer Eigenart geworden, gleichzeitig aber auch eine sehr dezent geführte Gaststätte, in der man bei ausgezeichnetem Essen und noch besseren Weinen wirklich glauben konnte, man sei von den alten Schabbels eingeladen. Auch unser Stammhaus in der Mengstraße sollte zu einem ähnlichen Denkmal werden, aber unter dem Namen, den der große Roman weltbekannt gemacht hatte. Es hieß schon allgemein »das Buddenbrookhaus«.

Vergessen war die Entrüstung, die nach Erscheinen des Buches hier geherrscht hatte. Verklungen dieses »Damit hat er boshafterweise uns gemeint, aber wir waren niemals so.« Wer dachte noch an die Worte von der »verkommenen Familie« jenes zornigen Pastors und an die gerichtliche Klage der Leute, die zufällig wirklich Buddenbrook hießen? Jetzt hatten sie nicht das geringste dagegen, daß unser Haus ihren Namen verewigen sollte.

Ich war gar nicht einverstanden mit dem Aufgehen unserer Vergangenheit in einem Symbol, so sehr ich diesem auch zugetan war. »Haus Mann« wäre mir lieber gewesen. Aber ich überschätzte das Gewicht meiner Meinung nicht und tröstete mich mit der »Schiffergesellschaft«, jenem fast fünfhundertjährigen Zunft- und Kompaniehaus der Lübecker Seefahrt mit seinem prachtvollen Treppengiebel und einer Ausstattung, die mit jedem Deckenbalken, jeder Bank und jedem Stück des Wandschmucks die Vergangenheit eindringlichst heraufbeschwor. Keine museale, sondern eine sehr persönliche, uns stark angehende Vergangenheit.

Da standen in drei Reihen mächtige Tische und Bänke aus altersschwarzem Eichenholz, das der Chronik nach von einem Lübecker Admiralsschiff stammte. Hier hatten sie gesessen, beraten, auf den Tisch geschlagen und Warmbier, Portwein, Korn und Grog gezecht, die Männer der Gilde. An der mittleren Reihe die Ostsee-Rigafahrer, also noch die Kapitäne meines Vaters, rechts die Westseefahrer, unter ihnen demnach einst die Bruhnsschen Bordeauxsegler, und links die Bergenfahrer, von denen unsere vergilbte Familienschrift so viel zu erzählen wußte.

An ihren Tisch setzten wir uns und tranken Bordeaux, denn auch dies Haus der Erinnerungen wurde gastlich geführt. Und ich schaute auf den erhöhten, kojenartigen Sitz des »Äldermannes«, der dem Großvater und vor ihm dem Urgroßvater vorbehalten gewesen war. Bei ihnen war ich zu Besuch hier unter den Schiffsmodellen, den riesigen Kronleuchtern und den derben biblischen Bildern von der Sündflut, der badenden Susanna, dem schlimmen Vater Loth und dem verlorenen Sohn. Ich wurde von ihnen mit guten und schweren Dingen – einem dicken, rosigen Beefsteak und dem vollmundigen Rotspon – bewirtet an einem Tisch, der ebenso angestammt war wie der mit den Löwenpranken daheim.

Nach diesem Abend bei den Seefahrern mußte der nächste Morgen zu ihrem Hafen führen. Durch die steil abfallende »Grube« gelangten wir hinunter zum eistreibenden Fluß und blickten auf einen überraschend ausgedehnten und regen Betrieb. Weit und breit ragte ein Gewirr von Masten und Schloten, von steif gefrorenen Segeln und mächtigen Kranen. Kais und Decks wimmelten von Arbeit, und geschäftige Pinassen drängten sich durch die Schollen. Pfiffe von Schleppern und Lokomotiven, hungriges Möwengekreische und das tiefe Brummen eines in See gehenden Dampfers klangen für meine Ohren wunderschön zusammen, und es roch herrlich nach Teer, Öl und Wasser.

All das war sehr gegenwartsbedingt: Lübeck war einer der wenigen noch offenen Häfen des blockierten Reiches. Hierher strömte die Ware, die Deutschland noch von den nördlichen Neutralen oder doch über sie erlangen konnte, und der »Umschlag« stieg über alle Rekorde, wenn er auch die immer höher wachsende Not nicht bannen konnte. Lübeck arbeitete auf höchsten Touren, bemannte zahllose Schiffe, entlud Tag und Nacht, stapelte auf oder verschickte die Fülle des Zustroms auf dem Elb-Trave-Kanal und den Bahnen ins Land und verdiente mit allen Händen in alle Taschen am Kriegsgeschäft.

Sollte man es verdammen dafür? Die Stadt hatte schon an vielen Kriegen verdient wie am schönsten Frieden. Dafür war sie dann wieder von Zeit zu Zeit berannt und beschossen, besetzt und geplündert worden.

Wir schritten langsam durch das Treiben der Gegenwart. Aber

plötzlich tat sich wieder ein Blick in die Vergangenheit auf: Da drüben standen am Strom die drei uralten, holländisch anmutenden Häuser, die einst die Kornspeicher der Manns gewesen waren. Sie duckten sich unter ihre Schneehauben, merkwürdig klein, mit ihren primitiven Seilwinden und Bretterböden statt der Elevatoren, Silos und Gebläse unserer Zeit. Und sie blinzelten aus ihren alten Fensteraugen mit gemütlicher Resignation in das moderne Getriebe, als ob auch sie sagen wollten: »Pett di man nich up 'n Slips!«

Vom Hafen gingen wir zum Rathaus, das wir jetzt eingehend zu »besichtigen« gedachten. Und wieder unterlag ich den starken Eindrücken einer großen Vergangenheit, die von diesen Ratssälen und Bildern, den gotischen Gewölben und dem schweren Gestühl ausgingen.

Überdies war es hübsch, durch einige der riesigen Bilder an die historische Beziehung erinnert zu werden, die Lübeck mit München verband, die alte Heimat also mit der neuen: Heinrich der Löwe, der hier einst geherrscht und den ersten Lübecker Rat eingesetzt hatte, war ja der Gründer Münchens.

Ein alter Diener führte uns. Er sprach mit ehrfürchtig gedämpfter Stimme, aber in jenem niederdeutschen Tonfall, der für mich immer einen humorigen Klang hat. Als ich ihn in der prächtigen »Kriegsstube« nach unserem Wappen fragte und mich auf seine dringlichen Gegenfragen hin schließlich zu erkennen gab, wurde er ganz und gar zum alten Kastellan, der in rührseligen Stücken den jungen Herrn wiederfindet.

»Gott ne, Herr Mann«, sagte er mit zitternder Stimme und hatte Tränen in den Augen, »ich hab' Sie doch auf den Armen getragen, als ich bei Frau Senator mal was zu bes-tellen hatte. Und nu s-tehen Sie mit eins als 'n Herr vor mir! Ne, ich sage, das hätte Herr Senator noch erleben müssen.«

Er schwelgte förmlich in seiner Rührung, zeigte uns den Sitz, den Papa im Senatssaal eingenommen hatte, und behauptete, ich hätte den gleichen Gang wie mein Vater. Wieder trat das mich unmittelbar und persönlich Angehende vor das Museale, und auch die Besichtigung war zu Besuch und Empfang geworden.

Der Alte geleitete uns bis zum Tor und weigerte sich lange, das

wohlverdiente Trinkgeld anzunehmen. Er drückte uns immer wieder die Hände, und wir mußten ihm fest versprechen, seine gerührten Grüße Mama zu übermitteln. Mit vielen »Gott ne« und Segenswünschen entließ er uns schließlich in den hellen Wintertag, und wir gingen zu Niederegger, um Marzipan zu essen.
Es gab ihn wunderbarerweise noch in der alten Qualität. In Lübeck war überhaupt noch allerhand zu haben, was anderwärts längst aus dem offenen Handel verschwunden war. Das hing mit dem noch freien Hafen zusammen. Wir kauften eifrig ein.
Aber wir hatten uns jetzt weniger um diese kleinen Gaben der Heimat als um ihr großes Geschenk zu bekümmern, das ja der eigentliche Anlaß unseres Hierseins war: An zwei Tagen fand im Erbschaftshaus die Versteigerung des Grammannschen Hausrates statt, und wir erwarben a conto meines Anteils die vorgesehenen schönen Stücke. Es war wirklich eine Hochzeitsgabe von höchstem Wert, und ein recht ansehnlicher Barbetrag sollte sie ja noch ergänzen.
Im Trubel der Auktionen kam ich mit einigen Herren ins Gespräch, die hier nicht als Lizitierende, sondern als kunstverständige Zuschauer erschienen waren. Intellektuelle der Stadt: ein Arzt, Künstler und Gelehrte. Auch unter ihnen Söhne alter Familien.
Diese Unterhaltungen unterschieden sich sehr von denen bei unseren Visiten. Es war fast ausschließlich von den Brüdern die Rede und auch dabei weniger von den »Buddenbrooks« als von den Problemen des »Tod in Venedig« und den Schönheiten der »Kleinen Stadt«. Man kannte Thomas' Essays hier besser als ich und hatte gleich mir die bis zum Kriegsbeginn erschienenen Teile von Heinrichs »Untertan« sehr genau gelesen.
Hier wurde ich nicht gefragt, ob ich Heinrich verstände, sondern ein tiefes Verständnis für ihn schien allen gemeinsam und wurde vorausgesetzt. Die Augen dieser zumeist schon älteren Männer blickten merkwürdig gespannt, wenn über unseren Ältesten gesprochen wurde, und ich spürte hinter der besonnenen Ruhe ihrer Worte viel Wärme, Verehrung, ja Liebe nicht nur für den auch hier schon anerkannten Bruder, sondern gerade auch für den sehr umstrittenen, noch unverstandenen oder wütend abgelehnten.
Mir war es, als stünden mir diese Herren korrekt-bürgerlichen Gehabens, aber stark durchgeistigten Wesens als Erben des alten Frei-

sinns gegenüber, der hier einst unumschränkt geherrscht hatte, und das Aufgenommenwerden, das ich auch von ihnen her wieder deutlich verspürte, war mir nicht das Wertloseste dieser eindrucksreichen Tage. Es fügte sich trotz seiner Verschiedenheit von anderen Komponenten harmonisch in das Gefühl der Beglückung ein, das mir mein Kriegsbesuch in der alten Heimat für immer hinterließ.

V

Die Gaben der Vorfahren waren sorgsam verpackt und auf den Weg nach München gebracht worden. Wir hatten einige Abschiedsbesuche gemacht, und ich hatte mich noch einmal am Hafen herumgetrieben. »Stadt Hamburg« quittierte die säuberliche, aber keineswegs niedrige Rechnung. Der Geschäftsführer geleitete uns durch die Tonio-Kröger-Halle und zwischen den komischen Löwen hindurch zur altmodischen Droschke. Noch einmal ging es vorbei an verschneiten Giebeln und Türmen. Wir fuhren durch das Holstentor, über die Puppenbrücke zum sehr modernen Bahnhof. »Mannvetter« Siegmund erschien mit Blumen, hatte uns eine Menge praktischer Hinweise für Hamburg notiert und winkte lange und herzlich. Wieder lag die Stadt als Marzipanrelief in strahlender Wintersonne. Dann kamen kahle Buchenwälder, der Schnellzug ging auf Höchstgeschwindigkeit, und unser Besuch bei der Vergangenheit war beendet.
Doch nicht so ganz: Denn wenn wir nach Hamburg auch als Reisende ohne starke persönliche Beziehungen und tiefe Verbundenheit fuhren, »auf Besichtigung« sozusagen, um Hafen und Alster, Theater, Varieté und Ratskeller zu besuchen, so war der eigentliche Grund auch für dieses Ziel das Wiedersehen mit einem Vertreter der Vergangenheit, einem eng Verwandten, für den ich von klein auf eine fröhliche Zuneigung gehegt hatte, obwohl oder weil er ein Outsider war. Kurzum, wir fuhren jetzt zu Friedrich Lebrecht Mann, Sohn des Konsuls, Bruder des Senators. Zu Christian Buddenbrook, unserem Onkel Friedel.
Indes draußen das verschneite Holstein vorbeiglitt, dachte ich an

das Kennenlernen in Cuxhaven, das jetzt elf Jahre zurücklag: Wie der Onkel das lustige Bild so gar nicht enttäuschte, das ich mir von ihm gemacht hatte, von hübschen Lotsentöchtern erzählte, denen er wertvolle Ringe verehrte, und wie er mich nicht nur auf den Riesendampfer mitnahm, sondern mich auch durch den Besuch eines Matrosenballes »ins Leben einführen wollte«, was freilich durch Mama vereitelt wurde.
Mein Onkel Friedel hatte eine andere Lebensauffassung, einen anderen Lebensstil als die Familie und die Stadt. Er nahm andere Dinge ernst als die Tüchtig-Normalen, er fiel aus dem Rahmen und hatte den Seinen Schwierigkeiten durch Schrullen und ein naives Sichgehenlassen gemacht, das in der engen Heimat lächerlich oder skandalös, auf jeden Fall peinlich gewesen war. Aber er war einmalig und immer sich selbst treu. Er war ein Herr und weitgereister Weltmann, er gehörte zu uns, so wie er eben war, und ich dachte gar nicht daran, ihn auf dieser Besuchsreise links liegen zu lassen, sondern freute mich ehrlich auf ihn. Ich versprach mir viel von dem Eindruck, den Nelly auf ihn machen würde, und wir wollten heftig mit ihm »bummeln«, in St. Pauli oder wohin er uns führen würde. Es sollte ein Hauptspaß werden.

Unser erster Weg, nachdem wir Wohnung genommen und gegessen hatten, ging zu Onkel Friedels Heim. Aber eine barsche Frau von sehr unerfreulichem Vermieterinnentypus fertigte uns mit der Mitteilung ab, der Gesuchte läge mit Bronchitis oder Grippe in einem städtischen Krankenhaus, da sie selbst »natürlich« nicht auch noch Pflegerin spielen könne. Übrigens sei dort erst morgen wieder Besuchstag.
Sehr enttäuscht gingen wir. Mit dem Bummeln zu dritt war es also nichts. Statt in lustigen Bars würde das Wiedersehen in einem hygienisch-kahlen Krankenzimmer stattfinden. Aber da war nichts zu machen.
Wir verbrachten den Nachmittag mit Fahrten durch den Hafen und den Abend nach einem sehr kriegsmäßig-schlechten Varietéprogramm in der »Bunten Kuh« des Ratskellers bei gutem Burgunder und Erinnerungen an die »Schiffergesellschaft«, denn die große Nische war ganz ähnlich ausgestattet, und ihre Bezeichnung war ein

alter Schiffsname. Am nächsten Vormittag fuhren wir mit Blumen und Zigaretten bei dem uns bezeichneten Krankenhaus vor.
Aber der Onkel war nicht da. Nach langem Suchen in Listen und Kartei wurde festgestellt, Patient Mann, ein leichter Fall, sei wegen Überfüllung des Hauses in ein Hilfshospital, ein Schulhaus an der Peripherie, »verlegt« worden. Wir fuhren hin.
Schon die Gegend war ziemlich abstoßend, und der schlecht improvisierte Spitalbetrieb in dem alten Gebäude machte gleich einen höchst widerlichen Eindruck. Wir erwarteten nichts Gutes, als wir die menschenwimmelnden, schmutzigen und nach Karbol stinkenden Treppen erklommen, aber der Anblick des Krankensaales war noch böser als unsere Befürchtungen.
In schlimmer Luft zwängten sich eng gedrängt zahllose Betten, die man aus rohen Brettern und Kistenteilen zusammengenagelt hatte. Die Wäsche war schmutzig, sehr ungepflegt, und unterernährt aussehende Männer lagen unter den dünnen Decken oder hockten kartenspielend auf Schemeln. Alte Blechnäpfe mit Speiseresten, anzusehen wie Hundeschüsseln, standen überall herum, und an den verwahrlosten Wänden hingen bündelweise Zivilkleider wie aus dem Trödelladen und Uniformen letzter Garnitur. Dazu war es bitterkalt.
In einer Bettkiste nahe am Fenster sah ich den Onkel liegen. Er hatte eingefallene Wangen, und die große Nase trat dadurch noch stärker hervor. Man hatte ihm ein grobes grauweißes Baumwollhemd angezogen, und über seinem Kopf hing die schwarze Tafel mit den Personalien und der Fieberkurve, dieses Wahrzeichen von Armenspital und Lazarett. Ein großer Zorn erfaßte mich.
Wir schritten durch eine Gasse von gaffenden Blicken und halblauten Bemerkungen näher. Da standen wir: eine elegante junge Frau mit Treibhauslilien und ein junger Herr im englischen Ulster vor dem Onkel im Kistenbett. Das war das lustige Wiedersehen!
Und das Schlimmste: Onkel Friedel weinte, als er mich erkannte und Nelly ihm die Blumen gab. Er weinte aus Schwäche und Scham, und ich hätte fast mitgeheult, denn diese Tränen kamen weder in den »Buddenbrooks« vor, noch paßten sie überhaupt zu meinem Bild vom wirklichen Onkel.
Aber es galt ja, aufzurichten und zu helfen, und so taten wir denn,

als sei alles in bester Ordnung, wenn auch für den Moment bedauerlich und unbequem. Wir redeten darauflos, übermittelten Grüße von Mama, von allen Geschwistern und von ganz Lübeck; wir erzählten von unserem Besuch und von der Erbschaft, an der ja auch Friedel beteiligt war, sogar wesentlich höher als wir.
Der Gedanke hieran ließ es mir plötzlich klarwerden, daß der Onkel sich doch eigentlich keineswegs in der bitteren Not eines betagten verlorenen Sohnes befinden könne, die dieser Krankensaal so eindrucksvoll vortäuschte. Ich wußte von Mama und Vetter Siegmund, daß er noch Vermögen besaß und durch eine Agentur einiges verdiente. Dazu noch die Erbschaft, auf die im Notfall schon Kredit aufgenommen werden konnte. Aber warum, zum Teufel, dieses Elend hier?
Als der Kranke seinen Schock zu überwinden begann und immer mehr zu sich zurückfand, stellte es sich heraus, daß mein Gedankengang ganz richtig war. Alles beruhte einfach auf mangelnder Betreuung des alten Junggesellen oder vielmehr Witwers und auf der hilflosen Hypochondrie, mit der er seine starke Erkältung als schwere Krankheit aufgefaßt und seine brutale Abschiebung, »Verlegung«, und schließlich die Unterbringung in dieser Siechenhöhle hier willen- und widerstandslos geduldet hatte. In finanzieller Not war er keineswegs.
Sein Gesundheitszustand war durchaus ungefährlich, wenn auch durch die miserable Verpflegung dieses Hospitals sehr geschwächt. Hier war zunächst einmal zu helfen.
Aber schon unser Hiersein und Benehmen half immer sichtlicher. Der Onkal saß jetzt aufrecht im grauen Pfühl und hatte die Blumen im Arm. Er hielt Nellys Hand in der seinen und schaute sich die junge Nichte mit den Augen des alten Kenners an. »Du gefällst mir ausgezeichnet«, sagten zuerst die Augen, und dann sagte es »Krischan Buddenbrook, der Suitier«, wirklich. Er blinzelte mir dabei zu, und das hieß ganz deutlich: »Von Mann zu Mann: guter Geschmack, mein Junge! Unser Geschmack! Recht so!« Und ich konnte lachen darüber, aber auch dies Blinzeln war Anerkennung und Aufnahme.
Ungeachtet der indiskreten Aufmerksamkeit des ganzen Saales wurde unser Besuch immer mehr zur Visite, wie sie sich in ganz

anderer und schönerer Umgebung abgespielt haben würde. Auch Friedel plauderte jetzt lebhaft und humorvoll, freute sich über unser Erzählen und lachte ganz glücklich, als ich ihn an Cuxhaven und die Lotsentöchter erinnerte. Er stellte auch allmählich mit einer gewissen weltmännischen Sicherheit das richtige Verhältnis zwischen uns her: hier ein alter, aber keineswegs unwürdiger Onkel, dort junge Leute der nächsten Verwandtschaft auf artigem Besuch. So war es recht und in Ordnung. Mir wurde ganz leicht.
Wir versprachen, am Nachmittag wiederzukommen, und konnten den Fall mit einer Schwester besprechen, die ihn sehr leicht und ein bißchen zu humorvoll nahm. Aber sie wollte auf baldige Verbringung in die eigene Wohnung dringen und für eine Pflegerin sorgen. Es konnte sich ja nur um wenige Tage bis zur völligen Wiederherstellung handeln.
Auch in den Hamburger Läden gab es noch erstaunlich viele gute Dinge, und so konnten wir beim zweiten Besuch dem Onkel ein Paket überreichen, das ihn für einige Tage von der Verpflegung hier unabhängig machte. Er werde uns das nie vergessen, schluchzte er, und bei Eröffnung seines Testamentes würden wir es sehen ... und so weiter. Aber wir lachten seine Rührung einfach weg, und bald lachte er unter Tränen mit.
Beim Abschied umarmte er mich und erbat – ganz Gentleman – meine Erlaubnis, auch meine Frau umarmen zu dürfen. So schieden wir am Abend, nachdem er versprochen hatte, sobald die Pflegerin engagiert sei, in sein Heim zurückzukehren. Wir konnten das nicht mehr abwarten und kontrollieren, denn mein Urlaub lief ab, und der Heimweg war weit.

VI

Als wir drei Tage später immer noch bei blitzendem Frost, von Köln kommend, rheinaufwärts fuhren, dachte ich an das groteske Wiedersehen im Hilfskrankenhaus zurück, und zum erstenmal drängte sich mir dabei ein Vergleich auf, den ich zunächst abweisen wollte, der sich aber nicht ganz verdrängen ließ: Ein Vergleich Onkel Friedels mit dem Münchener Karl Valentin, der »Komiker«

genannt wurde, aber ein skurriler Philosoph war. Ohne Zweifel gab es gewisse Ähnlichkeiten.
Ich empfand die Feststellung durchaus nicht als abträglich für den Onkel Christian, denn ich hatte in Valentin – den übrigens auch Heinrich und besonders Thomas sehr hoch schätzten – nie einen Clown gesehen, sondern den Menschen, der den Verschrobenheiten des Lebens noch stärkere Verschrobenheiten entgegensetzte, was die Zuschauer zum Lachen brachte. Mit dem Onkel war es natürlich nicht ganz so. Vor allem übertrieb ja Valentin sein Wesen auf der Bühne stark, während Onkel Friedel das seine nur im wirklichen Leben, also nicht so kraß, agierte. Auch war der eine eben doch ein Herr und Weltmann und der andere ein tiefsinniger Kleinbürger. Sie lebten auch in ganz verschiedenen Welten. Aber trotzdem, trotzdem, es war etwas an diesem Gedanken. Das Hypochondrische, das den beiden gemeinsam war, das Outsidertum, die naiv-ernste Zurschaustellung ihrer Verschiedenheit von den anderen, die doch nie ganz einer gewissen Würde entbehrte, und das unbeirrbare Festhalten an einem Lebensstil, der Verwirrung, groteske Situationen und Gelächter immer wieder herausforderte.
Man konnte es vielleicht so formulieren, daß beide ein gleichweiter Abstand von der normalen Welt trennte und daß die Welt diese Abstände nur mit Lachen überbrücken wollte.
Ich lachte in beiden Fällen wohl mit, aber für die Überbrückung der Abstände hatte ich doch recht ernste Gefühle zur Hand. Auch sie waren nicht die gleichen für jeden der beiden, aber es waren gute Gefühle, und sie stellten eine Verehrung besonderer Art dar.

Ich habe unseren Onkel Friedel nie mehr gesehen, obwohl er noch lange lebte. Manchmal hörte ich noch von ihm, so zum Beispiel, als die »Buddenbrooks« verfilmt worden waren und er nach dem Besuch einer Aufführung in Lübeck der Presse gegenüber zwar den Film lobte, aber die Darstellung des Christian tadelte, womit er sehr recht hatte. Er starb neunundsiebzigjährig in einem Sanatorium bei Lübeck, und in den »Münchener Neuesten Nachrichten« stand zu lesen, daß sein Geist bis zum Tode noch recht rege gewesen sei.
Wir kamen über Frankfurt und Würzburg in später Nacht nach München heim. Die Hochzeitsreise war zu Ende. Aber die Gaben

der Vergangenheit waren angelangt, und ich hatte noch Zeit, sie mit Nelly auszupacken, aufzustellen, auszubreiten und einzuräumen. Der junge Kriegshaushalt war wesentlich ergänzt. Fertig war er noch nicht und durfte es auch nicht sein, denn der Araber sagt: »Wenn das Haus fertig ist, kommt der Tod.«

Wir mußten Mama, die von Polling hereingekommen war, ausführlich erzählen, und sie amüsierte sich sehr über unsere Erlebnisse. Seit Kriegsbeginn hatte ich sie nicht mehr so heiter gesehen. Und dann fuhr ich wieder in meine Garnison.

Zwei Wochen später lag auf meinem Adjutantenschreibtisch ein Päckchen aus Lübeck. Es enthielt den versprochenen Orden, das rote Lübische Hanseatenkreuz mit dem Doppeladler und dem weiß-roten Schild. Ich gedachte des Herrn im Rathaus und freute mich über seinen Gruß. Besonders aber über die große Verleihungsurkunde.

»Der Senat der Freien und Hansestadt – – –« begann sie und war völlig im Stil alter Zeiten gehalten. Ganz ähnliche Urkunden wurden unter unseren Familienpapieren sorgfältig aufbewahrt, und jede von ihnen bezeugte die Ehrung eines Vorfahren. Nun lautete ein solches Dokument auch auf meinen Namen. Die Vergangenheit bestätigte Besuch und Anerkennung mit feierlichem Brief und Siegel.

La paix comme à la guerre

I

Die preußische Division, die anfangs November 1918 aus der weichenden Westfront herausgeholt und nach unserer südbayerischen Garnisonstadt transportiert worden war, wurde »die eiserne« genannt. Auf Grund meiner Kriegserfahrung hatte ich sie in Verdacht, sich in Würdigung der eigenen Verdienste diesen Heldennamen selbst beigelegt und ihn so lange laut gebraucht zu haben, bis er sich in der Armee eingeführt hatte.

Aber sie machte tatsächlich einen ungemein strammen Eindruck, und diese Veteranen aus hundert Schlachten erwiesen die Ehrenbezeigung wie Rekruten auf dem Kasernenhof. Das galt damals als Beweis der Zuverlässigkeit. Bei unserer Ersatzabteilung wurde nicht mehr so vorkriegsmäßig gegrüßt, freilich immer noch wesentlich besser als in München. Wenn unser Kommandeur von dort zurückkam, war er ganz krank vor Ärger. Er hätte notfalls mit einem Kanonier das letzte Brot geteilt, aber er wollte »zackig« gegrüßt sein. Wir nannten ihn den Pascha, und wer sich nicht vor ihm fürchtete, kam gut mit ihm aus. Ich war noch immer sein Adjutant.

Meine Krankheit hatte mehrfach rezidiviert. Dazu hatte ich eine Operation durchgemacht, und selbst die schärfsten »Kv.-Maschinen« der Untersuchungskommissionen, die Offizier und Mann mit noch offenen Wunden wieder an die Front jagten, hatten mich nur noch mit »arbeitsverwendungsfähig Heimat« einstufen können.

Arbeit gab es genug, je schlechter die Lage draußen und daheim sich gestaltete, und die in vierundzwanzig Stunden zu organisierende Einquartierung der Division in unserem Städtchen war eine schwere zusätzliche Aufgabe für mich gewesen. Ich war in der letzten Nacht nicht ins Bett gekommen.

Die eisernen Preußen sollten die bayerische Südgrenze schützen, die durch den Zusammenbruch Österreichs bedroht war. Man stellte offenbar in aller Eile eine Armee für diesen Zweck auf. Neuer Kriegsschauplatz – neue Armee, das ging nun schon seit Jahren so weiter.

Diesmal sah es nach letztem Aufgebot aus. Sie würden ein paar Frontdivisionen als Gerüst verwenden und dazwischen Truppenhaufen schieben, die nur noch aus den ganz Alten, den Frontuntauglichen und den halb ausgebildeten Buben der Ersatzformationen bestehen konnten. Wir erörterten das am Mittag des neunten November im Kasino mit einer fast stumpfen Sachlichkeit, obwohl es uns persönlich anging. Denn sicher würden wir selbst mit allem, was wir noch hatten, als aus dem Boden gestampfte Formation mit dabei sein.

Wir hatten so viele neue Batterien aufgestellt und sie mit klingendem Spiel hinausgeschickt, jetzt kamen wir selbst dran. Ich verglich uns in einem Kreis von Leutnants, der Schnäpse ausknobelte, mit dem Bandwurm, der mich einst im Zoologieexamen gerettet hatte: Wir waren sein Kopf, der zahllose Einzelwesen gebiert; aber jetzt ging es an diesen Kopf, und dann war es aus.

Das Unterhaus der Hufeisentafel, die heute für zahlreiche Herren der Division vergrößert war, lachte gedämpft aus Rücksicht auf die anwesende preußische Exzellenz. Der General sah aus wie eine Mischung aus Wrangel, Blücher und Seydlitz in Feldgrau. Er besprach mit unserem Kommandeur ernste Nachrichten, die gleich darauf die Runde machten. Es handelte sich um Meutereien bei der Marine. Unruhen in Berlin und Revolution in Österreich, und wir nahmen auch das mit der stumpfen Sachlichkeit auf, die für unsere Stimmung charakteristisch geworden war.

Nachmittags gingen Gerüchte über »Hungerdemonstrationen« in München um. Das war nichts Neues. Erst kürzlich hatten Massen von Frauen vor dem Polizeipräsidenten demonstriert, der ihren Zorn über den Lebensmittelmangel sehr geschickt auf die kleinen Hüte und kurzen Röcke der immer noch modisch gekleideten Damen abzulenken gewußt hatte. Es waren daraufhin einige elegante Erscheinungen angepöbelt worden. Vermutlich war die Frau des Präsidenten eine Vogelscheuche und gegen solche Gefahr gefeit.

So ähnlich würde wohl auch der heutige Radau in München verlau-

fen sein, meinten wir beim Abendessen, und dann wurde über die Gegend unseres voraussichtlichen Einsatzes gesprochen. Salzburg, der Scharnitzpaß und Lindau standen im Vordergrund, und ich war sehr für Salzburg. Es klang ja absurd, daß sich die Rückendeckung des Reiches jetzt an das Café Tomaselli und den Peterskeller am Fuß des Festungsberges verlagern sollte, aber wenn es schon so kommen mußte, war der Salzachgau wenigstens ein sympathischer Kriegsschauplatz.
Wir sprachen wieder völlig fatalistisch über die verschiedenen Möglichkeiten des Finales und brauchten uns jetzt keinen Zwang aufzuerlegen, denn die Eisernen, die mittags von Endsieg und Durchhalten gerasselt hatten, waren in der Stadt, und ihr General speiste mit unserem Pascha, bei dem er einquartiert war.
Es war ein sehr uneinheitlicher Kreis, dieses Offizierskorps: Da waren aktive Hauptleute und Leutnants des Stammregiments, schwäbische Industrielle, norddeutsche Juristen, ein paar Herren, die nach einer feudalen Leutnantszeit ein elegantes Rentnerleben geführt hatten und nun wieder Soldaten waren, ein Münchener Hotelbesitzer, der das Kasino trefflich leitete, Bankleute, Philologen und eine ganze Reihe von Künstlern, darunter richtige Schwabinger. Nach viereinhalb Jahren in Uniform sahen sie fast wie die Aktiven aus.
Es war aber doch einer von ihnen, der plötzlich halblaut sagte: »Wir werden nicht mehr ausrücken, meine Herren, die Revolution ist da.« Ein erregtes Disputieren erhob sich, aber ich hatte noch zu arbeiten und empfahl mich französisch.
In meinem Büro schlief ich über Stärkennachweisen und Verpflegungslisten fast ein, sah schließlich noch nach meinen beiden Pferden, die in rührend kindlichen Posen auf ihrem Streulager ruhten, und ging dann in meine gegenüber dem Kasernentor gelegene Dienstwohnung.
Mein Bursche wartete im Vorraum. Er war Münchener. Ein grundgutmütiger Gärtnergehilfe, dessen Gesicht aber durch einen Granatsplitter ein gefährlich-piratenhaftes Aussehen verliehen worden war. Auch er hatte von den Unruhen in der Hauptstadt gehört und wollte Näheres wissen, aber ich wußte ja selbst nichts und schickte ihn in seine Kammer.

Ich hatte kaum ein paar Stunden bleiern geschlafen, als ich wachgerüttelt wurde. Der Bursche stand mit dem Wachkommandanten am Bett, und dieser behauptete dienstlich gestrafft, aber aufgeregt, das Große Hauptquartier sei am Telephon und wolle Kommandeur oder Adjutanten sprechen.
Das mußte ja ein ganz blödsinniges Mißverständnis sein, denn was wußte das Hauptquartier von uns, und ich fragte den Unteroffizier schlaftrunken, ob er verrückt geworden sei. Aber er versicherte so dringlich, es spreche tatsächlich über allerhand Zwischenstellen die OHL., daß ich stöhnend vor Müdigkeit in die Uniform fuhr und durch kalten Regen über die Straße in das Stabsgebäude lief. In meiner linken Körperseite meldete sich schmerzhaft wieder die Krankheit.
Ich ließ die Verbindung in die Adjutantur verlegen, fiel in meinen Schreibstuhl und griff nach dem Apparat. Die Stehlampe warf meinen Schatten grotesk vergrößert an die Wand.
Zuerst wirres Geräusch, dann die Fragen zweier Zwischenstellen nach meiner Berechtigung zur Entgegennahme einer Geheimsache, schließlich eine unverständlich schnarrende Stimme und endlich klare Worte und Sätze. War das ein Traum? Die Stimme wiederholte immer deutlicher einen absolut unwahrscheinlichen Auftrag: »Sie setzen sofort – verstehen Sie: sofort –« klang es mit arroganter Härte, »die bei Ihnen eingetroffene Division in Marsch auf München. Übermitteln Sie dem General den strikten Befehl, die dort ausgebrochene Rebellion niederzuschlagen. Auf Hilfe der Münchener Garnison ist nicht zu rechnen. Weitere Weisungen ergehen über stellvertretendes Generalkommando. Wiederholen Sie!«
Ich war sehr wach geworden und wiederholte durchaus nicht. Ich bat schreiend, aber gehorsamst, erwägen zu wollen, daß der Einsatz preußischer Truppen gegen die bayerische Hauptstadt alles nur schlimmer machen müsse. Wir seien imstande, versicherte ich, aus unserer Abteilung und anderen Provinzgarnisonen eine Freiwilligenformation aufzubringen, die in München ein Blutbad verhindern, statt eines anrichten, chaotische Zustände hintanhalten und die königliche Familie in Sicherheit bringen könne.
Die Stimme fuhr mir geisterhaft in mein fuchtelndes Gebrüll. Immer entfernter klang sie, aber sie verlor nichts an der Schärfe ihrer

Imperative. »---nicht um Ihre Meinung gefragt«, hörte ich durch Krachen und Rauschen hindurch, »--- Division --- niederschlagen --- sofort! --- « Die Verbindung brach ab.
Dies war Irrsinn. Eine Revolution in München konnte ich mir nicht anders als irgendwie gemütlich, zum mindesten nur ohne Blutvergießen vorstellen, und jetzt sollte die eiserne Division dort wie in Feindesland vorgehen. Befehl? Eine arrogante Geisterstimme, aber Befehl. Ich hatte geschworen, Befehle zu befolgen.
Aber plötzlich wußte ich, daß ich auch diesen ruhig befolgen konnte, soweit er mich anging. Er würde nichts mehr schlimmer machen. Wenn das in München wirklich Revolution war, wie in Kiel und Wien, vermutlich auch schon in Berlin, dann würde sie ebenso auf die noch so stramm grüßenden Preußen übergreifen. Mir wurde mit einem Schlag klar, daß alles reif zu diesem Ende war, daß wir es längst erwarteten und daß die Mannschaft in dem Augenblick auf der Seite des Endes stehen würde, der ihnen die tatsächliche Möglichkeit der Revolution bewies. Besonders in der Heimat, wo die Menschen von keinem feindlichen Feuer in die Notgemeinschaft der Kampftruppe gezwungen wurden. Nein, das würde seinen unaufhaltsamen Gang gehen. Ich hatte den Befehl zu übermitteln und im übrigen nur darauf bedacht zu sein, daß in unserem engsten Bereich kein Blut floß.
Ich erreichte den Diener des Kommandanten telephonisch in dessen Stadtwohnung und ließ sagen, daß ich mich in Kürze mit wichtiger Meldung einfinden würde. Dann veranlaßte ich, daß sämtliche Offiziere geweckt und in das Kasino beordert wurden, alarmierte den Bahnhof und ließ mir schließlich vom Wachkommandanten die gesamte scharfe Karabinermunition aushändigen. Es war die einzige, die ausgegeben war, und ich wollte nicht, daß sie nach irgendeiner Seite hin verfeuert würde. Ich schloß die Patronenrahmen in den Panzerschrank.
Der Pascha und der General empfingen mich schon in Helmen und Mänteln. Ich wiederholte in knappen Worten nicht nur den geisterhaften Befehl, sondern auch meine Einwände. Der Pascha brauste auf. Er war ein sehr selbstbewußter, fast rebellischer Untergebener und kannte keinen Kadavergehorsam. »Ein Wahnsinn!« schrie er, »Preußen gegen Bayern hetzen! München ist unsere Sache!«

Aber der General mit dem schlohweißen Kavalleristenschnurrbart im verwitterten Gesicht legte ihm die Hand auf den Arm. »Herr Kamerad«, sagte er, »Befehl ist Befehl. Dann stell' ich eben München auf'n Kopf.«
Ich sah den Pascha rot anschwellen und wollte gerade bemerken, daß solch ein Unternehmen nicht so einfach sein werde, als ich sah, wie der Preuße den Kopf etwas senkte. Er sagte leise: »Gern tu ich's nicht.« Und ich erkannte, daß er ein müder alter Herr war und ebenso reif für das Finale wie alles. Er würde unsere Frauenkirche nicht in Trümmer schießen, auch wenn sie voller Revolutionäre stecken sollte.

Im Kasino warteten die Herren in großer Erregung. Jemand vom Generalkommando in München hatte soeben telephonisch über die dortigen Vorgänge Näheres berichtet. Von der zunächst harmlosen Versammlung auf der Theresienwiese, dem durch eine radikale Gruppe unter Erich Mühsam ausgelösten Aufruhr, der den fast sofortigen Abfall der Garnison zur Folge gehabt habe. Und von der Flucht des Königs.
Passiert sei eigentlich nicht viel. Schießereien, aber kein ernster Kampf, keine Plünderungen und Angriffe auf Bürger. Es würden Räte und eine Regierung gebildet, und die Polizei habe sich der Revolution zur Verfügung gestellt.
Ja, so hatte ich mir den Verlauf ungefähr gedacht. Die Frucht war überreif gewesen, und der kleinste Anstoß hatte sie zum Fallen gebracht.
Die Nachricht vom Einsatz der Division löste im Kasino allgemeine Empörung aus. Der Pascha erklärte, bis zum Eintreffen königlicher Befehle hätten wir für Ruhe und Ordnung zu sorgen. Die Mannschaft sei vor Ausschreitungen zu warnen, aber sonst in Ruhe zu lassen. Er werde am Morgen selbst zu ihr sprechen.
Immerhin könne er dem General die Bitte um Führungsoffiziere beim Marsch auf München nicht abschlagen und ersuche die Herren um freiwillige Meldungen.
Schweigen. Von der Stadt herauf klang schwach das Alarmblasen der Division.
Dann müsse er eben die Führer selbst bestimmen, sagte der Pascha

sehr ruhig. Und er nannte nach kurzem Besinnen die Namen mehrerer Münchener Kameraden. Keiner von ihnen, das stand fest, würde auf die Landsleute schießen. Sie verbeugten sich stumm und gingen.
Jetzt erst konnte ich versuchen, München telephonisch zu erreichen, und zwar Thomas in der Poschingerstraße, da meine Wohnung noch keinen Anschluß hatte. Ich war merkwürdigerweise nicht im geringsten um meine junge Frau und die Geschwister besorgt. Von dieser Revolution – das fühlte ich – konnte ihnen keinerlei Gefahr drohen. Immerhin aber wollte ich von ihnen hören.
Jedoch die Verbindung mit der Hauptstadt war unterbrochen. Wir tranken Kaffee, und ich schlief schließlich im Sitzen ein.

Am Morgen trat die Abteilung an: alte Männer und Siebzehnjährige, genesende Frontkämpfer und Leute, die noch nie im Feuer gestanden hatten; Chargen, Kanoniere, Fahrer, Sanitäter, Köche, Musiker, Handwerker und Offiziersburschen. Sehr viele bäuerliche Menschen, wenig Städter und nur ein paar Intellektuelle.
Sie nahmen die Mitteilungen und Mahnungen des Kommandeurs mit großem Gleichmut entgegen. Bei einigen nur sah ich ein jähes Aufleuchten der Augen. Allen aber merkte man die Hoffnung an, daß dies nun Ende, Heimkehr, Frieden bedeuten werde. Diese Leute wollten weder weiteren Krieg noch Revolutionstribunale und brennende Schlösser. Sie wollten heim zu ihren Äckern und Werkstätten. Auch der Feind würde ihnen Pflug und Kelle lassen, denn der Acker mußte bebaut, das Haus errichtet werden. Übrigens war der Feind noch nicht da, und wenn man nicht mehr auf ihn schoß, würde er zum mindesten auch nicht mehr schießen. Revolution? Ein guter Grund, um Schluß zu machen, aber auf dem Land würde man nicht viel von ihr merken, und die Arbeit blieb immer die gleiche.
Der Kommandeur gab bekannt, daß vorläufig nur Wachdienst sein werde, und stellte eine Sicherungstruppe aus Freiwilligen zusammen. Dann ließ er batterieweise wegtreten.

Am späten Vormittag kam das Gespräch mit München zustande. Katja war am Apparat und sagte munter, es sei bisher alles in bester Ordnung bei den Unserigen. Die Stadt sei heute ziemlich ruhig.

Wie sich die Lage entwickeln werde, könne man freilich noch nicht wissen.
»Wenn es schlimmer wird, kommst du mit einem Kanönchen«, sagte die Schwägerin. Ich wollte ihr nichts von den preußischen Kanonen erzählen, die schon vor München angelangt sein mußten, ließ alle grüßen und hängte ein. Fast gleichzeitig schnarrte ein Anruf. Einer der Führungsoffiziere meldete sich von München aus. Er war dem ersten Bataillon zugeteilt gewesen, das den Stadtrand erreicht hatte.
Die Truppe sei kurz vor Pasing ausgeladen worden, erzählte er, und habe sich in strammer Ordnung zugleich mit einer leichten Batterie in Marsch gesetzt. Bei den ersten Häusern des großen Vororts sei man plötzlich auf eine bewaffnete Wache der Revolutionäre gestoßen. Richtige Münchener Luckis mit Sportmützen über alten Militärmänteln, grellen Halstüchern, die Gewehre mit den Kolben nach oben umgehängt, was offenbar ein revolutionäres Kennzeichen sei, und die Koppeln voller Handgranaten.
O nein, Blut sei nicht geflossen. Der Anführer der Roten habe die Preußen mit »Brüder, Genossen« angerufen, ihnen erklärt, daß die »Schklaverei« aus und zu Ende, die Freiheit geboren, ein Waffenstillstand geschlossen und eine Volksregierung gebildet sei.
»Erhebt die Waffen nicht gegen eure Brüder«, habe der durchaus nicht nüchterne Rebell gerufen, »werft sie von euch, Genossen!« Und mit einem Schlag seien die Gewehre des Bataillons auf der Straße gelegen.
Die Offiziere? Nun, sie hätten vergeblich versucht, ihre Leute umzustimmen, und dann seien sie zum Bahnhof gegangen, um, wenn möglich, heimzufahren. Die Mannschaft aber habe die nächsten Züge der anrollenden Division abgewartet, und im Umsehen seien auch diese Truppen in voller Auflösung gewesen.
In München ginge es aufgeregt, aber unblutig zu. Die Revolution – das stehe fest – habe gesiegt, und der Krieg sei aus.
Der Krieg sei aus.
Am späten Nachmittag kamen Teile der eisernen, der strammen Division, in unser Städtchen zurück: Singende Haufen, die in die Wirtshäuser einfielen, »Abschiedsbälle« veranstalteten, in der Kaserne Reden hielten und ihre Heimreise betrieben. Ein kleiner

Trupp um den General und die Offiziere hielt noch Ordnung und organisierte den Abtransport. Ich sah den Herrn, der München auf den Kopf stellen wollte, nicht mehr. Die eiserne Division zerschmolz wie Schnee an der Sonne. Sie hatte wochenlangen Trommelfeuern getrotzt und war in die Garben der Maschinengewehre gerannt. Vor Verdun und in Rußland, am Balkan und in Flandern hatte sie ihr Blut verströmt und sich mit Ruhm bedeckt, jetzt aber hatte der Zuruf eines halbbetrunkenen Luckis genügt, um einen Haufen von Bauern, Arbeitern und Kleinbürgern aus ihr zu machen, der nach Hause gehen wollte.
Kein Dolchstoß hatte sie gefällt. Reif war sie gewesen, wie wir alle.
Die nächsten Tage standen im Zeichen von Versammlungen. Die Mannschaften tagten in Permanenz in einer Reithalle, die Offiziere im Kasino. Ein Hauptmann war auf dem Fahrrad losgezogen und hatte den König auf seinem Landsitz aufgesucht. Jetzt berichtete er mit Tränen in den Augen, die Majestät entbinde uns vom Eid und wolle keinen Bürgerkrieg. Wir sollten uns der neuen Regierung zur Verfügung stellen.
Wir taten es. Die Mannschaft bestätigte den Pascha trotz seiner Strenge als Kommandeur, neben dem ein Soldatenrat regierte. Niemand geschah etwas. Unsere Arbeit bestand im Entlassen der Leute unter Feststellung der Kriegsbeschädigungen, Versteigerungen der Pferde an die Landwirtschaft und Vorbereitungen für die Heimkehr des Stammregiments.
Die ersten Tage verliefen sehr friedlich. Ich konnte sogar durch telephonische Verhandlungen mit München die weggeworfenen Waffen der Division zurückerhalten. Dann kamen Vertreter des Münchener Soldatenrates, denen die Zustände bei uns nicht revolutionär genug waren. Sie redeten stundenlang in den Versammlungen und erreichten Mißtrauen zwischen der Mannschaft und den Offizieren, von denen viele gerade darum begannen, mit gegenrevolutionären Gedanken zu spielen.
Der Pascha benahm sich denkbar vernünftig. Er suchte immer wieder die aufgeregten Herren zu beruhigen, konnte aber nicht verhindern, daß sich eine Gruppe abspaltete und gegen ihn agitierte. Junge Berufssoldaten, die ihre Existenz bedroht sahen, und Leute, die nur in der Armee Herren waren und nun ungern wieder Spießbürger

wurden. Aus ihresgleichen rekrutierten sich später die Frondeure und Geheimbündler und endlich die Sturmabteilungen Hitlers. Ich hörte sie damals zum erstenmal gegen die Juden predigen und zog mir ihren Haß zu, weil ich zu meinem Kommandeur hielt, der ein großer Herr war und zu seinem Wort stand, auch wenn es nicht ein König war, dem er es gegeben hatte.

II

Einer der Münchener Abgesandten, ein Intellektueller mit Brille und Empörermähne, sprach mich mit auffallendem Respekt am Kasernentor an. Jemand habe ihm erzählt, daß ich ein Bruder von Heinrich Mann sei. Ich könne sehr stolz auf ihn sein.
Ich sagte, das sei ich schon immer auf beide Brüder gewesen, worauf er brillenblitzend rief: »Und was sagt denn Thomas jetzt? Was sagt er denn jetzt? Wer hat nun recht bekommen, der ›Unpolitische‹ oder der ›Untertan‹?«
Ob er denn Thomas für einen Verteidiger des Untertanentypus aus dem Roman halte, fragte ich den feurigen Schwabinger. Oder ob er die »Buddenbrooks«, den Nekrolog des Bürgertums, mit den »Stoltenkamps und ihre Frauen« verwechsle. Aber ich fühlte, daß ich rot wurde. Der in seiner Verve durchaus nicht unsympathische Revolutionär hatte da etwas berührt, das mich weniger durch seine Tatsächlichkeit bedrückte als vielmehr durch die Auslegung, die es in der Öffentlichkeit erfuhr, und durch den Kummer, den vor allem diese Auslegung unserer Mutter bereitete. Es war jene indirekte Auseinandersetzung zwischen Heinrich und Thomas, die immer lauter »Der Bruderzwist im Hause Mann« genannt wurde.
Ich beendete das Gespräch ziemlich unvermittelt und verabschiedete mich.

Der böse Begriff wurde von Sensationslust, Intoleranz und hämischer Dummheit noch böser begründet: mit künstlerischer Eifersucht.
Und ich wußte doch so genau, wie falsch diese schäbige Version war; daß weder Heinrich je vom weiter gespannten Erfolg des Bru-

ders bedrückt gewesen war, noch Thomas mit seinem Werk über den Älteren triumphiert hatte: daß vielmehr einer des anderen Arbeit höher schätzte und besser verstand, als es sonst irgend jemand vermochte. Ich hatte das nicht nur aus persönlichen Gesprächen, sondern mehr noch aus öffentlichen Bekenntnissen klingen hören: aus Heinrichs liebevoller Besprechung des »Tod in Venedig« etwa, in der Zeitschrift »März«, oder aus Thomas' Worten über die »Kleine Stadt« im offenen Brief an einen deutschen Fürsten.
Schon als ganz junger Mensch hatte ich gefühlt, daß jeder der beiden in des anderen Werk – so verschieden es von dem seinigen war – doch die gleiche Wurzel spürte. Und so wußte ich jetzt, daß die Auseinandersetzung fern von allem Persönlichen um Entwicklungen ging, viel mehr mit Liebe als mit Haß zu tun hatte und weit eher der Streit von Gefühlen in einer Seele war als der Kampf zweier feindlicher Individuen.
Warum in aller Welt sollte es eine solche Auseinandersetzung nicht geben? War es natürlich und gottgewollt, daß die beiden als Brüderlein fein unterm Weihnachtsbaum durch das Leben trippelten? Welche Auseinandersetzungen gingen in dieser Zeit unter allen vor sich, die nicht völlig ungeistig, egozentrisch oder verantwortungslos waren! Sie machten vor Brüdern nicht halt, aber diese beiden ließen es wenigstens nicht zu persönlichem Hader und Familienkrach kommen. Sie sagten ihre Wahrheiten und hielten sich dabei einander fern. Freilich setzten sie sich damit in einem sehr wörtlichen Sinn auseinander, der mir schon mehr als genug war.
Aber vielen war das zuwenig. Sie freuten sich des Streites, suchten ihn immer wieder in das Persönliche zu tragen und frohlockten, weil er, wie sie sagten, »endlich einmal« ausgebrochen sei, nachdem er »schon immer« geschwelt habe. Er hatte nur in ihnen selbst geschwelt.
Ich hatte nie verstehen können und wollen, warum begeisterte Anhänger des einen Bruders so oft dem anderen kühl, wenn nicht gar ablehnend gegenüberstanden. Ich haßte diese intolerante Einseitigkeit von jeher. Mußte man gegen Mozart sein, wenn man Bach verehrte? Schloß Manet etwa Liebermann aus? Auch Menschen meines Lebenskreises, die den Brüdern nicht von Natur aus zugehörten wie ich, konnten sie doch in Verständnis und Liebe ver-

einen. Der erste, bei dem ich das empfunden hatte, war Fritz Huch gewesen, eine starke Persönlichkeit und selbst ein Dichter. Ein anderes Beispiel war der sympathische junge Rechtsanwalt, der mit uns an Carlas Grab gestanden hatte: Doktor Maximilian Brantl, der treueste und verehrendste Freund Heinrichs und trotzdem Thomas und seinem Werk tief verstehend verbunden. Trotzdem? Für mich war das ein Deshalb.
Auch viele meiner Kriegskameraden konnten so vereinen. Ich hatte nächtelang mit ihnen über dies Thema debattiert. Die meisten Passionierten aber entschieden sich zwischen zwei Kunstformen und schieden damit die beiden Künstler radikal. Scheiden hieß trennen, und aus dem Trennen von Zweien wurde das Entzweien. Für diese lodernd Intoleranten hatte schon Heinrichs Violante von Assy spöttisch auf Gerda Buddenbrook geblickt und war Tonio Kröger eine Diffamierung jenes Claude Marehn aus der »Jagd nach Liebe« gewesen. Ich hatte Caféhausgespräche darüber angehört.
In den Gedanken und Worten von Tausenden lebte ein Bruderzwist, lange bevor eine Kontroverse, entzündet am Weltkrieg, aus Schriften aufstieg. Er lebte in einer bitterbösen Art, die er in Wirklichkeit nie annahm, und das war es, was mich mehr quälte als der rein geistig geführte Streit selbst.
Die Fanatiker sagten: »Endlich kein Verstecken mehr, endlich la guerre comme à la guerre.« Und ich konnte sie wohl hassen dafür, nicht aber die Erkenntnis leugnen, daß auch ich – zum mindesten vor mir selbst – Stellung zu nehmen hatte. Denn auch ich gehörte ja zum Streit. Nicht nur als Bruder, sondern mehr noch als Deutscher.

Thomas hatte angegriffen, indem er eine deutsche Welt verteidigte, zu deren Repräsentanten er sich zählen durfte. Sie war aber durch den Krieg – und nicht erst durch ihn – so mit allem Deutschen verquickt, daß ihr Streiter für das Ganze stritt.
Und auch die Gegenseite war mit dieser unseligen Zeit so verquickt, daß Angriff oder Gegenschlag auf sie ein Ganzes traf. Zu diesem Ganzen aber gehörte in seiner Art der leibliche Bruder.
Die andere Seite hatte gesiegt. Auch über die Seelen unseres Landes. Für den Augenblick wenigstens. Und dieser Augenblick ließ vielen

den, der die Katastrophe längst erkannt hatte, aber trotzdem seine »Betrachtungen eines Unpolitischen« als schmerzliches Bekenntnis, als Entwicklungsroman sozusagen, veröffentlichen ließ, absurderweise als Reaktionär oder Konjunkturpatrioten erscheinen; besiegt und geschlagen auch vom Bruder.

Der revolutionäre Intellektuelle vom Kasernentor hatte den »Untertan« gegen den »Unpolitischen« ausgespielt. Das war temperamentvoller Unsinn. Wenn hier zwei Schriften der Brüder gekämpft hatten, so war der »Unpolitische« gegen »Zola« gestanden, Essay Heinrichs, erschienen in den »Weißen Blättern«, Leipzig, November 1915, mitten im Krieg also und durch die Möglichkeit seiner Veröffentlichung eigentlich Beweis gegen eine totale Geistesknebelung im damaligen Deutschland, ebenso wie 1917 die Edition der »Armen«, einer deutlich erkennbaren Fortsetzung des »Untertan«. Aber daß jemand überhaupt die Meinung aussprechen konnte, Thomas sei vom »Untertan« getroffen worden, zeigte, wie weit die groteske Verwirrung der Begriffe schon gediehen war. Bis zum Kriege hatte der Unterschied zwischen Thomas' und Heinrichs Äußerungen über das Wilhelminische Deutschland doch nur in der Ausdrucksform und der Häufigkeit des Themas gelegen. Was bei Heinrich Schärfe und zornige Moral war, wurde von Thomas mit mehr Ironie ausgedrückt, aber die geistige Haltung war die gleiche. Man fand überall Beispiele dafür.

So war lange vor Heinrichs Landrat von Wulkow des »Untertan« von Thomas in den »Buddenbrooks« der gleiche Typus mit dem Gymnasialdirektor Wulicke gezeichnet worden, der mit Autorität, Pflicht, Macht, Dienst, Karriere und kategorischem Imperativ seine Schule, in der früher klassische Bildung als heiterer Selbstzweck und fröhlicher Idealismus geherrscht hatte, zur preußischen Kaserne machte und der trotz des hygienisch-technischen Fortschritts, den er mitbrachte, vom Autor als finsterer Tyrann und »furchtbarer Mann« verdammt wurde. Und als ein anderer Gleichheitsbeweis war mir immer Thomas' »Notiz über Heine« erschienen, mit der sich der Autor 1908 in kurzen, aber deutlichen Worten gegen die Heine-Hetze höfischer und »nationaler« Kreise aussprach und den Dichter eine »denkmalwürdige Erscheinung unter den Deutschen« nannte.

Die klarste Stellungnahme war aber Thomas' Antwort an den deutschen Fürsten gewesen, der sich durch »Königliche Hoheit« in »Menschlichkeit und Standesgefühl« gekränkt gefühlt hatte. Die Erwiderung stellte Eduard VII. von England und Leopold von Belgien als nachahmenswerte Beispiele für die Gekrönten hin, sprach vom grundsteinlegenden Wilhelm II. ohne Ehrfurcht und mündete im Bekenntnis, der von der erzürnten Hoheit beanstandete Roman zeige »die geistige Wendung zum Demokratischen, zur Gemeinsamkeit, zum Anschluß, zur Liebe«, die stürmischer und vorbehaltloser in Heinrich Manns fast gleichzeitig erschienener Romandichtung »Die kleine Stadt« zum Ausdruck gelangt.
Hier wies der jüngere Bruder ausdrücklich auf seine Übereinstimmung mit dem älteren hin, und dieser gemeinsamen Grundlage mußten sich die beiden auch im Streit bewußt geblieben sein. Jeder mußte wissen, daß der andere der Bruder auch im Geiste blieb, trotz des Gegeneinanders der Kriegsjahre. Und keiner konnte den brüderlichen Gegner für einen jener Typen halten, die er in irgendeinem Werk angeprangert hatte. Wenn ich das deutlich empfinden konnte, um wieviel stärker mußte solches Gefühl in den Brüdern selbst sein. Sie hatten sich ja auch in ihren Schriften niemals direkt befehdet. Mir hatte es manchmal geschienen, als habe jeder, wenn er seine Wahrheiten niederschrieb, den Gedanken ausgeschaltet, daß der Bruder auf der anderen Seite stand. Aber für den Augenblick waren sie getrennt und für die Welt zwei Duellanten.

Der Titel des problematischen Buches sprach die reine Wahrheit: Thomas war unpolitisch gewesen und bekannte es. Selbst die Demokratie, die er Seite an Seite mit Heinrich verfochten hatte, war unpolitisch gemeint. Der Autor hatte es mit Goethes gemäßigtem Liberalismus des vernünftigen Menschen gehalten und der Politik mißtraut. Der vernünftige Mensch könne den vernünftigen Obrigkeitsstaat bilden, so war wohl sein Glaube gewesen, und eine vernünftige Staatsleitung mache die Politik überflüssig. Freiheit vom Zwang zur Politik, eine der Sehnsucht, ja des Glaubens werte Utopie. In Wahrheit die Sehnsucht aller großen Politiker. Ein Freiheitstraum vom Gottesstaat. Hatte nicht auch Platon ähnliche Gedanken entwickelt?

Das Deutschland der Jahrhundertwende ließ den Glauben zu, weil neben seiner Machtwelt, der Welt Wilhelms II., der Großindustrie, des Staatsanwaltes, des Junkers und des Proletariers, eine andere Welt, die des Geistes, nicht nur bestand, sondern selbst eine große, freie Macht war. Das ließ viele, die des Geistes waren, bis zu einem gewissen Grade duldsam gegen die andere Welt bleiben. Sie kamen mit der Ironie gegen sie aus und hofften auf ihre allmähliche Evolutionierung zur vernünftigen Staatsleitung. Einer, der sich früh aus der bürgerlichen Enge einer kleinen Stadt, vorbei am Brennpunkt Berlin, wo die beiden Welten sich scharf trafen, in den deutschen Süden gerettet hatte, in einen wohltuenden, versöhnlichen Abstand, der kam besonders gut trotz der Machtwelt aus.
Mehr noch: Ein Dichter dieser Art, in aristokratischer Distanz von der ungeistigen Macht und ihr, wenn es nottat, mit wenig Worten unendlich überlegen, fühlte sich getragen von der Sympathie, ja der Liebe vieler Tausender seines Volkes, in denen er sein wahres Land sehen durfte. Er konnte sich als Repräsentant dieser wahren Heimat fühlen und die ihm dargebrachte Sympathie als Dankbarkeit nehmen. Als Dankbarkeit gegen den Unpolitischen, den der Politik Überlegenen.
So traf ihn der Krieg, wie er die Tausende traf, die dem Unpolitischen anhingen, und wie er auch mich traf.
Im ersten Schock fixierte ihn die Haltung seines Volkes. Tief erschüttert blickte er auf diesen gläubigen Aufbruch, der nicht blinder Befehlsvollzug sein konnte. Die sozialistischen Massen, die für das Land kämpfen wollten, waren trotz der Macht dazu bereit. Die Synthese der beiden deutschen Welten konnte also nicht das Schlimmste sein. Vielleicht war sie der Ansatz zum Besten.
Thomas war vom Krieg überrascht worden wie ich. Heinrich, Politiker und Moralist, ausgerichtet von je auf den Kampf gegen die Machtwelt, hatte das große Morden kommen sehen. Auch ihn ergriff der Glaube des aufbrechenden Volkes, dem er in den Schlußworten der »Armen« erschütternde Deutung gab, als er den ausziehenden Proletarier sagen ließ: »Wenn ich wiederkomme, wird alles besser.« Aber dieser Glaube vermochte ihm den seinigen nicht zu nehmen. Er konnte als Sinn des furchtbaren Kriegsun-

glücks nur den Sturz der Macht sehen, den er im »Untertan« prophezeit hatte. Er ging schmerzvoll, aber unbeugsam auf gerader Linie weiter.
Ich selbst – gebunden durch eine glückliche Jugend in der deutschen Synthese, aufs einfachste gebunden überdies durch den Fahneneid – hatte es mit dem zu überwindenden Abschiedsschmerz, mit Reiten und Kämpfen vergleichsweise leichter als die Brüder, besonders als Thomas, der sich nun in der bitteren Not der Stunde auseinandersetzen mußte mit der Gemeinschaft der beiden deutschen Welten und mit sich selbst in dieser Gemeinschaft.
Denn aus der plötzlich »feindlichen« Welt überfiel ihn der Angriff auf alles Deutsche. Dieser Angriff unterschied nicht, er verzichtete sogar zunächst ausdrücklich darauf, den Abstand, die Kluft zwischen Macht und Geist des Reiches als fermentierendes Kampfmittel auszuwerten. Er schlug nicht nur gegen Heer und Flotte Wilhelms II. los, er beleidigte gleichzeitig Dürer, Goethe und Hölderlin, Bach, Schopenhauer und Luther, für die der deutsche Geist einzutreten hatte. Nicht nur Widukind, Bismarck und Friedrich Wilhelm waren »boches«, »huns« oder deutsche Schulmeister, auch Hauptmann, Schiller und Lessing waren es. Und Wagner, Nietzsche und Hans Sachs waren Repräsentanten des teutonisch-gotischen, von Grund auf bösen, weltfeindlichen, gegenspielerischen deutschen Geistes, der nicht zu trennen war von der urbösen, weltfeindlichen, aggressiven deutschen Macht.
Für Thomas bedeutete das eine Notgemeinschaft. Ein Vertreter des unpolitischen deutschen Geistes fühlte sich gezwungen, ihr Anwalt zu sein. Es mag auch sein, daß er, der am stärksten von uns im Patriarchalischen wurzelte, ebenso von der hanseatischen Tradition »nach außen einig« am meisten empfangen hatte, die ja gleichermaßen englische Tradition ist.
Es blieb ihm nicht die Zeit, die er für seine Auseinandersetzungen zwischen Bürgertum und Artistik, Dekadenz und Geist, Krankheit und Genie gehabt hatte. In Eile suchte der Überraschte, Erschütterte nach einem Punkt, von dem aus sich die deutsche Synthese verteidigen ließ, nach einer historischen Situation, die der unserigen glich, und nach einer Gestalt, die Macht und Geist vereinigt hatte. So war er, wie er schon 1916 bekannte, »selbstvergessen und

unökonomisch genug, eigene, lange gehegte Träume und Entwürfe eigentlich dichterischer Natur als Aufsatz herauszustellen«. Er gab seine Impression von Friedrich II., den die Welt den Großen nannte, nachdem sie ihn jahrzehntelang gehaßt hatte, als »Abriß für den Tag und die Stunde« preis. Der Essay hieß »Friedrich und die große Koalition«.
Es war keine vaterländische Ruhmesgeschichte, die da zustande kam. Kein mythischer Fridericus. Der Abriß ging so ohne jeden Weihrauch und Untertanenrespekt mit dem König um, daß die Zulassung der Ausgabe 1914 fast ebenso erstaunlich war wie die von Heinrichs Zola-Essay ein Jahr später. Das Böse, Tückische, Anormale des Genies wurde schonungslos dargestellt und durch den Vergleich mit seiner geradezu liebevoll geschilderten Gegnerin Maria Theresia noch stärker sichtbar gemacht. Das Unrecht der Überfälle, der Haß der Welt, die Brutalität gegen eine Frau wie die Königin von Polen – all das las sich, als habe der Autor mit Eifer nach den dunkelsten Seiten seines Helden gesucht, bevor er die Antithese aufrichtete.
Diese freilich zeigte, daß die feindliche Welt mit ihrer Politik und ihren Ränken trotz formalem Recht nicht besser war und sich dazu als verrottet erwies, so daß sie sich schließlich rechtens vor der Synthese aus Geist und junger Macht beugte.
Schon mit dieser Einleitung geriet Thomas zwischen zwei Angriffe. Von dieser Seite hieß es: »So geht man nicht mit Friedrich dem Großen um«, ein argumentloses Zetern, das sich später jedesmal wiederholen sollte, wenn der Dichter Genies ohne Mythos darstellte. Andere aber zischelten, hier sei für den Säbel und gegen den Geist Partei ergriffen worden.
Thomas wehrte sich nur mit wenigen Sätzen: Er habe weder ein kaltes Zerrbild des Königs geschaffen, schrieb er, noch den Geist beleidigt, wenn man unter Geist nicht ein von Jakobinerklub und Groß-Orient begrenztes Gebilde verstände. Aber all das war ja nur Auftakt gewesen. Inzwischen hatte die eigentliche Auseinandersetzung begonnen, das Hinabsteigen zu den Ursprüngen: den eigenen und den alles Deutschen, das jetzt so hassenswert sein sollte. Und der Zwang zum Politischen.
Die Lage war unverändert: In das Forschen und Sichten hinein fie-

len fortwährend die Schläge von außen und zwangen zu Gegenschlägen. Wie der Bauer seinen Acker und der Arbeiter seinen Arbeitsplatz, so fühlte ein Repräsentant deutscher, beseelter Kunst in erster Linie diese bedroht, und in fast jedem Satz dieses Buches der Schmerzen ist eigentlich von ihr die Rede. Der Verteidiger zitierte seine Zeugen aus aller Welt, auch aus der »feindlichen«. Neben Goethe, Eichendorff und Pfitzner ließ er Flaubert, Shakespeare, Claudel, Rolland und Dostojewskij treten bei seiner Gegenklage wider die Antihumanität. Er diffamierte keineswegs alles, was beim »Feind« lebte oder gelebt hatte, sondern schied aus, nahm für sich in Anspruch, was zu seinem Ganzen gehörte. Und es blieb das Politische, dessen fruchtbare Möglichkeiten und äußerste Konsequenzen vom »Unpolitischen« nicht weniger prophetisch erkannt wurden, als der Untergang des Wilhelminischen Reiches vom anderen Bruder vorausgesagt, der Typus des deutschen Nazi von ihm dargestellt worden war.
Auf seiner Ebene führte der Künstler die Gegenangriffe und traf auf den politischen Literaten. Auch hier unterscheidet er nicht nach Nationalität, sondern vereint mit dem feindlichen Begriff »Zivilisationsliteraten«, Schriftsteller aller Länder, auch des seinigen. Und er kann es nicht vermeiden, daß vor der Welt seine Schläge im unseligen Streit auch gegen jenen gerichtet sind, der sich schützend vor Zola gestellt hat und Deutschland politisieren will. Der »Bruderzwist« ist da.
Zu aller Tragik des Buches auch noch dieser Schmerz. Leid ist das ganze Werk; nach außen das Fechten für eine verlorene Sache, denn längst weiß der Autor, daß die ideale deutsche Synthese, die, »aufgenommen von der europäischen Staatengesellschaft auf das preußische, das Machtprinzip, nicht mehr wie bisher zu bauen braucht, sondern den heiteren Luxus, das Glück des liberalen Geistes sich gestatten kann, auf die Höhe seines Daseins tritt, ins Licht, die Humanität, die Freiheit« –, daß dies Deutschland ohne Niederlage und Umsturz so utopisch geworden ist, wie ohne Sieg des »Säbels« das Reich der Großindustriellen und Generäle das Kohlenbecken in Belgien und Festungen am Atlantik besitzen will.
Und nach innen? Indes der Dichter, der Unpolitische, seine schmerzvoll forschende Analyse anstellt – immer wieder von An-

griffen gereizt, manches zu verteidigen, was nur zur Notgemeinschaft gehört –, indes er um die Erkenntnis einer Entwicklung kämpft, die sein Volk mit ihm selbst vereint, sieht er »die Macht« schon verblassen und zurücktreten vor dem Demos, fühlt er die Politisierung noch während der militärischen Erfolge ansteigen und zur eigentlichen Macht werden, von der er furchtbare Über-Macht befürchtet.
Der Unpolitische, der eigentlich selbst schon politisch geworden ist, bekennt: »Die Welt ist heute demokratisiert bis in den letzten Winkel.« Aber als das Reich schon in allen Fugen kracht, kämpft er noch für aristokratische Freiheit von Politik, einen Zustand, den er mit Kultur identifiziert. Später erklärt er: Um des Gleichgewichts, der Stetigkeit willen, hat er sich auf die Seite des dahinsausenden Wagens geworfen, dessen Umschlagen nach der anderen er fürchten mußte.
»Vergleiche dich, erkenne, was du bist!« war das Motto des Leidenswerkes. Thomas hat es später durch ein anderes ergänzt: »Niemand bleibt ganz, der er war, indem er sich erkennt.«
Ein kluger Schweizer Kritiker hat die »Bekenntnisse« einen »essayistischen Abenteuerer- und Bildungsroman, ein Buch der Überwindungen und Selbstverbrennungen um eines heimlich fordernden Wachstums willen« genannt. Daß der Autor am Ende des Buches nicht mehr dort stehen konnte, wo er an seinem Anfang gestanden war, wollten viele nicht sehen, die es erkannten, nur um den Dichter an seine Worte nach ihrem Gefallen binden zu können. Sie haben das noch 1946 versucht.
Aber auch mir stieg ein recht törichter Vergleich auf, als Thomas dieses Buch der Erkenntnisse im Herbst 1918 noch veröffentlichte, obwohl schon alles verloren war, als es zu einem »unzeitgemäßen« Bekenntnis wurde, geschmäht von allen Wieselflinken, immer Rechtzeitigen, die jetzt so taten, als seien sie von Geburt an westliche Demokraten gewesen, wenn nicht gar schon östlich-totale.
Aus der Kinderzeit trat mir damals das Bild des Mönches im Wolfschen Epos vom »Wilden Jäger« entgegen, der unter dem furchtbaren Rauhgrafen gelitten hatte wie jeder Untertan, dem Hifthorn und Gebell die heilige Wandlung gestört hatten; der aber in der

Rüstung des toten Ritters mit geschlossenem Visier am zerschossenen Burgtor gegen die anrennenden Bauernhaufen, die neue Zeit, das Schwert schwang.
Thomas in der Rolle dieses Romantikers, der gefallen war? Ich nannte mich selbst einen dummen Phantasten, aber ich wurde den Gedanken lange Zeit nicht los. So stark hatte die Selbstaufopferung des Bekenntnisses auf mich gewirkt.

Ich maßte mir kein alleingültiges Verständnis von all dem an, als ich nachts in meinem Adjutantenbüro saß und auf meine auf dem Schreibtisch liegende Mütze mit der neuen schwarz-rot-goldenen Kokarde starrte. Aber soweit es um meine Brüder ging, glaubte ich mehr zu wissen und tiefer zu blicken als die meisten, die über den Streit laut und viel redeten.
Ich hatte während des Krieges die Verbindung mit beiden aufrechterhalten, soweit mir das möglich gewesen war. Beide hatten mir von ihrer Wahrheit, ihrem Glauben gesprochen, aber keiner hatte versucht, meine Stellungnahme herauszufordern, und nie hatte ich von einem ein abträgliches Wort über den anderen gehört. Jetzt war ich geneigt, jedem ein Stück Wahrheit zuzuerkennen und dabei aber beiden ob des Streites zu grollen.
Es gab Beispiele, daß große Dichter, Genies einer westlichen Demokratie sogar, sich zum menschenunwürdigen Krieg überhaupt nicht geäußert hatten, sich unter keinen Umständen in die Barbarei hineinziehen ließen. Aber auch dieser Vergleich war wohl töricht: Diese hatten es leichter gehabt, sich fernzuhalten, weil ihnen Begriffe schon selbstverständlich, Entwicklungen schon abgeschlossen waren, die bei uns noch gärten, in einer Seele oder zwischen Brüdern gleichen Geistes noch schmerzlich ausgetragen werden mußten.
Auch in meiner Seele: Ich war 1914 in meinem Bereich gläubig ausgezogen, wie Thomas in dem seinigen. Aber ich hatte mich von vorneherein der grausamen Realität des Krieges, der militärischen Austragung mit ihren neben das Heroische gestellten Scheußlichkeiten gegenübergesehen und war über die Frage der Vermeidbarkeit solchen Übels in schmerzerfüllten Lazarettnächten zu einer gewissen Objektivität gelangt, die mir Fehler, Schwächen und

Gefahren der deutschen Synthese ernsthafter zeigten, als meine frühere Simplizissimus-Ironie das vermocht hatte.
Diese sehr unheldische und unpatriotische Objektivität hatte mich die Leistungen gegnerischer Demokratien in höchster Not anerkennen lassen, was ja wiederum anständig-soldatisch gedacht war. Ich hatte gesehen, wessen politische Völker fähig waren, und gleichzeitig erkannt, daß mein unpolitisches Deutschland, das so heldenhaft kämpfte, schon fast vom ersten militärischen Rückschlag an seelisch zu erlahmen begann und von gegnerischen Ideen mehr als vom Hunger ausgehöhlt wurde, trotz weiterem Heroismus, bis es die absolute Reife zur Niederlage erlangte, bevor noch ein feindlicher Soldat auf deutschem Boden stand.
Ohne Zweifel waren meine Erkenntnisse dadurch erleichtert worden, daß meine schwere Krankheit mich aus der Front, der heldischen Notgemeinschaft der Feuerlinie, geworfen hatte und daß ich in der Garnison auf Kameraden gestoßen war, die sich unter gleichen Umständen wie ich dieselbe Objektivität angeeignet hatten. Sogar neues Erleben der Front, wie es mir durch mehrere Kommandierungen und anderen durch längere Perioden zuteil geworden war, verstärkte jetzt unsere Ideen eher, als daß es ihnen abträglich wurde.
Es waren weder Feiglinge noch Saboteure unter uns. Wir dachten nicht an Revolte oder aktiven Defätismus, aber unsere geistige Toleranz ließ allerhand zu.
Da war der Fall des Schwabinger Kompositeurs abstrakter Musik, den wir ohne gegenseitige Abrede in schweigendem Einverständnis vom Heldentod errettet hatten. Er war stark wie ein Bär, aber natürlich kein Soldat. Als seine Ausbildungszeit beendet war und ihm die Front drohte, spielte er den Verrückten. Wir kannten ihn genau und hätten das Untersuchungsverfahren leicht beeinflussen können. Aber die Herren, die unbedingt aussagen mußten, besannen sich auf anormale Züge, die bei einem Künstler seiner Art leicht zu finden waren, die anderen schwiegen, und so konnte schließlich die Vernehmung seiner Frau den Ausschlag geben, die groteske erotische Absonderlichkeiten des wilden Musikers bekannte und dann mit dem »dauernd untauglich« Befundenen nach Schwabing heimzog. Später glaubte ich ihn in einer Sternheimschen Novelle

wiedergefunden zu haben, und gedachte dabei jener kollektiven Haltung, die eigentlich schon Pflichtverletzung gewesen war aus Objektivität.
Wir spannen uns in Literatur ein, die durchaus international war und wiederum für unsere Objektivität sprach. Ich ließ mich von Edschmids expressionistischer Periode ebenso beeindrucken wie von Flakes betont kriegsfernem »Logbuch« oder den »Feinden« Farrère und Gogol und der jungwilden Lyrik des Mediziners Gottfried Benn. Unser aller Liebe aber galt Christian Morgenstern. Man konnte das nicht gerade eine Durchhaltelektüre nennen.
Auch die »Zivilisationsliteraten« las ich und debattierte viel über sie. Was ihre deutsche Abart anging, so schienen mir Auftreten und Ansprüche vieler ihrer Vertreter maßlos und in frecher Weise unhuman. Sie pochten auf ihr Erstgeburtsrecht im Politischen, an dem die Welt genesen sollte, nicht schlichter als Wilhelm II. in seiner hochgemuten Zeit auf seine Sendung als Instrument des Herrn. Und wenn man genau hinsah, steckte meist gar nichts hinter den tönenden Worten. Nicht Leistung noch Liebe, mehr Frechheit als Mut und mehr Konjunkturriecherei als Gläubigkeit.
Soweit Thomas' Ablehnung die Gattung solcher Literaten traf, stand ich ganz auf seiner Seite. Aber ich konnte Heinrich dieser Art nicht zurechnen und fühlte mit großer Bestimmtheit, daß Thomas das eigentlich auch nicht tat, sondern in Getümmel und Verquikkung mancher Schlag jemanden streifen konnte, der im Grunde kein Feind war. Auch einen Bruder, der im Zola-Essay ausgerufen hatte: »Man achte auf den, der liebt!«

Der Zwang zur Auseinandersetzung hatte für Heinrich viel früher begonnen als für Thomas. Mit seinem Woher, den Vätern, war er nicht umgegangen wie die Expressionisten im Geist, sondern hatte den gleichen liebevollen Respekt bewahrt wie der jüngere Bruder. Das trat noch im »Untertan« mit der Gestalt des alten Buck hervor. Aber dieser Schriftsteller war schon früh zur Beobachtung der Nachfolger und ihrer Entwicklung in der »Macht« gelangt. Er sah die neuen Klassen aus schmerzlicher Nähe: den Großbürger der Industrie, den Geschäftspatrioten, der hurra schrie, weil eine Schlachtflotte zum Schutz seiner Gewinne gebaut wurde, den hoffnungslosen Proletarier und über all dem, »kalt blitzend«, die Macht. Er fühlte das Geistfeindliche oder den Geist Korrumpierende dieser Welt, und es ließ ihn nicht los, obwohl er in einer anderen Welt lebte. Der Aristokrat der Menschenwürde warf sich – wie später Thomas – auf die andere Seite des sausenden Wagens und wurde zum Politiker, zum Moralisten.

Er wurde hellsichtig bis zum Prophetischen: Wie er im »Untertan« den Zusammenbruch der Macht symbolisch vorausgesagt hatte, so bewies er, der gänzlich Unmilitärische, mir, dem Soldaten, mitten im Krieg, daß die Betrauung des Generals Foch mit dem Oberbefehl die gegnerischen Kräfte auf das höchste aktivieren würde, gerade weil seine Wahl von Politikern durchgesetzt worden war. Und ich sah, wie er recht behielt.

Vieles hatte sich so bewahrheitet: Die Macht war zerstört, die Revolution war da, die Politik marschierte, die Unpolitischen waren geschlagen und mit ihnen scheinbar der andere Bruder. Aber auch ihm traute ich Hellsichtigkeit zu, erworben durch tiefe Liebe und schweres Leid. Seine Wahrheit, die heute widerlegt schien, konnte morgen Recht erlangen.

Ich würde demnächst heimkehren, gerettet aus dem Krieg für einen Frieden, der noch keiner war; keiner sein konnte, solange die Brüder sich nicht wiedergefunden hatten. Alle Brüder.

III

An Silvester wurde ich entlassen. München brodelte wie ein überheizter Dampfkessel. Die Politik zeigte eine sprunghafte Entwicklung zum Totalen. Kaum demokratische Republik, und schon der Schrei: »Alle Macht den Räten!« Die äußersten Konsequenzen, die Thomas prophezeit hatte, zeichneten sich ab.

Aber die Revolution tanzte und sang. Sie hatte noch keine Hymne erfunden, aber schon den Schlager von der Republikanerin, die sich »mit Schwung und Grazie in die rote Fahne rin« hüllte. Das neue Lebensgefühl der Überlebenden warf sich in ein entfesseltes Amüsement.

Das Odeonkasino war wieder eröffnet, und nichts sollte uns, ein

junges Paar, das eben auch zu den Überlebenden zählte, davon abhalten, dort Silvester zu feiern. Eine aus der eleganten Welt von einst und dem neuen Reichtum gemischte Gesellschaft tafelte und tanzte im Luxuslokal auf das fröhlichste unter dem Schutze einer »roten Wache«, eines Dutzends bis an die Zähne bewaffneter Revolutionäre, das im Vorraum mehr Sekt trank als die Bourgeoisie im kleinen Saal und den Logen.
Ich mußte an die blauen Polizisten des Königs denken, die hier vor einer Ewigkeit dem mondänen Treiben ein Ende gemacht hatten. Das Leben liebte offenbar die Groteske, und man durfte nur das Lachen nicht verlernen.
Wir tanzten nach einer Melodie in das Friedensjahr 1919 hinein, die einer meiner einstigen Augsburger Schulkameraden komponiert hatte. Er war der erste deutsche Jazzkomponist und nannte sich jetzt Wilm-Wilm.

Weise Chinesen empfahlen dem Freunde humanistischer Bestrebungen, das erste Jahr nach Beendigung des blutigen Männerstreites »an der Erde zu verharren«, sich ruhend auf engste und eigenste Bezirke zu beschränken. Ich tat es wenigstens zunächst einmal, kümmerte mich nicht um berufliche Zukunft und Politik, machte Urlaub nach viereinhalb Soldatenjahren und versenkte mich, noch stärker als in der Garnisonszeit, in die Literatur. So stark, daß ich selbst literarisch tätig sein wollte. Es wurde ein von mir herausgegebener Sammelband internationaler Revolutionsgeschichten daraus – die Brüder waren natürlich auch vertreten –, der unter dem Titel »Aufruhr« in einem Münchener Verlag erschien. Als ich spät nachts am Vorwort schrieb, entstand auf der Straße eine der üblichen Schießereien, und Kugeln klatschten in die Mauer unserer Parterrewohnung. Das paßte zum »Aufruhr«. Friede war es freilich nicht.

Thomas, so schien mir, hielt sich ebenfalls an die fernöstlichen Philosophen, denn aus seinen engsten und eigensten Bezirken kamen die beiden Idylle, die Früchte dieser Zeit waren: »Herr und Hund« und der »Gesang vom Kindchen«, diese Liebeserklärung in Hexametern an seine Jüngste, die kleine Liebliche, die im schlimmsten

Kriegsjahr wie eine Hoffnung geboren war. Wenn ich in die Poschingerstraße kam, sah ich den Bruder vor allem als zärtlichen Vater und Katja als Hausmutter, der die Ernährung von zehn großen und kleinen Menschen immer schwerere Last wurde.
Darum empfand ich es als sehr rührend, daß bei meinen Besuchen immer ein Gericht auf den Tisch kam, das ich besonders gern mochte und von dem ich also auch besonders viel aß.
Viele Menschen gingen bei den Tommys aus und ein: Künstler und Gelehrte, schüchterne Adepten und selbstbewußte – manchmal zu selbstbewußte – Arrivierte. Mir war der liebste von allen, die ich je dort kennenlernte, Bruno Frank, hinter dessen phrasenlos-männlichem Wesen ich ein von Menschenliebe heißes Herz schlagen fühlte. Er war so, wie er schrieb: ein großer Kavalier der Humanität. Am Gram um Deutschland ist er 1945 gestorben.
Es gab auch negative Eindrücke. Der stärkste ging von einem Dichter aus, der später völkische Großwerke startete. Ich beobachtete finster, wie er sich bemühte, mit Thomas auf gleich und gleich zu kommen. Dies versuchte er unter anderem damit, daß er sich über die gutgläubige Begeisterung von literaturbesessenen Verehrern – etwa Gastgebern bei Vortragsreisen – auf das arroganteste lustig machte und immer wieder die Zustimmung von Thomas zu solcher Schofelkeit herausforderte. Er bekam sie nie. Tommy amüsierte sich einfach über soviel naive Überheblichkeit, und ich hoffte, er werde diesen Fant als lächerliche Figur in ein künftiges Werk bannen, was leider nie geschehen ist.
Zu meiner Befriedigung wurde meine Abneigung von Katja herzhaft geteilt, aber schließlich mußten auch wir beide lachen, wenn der Dichter bei Vorlesungen aus Eigenem, die er oft erzwang, von Rührung über seine Kunst zu lautem Schluchzen hingerissen wurde. Und Lachen versöhnt.

»Zur Lage« sprach der Bruder wenig. Daß dies weder einem Gefühl des ausgebluteten Geschlagenseins entsprang, wie mancher meinte, noch stumm-verbissener Nationalismus war, wie andere hofften oder fürchteten, wußte ich. Ebenso aber, daß Thomas der für die öffentliche Meinung noch konkret bestehende Zwist und die noch andauernde Trennung von Heinrich quälte. Schlecht Beratene, die sich durch skeptische Bemerkungen über den vermeintlichen Gegner angenehm machen wollten, erlebten Abfuhren. Einer sprach mit lächelnder Abfälligkeit über ein Drama von Heinrich: »Oh, Sie müssen sich eben an anderes halten«, war die ernste Antwort, »lesen Sie den Zola-Essay meines Bruders!«

Den Zola-Essay! Mir ging das Herz auf. Dies war wie ein grüßendes Senken des Degens. Ich war Fechter gewesen und verstand die Geste. Sie sah nach Frieden aus, da, wo ich ihn am herzlichsten wünschte.

Ebensooft wie in den Herzogpark zu den Tommys trieb es mich in die Leopoldstraße zu den Heinrichs. Auch diesen Plural gab es jetzt in der Familie, denn unser Ältester hatte als letzter der Geschwister wenige Wochen nach mir 1914 geheiratet. Maria Kanova aus Prag, eine junge Schauspielerin, mit der er in Berlin bei den Proben zu seinem Stück »Die große Liebe« bekannt geworden war. Ich stand damals schon im Feld, aber Thomas war Trauzeuge gewesen. Zwei Jahre später wurde ein Töchterchen geboren und auf die Namen Maria Carla Leonie getauft, also einmal nach der Mutter und zweimal nach der toten Carla, denn Leonie hieß die Schwester in Heinrichs »Schauspielerin«.
Auch Heinrich wählte, als es zur »Etablierung« kam, München-Schwabing. Der Wahl waren freilich durch den Krieg engere Grenzen gezogen, aber Heinrichs erstes Heim war eben doch nicht in Berlin oder Wien, sondern gegenüber der Schwabinger Brauerei, deren süßer Malzgeruch und sonntägliche Blechmusik in die Fenster drang. Nur ein paar Schritte waren es zur Herzogstraße, und gerade an der Stelle lag das Haus, wo ich Heinrich als Bub oft daherschreiten gesehen hatte, wenn ich mit meiner Bande die Leopoldstraße kreuzte. »Da geht mein großer Bruder«, hatte ich dann gesagt.
Der große Bruder verharrte jetzt nicht an der Erde wie Thomas und ich. Er fühlte schwere Mitverantwortung und war Mahner und Wegweiser auf seinem Gebiet. Vor allem im Rat geistiger Arbeiter, wo sein Auftreten etwas erzielte, was sonst unmöglich schien: Einmütigkeit, Zurückstellung des Trennenden, Ausgleich und Vereinigung.

Die erste Auflage des »Untertan« – hunderttausend Exemplare – war in vierzehn Tagen vergriffen. In seines Dichters Heim war immer eine bunt gemischte und vielseitig-interessante Gesellschaft anzutreffen. Da sah ich neben anderen Politikern Erich Mühsam wieder, einen Landsmann, denn er war Lübecker Apothekerssohn. Eine wilde Wirrnis von widerborstigem, graurotem Haupt- und Barthaar über einem sehr ungebügelten Konfektionsanzug. Zuletzt hatte ich ihn ganz ähnlich gewandet und ebenso unfrisiert auf einer Kabarettbühne gesehen, als er todernst eigene Schüttelreime vortrug:

»Sie würden mir große Freude bereiten
wenn Sie meinen Hund von der Räude befreiten.«

Oder:

»Das kleine Mädchen reibt sich leise
das Knie, wenn ich nach Leipzig reise.«

Auf den wohlwollenden Beifall hin pflegte er ein Gedicht dreinzugeben, das begann:

»Wie lieblich ist's zu warten
in einem Bürgergarten
auf das geliebte Weib.«

Ein anderes hieß »Bauchweh«. Inzwischen hatte er, der Anarchist, die achthundertjährige Herrschaft der Wittelsbacher gestürzt.
Jetzt tat er vor seinem Glase alten Bordeaux' harmlos wie ein Kind, wenn Frau Mimi energisch in ihn drang, nicht immer die schlimmsten Instinkte der Straße zur Durchsetzung politischer Ideen aufzurufen. Er gelobte demokratischen Anstand und machte, ehe der Hahn krähte, wieder einmal alle Kaschemmen Münchens zu bürgerschreckenden Demonstrationen mobil.
Und da waren Wilhelm Herzog, der Literat, Max Oppenheimer, der Maler, Gustl Waldau, Tilly Wedekind, Arthur Schnitzler, mein »Onkel« Leo Putz, der mich mit freudigem Getöse begrüßte. Väterchen Rößler, Dichter der »Fünf Frankfurter« und Freund meines Roda-Roda, die großen Mimen Steinrück und Stieler und ihre Kolleginnen Durieux, Ritscher, Magda Lena und Frau Hagen, Waldaus

scharmante Gattin; die Leute vom Kurt-Wolff-Verlag, Herr Joachim Friedenthal, den man den »Jünger« nannte und der nach seines Meisters Wedekind Tod sich an Heinrich geheftet hatte, und Richard Elchinger, der geistreiche Kritiker.

Was mir in der Poschingerstraße Bruno Frank war, das bedeutete mir hier Maximilian Brantl, Anwalt und Poet. Klugheit, Warmherzigkeit und große Treue gingen von ihm aus, und er war in seiner männlich-zurückhaltenden Art ruhender Pol in der buntschillernden Erscheinungen Flucht.

Wenn Graf Coudenhove, der Träger der Paneuropa-Idee, und seine Gattin, die Schauspielerin Ida Roland, erschienen, erhob sich alles, und das war wie ein Salut vor diesem Menschenpaar, das geistigen Adel mit körperlicher Schönheit in seltenem Maße vereinigte.

Frau Roland sprühte vor Leben. Und mit ein paar Sätzen und Bewegungen konnte sie erstaunliche Impressionen erzielen. Zum Beispiel die des ausgehungerten und revolutionierten Wiens, in dem Hermann Bahr eine hochgeistig-humane Rede an das Volk hielt und plötzlich vor Rowdyhaufen flüchten mußte, die aus irgendeinem Grunde »Bluthundä!« brüllten. Die große Menschendarstellerin strich des Dichters Bart, redete mit seiner Stimme und ließ die roten Locken ins Gesicht fallen, wenn sie das Grölen der anstürmenden Menge nachahmte. Man sah Hermann Bahr die Mantelschöße zur Flucht raffen, roch die Menschenhaufen und fröstelte im schneeigen Regen, der auf verwahrloste Paläste und schmutzige Straßen fiel, wenn diese Frau ihren Stimm- und Gestenzauber trieb.

Ich lachte, wie alle, aber es schüttelte mich ein wenig dabei, und dann schaute ich auf Heinrich, der sehr gerade aufgerichtet, mit verschränkten Armen inmitten seiner lauten Gäste saß und lächelte.

Die so grotesk dargestellte Szene traf eigentlich erschreckend auf unsere eigene politische Situation zu: der Geist der humanen und sozialen Demokratie, der wehrlos vor Ultras flüchten mußte. Der Terror kam heute von ganz links, er konnte morgen von ganz rechts kommen. Dann würde er besser organisiert und noch gefährlicher sein.

Vorbei war die kurze Zeit einer Verbrüderung von Bürger, Bauer und Arbeiter, von allen, die guten Willens waren, aus dem Zusammenbruch einen freien Staat erstehen zu lassen. Schlagworte und

Demagogie überall; radikale Forderungen einer Minderheit, die aber Maschinengewehre hatte. Angst der Besitzenden auf der einen und Uneinigkeit der Besitzlosen auf der anderen Seite. Und Sorge der ausgleichenden Mitte um die junge Demokratie. Sie würde über kurz oder lang den heimgeschickten, arbeitslosen Militaristen wieder heranholen; die Bürger begannen schon jetzt nach ihm zu rufen.

Krieg und kein Frieden in Wien und Berlin, an der Ruhr und bei uns. Und ich ging zwischen meinen Brüdern hin und her, die sich immer noch einander fernhielten. Freilich zeigten sie mit jedem Wort, daß sie nicht Feinde waren, wie es viele noch wollten. Auch Heinrich verhielt sich gegen unfriedliche Anzapfungen genauso ablehnend wie Thomas, und ich fühlte, daß es nur eines unvermittelten Anlasses bedurfte, um auch die persönliche Distanz aufzuheben. Aber er mußte wirklich unvermittelt sein. Eine etwa von Mama oder mir herbeigeführte »Versöhnungsszene« wäre völlig unmöglich gewesen. Ich wünschte ein rüttelndes Ereignis herbei, und es trat auch nach einiger Zeit ein. Allerdings in einer Art, an die ich nicht gedacht hatte.

IV

Ich lebte lesend, in die Welt hinaushorchend und die Menschen in ihren Wandlungen und Leidenschaften beobachtend, in die wirren Tage hinein. Es schien mir fast sinnlos, da weiterzugehen, wo der Krieg mich aufgehalten hatte. Die Welt war verändert, und ein bürgerliches Leben in der Art von damals gab es eigentlich gar nicht mehr. Würde es überhaupt wieder möglich, wünschenswert, lebenswert sein? Es schien sich in Feigheit und verzweifelter Besitzgier aufgelöst und im Zerfall gefährliche Kräfte freigemacht zu haben: den hemmungslosen Großunternehmer und den Schieber. Beide auf totale Herrschaft eingestellt, unbürgerlich, asozial und geradezu Schulbeispiele für radikal-marxistische Lektionen. Diese Typen mußten gegenteilige Extreme auslösen, ebenso wie der Hunger auf der einen Seite und die Haltung derer, die über die Nahrung verfügten, auf der anderen die Lehre der Ultras zwingend bestätigte. Alles war in Gärung und im Pendeln. Wir waren reif zum Zusammenbruch gewesen, aber offenbar noch lange nicht reif für die wirklich soziale Synthese.

Woran sollte man sich halten in dieser Zeit? Am besten war, sich vom Gefühl, die Katastrophe überlebt zu haben, von der neuen Lebenslust also, dahintreiben zu lassen. Aber es war recht untüchtig und verantwortungslos, so zu denken.

Ich wurde von einem Künstler aus diesem Nihilismus gerissen. Einem Kriegskameraden, Maler und großen Revolutionär trotz bürgerlicher Herkunft. Er sprach eindringlich von der Pflicht, sich der Allgemeinheit auf dem Gebiet zur Verfügung zu stellen, auf dem man das meiste leisten konnte. Das sei für mich eben mein von jung auf geübter Beruf, die Landwirtschaft. Alles andere sei Faulheit und Kneiferei.

Ich ließ die temperamentvolle Predigt ziemlich widerspruchslos über mich ergehen und fühlte mich unzufrieden mit mir selbst. Die alten Chinesen waren plötzlich kein Trost mehr. Thomas arbeitete, auch wenn er »an der Erde verharrte«, für Tausende, denen die so entstehenden Dichtungen Freude, Einkehr und Erhebung bringen würden. Heinrich stand auf seinem Platz für den Geist, für Idealismus, jetzt, wo von allen Seiten kraß materialistische Geistlosigkeit drohte. Und ich machte Urlaub und schaute zu, nicht um neu anzufangen, sondern um abseits zu bleiben. Der Kamerad hatte völlig recht.

Bald darauf traf ich im alten Café Karlsthor wieder mit Korpsbrüdern zusammen. Die Hälfte der jüngeren Jahrgänge war gefallen oder in Gefangenschaft. Die Zurückgekehrten bemühten sich, da anzuknüpfen, wo der Krieg alles abgeschnitten hatte. Sie glaubten noch an die bürgerliche Welt, und auf jeden Fall wollten sie arbeiten.

Auch mir wurde allerhand vorgeschlagen, und etwas davon gefiel mir. Es war ein Angebot, in den Außendienst des neuen Amtes für Milchwirtschaft einzutreten, und es handelte sich dabei um sachverständige Kontrolle der Produktion an Ort und Stelle sowie die Festsetzung der Lieferungspflicht.

Sicher weder leicht noch angenehm, aber bestimmt eine Tätigkeit, mit der dem Ganzen, dem neuen Staat und seinen Menschen, gedient werden konnte. Eine Arbeit gegen den Hunger, die persönlichen Einsatz forderte und dabei gerade die fachlichen und menschlichen Kenntnisse, die ich mir zutraute. Ich war sofort entschlossen, stellte mich am nächsten Tag im ehemaligen Wittelsbacher Palais vor, in dem das Amt untergebracht war, und wurde mitsamt einem Dutzend anderer Bewerber angenommen. Am 1. Februar trat ich an. Mein Verharren in Untätigkeit hatte also nicht allzulange gedauert.

Das Landesamt wurde von einem Hochschulprofessor geleitet, der wohl der beste theoretische und praktische Fachmann Bayerns auf diesem Wirtschaftsgebiet war und später Reichsminister wurde. Ich unterstand dem Bevollmächtigten für Oberbayern, einem Akademiker, und wurde sofort mit einer kleinen Gruppe zum praktischen Anlernen hinausgeschickt. Wir marschierten von einer Station der Freisinger Gegend aus eine Stunde durch sulzigen Schnee und überfielen das befohlene Dorf.

Denn es war ein Überfall, was wir treiben mußten. Nur eine kleine Minderheit der Bauern erfüllte noch ihre Menschenpflicht. Die meisten aber sahen im Sturz der königlichen Regierung Freiheit von jeder Autorität und damit Recht auf wilden Egoismus und zügellosen Wucher. Sie konnten es sich leisten, »am Boden zu verharren«, denn sie hatten zu essen, aber das war eine tödliche Gefahr für zwei Drittel des Volkes. Sie wollten zuviel von ihren Produkten behalten und über den Rest frei verfügen. Zuerst kam der übermäßige Bedarf der eigenen kleinen Wirtschaft, und was blieb, sollte Überpreise bringen. Bei der Milch – nun, sie sprachen es nicht gerade aus, aber sie handelten danach – ging die Aufzucht von möglichst vielen Ferkeln für Schwarzschlachtungen den Säuglingen in der Stadt bei weitem vor. Die Schweine waren in sieben Monaten schlachtreif, die Eltern der Säuglinge konnten nicht genug bezahlen.

Ich hörte mir ihre Argumente an, wenn der Streit in den Ställen losging, wo wir Kuh für Kuh auf ihre augenblickliche Leistung abschätzten und danach das Liefersoll an die nächste Molkerei bestimmten. Sobald ihre wirtschaftlichen Einwände – angebliche Futternot und ähnliches – entkräftet waren, rückten sie mit anderen

Gegengründen heraus: Die »roten« Städte verdienten keine Belieferung, denn sie arbeiteten nicht; das gottlose Volk da drinnen – sagten vor allem schnatternde Bäuerinnen – solle durch Hunger gestraft werden, und die feinen Stadtdamen hätten nie etwas vom Kinderkriegen wissen wollen. Jetzt beriefen sie sich auf ihre paar Bamsen. Und überhaupt für die wenigen Pfennige --- Ich hörte es an und habe kein Wort vergessen.

Es war bitterschwer für mich, bei diesen Menschen, deren Art ich von klein auf kannte und mit denen mich eine Trotzdem-Zuneigung verband, nun die schlimmsten Instinkte beobachten zu müssen und sie mit nur recht unzulänglicher Autorität zu bekämpfen. Obwohl wir mit Polizei, Geldstrafe und Viehenteignung drohen konnten, waren wir eigentlich auf Bluff und Tricks angewiesen und mußten genau fühlen, wo der Hinweis auf gefährlich hungernde Proletarierhaufen, die Erwähnung von weltlicher und göttlicher Sühne oder wo Humor wirksamer war.

Aber wir hatten Erfolg, und das mußte für alles entschädigen. Die Lieferungen stiegen von Monat zu Monat. Kein Dorf, das nicht nach einem »Überfall« wesentlich mehr Milch zur Sammelstelle gebracht hätte. Oft betrug die Steigerung hundert Prozent.

Ich dachte kaum darüber nach, ob meine neue Tätigkeit, die alles eher als ein Herrenleben war, subaltern oder »standesgemäß« sei. Sie fiel aus dem bürgerlichen Rahmen. Diese Gemeinschaft von Fachleuten, vom Akademiker bis zum früheren Molkereigehilfen, war eine Kampfgruppe gegen die Not und über bürgerliche Vergleiche erhöht.

Die Organisation war ausgezeichnet durchdacht, und daß sie nicht in gleicher Art auch nach dem zweiten Krieg durchgeführt wurde, blieb mir unbegreiflich. Die Kontrollgruppen wechselten ständig die Gegend, konnten also nirgends allzu heimisch werden. Auch ihre Zusammensetzung variierte. Die Versuchung der Korruption war dadurch auf ein Minimum beschränkt. Zudem war man so klug, allen Kontrollorganen legale Lebensmittelzulagen zu gewähren, die gegen illegale Angebote weitgehend immunisierten.

Ich hatte durch den Krieg die Fühlung mit dem Beruf nicht verloren. Während der Garnisonszeit war mir die Kontrolle zahlreicher landwirtschaftlicher Betriebe zugefallen, die mit Leihpferden der

Abteilung arbeiteten. Die neue Tätigkeit ähnelte der damaligen, wenn es auch jetzt um die Kühe ging. Bei diesen bewährte sich der Pollinger Hüterbub, der »oeconomiae practicans« und Weihenstephaner Hofverwalter mehr als der akademische Landwirt. In den entscheidenden Debatten aber, dem Widerlegen der Einwände, dem Aushandeln oder notfalls dem Diktat, stand mir jeder Verkehr zur Seite, den ich je mit bäuerlichen Menschen gehabt hatte. Das Pollinger Wirtshaus genauso wie die Viehmärkte und die Kriegskameradschaft mit jungen Bauern.

Ich wurde bald Leiter einer größeren Kontrollgruppe und durchstreifte an fünf Tagen jeder Woche Oberbayern. Zuerst die Hallertau, dann das Land um die großen Seen, das Vorgebirge bei Murnau und das schwäbische Grenzgebiet. Einmal zog ich sogar in Polling ein, wo alles ohne Streit und Gewalt abging und in ein paar Stunden erfolgreich beendet wurde. In einem Dorf am Staffelsee aber ging ein rabiater Bauer mit der Mistgabel auf mich los. Angst hätte nicht genützt, und so schrie ich ihn an, er sei ein Rindvieh, wenn er mich umbringen wolle. Morgen werde er im Zuchthaus sitzen und statt meiner ein anderer hier stehen. Er warf die Gabel fluchend weg.

Immer waren es kleine und mittlere Bauern, die gegen Pflicht und Vernunft rebellierten. Die großen Güter, deren es ja in Bayern nur wenige gibt, waren für mich friedliche Erholung im ewigen Krieg um die Milch. Sie lieferten widerspruchslos, was verlangt wurde, und es wurde übermäßig viel von ihnen gefordert.

Jeden Freitagabend kam ich heim ins unfriedliche München. Oft gingen die Straßenbahnen nicht, und die Wege waren finster und unsicher. Schüsse peitschten plötzlich durch die Straßen. Man wußte nicht, wer auf wen feuerte, und tat gut daran, in Nebengassen zu verschwinden.

Unsere Parterrewohnung wurde durch schwere Eisenstangen an der dicken Eichentür gesichert, trotzdem war es mir eine Beruhigung, daß mein früherer Bursche, der Gärtner, jetzt bei uns wohnte und daß also auch während meiner Abwesenheit ein Mann im Hause war. Ich ging, die Hand an der kleinen Pistole, die Isar entlang, bog in die stille Mariahilfstraße ein und war jedesmal froh, wenn ich freundliches Licht durch unsere fest verschlossenen Rolläden schimmern sah und auf mein Klingelsignal das lustige Bellen des Dackels Rowdy ertönte. Zwei Tage Frieden lagen vor mir.

Am 21. Februar wurde Kurt Eisner ermordet, der seit der Revolution bayerischer Ministerpräsident gewesen war. München stand vor dem Bürgerkrieg. Es konnte zwar das Schlimmste noch dadurch vermieden werden, daß die Verurteilung des Mordes eine Art von Einigung erzielte, aber die blutige Auseinandersetzung war trotzdem unvermeidlich. In der Hauptstadt rissen die Linksradikalen immer mehr Gewalt an sich, und draußen sammelten sich die »weißen« Freikorps. Es konnte Bayern nicht erspart bleiben, was in Berlin und an der Ruhr schon schrecklich getobt hatte.
Aber die Stadt brauchte Milch. Wir zogen weiter aus und sorgten, daß die Kinder nicht hungerten. Die Kinder der Weißen und der Roten. Das Amt blieb auch auf seinem Posten, als die gemäßigten Mitglieder der Regierung nach Bamberg geflohen waren.
Im April wurde die Räteregierung ausgerufen und eine rote Armee aufgestellt. Im Justizpalast tagte ein Revolutionstribunal, dessen Vorsitzender Kanonier in meinem Regiment gewesen war. Seine Verfahren und Urteile hielten nicht den entferntesten Vergleich mit Hitlers Volksgerichtshöfen aus: Es floß noch kein Blut.
Aber München wurde doch gefährlich. Der Widerstand des Landes steigerte den Terror in der Hauptstadt. Haussuchungen und Verhaftungen setzten ein, und die Bürger flüchteten in Massen. Die Banken sollten die Tresore öffnen und weigerten sich; viele Direktoren hielten sich versteckt, und Schwager Jof wohnte wochenlang als »Herr Mayer« bei uns, denn ich war durch meinen Ausweis des öffentlichen Dienstes einigermaßen geschützt.

V

Der Morgen dämmerte, als ich zum Bahnhof marschierte. Am Karlsplatz lag erstes Frühlicht auf den Bäumen und gab dem jungen Laubdach etwas Unwirkliches, Traumhaftes. Die völlige Menschenleere der Straßen zwischen Nacht und Tag verstärkte diesen Eindruck.

Um diese Stunde waren wir früher oft über diesen Platz heimgegangen nach lustigen Nächten, und schon damals hatte mich immer der Zauber des halben Lichtes über der noch schlafstillen Stadt ergriffen. Er wirkte auch jetzt, und die hallenden Schritte meiner Nagelschuhe kamen mir wie Entweihung des Traumes vor.
Ich bog in die Bayerstraße ein. An der Ecke zum Bahnhofsplatz duckte sich eine Gruppe von Männern und Frauen mit Rucksäcken, also wohl Leute, die der Hunger auf das Land trieb, in die Deckung der Mauer. »Achtung, Maschinengewehre, zurück!« schrien sie mir zu.
Um die Ecke lugend, sah ich jenseits des weiten, leeren Platzes die offene Vorhalle des Bahnhofes tatsächlich von Mitrailleusen der roten Armee besetzt, die hinter Sandsackbarrikaden hervor nach allen Straßenmündungen zielten. Eine Menge Mannschaft lag und hockte hinter den Läufen. Die Leute neben mir erzählten aufgeregt, daß die Räteregierung einen weißen Putsch in der Stadt fürchte und alle öffentlichen Gebäude in dieser Art abgeriegelt halte.
Die Putschangst war Unsinn: In diesen letzten Apriltagen standen die Weißen draußen und würden bald konzentrisch angreifen. In der Stadt aber gab es außer den Räteleuten, von denen das übrige Proletariat immer mehr abrückte, nur verängstigte Bürger, die auf die Freikorps warteten, aber nicht selbst kämpfen würden. Aber Putsch oder nicht, ich mußte hinaus.
Ich zog ein Taschentuch, schwenkte es wild und brüllte zum Bahnhof hinüber: »Öffentlicher Dienst! Milchversorgung! Passieren lassen!« Dann machte ich probeweise ein paar Schritte auf den Platz hinaus, und da nichts erfolgte, ging ich schwenkend und rufend weiter. Drüben winkte mich schließlich einer heran.
Die Männer, die da um die Mordgewehre lagen, waren schwer betrunken, und zwar, wie man riechen konnte, von Schnaps. Ich hielt dem Anführer meinen Ausweis vor die verglasten Augen und verlangte unter Spezialflüchen, von denen »bluatiga Hennakopf« der harmloseste war, zum Bahnhofkommandanten geführt zu werden, denn es ginge um die hungernden Kinder. Schließlich begriff der andere und gab mir einen Rotgardisten mit, dessen Koppel von Handgranaten strotzte.
Überall lagen Bewaffnete herum, hingemäht wie nach einem

schweren Gefecht, aber sie waren nur vom Rausch gefällt. Im saalartigen Kommandantenraum verschlug mir ein dicker Brodem den Atem. Hier lagen sie über und unter den Tischen, wie der Alkohol sie hingeworfen hatte. Einzeln und in Haufen. Auch Weiber darunter von einer Art, wie man sie selbst in Hafenkneipen selten sieht. Unzählige Flaschen, Scherben, Lachen von Wein und Schnaps und über allem Zigarettenrauch als dichter Nebel.
Mein torkelnder Begleiter rüttelte einen Riesenkerl hoch, der über dem Schreibtisch schnarchte. Es war der Kommandant. Auch er bekam Respekt vor meinem Ausweis und belobte mich sogar lallend für mein Vorhaben, aber es ginge kein Zug für Zivil mehr hinaus. Ich sagte ihm im gaumigen Vorstadtslang meiner Bubenzeit und der Lucki-Faschingstage im Augustiner, daß ich »kein Zivil nicht« sei und daß der Genosse Kommandant die Verantwortung trage – »hast g'hört?« –, wenn ich nicht auf einem der Züge, die an die rote Front bei Dachau gingen, mitgenommen würde – »verstehst?« –.
Nachdem auch noch ein Adjutant erwacht war und die schlafend an ihm lehnende Dame mit einer gleichgültigen Bewegung weggestoßen hatte, als ließe er einen umgehängten Mantel auf den Boden fallen, erhielt ich schließlich einen Zettel, auf dem in wankenden Buchstaben zu lesen war: »Der Mann ist berechtigt –«
Mehr war nicht zu erreichen, aber der Zettel trug einen amtlichen Kopf und wurde irgendwie unterstempelt, das mußte genügen.
»Servus«, sagte ich zunftgerecht, »merci sag i, laßt's euch grüaß'n.«
Draußen atmete ich tief auf. Alle diese Männer wußten sich verloren. Ihre primitiven Orgien waren Abschiedsgrüße vor dem Ende. Sekt, Weiber, Schnaps, Zigaretten – dann konnte es ihretwegen in die Hölle gehen. Die meisten von ihnen würden verzweifelt kämpfen.

Ich gelangte auf einer Lokomotive hinaus, mit deren Führer ich mich angefreundet hatte. Die Gesellschaft der bewaffneten Zugbesatzung vermied ich lieber.
Es war lange her, daß ich zuletzt auf einer Lokomotive gefahren war, bei Nacht durch ein Vogesental. Die Strecke zur Front hatte unter Streufeuer schwerer Artillerie gelegen. Auch jetzt fuhr ich an

eine Front, wenn auch nicht als Kombattant. Es hieß wieder »la guerre comme à la guerre«.
Als es nicht mehr weiterging, schlug ich mich in die Büsche und marschierte auf das Dorf zu, in dem die Arbeit beginnen sollte. Ich sah rote Artillerie in schlecht getarnten Stellungen, Schützengräben, Drahtverhaue, aber die Front war sehr lückenhaft und keinem ernstlichen Angriff gewachsen. Ich passierte sie irgendwo in einem Wald, der völlig ungesichert war, und wurde bald darauf von einer weißen Patrouille angerufen. Das hatte ich erwartet.
Die Leute waren gut uniformiert und bewaffnet. Sie trugen Stahlhelme, und der Unteroffizier schnauzte mich mit der ganzen Verachtung eines preußischen Korporals für den Zivilisten an. Aber ich konnte ja auch hier aufwarten: »Überzeugen Sie sich erst mal, wen Sie vor sich haben, Unteroffizier«, sagte ich schnodderig und hielt ihm lässig meinen alten Offiziersausweis hin, »glauben Sie vielleicht, ich wäre in meiner Uniform aus München 'rausgekommen, wie?«
Er las und stand stramm, wie es sich gehörte. Der Weg in mein Milchdorf war frei.
Ich traf dort im Wirtshaus einige Kameraden meiner Kolonne, die auf Fahrrädern die Blockade durchbrochen hatten, und wir berieten die Lage. Daß vor der Rückeroberung Münchens kein Waggon oder Auto mit Milch und Butter mehr durch die beiden Fronten gelangen würde, war klar. Aber wir wollten veranlassen, daß die Molkereien die Transporte gut vorbereiteten und sie fast zugleich mit dem Einmarsch abgehen lassen konnten. Es handelte sich ja ohne Zweifel nur noch um wenige Tage. Wir arbeiteten bis in die sinkende Nacht und marschierten dann noch nach Haimhausen, einem großen Dorf im Hügelland über dem Dachauer Moos.
Hier war es, wo wir im Laufe der nächsten Tage die Nachrichten vom Geiselmord in München, von angreifenden und zusammengeschossenen Panzerzügen und vom Zusammenbruch der roten Front bei Dachau hörten. Den Gefechtslärm hatten wir selbst vernommen, von weißen Truppen aber nicht viel bemerkt.
Am Abend des Ersten Mai war unsere geplante Aktion beendet, und wir beschlossen, unter allem Umständen am nächsten Mor-

gen den Rückmarsch anzutreten. Alle hatten wir Angehörige in München. Die Pflicht war erfüllt, jetzt wollten wir heim.
Die Radfahrer fuhren zusammen ab, und ich marschierte allein auf Fußwegen quer durch das Moos gegen Schleißheim. In einem Gehöft schloß sich mir ein Münchener Arbeiter an, der hier ein paar Pfund Lebensmittel gehamstert hatte und auch heim zu den Seinen wollte.
Auf der Landstraße zogen lange feldgraue Kolonnen, und in Schleißheim fanden strenge Kontrollen aller Zivilisten statt. Wir sahen eine Menge von Verhafteten, und mein Arbeiter bekam große Angst. Sie war nicht unberechtigt, denn wer proletarisch aussah und einmal festgenommen war, konnte eine Stunde später vor dem Exekutionskommando stehen. Dies war der schlimmste aller Kriege.
Meine Offizierslegitimation verschaffte mir einen Platz auf dem Munitionstrain eines Wilhelmshavener Bataillons. Der Arbeiter wich – die Hand immer an meinem Rucksackriemen – nicht von meiner Seite und aus der Nähe meines magischen Ausweises. Ich bürgte für ihn, und er konnte mit aufsitzen. Zwei Stunden später erreichten wir den Nordrand Münchens. Hier war ich einmal als properer junger Reiter aus dem Manöver eingezogen. Jetzt hockte ich abgerissen, schmutzig und hungrig auf einem Karren.
Aus der Stadtmitte und den östlichen Vorstädten scholl Artillerie- und Gewehrfeuer. Mein altes Schwabing lag wie ausgestorben.
Die Infanterie vor uns schwenkte gegen die Isar ab, überschritt den Fluß auf der Maximiliansbrücke und rückte drüben, zum Straßenkampf entwickelt, gegen Süden, also gegen unsere Wohnung vor. Es fielen nur vereinzelte Schüsse, eine andere Truppe hatte hier schon aufgeräumt, wie die Einschläge an vielen Häusern zeigten. Haufen von Gefangenen mit hochgehobenen Händen wurden uns entgegengetrieben. Es waren fast nur Zivilisten.
Kurz vor unserem Hausblock klatschten plötzlich, als ich gerade vom Wagen sprang, Kugeln in Mauer und Pflaster, die offenbar von hoch oben kamen. Ich warf mich um die Ecke und erreichte zugleich mit einer Mannschaft, die ein Maschinengewehr schleppte, meine Haustür. Nelly lief mir entgegen, und der Rowdy umbellte uns, während die Soldaten die Treppen emporstürmten.

Während ich die verschmutzten Kleider herunterriß, um mich vor allem einmal zu säubern, erzitterte das Haus vom Feuern des schweren MG, das vom Dach aus den Turm der nahen Mariahilfkirche beschoß. Von dort waren vorhin die sinnlosen Schüsse Verzweifelter gekommen. Das gellende Prasseln übertönte Geschrei und Gewehrfeuer auf der Straße.
Aber meine Arbeit war getan, trotz dem Bürgerkrieg. Morgen früh würden die Kinder ihre Milch bekommen.

Die Hinrichtungen fanden im Hof einer Schule nahe unserer Wohnung statt, wo ein Standgericht in Permanenz rasche Urteile fällte. Man fuhr die Leichen auf Leiterwagen an unseren Fenstern vorüber. Unter den Planen schauten starre Arme und Beine hervor und winkten im schüttelnden Trab über das Pflaster. Ich mußte an Bilder von Goya denken, die mir draußen, im wirklichen Krieg, nie eingefallen waren. In diesem Frieden erst sah ich, daß der Maler des Grauens nicht übertrieben hatte.

VI

Und doch wurde es Frieden. Das Pendel, das wild nach links und rechts ausgeschlagen hatte, kam zur Mitte zurück. Die Verhältnisse normalisierten sich, und es gab wieder ein bürgerliches Leben. Verändert zwar und teils verzerrt, aber wenigstens friedlich.
Das wirkte sich auch auf mein Arbeitsgebiet aus. Die schlimmen Instinkte bekleideten sich wieder mit Biederkeit, je mehr Autorität hinter der Forderung nach sozialer Disziplin aufgerichtet wurde. Mein Sommer war leichter als das Frühjahr. Zudem war ich zum Stellvertreter des Kreisbevollmächtigten aufgerückt, was meinen Aufgabenbereich sehr erweiterte und angenehmer machte.
Die Geschwister waren alle wieder in der Sommerfrische: Heinrich in Gastein, die Tommys am Chiemsee, denn ihr Tölzer Haus hatten sie im Krieg verkauft, und die Löhrs erholten sich im Gebirge. Für mich waren meine allwöchentlichen Dienstreisen an den Starnberger See und in die Gegend von Garmisch eine Art von Urlaubsersatz, wenn es auch immer noch Kämpfe durchzustehen gab.

So wurde es Herbst. Ich hatte die Geschäfte des erkrankten Kreisbevollmächtigten übernommen und regierte in einem Saal des Wittelsbacher Palais, der einst wohl Hofchargen zum Aufenthalt gedient hatte, eifrig drauflos, als mich ein Anruf von Jofs Bank zu einer Besprechung rief.
Ich hatte nach meiner Rückkehr aus dem Krieg die Verbindung mit dem Institut wieder aufgenommen und war dort ja seit sieben Jahren für eine Anstellung vorgemerkt. Nun ergab sich bei Wiederbelebung des Agrarkredites eine Neuorganisation, die eine Verstärkung des Sachverständigenstabes erforderte. Meine Chance war da.
Ich akzeptierte das Angebot und betrieb meine Entlassung aus dem Staatsdienst.
Als ich am 1. Oktober langsam die lichte Haupttreppe der Bank emporstieg, bewegten mich vielerlei Gedanken. Alles Bisherige waren Etappen gewesen. Schule, allerhand Praxis, Dienstzeit, Studium, die probeweise Tätigkeit in diesem Hause, der Kriegsdienst und die Arbeit der letzten acht Monate für den neuen Staat. Jeder Phase hatte Vorläufiges, Kurzfristiges, Absehbares angehaftet. Jetzt aber lag etwas vor mir wie eine Straße, die der Blick zwar nur bis zum nächsten Hügel oder bis zum Horizont verfolgen kann, die aber jenseits des Bergkammes und hinter dem Horizont weitergeht. Man nannte das Lebensstellung, mindestens konnte man von Erreichung einer Lebenslinie sprechen.
Ich war auf Umwegen zu ihrem Anfang gelangt. Ganz anders, als ich gedacht hatte. Die Welt war verändert, und so würde wohl auch der Weg da vor mir nicht mehr ganz der sein, den ich einst gewählt hatte. Nicht mehr so glatt gebahnt und mit so sicheren Weisern versehen. Dafür aber hatte die Zeit recht derb auch an mir geformt, und ich konnte hoffen, dem Weg gewachsen zu sein, jetzt und hinter den fernen Hügeln und hinter dem Horizont.
So tat ich, indem ich über eine Büroschwelle trat, den ersten Schritt auf dem Weg, den ich dann durch die Jahrzehnte bis ins Alter ging.
Natürlich gab es wieder Neues zu lernen, aber als es an die praktische Erprobung ging, merkte ich, daß meine Arbeit der letzten Zeit eine ausgezeichnete Vorbereitung gewesen war. Ich hatte Hunderte von landwirtschaftlichen Betrieben zu prüfen gehabt. Wenn es auch

vordringlich um die Milchproduktion gegangen war, es waren doch die Leistungsmöglichkeiten im ganzen, die wirtschaftlichen Fakten des Besitzes und die Fähigkeiten des Besitzers gewesen, die ich zu ermitteln gehabt hatte. Jetzt ging es darauf hinaus, das alles vom Naturalergebnis in Geldwerte, also in Kapital und Ertrag, umzurechnen und so die Grenzen der Sicherheit abzustecken, in denen eine langfristige Kreditgewährung weder für den Geber noch für den Nehmenden Gefahr bedeutete.

Neu – nicht nur für mich, sondern auch für Langerfahrene – war die Unstabilität der Gegebenheiten. Vieles konnte nur durch Kalkulation einer ungewissen Entwicklung ermittelt werden, und das verlangte ständigen Kontakt mit den Komponenten solcher Entwicklung. Starre Meinungen waren ebenso unzuträglich wie utopistische Träume; verlangt war Aufgeschlossenheit und Sinn für Realitäten. Ich erkannte bald, daß hier der Satz vom Nieauslernenkönnen besonders richtig war.

Jede zweite Woche hatte ich über Land zu fahren und kam auf Verkehrsmitteln vielerlei Art nun in alle Winkel Bayerns. Der Bereich, in dem die Begriffe »Ferne« und »Fremde« ihre Bedeutung verloren, erweiterte sich mit jedem Monat, und doch waren diese einsamen Fahrten auf die zu erforschenden Güter und Höfe immer neue Abenteuer. Die Synthese aus Boden, Mensch und Vieh, die ein landwirtschaftlicher Betrieb darstellt, war stets individuell differenziert von den schon bekannten Fällen, auch in der gleichen Gegend, ja in derselben Gemeinde. Die Notwendigkeit, ihr in wenigen Stunden auf den Grund zu kommen, schärfte die Beobachtungsgabe, was sich auf das ganze Wesen solchen Reisens übertrug. Es war ein fortwährendes Beobachten, Entdecken und Vergleichen, auch von Dingen und Verhältnissen, die in keinem Zusammenhang mit den eigentlichen Zielen standen. Die Dome von Regensburg und Bamberg lagen ebenso an meinen Wegen wie ein internationales Hafentingeltangel in Passau, die Gassen Rothenburgs, das von München so verschiedene Großstadtleben von Nürnberg, großes Barock und Fischkneipen in Würzburg und kulturferne Bergdörfer im Bayerischen Wald.

Die Fahrten waren Wechsel, Kampf gegen Hindernisse, von der Zugverspätung bis zum Schneesturm im Frankenwald, Bewegung und Gelöstsein von der festen Basis. Sie machten erfahren im wörtlichsten Sinn und in vielerlei Bedeutung, brachten immer wieder die Freude der Heimkehr und gleichzeitig die Sehnsucht nach weiterer Ferne und wirklicher Fremde. Und obwohl sie nur über Land und durch die Heimat gingen, ähnelten sie doch ein wenig dem Leben der »Fahrensleute«. Diese Seite meines Berufes war trotz ihres tüchtig-bürgerlichen Zweckes eigentlich unbürgerlich in ihrem Wesen. Und mir waren Zweck und Wesen recht.

Wenn ich daheim die Brüder sprechen hörte – zu mir oder zu anderen –, so lächelte ich manchmal zufrieden und froh in mich hinein. Was der eine sagte, war immer das, was auch der andere zum Ausdruck brachte. Hatte Heinrich, als die deutsche Republik sich konsolidierte und die Verfassung aufgerichtet war, warmherzige Worte für die Männer der Demokratie in allen ihren Abarten gesprochen, die nun die Exponenten des Staates, unseres Staates, geworden waren, so redete Thomas den Verstockten, vor allem der oppositionellen Jugend in genau der gleichen Art ins Gewissen. »Wir waren unpolitisch im fatalistischen Sinn«, sagte er, »aber die Mächte, die uns regierten und repräsentierten, die der Staat waren, sind zurückgetreten, vernebelt. Das Schicksal hat sie beseitigt, und der Staat ist uns zugefallen, jedem einzelnen von uns. Die Republik, die Demokratie leugnen, hieße heute lügen. Sie zu verachten, weil sie aus der Niederlage zur Wirklichkeit wurden, wäre Widersinn und Feigheit.«

Und er warb, wie Heinrich, für die Männer an der Spitze der Republik, die deutsche Menschen seien. Alles aber, was beide Brüder sagten, setzte Geist gegen Ungeist, Humanität gegen Barbarei, Liebe gegen Haß. Sie waren völlig eins, bevor noch der persönliche Kontakt wiederhergestellt war. Ich hatte ja immer gefühlt, daß er nicht vom Haß unterbrochen war, sondern vom Willen, alles Persönliche dem geistigen Streit fernzuhalten.

Das rüttelnde Ereignis, auf das ich gehofft hatte, erwies sich als gefährliche und dramatische Vermittlerin: Heinrich erkrankte schwer, eine Operation wurde von einer Stunde zur anderen notwendig, und als sie vorüber war, stand Thomas am Lager des Bruders. Alles war gut.

Es war keine Versöhnung wie die zwischen den laut verkrachten Dichtern Wedekind und Halbe am Krankenbett des letzteren. Wedekind stornierte sie später mit der sicherlich nur um des großen Effektes willen gemachten Feststellung, sie sei lediglich für den Todesfall gedacht gewesen. Nein, es war ja überhaupt keine Versöhnung von zweien, die sich beleidigt hatten, sondern ein Wiederfinden nach weit voneinander getrennten Wegen durch schmerzvolles Dunkel. Scheu vor den ersten Worten nach so langem Auseinandersein und angesichts der bösen Deutung durch die öffentliche Meinung war noch zwischen ihnen aufgerichtet gewesen – so empfand ich es wenigstens –, aber jetzt fühlte der vom Tod gerettete Heinrich, wie der Bruder um ihn gebangt hatte.
Es gab eine Art von offizieller Feier bei den Heinrichs, als der Genesene aus der Klinik nach Hause gekommen war. Schwägerin Mimi hatte die drei Brüder noch nie beisammengesehen. Jetzt lud sie Thomas und mich zu einem Tee. Niemand sonst durfte erscheinen. Und ich saß nach langen schlimmen Jahren zum erstenmal wieder zwischen Heini und Ommo. Es war eine frohe Stunde.
Im Sommer aber fuhren die Brüder zusammen an die Ostsee. Es stand kein Wort von all diesen guten Ereignissen in den Zeitungen, aber mich machten die Tatsachen selbst froh genug.
Und Mamas Gesicht leuchtete, als sie bei uns in der Mariahilfstraße auf dem Ecksofa saß, jenem Seidenmöbel, das schon in der Herzogstraße der Platz für geehrte Gäste gewesen war. »Du bist aus dem Krieg errettet worden«, sagte sie, »und die beiden haben sich ganz wiedergefunden! Das ist – – –«
»Das ist der Friede, Mama«, sagte ich fröhlich, »c'est la paix!«

Der Film von Tristan und Isolde

I

Eine Bowle war schuld daran, daß ich, der landwirtschaftliche Sachverständige, für eine Zeitlang »Filmschaffender« wurde; jene ausgezeichnete Bowle, die mein Regimentskamerad Hans bei einer auch sonst noblen Gasterei den Freunden vorsetzte, als er mit Gloria seinen Doktor der Nationalökonomie gemacht hatte und als Propagandaleiter in einen Münchener Verlag eingetreten war.
Diese Doktorbowle also und im weiteren Ablauf der Ereignisse auch das Durcheinander der Zeit nach dem Ersten Weltkrieg.
Der junge Reklamechef – später ist er Journalist und Schriftsteller geworden – setzte sich auf eine Armlehne meines Stuhles, schlug mir krachend auf die Schulter und sagte im breiten Tonfall von ganz droben, wo es eigentlich schon dänisch ist, na, er sei also nun »gechartert«, und jetzt wolle er mir erzählen, wie er sich die beruflichen Sporen verdienen werde. »Aber erst mal prost!«
Es handelte sich darum, die Auflage einer vom Verlag gestarteten phantastischen Zeitschrift – »Der Orchideengarten« hieß sie – zu steigern. Phantastisches, Mystisch-Gruseliges, Übersinnliches war große Mode geworden, und Doktor Hans gedachte den Absatz des Blattes dadurch ins Gigantische zu treiben, daß er dem breiten Publikum »Orchidee« als Inkarnation all dieser bei Kriegsgewinnlern und Köchinnen, Snobs und Friseuren gleich beliebten abstrakten Begriffe einzubleuen gedachte. Hierfür wollte er sich des Kinos bedienen, genauer gesagt eines Filmes, der »Orchideen« heißen und entsprechende Qualitäten haben sollte.
Diese Propaganda durfte nichts kosten, das war Ehrensache. Die Idee vom Orchideenfilm war einer der wie Unkraut aufschießenden Filmgesellschaften als der Tip des Tages aus purer Freundschaft zuzuraunen, und gleichzeitig war auf einen Autor hinzuweisen,

dessen Name allein schon die Lichtspielhäuser füllen würde und der den Stoff bereits in ganz sensationeller Weise konzipiert habe.
»Und dann mußt du weiterhelfen«, schloß der Freund plötzlich, und seine eulenhaften Hornbrillenaugen blickten mich suggestiv an.
»Hans«, sagte ich nach einer schweren Pause, »der Gastgeber sollte nie früher betrunken sein als die Gäste, aber das bist du, wenn du glaubst, daß einer meiner Brüder so etwas machen würde.«
Die Eulenbrille blitzte Überlegenheit, und der Propagandamann sprach lapidar: »Der Autor bist du! Mann ist Mann!«
Um es kurz zu machen: Als ich ihn mehrfach einen armen Irren und er mich etwas noch Originelleres genannt hatte, als die erste große Terrine geleert und durch eine zweite ersetzt worden war und auch diese sich schon neigte, waren wir – lang hingelehnt in bequeme Sessel und die Gesichter seherisch zur Zimmerdecke gewandt – mitten im Sensationsfilm »Orchideen«. Um uns war laute Fröhlichkeit der festlichen Zecherei, hämmernde und süße Grammophonmusik und blauer Dunst von unzähligen Goldflakes, wir aber warfen uns Stichworte und Satzfetzen zu wie bunte Bälle. »Dämonische Exotik!« schmiß Hans, und ich schleuderte zurück: »Tibet!«
»Gibt's da Orchideen?« wollte der gewissenhafte Nordländer wissen, aber ich sagte nur: »Pedant!«
Und »mondänes Milieu und Übersee und ein geheimnisvolles Weib!« verlangte der Erpresser, so daß ich mit »europäisches Weltstadt-Kabarett, Grandhotel in Rio, tibetanische Häuptlingstochter in Abendkleidern!« parieren mußte. Am »verbotenen Land« hielt ich eisern fest.
Am Nachmittag war ich von einer niederbayerischen Besichtigungstour zurückgekommen, den Kopf voller Gedanken darüber, wieweit der Agrarkredit soliderweise noch den sprunghaft steigenden Bodenpreisen folgen dürfe. Und nun debattierte ich hitzig über die attraktivste Art, mit der die dämonische Tibetanerin europäische Männer in den Tod treiben könnte. Aber die Bowle war wirklich ausgezeichnet, und es gab dann auch noch einen ganz vertrackten Schnaps, der wie Öl einging und als heiliger Feuerbrand aufstieg. Es war eine schöne und lange Feier.

Am nächsten Morgen – etwas verkatert – erzählte ich Nelly die ganze Geschichte wie einen komischen Traum, und dabei fiel mir ein, daß ich ja, wenn diese Bowlen- und Schnapsidee eine Realität wäre, sogar noch Honorar verlangen könnte. Das schien mir noch komischer.
Aber dem ehrgeizigen Nationalökonomen war es ernst mit dem Jux, und ich saß – ein Mann, ein Wort – wenige Tage später im Allerheiligsten einer Film-GmbH. Man wollte alles über die große Idee wissen, aber da ich die Fabel ja noch keineswegs fertig im Kopf hatte, tat ich zurückhaltend und geheimnisvoll und gab nur die zugkräftigsten Schlagworte der Bowlennacht preis. Die Sitzung endete mit einem Vorvertrag, nach dem ich meine Konzeption als »Drehbuch« fest anzubieten hatte, bei Ablehnung eine Zeitaufwandsentschädigung und bei Annahme ein festes Honorar erhalten sollte. Bedingung war ferner, daß ich zusätzlich und gegen weiteres Honorar ein auf zwei komische Figuren, genannt »Stops und Stange«, zugeschnittenes Lustspiel zu schreiben hatte, das nur in den für den Orchideenfilm nötigen Atelierdekorationen spielen durfte.
Mir fiel im Ablauf dieses Zaubertheaters ein, daß ich ja noch nie ein Drehbuch gesehen hatte, und ich bat um Überlassung eines derartigen Szenariums, »um die von der Firma gewünschte spezielle Art der Fixierung studieren zu können«. Mit Manuskripten beladen, kam ich als Filmschriftsteller nach Hause.
Der Film »Orchideen« wurde geschrieben, nach kleinen Korrekturen gutgeheißen, gedreht, verkauft und aufgeführt. Er war kein Stück für die ganz großen Kinos, aber die Filmtheater der städtischen Peripherie und der Provinz ließen ihn lange laufen. Er war sozusagen Aschingerdämonie für den kleinen Mittelstand, und genau das hatte sein geistiger Vater ja gewollt. Tatsächlich stieg die Auflage des »Orchideengarten« beträchtlich. Ob das wirklich dem Film oder der immer höher flutenden Inflation zu verdanken war, blieb unnachweisbar. Doktor Hans schwor natürlich auf den Film, und sein Verlag glaubte ihm, weil er auch sonst sehr gute Reklameideen produzierte. So hatte er sich seine Sporen und ich mir nicht nur das Honorar, sondern auch eine gewisse Erfahrung in der Filmbranche erworben. Denn ich hatte mich für Regiesitzungen, Proben und Probleme der Außen- und Innenaufnahmen interessiert

und mit Nelly eine Woche im Gebirge bei Garmisch verbracht, wo hoch oben tibetanische Landschaften, Dörfer, Hängebrücken und Tempel entstanden waren und zweihöckerige Kamele aus dem Münchener Tierpark von oberbayerisch fluchenden Tibetanern über die Saumwege gezerrt wurden. Das war also mein Werk! War dem Denkprozeß eines Agrarexperten entsprungen. Ich schüttelte immer wieder den Kopf über die sichtbare Realität des Absurden.
Der Film war auch finanziell ein Erfolg, was sicher vor allem auf den steigenden Inflationspreisen beruhte. Aber man glaubte damals noch verdient zu haben, wenn man mehr Mark einnahm, als man ausgegeben hatte. Gelenkt von dieser Meinung, wollte meine Gesellschaft weitere Manuskripte von mir haben, andere Firmen der Branche wurden auf mich aufmerksam, und so schrieb ich schließlich fünf oder sechs Drehbücher, was meine handwerkliche Technik allmählich verbesserte.
Das schützte meine Honorare nicht vor Entwertung. Die Firmen mußten zwar die sich absolut und relativ steigernden Forderungen des immer mehr in Aufnahme kommenden Autors akzeptieren, aber das Tempo des Marksturzes war stets noch rapider als meine kommerzielle Verve, und so verlor mein Verdienst zwischen Vertrag und Abgabe des Drehbuches fast immer die Hälfte seiner Kaufkraft.
Nun, so ging es ja auch meinen »hauptberuflichen« Einnahmen trotz ständiger nomineller Steigerung, und so ging es jedermann bei uns, der nicht schon in Devisen rechnen und fordern konnte. Man war in ewiger Hetzjagd hinter dem immer mehr Vorsprung gewinnenden Goldwert.
Aber das Leben war bunt, und es gab für mich wieder einmal zwei Welten, wenn auch die »andere« eine schnurrige Irrealität blieb, in der ich nur die Bekanntschaft mit einigen Bühnenkünstlern ernst nehmen konnte.
Der Bonvivant R., ein charmanter Mensch wienerischer Prägung auf der Bühne wie im Leben, hatte in verschiedenen meiner Filme tragende Rollen gespielt, und wir hatten Sympathie füreinander gefaßt. Eines Tages eröffnete er mir, daß er in Berlin eine Film-AG gegründet habe, die seinen Namen trage. Das Kapital sei gesichert. Er wolle anständige Filme machen und auch das breitere Publikum heutiger Mentalität allmählich zu besserem Geschmack erziehen.

Daß dies möglich sei, hätten schon einige Großfilme bewiesen. Und ob ich ihm einen Film nach einer im Grundriß vorhandenen Idee schreiben wolle? Das Honorar werde sehr anständig sein.
Zum erstenmal sah ich in einem derartigen Antrag mehr als einen bezahlten Jux und Inflationsunfug. Die Tendenz des ganzen Vorhabens schien mir anständig, und auch die Idee für den ersten Film gefiel mir. Sie griff das Schicksal des unter dem Namen Johann Orth mit seinem Schiff »Santa Margarita« verschollenen und wahrscheinlich am Kap Hoorn untergegangenen Erzherzogs Johann auf, um den sich ein ganzer Sagenkreis gebildet hatte. Mir war sofort klar, daß man sich bis zum Verschwinden des Helden an die wahre Vorgeschichte halten müsse und dann beim Fabulieren die Phantasie in Bahnen zu lenken haben werde, die durch Charakter, Weltanschauung und Ideale dieses Habsburgers bis zu einem gewissen Grade vorgezeichnet waren.
Der rebellische Prinz war ein unruhiger Freigeist mit edlen, aber unklaren Bestrebungen, vor allem aber ein ehrgeiziger Dilettant gewesen. Hätte er sich aus seinem Schiffbruch als unbekannter Fremder in irgendein Land gerettet und dort versucht, seine Ideale zu verwirklichen, so wäre er ohne Zweifel auch hier gescheitert. Das mußte herausgearbeitet werden. Es war dem Publikum zu sagen: Ihr glaubt also, der Erzherzog sei nicht tot? Gut, nehmen wir es an. Aber eure Phantasie geht falsche Wege. Der Film von der Santa Margarita wird euch zeigen, wie es einem nicht ertrunkenen Johann Orth draußen im Leben ergangen wäre.

So baute ich denn auch Fabel und Drehbuch auf, als ich mit R. Vertrag machte und alle erreichbare Johann-Orth-Literatur – meist unglaublichen Kitsch – durchstöbert hatte. Ich brachte das historisch Gegebene in eine volkstümliche Fassung mit glänzenden Hoffesten, Liebe, Intrigen, Politik, Empörung, Verzicht und romantischer Ausfahrt. Dann rettete ich die Kaiserliche Hoheit aus der wilden See in eine kleine, aber unruhige südamerikanische Republik, in der es Johanns feuriger Dilettantismus bis zum Präsidenten brachte, bald aber vor schurkischen Realitäten zusammenbrach. Verlassen und verraten floh der Unselige in menschenfeindliche Einsamkeit.

Der Film verdämmerte im schattenhaften Bild eines Hauses irgendwo hoch über grauem Meer und der dunklen Silhouette eines Bärtigen im weiten Mantel, der bewegungslos ins Dunkel starrte. Nein, es war kein Happy-End, aber immer noch genug Kompromiß und deshalb auch immer noch genug Unfug.
Trotzdem gefiel mein Buch, und R. drehte mit großem Aufwand an Szenerie, Stars und Statistenmassen einen recht guten Film, der seiner jungen AG einen beachtlichen Anfangserfolg brachte. Er hieß »Das Geheimnis der Santa Margarita«.

II

Ich hatte mich inzwischen um Unterbringung der R.schen Aktien in München gekümmert und war sogar selbst Aktionär der Gesellschaft geworden. Beides war damals kinderleicht. Aktien wurden von jedermann zu ständig steigenden Kursen gekauft. Man erwarb beispielsweise zehn, wenn man nur zwei bezahlen konnte oder wollte, denn jede Bank kreditierte den Restbetrag gegen Hinterlegung der Papiere. Nach acht bis zwölf Wochen war der Wert so hochgeschnellt, daß man bei Verkauf von zwei oder drei Stücken die übrigen als Gewinn in der Hand behielt.
Der Verdienst war durchaus nicht fiktiv, denn bei Abstoßung einer weiteren Aktie konnte man immerhin in einem neuen Smoking im Odeonkasino soupieren und Navy-Cuts dazu rauchen. Ausländer konnten sich Smoking und Kasino für zehn, dann fünf, dann drei Dollars leisten.
Die Bauern zahlten mit ein paar Zentnern Weizen oder einem halben Pfund Hopfen Hypotheken zurück, die vorher den halben Wert ihrer Höfe absorbiert hatten. Lehrlinge wurden über Nacht Bankiers, Hausierer Großkaufleute. Ein Herr namens Stinnes kaufte – eine gelötete Krawatte umgeschnallt – halb Deutschland mit Reichsbankkrediten auf. Die Kredite wurden im Umsehen wertlos, die deutschen Hütten, Gruben und Werften nicht. Scherzbolde nannten das Reich »Stinnland« oder »Stinnesien«.
Es war ein Zaubertheater und doch ein gigantisches Verbrechen, das wie nichts anderes die Seele dieses Volkes an den Triumph des

Unanständigen gewöhnte und sie reif für die Duldung schmutzigster Gemeinheit machte. Hier schon begann das wirkliche Verderben.

In dieser Zeit starb Schwager Jof. Er hinterließ ein großes Vermögen und hatte einen treuen Freund mit der Verwaltung betraut. Alles sollte »mündelsicher« sein. Das führte dazu, daß die Zinsen eine Farce und die Anlagepapiere immer wertloser wurden und Julia mit den drei Kindern schließlich von einer bescheidenen Pension leben mußte. Der Hausstand wurde in einer Weise vereinfacht, die nach Auflösung und Verarmung aussah. Auch andere mußten solch Schicksal tragen. Julia wußte, daß sie mit den Ihren nicht darben würde. Die Veränderung bedeutete aber für sie Erniedrigung. Sie »verlor an Gesicht«, bemühte sich krampfhaft, nach außen ihre Haltung zu bewahren, und litt in ihrem kühlstolzen Herzen bittere Not.

Damals begann mein Beruf mich besonders stark in Anspruch zu nehmen. Die private Wirtschaft unternahm es, sich zu wehren und dem Inflationsstaat gewisse Zugeständnisse abzuringen. Auf meinem Gebiet bedeutete das die Einführung der Goldmarkhypothek, die auf normalen Werten fußte und einem Pfandbrief von gleichem Festwert Deckung gab. Das war Heimkehr ins Reale; es erforderte Umstellung und ein Besinnen auf die Wirklichkeit. Der Wert eines Hektar Bauernlandes an der Donau, im Allgäu oder ganz hinten in der Oberpfalz war nicht mehr auf den irrsinnigen Papierpreisen, sondern nach der Rente in Milch und Korn zu ermitteln. Es war nicht länger alles am nächsten Tag überholt und daher gleichgültig, sondern man mußte wieder etwas wissen und können, den Dingen auf den Grund sehen und alte Erfahrungen mit Wahrscheinlichkeitsberechnungen koppeln. Das gab endlich wieder das Gefühl einer anständigen, sauberen Arbeit, die den ganzen Mann erforderte und die Beschäftigung mit dem Filmzauber ziemlich lächerlich erscheinen ließ. Ich lehnte eine Reihe von Aufträgen verschiedener Gesellschaften ab und warf meine Drehbücher in einen Schrankwinkel.
Meine freie Zeit aber wurde von einer Passion in Anspruch genom-

men, die ich so ernst nahm wie die Arbeit: Das Wasser hatte wieder einmal seine mystische Gewalt über mich gewonnen.

Ein Freund hatte Nelly und mich als Gäste bei einem der Segelklubs am Starnberger See eingeführt, und schon der erste Blick vom hochgelegenen Klubhaus auf den Jachthafen mit seinen Molen und Bojen, den segelsetzenden und ausfahrenden Booten hatte die alte magische Verbundenheit mit dem Element aufs neue erweckt.
Wir waren mitsamt dem Hunde Rowdy an Bord einer Jolle gegangen und hatten bei frischem Wind, der weiße »Katzenpfoten« in die Wellen blies, gen Süden aufgekreuzt. Ich hatte noch nie auf einer Jacht gesegelt, und die nervös-eleganten Bewegungen des schlanken Rennbootes waren etwas anderes als die Fahrt der Fischerewer und Frachtensegler der Ostsee. Sie hatten etwas Spielerisches, Nur-Sportliches. Aber ich fühlte die Schot eines Vorsegels in den Fäusten, trug Ölmantel und Südwester wie auf den Fahrten mit Carla aus der weiten Kieler Förde, der Wind sang in der Takelage, es roch fast richtig nach Schiff, und wenn ich die Augen etwas zukniff, so daß die Berge und das Südufer verschwanden, war vor dem springend dahinschießenden Bug nur eine ins Unendliche wogende Fläche, über die einfallende Böen grüne Schatten jagten.
Der Klub nahm mich als Mitglied auf, und ich verbrachte nun jedes Wochenende draußen, wurde unter Leitung eines scharfen Steuermannes in hartem Training ein Rennsegler und fühlte mich in der Gesellschaft der neuen Kameraden, die süddeutsches Wesen mit Liebe zum Seemännischen verbanden, außerordentlich wohl. Die Abende im Klubhaus waren von jener herzhaften Geselligkeit und Fidelität erfüllt, die mich immer angezogen hatte, und die gesellschaftliche Struktur des Klubs aus Kaufleuten und Künstlern, Juristen und Ingenieuren, Studenten und Großunternehmern ergab eine anregende Vielseitigkeit im Rahmen der gemeinsamen Liebhaberei.

Die Fahrt des segelnden Schiffes ist meinem Empfinden nach die schönste, rhythmischste, ich möchte sagen eleganteste Fortbewegung, die es gibt, den Segelflug vielleicht ausgenommen. Sie nutzt zwei Elemente, das Wasser und die bewegte Luft, aus. Das Boot,

der Schoner oder Fünfmaster wird eins mit ihnen, ist Woge und Wind und steigt vom menschengeschaffenen Fremdkörper zum Teil der Natur auf. Was der Mensch auf dem Segler zu leisten hat, ist mehr Angleichung an das bewegte All als Kampf gegen seine heiligen Gewalten. Es fordert oft starke Anstrengungen, aber – die große Ratio straf' mich – ich halte das Reffen, Dichtholen oder Fieren eines Segels für eine schönere, naturverbundenere Handlung als das Hochtreiben komprimierten Dampfes oder das Anwerfen eines Flugzeugmotors. Die auf Bezwingung von Elementen und Naturgesetzen zielende Technik hat Erfolge errungen, die man als moderner, das heißt seiner Zeit versklavter Mensch auszunutzen hat, so lächerlich sie auch, gemessen an den Jahrtausenden der Menschheit, sind. Wir reisen also vermittels Dampfer und Flugzeug. Das wird mir aber niemals das Gefühl dafür nehmen, daß Segeln vertrauter Bund mit den Göttern und Dampferfahren die Hochstapelei von Zwergen ist.
Dieses Gefühl haben viele Tausende von Menschen, wohlgemerkt von modernen Menschen, und daher ist aus dem Segeln auf der ganzen Welt ein Sport geworden. Ihm durch bummelndes Fahren mit Grammophonmusik, Frühstückskoffer und Flirt seinen Sinn zu nehmen, schien mir nur ausnahmsweise und unter besonderen Umständen verzeihlich. Daher war ich Rennsegler. Die Wettfahrt zwingt zur vollen Hingabe an die Götter des Wassers und der Winde.

Ich heuerte im Verlauf meiner ersten Saison auf verschiedenen Bootstypen an, und wenn das offene Schwertboot flinker war und mehr Feinheiten, oft auch mehr Mut erforderte, so war dafür die große Kieljacht mit ihrer riesigen Segelfläche, dem Verdeck und der Kajüte hochseemäßiger, was für mich einen besonderen Reiz bedeutete.
Es war ein schöner Sommer, und gute Arbeit hielt mit guter Erholung ein gutes Gleichgewicht. Ich hing große Bilder meiner Boote unter vollen Segeln an die Wand meines Büros, und sie vertrugen sich mit den landwirtschaftlichen Gutachten ausgezeichnet, wie einst meine Passion für das Meer und Polling. Der Filmunfug aber war vergessen.

Der Unfug der Inflation dagegen ging weiter, und da mächtige Wirtschaftsgruppen und der an völliger Abstoßung der inneren Verschuldung interessierte Staat noch kein Ende machen wollten, wurden die Akte der Selbsthilfe immer zahlreicher und einschneidender. Die Preise wurden nun schon fast täglich nach dem neuen Dollarkurs geregelt, und die Lohnverhandlungen gingen in Permanenz weiter. Und dann begannen die Großbanken auf Grund ihrer Devisenbestände Dollarbons, also eigenes und wertbeständiges Geld, auszugeben. Ich erhielt einen Teil meines Gehaltes in solchem Festwert, konnte mich finanziell fast wie ein ganz kleiner Ausländer gebaren, und unsere Lebenshaltung bekam nach Jahren der völligen Unsicherheit wieder Grund unter den Füßen. Unser beider ererbtes Vermögen war an seiner soliden und festen Anlage zugrunde gegangen, aber die zauberhaften »Verdienste« der verrückten Zeit hatten uns über Wasser gehalten. So waren wir doch, ohne große Not zu leiden, durchgekommen, und ich konnte neu anfangen.

III

So stand es, als mich wie ein Ruf aus der Vergangenheit ein Berliner Telegramm erreichte. Freund R. kündigte seine Ankunft an und bat um eine Unterredung »in äußerst dringender Angelegenheit«.
Ich konnte mir natürlich denken, daß es sich um einen Film handeln werde, und wollte eigentlich absagen. Aber ich freute mich doch, R. wiederzusehen und von der Gesellschaft zu hören, deren Aktien mich ja zum mehrfachen Papiermilliardär gemacht hatten. Ich verschob also eine Dienstreise, und wenige Tage später erschien der Direktor und erste Darsteller der R.-Film-AG, elegant wie immer, in der Mariahilfstraße, plauderte charmant-wienerisch und wurde unvermittelt sehr ernst, als er auf sein Thema zu sprechen kam. Tatsächlich war es ernst und dabei sensationell in einem guten Sinn. Ich kenne ja, sagte R., die Tendenz, die seiner Arbeit zugrunde läge. Die »Santa Margarita« sei ein ganz guter Anfang und ein Erfolg, immerhin aber noch ein Übergang mit Konzessionen gewesen, wie ich so gut wisse wie er. Jetzt wolle er zum ersten wirklichen Schlag ausholen, das Kino ebenbürtig neben Theater und Oper stellen,

wirkliche Kunst machen und einem großen Dichter ein ewig großes Thema geben, für das dieser, wie kein anderer, prädestiniert sei. Er wisse gut, daß man hierbei nicht knausern dürfe, und werde den Forderungen des Dichters bis an die äußerste Grenze des Möglichen entgegenkommen.

»In Dollars?« fragte ich ganz automatisch. Ich dachte nicht etwa an mich, denn mit dem großen Dichter konnte ich ja unmöglich gemeint sein. Ja, in Dollars, und zwar in wirklichen USA-Dollars würde honoriert werden, sagte R.; in Berlin könne man überhaupt nicht mehr anders kalkulieren. Und auch ich solle Dollars an der Sache verdienen, denn ich müsse vermitteln und mitarbeiten.

»Heinrich oder Thomas?« wollte ich nur noch wissen.

»Ich denke an Herrn Thomas Mann«, verkündete R. langsam, »das Thema heißt ›Tristan und Isolde‹, und Sie sollen in brüderlicher Zusammenarbeit das Dichterische mit dem Technischen vereinigen, so daß ein Drehbuch entsteht, aus dem wirklich der Geist des Dichters spricht.«

Das war nun freilich eine andere Unterredung als der Bowlenjux mit den tibetanischen Orchideen. Mir wurde ganz feierlich zumute. Schließlich sagte ich, daß ich mich nach Kräften für die Sache einsetzen wolle, aber nichts versprechen könne. R. drückte mir die Hand.

Ich rief Thomas an und verabredete einen Besuch »in äußerst dringender Angelegenheit«. Und abends überdachte ich die Argumente, die auch Thomas für den Plan gewinnen konnten.

R.s Auffassung, daß der Dichter der Novelle »Tristan« und der Wagnerkapitel in den »Buddenbrooks« schon durch diese Gestaltungen bewiesen habe, daß ihm allein das Thema von den großen Liebenden zugehöre, schien mir am Wesentlichen vorbeizugehen. Die hier literarisch bewiesene Passion galt ja dem Musikalischen, nicht ohne weiteres auch der alten Mär. Trotzdem konnte auch sie den Dichter locken; als Thema an sich und durch die Verbundenheit, die sie für Thomas nun einmal mit der geliebten Musik haben mußte.

Wenn er überhaupt für den Film zu gewinnen war, dann nur durch Gründe, die auch mich wankend in meiner Abkehr vom Flimmerzauber gemacht hatten. Und wenn ich den Bruder überreden wollte, konnte ich mit Recht anführen, daß es ein guter Streich wäre, die Leute am Leitseil ihrer ordinären Vorliebe für das Kino zu etwas Schönem hinaufzuführen.

Die berechtigte Angst aller Schriftsteller vor der Verkitschung ihrer Werke durch die Verfilmung konnte hier beschwichtigt werden. Wir sollten ja zusammenarbeiten. Dichtung und Filmtechnik konnten miteinander sicherlich Kunst ergeben, wenn die Technik nicht zur Überheblichkeit, Demagogie und banalen Brutalität wurde.

Und schließlich waren die Dollars mitzunehmen, auch von Thomas, der mit Frau, sechs Kindern und drei Dienstboten den Wahnsinn der Zeit genauso bitter empfinden mußte wie jeder, der kein Schieber war. Die Dollars waren hier ja auch um so eher zu akzeptieren, als sie durch gute Arbeit redlich verdient werden sollten. Es gab keinen Verrat am Geist und kein Sichverkaufen.

So legte ich es mir zurecht, und so trug ich es am nächsten Tag in der Poschingerstraße vor. Wir saßen am großen Büchertisch im Arbeitszimmer mit den hohen Lübecker Kandelabern und dem dreifenstrigen Blick über die Terrasse in den Garten, den schon der Herbst färbte.

Über dem Haus lag die Stimmung, die drei Jahre später in der Novelle »Unordnung und frühes Leid« zum Ausdruck kam. Bedrückung durch die »Frechheiten der Gegenwart« bei Thomas, temperamentvolle Empörung über das von den Mächtigen dem Land Zugemutete und dazu schwere Hausfrauensorgen bei Katja und fröhliche Ironie bei den älteren Kindern, die ja in all der Wirrnis aufgewachsen waren. Man wahrte Würde und kämpfte um den alten Lebensstil, so gut es ging. Aber kleine Bankiers und Wurstfabrikanten lebten üppiger. Immerhin gab es heute Tee, den der Hausherr, wie immer, selbst bereitete, und echte Zigaretten. Ohne lange Vorreden kam die eigentliche Unterhaltung, dieses sachliche Gespräch über Prinzipielles und auf den akuten Fall Bezügliches, über Kunst, Technik und Geschäft in flüssigen Gang.

Daß ich nicht an ein betäubendes Überreden, Einfangen und Verführen denken durfte, war ohnedies klar. Hier war der Vorschlag, hier meine positiven Argumente und hier meine Antworten auf kurze Einwände. Es stellte sich schnell heraus, daß mein Gedankengang im allgemeinen richtig war, daß ich es gut getroffen hatte. Das

Dollarargument kam zuletzt und war keineswegs ausschlaggebend. Wichtiger war es, buchstabengetreue Durchführung von Thomas' Gestaltung des Themas zu verlangen, die ja der brüderliche »Fachmann« bereits auf Filmtechnik eingerichtet haben würde. Und die Hälfte der Honorare sollte bei Vertragsabschluß zahlbar sein. So und nicht anders würden wir den Pakt signieren.
Er wurde auch so geschlossen, als am nächsten Tag eine Konferenz mit R. stattgefunden hatte. Der AG-Direktor hatte zwar bei der Nennung der Dollarsummen gestutzt, aber der Künstler mit dem evolutionären Ehrgeiz fügte sich schnell, und unter allgemeiner Bewegung kam der Vertrag zustande.
R. reiste noch in der gleichen Nacht nach Berlin zurück, um sofort eine riesige Vorreklame in der Tagespresse, vor allem aber in den großen Filmzeitschriften zu starten. Ich fuhr über das Wochenende zum Abschluß der Segelsaison nach Starnberg. Thomas aber ließ die Koffer packen und dampfte, als die Dollars prompt eingetroffen waren, mit Katja zunächst einmal über den Brenner nach Bozen, in den goldenen Herbst Südtirols.
Das lenkte meine Gedanken auf den kühnen Plan, es ihm in absehbarer Zeit nachzutun und endlich nach neun Jahren der Absperrung durch Krieg und Elend die Schlagbäume zu überspringen.
Ich verbiß mich sofort in die Idee und überdachte sie auf meiner nächsten einsamen Besichtigungstour durch Franken bis ins letzte.

Wenn ich im Krieg mit jungen Kameraden auf langen Ritten oder an alkoholfeuchten Abenden über unser Leben bis zur Mobilmachung gesprochen hatte und darüber, was schön und richtig gewesen, wie vieles aber auch versäumt worden sei, waren wir immer wieder auf das große Abenteuer des Reisens gekommen, das noch fast keiner von uns ausgekostet hatte, denn die Kriegsmärsche konnten dabei trotz ihrer Abenteuerlichkeit so wenig zählen wie unsere Sommerfrischen an der See und in den Bergen oder die Studentenwanderungen. Kriegführen war kein Reisen, und unsere friedlichen Fahrten hatten nicht in wirkliche Fremde und Weite, nicht in blaue Fernen geführt.
Wenn man wenigstens nur eines der verbummelten Semester an eine Wanderung durch Italien verwendet hätte! Mit dem Monats-

wechsel von damals wäre das genauso möglich gewesen wie das Leben in der Hochschulstadt. Wir lamentierten immer wieder über das so töricht Versäumte und schworen, alles nachzuholen. Das heißt... wenn wir noch einmal Gelegenheit dazu bekommen würden, was in Anbetracht der Umstände für Artillerieleutnants durchaus nicht sicher schien.

Als der Friede kam, konnten viele von denen, die damals geschworen hatten, auf Erden nicht mehr reisen. Sie lagen still in den Vogesen und Karpaten, vor Verdun und Arras. Ich aber hatte das Morden überlebt. Dann war ich durch den Irrsinn der Folgezeit gekommen und hatte es schließlich wieder zu bescheidenen Mitteln von festem Wert gebracht. Besonders dank »Tristan und Isolde« war es keine Utopie mehr, jetzt an die bunte Weite zu denken.

Und ich beschloß über einem Schoppen prickelnden »Federweißen« im Gasthof zu Lohr am Main, im Frühjahr nach Italien zu fahren. Mit Italien mußte man anfangen. Es war sonnige Schönheit und das Ziel ewiger Sehnsucht des Nordens. Nordische Barbaren und Kaiser in Harnischen waren über die Alpen gezogen, Goethe war in das Südland gefahren, die Brüder hatten jahrelang dort gelebt, und Tommys erster Gedanke nach dem Dollarpakt war trotz Tonio Krögers skeptischen Worten doch wiederum Italien gewesen.

»Ich werde im April nach Neapel reisen!« sagte ich in mein Weinglas hinein, und dieser Schwur war bedingungsloser als der des Kriegsleutnants.

Als ich von Franken heimkam, lag ein dicker rekommandierter Brief aus Bozen auf meinem Schreibtisch. Thomas war nicht müßig gewesen im Süden, er hatte den Grundriß für unser Gemeinschaftswerk – diese stolze Bezeichnung kam mir plötzlich in den Sinn – entworfen und so die ersten Spatenstiche getan. Er schrieb:

Lieber Viko, hier sende ich Dir nun einen ziemlich ausführlichen Entwurf der Handlung des Films, wie ich sie mir denke. Es ist, glaube ich, eine ganz gute Vereinfachung und Zusammenziehung des Gedichtes und wird sich ohne Schwierigkeiten in Bildern darstellen lassen, wobei natürlich das Seelische mehr oder weniger hinter dem Hergang zu bleiben hat. Es ist aber doch gut, wenn man es immer im Auge behält.

Die Figur des Kurvenal wird überflüssig auf diese Weise. Dagegen habe ich den Liebestrank nach näherer Überlegung doch beibehalten. Es ist witzig, daß er dem Pärchen als Vorwand und Entschuldigung herhalten muß, sich gehen zu lassen. Und Brangänes Schuldgefühl macht sie zur unbedingten Dienerin der Leidenschaft, die sie fahrlässig angerichtet zu haben glaubt, und bestimmt sie auch zum stellvertretenden Opfer ihrer Jungfrauenschaft.
Du kannst die Skizze nun erst einmal an R. schicken. Dann soll sie uns als Unterlage dienen bei der Herstellung des Szenariums.
Deine Teilnahme an dieser Arbeit denke ich mir bedeutender, als R. es offenbar tut, und finde, daß Du ausgiebiger dafür entschädigt werden mußt. Ich biete Dir daher von mir aus weitere hundert Dollar. Wir müssen uns in München zu einigen Arbeitskonferenzen zusammentun, um die Anordnung in Bilder und Akte festzusetzen. Ich glaube nicht, daß uns das viel Mühe machen wird. Mir scheint, es ergibt sich alles ziemlich von selbst.
Katja läßt vielmals grüßen. Wir sind hier sehr gut aufgehoben, kneipen jeden Abend mit Hauptmann und haben schönes Wetter.

Herzlich *T.*

Der Bruder war sich also seiner führenden Rolle bei dem ganzen Vorhaben sehr bewußt, vertraute andererseits aber meiner Technik und glaubte ihren Arbeitsanteil höher einschätzen zu müssen, als es ihm zunächst geschienen hatte. Auf diese Meinung reagierte sein Nobelsinn sofort mit Gehaltserhöhung für den Mitarbeiter, die er aus der eigenen Dollartasche finanzieren wollte. Meine Italienreise war jetzt fundiert wie die Bank von England. Es ging schon wieder zu wie im Zaubertheater.
»Das Gedicht« war natürlich das nach dem französischen Vorbild durch Gottfried von Straßburg begonnene und von zwei anderen bürgerlichen Meistern vollendete Epos »Tristan«, aus dem auch Wagner geschöpft hatte. Aber es war klar, daß der Film viel mehr Darstellungsmöglichkeiten hatte als die Oper und daher der Urfassung des volkstümlichen Heldenliedes auch viel weiter folgen konnte als die Bühne. Thomas wollte diese Möglichkeiten voll ausnutzen, wie mir der ausführliche Entwurf gleich zeigte, und die Ironisierung des Liebestrankes bewies von vornherein, daß es dabei kein Opernpathos geben würde, das nur im Rausch der Musik zu

ertragen war, sondern neben dem Dramatischen den Humor. Der Dichter blieb sich auch bei seinem Debüt als Filmautor treu, und ich freute mich darüber.

Die Zeile über das allabendliche Kneipen mit Gerhart Hauptmann aber las ich mehrmals und lächelte schadenfroh dabei. Da hast du's, dachte ich, Beleidiger des Bacchos und Verleugner unserer Rotspon-Ahnen; recht geschieht es dir, daß du einmal richtig zechen mußt, denn beim großen Gerhart – das weiß ich – gibt's kein Kneifen. Da heißt es Bescheid tun und den Trank ehren bis tief in die Nacht.

Ursache meiner bösen Freude war jene vor Jahren von Thomas erteilte Antwort auf eine Rundfrage über die Stellung zum Alkohol, bei der er sich zwar nicht als völlig abstinent, aber doch gänzlich ablehnend, jede gute Wirkung der Göttergabe negierend geäußert hatte. Das war mir durchaus nicht eingegangen, hatte mich sogar geärgert, weil ich bis zu einem gewissen Grad eine nüchterne Wahrheit spürte, die ich nicht wahrhaben wollte. Und geradezu empört war ich über die Feststellung gewesen, mit der Thomas sein eigenes Kind, eine Novelle nämlich, zu diffamieren trachtete, weil sie unter dem Einfluß von Cognac-Grog entstanden war. »Man merkt's ihr an«, hieß es da im abträglichen Sinne. Aber gerade den »Kleiderschrank« hatte ich immer ganz besonders geliebt. Nein, das ging entschieden zu weit!

Aber nun war der Lästerer an den Rechten gekommen. Der würde es ihm zeigen!

Er zeigte es ihm. Und aus dem ferienmäßigen Kneipen mit dem andersgesinnten Kollegen formten sich zwei Jahre später im »Zauberberg« die Trinkszenen um Mynheer Peeperkorn, bei denen einem das Wasser im Munde zusammenläuft. Ein Kunstwerk also, nicht wahr? Eine geistige Leistung. Und wer hatte in der Rundfrage die Möglichkeit solcher Leistung mit Hilfe des Alkohols fast leidenschaftlich negiert? Der Autor des »Zauberberges«.

Natürlich hatte er die schönen Kapitel nicht betrunken oder verkatert geschrieben, aber die Erinnerung an den Südtiroler war immerhin federführend gewesen.

IV

Als ich den Bozener Brief las, konnte ich natürlich die literarischen Folgen des brüderlichen Zechens noch nicht ahnen und daher auch meine schöne, aber etwas trugschlüssige Argumentierung gegen die Verlästerung des Weines noch nicht entwickeln. Ich entfaltete die Blätter des Manuskriptes und las Thomas Manns Filmplanung von Tristan und Isolde.

TRISTAN UND ISOLDE

Herr Tristan am Hofe Markes von Kornwall, Neffe des Königs, Sohn seiner verstorbenen Schwester Blancheflur, und Isolde, Prinzessin von Irland, Tochter des Königs Gurmun und der Königin Isot, sind Berühmtheiten ihrer Zeit und Welt, haben längst gerüchtweise viel voneinander vernommen.

Tristan ist für Isolde, ohne daß sie ihn je gesehn, das Ideal des Mannes, sie für ihn die Verkörperung seiner Träume von weiblicher Holdheit und Hoheit. Tristans Ruhm gründet sich auf seine Tapferkeit, Klugheit und hohe Gesittung, die ein Erbe seines bretonischen Blutes ist. (Sein Vater Rimalin von Parmenien kam von dort an den Hof Markes in Tintajol; die Geschichte seiner Liebe zu Blancheflur nahm tragischen Verlauf.) Er ist nicht nur der schönste und anmutigste Jüngling weit und breit, ein verschlagener Heerführer, der seinem Oheim zahlreiche und große kriegerische Dienste geleistet, ein glänzender Ritter, dessen Heldenschaft sich in vielen Waffengängen und Abenteuern bewährt hat, sondern auch der kultivierteste Mann seiner Zeit, bewandert in Sprachen und Gesängen und allen Künsten des Friedens, und ein politischer Kopf, kein bloßer Haudegen.

Von dem Liebreiz der blonden Isolde, der ebenfalls mit außerordentlichen geistigen Vorzügen verbunden ist (sie hat von ihrer Mutter Geheimnisse der Heilkunde übernommen), wissen die Reisenden, die Irland und seine Hauptstadt Dewelin gesehen, ebenfalls nicht genug Rühmens zu machen.

So trägt also einer des anderen Bild im Herzen, und über die Weite begegnen sich die Gedanken. (Anfangsbilder!)

Daß sie aber je zueinander finden könnten, ist höchst unwahrscheinlich, denn zwischen Irland und Kornwall herrscht alter Zwist. Wiederholte

Kriege haben mit wechselndem Ausgang zwischen ihnen gespielt. Ströme Bluts sind geflossen, und der Haß, gegenseitig, besonders aber irischerseits, ist so groß, daß nach irischem Gesetz jeder Mann aus Kornwall, der versuchen sollte, dort zu landen, getötet wird.
Auf Tintajol, Markes Burg, ist die Situation die, daß Marke seinen Neffen innig liebt und ihn zu seinem Erben bestimmt hat, sich daher nicht vermählen will. Tristan aber hat am Hofe unter den Großen des Landes, den Baronen, viele Neider, die gegen ihn konspirieren und beständig in Marke dringen, dem Lande eine Königin zu geben und einen unmittelbaren Erben der Krone.
Tristan seinerseits, durchaus unegoistisch, ist Marke in unbedingter Mannentreue ergeben, einem Gefühl, das mit seiner Teilnahme für die hochberühmte Prinzessin Isolde zu dem Gedanken verschmilzt, diese für seinen Herrn als Gattin zu gewinnen. Der Plan gewinnt Größe durch seine politische Bedeutung: Tristan will Frieden stiften zwischen den beiden Ländern, die einander durch Haß und Krieg so viel geschadet haben.
Der Gedanke ist kühn und scheint unausführbar, auch dem König, als Tristan ihn im Rate vorträgt. Schließlich aber greift Marke die Idee gerade deswegen auf, um dem Zudringen der Barone eine Ende zu machen. Er erklärt, sich mit Isolde vermählen zu wollen und mit keiner anderen. Wenn sie nicht zu gewinnen sei, so werde er sich nicht vermählen, und Tristan sei Kronerbe.
Die Barone wollen nun Tristan das gefährliche Abenteuer aufbürden und den König bestimmen, ihn allein nach Irland zu schicken (in der Hoffnung, daß er dabei umkomme). Der König lehnt das zornig ab und will, daß sie ohne seinen Neffen fahren. Aber Tristan nimmt die Fahrt als höchste Ehre für sich in Anspruch und verlangt nur, daß eine Anzahl Barone ihn begleitet. Ungern und sorgenvoll verstehen sie sich dazu.
Sie fahren. In die Nähe der irischen Küste gelangt, begibt Tristan sich in dem ärmlichsten Gewand, das aufzutreiben war, mit seiner Harfe aus der Barke in ein Boot. Er befiehlt den anderen, nach Hause zurückzukehren und dort zu melden, er komme mit Isolde oder überhaupt nicht heim.
Dann läßt er sich in seinem Kahn auf den Wellen schweben und treibt gegen das Ufer.
Von Dewelin aus erblickt man den führerlosen Kahn und sendet ihm Hilfe. Dem sich nähernden Landgesinde tönt Gesang und Harfenspiel entgegen, so bezaubernd süß, daß sie regungslos lauschen und Ruder und Steuer ver-

gessen. Dann greifen sie das fremde Fahrzeug und finden Tristan darin, der ihnen eine Lügengeschichte erzählt:

Ein höfischer Spielmann aus Spanien, habe er sich auf Handelsgeschäfte geworfen und sei mit einem reichen Genossen und wertvoller Fracht gen Britannien ausgefahren, auf offenem Meer aber von Seeräubern überfallen worden; und während sein Kaufgenosse und die ganze Mannschaft erschlagen worden sei, hätten die Räuber ihn allein, seines schönen Gesanges wegen, aus Gnade in diesem Kahn mit etwas Speise auf dem Meer ausgesetzt.

Die irischen Leute bringen ihn an Land, wo eben Isolde mit Brangäne und ihren anderen Frauen vom Bade kommend vorübergeht. Viel Volk läuft herzu, man macht der Prinzessin Meldung, diese läßt Tristan, der sich Tantris nennt und sich todesmatt stellt, vor sich tragen und befiehlt ihm, zu singen und zu spielen. Er tut es und macht größten Eindruck, auch durch Worte und Wesen. Sie befiehlt, den Schiffbrüchigen auf die Königsburg zu schaffen und ihn dort in einem Kämmerlein unterzubringen, damit er sich erhole.

So kommt Tristan an den Hof und weiß dort durch seine Talente und seine Persönlichkeit alles für sich einzunehmen. Er ist durch Geist, Gesittung, Wissenschaft allen überlegen. Mit Isolde treibt er Musik und Sprachen, gibt ihr auch Unterricht in der »Moralität«, der Kunst der schönen Sitten, und sie verlieben sich ineinander.

Aber für Tristan tritt dies Gefühl durchaus hinter das Bewußtsein seiner Idee und Sendung, seiner Pflicht gegen Marke zurück, und wenn er bemerkt, daß Isolde ihn liebt, so freut ihn das unter dem Gesichtspunkt, daß sie ihm desto lieber nach Kornwall folgen wird, obgleich es ihn persönlich nur zu sehr beglückt.

Sie ihrerseits lebt in der Vorstellung, daß ihre Gefühle niemals irgendwelche Folgen haben können, da sie dem armen, namenlosen, wenn auch erstaunlich herrenmäßigen Spiel- und Handelsmann gelten.

Endlich erklärt Tristan sich ihr. Es ist ein Auftritt voll der verworrensten Gefühle. Sie erfährt, daß er, den sie liebt, Tristan ist, der Traum ihrer Mädchenschaft, und daß er listigerweise gekommen ist, um sie zu erwerben, nicht für sich, sondern für Marke. Sie soll ihm folgen, aber in die Arme seines Oheims.

Er wirbt mit der Leidenschaft eigenen Gefühls im Namen Markes und im

Namen seiner politischen Idee und erhält schließlich ihr Ja. Vor den königlichen Eltern wird alles bekanntgemacht, es gibt Überraschung, Zorn, Überlegung, Heiterkeit, Einverständnis, und Tristan führt Isolde nach Kornwall.

Unterwegs auf dem Schiff spinnt ihr seltsames Verhältnis sich fort. Isolde schwankt zwischen ihrer Liebe und ihrem Haß wegen des Betruges, Tristan zwischen seiner Leidenschaft und Mannentreue. Den Ausschlag gibt folgendes:
Die Königin Isot, heil- und zauberkundig, hat einen Liebestrank gebraut, den sie in einem gläsernen Gefäß der Brangäne in Verwahrung gegeben hat. Isolde soll ihn in der Brautnacht Marke zu trinken geben, damit dieser für immer in Liebe zu ihr entbrennt. Da nun die Frauen seekrank sind, läuft man unterwegs in einen Hafen ein, und die Mehrzahl der Reisenden geht an Land, auch Brangäne. Das Liebespaar bleibt mit wenig untergeordneter Bedienung zurück, wird durstig, verlangt nach Wein, und eine kleine Magd, die nichts anderes findet als den Liebestrank, der wie Wein aussieht, bringt diesen. Sie trinken.
Brangäne kommt hinzu, ist entsetzt, erklärt ihnen das Unglück – und ist nun ihre Mitschuldige, die kein Recht mehr hat und es auch für nutzlos hält, die Reinheit Isoldens zu bewachen. Sie ist fortan Dienerin ihrer Liebe, die durch den Trank frei wird (denn gegen sie vermag die Ehre nichts) und sich hemmungslos gehen läßt.
Die beiden vereinigen sich und leben als Liebespaar während des Restes der Meerfahrt, deren Ende ihnen undenkbar und furchtbar ist.

Marke holt sie in Kornwall mit großem Gepränge ein, die Hochzeit wird gefeiert, und zur Nacht läßt sich die schuldige Brangäne von den beiden bestimmen, dem König an Stelle Isoldens ihre Magdschaft zu opfern. Danach, als Tristan den üblichen Wein bringt, wird Isolde untergeschoben, und Marke verbringt die weitere Nacht mit ihr.
Marke wird von den beiden, da Tristan freien Zutritt zu Isolde hat, nun dauernd betrogen und würde von selbst nie Verdacht schöpfen. Dagegen wird ihr unseliges Glück von einem Mann erspäht, der Isolde ebenfalls leidenschaftlich verehrt, dem Truchseß des Königs, Marjodo. Er schläft mit Tristan, der aus ihrer gemeinsamen Kammer nachts zur Kemenate schleicht. Marjodo geht Tristan nach, folgt seiner Spur im Schnee und

belauscht, obgleich Brangäne das Licht mit einem Schachbrett verstellt hat, Tristan und die Königin im Bette.
Schmerz und Wut! Er sagt dem König jedoch nicht, daß er die beiden belauscht hat, sondern warnt ihn nur vor Gerüchten, macht ihn unruhig und hält selbst scharfe Wacht.
Marke fällt in Zweifel und Qual, da es sich um seine scheinbar so reine Frau und um den nächsten Freund seines Herzens handelt. Vom König und Marjodo, den sein Argwohn nie zur Ruhe kommen läßt, wird der aquitanische Zwerg Melot unter Versprechungen als Späher angestellt. Herrn Tristan wird die Kemenate verboten.
Die Liebenden sind getrennt und härmen sich, was Marken nicht entgeht. Er sagt ein großes Jagen auf zwanzig Tage an. Tristan schließt sich krankheitshalber davon aus. Brangäne gibt dem Liebespaar nun den Rat mit den Spänen vom Ölbaum. Sie befolgen ihn und treffen sich im Garten unter dem Baum, wo der Zwerg sie belauscht, ohne aber die Königin mit Sicherheit zu erkennen. Er stellt Tristan durch falsche Botschaft von Isolde auf die Probe und läuft übel an.
Darauf reitet Melot zum König und führt ihn zum Ölbaum am Brunnen. Szenen, bei denen sie auf dem Baum sitzen, Tristan und Isolde ihre Schatten bemerken und Unschuld spielen, so daß Marke an sie glaubt und Melot in den Bach wirft. Das Paar hat nun wieder freien Verkehr miteinander.
Aber Marjodo und Melot bleiben auf der Hut, beleben Markes Mißtrauen aufs neue, und die Gerüchte wollen nicht verstummen. Marke quält sich fort und verfällt endlich auf das Mittel des Gottesgerichtes (das von Isolde auf einem einberufenen Konzilium selbst vorgeschlagen wird im Vertrauen auf Gottes Courtoisie).
Sie bestellt Tristan als Pilger nach Karlium, die Stätte des Gottesgerichtes, arrangiert mit ihm die Szene (Sturz mit ihr im Arm), auf die sich ihr doppelzüngiger Eid bezieht. Unverletzt trägt sie das glühende Eisen.
Triumph! Das Paar ist wieder ungestört, aber Marke liest in ihren Mienen, die sich oft nicht verstellen können. Trotz Gottesspruch, an dem er irre wird, windet er sich bald wieder in Zweifels- und Eifersuchtsqualen, hält es nicht mehr aus und verstößt die beiden, deren Glück er nicht länger ehrlos teilen will, miteinander vom Hofe.
Sie ziehen in die Wildnis und leben in der von Riesen vor Zeiten erbauten Felsengrotte, während Marke in Sehnsucht nach Isolde vergeht und seine

Ehrenstrenge verflucht, die ihn hinderte, nicht lieber doch mit Tristan zu teilen.
Die beiden werden gesucht und entdeckt, wurden aber gewarnt. Marke erblickt sie durchs Fenster mit dem Schwert zwischen sich und belügt sich selbst aufs neue. Nach Ratschlag mit seinen Großen wird das Paar zurückgerufen. Marke bittet sie selbst kniefällig, bösen Schein zu meiden, und darf Isolden wieder genießen. Er weiß und will doch nicht wissen, lebt ehrlos mit Isolde, der man Betrug gar nicht mehr vorwerfen kann.
Es folgt nun die sommerliche Lagerszene im Garten, wo Tristan und Isolde nach genossener Lust einschlafen und Marke sie belauscht. Tristan flieht, nachdem er von Isolde den Ring erhalten. Als Marke mit seinen Räten zurückkehrt, findet er nur noch die Königin, und die Barone machen ihm Vorwürfe wegen seiner Selbstquälerei und Gespensterseherei. Er unternimmt nichts gegen Isolde.

Tristan irrt abenteuernd in der Welt umher und kommt endlich in das Herzogtum Arundel zwischen Bretonen- und England. Dort regiert Herzog Jowelin mit seiner Herzogin Karsie und seinen Kindern Kaëdin und Isolde Weißhand. Die Burg, in der sie wohnen, heißt Karke, und Tristan wird dort ehrenvoll aufgenommen. Man freut sich des berühmten Gastes und schließt Freundschaft mit ihm. Kaëdin verehrt ihn knabenhaft, zu Isolde Weißhand, deren Namen von vornherein tiefen Eindruck auf ihn macht und deren sanfter Liebreiz ihn einnimmt, hat er bald zarte Beziehungen, die von Kaëdin begünstigt werden.
Innere Kämpfe Tristans wegen seiner Treue zur irischen Isolde. Gefühlsblendwerk durch den Namen. Treulosigkeit in der Treue. Entschuldigung seiner Gefühle durch die Vorstellung, daß Isolde in Markes Armen liegt (Phantasiebild).

Isolde Weißhand liebt ihn; schon aus Höflichkeit kommt er ihr entgegen, erzählt ihr Mären, singt, schreibt und liest mit ihr. Er dichtet Kanzonen, in denen immer der Name Isolde vorkommt, so daß alle glauben, er meint die Weißhand. Endlich umfängt er sie küssend und geht bei den Eltern werben, die ihm die Tochter freudig zusagen.
Die Hochzeit findet statt unter Gelagen und Turnieren. Man bringt Isolde Weißhand im Brautgemach zu Bette. Auch Tristan wird entkleidet, und als man ihm das Seidenkleid abstreift, fällt der irischen Isolde Ring von

seiner Hand. Er betrachtet ihn lange und kämpft mit sich selbst. Er darf die blonde Isolde nicht hintergehen, aber auch seine Gattenpflicht nicht verletzen. Nur Herzensverwirrung hat ihn in diese Lage gebracht, und sich selbst belügt er mehr als die Frauen, die er eine mit der anderen betrügt.
Er begibt sich endlich zu Isolde, bittet die Zärtliche aber um Geduld, da ein Zauber ihm das Herz bedrücke, von dem er später zu genesen hoffe. Sie ergibt sich liebend darein, und sie leben also nicht anders als Bruder und Schwester.
Nach Jahr und Tag wird Herzog Jowelin von starken Nachbarn mit Krieg überzogen, und seine Truppen geraten in große Bedrängnis. Tristan, der tief unglücklich ist, ergreift froh die Gelegenheit, sich in Kampf und womöglich in den Tod zu stürzen. Zusammen mit Kaëdin zieht er aus, und seine Klugheit und Tapferkeit tragen den Sieg davon. Die Feinde werden zerstreut, aber Tristan bringt man von einem giftigen Pfeil verwundet nach Karke zurück, wo er unheilbar daniederliegt. Kein Mittel verfängt. Da vertraut er seinem ergebenen jungen Freund Kaëdin den Ring Isoldens an und bittet ihn, damit nach Kornwall zu reisen und Isolde zur Fahrt nach Arundel zu bestimmen. Nur sie könne ihm helfen, und sie werde sicher kommen, denn sie liebe Tristan.
Als Kaufmann in Seidenwaren solle Kaëdin reisen und der Königin heimlich den Ring weisen, ihr auch schwören, daß Tristan nie eine andere geliebt und berührt, und sie erinnern an Lust und Leid, die sie in alter Zeit zusammen getragen. Kaëdins Schwester sei Magd verblieben um dieser Liebe willen. Er bittet ihn, gegen sie Stillschweigen zu halten und ihr zu sagen, es handle sich um eine fremde Ärztin. Kaëdin soll Tristans Schiff nehmen, darin ein weißes und ein schwarzes Segel liegen. Bringt er Isolde, so soll er das weiße Segel aufziehen; kommt er ohne sie, das schwarze. Kaëdin verspricht liebe- und verständnisvoll alles.
Isolde Weißhand aber hat das Gespräch belauscht, an der Wand horchend, an der Tristans Bett steht. Sie weiß nun, warum ihr Leben ohne alle Freude war, und die sanfte Kleine wird zur fauchenden Katze, schwört Rache, heuchelt aber Tristan weiter Liebe und Ergebenheit vor.
Kaëdin steuert nach Kornwall, landet beim Königshaus und hält seine Waren – Tuche, Habichte, Goldgerät – feil. Er geht mit schönen Dingen auf die Burg, verkauft etwas dem König und zeigt dann der Königin heimlich ihren Ring. Isolde erbleicht, nimmt ihn beiseite, und er eröffnet ihr alles. Sie ist tief bewegt, bespricht sich mit Brangäne, die dafür sorgt, daß nachts

eine Pforte unbewacht bleibt, und Isolde geht mit Kaëdin zu Schiff. Guter Wind fördert sie, und er zieht das weiße Segel auf.
Unterdessen vergeht Tristan vor Sehnsucht und schickt stündlich Boten, nach dem Schiff zu spähen, läßt sich auch selbst zum Meere heruntertragen, aber aus Furcht, das schwarze Segel zu erblicken, kehrt er in seine Kammer zurück, um die Kunde lieber aus fremdem Munde zu erfahren. Da tritt Isolde Weißhand zu ihm und meldet ihm tückisch, ein schwarzes Segel nahe. Verzweifelt stirbt er.
Die allgemeine Klage ist groß. Von Herren und Dienern wird die Leiche prächtig aufgebahrt.
Unterdessen landet Isolde und hört in allen Gassen Wehruf, Weinen und Totenglocken von Münstern und Kapellen. Sie fragt, und ein alter Mann sagt ihr: »Tristan ist tot.«
Erstarrt, tränenlos, allen ihren Begleitern voran, schreitet sie zum Palast, in ihrem Schmerz und ihrer Schönheit von allen bestaunt. Tristan liegt im Kerzenschein. Sie umfängt und küßt ihn und sinkt an der Bahre gebrochenen Herzens tot nieder.

V

Gleich beim ersten Durchlesen konnte ich den größten Teil der Mär schon als Bilder sehen. Sie in filmtechnischer Art, mit Groß- und Fernaufnahmen, Überblendungen und Texten der Regie sichtbar zu machen, die einzelnen Handlungen der Personen auf ihren darzustellenden Charakter abzustimmen und das Wesentliche der Szenerie klar vorzuzeichnen, war meine Arbeit. Ich entwarf während der nächsten Tage eine allgemeine Akteinteilung, und als R.s begeisterte Zustimmung zum Konzept eingetroffen war, ging ich in die Details.
Da gab es beispielsweise gleich zu Anfang das Problem zu lösen, wie das Wissen der beiden »Berühmtheiten ihrer Zeit« voneinander kurz und prägnant pantomimisch darzustellen war. Ich ließ einen fahrenden Sänger vor Isolde vom Ruhm Tristans künden und einen vornehmen Kaufmann Herrn Tristan von Isolde erzählen. Dergleichen Fragen der Verdeutlichung tauchten besonders in den Einführungsszenen in großer Zahl auf; im späteren Verlauf wurde alles leichter, weil die starke Handlung für sich selbst sprach.

Aber wir mußten uns nach Thomas' Rückkehr doch rechtschaffen plagen, um alles herauszuarbeiten, das zumutbare Maß von schwierigen Schauplätzen, Bauten und Großrequisiten nicht zu überschreiten und das Seelische ohne Kitsch und Pathos darstellen zu können. Die Arbeitskonferenzen in der Poschingerstraße waren also zahlreicher und langwieriger, als der große Autor es sich vorgestellt hatte. Der kleine hatte das vorausgesehen.

Es kam auch viel Schönes dabei heraus. Vor allem bei den »Titeln« wollte Thomas völlig vom Hergebrachten abweichen und entwikkelte einen Stil des Erklärens durch die Bildschrift, der für den Film ganz neu war und ein wenig an das Deuten mit dem Zeigestab erinnerte.

»Der alte Eremit dort«, hieß es bei einer Szene, »war auch einmal jung und lustig, als er noch keinen so langen Bart hatte.« Und dieser Text erklärte das mehr als tolerante Gebaren des Einsiedlers im wilden Wald gegenüber dem verstoßenen Liebespaar und sein augenzwinkerndes Gefallen an der Schönen ausgezeichnet. Die neue Art der »Titel« mußte den Zuschauer immer wieder aus allzu pathetischem Empfinden reißen. Er sollte Menschen sehen und keine frisierten Halbgötter. Wurde das Spiel dann dramatisch, so wirkte der Ernst um so stärker.

An den frommen Helfer in Liebesnot mußte ich übrigens viel später zurückdenken, als ich in den »Vertauschten Köpfen« vom heiligen Büßer Kamadamana las, der den »Lebensdunst« des zu ihm gedrungenen Pärchens hinnimmt, weil die rebhuhnäugige Sita von einem Wuchs ist, »den die Sinne herrlich nennen, lianenschlank mit weichen Schenkeln und vollen Brüsten, o ja, o pfui«!

Ich saß viele Nächte über der Ausarbeitung, und als ich einmal gegen drei Uhr todmüde vom Schreibtisch aufstand, brachte unser heimkehrender Wohnungsgenosse, mein alter Diener, sehr erregt die Nachricht vom Hitlerputsch im Bürgerbräukeller. Ich schlief trotzdem tief und traumlos.

Am Morgen klebten da und dort Plakate der »nationalen Regierung«, die in der Sprache eines blutdürstigen Feldwebels alle Welt mit dem Stand- oder Revolutionsgericht bedrohten. Die Münchener kümmerten sich eigentlich zunächst nicht allzuviel um die »Er-

hebung«. Sie hatten 1918/19 schon zu viele ähnliche Proklamationen, wenn auch mit anderen Vorzeichen, erlebt. Alles ging an die Arbeit, und die Trambahn verkehrte wie an jedem Werkeltag.
In meiner Bank gab es Dispute ohne große Erregung. Es war schon die Nachricht durchgedrungen, daß der mit der Pistole erzwungene Pakt im Bierkeller vom Bayern Kahr bereits gebrochen sei und die Landesregierung fest gegen Hitler stehe.
Ich arbeitete ruhig in meinem Büro über der Schäfflergasse, einer der ältesten Straßen Münchens in nächster Nähe des Domes zu Unserer lieben Frau. Die Turmfalken kreisten wie immer hoch droben um die runden Kuppeln, und auf meinem Fenstersims gurrten, wie alle Tage, bunte Tauben, die in den Nischen der Kirchenmauern daheim waren.
Am späten Vormittag hörte ich Schreien und Gesang von der nahen Weinstraße her und sah, aus meinem Fenster gebeugt, dort den berühmten Marsch zur Feldherrnhalle vorüberziehen. Ich schaute ihn mir an wie einen Karnevalszug oder so, wie man ein paar Jahre früher die schlecht organisierten marschierenden Chöre der »Nieder«- und »Hoch«-Schreier sich angesehen hatte.
Es gab nicht viel zu sehen. Die Uniformierten waren bald vorüber, und was im Nachtrab marschierte, in Zivil mit umgehängten Waffen, machte weder einen erhebenden noch einen erhobenen, geschweige denn einen gefährlichen Eindruck. Das Publikum war nicht sehr zahlreich, und man hörte nur vereinzelte Heilrufe.
Ich schloß das Fenster und kehrte zu der Frage zurück, ob die mittelbonitierten Äcker des Firlpointner Lorenz, Marxöd, Gemeinde Thierlham, Bezirksamt Wasserburg, mit vier oder fünf Goldmark pro bayerische Dezimale zu bewerten seien.
Aber nach einigen Minuten hörte ich etwas, was ich seit dem Mai 1919 nicht mehr vernommen hatte: durch Nebelluft, Straßenlärm und Winterfenster drang in meine Arbeitsstille das ferne Prasseln einer Maschinengewehrgarbe. Die Tauben flatterten erschreckt auf und strichen in den Schutz des hohen Kirchendaches hinüber.

Das spukhafte Wetterleuchten kommender Schrecken war vorüber, und ich saß wieder die Nächte über dem Drehbuch, bis ich eines Wintertages mit Thomas die letzten Szenen und »Titel« bera-

ten und R. die Vollendung telegraphiert hatte. Er kam mit dem nächsten D-Zug in höchster Spannung an, und Thomas las ihm in der Poschingerstraße unser Werk vor.
Es machte auf den gegen Filmmanuskripte immerhin Abgebrühten einen unerwartet tiefen Eindruck. Tränen standen in seinen Augen, und er drückte uns immer wieder stumm die Hände. Thomas sah mich lächelnd an und sagte: »Der Guß gelang.«
Wir sprachen über die Besetzung, für die R. ausschließlich große Namen vorgesehen, teilweise auch schon verpflichtet hatte. Ich erinnerte mich an Mady Christians, die Isolde sein sollte. Mich störte der Vorname in Verbindung mit solcher Rolle ein wenig, aber Mady war damals ohne Zweifel die schönste deutsche Filmschauspielerin, und sie konnte auch wirklich spielen.
R. erzählte von großen Vorbereitungen: Schiffe würden umgebaut, Pläne für den Bau von Burgen über dem Meer lägen vor, die besten Kostümexperten sollten beigezogen werden und dergleichen. Als Schauplatz der meisten Außenaufnahmen war die Gegend um das Kap Arkona vorgesehen.
Das Drehen sollte im Frühjahr, spätestens im Sommer beginnen, sagte R., und wenn alles gutginge, könne die Premiere noch im Laufe des nächsten Winters in Berlin stattfinden. Wir müßten natürlich dabeisein. Die Uraufführung würde das größte Ereignis in der bisherigen Geschichte des Films werden. R. war fieberhaft enthusiasmiert. Ich fuhr mit ihm in die Stadt, und wir begossen den »gelungenen Guß« in der Reginabar mit festlichen Getränken.

Der Film von Tristan und Isolde, unser Gemeinschaftswerk, ist weder aufgenommen noch aufgeführt worden.
Kurz nach der Manuskriptübergabe vollzog sich endlich die Stabilisierung unserer Währung. Eine Billion in einem Papier war plötzlich eine Mark in einem anderen Papier, hinter dem auch nicht viel anderes stand als vorher, nämlich Sachwerte, Arbeit und Kredit Deutschlands, von dem aber so wenig vorhanden war, daß der Götze »Ware« über Nacht entthront und die »Rentenmark« zur neuen Gottheit wurde.
Neben der Rettung vom Wahnsinn und staatlich konzessionierten Verbrechen hatte dies auch andere Folgen, und eine davon, nämlich

die Geldknappheit, bedingte die Zurückstellung von R.s großem Plan, zuerst auf ein Jahr, dann auf weitere. Danach brach die Zeit des Tonfilms an. Es wurde umgestellt, und R. wollte seine ersten Experimente mit dem völlig Neuen nicht an einer so bedeutenden Sache wagen.
So kam schließlich 1933, und ein Film von Thomas Mann wurde »untragbar«.

Gewiß: Wir hatten unsere Dollars bekommen, und ich reiste, getreu meinem herbstlichen Schwur, im April 1924 geradewegs nach Neapel. Aber ich durfte es nicht erleben, daß meine einzige Filmarbeit, die ich ganz ernstgenommen hatte, aus dem geschriebenen Wort bildhafte Gestalt annahm.
Es hatte nicht sein sollen. Jux und Unfug hatten sein dürfen, »Orchideen«, die Aschingerdämonie, »Stops und Stange«, »Das Tal der Vergeltung«, »Dämonen der Vergangenheit« und wie sie alle geheißen hatten, waren gedreht worden. »Tristan und Isolde« von Thomas Mann blieb ein Drehbuch. Und sämtliche vorhandenen Manuskripte, bis auf Thomas' handgeschriebene erste Konzeption, gingen in Berlin und München verloren. R., der mich nach dem zweiten Krieg aufsuchte, war verzweifelt, als er hörte, daß auch mein Drehbuchexemplar vernichtet sei. 1948 ist er gestorben.
Die Muse des Films – ich habe sie einmal in der Unfugzeit Kaleidoskopia getauft – hat an mir die Rache des ordinären Frauenzimmers geübt, das sie einst war und weitgehend geblieben ist. Sie wußte es, daß ich nur Schindluder mit ihr getrieben hatte, und als ich dann helfen wollte, sie zu veredeln, als ich mit dem Herzen bei der Sache war, warf sie mir einen Dollarscheck hin und ging, neu aufgeputzt und hohnlachend, ihrer Wege.
Aber ich habe sie kennengelernt. Mir macht sie auch heute noch nichts weis. Daß sie manchmal wie eine Künstlerin aussieht, wenn sie in die Hände guter Liebhaber gerät, sagt gar nichts. An der nächsten Ecke gibt sie sich wieder ihren alten Freunden und Freuden der Kaschemmenzeit hin. Die Stimme, die sie sich zugelegt hat, klingt immer noch wie aus einer alten Blechtonne, und ihre Farben erreichen bestenfalls die Wirkung greller Bilderbücher, wenn sie nicht ein brauner Matsch bleiben. Nein, mir kann sie nicht imponieren.

Sie bleibt Kaleidoskopia, das Jahrmarktmädchen aus der Inflationszeit, das »Tristan und Isolde« nicht haben wollte.
Und ganz tief in meiner Seele glaube ich manchmal, daß es vielleicht, wenn sie sich anders betragen hätte, trotz allem doch schade um Tristan und Isolde gewesen wäre.

Gestorben zu Weßling in Oberbayern

I

Nimm einem Manne, dessen Dasein völlig auf sein Schaffen ausgerichtet ist, der für und durch sein Werk lebt, diese seine Arbeit, schicke ihn als hohen Exponenten des Staates in wohldotierte Pension, als Bauer in reichen Austrag, als Geschäftsmann in komfortablen Ruhestand – und du hast ihm das Leben, das eigentliche, wahre Leben genommen. Er mag Ruhe nötig haben, hat einen langen und genußreichen Abend verdient und soll alle Ehren genießen, die ihm für Hingebung, Treue, Leistung und Erfolg gebühren; es kann geistige und andere Liebhabereien für ihn gegeben haben, denen er sich jetzt mit schöner Muße ganz widmen könnte: die Künste, Obstbau, Fischen, Sammeln oder Reisen; er mag noch Familie haben, an der er hängt – nichts wird ihm die Arbeit ersetzen und sein Leben ausfüllen anstatt des Schaffens. Sein Dasein schrumpft ein, wird bestenfalls Resignation. Und früher als du dachtest, verfällt der eben noch Lebensstarke der Müdigkeit, dem raschen Altern und dem Ende.

Wenn aber eine Frau bis ins tiefste Mutter ist, wenn ihr das Leben nur lebenswert dünkt als Dasein für ihre Kinder, so wird sie die Lösung der Söhne und Töchter aus ihrer unmittelbaren Betreuung nie ganz verwinden, so natürlich diese Entwicklung auch ist, so glücklich das Schicksal der Herangewachsenen auch sein mag und so liebevoll diese der Mutter alle Liebe danken wollen. Die Mutter fühlt sich entbehrlich geworden, obwohl sie es im letzten Sinne nie wird. Und ihr Leben, das auf tätigstes Sorgen ausgerichtet war, verliert seinen Zweck; es neigt sich welk nach vielem schmerzlichen Verzicht.

Mama war, vom ersten Schrei ihres Ältesten an, immer nur Mutter gewesen. Mutter mit jeder Faser ihres Herzens und mit jedem Gedanken. Gewiß auch unseres Vaters liebevolle Frau, die schöne, gütige und elegante Repräsentantin des großen Hauses, und dann in München die geistvolle Gastgeberin einer freieren, hochkultivierten Gesellschaft, aufgeschlossen auch außerhalb der Familie allem guten Leben: der Natur, den Menschen und den Künsten. Aber vor oder über dem allen war sie die Mutter der fünf.
Große Sorgen um sich selbst hat sie sich nie gemacht, trotz ihrer Ängstlichkeit, und ihre eigenen Ansprüche an das Leben waren gering. Ihre Sorgen um uns aber waren ohne Grenzen, ihre Ansprüche für uns von einer oft naiven Maßlosigkeit und ihre Opferbereitschaft manches Mal zu weitgehend. Der Satz, daß eine Mutter wohl zehn Kinder ernähre, diese zehn aber nicht die eine Mutter erhalten könnten, war für sie unumstößlich, und zu meinen deutlichsten Erinnerungen an die Herzogstraße gehört der oft von Thomas in lachender Abwehr zitierte Vers: »Wer seinen Kindern gibt das Brot / und leidet darum selber Not / den schlagt mit dieser Keule tot.«

Ihre ständige Besorgnis um unsere Zukunft wurde gelohnt durch den aufsteigenden Ruhm der Brüder, Julias gesicherte Position, Carlas Anfangserfolge und mein leidliches, vom Mutterauge etwas glorifiziertes Vorankommen. Tiefer Kummer, wie der um die zeitweilige Entfremdung zwischen Heinrich und Thomas, ja selbst das furchtbare Leid um Carlas Ende, waren Schmerzen, die keine Mutter zu verstecken brauchte, offen blutende, mütterliche Wunden, für die es immerhin den Balsam der liebevollen Anteilnahme gab. Sie gehörten in einem traurigen Sinn mit zum Lebensgefühl der Mutter, weil sie das Muttergefühl nicht brachen, sondern eher noch verstärkten. Darum war dies alles zu ertragen.
Was aber war noch das Leben, als sich die Kinder der direkten und ausschließlichen Betreuung durch eine solche Mutter entzogen, als sie eines nach dem anderen flügge wurden – zuletzt sogar der Jüngste –, selbst Familien gründeten, die große Sorglichkeit zwar nicht zurückwiesen, aber ihrer doch sichtbar entraten konnten? Was blieb?
Die Freude an den vielen Enkeln? Aber hier gab es keine direkte und

ausschließliche Betreuung. Die Konzentration auf geliebte Künste, auf die Musik, die Literatur? Ein ungebundeneres Leben? Ach, das konnte die große Leere nicht ausfüllen. Selbst Anhänglichkeit der entwachsenen Kinder nicht, noch Ansehen und Ehrung der Dichtermutter.

Dies aber waren Schmerzen, die stumm bleiben mußten, da sie den Schein von Ungerechtigkeit trugen und das Glück der Kinder stören konnten. Der Verstand verlangte eine lächelnde Resignation, das Herz rebellierte. Das machte unsicher, scheu und unstet.

Die beiden Ältesten standen früh auf eigenen Füßen, Julia hatte ihre eigene Welt gefunden, und Carla war uns genommen worden. Als letzter war der Nachgeborene, der mit so großem Abstand Jüngste der Mutter verblieben, und auf ihn konzentrierte sich ihre unverbrauchte und unstillbare tätige Fürsorge. Sie wollte ihn nicht herausgeben, als auch er die Flügel reckte. Er sollte noch als junger Mann, als Soldat und Student und schließlich selbst als Ehemann ihr kleiner Junge bleiben, der abends vom Spielen zur Mutter nach Hause kommt. Mama wollte und konnte niemals einsehen, daß dies alles eine gewisse Gefahr für mich bedeutete, daß ich eines Tages dem rauhen Leben als weichliches Muttersöhnchen gegenüberstehen könnte, wenn ich mich nicht in aller Liebe dagegen auflehnte. Sie empfand es als bittere Härte, daß selbst aus dem Nestküken ein Mann wurde und der erste Krieg diese Entwicklung noch beschleunigte.

Als ich heimgekehrt war – nicht zur Mutter, sondern zur jungen Frau, zur Arbeit, die auch mich endgültig auf die eigenen Füße stellte –, da erst erkannte Mama, daß selbst der Letzte, der eben aus dem großen Sterben der Jungen Gerettete, nicht mehr ihr allein gehörte.

Ihr Herz rebellierte und kämpfte um sein Lebensgefühl, um das tatkräftige Sorgen für ihre großen Kinder und kleinen Enkel. Ihr Dasein wurde in jener Zeit der immer stärker werdenden allgemeinen Not ein fanatischer Wille zum Helfen. Die Mutter wollte nochmals alle Kinder ernähren, und tatsächlich wurde uns ihr unendliches Mühen, das natürlich mit viel eigenem Verzicht verbunden war, wenn auch nicht zur ausschließlichen Erhaltung, so doch zur unentbehrlichen Unterstützung in der ersten Zeit, bis wir uns notdürftig der großen Wirrnis und ihren Schlichen angepaßt hatten.

Als aber auch dieses letztmögliche tätige Sichauswirken der Mutterliebe, dieses stete Schicken und Bringen in Hungerszeit, immer schwerer fiel und schließlich fast völlig unmöglich wurde, als die wahnsinnigen Jahre das Wort von der Mutter und den zehn Kindern in sein Gegenteil verkehren wollten – da war das Leben zu Ende noch vor dem Tod.

Wir alle hätten so gerne unsere alte Mama in behaglicher Abendruhe gesehen. In einer hübschen kleinen Wohnung mit ihren Goethebänden, dem Flügel, dem Nußbaumsekretär, guten Bildern und einem sonnigen Balkonblick auf die Berge oder den Englischen Garten. Das wäre sehr wohl möglich gewesen, sogar in der schlimmsten Zeit.

Aber Mamas fliehendes Lebensgefühl ließ jene schon immer bei ihr zutage getretene Bereitschaft zum Wechsel des Domizils jetzt zu einer fast krankhaften Unstetheit werden. Hatten früher die vielen Umzüge und improvisierten Aufenthalte stets irgendwelche Zusammenhänge mit unseren sich verändernden Lebensverhältnissen gehabt – etwa wenn Mama nach Julias Heirat eine kleinere Wohnung nahm oder mit mir nach Augsburg und Polling zog –, so war nun ihr Leben in kleinen Münchener Pensionen, in Solln, nochmals in Polling, dann wieder in irgendwelchen anderen Dörfern, nur mehr hetzende Flucht zu nennen, man wußte nicht wovor.

Weder heiter-sorglicher, noch ernst-mahnender Zuspruch half. »Laß mich doch, alter Peter«, sagte Mama, »hier habe ich es ja ganz gemütlich.« Und vier Wochen später floh sie weiter.

Sie lebte dadurch teurer, als sie wollte, und schränkte ihre Ansprüche daher immer stärker ein. Die eigenen Möbel waren zu schwerer Ballast auf der Flucht; sie wurden eingestellt. Die möblierten Zimmer wurden immer primitiver, das Essen immer unzulänglicher. Komplizierte List war notwendig, wenn Thomas und Katja helfen wollten: mit einer angeblichen Rentenerhöhung, einem wärmeren Mantel. Und auch dann war nicht viel geholfen. Die Mehreinnahme wurde teilweise »gespart«, der Mantel für Besuche bei uns »geschont«.

Ein letzter Glanz lag auf Mamas 70. Geburtstag, den sie im Sommer 1921 noch in Polling beging. Er gab Gelegenheit zu Geschenken, die keinen Verdacht erregen konnten, und zu festlichen Tagen. Die große Anteilnahme in nah und fern wärmte das müde werdende Herz. Wir sahen unsere Mutter froh, geschmeichelt und in einer besonderen Art eitel. Denn als ein greiser Verehrer aus ihrer Tanzstundenzeit anfragte, ob er nach so langer Frist seinen alten Schwarm wiedersehen dürfe, da sagte Mama ihm sofort ab. Sie sei zu alt, schrieb sie, und wolle nicht, daß dem Freund von einst dieses Bild statt dem der jungen Dodo im Erinnern bleibe. Sie bat sogar Nelly am Festtag dringend, den alten Seladon ja nicht vorzulassen, wenn er trotzdem angereist käme. Aber er hielt sich an das Verbot, und der letzte freudige Glanz blieb ungetrübt.

II

An Weihnachten 1922 war Mama in München und besuchte uns reihum. Sie brachte rührende Geschenke für ihre Kinder und Enkel mit und freute sich über die vier Lichterbäume. Aber sie sprach von einer neuerlichen Übersiedelung: Sie wollte in Weßling mieten.

Dies Weßling ist ein Dorf in sehr alltäglicher Landschaft fünfundzwanzig Kilometer südwestlich von München an Bahn und Straße zum Ammersee. Der gut dörfliche Charakter ist dem Ort weitgehend durch halbstädtische Bauten genommen, was durch ein paar hübsche, außerhalb liegende Villen nicht gutgemacht wird. In der Nähe ist ein kleiner, ziemlich trauriger Moorsee. In der Hauptstraße lärmt der Durchgangsverkehr.

Geht man im März durch dunklen Nebel und rieselnden Regen vom Bahnhof zum Kirchplatz, wo das kastenartige Gasthaus steht, so ist das ein trister Weg, auch wenn man nicht zu seiner kranken Mutter gerufen ist. Ich aber wußte am 11. März 1923, einem Sonntag, daß ich zum letztenmal zu Mama ging. Die Krankenschwester hatte es am Telephon mit milder Stimme gesagt: »Die Frau Mutter wird heute verscheiden.«

Mama war erst vor einigen Wochen hier eingezogen, und seit acht Tagen war sie krank. Julia hatte sie am Mittwoch besucht, war am Aussehen der Fiebernden erschrocken, und der Arzt hatte von Grippe mit beginnender Lungenentzündung, von schwachem Her-

zen und ernstem Zustand gesprochen. Eine Pflegerin war sofort beordert worden.
Ich hatte das gestern bei der Heimkehr von einer Dienstreise erfahren, und heute in der ersten Frühe war der schlimme Anruf erfolgt. Wir sollten nicht alle auf einmal kommen, hatte die milde Stimme gemahnt. Die Kranke könne darüber erschrecken oder sich doch zu sehr erregen und durch Sprechen überanstrengen.
Wir waren ohnedies nicht alle beisammen: Katja wurde von einer Grippe abgehalten, auch Julia war jetzt selbst erkrankt. So verabredete ich mit Thomas und Heinrich, daß ich mit dem nächsten Zug fahren würde und sie beide mit Heinrichs Frau und meiner Nelly nachkommen sollten.
Das Zimmer lag im Obergeschoß des Gasthofes und hatte ein Fenster zur Hauptstraße. Es war sauber, aber mit häßlichen Möbeln eingerichtet; das Bett, das rechtwinkelig zur Wand stand, schien gut zu sein. Nahe Kirchenglocken läuteten, als ich eintrat.
Mama lag hochgebettet und lächelte mich aus verfallenem Gesicht froh an. »Na, alter Peter, da bist du ja«, sagte sie langsam und mit ganz veränderter Stimme. Ich begrüßte auch die still-freundliche Schwester.
Dann saß ich am Bett und horchte auf die Stimme, die den vertrauten Klang fast ganz verloren hatte. Ich wußte natürlich, daß die Behinderung der Luftwege und die Schwäche schuld waren, aber da war etwas Besonderes, das mich wie aus einer fernen Sphäre anrührte: Mama hatte immer rasch und in reinem Hochdeutsch mit leicht lübeckschem Tonfall gesprochen, und jetzt sprach sie langsam, in viel dunklerer Färbung, mit stark rollenden R-Lauten. Es war ––, ja so klang es, wenn Spanier oder Portugiesen Deutsch sprachen. Portugiesen, also auch Brasilianer. Maria da Silva hatte vielleicht manchmal so zu ihrem deutschen Gatten gesprochen, und wohl auch die kleine Dodo, als sie im nebeligen Norden Deutsch lernte. Und nun, beim Sterben, war der Klang von »drüben«, vom bunten Sonnenland, wieder da.
Aber in Mamas Worten war nichts aus fernen Sphären. Sie bagatellisierte ihren Zustand, sprach ärgerlich vom »dummen Herumliegen« und wollte dann viel wissen: von Nelly und mir, ob ich mich auf den Reisen immer »in acht nehme«, ob Nelly nachts die Woh-

nungstür auch mit allen Sicherungsstangen verschlösse und wie es dem Dackel Rowdy ging. Schließlich mußte ich von den Heinrichs und den Tommys erzählen, von den Kindern und dem Essen, den Dienstboten und neuen Arbeiten der Brüder. Ich redete schon deshalb viel, um Mama am ermüdenden Sprechen zu hindern, und ich schilderte alles aufs rosigste, selbst die Ernährungsverhältnisse und die Aussichten der deutschen Mark.
Als ich einmal pausierte, sagte die Mutter langsam und lächelnd: »Das ist schön, daß ihr es alle so gemütlich habt. – Nicht wahr?« Und in diesem »Nicht wahr?« lag eine ganz direkte Aufforderung. Nicht zu Dankesworten, nein, nur zur stillschweigenden Anerkennung, daß keines von uns in Not zurückbleiben werde, wenn Mama jetzt von uns ging. Denn auch das Wissen um den nahen Abschied lag ganz diskret in dem fragenden Wort. Und der Wunsch, daß dieser Abschied ebenso diskret vor sich gehen solle.
Mir ward klar: Mama wollte ihre Kinder nicht weinen sehen. Und ich sagte so lustig wie möglich im Dialekt, den sie so gerne hörte: »Ja, Muata, uns geht's alle mitananda recht guat.«
Mama lachte mühsam und schloß die Augen. Die Schwester trat leise herzu und legte den Finger an den Mund. Ich saß lange ganz still.
Da bewegten sich die Lippen der Kranken, und langsam sagte die Stimme mit dem Klang ferner Zeiten und Länder: »Heute nachmittag werde ich in Längenlaich Butter für alle holen.«
Längenlaich ist ein Weiler auf der Anhöhe über Polling. Es hausen große Bauern dort, und alle kannten sie Mama seit zwei Jahrzehnten. Hier war eine der Hauptquellen für die mütterliche Hilfe in der Notzeit gewesen.
Wieder faßte mir etwas ans Herz: Papa war im letzten Fiebertraum vor dem Senat gestanden, mitten in seinem männlichen Schaffen, und er hatte seinen nahen Tod als Reise im Dienst des Staates angekündigt. Mama blieb noch am letzten Tor des Lebens die tätig sorgende Mutter. Auch sie sprach im Fieber von ihrem baldigen Aufbruch, aber als einem Gang für ihre Kinder. Unsere Eltern blieben auch im Sterben ihrem Wesen treu.
Als Mama mich wiedererkennend anblickte, hörte ich einen großen Wagen vor dem Haus anhalten. Ich erhob mich und sagte, daß nun

die Brüder kommen würden und daß nicht zu viele auf einmal bei ihr sein dürften. Sie streichelte lächelnd meine Hand. Es war ja ihr eigenes Konzept, nach dem wir handelten, und das Lächeln war ihre Freude über den folgsamen Buben.
Ich wandte mich zur Tür. Da sagte Mama immer noch lächelnd und wieder in der liebenswürdig-diskreten Art von vorhin:
»Aber ich will euch alle vorher noch einmal sehen.«
Thomas trat ein, und ich ging mit blinden Augen an ihm vorbei und hinaus.

In einem anderen Zimmer des Oberstockes, das für uns geheizt worden war, saß ich bei Nelly und Heinrich, und wir mußten die leidenschaftlich erregte Mimi beruhigen, die Mamas diskreten Plan durch einen Ausbruch zu stören drohte. Dann ging Heinrich mit seiner Frau zu Mama. Etwas später führte ich Nelly zu der Sterbenden, die im immer gleich freundlichen Plauderton nach meinen Schwiegereltern fragte. Auch Nelly hielt sich tapfer, und sogar Mimi hatte sich auf ihre Schauspielkunst besonnen und stand einige Minuten des lächelnden Erzählens von der kleinen Leonie durch.
Dann wollte Mama ihre Söhne noch einmal bei sich haben, und sie kleidete dies Beisammensein, von dem wir wußten, daß es nun das endgültig letzte sei, in einen Teebesuch, denn es war jetzt schon Nachmittag geworden. Die Schwester, diese sanfte Gehilfin bei unserer Mutter lächelndem Abschied, hatte schon das Getränk bereitet. Am Bett standen vier Tassen, denn obwohl Mama kaum noch trinken konnte, wollte sie als Gastgeberin wenigstens einen symbolischen Schluck tun.
Wir saßen rechts und links am Bett, und Mama ließ die Schwester Keks anbieten. »Ihr müßt endlich etwas essen«, sagte sie, und wirklich: Wir aßen Keks und tranken den Tee. Thomas erzählte mit ruhiger Stimme etwas von den Kindern. Mama schloß manchmal die Augen, aber sie lächelte dabei.
Dies war Verklärung und glücklicher Ausgang. Ihr Leben lang war unsere Mutter angstvoll um uns und auch nervös-ängstlich um sich selbst gewesen. Ihre Kinder glaubte sie immerfort in irgendwelchen Gefahren und mahnte sie mündlich und schriftlich fortwährend zur Vorsicht. Sie hatte sich vor raschen Wagenfahrten, vor

Bahnunglücken, Gewittern und Schlangen gefürchtet, aber jetzt, wo der Tod vor der Tür stand, fürchtete sie sich nicht. Das war nicht letzte Schwäche, denn der diskrete Abschiedsplan bestand ja sicher schon, seit sie um das nahe Ende wußte.
Und die unstete Flucht der letzten Jahre, das unnötig und peinigend Entwurzelte war dahin. Das häßliche Zimmer wurde zu Mamas Salon in Lübeck oder München. Die liebenswerte Würde und Sicherheit, all das Noble, das jedermann immer an Mama bewundert hatte, war wieder da. Wir saßen bei ihr zum Tee: ihre berühmt gewordenen Söhne und ihr Benjamin, der es immerhin auch »so gemütlich« hatte. Mama sagte »alter Peter« zu jedem von uns. So hießen wir ja alle drei bei ihr.

Und von Julia – das erfuhr ich später – hatte sie sich schon verabschiedet.
Die auch im fremden Klang so gute Stimme wurde immer leiser. Die Schwester winkte uns. Wir stellten die Tassen ab und standen auf.
»Ich will jetzt ein bißchen schlafen«, sagte Mama ganz langsam, »aber bleibt noch drüben bei eueren Frauen, ich werde euch wieder rufen lassen.« Ihre Augen waren halb geschlossen, aber sie lächelte.
»Natürlich«, sagten wir und gaben ihr die Hände, »freilich bleiben wir noch alle, und du mußt dich ausruhen.« »Schlaf gut, Mama!« sagten wir lächelnd und schauten an der Tür noch einmal zum Bett. Mama blickte uns mit offenen Augen nach und hob ganz leicht die rechte Hand zu einem schwachen Winken. Sie lächelte.
Wir schritten stumm und langsam zu den Frauen, die uns fragend ansahen. Thomas erzählte leise.
Ich zog ganz automatisch mein Zigarettenetui hervor. Aber ich hatte das Streichholz noch nicht entzündet, und Thomas hatte sich noch nicht in den altmodischen Plüschfauteuil gesetzt, als die stille Schwester eintrat und friedevoll sagte: »Die Frau Senator ist soeben ganz sanft entschlafen.«
Wir standen am Lager. Die Schwester hatte die Tote ordentlich gebettet. Mamas Züge waren entspannt, aber noch sehr wie im Leben. Es war noch Seele in ihnen, und fast schien die Mutter noch immer zu lächeln.

»Wie liebenswürdig ihr Gesicht ist«, sagte Thomas neben mir, und dann sprangen ihm die Tränen aus den Augen.
Mir ist das Weinendürfen vom Mannesalter genommen worden. Es ist sehr hart, in solchen Augenblicken keine Tränen zu haben.

III

Mama wurde auf dem Münchener Waldfriedhof in Carlas Grab beigesetzt. So hatte sie es immer gewollt. Thomas hatte alles besorgt, wie er es auch für Carlas Begräbnis getan hatte. Mit Heinrich gingen wir zu dritt hinter dem Sarg her. Julia war noch krank.
Die Beteiligung war groß, und ich sah viele Freunde aus alten Tagen wieder. Es gab zahlreiche Kränze, und die Zeitungen erzählten in Lübeck, München, Hamburg und Berlin von Mama.
Im Nachlaß der Mutter fanden wir Abschiedsbriefe für jeden von uns, die schon vor längerer Zeit geschrieben worden waren. Ferner mit großer Gerechtigkeit ausgewogene Verfügungen über ihre Habe, soweit sie diese nicht schon bei Lebzeiten an uns verteilt hatte. Und Geld: erspartes Inflationsgeld bis hinunter zum Einmarkschein in einer Zeit, die nur noch mit Millionen rechnete.

Das Grab im Waldfriedhof war auf Thomas überschrieben und von ihm auf längere Zeit vorausbezahlt worden. Ein immergrüner Blätterschmuck überrankte den kleinen Hügel und zog sich am schlichten grauen Stein hinauf, der die beiden Namen und Mohnblumen als Symbol des Schlafes trug.
Zum Friedhof ist es weit hinaus, und ich steckte in jenen Jahren besonders tief in meiner Arbeit. – Nelly war viel öfter an Mamas Hügel als ich.
Als 1933 kam und die Brüder dann fern waren, kümmerten wir uns natürlich weiter um das Grab. Wir hatten einen Gärtner für die dauernde Pflege verpflichtet, und ich besuchte Mama, sooft mich die Teilnahme an einer Beerdigung zum Friedhof führte.
1937 war ich wohl ein halbes Jahr lang nicht hinausgekommen, als

ich wieder einmal einem Bekannten das letzte Geleit gab. Nachher ging ich langsam zu dem vertrauten Teil des waldigen Gartens und bog in den schmalen Weg, der sich zu den Büschen und Bäumen an der Mauer hinzog.

Ich hielt an und schaute erschrocken um mich. Ich war zur Stelle und glaubte die Umgebung zu erkennen, obwohl sie sich durch einige neue Gräber etwas verändert hatte. Aber – es war wie ein böser Traum – ich fand Mamas Grab nicht mehr, nicht den Stein und nicht den grünen Hügel.

Völlig verwirrt, ja tief beschämt, irrte ich noch eine Zeitlang umher, geriet in unbekannte Bezirke, meinte manchmal von ferne den Stein zu sehen, obwohl er dort gar nicht stehen konnte, und schlich endlich in einer schmerzhaften Bedrückung weg, als man die Tore schloß.

Nelly wollte mir meinen traurigen Bericht einfach nicht glauben, aber wir erfuhren bald, was geschehen war:

Die »Miete« war abgelaufen, und die Friedhofsverwaltung wußte natürlich von Thomas' Emigration. Sie hatte sich nicht die Mühe gemacht, nach anderen Hinterbliebenen zu forschen, was durch eine Anfrage bei den Friedhofsgärtnern oder durch einen Anruf bei der Polizei sofort zur Eruierung meiner Adresse geführt hätte. Nein, es wurde eine ultimative Zahlungsaufforderung an Mamas Stein gehängt, und als ein paar Monate nichts geschah, hatte man diesen Stein mit schwerer Mühe in »Pfandverwahr« genommen und den Hügel dabei zertreten. Abgerissene Zweige verdeckten die Reste.

Noch einige Wochen – und das Pfand wäre versteigert, das Grab anderweitig verkauft. Mama und Carla wären exhumiert worden. Sie waren ja »die Miete schuldig geblieben«.

Ich zitterte vor Wut und Schande. Hier lag nicht etwa eine nazistische Perfidie gegen die Brüder vor, o nein: Dies hatte jene aus Dumpfsinn und Faulheit geborene Brutalität getan, die sehr oft dicht neben der Gemütlichkeit wohnt. Mir war nach Raufen zumute. Vierzig Jahre vorher hatte ich als Junge einen anderen fast erschlagen, weil er behauptete, Mama habe rote Haare. Und jetzt sollte ich dulden, daß irgendein Verwalter oder Oberinspektor meiner Mutter Grab zerstört hatte.

Aber meine Position war damals als Bruder der Brüder zu schwach

für einen öffentlichen Skandal, und die »Bestimmungen« waren sicher klar gegen mich. Außerdem war mein Gewissen durchaus nicht rein. Warum war ich auch so selten bei Mama gewesen, und weshalb hatte ich mich nie erkundigt, wie lange der Vertrag lief?
So blieb es beim Knirschen und Ballen. Wir bezahlten den Rückstand und ein Voraus auf viele Jahre, den rohen Abtransport, die Neuaufrichtung des Steines mit den Mohnblumen und die Wiederherstellung des zerstörten Hügels. Und ich schrieb an Thomas nach Küsnacht am Zürchersee, daß unsere Mutter wieder in Frieden ruhen dürfe.

Zwischenhoch

I

Als sich die Geladenen in Heinrichs Wohnung an der Leopoldstraße zur Premiere von »Kobes« versammelten – die Novelle sollte zum erstenmal vorgelesen werden –, stellte ich fest, daß die Gesellschaft fast mit jener identisch war, die drei Jahre vorher als Kreis der Intimen hier den fünfzigsten Geburtstag des Dichters festlich begangen hatte. Eine größere und offizielle Feier war damals vom Kurt-Wolff-Verlag veranstaltet worden, und die Wiederaufführung von Heinrichs Einaktern »Der Tyrann« und »Die Unschuldige« mit Ida Roland in den Kammerspielen hatte mit zum Fest gehört.
Ein Mitglied der Kammerspiele, der Schauspieler Marlé, war auch heute der Interpret. Ich schätzte ihn sehr und hatte ihn besonders als Mr. Tschamper in Wedekinds »Schloß Wetterstein« bewundert. Aber jetzt vermittelte er schon mit den ersten Zeilen der Novelle einen äußerst starken Eindruck. Kurz hingehauene Sätze, die einen Mann, einen besseren Angestellten im Cut, aber kotbespritzt, hutlos, keuchend durch häßliche Fabrikstraßen jagen ließen, bis er auf der Treppe des Verwaltungsgebäudes mit dem Schrei »Gewählt ist Kobes!« tot zusammenbrach wie der Läufer von Marathon. Aber nicht als Künder der erkämpften Freiheit, sondern als begeisterter Sklave der totalen Wirtschaft, leibeigen dem Typ jenes Herrn mit der gelöteten Krawatte, der einmal Deutschland aufgekauft hatte.
Die Macht von Seinesgleichen war von der Stabilisierung der Mark schwer getroffen worden. Sie hatte für mich mit zur Unfugzeit gehört, die mir jetzt – im Frühjahr 1924 – schon weit zurückzuliegen schien. Aber sie war eine Realität gewesen und hatte ihre furchtbaren Möglichkeiten gezeigt: völlige Entmachtung des Individuums durch einen unpersönlichen Mythos und Moloch; Proletarisierung aller Untertanen, Beherrschung des Staates, eisige Inhumanität.

Und was mir als das Abstoßendste erschienen war: alles unter schwarz-weiß-roten Draperien und wild-nationaler Propaganda gegen Demokratie und Republik, die das Geld dafür hergaben.
Heinrich, der Moralist und Mahner, zeigte mit »Kobes« diese Macht noch einmal. Symbolistisch und mit einem Expressionismus, der nicht um seiner selbst willen da war wie bei vielen, sondern von der Konzentrierung eines gewaltigen Stoffes auf wenige Seiten bedingt wurde. Die Novelle schien mir eine Sonderstellung in Heinrichs Werk einzunehmen. Sie wurde denn auch später im Format der Besonderheiten herausgegeben und war mit Lithographien von George Grosz ausgestattet. Zum »Untertan« hätten noch Zeichnungen von Th. Th. Heine gepaßt, »Die Armen« hatten ein Titelbild von Käthe Kollwitz getragen, aber dies Werk gehörte literarisch zu Grosz' malerischer Sphäre.
Die handelnden Personen blieben trotz der Steigerung ins Überdimensionale, Übermenschliche gültige, lebendige Typen. Da stand der Besessene der absoluten Geldmacht: nicht mehr Herr Panier aus der »Jagd nach Liebe«, Sohn eines Kohlenziehers, durch Arbeit, Schläue und Brutalität zum vergleichsweise kleinen Millionär geworden, grob witzig und grob sinnlich; auch nicht mehr Geheimrat Dr. Heßling aus dem »Untertan«, Nachkomme liberaler Kleinfabrikanten, selbst ein nationalistischer Konzernbeherrscher, aber immerhin unter kaiserlichem Zepter; nein, dieser Kobes kam aus der grauen Masse kleiner Geschäftemacher und wurde von einer wahnsinnigen Zeit hochgeschwemmt; er war absoluter als je ein Herrscher dieser Welt, aber ohne dessen Lebensgefühl, das Pracht und oft hohe Kultur entwickelt hat. Anzusehen wie ein Leichenbitter und getarnt hinter einer Art von Über-Calvinismus, der Arbeit als Gottesdienst befahl und Erfolg als göttliches Zeichen der Auserwählung ansah und als Berechtigung zu eisigem Hochmut.
»Kobes frißt nicht, Kobes säuft nicht, Kobes hurt nicht, Kobes arbeitet vierundzwanzig Stunden am Tag«, brüllten die Lautsprecher in Heinrichs Novelle über die Robotermassen hin.
Roboter waren alle Geschöpfe dieses Totalen: Direktoren und Syndizi, die »rationalisierten«, indem sie Menschen brotlos machten, um ihre eigenen Posten zu halten. Und die unteren Sklaven, der

freud- und heimatlose Arbeiter, der beflissene, stets um seine Stellung bangende Angestellte und der Wissenschaftler, der um Hungerlohn aus Kohle, Eisenabfällen oder Abgasen Millionen für den Moloch zauberte. Alles Proletarier, Menschendung, Fabrikfutter, betäubt von moralischen und nationalen Phrasen, wie Kanonenfutter. Frau und Kinder durften sie haben und ein Häuschen, etwas Hygiene, Sportvereine, fabrikeigene Kinos und Warenhäuser. Aber nicht um des Lebens, sondern um der Fron willen. Und sie hörten täglich: »Staatssubventionierung oder du fliegst!« »Eroberung des Weltmarktes oder du hungerst!« »Einstellung der Reparationen oder Zusammenbruch!«
Denn Kobes' Wohl war Staatswohl, sein Untergang Chaos. Kobes war der Staat. Konnte das etwas anderes als einen Raubstaat bedeuten?

Die kleine Zuhörerschaft war sehr ergriffen von der Vorlesung. Es waren geistige Menschen, denen die Gefahr einer solchen überstaatlichen Macht klar war. Aus anderen Kreisen würden diese Seiten dem Dichter wieder einmal wütende Angriffe, bestenfalls ein Achselzucken über den machtlosen Mahner eintragen. »Linksradikal«, manisch »industriefeindlich«, ja »deutschfeindlich« würde es heißen.
Freilich zog sich die Warnung vor der Übermacht der Wirtschaftsherrscher durch Heinrichs ganzes Werk vom »Schlaraffenland« bis zu den »Armen«. Aber sie hatte mit links oder rechts eigentlich nichts zu tun. Der Aristokrat wehrte sich gegen Parvenütum, Vermassung und Entmenschlichung. Er zeigte die Gefahren der absoluten Wirtschaft, wie Thomas' »Unpolitischer« die der absoluten Politik gezeigt hatte.
Ich wurde sehr nachdenklich bei dieser intimen Premiere. Schließlich war Wirtschaft notwendig, und wir waren nun einmal ein Industriestaat geworden wie viele. Jetzt, wo Krieg und Inflation vorbei waren, die Köpfe und Herzen verwirrt hatten, mußte ja wenigstens die Vernunft zurückkehren. Es hatte sich doch schon vieles gebessert in den letzten vier Monaten, und auch die Kobesmacht war entthront.
Mußte nicht überdies ihr Walten wirklich kluge Wirtschaftsherren

auf den Gedanken gebracht haben, daß solche übermäßige Ballung und Verquickung dem Schreckensgespenst »Sozialisierung« die beste Gelegenheit für einen Zugriff bot, besonders seit im Osten ein totaler Sozialismus festere Gestalt annahm? Sicherlich war man heute für Mäßigung und normalmenschliches Denken. Die Humanität marschierte wieder in Politik und Wirtschaft, wie im menschlichen Verkehr. Sonne war durch die blutig-finsteren Wolken gebrochen und weckte Hoffnung überall.

»Kobes« war mir trotzdem recht. Man durfte nicht vergessen, was werden könnte; aber ich wollte jetzt an besseres Wetter glauben. Heute war Ostermontag, und in zwei Tagen würde ich nach Italien reisen. Wie durch einen Regenbogen würde ich in die Sonne ziehen. Aufbrechend gratulierte ich Heinrich, der mir lächelnd viel Glück im Süden wünschte. »Er ist ein großer Garten«, sagte er, »wie der Markusplatz ein großer Salon ist. Du bist um das Erlebnis des ersten Besuches zu beneiden.«

II

Heinrich also hatte seine Novelle nicht selbst vorgelesen, während Thomas kaum je einen anderen seine Werke interpretieren ließ. Zum mindesten nicht bei einer Urlesung, die er sich stets vorbehielt. Solche Ereignisse im Arbeitszimmer, das dann nur von der Leselampe erhellt war, gehören zu meinen liebsten Erinnerungen an das Haus an der Poschingerstraße. Meist waren sie völlig improvisiert und ergaben sich aus der Zusammensetzung des Gästekreises und dem engen Kontakt der kleinen Schar mit dem Autor. Was ich auf diese Art und in diesem Milieu von Thomas' Gestaltungen aufnehmen konnte, blieb natürlich besonders eindrucksvoll.

Schon als Bub hatte ich ja in der Herzogstraße einige der ersten Novellen und viele Szenen aus den »Buddenbrooks« mit anhören dürfen, und wenn mich damals auch in erster Linie der Stolz auf die Beiziehung zum Kreis der zuhörenden Erwachsenen bewegte, so blieben die Ausschnitte, aufgenommen lange vor der Zeit des vollen Verstehens, auch dem gereiften Verständnis besonders eingeprägt. Sogar mit dem »Eisenbahnunglück«, dessen intimer Premiere ich als Halbwüchsiger lauschte, ging es mir noch so: Ich

denke an den kleinen novellistischen Tatsachenbericht, sooft ich einen Schlafwagen betrete, und möchte mit Tommy jeden jovial-bärbeißigen Zugführer als »Vater Staat« ansprechen.
Den »Friedrich« las uns der Autor vor, als ich auf Kriegsurlaub daheim war, was die Wirkung entsprechend vertiefte. Später dann »Herr und Hund« am Ort der Handlung, am Rande des »Jagdreviers«, vom Autor zu vernehmen und das rauhe Fell des zweiten Titelhelden dabei zu kraulen, war auch etwas Besonderes. Und aus den bei Zigarre und Kaffee vorgelesenen Kapiteln des »Zauberbergs« stieg das Werdende schon so klar auf, daß ich später im Buch von der ersten Seite an daheim war.
Am stärksten aber wirkten, so vermittelt, die Fragmente eines bisher noch unvollendeten Werkes auf mich: »Bekenntnisse des Hochstaplers Felix Krull«.
Schon früh unter dem Eindruck der Berichte über den »Meisterdieb« Manulescu konzipiert, versprach diese Arbeit ein ganz eigenartiger Entwicklungsroman zu werden. Wieder war es der Verfall des Bürgertums, der einen merkwürdigen Nachkommen hervorbrachte. Aber während Tonio Kröger, der Hanseatenenkel, ein Künstler wurde, brachte das weichere, lebenshungrige Milieu der rheinischen Familie als Sumpfblüte des Unterganges den jungen Schwindler und Betrüger hervor. Freilich war er in seinen Schwindeleien so echt und ganz, daß es fast schon wiederum Künstlertum genannt werden konnte.
Wie immer war vom Dichter viel Eigenes in die Gestalt selbst dieses zweifelhaften Helden verwoben. Der Junge, der mit zwei Stöcken hingebungsvoll den Stehgeiger des Kurorchesters nachahmt und dem es dann widerfährt, von allzu humorvollen Erwachsenen mit einer durch Vaseline stumm gemachten Violine in den Lärm eben dieses Orchesters gestellt zu werden – dies imitierende oder, roher gesagt, schwindelnde Wunderkind war einst dem kleinen Tommy nicht unbekannt. Und die Durchführung der Idee, einen Tag einmal etwas anderes als sonst zu sein, »ein feiner Prinz namens Karl« zum Beispiel, wird vom Autor des »Hochstaplers« schon in der autobiographischen Skizze »Kinderspiele« beschrieben.
Entwicklung zum Künstler – Entwicklung zum Hochstapler, die problematischen Parallelen liefen in diesem Abschnitt »Buch der

Kindheit« einander sehr nahe, und der Punkt, an dem sie sich schneiden würden, schien keineswegs im Unendlichen zu liegen. Der Schauspieler im Kostüm war es, der den jungen Felix am tiefsten beeindruckte; und die Phantasie, die seine lügenhaften Pläne hervorbrachte, war die eines Dichters. Bei allem Humor, der hier wohl am stärksten in Thomas' Werk hervortrat, war es doch eine sehr nachdenklich stimmende Arbeit, besonders für einen, dem seine eigene, so gut gespielte Rolle als Karnevals-Lucki einfiel. Sie war freilich das Gegenteil von Hochstapelei gewesen, aber immerhin auch das Aufgehen in einem fremden, angemaßten Leben.

Thomas las nicht nur aus Eigenem. Wenn der kleine Kreis beisammen war, den ich so schätzte, außer Katja, den älteren Kindern und uns Bruno Frank mit seiner schönen Frau Liesel, Tochter von Fritzi Massary, der besten und damenhaftesten Operettendiva, die wir je gehabt haben; dann vielleicht noch Hans Reisiger, der Schriftsteller und Übersetzer, und Alfred Neumann mit Frau Kitty, einer richtigen und lebensprühenden Münchnerin, so nahm der Bruder oft ein Buch zur Hand, das ihn gerade besonders beeindruckt hatte, und interpretierte Dichterkollegen.

Oft waren es zu meiner Freude keine Olympier, sondern Meister des Humors, besonders der Satire, die Thomas mit viel Hingebung vermittelte: Kurt Tucholsky etwa, dessen »Wendriner«-Geschichten ich so zum erstenmal hörte, und die Parodien Robert Neumanns. Wenn nächst mir der Vortragende selbst über solche Grotesken am hellsten lachte, fühlte ich in aller Lustigkeit eine starke brüderliche Gleichheit.

III

Eine andere sah und hörte ich begeistert, als Heinrich und Thomas nebeneinander vor dem überfüllten Saale der Münchener Tonhalle auf dem Podium standen. Sie kämpften in der Reihe verantwortungsbewußter Vertreter des geistigen Münchens um »München als Kulturzentrum«.

Man schrieb 1926, und es war, verglichen mit dem, was hinter uns lag, eine gute Zeit. Es ging vorwärts im Lande und in der Welt. Deutschland werkte mit ungeheuerer Intensität und begann trotz seiner Kriegsverpflichtungen aufs neue zu prosperieren, wie die Welt ringsum prosperierte in arbeitsreichem Frieden.

Aber trotz oder wegen des besseren Lebens kam bei uns eine Reaktion hoch, wie es sie törichter und demagogischer noch nie gegeben hatte. Störrischster und engstirnigster Nationalismus, der mit Deutschtum nicht mehr zu tun hatte als Würmer mit ihrem gequälten Wirt, stieg aus den Refugien der Unbelehrbaren auf, und eines dieser Refugien war München geworden, wo sich nicht nur unzählige Hetzer und Bündler aus allen Teilen des Reiches gesammelt hatten, sondern dessen gutes, menschliches Gesicht auch durch schlimmen Provinzialismus böse verändert war. Sein Ansehen als Stadt der wahrhaft demokratischen Lebensfreudigkeit, des volkstümlich bedingten Künstlertums, der Freiheit – dieser Weltruf, der München unter einer Monarchie immer wieder so viele Liebe eingetragen hatte – war unter einer partikularistischen Republik, deren Wesen niemand so treffend gezeichnet hat wie Lion Feuchtwanger in seinem Roman »Erfolg«, aufs schwerste bedroht. Und ein Teil seiner Presse trug schwere Mitschuld daran, daß der Geist des Unfriedens, das Radaupatriotismus, der Kulturfeindlichkeit immer mächtiger anwuchs.

Dagegen und für das gute alte München hatte sich eine geistige Revolte, ein Aufstand erhoben, der einen kulturpolitischen Freiheitskampf bedeutete. Männer wie der Rektor magnificus Karl Voßler hatten in weiter Öffentlichkeit laut ihre Stimmen erhoben, und in der großen Tonhalle sprachen nun Künstler zu tausend Menschen, während Hunderte vergeblich noch Einlaß verlangten.

Die Redner waren, außer Thomas und Heinrich, der Schriftsteller und Pädagoge Leo Weismantel, der Tonkünstler Walter Courvoisier und zwei Maler: Willi Geiger und Paul Renner, mein Kriegskamerad; eben jener Künstler, der mich so temperamentvoll aus meiner »am Boden verharrenden« Faulheit der ersten Nachkriegswochen aufgerüttelt hatte.

Thomas leitete die Kundgebung ein, stellte das Überpolitische des Kampfes fest und umriß mit wenigen, immer wieder vom Beifall unterbrochenen Sätzen die Lage. Er beschwor das München von

einst, seine Wahlheimat, herauf, auf dessen freiem und frohem Geist jetzt ein böses Joch liege. Er sagte scharfe Wahrheiten und erntete gerade mit diesen die lauteste Zustimmung einer Hörerschaft, die sich aus allen sozialen Schichten der Stadt zusammensetzte. Mir blieb besonders ein Satz im Gedächtnis, der im Verlauf der Folgezeit immer wahrer wurde: »Es ist an dem«, rief Thomas, »daß, wer bei uns Spuren von Geist an den Tag legt, sogleich für einen Juden gehalten wird und damit erledigt ist.«
Er endigte mit der Aufforderung, aus allem, was hier gesagt werden müsse, keinesfalls ein pereat, sondern die liebende Sorge um die Stadt, also ein vivat München herauszuhören.
Und Heinrich trat auf das Podium. Einen Augenblick standen die Brüder nebeneinander und schauten in die begeisterte Menge. Ich dachte, indes ich klatschend bravo schrie, an Thomas' offenen Brief, der »Königliche Hoheit« mit der »Kleinen Stadt« verbunden hatte. Und ich dachte auch an die Zeit des »Bruderzwistes«.
Heinrich, der Bekenner, hier stand er auf seinem Platz und ließ sich von niemandem interpretieren, sondern sagte selbst, was zu sagen war. Seine Stimme drang durch, wie sie später in viel größeren Versammlungen durchdringen sollte. Er sprach für das Münchener Theater, geißelte die Haltung der reaktionären Presse gegen die Dichter Hauptmann und Wedekind und stellte ihr die würdige Kritik des katholischen »Tageblattes« gegenüber. Er empörte sich gegen den Unfug, einen Dichter abzulehnen, dessen politische Gesinnung nicht einwandfrei der Einstellung des Zeitungskritikers entspreche, und erzählte von seinem Freund Wedekind, der trotz seiner Berliner Erfolge in München geblieben sei, »weil hier fühlende Herzen schlagen«. So müsse und werde es wieder sein, schloß er. Der Beifall rollte in lauten Wellen heran.
Weismantel, der Schulmann, sprach über Jugend und Erziehung zum freien und anständigen Menschen, Courvoisier gegen die Stagnation des Musiklebens. Willi Geiger zeigte die Gefahren auf, die in der Herabminderung geistiger Bedürfnisse lagen.
Meinen alten Kameraden Paul Renner erkannte ich an seinen ersten Sätzen wieder. So hatte er in unserem Kreis gegen Versteinerung der Kunst gewettert, und so hielt er jetzt München die Sünden der letzten Zeit vor. Er verlangte, daß der Bürger die Verantwortung

am Kulturinteresse übernehmen müsse, das früher die Wittelsbacher vertreten hätten, und er nannte gewisse Münchener Zeitungen die reaktionärste Presse Deutschlands. Der Lärm der Zustimmung war ohrenbetäubend.
Dies war eine lokale Angelegenheit. Aber weit über meine persönliche Anteilnahme an den Rednern hinaus bedeutete mir der laute Erfolg der Versammlung eine neue Hoffnung. Ich glaubte an die lebendige Kraft, die sich in dieser Kundgebung gegen aufsteigende Finsternis offenbart hatte, und nahm sie symbolisch für das ganze Land. Das Licht mußte siegen.
Es siegte nicht. Das Dunkel war stärker. Dem abziehenden Sturm, nach dem wir uns froh der Sonne zugewandt hatten, folgten die giftgelben Wolken eines vernichtenden Orkans, und jene guten Jahre waren nur das, was die Meteorologen ein Zwischenhoch nennen.

IV

Ich will beileibe nicht den Anschein erwecken, als hätte ich diese Jahre hauptsächlich als Genießer literarischer Primeurs und von Kundgebungen für die Kultur verbracht. Nein, solche guten Dinge lagen mit anderen »Nebendingen«, wie Segelsport und Leidenschaft für große Reisen, eigentlich sehr am Rande meiner von der Berufsarbeit breit ausgefüllten Existenz.
In die Arbeit war eine neue Note gekommen, als ich begonnen hatte, neben meinem Schaffen für die Bank große Aufgaben der landwirtschaftlichen Praxis zu übernehmen, um den lebendigen Kontakt mit dem Eigentlichen, den Problemen der Bodenbewirtschaftung, nicht zu verlieren.
Seit langem schon war ich vielfach als sachverständiger Berater bei Gutskäufen, Pachtungen oder Betriebsumstellungen zugezogen worden, und allmählich ergab sich da und dort eine länger währende Betreuung, die das praktische Einstehen für meine Theorien und den Kampf gegen ihre Widersacher aller Art bedeutete. Kam dabei den Gütern meine Erfahrung zugute, so lohnten sie meine Arbeit durch Frischhalten und Bereicherung dieses Sachverständ-

nisses, was sich wiederum auf mein »hauptamtliches« Können auswirkte.

Die Güter – dreißig bis tausend Hektar groß und je nach Lage als reine Viehwirtschaften oder mit vorherrschendem Ackerbau betrieben – lagen um den Tegernsee, bei Miesbach und Tölz, vor München, in Niederbayern und eines sogar in der Steiermark. Ich entwickelte ein Kontrollsystem, das sich der Eigenart der Betriebe anpaßte und mich so auf dem laufenden hielt, daß ich jederzeit in alle Einzelheiten eingreifen und Ergebnisse des einen Hofes für die anderen auswerten konnte. Und nicht nur Erfahrungen, sondern auch Produkte des Bodens wurden ausgetauscht: Von den Ackerwirtschaften ging Futtergetreide und Stroh an die Höfe im Oberland, die dafür Zuchtvieh in die Ebenen schickten. Derartige Ausschaltungen des Zwischenhandels wurden immer mehr zum Hauptproblem, auch auf dem Wege vom Erzeuger zum Verbraucher, denn hier blieb der karge Gewinn der Landwirtschaft auf der Strecke.

Ich richtete Gutsmolkereien ein und ließ ihre Produkte durch Lieferautos in die Städte und Kurorte bringen. Das niederbayerische Getreide ging von den Dreschmaschinen direkt an die Großmühle. Aus dem Herzen der Steiermark, der Roseggergegend, brachten Schnellzüge die Milch nach dem fernen Wien und Mastgeflügel zu den Hotels am Semmering. Und wo immer es möglich war, bildeten »meine« Güter das Rückgrat von Erzeugergenossenschaften.

Natürlich hatte ich gegen viel Milchhändlerhaß und törichten Bauernneid zu kämpfen, aber ich setzte mich durch, bis das Dritte Reich mit seinen demagogischen Nivellierungen viel verdarb. Im Wechsel der Zeiten jedoch immer vor Augen zu haben, wie stark die Rationalität der Bodenwirtschaft von der Art des Absatzes abhängt, war für den Exponenten des Agrarkredits ein Vademekum, das ihn vor vielen Fehlurteilen bewahrte.

Und doch war alle zusätzliche Arbeit, die ich in jener Zeit auf mich nahm, nicht nur zweckbedingt. Die alte Liebhaberei trug einen guten Teil der Bürde. »On revient toujours ––«, immer noch war es der Pollinger Hüterbub, der jetzt in winterlicher Morgenfrühe in den großen Ställen den gelbgescheckten, dunkelgrauen oder schwarzbunten Kühen zuschaute, wie sie die von ihm berechneten

Rationen an Heu und Rüben, Silage und Kraftfuttergemisch, Schlempe oder Treber in sich mahlten und die ausgeklügelte Individualfütterung durch hohe Leistung dankten. Und immer noch der junge Pflüger Pollinger Äcker war es, der nun stärker als je das Gefühl des Dienstes an der guten Erde empfand, wenn schwere Traktoren die Fünfscharer, Sämaschinen oder Mähbinder über die weiten niederbayerischen Felder zogen und der Geruch der aufgebrochenen Scholle oder des reif fallenden Weizens aufstieg.

Daß solche Arbeitsfülle, die auch jedes Wochenende voll in Anspruch nahm, bald keine Zeit mehr für das Segeln übrigließ, war unausbleiblich. Das bedeutete einen schweren Verzicht, denn die Jahre der Regatten und der fröhlichen Geselligkeit im Klub waren schön gewesen. Jetzt waren sie schöne Erinnerungen. An eine Fahrt zur großen Bodenseewoche etwa, wo wir von Hafen zu Hafen gesegelt waren, alle Siege in der größten Bootsklasse mit unserer Jacht errungen und sie recht matrosenmäßig gefeiert hatten. Oder an die Regatten vor Starnberg auf einem Schärenkreuzer, mit Admiral Scheer, dem Kommodore meines Klubs, als Großschootmann. Einem vollkommen schlichten, vollkommen gütigen Menschen.
Er ließ sich nicht gern pathetisch Sieger von Skagerrak nennen, und einmal, als wir bei Windstille und Sonnenbrand weit draußen dahintrieben, erzählte er auf seine Weise von dieser Seeschlacht.
Es war keine Geschichte für Schulbücher, die ich da hörte. Mit verdunkeltem Gesicht, fast wie nur zu sich selbst sprechend, beschwor der Admiral eine nächtliche Kampfszene herauf, bei der plötzlich mitten in der deutschen Flotte ein verirrter britischer Kreuzer aufgetaucht und nach wenigen Minuten der rotglühenden Vernichtung anheimgefallen war.
»Der Zwang«, sagte der alte Seeoffizier, »den fast wehrlosen Kameraden, der sich ja nicht ergeben durfte, mitsamt seinen fünfhundert tapferen jungen Menschen zusammenschießen zu müssen, war schwerer als alles andere.«
Solche Fahrten also mußte ich aufgeben, aber einen Monat des Jahres behielt ich der Fahrt ins Weite, der Reise vor. Und obwohl ich ja auch daheim eigentlich fortwährend unterwegs war, blieb diese breite Zäsur des Alltagslebens Erholung, Bereicherung und bester

Lohn der sauren Wochen. Schon den Winter über wurde geplant, und Nelly und ich rechneten nicht von Neujahr bis Silvester, sondern von einer Ferienreise zur anderen.
Wir schlugen große Kreise zu Land und Wasser durch Europa und schalteten dabei Ruhewochen an nördlichen und südlichen Meeren ein oder Rast in den Hauptstädten, besonders gern in Wien und Paris. Überall war die Fremde bunt und schön, aber ich lernte auch, daß man reist, um heimzukehren.
Die Brüder und ihre Frauen taten es uns jedes Jahr zum mindesten gleich. Für Heinrich blieben Frankreich und Italien die liebsten Ziele. Thomas wurde ohnehin von Vortragstourneen und anderen Verpflichtungen immer wieder durch ganz Europa geführt, und zweimal übertraf er uns alle durch Seereisen in den Orient. Der Bericht über die erste – unter dem Titel »Unterwegs« im Essayband »Bemühungen« zu finden – gefiel mir in seiner amüsant-vielsagenden, ironischen und doch dankbaren Art so, daß ich ihn vor Antritt meiner eigenen Reisen immer wieder als Schulung des Blickes in die weite Welt las.
Die junge Generation aber brach alle unsere Fernrekorde: Erika und Klaus fuhren eines Sommers, zweiundzwanzig und dreiundzwanzig Jahre alt, auf Grund von sehr vagen Tournee-Abmachungen nach New York, reisten durch die USA, lasen da und dort als »The Manntwins« aus ihren Arbeiten vor – denn beide waren ja von klein auf der Literatur verfallen – und kehrten auf der anderen Seite des Globus über Honolulu, Japan, China, Sibirien und Rußland heim.
Sie befanden sich fast fortwährend in den furchtbarsten Geldnöten, gingen aber bei Millionären aus und ein, feierten Weihnachten mit Jannings und Gussy Holl in Hollywood und ließen sich sowohl mit Conrad Veidt als auch mit dem großen Otto H. Kahn photographieren. Sie dampften erster Klasse über den Stillen Ozean, wurden in Tokio von Exzellenz Solf empfangen und lebten wochenlang in kleinen japanischen Landgasthäusern, ohne die Landessprache zu verstehen. Schließlich sahen sie sich im Transsibirienexpreß dem Hunger rettungslos ausgeliefert, aber Bernhard Kellermann, der im gleichen Zug heimfuhr, griff als märchenhafter Retter ein.
Natürlich entstand aus dem Abenteuer ein Buch, an dem beide Weltreisenden gleichen Anteil haben. Es heißt »Rundherum« und

zeigt, wie jung, unbekümmert, in aller Welt daheim und vom Glück verfolgt man sein muß, um so um den Erdball zu kommen. Und auch, daß die beiden Blut der Ahnen haben, die von Portugal nach Brasilien, von Glarus nach Estland, von Lübeck nach Norwegen, Bordeaux und Rio fuhren.

V

Zum einseitigen Arbeitsmenschen und Verächter der guten Dinge, die, von der Arbeit aus gesehen, mit etwas verkniffenen Mundwinkeln als »Amüsement«, leichte oder schwere »Zerstreuung« und mehr oder weniger unseriöse »Ablenkung« angesprochen werden, bin ich auch in den Jahren der stärksten Belastung nicht geworden. Wieder ließen sich zwei Welten aufs schönste vereinen, wenn man beiden ihr Recht an Zeit, Körper und Geist einräumte.

Der ständige Wechsel belebte wie schottische Duschen. Gute Bücher begleiteten mich auf den Reisen ins Hinterwäldlerische, und es gab keine Einseitigkeit, wenn man bei Rückkehr von Inspektionsfahrten noch aufgelegt war, sich umzuziehen, um in Gesellschaft, in die Kammerspiele oder sonstwie »auszugehen«. Gerade das häufige Vertauschen der Kleidung war erfrischend, hielt das Bewußtsein der freien Beweglichkeit beglückend wach und ließ weder das Gefühl des Fronens noch Überdruß an des Lebens kleinen Freuden aufkommen.

Daß hinter einer Reihe von intensiven, hetzenden Arbeitstagen in der Steiermark die Wienerstadt lag mit dem »Theater in der Josefstadt«, Schönbrunn und Grinzing, Bristol und »Griechenbeisel«, schönen Läden und lustigen Bars, war eine Art Glorifizierung der Almbegehungen, Kämpfe mit dem Bazillus Bang der Rinder, Bilanzsorgen und Futter- oder Düngungsplänen, die es vorher zu bewältigen galt. Und daß es aus dem Schlafwagen Wien–München gleich wieder in die Bankarbeit ging, legalisierte wiederum die Wiener Tage und Nächte.

Daheim erlebte ich zwischen den Forderungen der Tage freudig die Renaissance des Münchener Karnevals, die vor allem Hans Gruß, Besitzer des Deutschen Theaters, zu danken war. Er ließ den Bal

paré und die großen Künstlerfeste von einst wieder aufleben und war Inspirator der »Venetianischen Nacht«, die es bald zum Weltruhm brachte. Andere suchten es ihm nachzutun, und »München leuchtete« wieder einmal in seiner unnachahmlichen Festfreude.
Was früher der »Palmengarten« und dann das »Odeonkasino« gewesen war, wurde jetzt der »Pavillon Gruß« im Deutschen Theater, ein vom Maler Schnackenberg ausgestattetes, intimes Lokal, das seinesgleichen auch in Paris und Berlin nicht hatte. Ich erzählte den Tommys soviel von seinen kultivierten Reizen, daß sie ein hochgeistiges Ereignis mit einem Souper à deux im Pavillon begingen: jenes »Finis operis«, das den feierlichen Schlußstrich unter die zwölfhundert Seiten des »Zauberberg« zog.
»Der Zauberberg«! Ich wußte soviel von seinem Werden und seinen Gestalten, daß meine Anteilnahme am Werk des Bruders diesmal besonders persönlich war.
Die positive Aufnahme überwog von Anfang an stark. Ich verfolgte aber die negative noch aufmerksamer und erkannte jetzt, daß eine solche Kritik an einem Buch von Thomas immer zwei sich gleichbleibende Tendenzen aufwies: das Bedauern darüber, daß die Entwicklung des Autors über die »Buddenbrooks« hinausging, und das Beleidigtsein für sich oder andere, die mit den Figuren des Werkes angeblich »gemeint« waren.
Beim »Zauberberg« wiesen Kritiker auf den Nihilismus der »Liebe zum Tod« hin, der schon im »Tod in Venedig« aufgeklungen habe, und sprachen von früheren Werken wie Greise von der guten alten Zeit. Die Beleidigten waren diesmal Sanatoriumsbesitzer und Lungenärzte, besonders in Graubünden. »Das ist der Dank dafür«, sprach eine Doktorsgattin bitter, »daß wir seine Frau geheilt haben.« In jedem Davoser Liegestuhl wurde der »Zauberberg« zwar eifrig gelesen, verschwand aber geschwind unter den Decken, wenn Arzt oder Schwester nahten. Es war verbotene Lektüre. Man war tief beleidigt.
Warum eigentlich? Mir war dieser Hofrat Dr. Behrens durchaus sympathisch, und der ironische Blick in die Kulissen des Sanatoriumsbetriebes übersah doch nicht, daß hier trotz Geschäftssinn und Tricks Rettung gebracht wurde, wo sie überhaupt noch möglich war. Nein, ich wäre als Graubündener Interessent nicht beleidigt

gewesen. Ebensowenig hätte ich im Namen des von mir sehr verehrten »Originals« des Mynheer Peeperkorn empört sein können, wie mancher Kritiker, aber nicht das »Original« selbst. Der große Dichter war hier in einer großen, ja königlichen Menschengestalt gespiegelt, bei der selbst Skurrilitäten groß und königlich wirkten. Mir waren ja auch die Buddenbrook-Manns keine »verrottete Familie«, wie jenem zornigen Pastor von einst. Und ich hatte es schon mehrfach erlebt, daß die anfangs Beleidigten sich schließlich geschmeichelt gefühlt hatten, obwohl oder weil sie immer noch nicht einsahen, daß sie im eigentlichen Sinn gar nicht »gemeint« gewesen waren. Immer, wenn es einmal soweit war, gehörte das Buch zu Thomas Manns guter alter Zeit.

Semper idem durch fünfzig Jahre bis auf den heutigen Tag. 1949 verfaßte ein Student der Philologie viele ablehnende Seiten über den »Doktor Faustus«. Mit der Eiseskälte armer Jugend und rasselnd mit einer viel zu weiten geistigen Rüstung, schrieb er Fausti »Mißlingen« des Autors Abkehr von der guten Linie zu, auf der unter anderem der »Zauberberg« gelegen habe.

Ganz von weitem erinnert mich das ein wenig an die Entwicklung des Gesellschaftstanzes: Als ich wegen eines Twosteps verhaftet wurde, sprach man vom »guten alten Walzer«, der selbst einmal als unsittlich gegolten hatte. Und vor dem Boogie-Woogie von 1949 ist das revolutionäre Tanzen meiner Jugend zum schönen »damals« alter Leute geworden.

Wenn Thomas noch einiges »vor sich bringt«, wie er das nennt, erlebe ich es vielleicht noch, daß auch der »Doktor Faustus« zu seiner guten alten Zeit gerechnet wird.

Nach dem »Zauberberg« erschien bis 1933 kein Roman von Thomas mehr. Zwischen Essays, Abhandlungen und großen Reden, von denen mich »Lübeck als geistige Lebensform« am meisten berührte, kamen zwei Novellen, die eine tiefe Verwandtschaft miteinander verbindet, obwohl die eine an der Isar, die andere am Strande des Mittelmeeres spielt. Die Gestalten der Geschichte »Unordnung und frühes Leid« sind großenteils identisch mit denen von »Mario und der Zauberer«. Und der Autor tritt in beiden ganz ohne Maske in Erscheinung: als Pater familias unter den Seinen.

Sogar bei diesen so liebenswürdigen Büchlein gab es Beleidigte. Im Falle Mario war es gleich ein ganzer Staat – das neue faschistische Italien –, der die Ironie übelnahm und die kleine Novelle auf den Index setzte, so wie er die Nacktheit der kleinen Elisabeth am Strande als »molto grave« mit fünfzig Lire geahndet hatte. Totale Systeme haben eben keinen Humor. Sie leben geradezu von Humorlosigkeit.

Hinter den vielseitigen Editionen aber lagen die Anfänge von Thomas' umfangreichstem Werk: »Joseph und seine Brüder«. Geplant als drei biblisch-religiös beeinflußte Novellen, wuchs die Konzeption durch sechzehn ereignisschwere Jahre zur Tetralogie von siebzigtausend Zeilen. Bald schon nach dem »Finis operis« des »Zauberberg« war jenes »Tief ist der Brunnen der Vergangenheit« geschrieben worden, das »Die Geschichten Jaakobs« einleitet. Ich konnte einzelne Abschnitte aus »Am Brunnen« und sogar den »Bunten Rock« aus dem zweiten Buch noch als Vorleseprimeurs genießen, aber als der erste Band erschien, war das Zwischenhoch schon dem schlimmsten Tief unseres Lebens gewichen.

VI

Heinrichs Schaffen erreichte in jenen guten Jahren die höchste Produktivität. »Der Kopf« schloß die Trilogie des Wilhelminischen Zeitalters ab und zeichnete Wesen und Politik der Führung von einst ebenso scharf, wie in den beiden anderen Romanen die Klassen der Untertanen gestaltet waren. Vorher hatten die Dramen »Der Weg zur Macht« und »Brabach« ihre Uraufführungen am Münchener Residenztheater erlebt, und dann folgte eine Reihe von Romanen, die immer eine Frau vergangener oder neuer Zeit zum Mittelpunkt hatten. In »Eugenie oder die Bürgerzeit« war es eine Lübeckerin, die eine unserer Großmütter hätte sein können, und in »Ein ernstes Leben« war das Schicksal von Heinrichs zweiter Gefährtin verwoben. »Die große Sache« kann als riesige Groteske mit stark mystischem Einschlag bezeichnet werden und ist wohl das expressonistischste Werk des Dichters, wenn auch »streng noch im Jux und noch in der Güte«, wie Thomas schrieb. Von den Novel-

len, die zwischen diesen Büchern erschienen, stand mir die »Abdankung« am nächsten, eine – übrigens Thomas gewidmete – höchst problematische Lübecker Schulgeschichte, und dann das inmitten der modernen Welt, in Jazzbars, Grandhotels und Rivieravillen spielende romantische Märchen »Liliane und Paul«.
Daneben mahnten große Essaybände, wie »Diktatur der Vernunft« und »Sieben Jahre«, zur Besinnung in einer Zeit, die schon wieder fast hemmungslos dem Verderblichen zutrieb.
Und eines Tages griff der Film nach einem Roman Heinrichs, der schon 1908 erschienen war, und zwar einen Erfolg bedeutet hatte, als Zelluloidstreifen aber zum Weltschlager werden sollte. Er hieß »Professor Unrat«, hatte einen Lübecker Schultyrannen zum düster-grotesken Helden und erhielt den Filmtitel »Der blaue Engel« nach einem Hafentingeltangel, in dem seine stärksten Szenen spielten.
Ich hatte das Buch immer besonders gern gehabt und es viele Male gelesen. Deshalb war ich mit seiner Umgestaltung durch die Filmregie gar nicht einverstanden, obwohl ich gleich zugeben mußte, daß Sternberg einen ausgezeichneten Film geschaffen und Jannings eine prachtvolle Figur in das Spiel gestellt hatte.
So ging es mir aber mit allen Büchern, die mir am Herzen lagen, wenn ich ihre Gestalten im Lichtspiel sah. Die Verfilmung zerstörte mir immer liebgewordene Vorstellungen. Und da ich diese mit denen des Dichters identisch glaubte, war ich gleich auch in seinem Namen unzufrieden.
Darum war mir auch der Janningssche Professor Unrat, dieser vom ersten Auftritt an sympathische, im tiefsten gütige Mensch, nicht Heinrichs Tyrann. Der Dichter selbst, der von der Spielleitung weitgehend zugezogen worden war, schrieb zwar an einen Freund, daß auch die Janningssche Auffassung berechtigt und Unrats Ende als Clown genauso möglich sei wie sein Untergang als betrügerischer Bankhalter, aber ich bin bis zum heutigen Tag bei meiner anderen Meinung geblieben. So mußte ich allein zürnen. Ich wünschte mir, das Buch nicht gelesen zu haben, weil ich dann den Film naiver und widerspruchslos genossen hätte. Daß dieser aber ein außergewöhnlicher Erfolg werden würde, war mir klar, und mit Marlene Dietrich als »Künstlerin Rosa Fröhlich« war ich sofort

ganz und gar einverstanden. Sie hat dann auch von allen am »Blauen Engel« Beteiligten den steilsten und höchsten Aufstieg erlebt.

Sternberg sagte Heinrich schon während der Regiesitzungen fünfzig Millionen Zuschauer voraus und hatte damit eher zuwenig als zuviel versprochen. Der Film ging nach seiner Vollendung sofort in alle Welt, und ich erlebte 1931 seinen französischen Sukzeß, als wir auf dem Wege zur Biskaya eine Woche in Paris verbrachten. Die größten Cinémas erzielten monatelang ausverkaufte Häuser mit dem »Blauen Engel«, und zwar auch mit seiner deutschen Originalfassung. Und ein neues Montparnasse-Lokal, das sich pfiffigerweise »L'ange bleu« nannte, war sofort die Mode für tout Paris, obwohl weder Einrichtung noch Programm das geringste mit der Kneipe an der Trave zu tun hatten.

Wir bekamen mit Mühe ein paar Hocker in einem Winkel des mit goldenen Engelsköpfen austapezierten Raumes, der vielleicht vier Wochen früher noch ein Gemüseladen oder Sargmagazin gewesen war und den jetzt eine elegante Menge zum Bersten füllte. Eine kleine Jazzband spielte, und jede Stunde einmal sang Dinah, eine imposante Negerin in giftgrünem Abendkleid. Sie hatte eine prachtvolle, über Rauch und schlechte Akustik erhabene Stimme, und ihre Skala reichte vom Wiegenlied über den Dirnensong bis zum Urwaldgeheul. Aber tout Paris kam nicht deshalb zu ihr, sondern weil sie eben im »L'ange bleu« sang. Wir stießen mit unserer »consumation« für zwanzig Franken pro Glas auf Heinrich an, dem der Film seinen lautesten und weitesten Erfolg gebracht hatte.

Der Film »Buddenbrooks« dagegen, der vier oder fünf Jahre früher gedreht worden war, erlangte nicht annähernd solche Berühmtheit. Er gefiel mir gar nicht, und mit mir waren diesmal wohl zu viele Leute von der Veränderung fester Begriffe und liebgewordener Gestalten ebenso enttäuscht wie von der Verflachung des Werkes durch »Handlung«.

»Als Schriftsteller habe ich mit dem Kino bisher nicht viel Glück gehabt«, schrieb Thomas später in einem kleinen Essay. »Man hat ›Buddenbrooks‹ verfilmt und hat es den Freunden des Buches wohl kaum zum Dank getan. Statt zu erzählen, immer nur zu erzählen und seine Menschen leben zu lassen, hat man ein gleichgültiges Kaufmannsdrama daraus gemacht und von dem Roman beinahe nichts übriggelassen als die Personennamen.«

VII

Als ich zum erstenmal nach Paris kam – 1926 –, war das Beglükkendste am großen Ereignis, das diese Stadt wohl für jeden bedeutet, das Vertrauen und die ehrliche Sympathie, die dem Deutschen damals von allen Schichten des französischen Volkes entgegengebracht wurde. Es war die Zeit, in der drüben Briand und bei uns Stresemann die Außenpolitik machten. Frankreich glaubte mit seinem großen Exponenten, daß unser Staatsmann die sichere Mehrheit seines Volkes hinter sich habe, und wie Erlösung von jahrhundertelangem Bann ging die Hoffnung durch das Land, nun könnten Angst und Mißtrauen, ewige Bereitschaft zum Raufen, der Wahnsinn der »Erbfeindschaft« endgültig begraben werden, und ein Nachbarbund sei möglich, der nicht nur diesen beiden, sondern allen Völkern den Frieden sichern müsse.
Sie hatten soviel Blut verloren wie wir und hatten unsere Nachkriegsjahre mit angesehen. Sie kamen als Sieger selbst nicht aus Krisen und Inflation heraus. »Monsieur ist Deutscher?« sprachen mich Arbeiter, Studenten und Kleinbürger an, wenn ich »au comptoir« in Stehbars ein billiges Mittagessen nahm, »sicher auch Kombattant, nicht wahr? Ah, man sieht also auch bei euch ein, welche Toren wir hundert Millionen immer waren und wie schön es wäre, Brüder zu sein?«
In einem ungemein miserablen Französisch drückte ich aus, daß Charlemagnes Erben die größten Idioten der Weltgeschichte und wir ihre würdigen Nachkommen gewesen wären und daß ich glücklich sei, die Einsicht beider Seiten noch zu erleben. Ich war »mon vieux« und »mon camarade«, und es war erstaunlich, mit welcher Klarheit diese Menschen ihren scharfen Realismus und unsere Romantik als die problematischen Eigenschaften erkannten, die sich zwar auf das wunderbarste ergänzen könnten, feindlich getrennt aber an allem schuld seien.

Nun, das war kleines Volk, mit dem ich da fraternisierte, und die anscheinend besondere Höflichkeit, mit der ich, der durchaus nicht sehr zahlungskräftige Kunde, mich von Geschäftsleuten, Beamten und im Hotel behandelt sah, mochte anerzogene Artigkeit sein. Was ich aber mit der alten Vornehmen am Krückstock erlebte, der ich beim Besuch eines berühmten Friedhofes einige Stufen hinaufhalf, war erschütternd.

»Darf ich Sie bitten, mich zu meinem Sohn zu begleiten?« sagte die weißhaarige Dame, »Sie sind in seinem Alter. Er ist im großen Krieg gefallen.«

»Madame, ich bin Deutscher und war Soldat«, stotterte ich, »vielleicht war ich es, der – – –«

Aber die Aristokratin nahm meinen Arm. »Auch dann waren sie ein Opfer, wie er«, sprach sie mit ruhiger, fester Stimme. »Wir wollen ihm zusammen sagen, daß er nicht umsonst gestorben ist. Daß niemals, niemals wieder – – –«

Da war die Nische mit der Aschenurne. Der Name eines sehr alten Geschlechtes war in die Mauer eingemeißelt. Und Leutnant war der Kamerad gewesen, wie ich. Die Mutter reichte mir ihre Blumen, und ich legte sie an den Fuß des klassisch geformten Gefäßes.

Im gleichen Jahr, aber ein paar Monate früher, hatte Thomas Paris wiedererlebt, wie ich es zum erstenmal erlebte. Auf einer höheren Ebene natürlich, aber in seinem Reisebericht »Pariser Rechenschaft« klangen die gleichen Eindrücke und Erfahrungen auf, die mich im Frankreich von 1926 so beglückend überraschten und mit herzhaften Hoffnungen erfüllten.

Einige Jahre später jedoch hatte sich die Stimmung schon wieder merklich verschlechtert. Stresemann war gestorben. Verbraucht vom nervenzerrüttenden Zwang, seine Europaidee und seinen humanen Pakt mit dem großen Alten in Frankreich durch immer gefährlichere Kompromisse mit blaublonder Abstraktheit erkaufen zu müssen und nur dadurch noch das Überhandnehmen der neuen Barbarei abbremsen zu können. Krieg, Niederlage und Elend waren bei vielen der Unserigen vergessen oder romantisch glorifiziert und daher kein Hindernis neuer Abenteuer mehr.

Ich verfolgte die Entwicklung auch auf dem für sie gar nicht so

nebensächlichen Gebiet des volkstümlichen Amüsements: In Filmen, Lustspielen und Schlagern tauchte der lustige, fesche Soldat von einst wieder auf, der Gardeoffizier, der Leutnant von den Husaren, der kernige Bayer im französischen Kriegsquartier. »Was Lustigs vom Krieg«, so leiteten die Komiker ihre Anekdotenserien ein, und ein Volkssänger beschwor in Abwandlung eines Filmliedes den alten Paradezauber schwärmerisch herauf. »So war es einmal, und das kommt wieder«, sang der fette, plattfüßige Kerl schmierig-leise, und die Menge brüllte Beifall. Keine großen Affären, aber Zeichen der Stimmungsmache und ihrer Erfolge.
Drüben reagierten sie sofort auf diese im Großen und Kleinen sich abzeichnende Wendung: In den Revuen wurde Deutschland durch Walküren im Parademarsch nach Wagnermotiven vor einem Hintergrund aus Riesenkanonen und Fabrikschloten symbolisiert, und in den politischen Sketchen trat der Deutsche wieder als vollbärtiger Lodensachse auf – Professor Kühnchen aus Heinrichs »Untertan« in Fleisch und Blut – und schlug mit dem Stock auf die Friedenstaube los. Alles noch witzig, aber auch schon Stimmungsmache, wenn auch nicht so unberechtigt wie bei uns. Die Atmosphäre von 1926 war dahin. Noch keine Feindseligkeit, aber kühles Mißtrauen herrschte statt des warmen Vertrauens, das ich erlebt hatte wie Thomas. Man schaute wie in ein Glas, in dem sich die veränderte Haltung der Heimat zwar trüb verzerrt, aber im Wesen richtig spiegelte. Schatten und traurige Gedanken zogen herauf.

Schatten und Trauer auch in der Familie; Schwester Julia starb. Ihr Leben war nicht in wirkliche Armut, aber in seelische Not des Abstieges aus einer Sphäre geglitten, die einzig ihrem Wesen gemäß sein konnte. Niemand achtete sie geringer ob ihrer bescheideneren Position, nur sie selbst sah sich deklassiert, wurde scheu und in bedrückender Weise unecht. Sie schwand dahin. Niemand konnte ihr helfen. »Ich weiß, ich bin Rokoko«, sagte sie mit traurigem Stolz, wenn ich – vielleicht unbeholfen – zureden wollte.
Das Dasein war für sie nur mehr ein da sein, aber kein Leben mehr, und so welkte und starb sie. Wir begruben sie neben Schwager Jof. Vier von uns hatten wir nun im Verlauf von siebzehn Jahren schon im Münchener Waldfriedhof begraben.

Eva, Julias Älteste, heiratete und ging mit ihrem Mann nach Abessinien, wo er als Geschäftspartner des Negus riesige Edelholzwälder abhieb. Dort drüben, im exotischen Addis Abeba, kam Trixi, die erste Urenkelin Mamas, zur Welt. Die nächsten kleinen Vertreter dieser Generation sollten in Amerika geboren werden.
Ich war zum Vormund der Löhrschen Zwillinge bestellt. Sie waren grundverschieden in Wesen und Anlagen, aber ihr späteres Geschick gestaltete sich doch in trauriger Weise zwillingshaft: Beide Mädchen wurden nach kurzer, kinderloser Ehe Kriegswitwen.

VIII

So häufig ich auch mit jedem einzelnen meiner Geschwister zusammenkam oder sonstwie in Verbindung war, so selten waren wir alle beisammen. Das ist wohl in den meisten Familien so: Die Heirat der Kinder löst das Haus in zahlreiche neue Familien auf, die natürlich in erster Linie auf sich selbst konzentriert sind. Alle Familien »verfallen« also fortwährend.
Das kann Evolution bedeuten, mir sind aber die Zeiten der Ramberg- und Herzogstraße so viel, weil die Mauern unserer damaligen Wohnungen für mich die Stammburg waren, die noch uns alle barg und zusammenschloß.
Familientage, Musterung der wachsenden Sippe durch einen Senior, haben wir nie gekannt. Und so waren es traurig- oder frohfeierliche Anlässe, die uns von Zeit zu Zeit vollständig vereinten, wie Carlas Tod, Mamas siebzigster Geburtstag und ihr Begängnis.
Das letzte große Ereignis, bei dem wir noch zu viert zusammen waren, war Thomas' fünfzigster Geburtstag am 6. Juni 1925. Die Stadt München, Bürgermeister, Hochschulen, Ministerien, Schriftstellerverbände und sonstige geistige Spitzen des Landes hatten zur Feier im Alten Rathaus eingeladen, und so vollzog sich dies Geschwistertreffen in großer Öffentlichkeit, in Fräcken und Abendkleidern und zu Meister Pembaurs Interpretation von Schubert und Chopin.
Die Festreden dehnten das Diner ins Unendliche. Besonders eine, die mit langsamer Zitterstimme gesprochen, jeder Thomas Mann-

schen Menschengestaltung vom »Kleinen Herrn Friedemann« aufwärts ein eigenes Kapitel widmete. Ich war sehr erleichtert, als der weinerliche Redner endlich mit dem »Fahnenjunker Joachim« schloß. Und dann erhob sich gegenüber dem Gefeierten unser Ältester.

»Lieber Bruder«, sagte Heinrich mit so ruhiger, unrednerischer Stimme, als wären wir ganz unter uns, »als wir Kinder waren, da bauten unsere lieben Eltern, wenn einer von uns beiden Geburtstag hatte, dem anderen einen zweiten kleinen Gabentisch auf, um auch ihn in Festfreude zu versetzen. Das ist heute freilich nicht mehr nötig. Freuden und Ehrungen, die dir zuteil werden, sind Freuden und Ehrungen genauso für mich und uns alle. Und so nimm meine Glückwünsche.«

Im prasselnden Beifall schritt Thomas um die lange Tafel herum auf den Bruder zu. Fast lief er, und seine Augen waren naß. Heinrich kam ihm entgegen, und umtost von Rufen und Klatschen umarmten sich die beiden.

»Das Ende des Bruderzwists«, hörte ich gescheite Leute flüstern, und einige Zeitungen deuteten tags darauf ähnliches an. Ich wußte es besser: Der Zwist, der ja im Sinne der Flüsterer nie existiert hatte, die Trennung vielmehr, war längst vorüber. Rede und Umarmung an der Festtafel hatten einfach gezeigt, wie Ommo und Heini in Wahrheit zueinander standen.

Natürlich wurde das Fest photographiert, und eine Illustrierte brachte eine überaus schlechte Blitzlichtaufnahme der großen Gesellschaft. Ich verwahrte sie in irgendeiner Brieftasche, und als ich fast auf den Tag genau zwanzig Jahre später vor einem amerikanischen Entlassungsoffizier stand, konnte ich mein Woher durch dieses Bild trotz seiner Verzerrungen überzeugend nachweisen.

»Look here, Sir«, sagte ich, »that's my brother Tommy, und der da bin ich, you see?«

»O, I see«, staunte der Gentleman, und das Familienfest im Alten Rathaus ebnete mir den Heimweg aus dem Zweiten Krieg.

Die erste Million ist am schwersten zu erringen, die weiteren kommen schneller nach, sagen arrivierte Geschäftsleute. Und so mag es

auch den Künstlern gehen: Die erste große öffentliche Ehrung läßt lange warten. Dann aber reihen sich andere in immer kürzeren Abständen an.
Bei Thomas hatte der Ehrendoktor der Bonner philosophischen Fakultät den feierlichen Reigen eröffnet. Es folgte der Professortitel, und bald darauf machte eine Akademie den Dichter zu ihrem Senator. Es gab also wieder einen Senator Mann. Hatte der Vater einer politisch-wirtschaftlichen Körperschaft angehört, die einen Staat bedeutete, so war der Sohn Exponent der geistigen Gemeinschaft eines Landes. Beide waren sie Repräsentanten.
Repräsentation war es, was in Thomas' Leben immer stärker hervortrat. Die Reisen, auf denen er das deutsche Schrifttum im Ausland aus mancherlei Anlässen zu vertreten hatte, mehrten sich, und eine scharf disziplinierte Einteilung des Tages war nötig, um seinen Forderungen zu genügen und doch am eigenen Werk weiterschaffen zu können. Unmöglich wäre das alles durchzuhalten gewesen ohne die wachsame, abschirmende, helfende und betreuende Gefährtin.
Ein Exponent also war Thomas geworden. Und wenn die ihm vom Lande dargebrachten Ehrungen ihn persönlich trafen, so ging der stärkste internationale Erfolg, den ein Dichter erringen kann, ganz Deutschland an.
Das war mein erster Gedanke, als ich auf meiner Dienstreise im Hotel zu Weiden in der Oberpfalz an einem Novembermorgen des Jahres 1929 die in dicker Blockschrift auf der Titelseite der »Münchener Neuesten Nachrichten« prangende Meldung las: Thomas Mann Nobelpreisträger.
Schon die Tatsache, daß diese Zeitung die Nachricht in solcher Aufmachung brachte, gab meiner Auffassung recht. Die »Neuesten«, in München »Kuhhaut« genannt, hatte ich im Laufe der Zeiten in vielerlei Färbungen gesehen: freisinnig, nationalliberal, einige Wochen linksradikal, dann demokratisch, einen Vormittag lang schon hitlerisch und schließlich in einer durchaus nicht wurzelechten bayerischen Abart deutschnational. Sie war keineswegs gut auf Thomas zu sprechen. Sie hatten den »Kampf um München« nicht vergessen, bei dem sie schwere Schläge hinnehmen mußten, und verziehen Thomas sein Eintreten für Republik und Demokratie nicht. Es hatte an bösartigen Angriffen nicht gefehlt.

Aber im Moment galt das nichts mehr, denn der Unbeliebte hatte einen Nobelpreis an Deutschland gebracht. Das war ja fast so gut wie ein internationaler Sieg im Hochsprung! Deutschland in der Welt voran mit Fliegern und Dichtern! Uns kann keiner! Also Blockschrift her!
Mochten sie so empfinden, die alten »Neuesten« und andere, wenn sie nur begriffen, daß die Welt mit dem Dichter sein Land ehrte. Ich ging fröhlich zum Telegraphenamt und schickte Glückwünsche nach München.
Ein paar Tage später gab es in der Poschingerstraße einen festlichen Abend im engsten Kreis, also noch einigermaßen still, aber dann setzten die Strapazen des öffentlich Gefeiertwerdens ein und ließen bis zu den Weihnachtstagen nicht nach.
Zuerst der »Högdigsdag« selbst in Stockholm. Wir hörten die Feier im Radio an und sahen die Bilder, die in Wochenschauen und Illustrierten die festlichen Ereignisse im Stockholmer »Konzerthaus« zeigten. Erika schwor darauf, daß ihr Vater beim Einsatz des Jubelorchesters zu seinem Sitznachbarn und Nobelbruder gesagt haben werde: »Nett, daß wir ein bißchen Musik dazu haben.« Und ich gab ihr recht: Das war sein Verhältnis zum Leben.
Dann triumphale Heimkehr. Die Reichshauptstadt empfing den »Nobilitierten« im Bankettsaal des Zoos. Die deutsche Gruppe des Penklubs hatte eingeladen, und alle, alle kamen: Regierung und Diplomatie, Stadt und Provinz, Schrifttum und Wissenschaft, deutsche Gesellschaft und Vertreter des Auslandes.
Thomas hatte in seiner Stockholmer Rede vor dem schwedischen König gesagt: »Ich lege die mir erwiesene Ehrung vor die Füße meines Volkes, dem sie eine Genugtuung sein wird, weil dieses Volk nicht immer richtig und nicht immer voll verstanden worden ist.« Und in Berlin antwortete ein deutscher Minister darauf: »Mit Willen und für immer dein Schuldner.« Ein Franzose aber sprach vor der Festversammlung: »Dieser Dichter wird in Frankreich geschätzt als charakteristischer Zeuge für die geistigen Beziehungen zwischen unseren Völkern. Geschätzt als grunddeutscher Dichter nicht trotz, sondern wegen seines deutschen Charakters.«
Bei diesem Bankett war es auch, als man versuchte, Thomas zum Verlegen seines Wohnsitzes nach Berlin zu bewegen. »München,

Herr Professor?« sagte ein Echter von der Spree, »Jotte doch, wat wollen Sie denn jetzt noch in der Jruft?«
Der Ausspruch belustigte Thomas so sehr, daß er ihn mir nach der Rückkehr als ersten Eindruck seiner Reise wiedergab und ihn auch andeutungsweise beim Fest der Stadt München erwähnte.
Denn München ehrte seinen Wahlbürger, wie die Städte Griechenlands ihre Olympiasieger gefeiert hatten. Im großen Saal des Neuen Rathauses war wirklich die ganze Stadt festlich vertreten: Bürger, Gelehrte, Künstler und Beamte. Ich führte Frau Kitty, Gattin des »Teufel-Neumann«, zu Tisch und freute mich mit der Münchenerin über die treffliche Rede des Oberbürgermeisters Dr. Scharnagl, die Thomas als Münchener Bürger und Meister feierte.
»Ja, ich bin Bürger dieser Stadt geworden«, erwiderte Thomas, »und will es bleiben, obwohl es an Versuchungen eines intensiveren, lauteren, des äußeren Glanzes volleren Lebens wahrhaftig nicht fehlt.« Und er pries Eigenschaften der Stadt, die das Leben und Schaffen in München übersonnten. »Hoch München!« Jubel und Gläserklingen.
Den tiefsten Eindruck aber in all diesen glanzvollen Tagen hinterließ mir die Rede meines Bruders beim Fest der »Rotarier« im Hotel »Vier Jahreszeiten«, ebendort also, wo ich einst bei Julias Hochzeit die ersten Erfahrungen mit hübschen Tischdamen und Champagner gemacht hatte.
Die Rotarier vereinigten in jeder Stadt die Prominentesten aller geistigen und gewerblichen Berufe zur Gesellschaft des gegenseitigen Verständnisses und der Bereicherung. Es war also eine wirklich erlesene Tafelrunde, die da am Tisch des Rotariers Waltherspiel die edelsten Weine seines Kellers genoß und gute Reden tauschte.
Professor Emil Preetorius sprach klug und warmherzig, und dann kam Thomas' Erwiderung. Und was wählte der seit Wochen von aller Welt hoch Gefeierte als Thema? Auf der Höhe, zu der ihn sein Werk getragen hatte, durch alle schweren Zweifel, durch die Problematik seines Künstlertums und durch Angriffe, Haß und Schmähung – im Glanz des weiten Triumphes übte er vor dieser Elite und vor ihren Gästen schonungslose Kritik an sich selbst. Es war, als ob er die Versuchung der großen Eitelkeit, des offiziellen Olympiertums abwehren und vor Zeugen zurückweisen, seine

Ironie und Klarsicht auch gegen sich selbst beweisen wollte. Das Leitmotiv seiner Nobelpreisrede war das Hamlet-Zitat: »Du kommst in so fragwürdiger Gestalt.«

Wie ich 1926 kurz nach Thomas das damalige Paris auf mich wirken lassen konnte, so lernte ich ein halbes Jahr nach der Verleihung des Nobelpreises Stockholm kennen und durfte mir dabei sogar schmeicheln, auch als Repräsentant durch die Schären einzufahren und angesichts von Stadthaus, Schloß und Grandhotel am »Strandvägen« von Bord zu gehen. Freilich als Repräsentant einer wieder einmal ganz anderen Welt: Ich vertrat meinen Jachtklub beim hundertjährigen Jubiläum des Königlich-Schwedischen Segelklubs, das ein internationales, sportlich-gesellschaftliches Ereignis war.
Unsere große Reise, der Lohn des Arbeitsjahres, hatte diesmal nach Dänemark und Schweden geführt. Wir hatten schöne Erholungstage in Visby auf Gotland verbracht, wo dichte Rosenhecken um mittelalterliche Ruinen wachsen, zu denen meine Landsleute, die Lübecker, einst die blühende und konkurrierende Handelsstadt gemacht hatten. Dann waren wir also nach Stockholm gefahren, wo sich die Segler aller Länder zur Feier trafen, und der große Fest- und Gratulationsakt fand in eben jenem »Konzerthaus« statt, in dem Thomas seinen Preis aus der Hand des Königs empfangen hatte.
Nun standen hundert befrackte Sportleute auf der geschmückten Bühne, unter ihnen als einzige Frau Madame Heriot, die Eignerin berühmter Jachten und hier sogleich »Madame la France« getauft. Feierklänge tönten, und obwohl dies alles etwas ganz anderes war als meines Bruders Ehrentag, war es mir doch, als hörte ich Thomas sagen: »Nett, daß wir ein bißchen Musik dazu haben.« Und: »Ich lege die mir erwiesene Ehrung vor die Füße meines Volkes.«

Über die Ostsee fuhren wir heim. Über das Meer, das die Schiffe so vieler Vorfahren getragen hatte und dessen Strand jeden der Manns immer wieder anzog. Thomas war dem alten Zauber so stark verfallen, daß er beim Besuch von Ostpreußen kurz entschlossen ein Stück Dünenland erworben hatte und da, wo die Ostsee am schönsten brandet, auf der Kurischen Nehrung, bei Nidden, ein Haus für die Sommermonate bauen ließ. Der Siedler war wieder hervorge-

treten, der überall, wo er sich heimisch fühlte, auf eigenem Land hausen wollte.
Der Hügel über der See hieß »Schwiegermutterhöhe«, und das Volk da droben hatte sofort einen Namen für den hübschen Neubau gefunden: Er hieß »Onkel Toms Hütte«.
Im Strandkorb an der nördlichen See schrieb Thomas die letzten Kapitel von »Mario und der Zauberer«, die an südlichem Gestade spielen. Aber das große Wasser, sein unendliches Rauschen und sein weiter Horizont, ist überall gleich und gibt dem ihm Verfallenen überall die gleiche Stimmung.

Drei gute Jahre noch mit saueren Wochen und frohen Festen. Auch die saueren Wochen waren gut. Es ging vorwärts. Es war Reife und beginnende Ernte.
Aber das neue Unwetter stand am Himmel. Die Welt verdüsterte sich.
Trotzdem feierten wir Weihnachten 1932 im alten Stil. Freilich gab es nicht mehr so viele Geschwisterbesuche reihum wie früher, denn wir waren ja nur noch drei, und Heinrich war nach Berlin übergesiedelt, wo man ihn zum Präsidenten der Akademie der Dichtkunst gewählt hatte. Aber am zweiten Feiertag waren Nelly und ich traditionsgemäß bei den Tommys, und am Tag vor Silvester kamen Bruder und Schwägerin mit Klaus und Golo zu uns. Sie saßen auf dem Seidensofa aus der Rambergstraße, und wir sprachen von alten Zeiten und der dunklen Zukunft.
»Ein gutes neues Jahr« wünschten wir einander beim Abschied.
»Auf Wiedersehen im Januar«, riefen wir, als die Gäste in ihren Wagen stiegen.
Es sollten fast fünfzehn Jahre vergehen bis zum Wiedersehen.

Die Stimme

I

Es gibt alte Kirchenorgeln, die durch ihre der Menschenstimme besonders ähnliche »Vox humana«, ein achtfüßiges Zungenwerk, weltberühmt geworden sind. Am berühmtesten wohl die in der Nieuwe Kerk zu Amsterdam, von der auch in den »Buddenbrooks« einmal die Rede ist: Gerda, die künftige Mutter des kleinen Hanno, erzählt als Mädchen ihrer Pensionsfreundin Toni Buddenbrook von ihrer niederländischen Heimat.

Andererseits wird vielfach die Geige deshalb als das vornehmste Musikinstrument bezeichnet, weil ihre Töne menschlichem Gesang am nächsten kommen sollen. Der Homo sapiens hält also offenbar seine eigenen Laute für die edelsten Töne der Natur. Vermutlich schätzen Mandrill und Nachtigall, Frosch und Grille die Stimmen ihrer Arten ebenso hoch ein.

Was mich betrifft, so stehe ich von klein auf Geräuschen im allgemeinen, der Vox humana aber im ganz besonderen mit extremer Aufmerksamkeit gegenüber, gleich bereit zur enthusiastischen Anerkennung für das, was mir Wohllaut scheint, wie zu Empfindlichkeit, ja Haß gegen Töne, die meinem vielleicht allzu intoleranten Ohr Mißklang bedeuten.

Warum ich Schmiedehämmer, Galopp der Pferdehufe, Wasserrauschen, Dreschflegel, Schiffssirenen, ja sogar Donnern und Schießen gern höre und gegen Lastautos und Trompeten in quälender Weise eingenommen bin, weiß ich nicht. Woher aber meine Einstellung zur Musik überhaupt und damit auch zum Gesang kommt, ist mir sehr klar: von den vielen Stunden, in denen ich als Kind und Knabe unserer Mutter am Flügel lauschte. Der sich damals bildende akustische Geschmack griff dann auf alle Laute der Vox humana über, und so ist es wohl eigentlich Mama, die sich in mir über einen echt

gesprochenen Dialekt und einen reinen, vor allem natürlichen Gesang freut und alles Falsche, Gekünstelte und Verbildete empfindlich ablehnt.
Trotzdem schelte ich mich selbst einen Hysteriker des Gehörs, wenn ich die gute Hälfte aller Sängerinnen des Rundfunks und der Oper wütend mit dem aus meiner Lausbubenzeit stammenden Epitheton »Heulziege« belege, unter Radiosprechern, die Berichte über Gemüsepreise mit einer aus dem Zwerchfell heraufgeholten schlechten Komödiantenstimme rezitieren, auf das ärgerlichste leide und beim Gesang gewisser Tenöre, die ein prachtvolles Stimmmaterial durch ein manieriertes Pressen und kastratenhafte Kopftöne verderben, heulen könnte wie ein empfindsamer Hund beim Klang der Ziehharmonika.
Ein gewisser Ausgleich ist freilich die Freude, mit der mich schon ein guter Barsänger und eine durchschnittliche italienische Sopranistin erfüllen können, ganz zu schweigen von der Begeisterung und der tiefen Dankbarkeit, in die mich ein paar belanglose Sätze der Paula Wessely, von Albert Bassermann oder Karl Ludwig Diehl nur wegen ihres Klanges versetzen.
Daß ich eine derart übertriebene Empfindlichkeit meines Gehörs ohne Not preisgebe, geschieht nur um einer möglichst genauen Verdeutlichung willen: Ich möchte jedermann klarmachen, wie die Stimme Adolf Hitlers auf mich wirken mußte.

Man hat diese Stimme mit der des Wolfes verglichen. Das ist für mein Gefühl eine ganz falsche Parallele, denn es gibt wohl grausige oder komische, aber kaum häßliche Tierlaute. Dies Organ aber und diese Sprache waren häßlich und nie etwas anderes als Artikulierung des Hasses, auch wenn sie Hochgefühle mit Worten darstellen wollten.
Diese Stimme kam von ganz unten, aus der Tiefe, nicht etwa eines Volkes, sondern einer anonymen Minderwertigkeit. Mit diesem Organ sprechen Kaschemmengäste. Bajuwarisch beeinflußt, wird es die Stimme der Luckis, die ich von klein auf kenne und hier sofort wiedererkannte. Auch zur Halbbildung und entsprechender Position gelangt, behalten die mit solcher Vox humana Begabten ihre Mißlaute bei, und wenn sie dann ihre Worte anders, nämlich ver-

meintlich gebildet setzen, wird noch Schlimmeres daraus. Mit solcher Stimme sprach und brüllte vor allem eine gewisse Art bayerischer Korporäle, die, als bettelarme Parias eingerückt, später als Miniaturtyrannen ihren Pariahaß an jungen Bürgersöhnen, Bauern und Arbeitern, erst recht am Einjährigen ausließen und selbst den Offizier haßten, der ihresgleichen als notwendiges Übel ansah.
Auch bessere Unteroffiziere hatten sich diese Stimme angewöhnt. Mein erster Wachtmeister schimpfte so, und bei ihm klang alles wie Schimpfen. Immerhin konnte ich aus seinem Dröhnen meist noch einen gewissen Humor heraushören.
Die Hitlerstimme aber schloß jeden Humor aus, auch wenn sie blutige Witze spie. Sie schloß auch Liebe zu irgend etwas aus, selbst die zum Vaterland. Und Freundschaft, Bewunderung, Kameradschaft, Menschlichkeit. Als der »Führer« unter dem Münchener Siegestor Ludendorffs Geist den Weg zu Wotan wies, da klang dieses »totter Feldherr farre auf gen Walhall!« wie der Befehl an einen Hund. Wirklich: Wenn ein des Deutschen nicht Mächtiger diese Stimme von Verehrung, Treue, Trauer reden hörte, mußte er glauben, es werde etwas mit schlimmstem Schimpf belegt.
Hitler künstelte an seiner Stimme herum und erreichte damit für mein Ohr eine weitere Steigerung der Gräßlichkeit. Sein Organ maßte sich in der Ruhelage eine Tiefe an, die ihm nicht gebührte. Es war ein falscher Baß, um die Skala bis zur hinausgeheulten Höhe zu erweitern. Und die Sprache war ein schlecht verdrängter Dialekt, an dem auf das merkwürdigste experimentiert wurde. Jahrelang lagen die ch's ganz hinten im Rachen wie bei Tirolern, Schweizern oder Holländern. Für einen Braunauer völlig unnatürlich. Dann aber kam eine Periode, in welcher dieser Österreicher s-pitz s-prach. Bei jedem anderen hätte ich gelacht. In diesem Mund klang es furchtbar.
In dieser Stimme war für mich der ganze Mensch: das Äußere mit dem ölig glatten, gänzlich ungermanischen Haar, der plebejischen Nase, der Karikatur eines englischen Bartes und dem Mangel jeder natürlichen Harmonie; und diese Seele, die nur hassen oder verachten konnte, nur böse, ganz böse, das Böse war.

II

Zum erstenmal hörte ich die Stimme im Rundfunk, als sie schon die Macht gewonnen hatte im Lande, als die Halbbildung dem Unteroffiziersorgan verfallen war, ihr in ihrer eigenen Sprache die Herrlichkeit verhieß, wenn sie das Hassen lernte, und als die betrogenen Betrüger aus Armee, Politik und Wirtschaft den »Trommler« an die Macht gelassen hatten.

Es war am 1. Februar 1933, und ich lag krank zu Hause. Mein Kriegsleiden hatte das Herz stärker angegriffen, und ich laborierte schon seit Jahren wieder herum. Diesmal waren es schwere Anfälle, die mich fast drei Monate lang arbeitsunfähig machen sollten. Gerade als Extrablätter und Lautsprecher die Entscheidung des 30. Januar verkündet hatten, war ich zum Arzt transportiert worden. Und nun hörte ich, daheim auf dem Sofa liegend, den Sieger selbst. Ich hörte kaum auf die Worte, so stark war die Erkenntnis, die mir schon aus Sprache und Organ entgegentrat, und ich kritzelte in mein Tagebuch: »Uns bleibt nichts erspart!«

Die Ereignisse waren mir keine große Überraschung, denn ich hatte sie seit Monaten für möglich gehalten. Aber ich hatte nichts gegen das Kommende getan, als bei Debatten gewitzelt oder laut geschimpft. Wie Hunderttausende, die keineswegs für Hitler waren, hatte ich, eingesponnen in sehr viel Arbeit, Freude am Erfolg und Lohn des Werktages, dahingelebt und keine Politik getrieben, obwohl der Staat »unsere Sache geworden war«. Nostra res et nostra culpa, nostra maxima culpa.

Ich war nicht blind gewesen und hatte mit deutscher Maßlosigkeit und der verwirrenden Lust am Irrealen des unpolitischsten aller Völker gerechnet, besonders seit die Wirtschaftskrise immer schlimmer wurde. Trotzdem: Wirklich geglaubt hatte ich an das Kommen der bösen Macht nicht.

Als ich nun die Stimme hörte, da fiel mir unter vielem »wären wir doch« und »hätte ich doch« der Sommertag ein, an dem ich von einer langen Dienstreise aus in einem langen Brief Thomas vorgeschlagen hatte, die Emigration in die Schweiz vorzubereiten.

Mir sei aus praktischer Anschauung der letzten Wochen klargeworden, stand in dem Schreiben, daß die törichte Agrarpolitik der Re-

gierung nun auch die Masse der Bauern zu Hitlerwählern machen müsse und damit die Wahrscheinlichkeit einer politischen Katastrophe immer größer werde. Thomas möge mich in die Schweiz schikken, um dort in guter Lage – etwa im Simmental – einen Bauernhof zu kaufen, der uns allen im Notfall Heim und Nahrung geben würde. Käme es dann zum Äußersten, so wüßten wir doch, wohin wir gehörten, und hätten dort ein Refugium. Ich könnte, unterstützt von Nelly, die Wirtschaft führen, und Thomas habe sofort auf eigenem Grund und Boden eines deutschstämmigen Landes eine neue feste Basis, die doch für seine Arbeit so wichtig sei.
Und so weiter. Der Brief hatte viele Seiten.
Als ich einige Tage später bei den Tommys am Teetisch vor dem Kamin saß, da war wohl der Bruder von meinem Schreiben einigermaßen beeindruckt, aber Katja sprach gegen den Plan. Das hatte ich nicht erwartet, denn die Schwägerin war schon während der Inflationszeit für eine Emigration gewesen. Ein Land, so hatte sie damals argumentiert, das sich ein derart verbrecherisches Unrecht gefallen lasse, würde sich auch gegen das Schlimmste nicht wehren, und darum sei es besser, solche Möglichkeiten nicht erst abzuwarten.
Jetzt aber wollte sie trotzig-tapfer das schon nahe Bevorstehende nicht wahrhaben, so wie sie einmal viele Jahre früher dem Spruch der Ärzte, die ihren kranken Ältesten aufgaben, ihren festen Unglauben entgegengesetzt hatte, bis das Kind wie durch ein Wunder gerettet worden war.
Katja also – eine übersichtige Prophetin sozusagen – plädierte mit einer Verve gegen meinen pfiffigen Vorschlag, der meine Argumente nicht gewachsen waren, und mein Rettungstraum vom Hof im Simmental war ausgeträumt.
Jetzt brüllte die Stimme. Was würde jetzt werden?

Heinrich – das wußte ich – hatte gewisse Vorbereitungen für den äußersten Fall getroffen, aber auch er war noch im Lande, sogar in Berlin, obwohl er gefährdeter schien als selbst Thomas, denn er war, wenn möglich, noch stärker beim Widerstand gegen die drohende Barbarei hervorgetreten. Vor allem als Präsident der Sektion für Dichtkunst in der preußischen Akademie, in der er sich den speziellen Haß der »vaterländischen« Schriftsteller zugezogen hatte.

Schon bei seinem letzten repräsentativen Auftreten in Frankreich war ihm einer dieser Kriegsdichter und Majore der Landwehr zur Aufsicht mitgegeben worden, und sicher wurde seit langem jedes Wort und jede Zeile gegen Hitler der Partei von der Gruppe solcher »Kollegen« noch besonders gemeldet und verdeutlicht. Heinrich stand auf der schwarzen Liste bestimmt sehr weit oben.
Auch Thomas hatte kaum eine Gelegenheit versäumt, sich bei den Erweckern Deutschlands unbeliebt zu machen. Machte für sie schon der Geist von vorneherein suspekt, so war er tödlich verhaßt, wenn er nicht wenigstens schwieg, sondern sich deutlich in tyrannos und für Wahrheit, Vernunft, Humanität und Demokratie einsetzte. Das tat nur jüdischer Geist. Die Brüder Mann mußten also Juden sein. Brasilianische Juden sogar.
Als der »Völkische Beobachter« dies dementieren mußte, tat er es mit dem Zusatz, daß die Haltung der Manns dann eben noch verwerflicher sei: ein Verrat Deutschlands an die Juden.
Daneben aber hatte es nicht an Versuchen gefehlt, Thomas umzustimmen. Ohne Zweifel wäre er zum größten oder zweitgrößten lebenden Dichter der Welt erklärt worden, wenn das gelungen wäre. Vielleicht auch jetzt noch, da die Stimme schon brüllte. Aber es würde auch jetzt nicht gelingen.
So stand es um die Brüder. Und um Deutschland, um das Volk, seine Seele, seinen Frieden und seine Ehre?
Wie Millionen Deutscher hoffte auch ich jetzt noch: Die Partei war nicht allein in der Regierung. Vielleicht wollten die Partner der Kombination diesen Kanzler tatsächlich nur als »Sammler der nationalen Kräfte« benutzen und ihn sich abnutzen lassen. Auch die Reichswehrgenerale gehörten mit zur Hoffnung. Sie und die Feudalen nannten den von ganz unten Gekommenen in ihren Klubs den böhmischen Gefreiten. Sie verachteten ihn, und er haßte sie. Aber legal würde er sich nie mehr aus der Macht vertreiben lassen. Aus seiner Stimme erkannte ich klar, daß er den blutigsten Bürgerkrieg dem Aufgeben der gewonnenen Position vorziehen würde.
Diese Stimme! Ich hörte sie jetzt auch zum erstenmal jene heroischen Floskeln brüllen, die dann in keiner späteren Rede fehlen sollten:
»Als – ech vor virrzen Jarren als onbekannter Soltatt –«

Ja, so hätten die Korporäle vor der Rekrutenfront gebrüllt. So brüllte jetzt der Haßerfüllte vor Deutschland. Und sie standen stramm! Sie fühlten sich befreit, von der Schmach erlöst durch den »starken Mann«, den »Mann des Volkes«, der doch tief unter dem wirklichen Volk stand, so wie seine Stimme nicht die des Volkes, sondern des Pöbels war. Hundepeitschen pfiffen und klatschten in diesem Tongemälde des anbrechenden Dritten Reiches.

Die ersten Wochen war »alles nicht so schlimm«, so daß mir meine Krankheit größeres Übel schien. Krank sein macht egozentrisch, und ich nahm mich sehr ernst, wenn ich unter intensiver elektrischer Behandlung lag und mit Leidensgefährten Erfahrungen austauschte. Wir sprachen von Angina pectoris, Depressionen, Rückführung einer Herzerweiterung, Baldrian, Hopfen und Digitalis, nur nicht vom Schicksal Deutschlands. Das Heilinstitut war ein »Zauberberg« en miniature, von Lungen- auf Herzaffektionen transponiert. Und die Welt außerhalb der Krankheit war stark vernebelt, fast etwas Irreales.
Mit Thomas und Katja hielt ich telephonische Verbindung. Sie bewahrten vollkommene Ruhe und lebten ebenfalls in der letzten Hoffnung auf die Teilung der Macht. Als es mir ein paar Tage lang besser ging, verabredeten wir einen fröhlichen Abend: Erika, die Tollkühne, und ihr ausgesprochen antinazistisches Kabarett »Die Pfeffermühle« – ein geistvoll-radikales Team von Bühnenkünstlern – demonstrierten noch allabendlich vor vollem Haus der »Bonbonniere« ihr scharfes Programm, und wir wollten es genießen. Aber am Nachmittag erlitt ich einen Rückfall, der mich wieder ins Bett zwang und Schuld daran trug, daß ich Bruder und Schwägerin bis zu ihrer bevorstehenden Abreise nicht mehr sah.
Die Pfeffermühle mahlte noch, als Hitler drei Häuser weiter, im Hofbräuhaus, große Machtversammlungen hielt.

Von Heinrich hörte ich in jenen Wochen nur indirekt. Vermutlich wurden seine und meine Briefe schon abgefangen. Seine erste Ehe war vor drei Jahren geschieden worden, und Frau Mimi bereitete ihre Übersiedlung nach Prag vor. Sie gelang, rettete die Unglückliche aber 1939 nicht vor dem Lager Theresienstadt.

Was Heinrich damals in Berlin erlebte, erfuhr ich exakt erst, als er mir 1947 sein »Zeitalter« schicken ließ. Das einschlägige Kapitel heißt: »Der Weg aus dem Land«.

»Falsch wäre zu sagen, dies oder jenes sei uns nicht an der Wiege gesungen worden. Ich zum Beispiel bin während eines Krieges, 1871, geboren. Als wir heranwuchsen, ging der Singsang weiter, wir hätten endlich begreifen können. Einige haben wirklich Bescheid gewußt. – – –«
»Am 15. Februar 1933 ließ der Präsident der Akademie (der Wissenschaften und Künste) mich überall suchen. Ich sollte großartig ausgestoßen werden. Der neue Minister – aus der Irrenanstalt geradewegs in den Palast berufen – hatte in festlicher Rede meine Entfernung zugesichert. Als ich eintraf, war sie beschlossen. Wie hätten alle die wohlbestallten Kulturträger anders beschließen können. Die Wahl war ihnen gegeben: entweder sie verleugnen mich oder werden aufgelöst. Ein vereinzelter Mann, Stadtbaurat Wagner, schlug die Tür hinter sich zu. – – –
Die Zumutung, den Unfug noch länger anzusehen, wurde unerträglich: sogar die Furcht vor eigenem schweren Mißgeschick trat zurück hinter dem Ekel an den Dingen. Mein Freund Max Liebermann hatte es begriffen. Vierundachtzig Jahre, der vorderste deutsche Maler, einer der ersten Europas, hatte er seine Wiederwahl zum Präsidenten der Akademie (Sektion Malerei) gar nicht erst angestrebt: den Neidhammeln, deren Reich anhub, war er im Wege, war Jude, war ein drastischer Weiser. Alles zusammen ist des Anstößigen zuviel. Er sagte: ›Soviel kann ich unmöglich essen, wie ich erbrechen möchte.‹ Das Wort hatte noch gefehlt. Sie verboten ihm zu malen! Nicht das Ausstellen der Bilder – die stille Arbeit in seinem schönen alten Haus am Brandenburger Tor wurde ihm untersagt. Gerade lag er im Sterben. – – –
Was mich betrifft, ließ ich mich ungern warnen, als mir doch sichtlich keine Wahl blieb. Das Land mußte ich doch jedenfalls verlassen. Kein Zweifel, ich war verhaßt, populär machte mich gerade der Haß. Viel Nachfrage fand ein Hampelmann: mein Kopf und die Beine einer Schauspielerin. Ein Filmstoff von mir hatte alle drei, das Talent der Frau und ihre zwei entzükkenden Gliedmaßen, berühmt gemacht. – – –
In einem befreundeten Haus, herrliche Musik wurde gemacht, das Buffet war auf der Höhe gesicherter Zustände. Dabei warteten draußen schon die Möbelpacker. Jeder wollte Angeregtheit vortäuschen statt der Angst, die

allen im Nacken saß. Mit Hitler und dem Henker hinter sich gaben die versammelten Reste der Republik sich den Anschein, als wäre ihre Lage interessant. Unhaltbar, das Wort fiel nicht. Der Abend des jüngsten Tages wird gewiß noch unterhaltsamer sein als mein letztes Berliner Fest. Die Verzweiflung so vieler öffentlicher Männer, begleitet von Musik und einer gleich köstlichen Verpflegung, gab mir noch tags darauf zu denken. ---
Als ich am 21. Februar wirklich abreiste, bestieg ich die Tram mit nichts als einem Regenschirm. Der Rest meiner Habe lag schon glücklich im Gepäcknetz. So sieht, will es scheinen, der Rubikon aus. Hinter dem verhängnisvollen Fluß, den ich wählte, liegt das Exil. ---
Übrigens hatte ich mehr Glück als Verstand. Andere sind steckengeblieben, ausgesuchte Qualen waren ihnen vorbehalten. Mir auch, wenn man mich gehabt hätte. Da sie mich nicht fanden, verkündeten sie mit Lautsprechern, daß sie mich hätten. So und ähnlich haben sie auch sonst auf Enttäuschungen reagiert. Zu der Stunde, als ihre Apparate brüllten, war ich in Straßburg. ---«

Thomas verließ Deutschland früher als Heinrich, aber durchaus nicht als Überschreiter eines Rubikon. Er begab sich, von Katja begleitet, »mit leichtem Gepäck« auf eine Kunstreise, die ihn diesmal nach Amsterdam, Brüssel und Paris führen sollte. Anschließend an die Tournee wollten die beiden, wie der Bruder mir beim telephonischen Anruf sagte, auf einige Erholungswochen ins Engadin, wohin sie alljährlich um diese Zeit gereist waren.
»Auf Wiedersehen, Tommy!« sagte ich, »Hals- und Beinbruch und viel Vergnügen!«
Am Abend vor der Abreise – 10. Februar 1933 – fand unter rauschendem Beifall die Urlesung des Essays »Leiden und Größe Richard Wagners« in der Münchener Universität statt. Deutschland beging den 50. Todestag des Meisters.
Die Kunstreise, auf der bei jedem Auftreten der Wagner-Essay vorgetragen wurde, war ein Triumphzug: große Ehrungen überall, Bankette der deutschen Botschaften in Holland, Belgien und Frankreich für den deutschen Dichter. Daheim aber Reichstagsbrand, Wahlsieg Hitlers, Ermächtigungsgesetz und völlige Demaskierung in der »nationalen Revolution«. Auf Schweizer Boden las Thomas in heimischen Zeitungen, daß nur seine »Flucht« ihn vor

wohlverdienter Strafe bewahrt habe. Er las in den »Münchener Neuesten Nachrichten« einen phrasenhaften Protest geistiger Prominenz gegen die »Verunglimpfung Richard Wagners durch Thomas Mann«. Das Machwerk trug die Unterschriften von Männern, die bis zuletzt als Freunde im Haus des jetzt Diffamierten verkehrt hatten und begeistert klatschende Zuhörer des Wagner-Vortrages gewesen waren.

»So geht man nicht mit Wagner um«, war die Quintessenz der Schmähschrift, denn Thomas hatte das Genie, das er verehrt wie kaum ein anderer, als sehr großen Menschen, nicht aber als Mythos, germanischen Heidengott und weihrauchvernebeltes Idol gepriesen.

»So geht man nicht mit seiner Heimat um«, hatte es 1910 bei den »Buddenbrooks« geheißen. »So geht man nicht mit Goethe um«, sagten einige über »Lotte in Weimar«. »So geht man nicht mit dem Himmel und biblischen Personen um«, las ich 1948 in einem haßerfüllten Aufsatz über den »Joseph«. Und »Thomas Mann hat nicht mit dem Teufel umzugehen«, schrieb einer am Rhein von »Faustus«.

Ich las das erste, vom Haß befohlene und von Feigheit ausgeführte Pamphlet schon einige Tage vor dem Bruder. Gleichzeitig hörte ich von der Beschlagnahme des Hauses an der Poschingerstraße, vom Raub der Autos (betrunkene SS-Leute richteten gleich darauf Unglück mit einem der Wagen an, und der Strafbefehl erging witzigerweise an Thomas in die Schweiz) und von der Sperre des übrigen Vermögens. Von den Kindern sah ich nur noch meinen Patensohn Golo, der vor dem Sprung über die Grenze zu uns kam. Es war kein fröhlicher Abschied, doch ich erfuhr wenigstens Thomas' neue Adresse und bekam Gewißheit darüber, daß auch Heinrich in Sicherheit war.

Bald hörte ich auch von Intrigen gegen mich selbst: Es ging um meine berufliche Position. Einer hatte mich zum »Halbjuden und Doppelverdiener« geprägt. Ich stellte den »alten Kämpfer«, er leugnete, wiederholte den Angriff aus dem Hinterhalt und kniff Aug in Aug mit mir abermals. Auch in der Folgezeit blieb ihm ein Erfolg gegen mich versagt, weil immer wieder anständige Männer vor mich traten. Schließlich verdarb er es sogar mit seiner Partei und verschwand im Trüben. Auch so etwas hat es gegeben.

Mein Arzt bestand auf Erholung in Südtirol, in Frühlingssonne, richtiger Höhenlage und gänzlich »procul negotiis«. Ich zweifelte bis zuletzt an der Genehmigung des Ausreisevisums, aber es wurde schließlich erteilt. Ende März fuhren wir nach Bozen ab.
Der Zug war überfüllt, aber merkwürdig still. Doch als er nach überstandener Revision in Kufstein wieder anfuhr, ging plötzlich eine Welle von lauter Fröhlichkeit durch alle Abteile, im Speisewagen klangen die Gläser feierlich aneinander, und auf dem übersonnten Bahnsteig in Innsbruck fehlte nicht viel, und die Reisenden hätten getanzt.
Mich fröstelte in der guten Sonne Tirols: Dies war nicht Ferienfreude und Reiselust. Diese Deutschen freuten sich einfach, aus Deutschland herauszukommen für immer oder wenigstens für einige Zeit. Ich empfand es deutlich, daß auch in mir dies Gefühl bei weitem überwog, und ich war bitter traurig über die Heimat, die das vermochte.
Die Mandelbäume blühten im Bozener Tal, und der Rosengarten leuchtete. Wir wohnten im Gasthof Mondschein, der auch Albergo Luna hieß, was ja ebenfalls hübsch klang. Durch die patrizierhafte Diele des Hauses gelangte man in den südlich-üppigen Garten und zum großen Neubau. Unser Zimmer schaute über Zedernwipfel auf alte Giebel und den blauen Rücken der Mendel. Die Luft zu atmen war ein Genuß. Sie war mild und würzig – Luft der Freiheit. Ich fühlte mich gesund wie seit Jahren nicht.
Am ersten Abend schrieb ich an Thomas und bat um sofortige Antwort, die wohl die letzte unzensurierte Nachricht von ihm an mich sein werde. Sie kam schon nach einer Woche und erschütterte mich aufs tiefste.
»Auf die großen Revolutionen der Geschichte blickte und lauschte die Welt mit Respekt trotz allem. Dies aber ist keine, sondern Rückfall in finsterste Barbarei. Nie werde ich mich ihr beugen, sondern lieber im Exil sterben, als mit ihr paktieren.«
Furchtbares Leid sprach aus den Zeilen des Bruders. Verzweifelte Trauer um Deutschland, das sein Land tausendmal mehr war als das der Schauerstimme und ihrer Gefolgschaft. Das Land, das er oft verlassen hatte voller Lust an der Ferne, aber immer nur, um heimzukehren mit noch größerer Freude und seine in der Welt errunge-

nen Erfolge der Heimat darzubieten. »Ich lege die mir zuteil gewordene Ehrung vor die Füße meines Volkes.« – Die Rede in Stockholm fiel mir wieder ein. Und die Antwort des deutschen Ministers: »Mit Willen und für immer dein Schuldner.«
Thomas, der Deutsch-Seßhafteste von uns, im Exil! Ich hatte das zu wenig bedacht, als ich selbst die Emigration vorschlug. Heimweh wie Unglück und Schuld der Heimat würden ihn verdüstern für lange Zeit, auch wenn wir alle das Böse überleben sollten. Ich wußte es schon damals in Bozen.

Auch von Heinrich kam ein Brief. Aus Frankreich. Knappe, geballte Sätze, ungeheuer beherrscht. Er hatte alles bestimmter gewußt, hatte die letzte Hoffnung schon früher, schon längst aufgegeben gehabt und war jetzt gefaßter. Die Worte kamen wie aus einem geschlossenen Visier. Aber durch dessen Sehschlitze blickten doch Heinrichs Augen: sehr blaue, sehr deutsche Augen.

Trotz allem: Die Wochen in Bozen waren schön, und wir genossen sie. Die Sonne über dem Blütenrausch im Tal und über den Eisfeldern der Dolomiten; den Blick von den Rebenhöhen auf das Land, das da um die alten Burgen liegt; die Fahrten über verschneite Pässe ins ganz Welsche, zu tiefblauen Seen, Orangenwäldern und Kampanilen; die Laubengassen der Tiroler Städte, die frommen Schnitzwerke an allen Wegen. Und überall, wo wir auch waren, den Wein, den gesegneten Trank der Bauern von Santa Maddalena, Lagrain und Terlan, vom Guntschnaberg und um den Kalterer See.
Und dann kamen die letzten Tage. Zum erstenmal wieder nach langer Zeit empfand ich jenes furchtbar bedrückende Gefühl des Ferienbuben, der aus Polling in die Schule zurückgemußt hatte; nur viel, viel stärker.
Die Nachrichten aus der Heimat waren düster. Die böse Stimme hatte die ersten »Sippenhäftlinge« festzunehmen befohlen: Verwandte von entkommenen Gegnern. Diese Voraussetzung traf auch weitgehend auf mich zu, aber Mut und Wut der Freiheit packten mich, und ich schrieb an Thomas, daß er und Heinrich beim Kampf, den sie nun sicher bald führen würden, auf meine Sicher-

heit keine Rücksicht nehmen sollten. Das klingt sehr tapfer. Aber wenn ich damals gewußt hätte, was ein Konzentrationslager und ähnliches war, wäre nicht nur die heroische Fanfare unterblieben, sondern ich hätte wahrscheinlich doch noch versucht, alles daheim aufzugeben und zu fliehen.
Aber ich wußte es nicht und fuhr trotzig nach Hause. In die Heimat, aus der die böse Stimme schallte.

III

Ich bin kein Märtyrer des Dritten Reiches geworden, kein ernstlich Verfolgter oder gar Gefangener im Todeslager. Gewiß lebte ich zwölf Jahre lang gefährdet, aber daran gewöhnt man sich. Natürlich gab es Freunde, die sich aus politischen Gründen von mir wandten, doch ich fand treuere. Freilich saß ich unter Schreienden und Bebenden in unzulänglichen Splittergräben, wenn die Bomben dicht daneben in andere Menschenhaufen schlugen, aber das zeichnet mich in keiner Weise vor Millionen aus. Und stärker als mein Schmerz darüber, das liebe alte München brennen und verderben zu sehen, war die Erkenntnis einer überirdischen Macht. »Gladius Dei super terram cito et velociter.«
Verwunderlich war es ja, daß ein Bruder von gleich zwei »Staatsfeinden« das Hitlerreich überleben konnte. Und noch paradoxer schien es mir immer, daß Unannehmlichkeiten, denen ich ausgesetzt war, meist von »Volksgenossen« ohne Parteizugehörigkeit herrührten, während ich mehrfach von »Parteigenossen« in Schutz genommen, ja geradezu gerettet worden bin. Die Gelegenheitsnazis, die dann vom Gesetz »nicht betroffen« wurden, waren oft schlimmer als die registrierten.
Dieses Durchkommen verdächtigt der Mitschuld, ich gebe es zu. In Wahrheit aber liegt meine, unsere Mitschuld in der Tatsache, daß man sich in die damaligen Zustände einlebte, vermittels einer gewissen Vogel-Strauß-Politik in ihnen, trotz ihrer mit ihnen lebte. Ganz gut sogar in der durch Rüstungskonjunktur verursachten Prosperität der Wirtschaft.
»Wes Brot ich eß, des Lied ich sing« – bis zu einem gewissen Grad

gilt das im totalen Staat für jeden, der nicht todesmutiger Aufrührer oder Saboteur ist. Ich war es nicht.
Schwacher Trost zu glauben, es hätte nichts genützt, das Schicksal hätte sich keinesfalls korrigieren lassen. Ein Aufrechter gestand in den letzten Aufzeichnungen vor seinem Märtyrertod, er habe einst, zwei Meter von Hitler entfernt, die Hand am entsicherten Revolver und mit guter Aussicht auf ein Entkommen dreißig Minuten lang vergebens um den Entschluß gerungen. Angesichts seines Endes wisse er, alle Schüsse hätten gefehlt. Eine Lokomotive sogar wäre vor dem auf die Schienen geketteten Hitler entgleist, bevor die Zeit erfüllt war.
Manches Ereignis, manches Unterbliebene gibt dem Toten recht. Aber wenn ich damals nicht mutig genug war, als aktiver Gegner des Bösen zu leben, so bin ich jetzt nicht feige genug, solche Entschuldigungen anzunehmen.
Es hat unter den Intellektuellen wirklich eine »innere Emigration« gegeben. Aber ich habe sie kaum erkannt, geschweige denn, daß ich mich ihr angeschlossen hätte. Stärksten Eindruck jedoch hat mir die Haltung der katholischen Kirche gemacht, weil ihre Exponenten am meisten riskierten. Sie und ihre bekennenden Anhänger, so schien und scheint es mir, sind der beste Beweis vom »anderen Deutschland«.
Wir Nichtaktiven haben für uns eigentlich nur das geistige und leibliche Elend, mit dem wir bezahlt haben und noch bezahlen. Und als allergeringsten Trost angeborene Irrtümer, Schwäche und schließlich auch die Fehler der anderen.
Jedenfalls war ich zwölf Jahre lang mitten drin und habe weder für mich noch für sonst wen etwas vergessen. Wie jenen Schriftsteller, dem es im Dritten Reich recht gut ging und der post festum ichbezogene Geschichten von Märtyrern schrieb, müßte ich auch mich selbst für einen Fälscher halten, wenn ich mein Leben im Reich der bösen Stimme glorifizieren wollte.

Ich habe nicht vergessen, daß ich buchstäblich »mitmarschiert« bin. Schon am 1. Mai 1933 und später, sooft es von der »Arbeitsfront« befohlen wurde. Manchmal sogar in hohen Stiefeln, wie viele, die trotzdem weiterleben wollten. Ebensowenig ist es mir entfallen,

daß ich auf einen Korsaren zwei setzte, wenn irgendein Demagoge – ein nazistischer Bauernführer zum Beispiel – auf einem meiner Arbeitsgebiete mit dem eingetrichterten Vokabularium des Systems Schaden anrichten wollte. Ich schämte mich nicht, mit den gleichen Sprüchen zu übertrumpfen und mich dabei sogar der bösen Stimme zu bedienen, die ich bald gut nachahmen konnte, denn ich hatte ja auch Korporäle und Luckis immer gut imitiert.
Man konnte über solche Erfolge bittere Genugtuung empfinden. Strenggenommen besudelt man sich aber auch dann, wenn man unter Zwang mit Schmutz umgeht. Und darum sind so viele damals nicht bei uns geblieben, auch wenn sie die Heimat liebten und ihnen daheim nicht mehr passiert wäre als uns.

Ich arbeitete in den Jahren bis zum zweiten Krieg wie ein Besessener, und die Gefahr, die ich doch immer irgendwo lauern fühlte, erhöhte das Lebensgefühl. Nie habe ich Musik und Bücher, ein schönes Bild, Landschaften, Gesellschaft von Freunden stärker und dankbarer empfunden als damals. All das ließ ertragen und lenkte ab von dem, was man doch nicht verhindern konnte. Freilich nicht so weit wie manchen, der später alles für Übertreibung, Greuelmärchen, »Tendenz« hielt und allmählich der Zeit nach dem Zusammenbruch mehr grollte als den zwölf Jahren.
Der große Urlaub bekam zweifache Bedeutung: Er entließ mich nicht nur aus der Arbeit, sondern auch aus dem Bereich der bösen Stimme. Denn sie gestatteten mir Auslandsreisen. Zunächst trotz Grenzsperre in das noch freie Österreich, auf das steierische Gut, dann viel weiter, nach Italien, Jugoslawien, sogar in den nahen Orient, nach Nordafrika und Marokko. Aber sie ließen mich nicht aus den Augen; wenn ich in die Schweiz wollte, gab es kein Visum. Und als Thomas mir auf regulärem Weg geschrieben hatte, er fahre zu Jakob Wassermanns Begängnis nach Wien und werde eine Zeitlang dort bleiben, da wurde zum erstenmal meine Eingabe um Reiseerlaubnis in Berlin so lange hingehalten, bis die vom Bruder angegebene Frist verstrichen war. Eine Kette klirrte.

Die Briefe, die ich mit Thomas zwei- bis dreimal im Jahr wechselte – Heinrich schrieb damals überhaupt nicht, um mich nicht zu gefährden –, kamen alle ohne größere Verzögerung an. Sorgfältig wieder verschlossen und ohne Zensurstriche. Wir schrieben uns ja auch nur sehr neutral: über Mamas Grab etwa oder über unsere neue Wohnung in Schwabing, deren Photos anstandslos die Grenze passierten. Selbst die ersten Bände der Joseph-Tetralogie erreichten mich trotz Widmungen wie »Bruder Viko vorsichtig zugestellt unter heimlicher Beigabe eines herzlichen Grußes«. Der Gestapozensor gestattete sogar kleine Witze, wie Thomas' Mitteilung anläßlich der Fahrt zu einer Völkerbundssitzung: »Ich bin nämlich noch im Völkerbund, entschuldige!«

Ein paarmal konnte ich auch wieder im Ausland unzensuriert nach Küsnacht am Zürichsee schreiben und von dort Antwort erhalten. Ihr Inhalt war dann freilich offener, aber er löste mehr Schmerz als Freude aus.

Die Diffamierung der Brüder durch die Presse tat mir nicht weh. Sie zeigte mir, daß die Zwingherren das Wirken der beiden noch fürchteten, und sie trug mir immer ehrlich teilnehmenden Zuspruch von Freunden ein. Besonders draußen auf dem Land, wo ich erlebte, daß Bleistiftabschriften von Thomas' Protestbrief nach Aberkennung der Bonner Ehrendoktorwürde durch Patres von Gut zu Gut getragen wurden.

Manchmal gellte die Pariastimme Schimpf auf »kranke Emigrantenhirne«, dann lachte ich und hatte wieder etwas zu imitieren. Und die Luft, der Äther war frei, und die Radiowellen trugen andere Stimmen heran. Eine sprach eines Abends von deutschem Wesen, vom deutschen Hang zum Buch, der nirgends in der Welt so innig sei wie bei uns. Von den Vätern, die beim Kerzenschein »auf die Postille gebückt« gesessen hätten, und vom Glauben, daß auch kommende Geschlechter bei uns des Abends die Stirn in die Hand stützen und lesen würden.

Es war die Stimme des Bruders, die durch Mauern und Gitter zu mir drang.

Ehe der Hahn kräht

I

Daß mir nichts Ernstliches geschah, wunderte mich immer wieder. Wenn mich auch meine nebensächliche Persönlichkeit, meine völlig unpolitische Vergangenheit und mein braver Beruf den Gewalthabern als harmlosen Außenseiter der suspekten Sippe erscheinen lassen mußten und wenn mich auch Wohlmeinende davon abhielten, bei Angelegenheiten in Erscheinung zu treten, die mit den Brüdern zusammenhingen, so war ich mir doch darüber klar, daß all dies mich vor der Geiselhaftung so wenig bewahren könne wie mein Mitmarschieren bei den von der Stimme befohlenen Aufzügen.

Ein rechtlicher Grund für ein Vorgehen gegen mich lag freilich nicht vor, aber wir waren ja kein Rechtsstaat mehr, und andere, die keinen stärkeren »Makel« trugen als ich, verschwanden in Schutzhaft.

Daß ich meine Stellung behielt, ungestraft berufliche Kontroversen gegen kleine Machthaber durchfechten konnte, die neue, sehr hübsche Wohnung beziehen durfte und Reiseerlaubnis erhielt, daß keine Haussuchung erfolgte, bei der mindestens verbotene Bücher entdeckt worden wären – manchmal war mir das alles geradezu verdächtig; so als ob ich für etwas aufgespart würde.

Entfernten Verwandten erging es schlechter: Katjas Eltern mußten das schöne Pringsheimsche Haus – einst Mittelpunkt des besten gesellschaftlichen Lebens der Stadt – an die Partei abtreten und später die sehr wertvollen Sammlungen des Geheimrates im Ausland verkaufen lassen. Man versprach ihnen dafür hohen Anteil an den gewonnenen Devisen und die Ausreise in die Schweiz. Als sie nach hundert marternden Schikanen endlich die rettende Grenze überschritten hatten – Thomas und Katja waren schon in Amerika –, da

lag kein Geld in Zürich. Alles war Betrug und Raub gewesen. Aber das greise Paar konnte wenigstens noch einige Zeit in Frieden und Freiheit leben.
Eine Kusine von Bruhnsscher Seite her, die einen kleinen Posten bei einem norddeutschen Finanzamt innehatte und von Thomas auch vom Exil aus noch unterstützt wurde, zog allein dadurch die Wut eines neuen Vorgesetzten – Oberregierungsrat aus Bayern – auf sich, wurde als »Jüdin« mit sofortiger Entlassung bedroht und mußte innerhalb von vierundzwanzig Stunden ihre arische Abstammung nachweisen. Als ein mit uns verwandter Pastor als großer Familienforscher dies wirklich zustande brachte, jagte man die Base trotzdem bald darauf in magere Pension.
»Kusine von Thomas Mann« hatte genügt, und mir, dem Bruder, sollte nichts geschehen?
Die fortgesetzten anonymen Angriffe kleiner Lumpen – Diffamierungsversuche bei der Bank oder der »Arbeitsfront« – nahm ich nicht ernst, und es fanden sich ja auch immer wieder Anständige, die sie unwirksam machten. Es wurde nachgerade unheimlich – wenn man es nicht als beschämend ansehen wollte –, wie sehr ich als Normalbürger behandelt wurde: Die neue Weltmacht holte mich zum Fahneneid heran. Über Nacht wurde ich wieder Reserveoffizier, wenn auch nur »z. D.«, da ich keine Waffenübungen ableisten wollte.
Ich traute der Lage nie ganz und war auf einen plötzlichen Schlag gefaßt. Daß ich bespitzelt wurde, war mir klar. Im noch freien Österreich sogar stand ich unter Kontrolle der »Illegalen«, die schlimmer waren als unsere übelste SA. Der brave alte Portier von Meißl und Schadn in Wien sagte mir, er melde mich polizeilich gar nicht mehr an »wegen dö bläden Nazi«. Und die Mauern des steierischen Gutsschlosses, in dem ich mich aufhielt, waren eines Morgens mit Judensternen bemalt.

Manchmal stach mich an meiner langen Kette der Hafer, und ich schlug ein wenig aus. Spät in der Nacht einmal, als ich neben einem Kollegen auf hohem Barstuhl saß – wir waren der Rest einer Salvatorgesellschaft und tranken Kirsch nach dem vielen Starkbier –, sah ich, wie der Freund sein glattes braunes Haar à la Hitler zurechtstrich und sich Teile einer schwarzen Streichholzreibfläche als Bärtchen unter die Nase klebte. Er verzog das Gesicht und sah plötzlich dem »Führer« erschreckend ähnlich. Langsam drehte er sich auf seinem Stuhl zu den Leuten im stark besetzten Lokal um.

Statt ihn zurückzureißen, begann ich – das Gesicht zur Wand gewendet – mit der Korporalsstimme zu sprechen: »Meine teutschen Volksgenossen ond Genossinnen – – –« Es wurde totenstill.

Der andere war Gesicht und Geste, ich die Stimme. Nichts war verabredet oder erprobt, aber wir lieferten fünf Minuten lang eine Imitation, daß die Gäste sich vor halb unterdrücktem Jubel nicht zu lassen wußten. Das Lokal benahm sich wie eine Schulklasse, deren böser Lehrer vor die Tür gegangen ist. Es war schmählich, aber es hatte den Reiz der Gefahr, denn um uns waren lauter Unbekannte, und ein einziger Verräter hätte genügt.

Der Mixer war außer Rand und Band vor Vergnügen, aber mit Lachtränen in den Augen sagte er: »Wollen die Herren sich doch bitte gleich retten!« Wir tranken den letzten Kirsch und retteten uns. Es war kein Verräter in der Klasse.

Witzchen oder machtloses Schelten gegen das Übel, in das unser Land immer stärker verstrickt wurde; aber zu Ehren des Übels marschieren, um den Arbeitsplatz zu behalten und mit guter Arbeit doch wiederum das Übel zu fördern. Sich auf diese Arbeit und ein bißchen Freude konzentrieren, dankbar sein für jeden anständigen Menschen, dem man noch begegnete, und sich bemühen, selbst anständig zu bleiben, wenigstens als Einzelmensch – Hunderttausende haben so gelebt, und ich war und lebte wie sie.

Das gleiche Leben, die gleiche Schuld. Sie ist größer, als die meisten von uns zugeben wollen, und kleiner, als die Rächer sie sehen. Thomas hat 1945 in der Rede »Deutschland und die Deutschen« den Satz geprägt, der den Grenzen dieser Schuld die Schärfe nimmt. »Wir alle«, rief er der Welt zu, »wir alle bedürfen der Gnade.«

II

Betrifft: Unterredung.
Sie werden gebeten, sich in den nächsten Tagen zwischen 8 und 11 Uhr bei der Geheimen Staatspolizei, Zimmer 36, I. Stock, einzufinden.

Dies las ich auf einem Postkartenvordruck. Ich prüfte die Anschrift nochmals, sie zeigte wirklich meinen Namen. Warum sollte sie auch nicht stimmen? Einmal mußte es ja kommen, und sie hatten mir lange Zeit gelassen, um mich darauf vorzubereiten. Ich mußte bereit sein und sogar dankbar dafür, daß sie mich nicht, wie üblich, um vier Uhr früh verhafteten, sondern um mein Erscheinen baten. Freilich konnte das eine blutige Höflichkeit sein, wie sie der Überlieferung nach vielen derartigen Institutionen eigen war.
Also morgen! Man läßt solche Herren nicht warten, und man wartet auch selbst nicht gerne noch zwei Nächte statt einer, wenn man weiß, daß die »Unterredung« doch stattfinden muß. Merkwürdigerweise schlief ich aber diese eine Nacht ganz gut.
Ja, ich würde sofort anrufen, wenn ich den Besuch hinter mir hätte, versprach ich Nelly hoch und heilig und löste mein Versprechen schon eine halbe Stunde später ein, denn sie schickten mich noch einmal weg. Ein Subalterner, der im Wittelsbacher Palais meine Vorladung prüfte, dort, wo ich einst als Sachverständiger des Landesamtes aus und ein gegangen war, sagte, der einschlägige Herr sei heute nicht da. Ich wollte das nicht für eine raffinierte Marter halten und nahm mich als Opfer in spe nicht mehr sehr wichtig. Offenbar wollten sie mich doch noch nicht erledigen.
Am nächsten Tag empfing mich in einem der saalartigen Räume, die ich ja alle kannte, ein gut angezogener Mann mit zunächst strenger Miene. Aber er bot mir einen Stuhl an, der normal bequem zu sein schien. Auch konnte ich keine grelle Lichtquelle oder ähnliches modernes Verhörutensil bemerken.
Es müsse nun endlich einmal meiner Abstammung auf den Grund gegangen werden, begann mein Gegenüber. Ich hätte eine Position inne, die unter keinen Umständen in den Händen eines Nichtariers bleiben dürfe, und die Anklagen gegen mich häuften sich. Was also eigentlich mit mir los sei.

Ich übergab ihm schweigend meinen »Ahnenpaß« und die Belege. Sogar die Taufscheine von Mutter und Großmutter aus der Kirche Nossa Senhora dos Remedios in Paraty waren darunter, bescheinigt von der deutschen Botschaft und übersetzt von einem vereidigten Experten. Die brasilianische Verwandte, die eine geborene de Jesus war, prunkte als Taufzeugin auf einem dieser Dokumente, und der Pfarrverweser, der »ito in fide Parochi« unterzeichnet hatte, war selbst ein José Alberto da Silva gewesen, also möglicherweise ein Großonkel. Nein, mit ihren schmählichen Rassefallen konnten mir diese Rasselosen nicht kommen.
Plötzlich waren es drei, die in die Papiere blickten, und außerdem stand jemand hinter mir. Ich hörte ihn atmen, drehte mich aber nicht um. Ich sah zu, wie sie die Eltern und Großeltern prüften, und das Ehrwürdige kam mir geschändet vor durch diese Augen.
Eine gemacht freudige Stimme sprach: »Aber dann sind Sie ja gar kein rechter Bruder von Heinrich und Thomas Mann.« Der Mann hinter mir war zu den anderen getreten und entpuppte sich als Leiter des Ganzen. Ein Kerl wie ein Baum. Er führte von jetzt ab das Wort.
Ich sagte, daß ich doch ein rechter Bruder sei und daß die Brüder von gleicher Herkunft seien wie ich. Und plötzlich merkte ich, daß die Männer das längst wußten, daß alles Bisherige nur eine einschüchternde Einleitung gewesen war. Ich merkte es, weil der Anführer zu rasch auf den Übergang zum Eigentlichen kam.
»Also Thomas Mann ist kein Jude!« sagte er, wie von unverhofftem Glück überrascht. »Aber ich bitte Sie, dann ist ja alles nur ein tragisches Zerwürfnis dieses großen Geistes mit seinem Vaterland. Dann müßte man ja eingreifen, Ihren Bruder endlich von seinem Irrtum überzeugen, ich möchte sagen, ihn versöhnen.«
Kurzum, sie gaben zu verstehen, daß ich Thomas ins Dritte Reich heimholen solle. Sie wüßten, daß ich gut mit ihm stände, sagten sie, und es sei hochanständig von mir, trotz der Mißverständnisse persönlich zu ihm gehalten zu haben. Heinrich sei ja endgültig verloren, aber Thomas! Es sei meine Pflicht als Bruder und Deutscher, ihn zu überzeugen.
Mein erster Gedanke war: Jetzt lassen sie dich hinaus in die Schweiz! Aber sofort wußte ich, daß sie natürlich Nelly als Geisel

zurückbehalten würden und daß es schlimmer als bisher um mich stehen würde, wenn ich – was ja selbstverständlich war – ohne den Bruder heimgekommen sei. So tat ich ergriffen und sprach stokkend zu den schlechten Komödianten vor mir. Ich sagte, daß ich wegen des großen Altersunterschiedes für die Brüder immer der kleine Bub von einst geblieben sei, daß ich in einer anderen Welt gelebt habe als sie, daß das alles zwar unser herzliches Verhältnis nie getrübt habe, meinem etwaigen Beeinflussungsversuch aber von vornherein jedes Gewicht nehmen würde. Natürlich würde man mir nicht böse sein, und eine Reise zum Wiedersehen sei sehr verlockend für mich, aber es wäre gewissenlos von mir, das Angebot auszunützen, obwohl für mich das Mißlingen der Mission feststehe. Ich sei nicht der Richtige, obwohl ich der richtige Bruder sei.

Man redete mir noch eine Zeitlang zu und drohte nicht einmal dabei. Offenbar lag Auftrag vor, nicht abzubrechen. Und dann ließen sie mich gehen, und ich lief in den nächsten Laden, um zu telephonieren.

Erst 1945 habe ich erfahren, daß ein anderer den ehrenden Auftrag übernommen hat, der mir zugedacht war: Ein deutscher Schriftsteller hatte sich der Aufgabe unterzogen, den Verfemten, Beraubten und Beschimpften zur Rückkehr zu bewegen, damit Goebbels einen weiteren weltbekannten Namen für seine Propaganda benützen könne. Die Ablehnung muß sehr deutlich, vielleicht nicht einmal höflich gewesen sein.

Daß dieser Dichter einen Erfolg für möglich gehalten hatte, konnte ich, der damaligen Zeit des Wegsehens und Weghörens gedenkend, noch halbwegs begreifen. Daß er aber schwieg, als 1947 behauptet wurde, Thomas sei unfreiwillig im Exil geblieben und habe um Erlaubnis zur Rückkehr gefleht – daß er gegen diese Unwahrheit den Mund nicht aufgetan hat, das verstehe, wer will. Doch Thomas hat bei seiner Zurückweisung des Anwurfes auf diesen eklatanten Gegenbeweis verzichtet, also habe auch ich zu schweigen. »Wir alle bedürfen der Gnade.«

III

Die Frau mir gegenüber am Bauerntisch mit der blauweiß gewürfelten Decke war mit einigem Recht böse auf mich. Sie hielt mich schon lange für hochmütig und unhöflich, und die Art, in der ich sie, ihren Mann und ihren Vater bei ihrem Eintritt in das getäfelte kleine Gastlokal nur steif gegrüßt hatte, statt sie an den großen Tisch zu laden, an dem ich alleine saß, war recht ungalant gewesen. Schließlich kannten wir uns doch, grüßten uns und hatten schon oft miteinander gesprochen.

Daß mein schlechtes Benehmen auf dem mir aufgezwungenen Bestreben beruhte, diese Bekanntschaft nicht zu vertiefen, wußte die Frau nicht. Hätte sie es aber geahnt, so wäre sie noch böser gewesen, denn es hätte ihr mein Mißtrauen gegen sie bewiesen, das ihr sicher beleidigend erschienen wäre.

Meine Unhöflichkeit hatte mir diesmal nichts genützt. Nach zögerndem Hin und Her zwischen anderen freien Plätzen waren die drei doch bei mir gelandet, und da ich erst bei der Suppe war, mußte ich mich mit der Gesellschaft nun mindestens für die Zeit des sonntäglichen Mittagessens abfinden.

Die Frau langweilte sich in dem Provinznest, in dem sich ihr gutmütiger Mann als Ingenieur einer benachbarten Fabrik sehr wohl fühlte. Sie war in einer Großstadt aufgewachsen und steckte voller unerfüllter Ansprüche an das Leben. Einen gewissen Ersatz bedeutete es ihr, über Dinge, die ihr »höher« oder mondän schienen, wenigstens sprechen zu können, und als Partner hierfür kam ich in Betracht.

Aber sie sprach überhaupt zuviel mit aller Welt. Ich wußte es und war gewarnt. Deshalb ging mir Vorsicht über die Höflichkeit. Ich hatte mein Inkognito zu wahren. Wir standen im Herbst 1944.

Zwei Monate vor dem Krieg hatten mir Freunde, die es wissen mußten, nicht nur den bevorstehenden Angriff, sondern auch die kommende rücksichtslose »Sippenrache« ernst warnend vorausgesagt und mir gleichzeitig einen rettenden Weg gewiesen: den zur Armee, und zwar zur Verwaltung, bei der man landwirtschaftliche Experten dringend brauche. Vor allem müsse ich aus München heraus und den freiwilligen Spitzeln und Denunzianten aus den Augen, damit die Gestapo wenigstens nicht an mich erinnert würde. Auch werde mich der Offiziersrock bis zu einem gewissen Grad schützen. Auf jeden Fall, sagten die Wohlmeinenden immer wieder, müsse ich unter Menschen, die aus meiner Stellung und aus meinem Wesen gar nicht auf den Gedanken meiner gefährlichen Zugehörigkeit kommen könnten. Das Weitere werde sich finden.

Ich hatte den guten Rat befolgt, war sofort vorgemerkt und bald nach Kriegsbeginn zu einem Spezialkurs eingezogen worden. Ein höherer Vorgesetzter, dem tapferer Sinn und christliche Güte im Gesicht standen, hatte mir bei meiner Meldung mitgeteilt, daß meine Stellung schon bestimmt sei, und seither saß ich nun programmäßig fern in der Provinz, jedermann weit und breit unbekannt und selbständiger Leiter einer Dienststelle, die sich immer weiter ausdehnte.

Notwendig war, daß ich in keiner Weise auffiel. Ich hatte also gute Arbeit zu leisten für das Böse, das sich jetzt tragischerweise mit der Verteidigung des Vaterlandes deckte, und äußerste Vorsicht bei meinem Umgang zu wahren. Die mir unterstellten Kameraden wechselten zwar, aber ich bekam immer wieder Herren zugewiesen, denen ich trauen konnte, obwohl Parteigenossen unter ihnen waren. Selbst von diesen hätte ich mich ihrem Charakter nach im Notfall keines Verrates zu versehen gehabt.

Ich fühlte schützende Hände, aber ich mußte selbst für meine Sicherheit sorgen.

Mein ländliches Quartier gestattete mir außerdienstlich die größte Zurückgezogenheit. Meine Quartiergeber fragten nie, obwohl sie im Laufe der Jahre die Zusammenhänge mehr als ahnen mußten. Sie betreuten mich in ihrem kleinen Gasthof wie einen der Ihrigen und hielten mir in schweigendem Verständnis, wenn nur möglich, Menschen fern, die irgendwie hätten gefährlich werden können. Aber immer war das eben nicht möglich, und jetzt saß mir also die Frau gegenüber und war böse auf mich.

Ich machte Konversation, fragte den magenleidenden Papa, einen verbitterten Major a. D., nach seinem Befinden und die Dame nach ihren vier Kindern. Kinder sind doch Freude und Erfüllung, und dies waren sogar recht hübsche Kinder. Aber ihre Erwähnung nützte mir jetzt nichts. Das Bösesein stand der Frau in den Augen,

und dann sprang es ihr aus dem Mund. Ohne Überleitung fragten die schmalen Lippen: »Sind Sie eigentlich verwandt zu den Schriftstellern Ihres Namens?«
Ich hatte gerade mein Glas angesetzt und trank jetzt langsam ein paar Schlucke. Im Lautsprecher tönte das »Volkskonzert«. Eine Stimme, die mich zwingend an eine arrivierte Köchin erinnerte, sang tief und manieriert innig: »––– dann ruhst du dich in meinen Armen aus.« Von der Wand schaute Adolf Hitler.
In diesen Sekunden war mir sehr klar, was kommen würde, wenn ich die böse Frage bejahte. Die Dame würde lächelnd sagen: »Ah, sehr interessant!« Sie war kein Naziweib und würde keineswegs sofort etwa den Ortsgruppenleiter empört fragen, warum man Leute aus solcher Familie sogar nach dem 20. Juli noch frei herumlaufen lasse. O nein, aber wenn sie sich das nächste Mal langweilte und schwätzen, böse schwätzen mußte, dann würde sie zu anderen Schwätzern sagen: »Jetzt weiß man ja, warum dieser Herr so merkwürdig zurückhaltend ist –––« Und in wenigen Tagen konnte alles verdorben sein.
Es war ja bei aller Vorsicht ein wahres Wunder, daß man mich noch immer unbehelligt ließ trotz der Erklärung der Brüder zu Staatsfeinden, trotz Thomas' Radioreden »Deutsche Hörer!«, von denen sogar meine Arbeiter heimlich sprachen, und trotz des 20. Juli, der für viel harmloser Versippte mindestens das Konzentrationslager bedeutet hatte. Ich wußte nicht, was in den höheren Regionen unserer Hölle vorging; ob man mich wirklich vergessen hatte oder ob das Übergehen auf dem Wirken der schützenden Hände beruhte. Jedenfalls konnte der geringste Anlaß den dünnen Faden zerreißen, an dem ich hing. War ich darum erst gestern wieder aus einem schweren Luftangriff gerettet worden, um durch Geschwätz zu fallen?
Aber noch nie hatte ich geleugnet, der Bruder zu sein. Freilich war das bisher kein Heldenstück gewesen, denn die Frager wären mir leicht auf eine Lüge gekommen. Jetzt war es anders: Ich konnte entscheiden. Die Brüder hätten mir zwar sicher zugeraunt »halt den Mund«, wenn sie unsichtbar zugegen gewesen wären, aber es war doch niederträchtig schwer, und ich haßte die schmalen Lippen, die mich zur Wahl zwischen Verderb oder Abschwören zwangen.
Dieser Haß entschied. Nein, ich würde der Dame zu keiner Sensa-

tion verhelfen. Ich setzte das Glas ab und sagte: »Das ist wirklich noch ein guter Rotwein! Wie meinten Sie? Mit den Schriftstellern verwandt? Nicht daß ich wüßte. Das sind doch Norddeutsche, nicht wahr? Ich bin aus München.«

Der Ingenieur seufzte: »Ja, unser armes München!« Und der alte Major meinte böse, um die modernen Großstädte sei es nicht schade. Das Gespräch lief weiter.

Da wurde kurz und hart an das Fenster geklopft.

Es war ein großes, dreiteiliges Fenster, das sehr tief herunterreichte, so daß man fast die Füße der Vorübergehenden sehen konnte. Draußen war Hof und Garten, in dem immer Hühner ihr Wesen trieben. Manchmal warf man ihnen Brotreste aus dem Fenster zu. Sie waren das gewöhnt und erwarteten es.

Als ich aufblickte, sah ich vor den Scheiben einen Halbkreis von weißen und bunten Hennen. Vorne aber stand der prächtige Hahn. Er hatte mit seinem stahlharten Schnabel an das Glas gepocht. Jetzt legte er – ein gelbes, mächtig bespornte Bein etwas angezogen – den Kopf mit dem blutroten Barett des Zackenkammes leicht auf die Seite und schaute mit stechend-feurigen Augen in das Zimmer.

Es war klar: Er verlangte Brot für seine Frauen, aber mir war es, als fragte mich sein Blick: »Soll ich krähen, Petrus?«

Die Hähne der weißen Leghornrasse sind gewaltige Kavaliere. Ritter ohne Furcht und Tadel, von einem Ehrgefühl, das ihnen die Annahme auch des aussichtslosesten Kampfes vorschreibt und sie nach einer Niederlage am Gram hinsiechen läßt. Niemals, unter keinen Umständen würde ein solcher Gentleman seinen Clan verleugnen.

Mir war elend zumute.

Wiedersehen

I

Im Ofen brannte Ruinenholz.
Es waren Balkenstücke mit Mörtelresten und großen Nägeln, Teile von Türen mitsamt den Beschlägen, gedrehte Stuhlbeine und Tischplatten. All das hatte lebenden, arbeitenden, sorgenden, liebenden und hassenden Menschen gedient. Dann hatte es sich als wüstes Grabmal über dem Keller mit den Menschenleichen getürmt, und jetzt diente es im endgültigen Vergehen noch einmal den Menschen. Den Überlebenden. Auch wir waren wieder Überlebende, wie 1918.
Aber wir gingen nicht, wie damals, in das Odeonkasino. Das war ein Trümmerhaufen, wie das Haus an der Rambergstraße und unsere frühere Wohnung in der Mariahilfstraße, wie fast alle Heime, in denen die Unsrigen in München je gehaust hatten, und wie Tausende und Abertausende Häuser, Arbeitsstätten und Kirchen der Stadt und des ganzen Landes.
Auch unser Schwabinger Haus hatte schwer gelitten. Aber es trug schon ein Notdach, und nach meiner Rückkehr im August waren die eingedrückten und teilweise eingestürzten Wände unserer Wohnung wieder aufgemauert, Türen ersetzt, Fenster notdürftig verglast worden. Und in einer höchst komplizierten Aktion, an der mehrere Freunde hilfreich teilgenommen hatten, war die Beschaffung eines großen Ofens gerade noch vor dem Kälteeinbruch geglückt. Ein langes, häßliches Rauchrohr stieg hinter ihm an der Wand empor, wie in kleinen Wirtshäusern und in den Knechtekammern meiner Pollinger Jugend, aber der Ofen zog, das Ruinenholz prasselte, und wir hatten – welch Glück – eine warme Stube.
Das Mobiliar war durch Auslagerung vor den Bomben bewahrt worden. Plünderungen hatten uns um viel sonstiges Eigentum –

besonders Kleidung – gebracht, aber der größte Teil der Bibliothek reihte sich wieder, wie einst, in den Schränken, und von der Vitrine im Erker schaute das Hollandhäuschen »In de rokende Moor« aus seinen kleinen Fensteraugen durch die großen Fenster auf die zerstörte Straße. Wieder hatte es alles überstanden, uralt, gekittet und zerbrechlich, wie es war, und seine Farben schienen so frisch, als ob es erst gestern aus dem Delfter Porzellanofen gekommen wäre.
Auch Licht hatten wir, elektrisches sogar, und so tönte auch wieder der gerettete Radioempfänger. Die böse Stimme, die ihn zwölf Jahre lang beherrscht hatte, war ausgelöscht, und eine andere Stimme berichtete vom Gericht über die großen Rädelsführer. Aber sie gefiel mir auch nicht, obwohl ich mit den Angeklagten kein Mitleid empfand. Sie wollte die diktierten Sätze allzu musterschülerhaft wiedergeben und aus der blutigen Schande des Landes ein sprachliches Kunstwerk machen. Meine Stimmempfindlichkeit vermittelte mir zwingend den Eindruck, daß der Sprecher auch das Todesurteil der eigenen Mutter gerne verkünden würde um eines wie in Butter gewickelten pr's oder überscharfen Rachen-r's willen. Um verhaltene Entrüstung, Richterzorn, Pathos der Gerechten mit der Kunststimme – wenn möglich mit geschminkten Lippen – schauspielerisch deklarieren zu dürfen. Nein, auch diese Stimme war für mich häßlich anzuhören.
Vieles war häßlich, schaurig und so furchtbar lastend, als könne man sich nie mehr unter diesem Druck erheben. Nicht so sehr die Not, obwohl sie immer schlimmer wurde, aber das Wesen der Menschen in Not und Schuld. Der Kampf aller gegen alle, die Raubgier, der schäbige Wucher und das gegenseitige geifernde Bespucken.
Die gleichen Menschen, die noch vor einem Jahr einen persönlichen Widersacher oder nur Unbequemen als Gegner des Systems, Judenfreund, Abhörer feindlicher Sender verdächtigt hatten, diffamierten ihre Gegner – und Gegner war fast jeder – jetzt als Nazis. Um die kleinste politische Pfründe, um eine Wirtslizenz, um ein Zimmer wurde in so schmutziger Weise gekämpft, daß es immer klarer wurde: Der Geist der gemeinen Barbarei lag nicht unter Blutströmen und zerschmetterten Mauern begraben. Er lebte weiter, und jetzt erst gab er sich ganz zu erkennen.

Wir waren heimgekehrt: Nelly aus ihrer Evakuierung, und ich, durchgekommen, im letzten Augenblick der flüchtenden und mordenden SS entkommen und vom Sieger ins Leben entlassen.
Ich hatte da begonnen, wo ich im Oktober des ersten Kriegsjahres aufgehört hatte. Mein alter Arbeitstisch sah recht mitgenommen aus. Er war aus dem brennenden Bankgebäude gerettet worden. Von den Kollegen fehlten viele, und die Überlebenden waren in sechs Jahren um zwanzig gealtert.
Diesmal gab es kein »am Boden Verharren« wie 1919, obwohl meine bürgerliche Welt noch viel fragwürdiger geworden war als damals.
Die Freunde, soweit sie noch lebten, stellten sich wieder ein, als kröchen sie nach einem Erdbeben aus halb zerstörten Kellern hervor, die Spuren des Erlebten noch an sich. Einige kamen aus den Todeslagern, andere aus Gefangenschaft, viele, die alles verloren hatten, aus ihren Flüchtlingsquartieren. Kaum einer, der nicht um Angehörige trauerte. Die Söhne lagen in fernen Gräbern oder waren verschollen. Und ich mußte denken: Wo lägen jetzt die Unsrigen, wenn sie geboren worden wären?
Oft hatte ich während des Krieges die Stimme des Bruders im Lautsprecher gehört, allein in der Nacht, bei leisester Einstellung des Empfängers, auch das Licht war gelöscht. Zweimal noch in den letzten Untergangswochen. Von weither waren die Worte vertrauten Klanges gekommen, die nach Roosevelts Tod dem Verderber Deutschlands zuriefen: »Verstecke dich eine Weile noch in dem Loch, das dir deine Getreuen gruben!« Und jenen Satz, dessen Wahrheit noch lange nachwirken sollte: »In Deutschland ist das Unterste, das menschlich Letzte und Niedrigste obenauf gekommen!«
Als dann die ferne Bruderstimme nach dem Waffenstillstand gesprochen hatte, waren Licht und viel Ergriffene um mich gewesen, die mit mir gehört hatten: »Der Deutsche aber, dem von den Allerunberufensten einst sein Deutschtum abgesprochen wurde, der sein grauenvoll gewordenes Land meiden und sich ein neues Leben bauen mußte – er senkt das Haupt in der weltweiten Fremde: Das Herz krampft sich ihm zusammen bei dem Gedanken, was sie für Deutschland bedeutet.«

Damals hatte ich zuerst versucht, Nachricht hinübergelangen zu lassen, aber trotz Hilfe der Besatzungsmacht war es mißlungen. Dann hatte ein deutscher Dichter in einem offenen Brief nach Thomas gerufen, in würdigen, ergreifenden Worten sein Kommen gefordert, damit er Not und Sünde sehe, verzeihen und aufrichten könne. Die Antwort auf diesen ersten Ruf war voller Verstehen und Klage um das Vaterland gewesen. Das Kommen hatte der eben Siebzigjährige keineswegs abgelehnt, nur für den Augenblick als verfrüht bezeichnet. Denn es werde sich doch wohl vielleicht um ein Heimkommen und Bleiben handeln.

Dies stand in der einzigen Zeitung, die es damals bei uns gab. Also müssen es Hunderttausende gelesen haben. Aber viele wollten sich später nicht daran erinnern.

Im Gespräch der »offenen Briefe« kam plötzlich das Polemische auf, für mich das erste Beispiel der deutschen Selbstzerfleischung im Unglück. Einer warf die »innere Emigration« als Streitbegriff gegen die »äußere« in die bisher würdige Debatte. Ich hielt es für demagogisch, wie er uns, die im Lande Gebliebenen und jetzt Mitgehangenen, als die wahren Helden pries und den Exilierten die »bequeme Loge« vorhielt, aus der sie den Brand des Vaterhauses sich angesehen hätten. Denn ich wußte, was denen da draußen die zwölf Jahre gewesen waren, selbst wenn sie nicht Hunger gelitten hatten: eine Hölle von Leid. Ich hatte die Briefe der Brüder gelesen und fühlte, daß der Blick der Deutschen im Exil die Schande der Heimat schärfer gesehen hatte, als wir Wegschauer und Weghörer. Ich spürte, was der Raub des Vaterlandes denen gewesen war, die zutiefst in ihm wurzeln und doch ihm ferngeblieben waren. Viele nur, um der Welt zu beweisen, daß es ein anderes Deutschland gäbe. Sie hatten vielleicht Schlimmeres erduldet als Hunger und Bomben. Und ich sah klar voraus, wie einer von ihnen, der, unbeschwert von eigener Schuld, nach der Niederlage des Bösen der Welt die deutsche Seele erklärt, sich mit dem Deutschtum, so wie es ist, identifiziert und der Welt zugerufen hatte, daß »wir alle der Gnade bedürfen« – wie ein solcher den Anruf schlimmer Instinkte, die menschliche Diffamierung und den Eindruck böser Verstocktheit empfinden mußte.

Ich bildete mir ein, noch etwas verhindern zu können, verfaßte nun

meinerseits einen »offenen Brief« an Thomas und lief zur Zeitung, wo man mir freundlich erklärte, dies sei »zu persönlich«, man werde es aber als Privatbrief hinübergelangen lassen. Auch das geschah nicht, und alles nahm seinen Lauf.
Thomas antwortete ziemlich genau das, was ich schmerzlich erwartet hatte, und jetzt warf man ihm »Ressentiments« vor. Der lästig Gerechte sollte zum Ungerechten gemacht werden.
Aus dieser widerwärtigen Polemik heraus wurde das Wort »Ressentiments« geradezu Mode, wie 1919 »Kriegsschuldlüge«, »Dolchstoß« und »untragbar«. In wenigen Wochen machte man aus dem Tatbestand der Emigration ein Schmutzgeschoß gegen Widersacher aller Art. War der andere im Lande geblieben, so war er Nazi gewesen. Hatte er das Exil gewählt, so hatte er »im Ausland Butterbrote gegessen, während wir so viel litten«.

Als Erika nach München kam, eine Kriegskorrespondentin im Leutnantsrang, bei diesem ersten Wiedersehen nach dem Wiederhören also, mußte ich erkennen, daß die zwölf Jahre, die zwischen uns daheim und denen draußen standen, nicht mit einem lachenden »Grüß Gott nach den tausend Jahren« oder einem pathetischen »Was ich durchgemacht habe!« abzutun waren. Selbst unter eng Verwandten nicht, die sich immer gut verstanden hatten. Aber ich sah auch, daß phrasenlose Offenheit sehr rasch alles noch Trennende überwinden konnte, und so wurde diese erste Stunde eben doch ein gutes Wiedersehen.
Die Nichte, in deren reifer und fraulicher gewordenem Gesicht ich die Züge ihrer beiden Großmütter – Mamas und Frau Hedwig Pringsheims Züge – seltsam vermischt wiedererkannte, wurde zur Helferin aus mancherlei Not. Vor allem aber wurde sie lebendige Verbindung mit denen in der Ferne: Sie erzählte. Bei jedem Beisammensein erstand vor mir eine neue Spanne Schicksal der Exilierten; ihres Lebens und ihres Wirkens.
Ich vernahm, wie auf Thomas' erste Amerikareise, von der er selbst mir noch geschrieben hatte, mehrere andere gefolgt waren, bis die Familie zu der Zeit des »Friedens von München« ganz hinübergezogen war. Kaum angekommen als Professor in Princeton, hatte der deutsche Emigrant dem Gastland und der Welt in der Schrift

»Dieser Friede« zugerufen, daß der Pakt mit Hitler mitschuldig mache am furchtbaren Geschehen, am blutigsten aller Kriege, an allem, was nun kommen müsse.
Dann war nach einem kurzen Europaaufenthalt 1939 bei Kriegsausbruch eine abenteuerliche Luftreise von Stockholm nach London und eine gefahrvolle Überfahrt in die neue Heimat gefolgt und Arbeit, viel Arbeit. Große Werke waren entstanden: der dritte und vierte »Joseph«-Band, der Goethe-Roman »Lotte in Weimar«, die Moses-Novelle »Das Gesetz« und nach einer indischen Mythe »Die vertauschten Köpfe«. Dazwischen Kampfschriften, viele Essays, wissenschaftliche Vorträge und andere »Forderungen des Tages«. Aber keine geldscheffelnden Bestseller.
Ich hörte vom Haus am kalifornischen Sonnenhügel über dem Pazifik, dem Bungalow im Zitronengarten, durch den der Seewind streicht, wie durch die Kiefern auf den Ostseehügeln von Nidden. Und ich mußte an das Haus über der Isar denken, das man dem »Staatsfeind« genommen und das eine Bombe zur Hälfte zerstört hatte. Jetzt hausten Ukrainer in den Trümmern, und die Diele mit dem Kamin war ein Kaninchenstall.
Und die Kinder? Die Jüngsten, die ich zuletzt als Zwölf- und Dreizehnjährige gesehen hatte, waren verheiratet. Verheiratet? Jawohl, und sie hatten schon selbst Kinder. Medi, die Heldin im »Gesang vom Kindchen«, war Frau Borgese geworden, Professorengattin in Chikago und Mutter zweier hübscher Mädchen. Und Bibi, der Musiker, hatte mit Neunzehn eine achtzehnjährige Schweizerin zur Frau genommen. Eine »Schweizerblume« also, wie sein Urgroßvater Johann Siegmund Mann. Gret hieß sie, war aus Zollikon am Zürichsee, und die beiden hatten zwei Söhne.
Tommy und Katja waren vierfache Großeltern geworden.
Monika aber, die zweite Tochter, hatte Furchtbares erlebt: Seit kurzem verheiratet mit einem jungen Gelehrten, hatte sie sich im Krieg mit dem Gatten und aller Habe in England eingeschifft, um nach einer kanadischen Hochschulstadt zu ziehen. Hundert Meilen von der Küste war das Schiff nachts torpediert worden, und Monika hatte, an einen lecken Kahn geklammert, den Mann versinken sehen. Nach tagelangem Treiben gerettet, war sie von Erika in einem Hafenhospital gefunden worden.

Klaus – jetzt auch Kriegskorrespondent – war in Rom. Er hatte die Befreiung von Heinrichs erster Frau aus dem Todeslager erlebt und die Gebrochene, halb Gelähmte nach Prag geleitet. Golo, der 1933 nach dem Abschiedsbesuch bei uns nach Frankreich gegangen und 1940 mit seinem Onkel Heinrich auf abenteuerlichen Ziegenpfaden über die Pyrenäen in die Freiheit entkommen war, wirkte jetzt am Luxemburger Rundfunk.

Geschichten über Geschichten. Zwölf ereignisreiche Jahre rollten in ihnen ab, und ich rauchte die Chesterfields der uniformierten Nichte dazu.

Heinrich, dessen zweite Frau, eine Lübeckerin, ihm nach Frankreich und schließlich nach USA gefolgt war, lebte – seit kurzem verwitwet – in Los Angeles, nicht weit von des Bruders Wohnsitz, jetzt vierundsiebzigjährig und unermüdlich schaffend. Er hatte neben vielen Streitschriften und Essays den zweibändigen »Henri VI« geschrieben, den nun Erika »Heinrichs bestes« nannte, wie Thomas einst »Die kleine Stadt«, und die eigenartige Selbstbiographie »Ein Zeitalter wird besichtigt«. Ein neuer großer Roman war im Entstehen.

Auch Heinrich war als Künstler geblieben, was er immer gewesen war, und hatte sich nicht dem angepaßt, was hohes Einkommen versprochen hätte. Sehr einsam, wenn er nicht bei Bruder und Schwägerin weilte, sehnte er sich nach dem Europa, das vernichtet war.

Geschichten über Geschichten: Der kühne Einbruch im eigenen, bereits beschlagnahmten Vaterhause, bei dem Erika das »Joseph«-Manuskript gerettet hatte, und der Verlust der unersetzlichen Handschriften von »Buddenbrooks« und anderen Werken, die, bei einem Münchener Anwalt verwahrt, im Sommer 1944 mit dem zerschmetterten Haus vernichtet worden waren. Das »Buddenbrook«-Manuskript? Ja, es war verloren, wie vieles unwiederbringlich verloren war.

II

23. Oktober 1945.

1550 San Remo Drive
Pacific Palisades, Calif.

Liebes Brüderchen Viko,

Du stehst ja in Wirklichkeit nun auch schon im besten Mannesalter, aber für mich bist Du neun Jahre alt geblieben. Ich weiß, warum meine Erinnerung gerade dabei Halt macht. Als ich den vierten Joseph-Band schrieb und von Benjamin erzählte, habe ich manchmal von weitem an Dich denken müssen. – – –

– – – Wir haben uns beide, Katja und ich, sehr herzlich über Deinen Brief gefreut und ich bin Dir besonders dankbar für das sehr schöne Portrait der seligen Carla, das ich noch nicht besaß.

– – – Wir waren wirklich gründlich außer Kontakt, mehr als Du dachtest in der Hoffnung, daß alle Briefe von Dir zu uns gelangt wären. Deine späteren Briefe, besonders der aus Kairo, haben uns nie erreicht. Ich bin glücklich, daß Du alles innerlich und äußerlich unversehrt überstanden hast. – – –

– – – Jetzt (nach einem Besuch der Enkelbuben) leben wir wieder recht allein in unserem Zitronengarten, besonders da nächste Freunde, Bruno Frank und Franz Werfel, weggestorben sind. Einiger Umgang, amerikanischer und deutscher, bleibt, und wir fühlen uns wohl in dem mit der Münchener Pracht nicht zu vergleichenden, aber praktischen und heiteren Haus, das wir uns hier vor vier Jahren gebaut haben. Allerlei vor mich gebracht habe ich ja in diesen Jahren, seit ich nach der ersten Verstörung langsam wieder zu arbeiten begann. – – –

– – – sobald aber die Verhältnisse und die hiesigen Behörden es gestatten, werden wir sicher Europa und Deutschland besuchen und dann soll es ein Wiedersehen geben mit Dir und Nelly. – – –

– – – Mit Sorge sehen wir dem bevorstehenden deutschen Winter entgegen. Möchtet Ihr gut durchkommen. Bayern wird hoffentlich in Ernährungsdingen vor anderen Gegenden etwas bevorzugt sein und besonders darf man das für einen landwirtschaftlichen Sachverständigen hoffen.

Herzlich Dein

T.

Das war der erste Brief, der ja auch ein Wiedersehen bedeutete. Weitere folgten und Bilder und Pakete den schlimmen Winter hindurch. Schließlich kamen der Reihe nach auch die Bücher, zuerst leihweise von Freunden, dann von drüben die zugeeigneten Exemplare. Im »Joseph der Ernährer« stand richtig »Für Benjamin-Viko«. Und ich »stützte die Stirn in die Hand«, um zu lesen, indes das Ruinenholz im Ofen für die Überlebenden verbrannte.
Im Goethe-Roman – besonders im inzwischen berühmt gewordenen siebenten Kapitel – kommt zum Ausdruck, wie stark der Autor das kritische Verhältnis unseres Größten zu unserem Land, das heißt zu gewissen Seiten des Deutschtums, empfunden hat. Wir haben das in den Schulbüchern nicht gelesen, folgt man aber einem Forscher wie Hans. J. Weitz durch die Jahre 1788 bis 1832, so sieht man, daß »Lotte in Weimar« sich ganz an diese Linie gehalten hat. Immerhin wollte ich aber wissen, wen Goethe 1816 beim Selbstgespräch vor dem Frisierspiegel mit den »verzückten Schurken, die das Niedrigste anrufen und Nationalität als Isolierung und Roheit lehren«, gemeint haben könnte. In der Antwort hieß es:

»Meine Reue über den Anachronismus, den ich mir nicht verkneifen konnte, ist gering. Im Grunde halte ich es nicht für ganz unsinnig und unmöglich, daß Goethes Gedanken, da sie schon bei den Deutschen sind, sich so ins Vorwegnehmende, noch nicht zu Rechtfertigende steigern. Es gibt so merkwürdige Beispiele! Schlage einmal in Kellers Werken das Gedicht ›Die öffentlichen Verleumder‹ auf! Es ist ganz unglaublich. Der Anlaß zu der frenetischen Schilderung dieser Pest war ganz geringfügig. Aber in welche prophetischen Schreckensbilder verirrt sich die durch das bißchen Wirklichkeit gereizte Phantasie! Es ist ja die Vorwegnahme des Nationalsozialismus bis in die Schlußwendung hinein, daß man einst davon reden werde ›wie von dem schwarzen Tode‹. So etwas kommt also vor.«

Ich schlug nach und fand das lang Vergessene wieder, das Hunderten oder gar Tausenden schon in den schlimmen Jahren zurückgekommen war. Das, wie ich später hörte, Freunde einander plötzlich nachts per Telephon ins Gedächtnis zurückgerufen hatten. Jene Verse, mit denen Gottfried Keller – über ein viel kleineres Übel empört – warnender Prophet des Dritten Reiches geworden war.

Wer diese Strophen wieder las oder hörte, mußte es wirklich für möglich halten, daß ein Goethe ähnliche Visionen gehabt haben konnte. Denn dies waren Visionen:

»Aus dunkler Höhle fährt
ein Schächer um zu schweifen.
Nach Beuteln will er greifen
und findet beßren Wert.
Er findet einen Streit
um nichts, ein irres Wissen,
ein Banner, das zerrissen,
ein Volk in Blödigkeit.
Er findet, wo er geht,
die Leere dürft'ger Zeiten,
da kann er schamlos schreiten
und wird er ein Prophet.«

Und weiter:

»Gehüllt in Niedertracht
gleichwie in eine Wolke
ein Lügner vor dem Volke
ragt bald er groß an Macht
mit seiner Helfer Zahl,
die, hoch und niedrig stehend,
Gelegenheit erspähend,
sich bieten seiner Wahl.«

Und dann die stärkste Parallele:

»Erst log allein der Hund,
nun lügen ihrer tausend,
und wie ein Sturmwind brausend,
so wuchert jetzt ein Pfund.
Hoch schießt empor die Saat,
verwandelt sich die Lande,
die Menge lebt in Schande
und lacht der Schofeltat.«

Über seine Schrift »Dieser Friede« schrieb mir Thomas:

»Wem sagst Du das, mein Lieber, was Du über die Mitschuld an dem deutschen Unglück und an den deutschen Sünden schreibst! Uns draußen hat es nie an der vollen Einsicht in diese Mitschuld gefehlt und Du weißt nur nicht, wie ausführlich und erbittert ich seinerzeit in einer Schrift über die Schuld der Demokratie abgerechnet habe. Ich schrieb das kleine Buch, das auf englisch in New York und deutsch in Stockholm herauskam, gleich nach unserem Einzug in Princeton, nach dem fürchterlichen Erlebnis der Kapitulation der Demokratie vor dem Faschismus in München, und da steht das ganze Sündenregister der Länder, die dann mit dem Krieg für ihre falsche und unmoralische Friedfertigkeit zu büßen hatten. Alles war so klar vorauszusehen. – – –«

Bei Heinrich war die Erinnerung an mich nicht so weit zurückgerückt wie bei Thomas. Er schrieb: »Du bist in die gesetzten Jahre gelangt.« Aber wir sprachen dann doch – hinweg über Kontinente und Meere – in unseren Briefen meist über die Zeit, in der ich noch keineswegs gesetzt gewesen war. Und Heinrich wollte genau wissen, auf welchem Wege ich von Schwabing an der Rambergstraße vorbei zu meiner Bank gelange. Er ging in Gedanken viel durch die Straßen der europäischen Städte, in denen er gelebt hatte. Das erinnerte mich sehr an die Stelle bei Hemingway, wo ein Schlafloser im Geist an allen Bächen und Flüssen entlanggeht, in denen er je gefischt hat.
Auch alte Theateraufführungen bewegten den Einsamen, der sich damit abfand, »eine unbekannte Stadt zu bewohnen. Nur Autofahrer haben Aussicht, sie kennenzulernen, aber auch nicht viel.«

Später erzählte er von seiner zweiten Frau:

»Wir lebten 15 Jahre zusammen vollkommen glücklich. Sie hatte außer ihrer Schönheit die gemeinsame Heimat für mich, Niendorf, ein Fischerdorf, zu Lübeck gehörig. Sie selbst, eine Fischerstochter, machte mich stolz auf die Verbindung mit dem Volk meines Ursprunges. Manchmal sprachen wir platt, auch wenn die Erde bebte. Sie weckte mich auf in Nice, ›es ist Erdbeben‹. – ›Denn möt wie upstahn‹, sagte ich im halben Schlaf.«

Ich hatte diese Gefährtin des Bruders nie persönlich kennengelernt, aber ihr literarisches Abbild hatte Heinrich ja schon im Roman »Ein ernstes Leben« gezeichnet.
Endlich schickte der Verlag »Ein Zeitalter wird besichtigt«. Ein Lebensbuch, das sich vor allem im Guten und Bösen mit der Heimat beschäftigt. Im Krieg geschrieben, der dem Autor den furchtbar schmerzenden Abschied von Europa aufgezwungen hatte, ist das Buch freilich voller Klage und Anklage, voller Empörung gegen die Verderber, deren Kommen ja schon im »Untertan« mit dem Typ ihrer Wegbereiter vorausgesagt war. In diesen Abschnitten ist schneidende Schärfe. Der Rückblick symbolisiert das Grauen des großen Mordens so realistisch, daß ich auch hier eine Stelle erklärt haben wollte.
Der Autor antwortete:

»Das Buch hat Fehler, die ich nicht vermieden habe, aber bei dem von Dir erwähnten Greuel soll nach Möglichkeit suggeriert werden, daß es – schön auch anderswo – so zugegangen ist!«

Verblüffend war mir zunächst die Abhandlung über Bismarck als großen Sozialisten. Ich dachte an die anders anmutenden Bismarck-Erinnerungen im »Kopf«, der zweiten Fortsetzung des »Untertan«. Aber ich kam darauf, daß diese Reminiszenzen eben ein Bild dargestellt hatten, das den Epigonen vorgeschwebt hatte, während das »Zeitalter« die Erkenntnisse des Autors selbst wiedergab.
Natürlich berührte mich das Persönliche am meisten: die nie verstummte Klage um die geliebte Schwester, das Schicksal zu Beginn der Teufelsherrschaft und im Exil, all das Schwere dieses Bekennerlebens, und doch die große Dankbarkeit für gerade dies Leben.
In Heinrichs Buch fand ich auch die klügste Deutung von Thomas' schlimmem Leid um die Heimat: »Seine Natur war es, zu repräsentieren. Nicht, zu verwerfen. Er hat Deutschland, wie es war, vormals gehalten gegen die Wut der Welt und gegen eigene Bedenken. Sein Gewissen hatte einen schweren Weg, bis es gegen sein Land entschied.« – – –
– – – »Ihn mußte sein Deutschland mehr enttäuschen als die meisten. Was es aus sich gemacht hat – oder wie es erlaubt hat, daß man

es zeige. Das traf ihn persönlich, je später es ihn traf. Er fühlte sich verraten.«

– – – »Ich habe dank Hitler die tiefste Erniedrigung meines Daseins erduldet. Nicht eigentlich Zorn. Der Zorn überrascht uns. Wir müssen das, was uns erbittert, für unfähig der Schande gehalten haben. Nur den Milden bringt es wahrhaftig außer sich, wenn er spät den Zorn kennenlernt. Mein Bruder kennt ihn jetzt. Das bedeutet, er war gütig. Ihn verlangte, an Deutschland zu glauben. Seine Arbeit bedurfte des sittlichen deutschen Bodens, der viel ehrliches Werk hervorgebracht hat.«

Das las ich und dachte: Für solche Gefühle hat ein anderer das Wort »Ressentiments« gefunden.

Meine Welt daheim richtete sich arm und verzerrten Antlitzes aus den Trümmern auf. Hatte ihr schon der erste Krieg ein neues Gepräge gegeben, so war sie jetzt ausgeblutet, anfällig für jedes Übel und fieberig reagierend auf jeden Reiz. Andererseits auch wieder von krankhafter Stumpfheit. Sie war mir sehr unwirklich, obwohl ich in ihr und mit ihr lebte, leben mußte, obwohl ehrliche Arbeit kaum mehr realen Lohn brachte und man um die primitivsten Daseinsbedingungen täglich alle Kraft einzusetzen hatte.

So wurde mir der Briefwechsel mit denen drüben das Eigentliche meiner zweiten Nachkriegszeit. Eine Zuflucht.

Das Hauptthema war das wirkliche Wiedersehen, die für 1946 geplante Reise der Tommys nach Europa, nach Deutschland. Die Vorbehalte verflüchtigten sich, die Konzeption nahm festere Formen an.

Die Empfindlichkeit, mit der da und dort im Lande auf Worte von Thomas reagiert wurde, änderte daran nichts. Auch der groteske Fall »Blut und Schande« nicht.

Thomas hatte von seinem Leben während der bösen Zeit erzählt: »Auch Bücher kamen von drüben zu mir, aber – es mag ungerecht gewesen sein und vielleicht war sogar Gutes darunter – für mich haftete ihnen ein Geruch von Blut und Schande an.«

Das war subjektiv gesprochen, aber es war auch nicht anders deklariert. Es hieß nicht etwa: Zwölf Jahre lang wurden nur blutige und schändliche Bücher bei euch herausgegeben. Das konnte es schon deshalb nicht heißen, weil ja die ersten beiden »Joseph«-Bände 1933 und 34 noch in Deutschland erschienen waren. Es verdeutlichte vielmehr: So weit hatten mich Leid und Zorn gebracht, daß mir alles besudelt schien, was der Satan daheim noch duldete.

Mir war das sofort klar, und daher war ich auch nicht in meinen dankbaren Gefühlen für jene gekränkt, deren Bücher mir während der zwölf Jahre Freude und Erhebung, gute Erinnerung und wohltuendes Vergessen gebracht hatten. Mir fiel ein Bild aus einem uralten Bande der »Fliegenden Blätter« ein. Es hieß »Ein Brief aus Hamburg!« und zeigte ein erschrecktes Dienstmädchen, das ein Schreiben aus der choleraverseuchten Stadt mit der Feuerzange überreichte und sich dabei noch die Nase zuhielt, indes der Hausherr seine in Ohnmacht fallende Gattin auffangen mußte. Der Brief enthielt vielleicht eine Freudenbotschaft, aber es haftete ihm eben das Grauen von seinem verpesteten Herkunftsort an.

Diesmal glaubte ich fest, die Worte würden richtig aufgefaßt werden, zumal sie ja in erster Linie geistige Menschen angingen. Aber nein, sie wurden zur ungerechten Kränkung braver Arbeit gemacht. Fürs erste erschien eine würdige Erwiderung, die das viele Gute aufzählte, das auch im Dritten Reich bei uns gedruckt worden war, und dann brach da und dort schwere Gereiztheit hervor. Einige Posten aber sparten sich ihren Zorn für andere Gelegenheiten auf.

Mir war diese Reaktion nichts anderes als der Aufruhr meiner Pollinger Fuhrmannsseele gegen des Bruders Wort vom »ruhenden Geist«. Und ich hätte den wirklich oder angeblich Zürnenden gerne erzählt, wie ich mich als unreifer junger Mensch in meinem Zorn doch wieder gefangen hatte.

Wenn man übrigens gründlich sein wollte: Gute Literatur konnte im ganzen unter Goebbels nur gedruckt werden, wenn sie sich nicht gegen das System richtete. Tat sie das aber nicht, so konnte sie ungewollt zu geistiger Propaganda werden. Und noch gründlicher: War nicht auch manches gute Buch ein bißchen »zu echt« gewesen, so wie meine Tenue auf dem Mistwagen? War es etwa nötig gewesen, trefflichen Memoiren aus guten Zeiten ein Nachtwort anzuhängen, das die Zukunft unterm Hakenkreuz pries? Und wenn das eine notwendige Konzession war, welches Odium haftete dem

Buch dann an? Wirklich, der Vergleich mit meiner Mistwagenkiste war nicht unberechtigt. Aber ich war ja der voreingenommene Bruder.

Es wurde Frühjahr, und das wirkliche Wiedersehen schien ganz nahe, als wir durch die Zeitung von Thomas' schwerer Erkrankung erfuhren. Erika war auf ein Kabel hin sofort nach Kalifornien abgeflogen.

Eine Woche später erzählte der Rundfunk von einer schweren Brustoperation in einer Chikagoer Klinik, und erst Mitte Mai hörten wir zunächst aus London und dann durch einen Brief Katjas Näheres: Es war ein Lungenabszeß gewesen, dessen Entfernung der Einundsiebzigjährige wie ein Junger überstanden hatte. Genau einen Monat nach dem Eingriff schon reiste Katja mit dem Geretteten wieder nach Pacific Palisades heim, und Thomas selbst antwortete mir bald darauf, als ich ihn wegen des doch wahrscheinlichen Rauchverbotes bedauert hatte, er rauche ungeniert, was ja schon nach Meister Busch Genesung bedeutet.

»Die Operation war eine späte, unerwartete Bewährungsprobe für meine Natur, die cum laude bestanden ist. Nun ja, wenn man ein ›Krisperl‹ wäre, wie es in München hieß, so hätte man ja gar nicht zustande gebracht, was immerhin dasteht.«

In unsere Freude mischte sich Trauer: Die Europareise mußte natürlich auf das nächste Jahr verschoben werden.

Der zweite deutsche Nachkriegswinter verging, und abermals hatten alle Briefe vom Wiedersehen gesprochen. Die Kabinen New York–Southampton waren schon gebucht.

Aber fast auf den Tag genau ein Jahr nach der schlimmen Nachricht von 1946 traf ein Brief von drüben ein, dessen Inhalt bestürzend war und von dem ich wußte, daß er Tausende schwer enttäuschen werde: Thomas schrieb schmerzlich bewegt, der Besuch Deutschlands müsse unterbleiben.

Freilich: Das Wiedersehen sollte trotzdem stattfinden, aber in der Schweiz, nicht, wie wir es immer geplant hatten, in der Heimat. Und das Problematische an all dem war, daß man denen daheim die eigentlichen Gründe der Absage nicht ohne weiteres darlegen konnte. Sie hatten nichts, gar nichts mit »Ressentiments« zu tun, aber natürlich würde es neue Mißverständnisse, neue Polemiken geben.

Ich sah es voraus, aber ich wollte jetzt nicht daran denken, sondern an das Wiedersehen und auch daran, daß ich nach neun Jahren wieder hinausreisen sollte. Die Freude am Fahren in ein anderes Land sprang auf, wie vor meiner ersten Italienfahrt. »Reisen soll ich, Freunde, reisen!«

III

Die Deutschen sind ein Reisevolk, und ihr Weltverlangen, die Sehnsucht nach der Ferne, der Drang, den Nachbarn überm Berg zu besuchen und sein Land kennenzulernen, sind humane Eigenschaften trotz des Reisesnobismus kleiner Leute und der Nörgelsucht eines anderen deutschen Typs.

Ohne Zweifel bedeutete uns das viele Jahre fortdauernde Abgesperrtsein von der Welt nach den beiden Kriegen eine der härtesten Strafen, und wer unter den Ersten wieder hinausdurfte aus der bedrückenden Quarantäne, hatte ein mehr oder weniger beunruhigendes Gewissen gegenüber der Mehrheit, die noch daheim bleiben mußte, daheim in bitterbösen Verhältnissen. Auch wenn es sich nur um ein kurzes Ausbrechen handelte, fühlte sich der Bevorzugte im tiefsten Innern immer ein wenig als Deserteur aus der gemeinsamen Not. Als ich erwartungsfreudig Schweizer Reiseberichte von 1947 las, erinnerte ich mich sofort an ähnliche Veröffentlichungen von Italienfahrern anno 1924. Damals wie jetzt glaubten viele Glückspilze den Neid der Landsleute dadurch besänftigen zu können, daß sie zwar die von den Gastländern gebotenen Genüsse zugaben, die gut bezahlten Zeilen aber immer in Vergleiche münden ließen, die zugunsten der armen Heimat ausfielen.

Wurden die noch daheim Eingeschlossenen nach dem ersten Krieg damit getröstet, daß München eben doch schöner als Florenz und der Rhein romantischer als die Adria sei, so war die Effekthascherei nach der zweiten Katastrophe raffinierter: Die Schilderung der

Schweiz als Oase Europas, als Paradies inmitten von Höllen klang in der üblen Neidschmeichelei aus, das alles sei Museum, Fossil, Naturschutzpark von Zufalls Gnaden und auf lange Frist nicht mehr denkbar.
»Restchen von Europa 1912«, so ungefähr schrieben diese Untergangssnobs und schlauen Tröster. »Kommt nächstens auch dran«, stand zwischen den gut bezahlten Zeilen.
Natürlich gab es auch andere Berichte: ehrlich dankbare, wehmütig bewundernde, naive und erzgescheite, aber die mir so ärgerlichen fielen stärker auf und wollten auffallen. Sie überboten einander und gefielen sich in gutmütig tuendem Spott auf die Gastgeber, von deren Güte sie gezehrt hatten. Auf ihre Sattheit und falschen Ansichten. Und das Verharren des kleinen Staates in Vernunft, Tüchtigkeit und Glück wurde zur Petrefaktion gemacht. Neues Leben blühe nur aus Ruinen. Freut euch der belebenden Zerstörung und bedauert die moribunde Erhaltung!
Es steigerte sich über das lächerlich Schäbige ins grotesk Unheimliche und zeigte mir wieder das verzerrte Gesicht der unglücklichen Heimat. Statt das Land als helles Licht im Dunkel zu preisen, das durch drei Jahrhunderte keinen Angriffskrieg geführt, aber in der Verteidigung stets gesiegt hatte und Schulbeispiel einer erfolgreichen Synthese freier Bürger aus vier europäischen Stämmen, von Demokratie und Hilfsbereitschaft in jeder menschlichen Not gewesen war, ironisierten Intellektuelle sein verdientes Ausnahmeschicksal, um unserem Volk zu gefallen, oder sprachen dem Glück zum mindesten die Dauer ab.
Sie plauderten elegant, wie die Schwabinger Ästheten, die schon anno dazumal Barbarei und Chaos geistreich beschwatzt und der rückschrittlichen Humanität den Laufpaß gegeben hatten, so angenehm angeregt von ihrer Prophetie, daß man an den Wunsch als Erzeuger der Ideen glauben mußte.
Ich las es und ärgerte mich. Aber die Schwätzer konnten mir auch den Teil meiner Wiedersehensfreude nicht trüben, der dem schönen, durch Vernunft und Tapferkeit glücklich bewahrten Nachbarland galt.

IV

Eine städtische Straße führte zur Grenze. Eine deutsche Nachkriegsstraße. Unzerstört zwar, aber grau und elend, wie überall im Lande. Leere Läden, arme Menschen, ein Hungerweg. Dünner Regen fiel.

Und ohne jeden Übergang, den sonst vielleicht ein Bergrücken, eine Brücke, eine Strecke freien Landes andeutete, änderte diese Straße hinter einem Querbaum, den das geblendete Auge übersah, jäh sein verhärmtes Gesicht: blitzsaubere Fassaden, Auslagen, von Waren aller Art überquellend, und Menschen mit freundlichen Gesichtern, geruhsam schreitend und fast so aussehend wie vor langer, langer Zeit wir selbst. Ich hatte mir zwar das alles genauso vorgestellt, aber die Wirklichkeit mutete doch traumhaft an. Zudem brach die Sonne durch, als ich am Schlagbaum stand.

Unter jovialen Erklärungen wurde in einem dicken Buch nachgeschlagen, ob ich kein gesuchter Verbrecher sei. Tatsächlich war einer unseres Namen als Wechselfälscher verzeichnet, aber der Vorname stimmte nicht, ich wurde eingelassen.

»Um halb elf Uhr im ersten Gasthaus rechts«, hatte die telephonische Verabredung gelautet, denn es hatte sofort nach Ankunft der Tommys in Zürich Telephongespräche gegeben. Ich tat zehn Schritte und stand vor der »Traube am Zoll«. Nie werde ich dieses freundliche Wirthaus vergessen; seinen grünen Terranova-Bewurf, die blinkenden Fenster, den Zigarrenladen und die kleine Gaststube mit richtigen Streichhölzern auf den Tischen, einer Vitrine mit Zigaretten und Schokolade und der Aufforderung »Eßt Käse!« an der Wand. Diese Einkehr war köstlicher als die in allen Grandhotels meines Lebens.

Aus Märchenzeiten her hatten sich daheim noch zwei Schweizer Franken gefunden, und so trank ich einen Kirsch und rauchte wirkliche Zigaretten dazu. Um zehn Uhr deutscher Zeit war ich über die Grenze gegangen. Da das aber in der Schweiz erst die achte Stunde bedeutete, ging ich noch durch das Städtchen wie durch das Schlaraffenland. Aber viel unglaubhafter als alle Orangen, Schokoladen, Seidenstrümpfe und Havannas war mir die überall gleiche Freundlichkeit der Menschen.

Dann kehrte ich in meine »Traube am Zoll« zurück und saß mit richtiggestellter Uhr am Fenster.
Es war ja wirklich bedauerlich, daß unser Wiedersehen nicht bei uns drüben in der Heimat, in unserer Wohnung inmitten der alten Möbel und unter den Blicken der Vorfahren an den Wänden stattfinden durfte. Noch bedauerlicher war es, daß die vorausgesehenen Mißverständnisse und Angriffe schlimmer waren als erwartet. Schon nach Thomas' Landung in Southampton hatte es eine böse Falschmeldung gegeben. Von vielen Reportern mit der Frage angefallen, ob er Deutschland besuchen werde, hatte Thomas geantwortet, er möchte weder München noch Bonn, wo man ihm kürzlich den Ehrendoktor in so schöner Form zurückgegeben habe, »unter alliierten Bajonetten« wiedersehen. Aber mit jenem Unvermögen der Menschen, Nachrichten richtig weiterzugeben, das ich ja schon beim Signaldienst der Rekruten kennengelernt hatte, war das so töricht gestellt worden, daß die Deutschen in allen Blättern lasen: »Thomas Mann will weder nach München noch nach Bonn, wo man ihm seinen Ehrendoktor unter dem Druck der alliierten Bajonette zurückgegeben hat.«
Ein sofortiges Dementi war, wie immer im nachhitlerischen Deutschland, nicht vom zehnten Teil derer gelesen worden, die der bösartige Unsinn in Zorn oder Trauer versetzt hatte.
Und es blieb nicht bei diesem Mißverständnis. Daß Thomas beim Zürcher Weltkongreß des Penklubs gegen heftigen Widerstand die Wiederaufnahme der deutschen Gruppe durchsetzte, während ein gleichzeitig tagender Sozialistenkongreß die Rückkehr der Deutschen ablehnte; daß der deutsche Dichter, dem die Welt vertraute, wenn er, der nichts Gewesenes vertuschte, für die Heimat sprach, hier die gleiche Trotzdem-Liebe und Zugehörigkeit bekannt hatte wie in der Rede »Deutschland und die Deutschen« – es wurde zwar zur Kenntnis genommen, aber die Mißklänge waren lauter.
Arme Heimat, dachte ich an meinem blanken Wirtshausfenster, wie geschändet, geschlagen und ausgeblutet bist du doch, wie anfällig für jeden Haß und wie unfähig noch der guten Gefühle. Mir kommen sie freilich leichter zurück in diesem Fall, obgleich ich zu dir gehöre. In diesem Fall, der mir jetzt gleich, in wenigen Minuten, einen Bruder zurückgeben wird.

Sehr pünktlich schoß ein großer Wagen heran und hielt hart vor dem Schlagbaum. Am Steuer eine hübsche Unbekannte und neben ihr Erika. Ich erkannte noch Katja und rannte aus der Stube. Thomas kam mit raschen Schritten über die Straße auf mich zu. An den Türstufen des Grenzwirtshauses endeten lange Jahre.

V

Während Thomas mich ja als Neunjährigen in Erinnerung gehabt hatte, war ich auf einen viel älteren Onkel Ommo gefaßt gewesen als auf diesen tiefgebräunten, elastischen Mann neben mir, den man mit seinem noch nicht einmal ganz ergrauten Haar für sechzig statt zweiundsiebzig halten konnte. Auch Katja hatte ihr Wesen mit allen charakteristischen Eigenschaften so sehr bewahrt, daß ich trotz Veränderung durch die Zeit an die junge Frau von 1904 denken mußte und mir die Großmutter sehr unglaubhaft schien. Die hübsche Wagenlenkerin war Gret, meine neue Nichte, Bibi-Michaels »Schweizerblume« und Mutter der beiden Enkelbuben, von denen ich gleich eine Menge Geschichten hörte. Sie waren mit ihren Eltern als erste in Zürich angekommen und hatten einige Tage später die Großeltern durch die Luft daherbrausen sehen. Bilder vom stürmischen Empfang bei der Landung waren schon in den illustrierten Blättern. Die Buben sprachen übrigens reines Schwyzerdütsch.
Geschenke für mich wurden ausgepackt, so daß ich mir wirklich wie der biblische Benjamin beim Wiedersehen in Ägypten vorkommen konnte, obwohl es sich unter anderem um Importen, Badeschwamm, Kaffee und Pflümliwasser handelte. Und ich zog zwei alte Bücher aus meinem Gepäck: das große Märchenbuch mit den Doréschen Bildern und das »Tagebuch dreier Kinder«, eine ungemein wohlerzogene Geschichte aus dem schönsten Biedermeier, die schon unser Vater als Kind besessen hatte. Jetzt bekam sie Thomas zum 72. Geburtstag zur Weitergabe an Papas Urenkel.
Von Büchern war auch die Rede, als wir dann durch den Sommermittag gegen Zürich fuhren. Und da wir in einem Wagen saßen, wollte ich den Autor der »Lotte in Weimar« gleich ein Streitgespräch entscheiden lassen, das ich in der vergangenen Nacht dar-

über geführt hatte, ob Goethe bei Lottens Heimfahrt von der Oper wirklich als in der dunklen Kaleschenecke sitzend gedacht sei oder ob das ergreifende Alters- und Abschiedsgespräch nur der Phantasie der Frau entspringe, die ihren nicht so ganz in Erfüllung gegangenen Wiedersehenstraum doch noch zum Happy-End gedeihen läßt.
Thomas antwortete lächelnd: »Ich habe das offengelassen. Es ist beides möglich.« Und ich meinte, daß dies unzählige scharfe Debatten zur Folge haben werde.
Wir glitten von den Hügeln nach Zürich hinunter und durch die blühende Stadt zum See, über den die weißen Segel zogen. Ich sah den wirklichen Frieden wieder.
Zu ihm gehörte auch der große Bücherladen an der Rämistraße, in dem ich fast zaghaft Band für Band in die Hand nahm. Auch das gab es also noch: das Schlaraffenland des Geistes, das ungezählte Gaben großer Zauberer des Menschenwortes vor mir ausbreitete. »Gern«, sagte der Verkäufer, wenn ich bat, noch mehr sehen zu dürfen. Gern! Daheim bei uns war jeder Schuhbandkrämer arrogant wie ein Star.
Dies »gern« war schöner als alle Köstlichkeiten der Kaufhäuser und Gaststätten. Und die Art, in der das Diner im abendlichen Hotelgarten serviert wurde, übertraf sogar die Güte der Speisen. Alles war vom »gern« warm beschienen wie von den kleinen roten Tischlampen.
In mir war eine große Dankbarkeit.

An diesem Abend hörte ich zum erstenmal Näheres über den »Doktor Faustus«. Von Polling war die Rede gewesen, von meinem alten Polling, und Thomas sagte, ich werde es im »Faustus« wiederfinden, wie so manches. Ich fühlte bald, was dies Werk für den Bruder war. Er sprach wie immer mit Zurückhaltung, ohne große Worte, aber ich empfand deutlich, daß er das Buch mit Herzblut geschrieben hatte.
Spät nachts saß ich noch mit Klaus in einem Cafégarten am See. Die bunten Lichtreklamen spiegelten sich im Wasser, aber es war sehr still, diese reiche Großstadt schlief schon. Sie war nicht für »tollen Betrieb«, gegen den ich nichts einzuwenden gehabt hätte, aber als

der Mond über den Bergen aufging und sein Schein sich zu den bunten Lichtern auf dem Wasser gesellte, war ich der großen Stille froh.

Am nächsten Abend schritt ich von der Grenze aus die graue deutsche Straße zurück nach Konstanz hinein, und mir war, als sei jetzt alles nicht mehr so grau; als habe mir das Friedensland und das Wiedersehen mehr mitgegeben als die Geschenke in meinem Koffer: Hoffnung.

Ich sprach davon in einer dritten langen Nacht zu den neuen Freunden und kam ins Erzählen. Diesmal nicht bei Kaffee, sondern vor einer Flasche Kirsch von drüben. Das Erzählen glitt immer weiter in die Vergangenheit und Vorvergangenheit. Alles, was das Wiedersehen geweckt hatte, erschloß sich jetzt in Worten, blätterte sich auf, wie Kapitel eines Buches, und als ich endlich schwieg, sprachen die beiden anderen. Sie sagten, es müsse wirklich ein Buch daraus werden.

So müde ich auch plötzlich war, ich führte doch alles auf, was gegen den Plan sprach, und es sprach viel gegen ihn. Aber schließlich versprach ich doch einen Versuch.

Heimgekehrt ging ich in das unwahrscheinliche Unternehmen wie Hans Castorp in den Zauberberg: besuchsweise, »auf drei Wochen«. Und es wurden zwanzig Monate daraus. Es muß in der Familie liegen.

VI

Als ich einen Monat später mit Nelly, Katjas Bruder Heinz und dessen Frau zum zweitenmal – und diesmal für länger – in die Schweiz fuhr, waren die ersten Kapitel dieses Buches im naiven Schwung des Anfangens schon geschrieben und von den Konstanzer Freunden als Bestätigung ihrer Forderung angesprochen worden. Ich schwieg aber Thomas gegenüber, wie ich überhaupt lange Zeit zu niemandem über das Vorhaben sprach.

Es gab in diesen leuchtenden Zürcher Hochsommertagen anderes zu sprechen über Vergangenheit, Gegenwart und Zukunft.

Ich stand dem Bruder als einer der Millionen gegenüber, die in der gleichen Art wie ich Bürger des Hitlerstaates gewesen waren. Für mich sprach nicht mehr als für sie alle, die mitgetrieben waren bis zum großen Katarakt und den Sturz überlebt hatten. Aber ich konnte die Wahrheit sagen, und der Bruder sagte die seine. Sie klang nicht nach »Ressentiments«.

Vor allem begriff ich, daß er die Mitgetriebenen bis ins Letzte verstand und nicht etwa nur noch Emigranten gelten ließ. »Niemals habe ich einem deutschen Künstler sein Verbleiben daheim verübelt«, sagte er, »wenn ihm nicht ein Bekanntsein in der Welt auch draußen die Existenz gesichert hätte. War er aber weltbekannt, so mußte er wissen, daß er mit seinem Bleiben und Schaffen in Deutschland der geistigen Propaganda des Bösen diente. Darüber kommt man mit dem Argument Heimatliebe nicht hinweg. Die Großen hätten aus Heimatliebe auswandern müssen. Den anderen verdenke ich es nicht einmal, wenn sie in die Zwangsverbände oder sogar in die Partei gegangen sind, um sich zu halten.«

In Hinsicht auf die deutschen Gegenwartsprobleme schien Thomas nicht nur der ewig Unbelehrbare gefährlich, sondern auch ein gewisses Selbstmitleid der Masse, das demagogisch gepflegt und gesteigert werde. Ich verstand genau, denn ich war dieser Mentalität daheim seit Jahren begegnet, während Thomas sie erst aus Äußerungen der Presse kannte.

Als ich später den »Film ohne Titel« sah, stellte ich fest, daß dessen Regisseur Käutner genau das gleiche mit der Figur des verbitterten Thüringer Flüchtlings gemeint hatte. Ponto hat ihn gespielt. Und wie gespielt! Wenn er sagte: »Was man durchgemacht hat als deutscher Mensch!«, das »deutscher« in der Art ausgesprochen, die mir schon als Pennäler auf die Nerven ging, da war das Selbstmitleid, und es war trotz des argen Schicksals widerlich, weil es die Seelen jedem schlechten Einfluß aufs neue öffnete.

Für die Zukunft glaubte Thomas fest an einen Wiederaufstieg Deutschlands als Mitglied der europäischen Gemeinschaft. In der furchtbaren Komprimierung der jetzigen Bevölkerung aber sah er schwere Gefahren aufsteigen und hielt den französischen Vorschlag, einige hunderttausend Deutsche aufzunehmen, für die erste im Prinzip vernünftige Nachkriegsidee. In der Zerstreuung bis zu einem gewissen Grade läge zunächst das Heil. »Die Deutschen sind gar brave Leut', sind sie einzeln, sie bringen es weit«, hat ja auch Goethe geurteilt.

Den Geburtstag Katjas feierten wir bei Mutter Niggl im »Hinteren Stern«, einem sehr münchnerisch anmutenden Lokal, das mitten in Zürich stark an den alten »Speckmaier« in der Rosengasse zu München erinnert. Mit Mutter Niggl, einer geborenen Niederbayerin, die nach einer Jugend in Miesbach und München einem Zürcher in seine Heimat gefolgt war, hatten Nelly und ich gleich Freundschaft geschlossen und ihr versprechen müssen, den Bruder einmal mitzubringen. Jetzt saß er also richtig am runden Ehrentisch, und weil Mutter Niggls Augen so recht schwach waren, fragte sie immer wieder: »Is jetzt des wirkli der Tommy?«

An einem Sonntag war die Zeit um, und es gab bewegten Abschied. Die Tommys wollten, nach einem Besuch bei Hermann Hesse in Montagnola, über Holland zurück nach Kalifornien, und wir fuhren zu viert wieder der Heimat entgegen.
Noch ein Abschied von der Schweiz wurde gefeiert: in der »Traube am Zoll«, die mich am Wiedersehenstag so gut empfangen hatte, und schließlich schleppten wir das von Gaben schwere Gepäck hinüber, wie Israels Kundschafter die Riesentraube aus dem gelobten Land. Freilich hatten diese Heimkehrer nichts mit Zollämtern zu tun gehabt.

Ich schlug mich bei Tag mit den Nachkriegsproblemen meines Berufes herum und schrieb abends an meinem Buch. Manchmal ging ich durch das Schwabing meiner Jugend. In der Rambergstraße wuchs Gras über den Schutthaufen des Hauses Nummer zwei, am Habsburger Platz ragte die hohle Fassade von Julias und Jofs ehemaligem Heim. Das Haus in der Herzogstraße war instand gesetzt worden, und die unterteilten Wohnungen bargen dreimal soviel Menschen wie um 1900. Die Elendshütte des Jägers war verschwunden, aber das kleine saubere Köhnhaus stand noch genauso behäbig da wie einst, so daß ich meinte, auf den alten Bubenpfiff hin müsse das lustige Gesicht des Köglfranzl am Mansardenfenster erscheinen.

Auch das Haus an der Marktstraße, in dem das »Buddenbrook«-Manuskript unter dem Tolstoibild gelegen war, hatte die Zeit überdauert. Und Heinrichs Haus an der Leopoldstraße war glänzend renoviert worden. Aber aus der Schwabinger Brauerei drang keine Blechmusik mehr hinüber zu dem kleinen Balkon. Sie lag noch größtenteils in Trümmern.

Das Leben der Menschen war böse. Zusammengepfercht, abgerissen und ausgehungert, nahmen sie sich gegenseitig die Luft zum Atmen und das Brot zum Essen weg. Sie stahlen den Kindern die Schuhe von den Füßchen und erbrachen Gräber, um nach Schmuck zu fahnden. Und sie wurden nicht nur von der Not, sondern auch von gierigen Nutznießern und unfähigen Behörden gequält.

Alle schlechten Instinkte tobten. Es war die Situation, in der es jedem »verzückten Schurken« leichtfällt, die Seelen zu gewinnen. Das schlimmste Gift der zwölf Jahre wirkte nach, bei uns und bei den anderen: der Haß.

Nur die Kinder glichen selbst in dieser Hölle uns, wie wir einst gewesen waren. Sie allein erinnerten mich ganz lebendig an die Zeit, von der ich schrieb. Es war schön, sich in stillen Nächten in diese Vergangenheit zu versenken, aber je näher ich anderen Zeiten kam, desto stärker erkannte ich, daß nicht nur Dichten, sondern auch Wahres berichten den Gerichtstag über uns selbst bedeutet.

So stand es, als ich zu Beginn des dritten Elendswinters aus Amerika das Buch erhielt:

DOKTOR FAUSTUS
Das Leben des deutschen Tonsetzers
Adrian Leverkühn
erzählt von einem Freunde

Ich las die handschriftliche Widmung:

»Dem Bruder in Deutschland«

und wußte, daß sie nicht nur mir galt, sondern Millionen.

VII

Ein Mann erzählt von seinem Freund und seinem Vaterland.
Der Freund ist ein genialer Mensch, der über die Theologie zur Musik kommt, »illuminiert« vom Teufelspakt einer venerischen Infektion, bis an die äußersten Grenzen des musikalischen Denkens und Schaffens vordringt und nach Vollendung seines größten Werkes den bösen Bund mit Wahnsinn und Tod in Paralyse bezahlt und der Verdammnis verfällt, wie der Doktor Faustus im alten Volksbuch.
Sein und des Chronisten Land ist das unsere: Deutschland, an dem sich ein anderer Höllensturz nach Teufelspakt vollzieht, während in einem bayerischen Städtchen der tragische Bericht zu Papier gebracht wird. Er wechselt ständig aus der Vergangenheit, dem Leben Adrian Leverkühns, in die grauenvolle Gegenwart der Niederschrift. Der Punkt im Unendlichen, in dem sich die beiden Parallelen schneiden, ist erreicht. »Doktor Fausti Weheklag«, das in furchtbarer Größe die letzten Grenzen sprengende Oratorium des Verdammten, wird zum tönenden Schreckensbild der deutschen Apokalypse.
Ein Mann hat erzählt. Alt, einsam und verzweifelt endet er: »Gott sei euerer armen Seele gnädig: mein Freund, mein Vaterland!«
Euerer Seele. Für die in Verzweiflung Betenden gilt nur noch die Einzahl, die Einheit der Parallelen. Im Unendlichen sind sie zur deutschen Seele geworden, und da ist nur noch Gott, der ihr Gnade geben kann.

Es verflossen mir Wochen über dem Lesen dieses Buches. Und in der gleichen Zeit las ich auch, was andere über den Faustus geschrieben hatten. Die ersten Stimmen kamen aus der Schweiz und zeugten von der tiefen Ergriffenheit und dem Begreifen des Nachbarvolkes. Noch nie dagewesene Analysen wurden vorgenommen: Eine bedeutende Zeitung gab nacheinander Koryphäen der Musik, Naturwissenschaft, Theologie und Literatur das Wort, und alle Urteile mündeten in einem Summa cum laude.
Aber für mich war das Eigentliche nicht der hohe Mut, mit dem das Dichtwerk in das Wesen der Musik und der christlichen Dogmatik

eindrang. Auch nicht das Wunder, das aus Worten Töne zauberte, Beethoven und sogar noch nie erklungene, nur vom Dichter erdachte Tonwerke hörbar machte. Stärker wirkten andere Klänge auf mich, und ich lauschte hinaus auf das Echo dieses leitenden und leidenden Motivs.

In Deutschland war das Buch erst einzelnen zugänglich, weil die Berliner Ausgabe noch nicht erscheinen konnte. Trotzdem brachten die meisten großen Tagesblätter und Zeitschriften Abhandlungen und kurze Vorabdrucke. Ergriffenes oder respektvolles Verstehen auch hier, von klugen Köpfen in kluge Worte gefaßt. Und da und dort leiser oder lauter aufklingend der Ruf: Seht, das ist der Deutsche, dem sein Deutschtum abgesprochen werden sollte!

Als später ein paar laut ablehnende Urteile erklangen – von denen eines ausdrücklich erklärte, es sei nicht sine ira geschrieben – war ich schon so weit in das Werk eingedrungen, daß nichts mehr, was mich vorher noch zu Spott oder Wut gereizt hätte, auf mich wirken konnte. Ja sogar die klug bewundernden Worte verloren an Eindruck: Sie stammten von hochgeistigen Menschen, von intellektuellen Spitzen. Mein Empfinden aber war das *eines* Deutschen unter Millionen, den nichts von der Masse unterschied, als daß er der Bruder des Dichters war. Dies jedoch war hier kein Unterschied mehr, denn der Dichter des Faustus war auch Bruder der deutschen Millionen. »Dem Bruder in Deutschland« – jetzt verstand ich es ganz.

Freilich gab es viel, was mich besonders berühren, stärker erschüttern mußte als andere. Im Schattenzug dieses Todestanzes sah ich Gesichter, Schicksale und Landschaften, die mich persönlich tief angingen, wenn sie sich auch in seltsam-ständigem Wechsel zwischen Wirklichem und Transzendentem verändert, vermischt, im Wesen gewandelt hatten, keine Modellgüsse blieben, obwohl sie aus meinen Welten stammten oder Schauplätze meines Lebens waren.

Auch über solche Einzelheiten weit hinaus mußte es mir ja leichter fallen, durch das Werk hindurch das Antlitz des brüderlichen Dichters zu sehen auf jeder Seite, in jeder Gestalt und bei allem Geschehen.

Werden es auch die anderen erkennen? Das war meine immer wieder gestellte Frage. Jedes Buch der Brüder hatte in meinem Leben etwas Großes bedeutet, aber stets war es die Wirkung auf mich selbst gewesen, der ich naiv-egozentrisch nachgegangen war und die mich bereichert hatte. Jetzt trat das zurück vor der Frage nach dem Verstehen der anderen, der unzähligen Brüder im Schicksal.

Das Buch ist »schwer«. Schwer wie das Leid, das den Dichter in dies Schmerzenswerk zwang. Es erschließt sich ebenso schwer, und darin liegt Gefahr, denn es soll sich vielen erschließen, nicht nur einer geistigen Elite.

Aber wer Kopf und Herz hat, muß erkennen, daß hier eine große Liebe, die beste und höchste, die Trotzdem-Liebe, spricht, die Liebe aus dem Leid um die Heimat, um die verratene und geschändete deutsche Seele. Die unser Wesen bis zu den tiefsten Wurzeln verfolgt hat und sich auf Höhen und in Abgründen zu diesem Wesen bekennt.

Er muß und wird mehr empfinden: Daß Ironie und Distanzierung Keuschheit sein können, Scheu vor Gefühlsentweihung durch große Worte. Und daß der Dichter deshalb von Adrian und Deutschland nicht selbst erzählt, sondern einen Dr. phil. Serenus Zeitblom in Freising, der Stadt zwischen Domberg und Weihenstephaner Hügel, erzählen läßt, um Liebe und Leid und Erschütterung durch den Mund eines schlichten Gemütes sprechen zu lassen und dem Herzen das lobende Wort zu erlauben.

Zeitblom, aus der Herzlandschaft Deutschlands stammend, ist ein gut deutscher Bürger, aber keineswegs ein Spießbürger. Ein redlicher, warmherziger Humanist, weit aufgeschlossen der Welt; voller Liebe zum Guten und Schönen und voll Verehrung des Genies, das durch die Liebe gerade dieses Freundes seine schönste Erhöhung erreicht.

Doch auch der in Schmerzen Getreue wird aus der Masse erhöht zu ihrem besten Repräsentanten. Ein Schulmeister und wortreicher Pedant? O nein, ein Deutsch-Gründlicher, Tiefschürfender und trotzdem fromm Glaubender. Von einem Wesen, an dem die Deutschen wirklich genesen können, wiewohl es höchst musikalisch, also »abstrakt und mystisch, wie das Verhältnis des Deutschen zur Welt« ist.

Dieser Repräsentant hat gläubig und begeistert für sein Deutschland im ersten Kriege gekämpft. Er stand der Niederlage und ihrer Folgezeit gegenüber wie acht unter zehnen von uns. Obgleich er die kommende Barbarei und Vermassung mit Grauen erkannt hatte, geht aus gewissen Stellen seiner Aufzeichnungen hervor, daß seine Seele sich dem deutschen Höllenpakt nicht ganz entzogen hat, wenn ihm auch bald die schreckliche Wahrheit aufgeht. Er wird kein Rebell und Märtyrer, und nur in Qualen kann er seiner Vaterlandsliebe den schaurigen Wunsch nach erlösender Niederlage der Heimat abringen.

Von innerer Emigration weiß er nichts, aber an die besten Vertreter dessen, was man inneren Widerstand nennen sollte, hält er sich in seiner Seelennot; ein hoher deutscher Priester ist sein letzter Freund in einsamer Macht- und Ratlosigkeit.

Das Werk geht um Adrian Leverkühn, das mit Geist gesegnete und geschlagene deutsche Genie, das »inständig um Seele ringt« wie seine Musik, aber durch Maßlosigkeit, durch übermenschliches Verlangen nach ultrarationalen Erkenntnissen seine Seele an die Tiefe verliert. Er ist der Faust, der tragische Held. Serenus Zeitblom aber ist für mich der schlichte Held. Weder Helm noch Speer des Drachentöters noch die Zipfelmütze des Träumers trägt er als allegorische Attribute, aber mir wurde er in jenen Monaten des Lesens und immer wieder Lesens zum deutschen Michael, dem wachenden und sorgenden, und diese »Entschlüsselung« schien mir wichtiger als das Suchen nach anderen Modellen, denn sie geht uns alle an.

Ist dieser Michael auch nicht idealisiert, wie Held Siegfried, sondern mit Liebe ironisiert, so liegt der Ton doch auf der Liebe, auf dem Sichbekennen zu ihm. Werden sie das erkennen? fragte ich wieder, werden sie den Bruder erkennen, wie ich ihn einst als Bub, bei unserem Gang zur Kirche, erkannte »im gleichen Schritt und Tritt«?

Und werden sie die Rehabilitierung des deutschen Menschen empfinden, die der schlichte Held darstellt? Es ist freilich eine schlichtere, weniger heldische Rehabilitierung als die vernebelnde »restitutio in integrum« durch Berufung auf heroischen Ästhetizismus, Soldatentugenden und Übermenschentum, für das es keine Instanz gibt. Für Serenus Zeitblom gibt es trotz Nietzsche einen festen Punkt außerhalb des Lebens, und so gibt es für ihn auch die Gnade, die kein Sieger schenken kann.

Wenn ich in langsam reisenden Briefen zu Thomas über sein Denken an Deutschland in der Nacht sprach, dann wollte ich gerade nach diesen mich am meisten bewegenden Dingen nicht fragen. Wir drei Brüder sind zueinander immer ein wenig wie Hans Castorp und Joachim Ziemßen im »Zauberberg« gestanden, die auch in den gehobensten Augenblicken Worte des großen Gefühls scheuen. Ich bat daher nur um authentische Aufschlüsse über die Gestalten, hinter denen der Leser sofort ganz bestimmte Personen – lebende und tote – sehen zu sollen glaubt.
Ich wußte es seit den »Buddenbrooks«, vielmehr seit der Streitschrift »Bilse und ich«, wie es um die Identität solcher Figuren bei Thomas steht: »Der Künstler, der nicht sein ganzes Selbst preisgibt, ist ein unnützer Knecht. Wie kann ich das aber tun, ohne zugleich die Welt preiszugeben, die meine Vorstellung ist? Meine Vorstellung, mein Erlebnis, mein Traum, mein Schmerz? Nicht von euch ist die Rede, niemals, sondern von mir, von mir. – – – Fragt nicht immer: wer soll es sein? Sagt nicht immer: das bin ich, das ist jener. Es sind nur Äußerungen des Künstlers gelegentlich eurer. Stört nicht seine Freiheit, die allein ihn befähigt, zu tun, was ihr liebt.«
Aber es verlangte mich noch nach Bestätigung vor allem darüber, daß die Senatorin Rodde, die mit ihren Töchtern Inez und Clarissa in der Rambergstraße wohnt und später nach Pfeiffering-Polling übersiedelt, trotz Ähnlichkeit der äußeren Umstände nicht unsere Mutter »ist«. Der Bruder antwortete auf dem Luftweg:

»Deine eigene Ansicht, die Frau Rodde betreffend, könnte nicht richtiger sein. Mit Mama hat sie eigentlich nur durch die Töchter Verwandtschaft und allenfalls durch das deracinierte, nach München übergesiedelte norddeutsche Patriziertum. – – –
– – – Wolfskehl kommt nicht vor. Daniel zur Hölle ›ist‹ eher Derleth, als Stefan George.
– – – Alles ist ja doch nur entfernte Erinnerung an die Wirklichkeit und auf eine ganz andere Ebene gebracht, so daß man nicht ›entschlüsseln‹ und niemand sich gemeint fühlen sollte.«

Trotzdem, trotzdem: Auch als Erlebnis, Traum und Scherz des Dichters erschütterten mich seine Gestalten, die der von mir erlebten Wirklichkeit am nächsten kamen, besonders tief. Die Gestalt Clarissas und ihr durch die Dramatisierung wenig verändertes Carla-Schicksal wirken wie eine Beschwörung. Und Pfeiffering, von Mutter »Schweigestill« über die irre Baronin bis zum dämonischen Hund »Kaschperl«, den ich als »Luxl« gekannt hatte, war ein gut Teil meiner Jugend, das mit Freuden und Schmerzen aus dem Buch aufstieg. Früher wäre mir wohl dies alles zum Wichtigsten des Werkes geworden, nun aber war es anders.

»Doktor Faustus« ist ein aus tiefer Qual geborenes Buch, und ich verstehe den Glauben seines Autors, daß es im Sinne einer schöpferischen Krise mit der schweren Erkrankung zu tun hatte, die ihn während des Schaffens niederwarf. Ich weiß auch, was es für ihn gewesen sein muß, zur Verdeutlichung einer grenzenlosen Verzweiflung den Knaben »Echo«, den liebenden Boten aus dem Elfenland, dies in einem alten deutschen Idiom redende Gotteskind, einen furchtbaren Tod sterben zu lassen. Ich weiß es, denn dieser letzte Hoffnungsengel des dem gräßlichen Pakt verfallenen Adrian trägt allzu deutlich die Züge eines geliebten Enkels.

Aus diesem Wissen heraus verstehe ich auch jene Stimmen, die in Würdigung des Werkes von heillosem Pessimismus, schauderndem Betrachten und verlorenem Glauben an die Welt sprechen. Aber sie irren: Dies Buch, in dem ich den Bruder wiederfand, stärker als beim leiblichen Wiedersehen, ist Hoffnung in tiefster Heillosigkeit, Glaube an das Wunder im Inferno, Liebe in der Apokalypse des Hasses.

Von Pessimismus, ja Nihilismus, von der Zuneigung zu Krankheit und Tod ist viel gesprochen worden seit den »Buddenbrooks«. Aber steht nicht schon am Ende dieses ersten Romans inmitten von Trauer und Hoffnungslosigkeit die bis dahin recht ironisch dargestellte Sesemi Weichbrot bucklig und winzig, aber doch als »Siegerin im guten Streit« um den Glauben? »Es gibt ein Wiedersehen«, sagt sie, »es ist so!« Bebend vor Überzeugung, eine kleine, begeisterte Prophetin.

Ich habe als Junge den »Onkel Ommo« diesen Schluß in unserem kleinen Kreis vorlesen hören, bevor das Manuskript an den Verleger ging, und verstand damals noch nicht, was dieser helle Schein über dem düsteren Ende war, obwohl ich ihn empfand. Später sah ich ihn wieder beim Sterben Gustav Aschenbachs im »Tod in Venedig« als Blick auf Schönheit, und sogar im Weltuntergang des »Zauberbergs« klingt noch die Hoffnung auf Liebe, die aus der schlimmen Fieberbrunst einmal steigen wird.

»Faustus« ist das dunkelste Werk des Bruders, aber für mich enthält es die hellste Hoffnung, gerade weil sie in die tiefste Nacht strahlt. Ich sehe ihren Schein schon in der musikalischen Abwandlung der Tragödie: Denn es ist von den Künsten allein die Musik, die den Glauben an neue schöpferische Kraft des Ichs im Chaos der Auflösung erhält. Und der Dichter nennt sie ja die deutscheste Kunst, die deutsche Seele schlechthin. Der zur Tiefe stürzende Adrian bekennt zwar seine verzweifelte »Weheklag« als »Zurücknahme der neunten Symphonie, des Guten, Edlen, Menschlichen«, aber das ist schon höllischer Wahnsinn, und wir wissen mit dem Dichter, daß die »Neunte« und alles, was in ihr ist, nicht zurückgenommen werden kann, daß dies lebt, trotz tiefster Verschüttung und dunkelster Verschattung.

Und siehe da: Selbst aus der Heil- und Hoffnungslosigkeit der musikalischen Apokalypse klingt leise die Hoffnung jenseits der Hoffnungslosigkeit, die Transzendenz der Verzweiflung auf. Alle, die bisher dieses Buch lasen, haben mit Zeitblom, dem deutschen Michael, den letzten gehaltenen Ton, das hohe G des Cellos, verschweben hören, den letzten Ausklang der Trauer in Schweigen und Nacht. Aber durch das Wunder, das über den verzweifelten Glauben geht, wandelt der verklungene Nachhall den Sinn und steht als Licht in der Nacht.

Es ist das gleiche Licht, das fern über dem Untergang der Welt Hans Castorps leuchtete: der Glaube an die Liebe. Wie durch die ganze Chronik von Faustus Adrian seine Unfähigkeit zur Liebe, die Eiseskälte des Teufels, die übermächtig werdende Entfaltung des Hasses als Künder des Höllensturzes ziehen, so kann das ferne Licht in unserer Nacht nur der Liebesglaube sein.

Es greift mir ans Herz, daß auch meines anderen Bruders Bericht von seinem Zeitalter mit diesem Glauben endet, trotz allem. Und mir ist, als sähe ich unserer Mutter Augen, aus denen der gleiche

Glaube allezeit leuchtete. Das aus verschwebendem Ton gewandelte Licht im Dunkel – mir ist es zum schönsten Bildnis der Familie, der Heimat, meiner Welten geworden. Und auch ich glaube in unserer tiefen Nacht noch an das Gute, an Gott im Menschen –

an die Liebe.

ENDE

Viktor Mann vollendete dieses Buch in den ersten Monaten des Jahres 1949. Er wurde geboren am 12. 4. 1890 in Lübeck und starb am 21. 4. 1949 in München. Er wurde beigesetzt auf dem Münchener Waldfriedhof im Grab seiner Schwester Carla und seiner Mutter.

Das Werk Thomas Manns

1893 *Der Frühlingssturm.* Monatsschrift für Kunst, Literatur und Philosophie, hrsg. von Paul Thomas (Pseud. für Th. M.): H. 1 u. 2: erste Gedichte, Aufsätze, Theaterrezensionen
1894 *Gefallen.* Novelle
1896 *Der Wille zum Glück.* Novelle
Enttäuschung. Novelle
1897 *Der Tod.* Novelle
Der kleine Herr Friedemann. Novelle
Der Bajazzo. Novelle
1898 *Tobias Mindernickel.* Novelle
Der kleine Herr Friedemann. Novellen (1. Buchausgabe)
1899 *Der Kleiderschrank.* Eine Geschichte voller Rätsel
Gerächt. Novellistische Studie
Monolog. Terzinen
1900 *Luischen.* Novelle
Der Weg zum Friedhof. Novelle
1901 *Buddenbrooks. Verfall einer Familie*
1902 *Gladius Dei.* Novelle
1903 *Die Hungernden.* Eine Studie
Tonio Kröger. Novelle
Tristan. Sechs Novellen
Das Wunderkind. Novelle
1904 *Ein Glück.* Studie
Kinderspiele (Kindheitserinnerungen)
1905 *Schwere Stunde.* Novelle
Fiorenza. Drei Akte
1906 *Bilse und ich* (Streitschrift)
1907 *›Im Spiegel‹.* Autobiographische Skizze

1908 *Anekdote*. Novelle
1909 *Königliche Hoheit*. Roman
Das Eisenbahnunglück. Novelle
1911 *Wie Jappe und Do Escobar sich prügelten*. Novelle
1912 *Der Tod in Venedig*. Novelle
1915 *Friedrich und die große Koalition*. Ein Abriß für den Tag und die Stunde
1918 *Betrachtungen eines Unpolitischen*
1919 *Herr und Hund*. Ein Idyll
Gesang vom Kindchen. Idylle
1921 *Wälsungenblut*. Novelle (Entstanden 1905)
1922 *Rede und Antwort*. Gesammelte Abhandlungen und kleine Aufsätze
1922 *Bekenntnisse des Hochstaplers Felix Krull*. Buch der Kindheit (Entstanden 1912)
Novellen I und II
1923 *Goethe und Tolstoi* (Essay)
Von Deutscher Republik. Rede
1924 *Der Zauberberg*. Roman
Okkulte Erlebnisse
1925 *Bemühungen*. Neue Folge der Gesammelten Abhandlungen und kleinen Aufsätze
1926 *Pariser Rechenschaft* (Tagebuch)
Lübeck als geistige Lebensform. Rede
Unordnung und frühes Leid. Novelle
1928 *Hundert Jahre Reclam*. Festrede
1929 *Theodor Fontane* (Vortrag)
1930 *Mario und der Zauberer*. Ein tragisches Reiseerlebnis
Lebensabriß
Platen – Tristan – Don Quijote. Vortrag
Deutsche Ansprache. Ein Appell an die Vernunft
Die Forderung des Tages. Reden und Aufsätze aus den Jahren 1925 bis 1929
1932 *Goethe als Repräsentant des bürgerlichen Zeitalters*. Rede
Goethe und Tolstoi. Zum Problem der Humanität (Neue veränderte Ausgabe)
Goethes Laufbahn als Schriftsteller. Vortrag

1933 *Leiden und Größe Richard Wagners* (Essay)
Bekenntnis zum Sozialismus (Rede)
Die Geschichten Jaakobs. Roman (Joseph und seine Brüder. Der erste Roman)
1934 *Der junge Joseph.* Roman (Joseph und seine Brüder. Der zweite Roman)
1935 *Leiden und Größe der Meister.* Neue Aufsätze
1936 *Freud und die Zukunft.* Vortrag
Joseph in Ägypten. Roman (Joseph und seine Brüder. Der dritte Roman)
1937 *Ein Briefwechsel*
1937 bis 1940 *Mass und Wert.* Zweimonatsschrift für freie deutsche Kultur, hrsg. von Th. M. und Konrad Falke
1938 *Achtung, Europa!* Aufsätze zur Zeit
Dieser Friede (Essay)
Schopenhauer (Essay)
1939 *Das Problem der Freiheit.* Rede
Lotte in Weimar. Roman
1940 *Dieser Krieg* (Essay)
Die vertauschten Köpfe. Eine indische Legende
1942 *Order of the Day.* Political Essays and Speeches of Two Decades
1943 *Joseph, der Ernährer.* Roman (Joseph und seine Brüder. Der vierte Roman)
1944 *Das Gesetz.* Erzählung
1945 *Adel des Geistes.* Sechzehn Versuche zum Problem der Humanität
Deutsche Hörer! Fünfundfünfzig Radiosendungen nach Deutschland
1946 *Leiden an Deutschland.* Tagebuchblätter aus den Jahren 1933 und 1934
1947 *Doktor Faustus. Das Leben des deutschen Tonsetzers Adrian Leverkühn erzählt von einem Freunde*
Nietzsches Philosophie im Lichte unserer Erfahrung. Vortrag, gehalten bei der PEN-Club-Tagung in Zürich am 2. Juni 1947
Deutschland und die Deutschen. Vortrag, gehalten in der Library of Congress zu Washington im Juni 1945

1948 *The Permanent Goethe.* Edited, selected and with an Introduction by Th. M.
Neue Studien. Essays
Schopenhauer. Dargeboten von Th. M.
1949 *Goethe und die Demokratie* (Vortrag)
Ansprache im Goethejahr 1949
Die Entstehung des Doktor Faustus. Roman eines Romans
1950 *Meine Zeit.* Vortrag
Michelangelo in seinen Dichtungen (Essay)
1951 *Der Erwählte.* Roman
1952 *Der Künstler und die Gesellschaft.* Vortrag
1953 *Gerhart Hauptmann.* Rede
Altes und Neues. Kleine Prosa aus fünf Jahrzehnten
Die Betrogene. Erzählung
1954 *Bekenntnisse des Hochstaplers Felix Krull. Der Memoiren erster Teil*
1955 *Versuch über Schiller* (Essay)
1956 *Nachlese.* Prosa 1951–1955
1977 ff. Tagebücher. Hg. Peter de Mendelssohn (1918–1943), Inge Jens (1944–1952)

Das Werk Heinrich Manns

1894 *In einer Familie*. Roman

1895–96 *Das zwanzigste Jahrhundert*. Monatsschrift für deutsche Art und Wohlfahrt, hrsg. von H. M.

1898 *Das Wunderbare und andere Novellen*
Ein Verbrechen und andere Geschichten

1900 *Im Schlaraffenland*. Ein Roman unter feinen Leuten

1901 A. Capus, *Wer zuletzt lacht...* (Übs. von H. M.)

1902 *Die Göttinnen oder Die drei Romane der Herzogin von Assy*

1903 *Die Jagd nach Liebe*. Roman
P. A. F. Choderlos de Laclos, *Gefährliche Freundschaften*. (Übs. von H. M.) (1920 unter dem Titel *Schlimme Liebschaften*)

1905 *Flöten und Dolche*. Novellen
Anatole France, *Komödiantengeschichte* (Übs. von H. M.)
Professor Unrat oder Das Ende eines Tyrannen. Roman (1948 unter dem Titel *Der blaue Engel*)
Eine Freundschaft. Gustave Flaubert und George Sand (Essay)

1906 *Schauspielerin*. Novelle
Stürmische Morgen. Novellen
Mnais und Ginevra. Novellen

1907 *Zwischen den Rassen*. Roman

1908 *Die Bösen* (Novellen)

1909 *Die kleine Stadt*. Roman

1910 *Varieté*. Ein Akt

1911 *Das Herz*. Novellen
Die Rückkehr vom Hades. Novellen
Schauspielerin. Drama in drei Akten

1912 *Die große Liebe*. Drama in vier Akten

1913 *Auferstehung*. Novelle
Madame Legros. Drama in drei Akten (Uraufführung 1917)
1914 *Der Untertan*. Roman (Auflage in beschränkter Zahl; 1918 neue, unbeschränkte Auflage)
1917 *Die Armen*. Roman
Bunte Gesellschaft. Novellen
Brabach. Drama in drei Akten
1918 Drei Akte *(Der Tyrann. Die Unschuldige. Variété)*
1919 *Der Sohn* Novelle
Macht und Mensch (Essays)
Der Weg zur Macht. Drama in drei Akten
1920 *Die Ehrgeizige*. Novelle
Die Tote und andere Novellen
1923 *Diktator der Vernunft*. Essays
1924 *Abrechnungen*. Sieben Novellen
Das gastliche Haus. Komödie in drei Akten
Der Jüngling. Novellen
1925 *Der Kopf*. Roman
Kobes (Erzählung)
1926 *Liliane und Paul*. Novelle
1927 *Mutter Marie*. Roman
1928 *Eugénie oder Die Bürgerzeit*. Roman
1929 *Sieben Jahre. Chronik der Gedanken und Vorgänge 1921–1928*
Sie sind jung (Erzählungen)
Der Tyrann. Die Branzilla. Novellen
1930 *Die große Sache*. Roman
1931 *Geist und Tat. Franzosen 1780–1830*. Essays
Das Kaiserreich. 2 Bde. *1. Der Untertan. 2. Der Kopf*
Fünf Reden und eine Entgegnung (zum 60. Geburtstag)
1932 *Das öffentliche Leben* (Gesammelte Aufsätze)
Ein ernstes Leben. Roman
Die Welt der Herzen. Novellen
1933 *Das Bekenntnis zum Übernationalen* (Essay)
Der Haß. Deutsche Zeitgeschichte
1934 *Der Sinn dieser Emigration*. Streitschrift
1935 *Die Jugend des Königs Henri Quatre*. Roman
1936 *Es kommt der Tag*. Deutsches Lesebuch

1937 *Hilfe für die Opfer des Faschismus*. Rede
1938 *Die Vollendung des Königs Henri Quatre*. Roman
1939 *Mut*. Essays
Nietzsche. Des pages immortelles choisies et expliquées par H. M.
1943 *Lidice*. Roman
1946 *Ein Zeitalter wird besichtigt* (Lebenserinnerungen)
1949 *Der Atem*. Roman
1953 *Eine Liebesgeschichte*. Novelle (Aus dem Nachlaß)
1956 *Empfang bei der Welt*. Roman (Entstanden 1941–45)
1958 *Die traurige Geschichte von Friedrich dem Großen*. Fragment (Aus dem Nachlaß)

Die Verzeichnisse der Werke von Thomas und Heinrich Mann sowie der Stammbaum der Familie Mann (S. 518–519) wurden gegenüber der in der ersten Auflage 1949 veröffentlichten Fassung im Jahre 1963 von Dr. Hans Bürgin verbessert und ergänzt, desgleichen im Jahre 1972 für die dritte Auflage. Für die Taschenbuchausgabe verbesserte und ergänzte Knut Beck im November 1975 die Verzeichnisse der Werke.

Stammbaum der Familie Mann

Bauern in Franken
Gewandschneider in Nürnberg

Johann Mann der Jüngere
Ratsherr und Gewandschneider
*1644 in Parchim †1731 in Grabow
⚭ 1684 Brigitte Catharina Schürer
Pastorentochter aus Möllenbeck
(1664–1696)

Siegmund Mann
Amtsmeister der Schneider
*1687 in Grabow †1772 in Rostock
⚭ 1713 Marie Christine Richter
(1689–1742)

Joachim Siegmund Mann
Brauer und Kaufmann
*1728 in Rostock †1799 in Rostock
⚭ 1757 Maria Dorothea Studemann
(†1780)

Johann Siegmund Mann der Ältere
Äldermann und Kaufmann
*1761 in Rostock †1848 in Lübeck
⚭ 1794 Anna Catharina Grotian
(1766–1842)

Johann Siegmund Mann der Jüngere
Konsul. Äldermann und Kaufmann
*1797 in Lübeck †1863 in Lübeck
1. ⚭ 1824 Emilie Wunderlich (1806–1833)

2 Söhne
3 Töchter
aus 1. Ehe

⚭ 1837

Marti aus Schwyz
1388 als Kriegsmann nach Glarus

Bauern und Bürger in Glarus

Hans Marti
†1400 im Schwabenkrieg
⚭ Hechlinger

Balthasar Marti
1576–1611 Fähndrich in Dalmatien

Davidt Marti
1606–1680 Degenschmied in Glarus

Petter Marti
1630–1715 Messerschmied in Glarus

Davidt Marti
1655–1728 Degenschmied in Glarus

Rudolf Marti
1703–1762 Glarus

Petter Marti
1730–1808 Glarus

Johann Heinrich Marty
Konsul und Kaufmann
*1779 in Glarus †1844 in Lübeck
⚭ 1805 Catharina Elisabeth Croll
(1782–1869)

Elisabeth Marty
*1811 in Lübeck †1890 in Lübeck

Schiffer aus dem Norden

Jakob Bruhns
Getreideschiffer und Kornträger
*1716 in Rostock †1802 in Lübeck
⚭ Katharina Elisabeth
Bumann †1800

Jakob Ludwig Bruhns
Weinhändler
*1753 in Lübeck †1829 in Lübeck
⚭ 1787 Charlotte Elisabeth Plagemann
(1756–1802)

Peter Gottlieb Bruhns
Weingroßhändler
*1791 in Lübeck †1852 in Lübeck
⚭ 1820 Marie Luise Sievers
(1799–1865)

Johann Ludwig Hermann Bruhns
1837 nach Brasilien,
Kaufmann und Pflanzer
*1821 in Lübeck †1893 in Kassel

⚭ 1848

Bauern in Portugal

Ivao und Maria da Silva
eingewandert in Brasilien
Pflanzer

Michuel da Silva
Pflanzer
in Ilha Sao Sebastiano
⚭ Theresa de Jesús

Manoel Caetano da Silva
Pflanzer aus Sao Sebastiano
⚭ Maria da Silva aus Ilha Grande

Maria da Silva
*1828 in Angra dos Reis
†1856 in Rio de Janeiro

Marie Elisabeth Amalia Hippolite
*1838 †1917

Johannes
*1842
†1844

Olga Maria
*1845
†1886

Friedrich Wilhelm Lebrecht
gen. Friedel
*1847 †1926

Thomas Johann Heinrich Mann
Senator, Konsul und Kaufmann
*22. 8. 1840 in Lübeck
†13. 10. 1891 in Lübeck

⚭ 1869

Julia da Silva Bruhns
*14. 8. 1851 Angra dos Reis (Brasilien)
†11. 3. 1923 in Weßling (Obb.)

Manoel
*1848
†1899

Maria
gen. Mana
*1849
†1914

Luiz
*1850

Paolo
gen. Nené
*1852

(Kind)
*†1856

Luiz Heinrich Mann
Schriftsteller *27. 3. 1871 in Lübeck
†12. 3. 1950 in Santa Monica (Calif.)
1. ⚭ 1914 Maria Kanova aus Prag (†1947 in Prag)
2. ⚭ 1939 Nelly Kröger aus Ahrensbök (†1944 in Los Angeles / Calif.)

Paul Thomas Mann
Schriftsteller *6. 6. 1875 in Lübeck
†12. 8. 1955 in Kilchberg bei Zürich
⚭ 1905 Katja Pringsheim aus München (1883–1980)

Julia Elisabeth Therese
gen. Lula
*13. 8. 1877 in Lübeck
†10. 5. 1927 in München
⚭ 1900 Josef Löhr aus Frankfurt / Main (1862–1922)

Carla Auguste Olga Maria
Schauspielerin
*23. 9. 1881 in Lübeck
†30. 7. 1910 in Polling (Obb.)

Karl Viktor Mann
Diplomlandwirt
*12. 4. 1890 in Lübeck
†21. 4. 1949 in München
⚭ 1914 Magdalena (Nelly) Kilian (1895–1962)

Carla Maria Henriette Leonie
(aus 1. Ehe)
*1916 in München
†1986
⚭ Ludvik Aškenazy
2 Söhne

Erika
*1905 †1969
1. ⚭ Gustaf Gründgens (†1963)
2. ⚭ Wystan H. Auden (†1973)

Klaus
*1906
†1949

Gottfried
(Golo)
*1909
†1994

Monika
*1910 †1992
in München
⚭ Jenö Lanyi (†1940)

Elisabeth
*1918
in München
⚭ Giuseppe Borgese (†1952)
2 Töchter

Michael
*1919 †1977
⚭ 1939 Gret Moser
2 Söhne
1 Adoptivtochter

Eva Maria
*1901
in München
⚭ Hans Bohnenberger
1 Tochter

Rosemarie
*1908
in München
⚭ Fritz Alder (†1942)

Ilsemarie
*1908
in München
⚭ Lünenschloß (†)

Marianne Krüll

Im Netz der Zauberer

Eine andere Geschichte der Familie Mann

Band 11381

»Was für eine sonderbare Familie sind wir! Man wird später Bücher über uns - nicht nur über einzelne von uns - schreiben«, ahnte Klaus Mann bereits 1936. Jetzt, da neben den Werken auch Briefe und Tagebücher von Thomas, Heinrich, Erika und Klaus Mann vorliegen, dazu die Erinnerungen anderer Familienmitglieder, ist dieses »Später« erreicht, um ihre erlebten und Literatur gewordenen Geschichten im Vergleich mit- und zueinander kritisch zu beleuchten.
Die Soziologin und Familienforscherin Marianne Krüll folgte in ihrer, auf langjährigen intensiven Forschungen basierenden Biographie der Familie Mann den Fäden des Netzes, in dem sie alle verstrickt waren. Ihr Ausgangspunkt ist der Selbstmord von Klaus Mann, den sie vor dem Hintergrund des Generationen umspannenden Gewebes von Schuld, Verzweiflung, Hoffnungslosigkeit und Tod betrachtet. Sie legt dar, wie Erfolg und Scheitern, Selbstverwirklichung und Selbstvernichtung auf unterschiedlichste Weise von den Mitgliedern dieser Familie gelebt wurden.

Fischer Taschenbuch Verlag

fi 1314 / 7

Joachim Fest

Die unwissenden Magier

Über Thomas und Heinrich Mann

Band 11259

Mit den Betrachtungen zweier Unpolitischer, unwissender Magier, setzt Joachim Fest sich in diesen beiden Essays auseinander. »Unwissend, weil schlecht informiert, weil wirklichkeitsfern, Magier, weil sich andere Wirklichkeiten erträumend oder Lieblingsträume mit Wirklichkeit gleichsetzend«, hat Golo das Politisieren seines Vaters Thomas und seines Onkels Heinrich genannt. Gegensätzlichkeit der Temperamente – aus Thomas' Sicht »ethischer Individualist« der eine, »Sozialist« der andere – und Rivalität im Repräsentationsbedürfnis bestimmen nach Fest die Ausgangspositionen ihrer »politisch gebundenen Dienstleistungen« (Th. Mann).
Thomas' ästhetisierender Kunstbegriff ließ ihn Heinrichs Romane kritisch, ja verächtlich beurteilen, Heinrich provozierte ihn daraufhin durch »parteiergreifenden Übertritt ins Politische« (Fest), indem er Volk, Fortschritt und Menschheitsglück zum Thema seines Schreibens machte. Thomas blieb als Erzähler von »Verfalls- und Verfeinerungsgeschichten« ein Betrachter, in dessen Werk das »gesamte politische Faszinationsvokabular der Zeit« (Fest) ohne Echo blieb. Erst Hitler hat es bewirkt, daß Thomas seine Haltung änderte, das Menschenrecht, unpolitisch zu sein, aufgab und in Sendungen der BBC von 1940-1945 »Deutsche Hörer« zum Widerstand aufrief.

Fischer Taschenbuch Verlag

fi 1547 / 6

Marcel Reich-Ranicki

Thomas Mann und die Seinen

Band 6951

Marcel Reich-Ranicki gehört zu den besten Kennern der Familie Mann. »Aber so glücklich wir sein müssen, daß es diese einzigartige Familie gibt, so aufschlußreich, so faszinierend ihre Geschichte ist, so wenig brauchen wir (und die Manns) einen Hofberichterstatter.« Gerade wer über Thomas Mann schreibt, »der, allen Interpreten mißtrauend, die Deutung seines Lebens und seines Werkes schon früh in die eigenen Hände genommen hat«, kann die Aufgabe nur erfüllen, »wenn sie aus der direkten oder indirekten Polemik gegen sein Autoporträt hervorgeht.«

Was Reich-Ranicki über Golo Mann schreibt, der sich »nur mit oder gegen, doch nicht ohne Thomas Mann entfalten konnte«, gilt für alle Mitglieder der Familie, in höherem Maße für die Söhne Golo und Klaus, in geringerem für die Tochter Erika, möglicherweise sogar noch für den Bruder Heinrich. In ihm finden wir die zweite charakterliche und künstlerische Autorität, den einzigen Widerpart, mit dem oder gegen den auch Thomas Mann sich nur entfalten konnte. Die Gegensätze und Abhängigkeiten, die Kämpfe und der Zusammenhalt der Familie werden von Reich-Ranicki in biographischen und literaturkritischen Studien, vor allem aber vor dem Hintergrund der Tagebücher und Korrespondenzen untersucht.

Fischer Taschenbuch Verlag

fi 1578 / 7

Golo Mann

Erinnerungen und Gedanken

Eine Jugend in Deutschland

Band 10714

»Eine Jugend in Deutschland« – keine alltägliche, sondern gefährdet durch Anlagen und Umstände, gleichwohl im bürgerlichen Rahmen behütet und gefördert, eigensinnig und doch in vielen Entwicklungen repräsentativ für dieses Land und für die Zeit – 1909 bis 1933 –, durch die Golo Mann seinen Weg mit beharrlicher Unabhängigkeit und kritischer Selbstzucht findet.
Die Stationen: Das vom Vater überschattete Elternhaus mit den großen Geschwistern Klaus und Erika. Literatur, Musik, Theater als frühe Eindrücke, Schule und Pfadfinder, Internat Schloß Salem. Nach dem Abitur Studium in München, Berlin, Heidelberg: Jaspers, der Sozialistische Studentenbund, erste Aufsätze, Versuche, dem Nazi-Geist entgegenzutreten. Hamburg, Göttingen: Selbstaufgabe der Weimarer Republik, alles Spätere vorbereitende Anfänge des »Dritten Reichs«.
Golo Mann beschwört keine »besonnte Vergangenheit«, viel zu sehr litt und leidet er an den Irrtümern deutscher Politik. Dennoch weckt dieses große deutsche Bekenntnisbuch Hoffnung: »es ist weise und, aller Bitterkeit zum Trotz, zugleich auf seine Art heiter«. (*M. Reich-Ranicki*)

Fischer Taschenbuch Verlag

fi 1318 / 10

Willi Jasper

Der Bruder Heinrich Mann

Eine Biographie

Band 11885

Es gibt wenige deutsche Schriftsteller von Rang, denen in ihrer Überlieferungsgeschichte so erfolgsverhindernd mitgespielt wurde wie Heinrich Mann. Bis heute sind noch nicht einmal alle Texte aus dem Nachlaß ediert; und nicht zufällig fehlte bis vor kurzem eine biographische Untersuchung, die sich angemessen mit Leben und Werk von Heinrich Mann auseinandersetzte. Zeitlebens stand Heinrich Mann im Schatten seines Bruders Thomas, des Prominenteren, des Nobelpreisträgers. Dabei hat Heinrich mit Büchern wie ›*Der Untertan*‹, ›*Professor Unrat*‹ oder den beiden ›*Henri IV*‹-Romanen Werke hinterlassen, die es nach Qualität und Bedeutung gewiß mit den Werken von Thomas aufnehmen können.
Heinrich war Radikaldemokrat, der politisch Entschiedenere, früher Antifaschist. Das ist ihm nicht gut bekommen. »›Eigentlich haben sie mich nie gemocht‹, kommentierte er kurz vor seinem Tode im kalifornischen Exil die eigene Wirkungsgeschichte.« Von der ersten Seite bis zum Schluß kann der Leser verfolgen, warum Heinrich Mann bei den einen als einer der größten deutschsprachigen Satiriker dieses Jahrhunderts und bei den anderen als der ›Boulevard-Moralist‹ schlechthin gilt.

Fischer Taschenbuch Verlag

fi 1548 / 7

Thomas Mann
Ein Leben in Bildern

Herausgegeben von
Hans Wysling und Yvonne Schmidlin

Band 13885

Wir kennen Thomas Mann, sein Werk, seine Familie, sein Umfeld und seine Figuren nur aus seinen Büchern, nicht aber in Bildern. Viele seiner Leser haben den Wunsch, auch seine Schrift, seinen Schreibtisch, die Städte und Häuser, in denen er lebte und arbeitete, kennenzulernen.
Die Herausgeber Hans Wysling und Yvonne Schmidlin halten aus den verschiedenen Lebensepochen Thomas Manns nicht nur Bekanntes fest, sondern auch bisher unbekanntes Material: Porträts, Familienbilder, Figuren und Orte, die im Werk eine Rolle spielen: Hans Hansen (*Tonio Kröger*), Tadzio (*Der Tod in Venedig*), Imma Spoelmann (*Königliche Hoheit*), Clawdia Chauchat (*Der Zauberberg*) oder Mme Houpflé (*Bekenntnisse des Hochstaplers Felix Krull*).
Die Bilder werden ergänzt durch Textdokumente, Briefe, Buchumschläge und begleitende Kommentare der Herausgeber und ergeben nicht nur ein Bilderbuch, sondern *Ein Leben in Bildern*.

Fischer Taschenbuch Verlag

fi 382 / 7

Thomas Mann

Fragile Republik

Thomas Mann und Nachkriegsdeutschland

Herausgegeben von Stephan Stachorski

Band 14429

Thomas Mann lehnt es nach dem Ende des Zweiten Weltkrieges ab, nach Deutschland zurückzukehren. Er zieht es vor, sich von Amerika aus für den Aufbau eines geistig-moralisch erneuerten Staates einzusetzen. Doch der sich bald abzeichnende Kalte Krieg läßt Thomas Mann befürchten, daß Amerika auch ein vom Faschismus nie wirklich befreites Deutschland als Bündnispartner im Kampf gegen den Kommunismus akzeptieren könnte. Trotz vielfältiger Kritik besucht er anläßlich der Goethe- und Schiller-Gedenkfeiern 1949 und 1955 beide Teile Deutschlands, um seine Idee der Aussöhnung nachdrücklich zu bekunden.
Erstmals versammelt dieser Band die wichtigsten Texte Thomas Manns, die seine Auseinandersetzung mit Deutschland nach 1945 verdeutlichen. Nicht nur Reden und Aufsätze, sondern auch Tagebucheintragungen und zum Teil bisher unveröffentlichte Briefe werden berücksichtigt. Unterstützt von kurzen Erläuterungen bietet sich ein erstaunlich vielschichtiges Bild von Thomas Mann, das ihn als kritischen Begleiter Deutschlands zeigt.

Fischer Taschenbuch Verlag

fi 1602 / 3